Abelein · Die Kulturpolitik des Deutschen Reiches
und der Bundesrepublik Deutschland

Ordo Politicus
Veröffentlichungen
des Arnold-Bergstraesser-Instituts
herausgegeben von Dr. Dieter Oberndörfer
o. ö. Professor an der Universität Freiburg (Br.)
Band 8

Manfred Abelein

Die Kulturpolitik des Deutschen Reiches und der Bundesrepublik Deutschland

Ihre verfassungsgeschichtliche Entwicklung und ihre verfassungsrechtlichen Probleme

Springer Fachmedien Wiesbaden GmbH

Gedruckt mit Unterstützung
der Deutschen Forschungsgemeinschaft
Verlagsnummer 053708

ISBN 978-3-663-00268-0 ISBN 978-3-663-02181-0 (eBook)
DOI 10.1007/978-3-663-02181-0

Ursprünglich erschienen bei Westdeutscher Verlag 1968.

Umschlag: Herbert W. Kapitzki, Ulm

Inhaltsverzeichnis

Einleitung

Die politische Diskussion und das öffentliche Interesse der Gegenwart zeigen, daß die Kulturpolitik als jüngstes politisches Teilgebiet zunehmend an Bedeutung gewinnt.

Es dauerte jedoch sehr lange, bis es zu der Verbindung des Begriffs der Politik mit der Kultur kam. Erst in diesem Jahrhundert ist diese Verbindung in den politischen Wortschatz eingedrungen. Zahlreiche Hindernisse stellten sich ihr entgegen. Die Überbetonung des machtstaatlichen Elementes auf der staatlichen Seite führt auf der Seite außerstaatlichen Kulturträger zu der Betonung der absoluten Eigenständigkeit der Kultur. Auf diese Weise blieb der enge Zusammenhang zwischen Politik und Kultur lange Zeit unbeachtet. Die geistigen Mächte wirken jedoch nicht in einem vom Politischen getrennten Raum. Sie üben im Gegenteil starke politische Wirkungen aus und werden ihrerseits von der Politik beeinflußt. Besonders auffällig ist die enge Verbindung von Kultur und Politik auf dem Gebiet der Außenpolitik, wo die kulturelle Außenpolitik ein wesentlicher Bestandteil der auswärtigen Beziehungen geworden ist, auf den heute fast kein Staat mehr verzichtet.

Die Bedeutung einer einheitlichen und breit angelegten Kulturpolitik ist verhältnismäßig spät in das politische Bewußtsein gedrungen, obwohl es in der Vergangenheit an besonderen staatlichen Bemühungen auf kulturellen Teilgebieten nicht fehlte.

Die Leistungsfähigkeit der Wirtschaft und Verwaltung einer modernen Industriegesellschaft hängt entscheidend von der wissenschaftlichen Forschung und der Bildung breitester Schichten der Bevölkerung ab. Das wurde am Beispiel der Entwicklungsländer erneut deutlich. Erst als man einsah, daß die Entwicklungshilfe in erster Linie eine Bildungsaufgabe und erst dann ein finanzielles Problem sei, zeitigte sie gute Ergebnisse. Von daher erklärt sich zu einem großen Teil das steigende staatliche Interesse an kulturpolitischen Fragen.

Während die Sorge um die Struktur der Gesellschaft und die Stellung des einzelnen in ihr lange Zeit als eine Angelegenheit der Sozialpolitik angesehen wurde, tritt heute weitgehend die Kulturpolitik an diese Stelle.

Trotz ihrer zunehmenden Bedeutung ist die Kulturpolitik nur in geringem Ausmaß Gegenstand wissenschaftlicher Bearbeitung geworden. Es gibt kaum systematische Arbeiten darüber. Die Fragen der Wurzeln, der Träger und des Standortes der Kulturpolitik fanden, soweit sichtbar, keine zureichende wissenschaftliche Beachtung. Auch eine historische Bestandsaufnahme, der sich wegen der verwirrenden Vielfalt von Maßnahmen und Zuständigkeiten besondere Schwierigkeiten entgegenstellen, fehlt. Weder im Bereich der Sozialpolitik noch der Wirtschaftspolitik noch in der Verfassungsgeschichte gibt es so viele Mißverständnisse und an den Tatsachen desorientierte Ideologien wie auf diesem Gebiet. Das Kapitel der Kulturpolitik fehlt in der deutschen Verfassungsgeschichte fast völlig. Das Fehlen einer allgemeinverbindlichen Vorstellung vom Wesen unseres Bundesstaates vermehrte die Unsicherheit. Eine Folge davon ist, daß die Kulturpolitik in der jüngsten Vergangenheit ständig Auseinandersetzungen zwischen Bund und Länder hervorrief und daß die Frage des gegenwärtigen Verhältnisses von Verfassungsrecht und Verfassungswirklichkeit auf dem Gebiet der Kulturpolitik weitgehend ungeklärt ist.

Die folgende Arbeit ist ein Versuch, zur Klärung dieser Fragen beizutragen. Sie gliedert sich in ein Kapitel, das sich mit der Geschichte und den Formen der Kulturpolitik des Deutschen Reiches und der Bundesrepublik Deutschland, das heißt, des Gesamtstaates befaßt und in ein Kapitel, das die Grundlagen der Kulturpolitik behandelt. Der zeitliche Abschnitt, dem die Arbeit gewidmet ist, erstreckt sich von der Gründung des Deutschen Reiches bis etwa zur Mitte der 4. Legislaturperiode des Deutschen Bundestages. Dieser verhältnismäßig lange Zeitraum von fast einem Jahrhundert bringt es mit sich, daß die historische Darstellung den Charakter eines Querschnittes trägt und daß bestimmte Schwerpunkte - besonders die auswärtige Kulturpolitik - hervortreten. Die damit verbundenen Nachteile wurden bewußt in Kauf genommen, weil ein hinreichend großer Zeitabschnitt besser Entwicklungstendenzen erkennen läßt.

Die Arbeit stützt sich neben literarischen Quellen hauptsächlich auf die Akten und Protokolle des Reichstages und des Bundestages sowie auf die Akten des Auswärtigen Amtes. Die Akten des ehemaligen Reichsministeriums des Innern, des Reichsministeriums für Wissenschaft, Erziehung und Volksbildung und des Reichsministeriums für Volksaufklärung und Propaganda, die in Potsdam liegen, waren leider nicht zugänglich. Die Akten des Auswärtigen Amtes aus der Zeit vor 1945 sind großenteils infolge der Kriegsereignisse untergegangen. Trotz dieser Schwierigkeiten wurde jedoch versucht, die wesentlichen Züge der Entwicklung der Kulturpolitik - besonders der auswärtigen Kulturpolitik - des Reiches und des Bundes sowie der gegenwärtigen kulturpolitischen Situation sichtbar zu machen.

Teil I Formen und ihre geschichtliche Entwicklung

Kapitel 1: Die Wissenschaftspolitik

I. Die Anfänge gesamtstaatlicher Wissenschaftspolitik

Die Anfänge der ersten großen wissenschaftlichen Unternehmungen zeigten sich in den wissenschaftlichen Akademien Preußens und Bayerns. Unter König Ludwig I. von Bayern wurde die Bayerische Akademie um 1830 zu einem wissenschaftlichen Zentrum von gesamtstaatlicher Bedeutung (1). Die Preußische Akademie geht auf Vorstellungen von Gottfried Wilhelm Leibniz zurück. Leibniz erstrebte ursprünglich eine Zusammenfassung aller in der Wissenschaft tätigen Kräfte zu gemeinsamer Arbeit auf übernationaler Grundlage. Er stellte sich dabei vor, daß in allen Staaten Akademien der Wissenschaften gegründet werden sollten, die nach gemeinsamen Absprachen und Plänen in ständiger Verbindung miteinander wissenschaftliche Forschung betreiben sollten. Eine gemeinsame Wissenschaftspolitik der einzelnen Staaten war in dem zersplitterten Deutschland damals jedoch sowenig wie eine gemeinsame Wirtschaftspolitik möglich. Deswegen konnte der Plan von Leibniz, eine gesamtdeutsche wissenschaftliche Sozietät in Deutschland zu gründen, nicht verwirklicht werden. Leibniz wünschte eine "kaiserliche Sozietät" als wissenschaftliche Gesellschaft für das gesamte Deutschland (2). Da sich der Plan von Leibniz nicht in der beabsichtigten Form verwirklichen ließ, sollte damit in einem Einzelstaat als eine Art Notlösung begonnen werden. Durch Kurfürst Friedrich III. wurde eine wissenschaftliche Sozietät in Brandenburg gegründet, in der sich die Mitglieder nicht als Brandenburger oder später als Preußen, sondern als Deutsche fühlen sollten. In der neuen Sozietät sollte vor allem die Verbindung von Theorie und Praxis gepflegt werden. Durch königliches Statut vom 3. Juni 1710 wurde die Sozietät in vier Klassen geteilt: In eine naturwissenschaftliche Klasse für Physik, Medizin, Chemie, eine mathematisch-astronomisch-mechanische Klasse, eine Klasse für die deutsche Sprache und eine Klasse für Literatur, insbesondere orientalische Literatur (3).

Zu Anfang des 19. Jahrhunderts forderten die Mitglieder der preußischen Akademie - Niebuhr, Schleiermacher, Savigny, Böckh u.a. -, daß der Hauptzweck der wissenschaftlichen Arbeit der Akademie in großen wissenschaftlichen Unternehmungen zu suchen sei, da derartige gemeinsame Arbeiten der Wissenschaft am meisten dienten und der Akademie und ihrer Mitglieder allein würdig seien (4). Als erstes Großunternehmen der philosophisch-historischen Klasse wurde 1815 auf Vorschlag von August Böckh die Sammlung der Inscriptiones Graecae begonnen. 1817 schloß sich eine kritische Ausgabe der Werke von Aristoteles an. Auf die Initiative des Freiherrn vom Stein wurde 1819 die Gesellschaft für ältere deutsche Geschichtskunde gegründet, die sich die Herausgabe der Monumenta Germaniae Historica zum Ziel setzte, und an deren Vorbereitungen auch die Akademie beteiligt war. In dieser Zeit führte die Akademie auch ihre ersten größeren naturwissenschaftlichen Unternehmungen durch, z. B. die Anfertigung vollständiger Himmelskarten. Im Laufe der nächsten Jahrzehnte folgten dann noch viele bedeutende geisteswissenschaftliche Vorhaben, die dem nationalen und internationalen Ansehen der Akademie dienten (5).

Zehn Jahre nach dem Beginn der Monumenta Germaniae Historica wurde in Rom das "Institut für Archäologische Korrespondenz" gegründet. Es stand unter Führung deutscher gelehrter Altertumsfreunde, die das Institut zum Zweck einer archäologisch-historischen Sammel- und Publikationstätigkeit in Rom gegründet hatten. Der preußische Kronprinz hatte das Protektorat dafür übernommen. Zuerst lebte das Institut von der privaten Hilfe gelehrter Mäzene. Doch diese blieb ungenügend, und bald existierte das Institut nur noch von Subventionen des preußischen Staates, ohne daß jedoch seine formell-internationale, in der Sache jedoch hauptsächlich gesamtdeutsche, staatlich ungebundene und selbständige Organisation angetastet worden wäre.

Hier zeigen sich weitere Merkmale einer neu beginnenden Entwicklung. Die Subventionen von privater Seite reichten für die größeren wissenschaftlichen Unternehmungen nicht mehr aus. Ohne staatliche finanzielle Unterstützung ließen sich die größeren wissenschaftlichen Unternehmungen nicht mehr durchführen. Der Staat leistete dabei die kulturelle Arbeit häufig nicht selbst, sondern beteiligte sich daran indirekt durch die Finanzierung privater Organisationen (6).

Um die Mitte des Jahrhunderts erhielten die spezialisierten Wissenschaften aus der heraufkommenden Industrialisierung neue Antriebe. Die Zusammenarbeit der Wissenschaftler und ihre Zusammenschlüsse gingen der politischen Einigungsbewegung in Deutschland voraus. Der Gesamtverein der deutschen Geschichts- und Altertumsvereine, ein Zusammenschluß der lokal-geschichtlichen Vereine, übernahm das Römisch-Germanische Museum in Mainz und das Germanische Museum in Nürnberg in seine Obhut. Diese beiden Anstalten waren bis dahin von staatsfreien Organisationen mit Hilfe von Privatleuten und deutschen Fürsten getragen worden.

Auch die Regierungen der einzelnen deutschen Staaten begannen jetzt, größere wissenschaftliche Aufgaben in Angriff zu nehmen. Sie konkurrierten darin miteinander. Auf Veranlassung von Leopold von Ranke gründete der bayerische König Maximilian II. 1858 die Historische Kommission bei der Münchener Akademie, die große korporative Publikationsarbeiten zur allgemeinen deutschen Geschichte unternehmen sollte. Ab 1859 erhielt das Institut für Archäologische Korrespondenz regelmäßige Zuschüsse aus dem preußischen Staatshaushalt.

Nach den vorangegangenen großen Entdeckungen auf physikalischem, chemischem und technischem Gebiet beschleunigte sich die naturwissenschaftliche Entwicklung immer mehr. Sie traf sich mit dem wirtschaftlichen Aufschwung. In dieser Zeit entstanden neue Wissenschaften mit stark praktischem Einschlag. Technische, tierärztliche, landwirtschaftliche

Hochschulen erwuchsen aus dieser Entwicklung. 1857 wurde der Verein deutscher Ingenieure gegründet, der "ein inniges Zusammenwirken der geistigen Kräfte deutscher Technik zur gegenseitigen Anregung und Fortbildung im Interesse der gesamten deutschen Industrie" anstrebte (7).

II. Die Wissenschaftspolitik des Norddeutschen Bundes

Die Verfassung des Norddeutschen Bundes gab dem Bund keine kulturpolitischen Zuständigkeiten. Dennoch brachten die Verbände der Naturforscher und Ärzte, die Geschichts- und Altertumsvereine, die verschiedenen wissenschaftlichen Unternehmungen, die über das ganze Deutsche Reich verstreut waren, dem neuen Norddeutschen Bund große Hoffnungen entgegen und wandten sich mit zahlreichen Wünschen an den Reichstag des Norddeutschen Bundes. Der führende Staat des Norddeutschen Bundes, Preußen, nahm sich nach wie vor der wissenschaftlichen Aufgaben, die in Deutschland auf eine Lösung warteten, besonders an, vor allem der Aufgaben überregionaler und nationaler Bedeutung (8).

Für die kulturpolitische Initiative des Norddeutschen Bundes war nicht zuletzt die Person des preußischen Königs, Wilhelm I., maßgebend. Die Aufmerksamkeit des Königs wurde schon vor der Gründung des Norddeutschen Bundes durch das Germanische Museum in Nürnberg angezogen (9, 10).

Als das preußische Kultusministerium 1860 der Anregung des Königs, das Germanische Museum zu fördern, nicht entsprach, förderte er das Museum aus seinem königlichen Dispositionsfonds. 1868 trat der König auch dafür ein, daß der Norddeutsche Bund das Germanische Museum finanziell unterstützen solle (11). Über diese Frage kam es zum erstenmal im Norddeutschen Bunde zu einer Diskussion darüber, ob die dauernde Unterstützung einer wissenschaftlichen Anstalt überhaupt Sache des Norddeutschen Bundes sei, der doch verfassungsrechtlich keine Kompetenzen für Kunst und Wissenschaft habe. Der Reichstag des Norddeutschen Bundes faßte dann aber die einstimmige Entschließung, das Nürnberger Museum im Bundeshaushalt zu berücksichtigen. Seit 1870 erhielt das Museum regelmäßig finanzielle Zuschüsse aus dem Bundeshaushalt und später aus dem Reichshaushalt. Daneben übernahm der Norddeutsche Bund eine Reihe von praktischen Aufgaben auf dem Gebiet der Wissenschaft. Mit dem Argument, daß es ebensowenig eine preußische Wissenschaft wie einen preußischen Handel und Verkehr gäbe, sondern daß dies eine allgemeine deutsche Angelegenheit sei, beanspruchte Bismarck zunächst auf dem Gebiet der Medizinal- und Veterinärpolizei eigene wissenschaftliche Organe für den Norddeutschen Bund. Ein anderer - vielleicht sogar gewichtigerer - Grund lag für Bismarck darin, daß er das Übergewicht der preußischen Verwaltung zurückdrängen wollte, indem er dem Reich eigene Institutionen schuf (12).

Die verfassungsrechtliche Kompetenzverteilung spielte bei den Entscheidungen des Bundesrates über Zuständigkeitsfragen eine geringe Rolle. Demgegenüber gab es im Deutschen Reichstag mitunter Debatten über

Zuständigkeitsfragen, wenn der Bund wissenschaftliche Aufgaben übernehmen sollte. Der Reichstag versagte jedoch der Gründung wissenschaftlicher Reichsorgane, die der Reichsgesetzgebung Hilfestellung leisten sollten, seine Zustimmung nie. Die Begründung für diese kulturpolitische Zuständigkeit war, daß das Reich in der Lage sein müsse, sich Institutionen für die Vorbereitung seiner Gesetzgebung zu schaffen.

1864 wurde auf Veranlassung des preußischen Königs durch die preußische Regierung die "Mitteleuropäische Gradmessung" ins Leben gerufen, um die Krümmungsverhältnisse der Erdoberfläche in ihrem Gesamtgebiet zu bestimmen. Die mitteleuropäische Gradmessung war die erste größere internationale wissenschaftliche Arbeitsorganisation. Preußen unterhielt das Zentralbüro und stand dem Unternehmen mit ständigen Hilfsmitteln zur Seite. Der preußische General Baeyer war der Leiter der Organisation. Die Gradmessungsorganisation erhob alsbald gegenüber den Verteidigern eines partikularen Maßwesens die Forschung nach einem wissenschaftlich einwandfreien Metersystem. Diese Forderung traf sich mit dem schon lange geäußerten Wunsch der deutschen Wissenschaft und Technik nach einer gemeinsamen Maßeinheit. Im Zusammenhang mit diesem Unternehmen schuf Delbrück in der Normal-Eichungs-Kommission als zentraler Leitungs- und Aufsichtsstelle für das neue Maß- und Gewichtssystem des Bundes die erste wissenschaftliche Bundesbehörde (1869) (13). Nach der Beendigung des deutsch-französischen Krieges kam es im Mai 1875 zum Abschluß des Vertrages über das gemeinsame Metermaßsystem, an dem alle größeren Kontinentalstaaten beteiligt waren. Im Jahre darauf wurde in Paris das Internationale Maß- und Gewichtsbüro eröffnet. Delbrück hatte die internationale Maß- und Gewichtsorganisation als Bundessache mit dem Einverständnis aller Bundesstaaten von Anfang an in Anspruch genommen und behandelt (14).

Das erste rein wissenschaftliche Bundesunternehmen war die Sonnenfinsternisexpedition von 1868, die von der astronomischen Gesellschaft angeregt und durchgeführt wurde. Die Deutsche Seewarte, eine private Gründung eines ehemaligen Navigationslehrers für meteorologische-physikalische Forschungen, wurde seit 1869 mit Bundesmitteln unterstützt. Daraus entstand dann 1872 die Deutsche Seewarte als Zentralstelle des Reiches für Meereskunde und Sturmwarnung. Die neuen Reichsorgane technisch-wissenschaftlichen Charakters hatten fast immer praktische Aufgaben zu lösen (15).

III. Wissenschaftspolitik des Deutschen Reiches

1. Reichseigene Forschungen

Abgesehen von Zuständigkeiten auf den Gebieten der kulturellen Arbeit im Ausland, des Schutzes geistigen Eigentums (Art. 4, Ziffer 6) und des Pressewesens (Art. 4, Ziffer 16) enthielt die Reichsverfassung vom 16. 4. 1871 keine kulturpolitischen Zuständigkeiten für das Reich. Dennoch setzte das Reich einen großen Teil der vom Norddeutschen Bund begonnenen wissenschaftlichen Unternehmungen einfach fort. Die schon vom Norddeutschen Bund als Zentralmaßstelle gegründete Normal-Eichungskommission wurde später im Deutschen Reich unter der Bezeichnung "Reichsanstalt für Maß und Gewicht" weitergeführt. Auch in der internationalen Maß- und Gewichtsorganisation trat das Reich die Nachfolge des Norddeutschen Bundes an (16).

Die Organisation der "Mitteleuropäischen Gradmessung" erweiterte sich durch den Beitritt weiterer Staaten zur "Europäischen Gradmessung". 1886 entwickelte sich daraus die "Internationale Erdmessung". Eine Übereinkunft von 1886 verpflichtete die Mitgliedstaaten zu Beitragszahlungen, die dann im Laufe der Jahre erhöht wurden. 1896 trat das Reich an die Stelle der der Internationalen Erdmessung angehörenden deutschen Bundesstaaten. Es bestritt den zu zahlenden Beitrag zu den gemeinschaftlichen Kosten der Erdmessung aus der Reichskasse (17).

Aus der alten Seewarte und dem Hydrographischen Büro der Marine entstand die neue Deutsche Seewarte als Zentralstelle des Reiches für Meereskunde und Sturmwarnung und als Pflegestätte der wissenschaftlichen Nautik (18).

1872 wurde das Statistische Reichsamt gegründet für die wissenschaftliche Bearbeitung der Wirtschafts- und Bevölkerungsstatistik. Das statistische Rohmaterial sollte weiterhin von den Ländern gesammelt werden.

Bismarck lag vor allem daran, Reichsinstitute auf dem Gebiet der angewandten Wissenschaft zu errichten. 1873 entstand auf Grund der Gesetzgebungskompetenz des Reiches für das Gesundheitswesen eine Kommission zur Durchführung einheitlicher, systematischer Forschungen über Verbreitung und Bekämpfung der Cholera (19). Unter Hinweis auf die Reichszuständigkeit für Maßregeln der Medizinal- und Veterinärpolizei (20) verlangte Bismarck die Errichtung eines Reichsgesundheitsamtes, weil das Reich durch Sachkenntnis in den Stand gesetzt werden müsse, die Angemessenheit solcher Maßregeln exakt zu beurteilen. Er verlangte in einer Vorlage, daß die neue Zentralbehörde so organisiert werden müsse, "daß dadurch sowohl eine Zentralisierung als eine weitere Ausbreitung ihrer Tätigkeit ermöglicht wird". Die Mehrheit des Reichstages stellte sich unter dem Reichsgesundheitsamt eine Stelle für Medizinalstatistik und für die Oberaufsicht über Impfwesen und Epidemien vor. Bismarck und Delbrück jedoch gingen in ihren Vorstellungen darüber weit hinaus. Nach einer langen Zeit des Tauziehens kam es nach Ablauf etwa mehr als eines Jahres zu einem Kompromiß. Der Bundesrat genehmigte für die Wahrnehmung der gemeinsamen Interessen der Bundesstaaten des Deutschen Reiches auf dem Gebiet der Medizinal- und Veterinärpolizei ein Organ mit lediglich beratendem Charakter, das dem Reichskanzleramt unmittelbar untergeordnet werden sollte. Die Bezeichnung "Zentralorgan" wurde absichtlich vermieden. Zum Leiter des Reichsgesundheitsamtes wurde, nachdem Virchow und Pettenkofer abgelehnt hatten, der Hausarzt von Bismarck, Struck, berufen. Unter seiner Direktion wurde 1876 das Reichsgesundheitsamt eröffnet (21).

Kurz nach der Gründung ging es um die Erweiterung des Aufgabenkreises des Reichsgesundheitsamtes. Zunächst bestand das Amt nur aus zwei Medizinern und einem Veterinär (22). Als im Dezember 1876 der Zentrumsabgeordnete Reichensperger über die zunehmende Lebensmittel- und Getränkeverfälschung klagte, erkannte Bismarck sofort die Gelegenheit und ließ aus Etatmitteln ein chemisches Laboratorium errichten. Er setzte sich damit vor dem Reichstag auch durch. Auf diese Weise betrat das Reichsgesundheitsamt den Boden wissenschaftlicher Forschung (23).

Das zweite große wissenschaftliche Reichsinstitut war die Physikalisch-Technische Reichsanstalt, die 1887 ins Leben gerufen wurde (24). Der Diskussion um die Gründung dieser Reichsanstalt, die vor allem auf Zuständigkeitsfragen hinwies, bereitete Bismarck kurzerhand ein Ende, indem er erklärte, eine "technische Versuchsstation", wie sie vorgesehen sei, gehöre "nach dem Vorgang des Reichsgesundheitsamtes zur Kompetenz des Reiches" (25). Danach übernahm das Reichsamt des Innern die Planung einer Reichsanstalt in großem Maßstab. Als Präsident dafür konnte es den deutschen Physiker Hermann von Helmholtz gewinnen. Im Reichstag traten jedoch erhebliche Schwierigkeiten auf. Gegen das Projekt stimmte die Zentrumspartei, die vor allem föderalistische Gesichtspunkte ins Feld führte. Die Konservativen widerstrebten ebenfalls, weil sie von einer Förderung der Industrie nichts wissen wollten. Die Liberalen hielten die geforderte Reichsanstalt mit ihren antiprotektionistischen Prinzipien unvereinbar (26). Im Bundesrat widersetzte sich Bayern, da die Pflege der Wissenschaften im allgemeinen nicht Reichs-, sondern Landessache sei (27). Nur die Sozialdemokraten stimmten im Reichstag uneingeschränkt zu. Es war erforderlich, den Kronprinzen zur Mobilisierung der ihm nahestehenden Abgeordneten einzusetzen, damit in der Plenarberatung die Zustimmung der Mehrheit für die Gründung des Instituts gewonnen werden konnte. Im März 1887 bewilligte dann der neugewählte Reichstag das ganze Projekt einer Physikalisch-Technischen Reichsanstalt (28).

Aus dem Reichstag kam wiederholt die Forderung von landwirtschaftlichen Kreisen, das Reich möge eine landwirtschaftlich-technische Reichsanstalt einrichten. Man wies dabei auf die Erfolge der Physikalisch-Technischen Reichsanstalt und auf die ungenügenden Mittel der Landesinstitute für Versuchsreihen hin. Es könnte auch eine Reichsanstalt, so wurde ausgeführt, in engeren Grenzen sein, eine "biologische Versuchsanstalt für wissenschaftliche Erforschungen wirtschaftlich nutzbarer Lebensbeziehungen von Pflanzen und Tieren" (29). 1897 hatte der Abgeordnete Schultz-Lubitz die Errichtung einer landwirtschaftlich-technischen Reichsanstalt für Bakteriologie und Phytopathologie beantragt. Zunächst wurde dem Antrag dadurch entsprochen, daß dem Reichsgesundheitsamt eine biologische Abteilung zur wissenschaftlichen Begutachtung wichtiger Aufgaben der Gesetzgebung und Verwaltung angegliedert wurde (30). Diese Abteilung wurde 1905 als selbständige biologische Reichsanstalt ausgegliedert. Zu diesem Zeitpunkt handelte es sich bereits um eine Forschungsanstalt mit umfassenden Forschungslaboratorien und Forschungsaufgaben.

Die wissenschaftlichen Reichsanstalten haben sich nicht auf ihr ursprüngliches Programm, zusammenfassende wissenschaftliche Arbeiten zu leisten, beschränkt, sondern schon verhältnismäßig früh selbst auch bestimmte kostspielige wissenschaftliche Spezialforschungen durchgeführt. Dafür wurden im Reichshaushalt fortlaufend größere Summen bewilligt (31). Aus solchen Fonds des Reiches wurden auch Forschungsinstitute der einzelnen Reichsstaaten gefördert. Auch in den Mitteln für wirtschaftspolitische Maßnahmen, für Landwirtschaft, Handel und Gewerbe waren Mittel für wissenschaftliche Forschungen enthalten (32).

2. Finanzielle Unterstützung von Forschungsvorhaben und wissenschaftlichen Instituten

Wie der Norddeutsche Bund übernahm auch das Deutsche Reich die finanzielle Unterstützung der beiden großen philologisch-historischen Nationalunternehmungen, des Grimmschen Wörterbuches und der Monumenta Germaniae Historica (33). Das Reich beteiligte sich auch an rein wissenschaftlichen Expeditionen. Das erste rein wissenschaftliche Unternehmen, das noch der Norddeutsche Bund durchführte, war die Sonnenfinsternisexpedition von 1868. 1874 fand mit Reichsmitteln die Expedition zur Beobachtung des Venusdurchganges statt (34). Es folgte die Unterstützung anderer wissenschaftlicher Expeditionen, wie einer Tiefsee-Expedition und einer Südpolarexpedition (35).

Das Reich setzte die Subventionen für das Germanische Museum in Nürnberg an Stelle des Norddeutschen Bundes fort. Das Germanische Museum bildete von da an eine ständige Position im Etat des Reichsamtes des Innern (36).

Unter Berufung auf die Förderung des Germanischen Museums in Nürnberg erhielt auch das Römisch-Germanische Museum in Mainz (37) seit 1872 eine regelmäßige Unterstützung durch das Reich. Zur verfassungsrechtlichen Seite erklärte dazu die Reichstagsmehrheit gegenüber föderalistischen Bedenken, daß wissenschaftliche Institute von allgemeiner Bedeutung eine Beihilfe aus Reichsmitteln erhielten, sei ein längst ausgesprochenes Prinzip (38). Etwas später kam zu den vom Reich unterstützten Museen das Deutsche Museum hinzu. Es wurde anläßlich der Hauptversammlung des Vereins deutscher Ingenieure am 28. Juni 1903 durch die Initiative von Oskar von Miller begründet und führt seit dem Jahre 1905 den Namen Deutsches Museum (39). Von 1875 an schwebten zwischen Reichskanzleramt, Kultusministerium und Großem Generalstab Verhandlungen über die Erforschung der römischen Grenzverteidigung in Deutschland. Die entscheidenden Anregungen dafür kamen von Theodor Mommsen. Doch die Untersuchungen des römischen Limes, ein rein der Erforschung der Vergangenheit gewidmeter Plan, stießen auf wenig Gegenliebe bei Bismarck. Erst nach seinem Abgang konnte Mommsen den neuen Reichskanzler für seinen Plan gewinnen. Ab 1892 finanzierte das Reich die Limesforschung (40). Daneben leistete das Auswärtige Amt finanzielle Unterstützungen für die römisch-germanische Altertumsforschung in Deutschland, für die Zoologische Station in Rovigno in Istrien (41), für wissenschaftliche, insbesondere ethnologische Arbeiten sowie zu architektonischen Studien in China (42). Außerdem leistete das Reich aus dem Etat des Innenministeriums u. a. Beiträge für die Leopoldinisch-Karolinische Deutsche Akademie der Naturforscher in Halle an der Saale (43), die Kaiserliche Zentralstation für Erdbebenforschung in Straßburg im Elsaß, die Internationale Seismologische Assoziation, die Internationale Organisation für Luftschiffahrt, die Internationale Bibliographie der Naturwissenschaften, die wissenschaftliche Bearbeitung und Veröffentlichung der Ergebnisse der Tiefsee-Expedition, das Internationale Institut für Sozialbibliographie, die Gesellschaft für deutsche Erziehungs- und Schulgeschichte, die wissenschaftliche Bearbeitung und Veröffentlichung der Ergebnisse der Südpolar-Expedition, die Drachenstation am Bodensee, die Erforschung der oberen Luftschichten, die Wiederherstellung des ehemaligen kurfürstlichen Schlosses in Mainz (44).

3. Der Reichstag und Fragen der Wissenschaftspolitik

Bei den Diskussionen im Reichstag im Jahre 1898 über die Tätigkeit des Reiches auf kulturpolitischem Gebiet (45) wurden Möglichkeiten einer Rechtfertigung für diese Aktivität gesucht. Dabei wurde hervorgehoben, daß die Pflege von Wissenschaft und Kunst Sache der Einzelstaaten sei, daß das Reich jedoch unter gewissen Voraussetzungen ebenfalls kulturpolitisch aktiv werden könne. Einhellig wurde die Ansicht vertreten, das Reich dürfe sich auf dem Gebiet der Wissenschaft und Kunst immer dann betätigen, wenn es sich darum handele, deutsche Wissenschaft und deutsche Kunst dem Auslande gegenüber zu repräsentieren. Kulturpolitische Unternehmungen im Inland sollten dem Reich, wie im Reichstag ausgeführt wurde, immer dann erlaubt sein, wenn sie hinsichtlich des für sie erforderlichen Aufwandes und ihrer Auswirkung die Grenzen eines einzelnen Staates übersteigen. Daneben wurde in der Allgemeinheit des Interesses bereits eine ausreichende Rechtfertigung für eine kulturpolitische Betätigung des Reiches erblickt.

Der Standpunkt der Reichsregierung wurde im Jahre 1898 von dem Staatssekretär des Reichsamtes des Innern, Graf von Posadowsky-Wehner, dargelegt, der ausführte, Kunst und Wissenschaft gehörten zwar nicht zu den Aufgaben, die die Reichsverfassung dem Reich überwiesen haben, das Deutsche Reich habe jedoch solche Aufgaben zu übernehmen, wenn es sich entweder um die Frage der internationalen Repräsentation von Kunst und Wissenschaft handele oder wenn die Voraussetzungen für das Unternehmen in allen deutschen Staaten vorhanden seien und wo der Zweck des Unternehmens allen deutschen Staaten zugute kommen könne. Von Posadowsky-Wehner erklärte dazu, man müsse im Rahmen dieser allgemeinen Voraussetzungen von Fall zu Fall die Entscheidung über das Eingreifen des Reiches treffen.

4. Die Rechtslehre zu den ungeschriebenen Reichskompetenzen.

Die Rechtslehre bejahte während der Herrschaft der Reichsverfassung von 1871 überwiegend die Möglichkeit einer in der Verfassung nicht ausdrücklich genannten Kompetenz des Reiches.

Schon Robert von Mohl sah wie etwas später Heinrich Triepel in der historisch-politischen Situation bei der Gründung des Deutschen Reiches, als die Einzelstaaten an den Bundesstaat Rechte abtreten sollten, den Grund für die zurückhaltenden Formulierungen in der Reichsverfassung. Er meinte, daß die Verfassungsbestimmungen noch sehr in den Anfängen begriffen seien, und daß eine allmähliche Ausweitung der Zuständigkeiten des Reiches "trotz anfänglichen Widerstrebens des Partikularismus" dringend notwendig sei (46).

Die im Eingang der Verfassungsurkunde aufgeführten allgemeinen Bestimmungen über die Zwecke des Deutschen Reiches und die positiven einzelnen Feststellungen der Verfassung deckten sich nicht. Daraus ergebe sich, daß die Kompetenzbestimmungen nicht nach ihrem unmittelbaren Wortlaut, sondern teils einschränkend, teils ausdehnend ausgelegt werden müßten. Zur Auslegung möchte Robert von Mohl auch die Vorarbeiten und Umstände bei Abschluß der Verfassung heranziehen wie auch den Zusammenhang und Zweck des Verfassungsinhaltes, vor allem die Natur eines Bundesstaates, berücksichtigen. In diesem Zusammenhang mißt Mohl auch den allgemeinen Verfassungssätzen und der Präambel Bedeutung für die Verfassungsinterpretation und Bestimmung von Kompetenzen bei.

Den Schluß, auf der positiven Bestimmung der Kompetenzen des Reiches und der negativen Bestimmung der Kompetenzen der einzelnen Staaten ergebe sich eine Präsumtion gegen die Kompetenz des Reiches, lehnt auch Albert Hänel als irrtümlich ab (47). Er wendet sich ebenfalls dagegen, daß die Auslegung der Kompetenzbestimmungen der Reichsverfassung "eine enge sein müsse und eine erweiternde nicht sein" dürfe. Es lasse sich nicht argumentieren, daß eine Kompetenz des Reiches nur dann begründet sei, wenn sie in der Verfassung ausdrücklich festgestellt sei, nicht aber, wenn sie erst aus dem Zusammenhang und dem Zweck der Verfassungsbestimmung oder aus sonstigen schlüssigen Umständen oder mittels der Analogie gefolgert werden könne und müsse. In diesem Sinne gebe es auch ungeschriebene "stillschweigende" Kompetenzbestimmungen. Insbesondere gelte kraft logischer Schlußfolgerung der Satz "Ist eine bestimmte Angelegenheit verfassungsmäßig der Regelung des Reiches unterworfen, so ist dasselbe auch kompetent, solche andere Regelungen vorzunehmen, die eine unerläßliche Voraussetzung für die erstere bilden; und zwar auch dann, wenn diese anderen Regelungen eine solche Angelegenheit im sachlichen Zusammenhang ergreifen, die an sich der Kompetenz der Einzelstaaten verblieben ist" (48). Wenn eine Angelegenheit ohne besondere und ausdrückliche Begrenzung der Kompetenz des Reiches zugeschrieben sei, so umfaßt sie alle einer Rechtsordnung fähigen und bedürftigen Seiten, die der primären Rechtsordnung der Angelegenheit Halt und Ordnung gäben. Deswegen stünden dem Reich auch unbestritten alle Zwangsrechte zu, welche nach seinem legislativen Ermessen zur Durchführung der Ordnung der behandelten Angelegenheit erforderlich seien, obwohl keine besondere Verfassungsklausel eine ausdrückliche Ermächtigung hierfür gewähre (49).

Paul Laband läßt sich nur wenig über das Problem ungeschriebener Verfassungskompetenzen aus. Doch auch er vertritt die Auffassung, dort, wo die Reichsverfassung von der Rechtsstellung der Hauptorgane des Reiches und den Rechten der Reichsbürger handele, habe es sich nur auf außerordentlich kurze, nur das Allernotwendigste enthaltende und überall der Ergänzung durch Gesetzgebung und Auslegung bedürftige Sätze beschränkt (50). Daraus ergibt sich, daß auch Laband in der Verfassung nicht ausdrücklich erwähnte Rechtskompetenzen für möglich hält.

Georg Meyer und Gerhard Anschütz gehen zwar von dem Grundsatz aus, daß alle nicht dem Reich überwiesenen Befugnisse den Einzelstaaten verbleiben. Aus ihren Ausführungen ergibt sich jedoch, daß sie auch "ungeschriebene Befugnisse" als möglich ansehen (51). Für das Gebiet der Verwaltung nehmen sie dazu ausdrücklich Stellung, indem sie ausführen, die Reichsverfassung enthalte keine Bestimmung, aus der geschlossen werden könnte, daß die in der Verfassung erwähnten die einzigen Verwaltungsfunktionen des Reiches sein sollten (52).

Am eingehendsten behandelt Heinrich Triepel das Problem der ungeschriebenen Kompetenz des Bundesstaates (53). Bei der Festlegung der Kompetenzen, die der neu errichteten Zentralgewalt des Reiches nach der Absicht ihrer Verfasser zuzufallen hatten, stellt er eine gemessene Zurückhaltung fest. Die der Gesetzgebung des Gesamtstaates in der Form eines Kataloges zugedachten Gegenstände und die in der Verfassung enthaltenen Befugnisse der Zentralen Exekutionsorgane würden eine ganze Reihe von Fragen übergehen, auf die man in einer bundesstaatlichen Verfassung eine Antwort zu finden erwarte. Bei mancher ausdrücklichen Bestimmung sei die Verfassung so kurz angebunden, daß man den Eindruck einer beabsichtigten Unvollständigkeit gewinne.

Triepel findet für diese unvollständige Regelung der Zuständigkeiten des Reiches eine Reihe von Gründen. Die Vorsicht in der verfassungsrechtlichen Formulierung habe zu einem Teil auf naheliegenden politischen Erwägungen beruht. Wie in Nordamerika sei es auch bei uns notwendig gewesen, eine Reihe bisher souveräner Staaten zur Veräußerung wertvoller Hoheitsrechte an eine Zentralgewalt zu überreden. Um diese schwierige Aufgabe nicht zu erschweren, habe man die Größe des begehrten Geschenks und die Bedeutung der Hergabe nicht ausführlicher beschrieben, als es unbedingt notwendig gewesen sei. Man müsse aber dabei wissen, daß die Tragweite der Kompetenzbestimmungen in der ihnen vorgeschlagenen Verfassung weit über den Wortlaut der geschriebenen Klauseln hinaus gehen könne.

Zu einem anderen Teil führt Triepel die Sparsamkeit in der Aufstellung von Zuständigkeitsnormen auch auf Gründe gesetzgeberischer Technik zurück. Denn ein weiser Gesetzgeber hüte sich, durch kasuistische Regelung von Einzelheiten der künftigen Handhabung des Gesetzes Schwierigkeiten zu bereiten. Er verzichte vielmehr von vornherein auf Vollständigkeit, weil er wisse, daß die bunte Mannigfaltigkeit des gesellschaftlichen Lebens jedem Versuch, erschöpfend zu sein, nach kurzer Zeit Hohn sprechen würde. Um der Verfassung auch auf nicht voraussehbare Fälle Anwendung zu sichern, habe der Verfassungsgesetzgeber bewußt ein lückenhaftes Werk geschaffen in der Annahme, daß die Praxis der Zukunft die Lücken schließen werde. Die geschriebene Verfassung lasse bei weitem nicht alle Kompetenzen erkennen. Das gelte gleichermaßen für den Bereich der Gesetzgebung wie für den der Exekutive. Triepel behauptet, für die Masse der vom Norddeutschen Bund und vom Deutschen Reich erlassenen Gesetze ergebe sich im Wortlaut der verfassungsrechtlichen Kataloge keine Grundlage. Das deutsche Reich besitze jedoch Befugnisse in Fülle, die ihm von Anfang an durch "stillschweigende" Rechtssetzung zuteil geworden sei. Die Existenz solcher Rechte sei unbestreitbar und an sich auch unbestritten. Es gebe bundesstaatliche Kompetenzen, die von allen als selbstverständlich betrachtet würden, obwohl die Verfassung ihrer mit keinem Wort gedenke. Der Umfang der ungeschriebenen Kompetenzen des Bundesstaates ist nach Triepel jedoch umstritten. Politische Gegensätze spielten bei der Entscheidung darüber eine gewichtige Rolle. Der "Unitarier" werde geneigt sein, dem Bundesstaat Kompetenzen zuzusprechen, die der "Partikularist" nicht zu entdecken vermöge. Aber auch die von politischen Tendenzen unbeeinflußte Staatsrechtswissenschaft sei hier noch zu keinen festen Ergebnissen gelangt, weil über die Methoden, mit deren Hilfe ungeschriebenes Staatsrecht festgestellt werden könne, keine Einigkeit bestehe.

Auch die Geschichte der Entstehung der Verfassung verbiete, das Reich auf die ausdrücklich verliehenen Kompetenzen zu beschränken. Denn ein entsprechender Antrag sei im verfassungsvereinbarenden Norddeutschen Reichstag abgelehnt worden (54).

Als Mittel für die Feststellung ungeschriebener Zuständigkeitsnormen nennt Triepel folgende (55): "Berichtigende, das heißt ausdehnende Auslegung" einer Verfassungsklausel; "Konsequenz und Analogie" aus geschriebenen Kompetenzbestimmungen.

Dementsprechend ließen sich eine Reihe "stillschweigend" gesetzter Reichskompetenzen auf dem Wege des Schlusses a majore ad minus herausfinden. Viel wichtiger jedoch und weitgreifender als dieser Schluß vom Größeren auf das Kleinere sei für den Umfang der Reichskompetenzen der Schluß vom Zweck auf die Mittel. So rechtfertige sich der Satz: "Das Reich besitzt im Zweifel außer den ihm ausdrücklich verliehenen Kompetenzen auch alle diejenigen, die es braucht, um eine ausdrücklich eingeräumte Kompetenz vollständig und wirksam anzuwenden"(56).

Triepel stellt vier Gruppen ungeschriebener Bundeszuständigkeiten auf:

1. Kompetenzen zur Gesetzgebung, die sich als Folgen einer ausdrücklich gegebenen Kompetenz zur Gesetzgebung,

2. Kompetenzen zur Vollziehung, die sich aus einer ausdrücklichen Kompetenz zur Gesetzgebung,

3. Kompetenzen zur Gesetzgebung, die sich aus ausdrücklichen Kompetenzen zur Vollziehung,

4. Kompetenzen zur Vollziehung, die sich aus anderen Kompetenzen zur Vollziehung ergeben (57).

Neben der "Konsequenz" bejaht Triepel auch die Zulässigkeit, ausdrückliche Kompetenzbeziehungen der Reichsverfassung zugunsten des Reiches auf dem Wege der Analogie auszudehnen (58).

Triepel lehnt sich bei seinen Untersuchungen über die ungeschriebenen verfassungsrechtlichen Zuständigkeiten des Bundesstaates stark an die in der nordamerikanischen Rechtslehre und Rechtssprechung entwickelte Theorie der "implied powers" an und kommt zu dem Ergebnis, daß Deutsche Reich besitze ebenso seine implied powers wie die nordamerikanische Union (59).

Rudolf Smend vertritt in seinem 1916 erschienenen Aufsatz "Ungeschriebenes Verfassungsrecht im monarchischen Bundesstaat" ebenfalls die Auffassung, es gebe ungeschriebenes Verfassungsrecht, das auch die Kompetenz im Bundesstaat regele (60). Aus den "föderativen Grundlagen der Reichsverfassung" ergeben sich für Smend wichtige ungeschriebene Verfassungsrechtssätze (61). Erst durch die Anerkennung dieses Stückes des Reichsstaatsrechts erhielten einige magere Abschnitte der Reichsverfassung ihr eigentliches Leben. Erst eine solche Betrachtung könne die politische Wirklichkeit im Reich mit den von der Theorie behaupteten Grundlagen des Reichsstaatsrechts in Einklang bringen.

Grund und Sinn der inhaltlichen Unvollständigkeit und der damit zusammenhängenden sachlichen Eigentümlichkeit der Reichsverfassung sieht Smend zunächst in der technischen Schwierigkeit, die hier in Betracht kommenden Rechtsbeziehungen in scharf gefaßte Verfassungsartikel einzukleiden.

Besondere Bedeutung gewinnt für Smend das ungeschriebene Verfassungsrecht auf dem Gebiet der "bundesstaatlichen Höflichkeit", man würde heute sagen des bundesfreundlichen Verhaltens. Das Maß, in dem das Reich den Einzelstaaten Nachrichten oder gar gegenseitige Aussprache und Verständigung schuldig sei, lasse sich nicht unmittelbar durch einen noch so dehnbaren Satz festlegen, der nicht mit Notwendigkeit Mißverständnisse und widersprechende Auslegungen nach sich ziehen würde. Dasselbe gelte von der Pflichtenstellung der Einzelstaaten gegenüber dem Reich. In welchem Umfang die Einzelstaaten noch auswärtige Politik treiben dürfen, ohne die Schranken der dem Reich vorbehaltenen "hohen" Politik zu überschreiten - oder welche Rücksichten sie in ihrem eigenen inneren Verfassungsleben dem Reich schuldig sind - das wäre in Verfassungsartikeln kaum auszudrücken, und wenn es geschehen wäre, würde die sorgfältigste und bestüberlegte Fassung im Einzelfall mehr schaden als nützen, während der allgemeine Grundsatz der "Bundestreue" elastisch genug sei, um überall den Geist und die Einzelheiten der Lösung derartiger Fragen richtig zu bestimmen.

Die Hauptursache für die unvollständigen ausdrücklichen Verfassungsregelungen sieht Smend jedoch in dem Wesen des monarchischen Bundesstaates. Den Umfang der Rechte des Bundes und der Pflichten der Einzelstaaten "kann die Verfassung diesen Staaten mit ihren monarchischen Häuptern nicht mit kalter Rücksichtslosigkeit ins Gesicht sagen".

Zwar meint Smend, die deutschen Einzelstaaten hätten gegenüber dem Reich mehr Rechte und Pflichten als die Einzelstaaten im republikanischen Bundesstaat gegenüber diesem. Doch auch er stellt wie Triepel eine zunehmende unitarische Tendenz, die die Stellung des Reiches gegenüber den Einzelstaaten stärkt, fest.

Eine kleine Minderheit unter den Rechtsgelehrten vertrat die Auffassung, das Reich besitze nur die Zuständigkeiten, die ihm in der Verfassung ausdrücklich zugewiesen worden seien. So meinte Jagemann, die Praxis der stillschweigenden Erweiterung der Kompetenzen des Reiches führe zur Rechtsunsicherheit (62).

Besonders nachdrücklich gegen eine Ausweitung der Reichszuständigkeiten über den Verfassungswortlaut hinaus wandte sich v. Seydel, der in dem Deutschen Reich von 1871 einen Staatenbund sah und schon deswegen die Reichskompetenzen sehr eng auslegte (63).

Arndt nimmt eine Mittelstellung ein. Zwar spricht bei ihm die Rechtsvermutung für die Zuständigkeit des Landes, die nur durch eine besondere die Zuständigkeit des Reiches begründende Norm ausgeschlossen werde. Doch gerade das hält Arndt in weitem Umfang für gegeben, schon deswegen, weil er in einer ausdehnenden Auslegung dem Reich auch alle Befugnisse zuspricht, die ihm zur Ausführung einer besonderen Zuständigkeit erforderlich erscheinen (64).

IV. Wissenschaftspolitik des Deutschen Reiches während der Weimarer Verfassung

1. Organisatorische Maßnahmen

Das Deutsche Reich übernahm nach dem Weltkrieg die kulturpolitischen Aufgaben, die schon vom Kaiserreich wahrgenommen worden waren, obwohl auch die Weimarer Reichsverfassung dafür keine Reichszuständigkeit enthielt. Zum Zeichen dafür, daß künftig kulturpolitische Aufgaben eine systematischere Betreuung als bisher erhalten sollten, wurden im Reichsministerium des Innern und im Auswärtigen Amt besondere kulturpolitische Abteilungen eingerichtet. Der Schwerpunkt der kulturpolitischen Aufgaben lag im Reichsinnenministerium. Das Reichsinnenministerium hatte dadurch zugleich die Stellung einer Art von Reichskultusministerium. In dieser Eigenschaft hatte der Innenminister u. a. die verschiedenen Entwürfe eines Reichsschulgesetzes zu vertreten. Diese neuen Kulturabteilungen sollten "in allen gemeindeutschen Kulturangelegenheiten führend mit Hilfe neuer planmäßiger Mittel mitwirken" (65). Seit 1920 wurden ohne Zweckbestimmung im einzelnen Mittel "zur Förderung wissenschaftlicher und künstlerischer Zwecke" in den Reichshaushalt eingestellt, da das Reich nur dann auf kulturellem Gebiet wirksam sich betätigen könne, "wenn das Reich in die Lage versetzt wird, sich auch aktiv und mit eigener Initiative in diesem Bereich zu betätigen"(66). Ein weiterer Grund für eine verstärkte kulturpolitische Aktivität des Reiches lag in der Finanzverfassung, da das Reich die ergiebigsten Steuerquellen besaß, die ihm auch auf wissenschaftlichem Gebiet einen größeren Wirkungsspielraum sicherten (67).

2. Kriegsfolgen

Der Krieg erschütterte die deutsche Wissenschaft schwer. Die Kontinuität der wissenschaftlichen Arbeit wurde auf vielen Gebieten unterbrochen. Zahlreiche Gelehrte mußten ihre wissenschaftliche Arbeit mit dem Kriegsdienst vertauschen. Viele von ihnen blieben auf den Schlachtfeldern, so daß nach Beendigung des Krieges eine Reihe bedeutender wissenschaftlicher Unternehmen nicht mehr fortgesetzt werden konnte. Eine Reihe von Wissensgebieten hatte sich während des Krieges stark auf die Kriegsnotwendigkeiten eingestellt und war dadurch z. T. ihrer Hauptaufgabe entfremdet worden. Die Beziehungen der deutschen Wissenschaft zu der des Auslandes waren gestört oder völlig unterbrochen (68).

Noch während des Ersten Weltkrieges haben die gelehrten Gesellschaften der alliierten Länder sich mit Unterstützung ihrer Regierungen vereinigt, um die auf vielen Gebieten führende Stellung der deutschen Wissenschaft zu untergraben und nach Möglichkeit den Einfluß der deutschen Wissenschaft auf das Ausland auszuräumen. Die Initiative dafür ging von französischer und englischer Seite aus. Im Versailler Vertrag wurde bestimmt (Art. 282 ff.), daß alle bisherigen internationalen Konventionen auf wissenschaftlichem Gebiet mit Deutschland als aufgelöst zu betrachten seien mit Ausnahme von solchen Organisationen, an denen - wie z. B. die Meter-Konvention in Paris und das Landwirtschaftliche Institut in Rom - die Beteiligung Deutschlands unentbehrlich war. Die interalliierten Akademien der Wissenschaft traten vom 2. bis 11. Oktober 1918 in London unter dem Vorsitz von Balfour zusammen. Dabei wurde die deutsche Wissenschaft in Verruf erklärt. Es wurde jedoch die Hoffnung ausgesprochen, daß die Deutschen "sich von ihrem Wahnwitz abkehren und später imstande sein werden, von neuem in die Gesellschaft der freien Zivilisation zu treten". 1919 wurden von den interalliierten Akademien zwei große, zusammenfassende Organisationen geschaffen, welche den Kampf gegen die deutsche Wissenschaft aufnehmen sollten: Der Conseil International de Recherches (International Research Council) in Brüssel für die Naturwissenschaften und die Union Académique Internationale für die Geisteswissenschaften mit Sitz ebenfalls in Brüssel. Nach den Satzungen dieser beiden Dachgesellschaften, die zunächst bis 1931 Gültigkeit haben sollten, wurden die deutschen wissenschaftlichen Körperschaften von diesen Verbänden ausgeschlossen. Die anderen Staaten sind der Einladung, diesen Neugründungen beizutreten, fast ausnahmslos gefolgt. Einige hatten zwar gegen den Ausschluß Deutschlands protestiert, was jedoch keinen Erfolg hatte. Die deutschen Gesellschaften und Gelehrten wurden aus den internationalen Verbänden ausgeschlossen oder nicht mehr zu den Kongressen eingeladen, die deutschen Mitglieder wurden aus der Liste der internationalen Kommissionen gestrichen, die Geschäftsstellen und die wissenschaftlichen Institute, soweit sie sich in Deutschland befanden, wurden ins Ausland verlegt, die deutschen Zeitschriften wurden boykottiert, zum Teil wurde versucht, sie durch Neugründungen zu verdrängen, deutsche wissenschaftliche Publikationen wurden in den Bibliographien nicht aufgeführt, die deutsche Sprache wurde sowohl als Verhandlungssprache als auch als Schriftsprache abgelehnt (69). So hatte z. B. der deutsche Verlagsbuchhandel bis Kriegsausbruch dem Deutschen Büro der Internationalen Bibliographie seine Zeitschriften und Monographien kostenlos zur Verfügung gestellt. Dieses Deutsche Büro bearbeitete die deutsche Literatur für den von der Royal Society in London herausgegebenen Internationalen Katalog der Naturwissenschaften. Nach dem Krieg wurden die Arbeiten des Deutschen Büros in diesen Katalog nicht mehr aufgenommen (70).

Auf dem Gebiet der Natur- und Geisteswissenschaften, der Technik und der Hilfswissenschaften (Statistik und Bibliothekswesen) wurden von den alliierten Ländern in den Jahren von 1922 bis 1925 106 Kongresse einberufen. Davon war Deutschland in 86 Fällen ausgeschlossen oder nicht eingeladen (71). Der Völkerbund veranstaltete acht Kongresse. Davon hat Deutschland in zwei Fällen keine Einladung erhalten. In insgesamt etwa dreizehn Fällen lehnten wissenschaftliche Gesellschaften der alliierten Länder (besonders Frankreichs und Belgiens) es ab, an Kongressen teilzunehmen, zu denen auch Deutschland eingeladen worden war.

Welchen Einfluß die Dachverbände auch auf neutrale Nationen ausüben konnten, zeigte sich an folgendem Vorgang: Am 22. Juni 1922 hatte der Ägyptische Minister des Äußeren Einladungen zu einem im Jahre 1925 stattfindenden XI. Geographie- und Ethnologenkongreß ergehen lassen. Der Conseil de Recherches in Brüssel intervenierte dagegen in Kairo, weil auch Deutschland zu diesem Kongreß eingeladen worden war. Obwohl Ägypten dem Conseil erst später beitrat, zog es auf die Intervention die Einladungen zurück und gab neue Einladungen heraus zu dem I. Internationalen Geographenkongreß. Davon war Deutschland ausgeschlossen. Die Vorstellungen des deutschen Auswärtigen Amtes bei neutralen Ländern blieben erfolglos.

Als Folge des Boykotts wurden fast alle internationalen wissenschaftlichen Büros und Institute in Länder der Alliierten verlegt. Frankreich besaß 1914 18 internationale wissenschaftliche Organisationen in seinen Grenzen. 1933 hatte sich diese Zahl auf 37 erhöht. In Belgien hat sich die Zahl der Geschäftsstellen internationaler wissenschaftlicher Organisationen und Institute von 13 auf 21 erhöht, in England von 9 auf 14 und in Italien von 3 auf 4. In Österreich blieb die Zahl 3 gleich, während in Deutschland von 14 internationalen wissenschaftlichen Organisationen im Jahre 1914 1933 nur noch 6 vorhanden waren. Diese noch in Deutschland vorhandenen Organisationen wurden jedoch von den Alliierten nicht als international anerkannt. In Deutschland befanden sich vor dem Kriege besonders 3 internationale Institute: Das Zentralbüro der Internationalen Seismologischen Assoziation in Straßburg, die auf Grund des Versailler Vertrages 1922 aufgelöst, dann unter Ausschluß Deutschlands neugegründet und der Union für Geodäsie angeschlossen wurde - das Zentralbüro für Internationale Erdmessung in Potsdam, das nach Japan verlegt wurde, und das Zentralbüro der Astronomischen Rechenstelle in Kiel, an dessen Stelle die Alliierten 1920 ein neues Zentralbüro in Brüssel eingerichtet haben, welches sich seit 1922 in Kopenhagen befindet.

Die Tatsache, daß die internationalen Organisationen ihre Zentren zum großen Teil auf französischem oder belgischem Gebiet errichtet hatten und daß sich in ihren Präsidien zu einem großen Anteil französische und französisch orientierte Gelehrte befanden (ebenso wie in den Geschäftsführungen), gab der französischen Kulturpolitik weitere Vorteile (72). Wissenschaftliche Körperschaften neutraler Länder hatten schon früh gegen den Boykott der deutschen Wissenschaft protestiert, ohne damit Erfolg zu haben (73). Allmählich setzte aber ein Umschwung der Stimmung zugunsten der deutschen Wissenschaft ein. Den Protesten neutraler Gesellschaften und Gelehrter folgten bald auch in England größere wissenschaftliche Körperschaften, und zwar die Londoner Mathematical Society und besonders die National Union of Scientific Workers am 1. Mai 1924. Unter dem Eindruck dieser Proteste gingen einzelne wissenschaftliche Organisationen allmählich dazu über, die Bestimmungen über den Ausschluß der deutschen Gesellschaft dadurch zu umgehen, daß sie einzelne, ihnen geeignet erscheinende deutsche Gelehrte zu ihren Kongressen einluden. Andere internationale Verbände haben sich an die deutschen Gesellschaften selbst gewandt mit der Anregung, sich durch einen Beobachter vertreten zu lassen, so etwa die Internationale Elektrotechnische Kommission für ihre Versammlung in London am 15. Juli 1924, die Internationale Beleuchtungskommission für ihre Sitzung in Genf am 21. Juli 1924. Die deutschen Gesellschaften haben sich jedoch in der Regel gegenüber solchen Anregungen ablehnend verhalten. So hat die Deutsche Physikalische Gesellschaft es abgelehnt, sich 1923 bei einem Kongreß vertreten zu lassen.

Allmählich erschienen in internationalen wissenschaftlichen Zeitschriften - so etwa in der mehrsprachig herausgegebenen internationalen Zeitschrift "Scientia", die bis vor nicht langer Zeit deutsche Abhandlungen ausdrücklich ausgeschlossen hatte - Arbeiten in deutscher Sprache (74). Einzelne deutsche wissenschaftliche Gesellschaften haben gegen den Boykott der deutschen Wissenschaft wiederholt protestiert. Im Januar 1925 verabschiedete der Verband der deutschen Hochschulen auf dem 4. Hochschultag in Darmstadt eine einstimmig gefaßte Resolution gegen den Boykott der deutschen Wissenschaft. Sie lautete: "Der 4. Deutsche Hochschultag stellt mit Bedauern fest, daß unter dem längst widerlegten Vorwande deutscher Kriegsschuld und Kriegsgreuel von seiten gewisser Länder, namentlich Frankreichs und Belgiens, noch immer systematisch versucht wird, die deutsche Wissenschaft und ihre Organisationen von internationaler Zusammenarbeit auszuschließen, deutsche Forscher von angeblich internationalen Kongressen fernzuhalten, ihre Arbeiten totzuschweigen, einzelne Gruppen deutscher Gelehrter wegen ihrer Haltung im Kriege zu ächten und die deutsche Sprache, soweit möglich, zu verfemen. Der Verband der deutschen Hochschulen überläßt dieses Gebaren auf einem Gebiet, das mehr als jedes andere dem politischen Kampfe entrückt sein sollte, dem Urteile aller deren, denen die Wissenschaft nicht ein politischer Streitgegenstand, sondern eine Angelegenheit der Menschheit ist, für die nur die Wahrheit als oberstes Gesetz zu gelten hat. Gestützt auf ihre eigene Kraft und ermuntert von ihren Freunden in allen nichtfranzösischen Ländern, können die deutschen Gelehrten in Ruhe den Tag abwarten, wo jenes Gesetz wieder herrschen wird über den Verblendungen der

Leidenschaften. Die deutsche Wissenschaft bedarf des Auslandes nicht mehr, als dieses ihrer.

Offenbar unter dem Zwange dieser Erkenntnis sind neuerdings wiederholt Versuche gemacht worden, einzelne deutsche Gelehrte zu internationalen Kongressen und anderer Zusammenarbeit heranzuziehen, während der deutschen Nation ausdrücklich der Zugang verwehrt wurde. Der Hochschultag hält es für selbstverständlich, daß kein deutscher Hochschullehrer einem solchen Ansinnen Folge leistet, sondern daß jeder derartige Versuch, den einzelnen von seinem Volk zu trennen, als beleidigende Zumutung zurückgewiesen wird" (75).

Die nachteiligen Folgen dieser Abschnürung der deutschen Wissenschaft trafen indessen nicht nur die deutsche Wissenschaft. Mit Recht wies Sven Hedin in seinen Ausführungen zur Hundertjahrfeier des deutschen Naturforschertages darauf hin, daß die wissenschaftlichen Beziehungen auf Gegenseitigkeit beruhen und daß auch das Ausland darunter leidet, wenn einer der prominentesten Vertreter des wissenschaftlichen internationalen Lebens am wissenschaftlichen Austausch nicht teilnimmt. Sven Hedin hat bemerkt, daß auch die Entente-Länder "nicht wenig unter dem Abbruch des wissenschaftlichen Kontaktes leiden" und dabei festgestellt: "Der Erfolg aller wissenschaftlichen Forschung geht zurück, wenn die internationale Verbindung nicht aufrecht erhalten wird." Nur sehr allmählich ist es Deutschland gelungen, aus der wissenschaftlichen Isolierung herauszukommen und den Anschluß an die internationale wissenschaftliche Welt wieder zu finden.

Eine neue Bedrohung für die deutsche Wissenschaft lag in der fortschreitenden Geldentwertung, die die Diskrepanz zwischen den gesteigerten wissenschaftlichen Bedürfnissen und der Leistungsfähigkeit der wissenschaftlichen Einrichtungen verschärfte. Das Stiftungsvermögen, über das wissenschaftliche Gesellschaften, Akademien und Forschungsinstitute verfügten, schmolz dahin. Der Sachetat der wissenschaftlichen Institute konnte nicht der Geldentwertung entsprechend erhöht werden. Die Durchführung wissenschaftlicher Arbeiten mit Institutsmitteln wurde daher nahezu unmöglich. Zahlreiche wissenschaftliche Zeitschriften mußten ihr Erscheinen einstellen, wissenschaftliche Verlage mußten schließen. Da durch die Inflation die Bevölkerungskreise, die sich der wissenschaftlichen Arbeit annahmen, besonders hart getroffen wurden, war es auch zunehmend schwieriger, qualifizierten wissenschaftlichen Nachwuchs zu finden (76). Es kostete die Länder die größten Anstrengungen, wenigstens die Grundlagen der Hochschulen und wissenschaftlichen Anstalten zu erhalten und für die Aufrechterhaltung des Lehrbetriebes und die Erfüllung praktischer Aufgaben zu sorgen. Zur Finanzierung der wissenschaftlichen Forschung reichten die Mittel kaum mehr.

Da die privaten Vermögen von der Inflation hinweggerafft wurden, blieb die Wissenschaft stärker als je zuvor auf staatliche Förderung angewiesen. Das Reich übernahm in den Inflationsjahren die Unterstützung zahlreicher Einrichtungen, die als "reichswichtige Institute von besonderer Bedeutung" von den Einrichtungen der Länder und den durch die Länder unterstützten Privateinrichtungen unterschieden wurden. Dazu gehörte die Deutsche Bücherei des Börsenvereins, das Institut für Weltwirtschaft und Seeverkehr, das Dahlemer Institut für das Agrar- und Siedlungswesen, die Forschungsanstalt für technische Moorversuche in Hannover, die Forschungsinstitute für praktische Handwerkerpolitik und für rationelle Betriebsführung im Handwerk in Hannover und Karlsruhe, das Deutsche Hygienemuseum in Dresden (77).

3. Der Reichstag und Fragen der Wissenschaftspolitik

Die schwierige Lage der deutschen Wissenschaft hat auch den Reichstag auf den Plan gerufen. Es war das erstemal, daß sich der Deutsche Reichstag in einer großen Debatte im Herbst 1922 mit der Situation der deutschen Wissenschaft beschäftigte. Es kam dabei zum Ausdruck, daß man in der deutschen Wissenschaft eine der Grundlagen für den Rang der deutschen Nation sah. Damit kündigte sich in den Beziehungen des Reichstags zur Wissenschaft eine neue Phase an. Zuvor hatte sich das Parlament auch schon mitunter in Debatten mit Fragen der Wissenschaft beschäftigt, doch das geschah mehr am Rande und betraf mehr Zuständigkeitsfragen. Anlaß der Behandlung durch den Reichstag war eine Interpellation des Abgeordneten Marx und Genossen. In dieser Interpellation wurde darauf hingewiesen, daß die schwere wirtschaftliche Krise auch die deutsche Wissenschaft in eine überaus schwierige Lage gebracht habe, und daß sich große Forschungsinstitute außerstande sähen, bedeutsame wissenschaftliche Unternehmungen aufrechtzuerhalten. Die Führung auf weiten Gebieten wissenschaftlicher Forschungstätigkeit, auf denen Deutschlands wissenschaftliche Weltgeltung beruhe, drohe uns verlorenzugehen. Die großen Kulturinstitute unseres Gesamtvolkes, wie das Germanische Museum in Nürnberg und das Deutsche Museum in München entsprächen gegenwärtig aus Mangel an Mitteln nicht den in sie gesetzten Erwartungen. Diese Erscheinungen seien deswegen um so bedenklicher, als sie auch die Forschertätigkeit des einzelnen Gelehrten sehr stark hemmten. Gefahrdrohend gestalte sich die Entwicklung unseres wissenschaftlichen Nachwuchses an unseren Hochschulen. Diese ganzen Erscheinungen - so betonte die Interpellation - bedeuteten eine schwere Erschütterung der ideellen und technischen Grundlagen unserer Kultur und eine Minderung unserer industriellen Erzeugung (78).

Die Begründung für die Interpellation gab in einer denkwürdigen, großangelegten Rede der Abgeordnete Prof. Dr. Schreiber. Er wies darauf hin, daß das Schwinden der wissenschaftlichen Lebenskraft eine geistige Verarmung und in ihrem Gefolge eine Zerrüttung unserer Wirtschaft und unserer geistigen Kultur mit sich bringe. Schreiber schilderte die ganze Misere der deutschen Wissenschaft: Den Rückgang der deutschen Forschungsstätten, die unzulängliche Versorgung der deutschen Bibliotheken, die die Grundlage für die Arbeiten der deutschen Geistes - und Naturwissenschaften darstellten, die Abwanderung ganzer deutscher wertvoller Privatbibliotheken ins Ausland, die erbärmliche Lage der deutschen Museen und die ganze wirtschaftliche und geistige Not der in der Wissenschaft tätigen Professoren, Privatdozenten und Studenten (79).

Die Interpellation wurde von Staatssekretär Schulz beantwortet, der in einem großen Überblick die gegenwärtigen Leistungen des Deutschen Reiches für Kunst und Wissenschaft schilderte (80). In der anschließenden Aussprache waren sich alle Parteien darüber einig, daß für die Förderung der Wissenschaft besondere Anstrengungen gemacht werden müßten. In keiner Debatte zuvor war im Reichstag so einmütig zum Ausdruck gekommen, daß die politischen Parteien die Wissenschaft als eine der wichtigsten Grundlagen des gesellschaftlichen und staatlichen Lebens ansahen. In dieser Debatte zeigte sich auch das zunehmende Bewußtsein der gesellschaftspolitischen Bedeutung der Fragen der Wissenschaft. So brachte Dr. Moses, der Sprecher der Sozialdemokraten, zum Ausdruck, daß man bereit sei, auch der materiellen Not der Studenten und Privatdozenten zu steuern, obwohl man in den Universitäten einen Hort der Reaktion sähe, die die Republik am liebsten sofort wieder abschaffen würde. Die Arbeiterschaft wisse, daß sie neben den Offizieren keinen schlimmeren Feind habe, als das offizielle Akademikertum von heute (81). Der Sprecher der kommunistischen Partei, Heydemann, nannte als eine der Aufgaben der Wissenschaftspolitik, das Bildungsmonopol der Besitzenden zu brechen. Er trat in diesem Zusammenhang dafür ein, die Kolleggelder an den Universitäten entsprechend der wirtschaftlichen Lage der Studenten zu staffeln (82). Die Aussprache zeigte, daß sich über Fragen der Wissenschaft viel eher Einigkeit erzielen ließ als etwa über Fragen der Schulpolitik (83). Von da an sind vom Reichstag immer wieder Initiativen ausgegangen, die Leistungen des Deutschen Reiches für Wissenschaft und Kunst zu verstärken (84). Der Reichstag nahm sich wiederholt der materiellen Lage, insbesondere der besoldungsrechtlichen Situation des wissenschaftlichen Nachwuchses an und forderte die Reichsregierung auf, Maßnahmen zu treffen, den Wissenschaftsinstituten des Reiches einen leistungsfähigen Nachwuchs zu sichern (85).

4. Wissenschaftliche Reichsinstitute

Die wissenschaftlichen Reichsinstitute, das Reichsgesundheitsamt, die Physikalisch-Technische Reichsanstalt, das Reichsarchiv, bestanden als höhere Reichsbehörden, die dem Reichsministerium des Innern unmittelbar unterstellt waren, weiter (86). Aus dem ehemaligen Militärversuchsamt entstand 1920 die Chemisch-Technische Reichsanstalt für wissenschaftliche technische Untersuchungen und Versuche, besonders auf dem Gebiet der Rohstoffe, der Unfallverhütung und des Arbeitsschutzes. Die Chemisch-Technische Reichsanstalt wurde nie zu einem wissenschaftlichen Großunternehmen nach Art der Physikalisch-Technischen Reichsanstalt, obwohl bereits Althoff ähnliche Pläne erwogen hatte (87).

Der Ausbau dieser wissenschaftlichen Reichsanstalten erfolgte nach dem Kriege im allgemeinen nur zögernd. Die Biologische Reichsanstalt und die Deutsche Seewarte setzten ihre Arbeit auch nach dem Weltkrieg fort. Die Arbeiten der früheren Zentralerdbebenstation in Straßburg wurden durch die Reichsanstalt für Erdbebenforschung weitergeführt (88). Die übrigen Forschungsinstitute des Reiches waren wissenschaftlich weniger bedeutend. Das Reichsamt für Landesvermessung beispielsweise befaßte sich nur mit der Vermessung für Preußen, Sachsen und die kleineren norddeutschen Staaten (89).

5. Die Notgemeinschaft der deutschen Wissenschaft

Der Weltkrieg hatte der deutschen Wissenschaft schweren Schaden zugefügt. Um "die der deutschen wissenschaftlichen Forschung durch die gegenwärtige wirtschaftliche Notlage erwachsende Gefahr völligen Zusammenbruchs abzuwenden" (90). wurde im Oktober 1920 die Notgemeinschaft der deutschen Wissenschaft gegründet. Sie hatte die Rechtsform eines eingetragenen Vereins. Ihr lag der Gedanke zugrunde, daß die Fragen der Wissenschaft in den Formen der wissenschaftlichen Selbstverwaltung gelöst werden sollten. Der erste Präsident der Deutschen Notgemeinschaft war Staatsminister Schmidt-Ott, der frühere preußische Kultusminister, der viel zum Erfolg der Deutschen Notgemeinschaft beitrug. 1920 trug sich der damalige Staatssekretär Dr. Lewaldt mit dem Gedanken, die Notgemeinschaft der deutschen Wissenschaft in ein Reichskommissariat umzuwandeln. Die Deutsche Notgemeinschaft blieb jedoch eine private Institution; sie wurde weder zu einem Reichskommissariat noch zu einer Ministerialinstanz umgewandelt. Dafür gab es verschiedene Gründe: Das Reich besaß auf dem Gebiet der Wissenschaftsverwaltung nur für bestimmte Teilgebiete einen eigenen Unterbau. Eine wirksame Arbeit der Deutschen Notgemeinschaft setzte jedoch einen umfassenden Unterbau voraus. Durch die Beteiligung der deutschen Hochschulen und Akademien standen der Deutschen Notgemeinschaft wissenschaftliche Organe aus allen Wissenschaftsgebieten und aus allen Teilen Deutschlands zur Verfügung. Eine private Selbstverwaltungsorganisation der Wissenschaft konnte viel besser mit den verschiedenen Instanzen des wissenschaftlichen und staatlichen Lebens, den Ländern und dem Reich zusammenarbeiten und die Tätigkeit verschiedener Stellen koordinieren, als es für eine Reichsinstanz möglich gewesen wäre. Zudem meinte man, eine private Organisation werde mit begrenzten Mitteln eine größere Wirkung erzielen als eine staatliche Stelle. Eines der wichtigsten Motive für die Gründung einer Selbstverwaltungsorganisation war, daß es einer privaten Institution leichter gelingen könnte, Kontakte zu den entsprechenden wissenschaftlichen Stellen des Auslandes zu knüpfen, als es einer Behörde des Deutschen Reiches möglich gewesen wäre. Da der Weltkrieg die wissenschaftliche Verbindung zum Ausland weitgehend unterbrochen hatte, war diese Außenwirkung besonders wichtig (91).

Die Notgemeinschaft der deutschen Wissenschaft setzte sich folgende Aufgaben:

Druckunterstützung für Zeitschriften, Fortsetzungswerke und Einzelforschungen - Finanzierung von Apparaten und Instrumenten - Beschaffung von Arbeitsmaterialien, wie z.B. Chemikalien - Beschaffung von Versuchstieren - Kauf oder Tausch von ausländischer Literatur - Forschungs- und Reisestipendien (92).

Die Notgemeinschaft war nicht nur eine Verteilungsstelle von Mitteln für wissenschaftliche Zwecke, sondern gleichzeitig eine Zentrale für die geistige Planung der wissenschaftlichen Forschung (93).

Der Schwerpunkt der Finanzierung der Notgemeinschaft lag beim Deutschen Reich (94). Durch die Finanzierung über den Reichsetat trat die Notgemeinschaft auch in den Interessenkreis des Reichstages. Dem Etat von 1920 und dem Etat von 1922 waren je eine Denkschrift über die Notgemeinschaft der deutschen Wissenschaft beigelegt, um dadurch die Aufmerksamkeit der Abgeordneten für die Notgemeinschaft zu wecken. Der Reichstag schuf ferner einen allgemeinen Dispositionsfonds des Reiches zur Förderung wissenschaftlicher und künstlerischer Zwecke (95). Durch die Finanzierung der Notgemeinschaft aus dem Etat des Reiches wurde auch erreicht, daß sich das Parlament um Fragen der Wissenschaft stärker als bisher kümmerte und daß auch die breitere Öffentlichkeit auf die politische und wirtschaftliche Bedeutung der Wissenschaft hingewiesen wurde. Die Notgemeinschaft erhielt auch Zuwendungen aus dem Ausland. Besonders dem Bibliotheksausschuß gelang es immer wieder, aus dem Ausland Bücherlieferungen zu erhalten. So erhielt die Notgemeinschaft bis zum März 1922, hauptsächlich aus den nordischen Ländern, Literatur im Wert von 3,12 Millionen M. Der Notgemeinschaft der deutschen Wissenschaft ist es gelungen, die führenden Zeitschriften auf den verschiedenen Forschungsgebieten vor dem Untergang zu bewahren und die Fertigstellung und Drucklegung wissenschaftlicher Einzelwerke oder Sammelunternehmungen zu ermöglichen. Durch die Beschaffung von Apparaten und Materialien konnte die Deutsche Notgemeinschaft die experimentelle Forschung in Gang halten. Durch die Gewährung von Forschungsstipendien konnte die Heranbildung des wissenschaftlichen Nachwuchses gesichert werden. Mit der Belieferung der deutschen Bibliotheken mit der nach 1914 erschienenen Auslandsliteratur konnte die Notgemeinschaft die durch den Krieg entstandenen Lücken ergänzen sowie in- und ausländische Büchertauschbeziehungen vermitteln.

Die Wiederanknüpfung wissenschaftlicher Beziehungen zum Ausland wäre ohne die deutsche Notgemeinschaft in dem eingetretenen Umfang kaum möglich gewesen. Die Deutsche Notgemeinschaft vermittelte den deutschen Gelehrten wieder die Verbindung mit dem Ausland. Sie finanzierte wieder Forschungsreisen. Die Fortsetzung von bereits begonnenen Ausgrabungen oder der Beginn neuer archäologischer Unternehmungen war nur mit der finanziellen Unterstützung der deutschen Notgemeinschaft möglich (96).

Nach den ersten Jahren des Anfangs, während der die Deutsche Notgemeinschaft sich um die Erhaltung des Bestandes bemühte und einzelne wissenschaftliche Arbeiten unterstützte, ging sie etwa ab 1925 dazu über, wieder größere wissenschaftliche Unternehmungen zu fördern. Die bekanntesten davon waren: Die Atlantik-Expedition auf der "Meteor", die Expeditionen im Altai und in Transbaikalien, sowie die wissenschaftlichen Ausgrabungen von Didyma, Pergamon, Ephesus und Trier. Ähnliche große Unternehmungen förderte die Notgemeinschaft auf dem Gebiet der Metallforschung, sowie auf verschiedenen Gebieten der Technik und der Medizin. Sie suchte dadurch Anschluß an die wissenschaftlichen Großleistungen des Auslandes zu bekommen, was auch weitgehend gelungen ist (97).

6. Die Kaiser Wilhelm-Gesellschaft

Im Jahre 1911 war die Kaiser Wilhelm-Gesellschaft gegründet worden, um entsprechend ausländischen - hauptsächlich amerikanischen - Vorbildern großzügige Forschungseinrichtungen zu schaffen. Wie die Notgemeinschaft hatte sie die Rechtsform eines eingetragenen Vereins. Während jedoch die Notgemeinschaft wissenschaftliche Vorhaben jeder Art finanzierte, war die Arbeit der Kaiser Wilhelm-Gesellschaft nur auf ihre eigenen Institute ausgerichtet. Die Notgemeinschaft gründete und unterhielt keine eigenen Institute, die Kaiser Wilhelm-Gesellschaft dagegen widmete sich der Gründung eigener Institute. Die Kaiser Wilhelm-Gesellschaft unterhielt eigene Forschungseinrichtungen, hauptsächlich für Forschungsgebiete, die an den Hochschulen noch nicht oder nicht intensiv genug gepflegt werden konnten. Der preußische Kultusminister von Trott zu Solz führte auf der Gründungssitzung am 11. Januar 1911 aus: "Der Gedanke, der den Bestimmungen dieser Satzung zu Grunde liegt, ist der, daß wohlhabende Freunde der Wissenschaft mit unseren Gelehrten und Forschern in Verbindung treten, um diese in den Stand zu setzen, mit den gewährten Mitteln neue Aufgaben aufzunehmen und zu erfüllen, Einrichtungen zu schaffen, die nach dem heutigen Stand der Wissenschaft erforderlich sind, die hohe Kosten verursachen, und so in erster Linie der Wissenschaft selbst zu dienen" (98). Die Kaiser Wilhelm-Gesellschaft war von Anfang an eng mit dem preußischen Staat verbunden. Preußen unterstützte vor dem Ersten Weltkrieg die Kaiser Wilhelm-Gesellschaft, indem es ihr Grundstücke zur Verfügung stellte, Direktorengehälter bewilligte und für besondere Forschungszwecke finanzielle Zuschüsse gewährte.

Die Kaiser Wilhelm-Gesellschaft befaßte sich mit Aufgaben, die ihrer Bedeutung nach das ganze Deutsche Reich angingen. Seit dem Krieg interessierte sich das Deutsche Reich stärker für die Gesellschaft und unterstützte sie finanziell (99). Seit 1921 leisteten das Reich und das Land Preußen zu gleichen Teilen regelmäßige finanzielle Beiträge für die Gesellschaft (100). Gleichzeitig war das Reich durch eigene Mitglieder in den Gremien der Gesellschaft vertreten. Neben dem Reich leisteten die einzelnen Länder Zuschüsse in verschiedener Höhe für in ihren Länderbereichen gelegene Kaiser Wilhelm-Institute (101). Dadurch, daß die Forschungsinstitute der Kaiser Wilhelm-Gesellschaft aus dem Etat des Reichsministeriums des Innern wesentlich unterstützt wurden, zeigte sich bei den Etatdebatten des Reichstages ein steigendes Interesse für Fragen der Kaiser Wilhelm-Gesellschaft und der wissenschaftlichen Forschung überhaupt (102).

7. Studienförderung

Mit der Bereitstellung von Etatmitteln für die Unterstützung hilfsbedürftiger Studenten betrat das Reich nach dem Ersten Weltkrieg ein ganz neues Feld der Kulturpolitik (103). Krieg und Inflation trafen die Studenten besonders schwer. Zur Selbsthilfe gründeten sie an den einzelnen Hochschulen sogenannte Wirtschaftskörper (104). Zur Erfüllung der zentralen Aufgaben gründete die Deutsche Studentenschaft am 19. Februar 1921 die "Wirtschaftshilfe der Deutschen Studentenschaften e.V.". Die Tätigkeit dieser Organisation reichte von der Studentenspeisung über die Wohnungsfürsorge, die Gesundheitsfürsorge bis zur Gewährung finanzieller Unterstützungen über die Darlehenskasse der Deutschen Studentenschaft. Das Reich und die beteiligten Landesregierungen haben die "Wirtschaftshilfe der Deutschen Studentenschaften" einmütig unterstützt. Der Reichstag beschäftigte sich mehrfach mit der Lage der deutschen Studenten und war allgemein bereit, ihnen zu helfen (105).

Neben der "Wirtschaftshilfe der Deutschen Studentenschaften", aber in enger Verbindung mit ihr, stand die "Darlehenskasse der Deutschen Studentenschaften e.V.", die als ihre wichtigste Aufgabe neben der Unterstützung der Kriegsteilnehmer die nachdrückliche Förderung der Werkstudenten ansah. Auch dafür leistete das Reich finanzielle Beiträge. Seit dieser Zeit bildete die Studentenförderung einen festen Bestandteil in der Kulturpolitik des Deutschen Reiches (106).

8. Finanzielle Unterstützung von Forschungsvorhaben, wissenschaftlichen Instituten und Museen

Der Reichstag beschäftigte sich wiederholt mit der Notlage der deutschen Museen (107). In der schon erwähnten großen Kulturdebatte des deutschen Reichstages vom 15. 11. 1922 zeigten alle Abgeordneten dafür Verständnis, daß die großen deutschen Museen einer Unterstützung des Reiches bedürften. Der Abgeordnete Dr. Schreiber wies darauf hin, daß die Museen große geistige Konzentrationspunkte unseres kulturellen Lebens seien. Er betonte, daß die Museen weiterhin für die Forschung außerordentlich viel bedeuteten und daß eine besondere Entwicklung sich darin anbahne, daß die Museen für die Volksbildung von steigender Bedeutung seien. Die Reichsregierung verschloß sich diesem Appell nicht (108, 109). Auch nach dem Weltkrieg wurden die großen deutschen Museen, wie das Deutsche Museum in München, das Germanische Museum in Nürnberg, das Römisch-Germanische Museum in Mainz und das Deutsche Buchmuseum sowie die Deutsche Bücherei in Leipzig, vom Reich finanziell unterstützt (110).

Schon in den Jahren vor dem Weltkrieg begannen die großen Kulturvölker, sich bestimmten großen Wissenschaftsunternehmungen zuzuwenden. Die Zahl und das Ausmaß dieser Unternehmungen spielten für den internationalen wissenschaftlichen Rang einer Nation eine große Rolle. Mit diesen Unternehmungen wurden oft wertvollere Beziehungen zum Ausland gewonnen, als durch die Arbeit der Diplomaten und den Handelsverkehr. Zugleich boten sie eine vortreffliche Gelegenheit für die Schulung des wissenschaftlichen Nachwuchses. Die Monumenta Germaniae Historica wurden auch weiterhin vom Reich unterstützt. Ferner wurden unterstützt aus dem Etat des Reichsinnenministeriums: Das Corpus Inscriptionum Latinarum, das Corpus Inscriptionum Graecarum, der Thesaurus Linguae Latinae und das Göttinger Septuaginta-Unternehmen (111).

V. Die Wissenschaftspolitik des Dritten Reiches

1. Das Reichsministerium für Wissenschaft, Erziehung und Volksbildung

Für die Aufgaben des Reiches auf dem Gebiet der Wissenschaft wurde ein besonderes Reichsministerium gegründet, das die Zuständigkeiten der bisherigen Länderministerien an sich zog. Dieses Reichsministerium war auf wissenschaftlichem Gebiet zuständig für: Allgemeine Angelegenheiten der Wissenschaft, auch in ihren Beziehungen zum Ausland - die Physikalisch-Technische Reichsanstalt - die Reichsanstalt für Erdbebenforschung - reichswichtige wissenschaftliche Anstalten des In- und Auslandes - Wissenschaftliches Büchereiwesen - Volkskunde - das Archäologische Institut. Ferner unterstanden dem Reichsministerium für Wissenschaft: Die Universitäten - die sonstigen wissenschaftlichen Institute - das Reichsinstitut für Deutsche Ältere Geschichtskunde - die Reichszentrale für wissenschaftliche Berichterstattung (112). Das Reichsministerium für Wissenschaft, Erziehung und Volksbildung bildete mit dem preußischen Kultusministerium eine Real- und Personalunion. Das preußische Kultusministerium bildete den Stamm und Kern des neuen Reichsministeriums.

2. Die Hochschulstudenten

Die Studentenschaft an den deutschen Hochschulen war in weit höherem Maße Gegenstand der Bemühungen der Regierung des Dritten Reiches, als die wissenschaftliche Forschung und ihre Institutionen.

Alle Studenten der wissenschaftlichen Hochschulen gehörten nach dem Gesetz über die Bildung von Studentenschaften an den wissenschaftlichen Hochschulen vom 22. 4. 1933 der Studentenschaft der jeweiligen Hochschule an. Nach der Begründung des Gesetzes lautete der Zweck der Studentenschaft: "Die Studentenschaft hat mitzuwirken, daß die Studenten ihre Pflichten gegen Volk, Staat und Hochschule erfüllen" (113). Die "Verfassung der deutschen Studentenschaft" vom 7. Februar 1934 bestimmte: "Die deutsche Studentenschaft ist die Vertretung der Gesamtheit der Studenten. Sie steht dafür ein, daß die Studenten ihre Pflicht in Hochschule, Volk und Staat erfüllen. Vor allem hat sie die Studenten durch die Verpflichtung zum SA-Dienst und Arbeitsdienst und durch politische Schulung zu ehrbewußten, wahrhaften deutschen Männern und zum verantwortungsbereiten, selbstlosen Dienst in Volk und Staat zu erziehen. Durch lebendige Mitarbeit an den Aufgaben der Hochschulen sichert sie die unlösliche Verbundenheit von Volk und Hochschule und einen im Volke wurzelnden, an Leib und Seele starken, geistig tüchtigen akademischen Nachwuchs... Die Erziehung zur Wehrhaftigkeit liegt bei dem SA-Hochschulamt, die politische Erziehung innerhalb der deutschen Studentenschaft ist dem Nationalsozialistischen Deutschen Studentenbund anvertraut" (114). Dieser Text macht hinreichend klar, daß es dem nationalsozialistischen Regime in erster Linie um die politische "Erfassung" der deutschen Studenten und nicht um ihre wissenschaftliche Bildung ging.

Der deutschen Studentenschaft gehörten nach dem erwähnten Gesetz über die Bildung von Studentenschaften alle "bei einer wissenschaftlichen Hochschule voll eingeschriebenen Studenten deutscher Abstammung und Muttersprache... unbeschadet ihrer Staatsangehörigkeit" an. Da die deutsche Studentenschaft glaubte, daß sich Zuständigkeiten aus diesem April-Gesetz auch für die Studentenschaft in Österreich und für die deutschen Studenten an anderen ausländischen Hochschulen herleiten lassen könnten, kam es zu Widerständen von seiten der österreichischen und tschechoslowakischen Regierungen, die sich gegen eine nationalsozialistische Einmischung zur Wehr setzten. Das Gesetz vom 7. Februar 1934 legte deswegen einschränkend fest, daß "Zusammenschlüsse deutscher Studenten an Hochschulen außerhalb dieses Gebietes"... nur "durch besondere Abkommen Glieder der deutschen Studentenschaft" werden.

Die Gründung des Nationalsozialistischen deutschen Studentenbundes geht auf das Jahr 1925 zurück (115). Dem Nationalsozialistischen deutschen Studentenbund war durch das Gesetz vom 7. Februar 1934 die "politische Erziehung" aller deutschen Studenten anvertraut. Im Gegensatz zur deutschen Studentenschaft waren die deutschen Studenten nicht automatisch auch Mitglieder des NSDStB. Es wurde jedoch in der Praxis versucht, möglichst alle, auch widerstrebende Studenten in den NSDStB "freiwillig" einzubeziehen. Zu diesem Zweck wurde jedem Studenten des 1. Semesters zusammen mit den Immatrikulationspapieren das Anmeldeformular zum NSDStB ausgehändigt. Im Falle der Nichtanmeldung hatte der Student seine Weigerung schriftlich zu begründen. Der örtliche Studentenführer erließ dann eine "dienstliche" Vorladung. Dabei sollten die Motive noch genauer erforscht werden. Faktisch wurde auf diese Weise ein starker Zwang zur Mitgliedschaft im NSDStB ausgeübt (116).

Durch die automatische Mitgliedschaft in der deutschen Studentenschaft war somit jeder Student deutscher Abstammung und Muttersprache, und zwar unbeschadet seiner Staatsangehörigkeit, entsprechend der Verfassung der deutschen Studentenschaft verpflichtet, am SA-Dienst und an der politischen Schulung durch den NSDStB teilzunehmen (117).

Daneben sollten die Studenten im Reichsarbeitsdienst neben der gebührenden Achtung zur Handarbeit vor allem auch zum nationalsozialistischen Menschen erzogen werden (118). Das politische Schulungsprogramm der deutschen Studentenschaft und des NSDStB enthielt auch den Landdienst. So wurden im Sommer 1937 etwa 9.000 Studenten zum Landdienst geschickt.

Eine weitere Erfindung zur totalen Erfassung der Studenten bestand in der Gründung sogenannter "Kameradschaftshäuser". Sie waren gedacht zur Revolutionierung der Universität und zur Fortsetzung der Lagerschulung, des Reichsarbeitsdienstes, der SA oder des Landdienstes. Zunächst sollten alle Studenten der ersten drei Semester in den Kameradschaftshäusern wohnen. Auf diese Weise wollte man erreichen, daß alle Studenten vom NSDStB erfaßt wurden. Formell sollten die Kameradschaftshäuser unter ausschließlicher Leitung der NSDStB-Funktionäre stehen. Das ganze Unternehmen gedieh jedoch nicht sehr weit. Vor allem fehlte es an einer ausreichenden Anzahl von Häusern. Häufig wurde in dem neuen Gewand des

Kameradschaftshauses der alte Verbindungsstudentenbetrieb in etwas gewandelten Formen fortgesetzt (119).

Durch Verordnung vom 2.11.1934 und durch Gesetz über das Reichsstudentenwerk vom 6.7.1938 wurden die örtlichen Studentenwerke der einzelnen Hochschulen zum Reichsstudentenwerk zusammengefaßt. Vorsitzender des Reichsstudentenwerks war der Reichsstudentenführer, der vom Reichsminister für Wissenschaft, Erziehung und Volksbildung im Einvernehmen mit dem Stellvertreter des Führers bestellt wurde. Der Reichsstudentenführer war der "Vertreter der gesamten Studentenschaft und der berufene Vertreter der Partei als Führer des NSD-Studentenbundes".

Der Reichsstudentenführer vergab auch die Langemarck-Stipendien, die es allen Werktätigen auf Vorschlag der Partei ermöglichen sollten, die Hochschulreife zu erlangen (120). Die Partei- und Staatsstellen setzten große Hoffnung auf das Langemarck-Studium. Etwa 3.000 Studenten sollten, in Lagern zusammengefaßt, dort Gelegenheit erhalten, "Besitz von den höchsten Bildungsstätten der Nation zu ergreifen" (121).

3. Rektor und Professoren

a) Das Gliederungsprinzip von Partei und Verwaltung, das sogenannte "Führerprinzip", machte auch vor der Wissenschaft nicht halt. Nach einem preußischen Ministerialerlaß vom 28.10.1933 hatten die Hochschulen nicht mehr das Recht, Rektoren zu wählen. Der Erlaß beseitigte auch das Abstimmungsverfahren im Senat. Die Senate wurden zu bloßen Beratungsgremien umgewandelt. Ihre Rechte erhielt der Rektor (122). Ein weiterer reichsministerieller Erlaß vom 3.4.1935 unterstellte dem Rektor die Vorsitzenden der Dozentenschaft und der Studentenschaft. Der Erlaß führte aus: "Führer der Hochschule ist der Rektor. Er untersteht dem Reichswissenschaftsminister unmittelbar und ist ihm allein verantwortlich" (123). Die überlieferte Form der Universität als einer öffentlich-rechtlichen Körperschaft wurde nie ausdrücklich beseitigt, sie wurde vielmehr umgedeutet in das Schema der Führerverfassung von Führer und Gefolgschaft (124).

Die Aufgaben und Zuständigkeiten des Rektors als Führer der Universität sind nie genau umschrieben worden. Die beiden erwähnten Erlasse aus den Jahren 1933 und 1935 setzten den Führerbegriff einfach voraus. Eine offiziöse Interpretation lautete: "Der Rektor wird heute vom Reichserziehungsminister aus der Reihe der beamteten Hochschullehrer an die Spitze der Hochschulgemeinschaft berufen. Ihm kommt es zu, die Hochschule nach außen zu vertreten. Aber mit dieser repräsentativen Funktion erschöpft sich nicht wie früher sein Aufgabenbereich. Er soll die Hochschulgemeinschaft führen, die wissenschaftliche Gestaltung der Hochschule in Verbindung mit den Dekanen der Fakultäten durchführen, die Erfüllung ihrer politischen Aufgaben im Einvernehmen mit den Führern der Parteigliederungen an der Hochschule sichern"(125). Die Fragen, worin die Führung bestehe, was unter "wissenschaftlicher Gestaltung der Hochschule" zu verstehen sei und wieweit die politischen Aufgaben reichten, besonders wo die Grenze zwischen den politischen und den wissenschaftlichen Aufgaben liege, wurden jedoch auch bei dieser Definition nicht beantwortet. Ähnlich der Stellung des Rektors wandelte sich auch die Stellung des Dekans. Der Dekan wurde zum Führer der Fakultät und erhielt das Recht, seinen Stellvertreter selbst zu ernennen. Ebenfalls bestimmte er die Kommissionen und Berichterstatter der Fakultät. Er war dabei nur verpflichtet, "Vertreter der Dozentenschaft mit heranzuziehen" (126). Im ganzen läßt sich wohl sagen, daß die überkommenen Traditionen stärker waren, als die Fiktion von dem Universitätsrektor als Führer der akademischen Gefolgschaft (127).

b) Als Säuberungsmittel zur Erreichung nationalsozialistisch-politischer Zuverlässigkeit richtete sich das Gesetz zur Wiederherstellung des Berufsbeamtentums (128) besonders auch gegen die Universitätsprofessoren. Danach sollten Beamte, die als Anhänger einer Linkspartei politisch hervorgetreten waren, sowie jüdische Beamte - soweit sie nicht bereits 1914 im Amt waren oder als Frontkämpfer am Ersten Weltkrieg teilgenommen hatten - in den Ruhestand versetzt werden (129). Zahlreiche Wissenschaftler wählten daraufhin den Weg in die Emigration. Zum Beispiel verzichteten die jüdischen Physiker und Mathematiker der Göttinger Universität, auch soweit sie nach dem Gesetz zur Wiederherstellung des Berufsbeamtentums hätten bleiben können, noch im Sommer 1933 auf ihr Lehramt und gingen ins Ausland, wo man sie mit offenen Armen empfing (130). Es gab auch Pläne, die noch Verbliebenen alle an eine einzige Universität zu versetzen und diese Universität dann aufzuheben. Man dachte dabei an die Universität Frankfurt/M., eine Stiftung der Frankfurter jüdischen Bankiers. Diese Pläne wurden dann jedoch nicht verwirklicht. Ferner ging man dazu über, Störungsaktionen gegen die im Amt verbliebenen jüdischen Professoren zu organisieren, so daß spätestens Ende 1935 keiner von ihnen mehr sein Amt ausübte. Von 1933 bis 1937 wurden 1.145 Mitglieder der Lehrkörper der Hochschulen - es sind 15 % -vertrieben oder entlassen (131). Von 1933 bis 1939 sind aus Deutschland und Österreich insgesamt 7.662 Akademiker in die Vereinigten Staaten geflohen. Darunter waren mehr als 1.700 Hochschullehrer und 12 Nobel-Preisträger (132).

Durch die Vertreibung der jüdischen Gelehrten waren 1945 ganze Disziplinen verwaist. Dazu gehörten z.B. weite Gebiete der theoretischen Medizin und die Eugenik. Neue Fachbereiche, die sich erst in den Jahren vor dem Ersten Weltkrieg und in der Weimarer Zeit zu entwickeln begonnen hatten, z.B. die Soziologie, verödeten vollständig. Auch auf dem Gebiet der Physik verlor Deutschland damals seine führende Stellung. Da mit den Gelehrten oft auch ihre Schüler Deutschland verließen, sind die durch die nationalsozialistische Politik eingetretenen Verluste zum Teil noch heute nicht ausgeglichen.

4. Die allgemeine Situation der deutschen Wissenschaft

Die Ausgaben des Reiches für wissenschaftliche Zwecke erreichten erst vor dem Kriegsausbruch wieder etwa die Höhe der Ausgaben der Jahre von 1925 bis 1930 (133). Diese Entwicklung betraf die Naturwissenschaften genauso wie andere wissenschaftliche Disziplinen. Es geschah so gut wie nichts für den Ausbau der Universitäten. Die wenigen Neubauten, die während des Dritten Reiches in Benutzung genommen wurden, waren in ihrer Mehrzahl schon vor 1933 geplant und begonnen worden (134).

Erst während des Krieges wurden die Anstrengungen auf dem Gebiet der wissenschaftlichen Forschung verstärkt. Die für die Kriegsführung wichtigen naturwissenschaftlichen und technischen Forschungszweige erhielten während der Kriegsjahre eine besondere Förderung (135). Abgesehen davon gab es kaum Veränderungen in der Struktur der deutschen Wissenschaft. Es wurden kaum neue Lehrstühle gegründet. Wegen der völkischen Rassenideologie des Nationalsozialismus machte man Versprechungen für die Erweiterung der Lehrstühle für Volkskunde. Doch nicht einmal diese Versprechungen wurden eingehalten. Es kam auch zu gelegentlichen Eingriffen in die Selbstverwaltung der Wissenschaft, wie etwa bei der Entlassung von Schmidt-Ott aus der Forschungsgemeinschaft. Doch auch diese Eingriffe hoben die Selbstverwaltung der wissenschaftlichen Organisationen nicht auf (136).

Nach den nationalsozialistischen Vorstellungen sollte auch die Wissenschaft die Aufgabe haben, dem Nationalsozialismus und der völkischen Einheit zu dienen. Die nationalsozialistische Führung nahm für sich in Anspruch, der deutschen Wissenschaft zu einer neuen Blütezeit zu verhelfen, die sie während der Weimarer Republik nicht gehabt habe (137). Indessen empfing die Wissenschaft während des Dritten Reiches, entgegen der landläufigen Ansicht, von staatlicher Seite nur wenige Impulse. Während des Dritten Reiches ist für den Ausbau und die Modernisierung der wissenschaftlichen Hochschulen in vielen Fächern so gut wie nichts geschehen. Dazuhin wurde die deutsche Forschung völlig von den internationalen Verbindungen abgeschnitten. Die rückläufige Bewegung betraf nicht nur die Professoren, sondern ebenso die Studenten. Vom Wintersemester 1928/29 bis zum Wintersemester 1938/39 gingen die Studentenzahlen - auch in den Naturwissenschaften und in für die Rüstungsindustrie interessanten Studienfächern - um die Hälfte zurück, von 111.600 auf 55.900 (138).

5. Die wissenschaftlichen Organisationen

Unter den vom Reich geförderten und betreuten wissenschaftlichen Institutionen fanden sich im wesentlichen die gleichen wie zur Zeit der Weimarer Republik. Die Notgemeinschaft der deutschen Wissenschaft, seit 1930 Deutsche Forschungsgemeinschaft, setzte ihre Arbeiten fort wie zuvor. Es gab gewisse Akzentverschiebungen im Rahmen ihrer Forschungsarbeit. So nahmen die Zweckforschungen, besonders die Forschungsarbeiten, die den deutschen Verlust an Rohstoffgebieten ausgleichen sollten, einen größeren Raum ein als vorher (139).

Die Kaiser Wilhelm-Gesellschaft behielt ihre organisatorische Struktur unverändert bei. Gelegentlich stieß sie auf die Kritik, daß ihr "die totale Zusammenfassung aller für das Potential eines Landes wesentlichen

Kräfte" nicht gelungen sei (140). Wie sehr sich diese Institution ihre Unabhängigkeit jedoch erhalten konnte, zeigte die Gedächtnisfeier für den 1934 in Basel verstorbenen großen Chemiker Fritz Haber. Da Haber Jude war, versuchte das Propagandaministerium, die Gedächtnisfeier zu unterbinden. Trotz des offiziellen Boykotts und trotz des Besuchsverbots für Staatsbeamte führten Carl Bosch und Otto Hahn die Gedächtnisfeier am 29. 1. 1935 mit einem vollen Auditorium durch (141). Mit der zunehmenden Isolierung des Deutschen Reiches wurden auch die internationalen Verbindungen der Deutschen Forschungsgemeinschaft und der Kaiser Wilhelm-Gesellschaft unterbrochen (142).

6. Der Reichsforschungsrat

Im März 1937 setzte der Reichswissenschafts- und Erziehungsminister im verwaltungsmäßigen Rahmen der Forschungsgemeinschaft einen Reichsforschungsrat ein, der die Aufgabe hatte, alle Kräfte auf dem Gebiet der Forschung im Hinblick auf die durch den Vierjahresplan gegebenen Erfordernisse einheitlich zusammenzufassen und planmäßig einzusetzen. Er bestand aus einem Präsidenten, seinem Stellvertreter, einem Geschäftsführer und einem Rechtsbeirat sowie besonders zu berufenden sachverständigen Wissenschaftlern als Leitern der zu bildenden einzelnen Fachgliederungen. Aus seinen Mitgliedern und dem Präsidenten der Forschungsgemeinschaft wurde ein Hauptbeirat gebildet, der sich mit der gerechten und planmäßigen Verteilung der Mittel auf die einzelnen Fachgebiete befaßte (143).

An die Stelle dieses Forschungsrates wurde durch Führererlaß vom 9. Juni 1942 ein anderer Forschungsrat mit eigener Rechtspersönlichkeit gesetzt, der die wissenschaftliche Forschung für Kriegsziele zusammenfassen sollte. In dem Erlaß hieß es: "Die Notwendigkeit, alle vorhandenen Kräfte im Staatsinteresse zu höchster Leistung zu entfalten, fordert... vor allem auch im Kriege den zusammengefaßten Einsatz der wissenschaftlichen Forschung und ihre Ausrichtung auf die zu erstrebenden Ziele." Der Reichsmarschall Hermann Göring wurde beauftragt, zu diesem Zweck einen Reichsforschungsrat mit selbständiger Rechtspersönlichkeit zu bilden, in ihm den Vorsitz zu übernehmen und ihm eine Satzung zu geben. Im Rahmen dieses Reichsforschungsrates sollten "führende Männer der Wissenschaft auf ihren Sondergebieten in Gemeinschaftsarbeit in erster Reihe die Forschung für die Kriegsführung fruchtbar gestalten." Der bisherige, dem Reichsministerium für Wissenschaft, Erziehung und Volksbildung unterstellte Reichsforschungsrat ging in der neuen Einrichtung auf. Der Führererlaß bestimmte, daß für den Reichsforschungsrat die nötigen Mittel im Reichshaushalt sicherzustellen seien (144).

7. Die Deutsche Hochschule für Politik und die Deutsche Bücherei

Zwei Maßnahmen, die die Deutsche Hochschule für Politik in Berlin und die Deutsche Bücherei in Leipzig betrafen, erweiterten den Einflußbereich des Reichsministers für Volksaufklärung und Propaganda.

Durch Erlaß des Führers vom 30. 9. 1937 (145) trat an die Stelle der bisherigen "Deutschen Hochschule für Politik e.V." als Reichsanstalt die "Hochschule für Politik". Die Hochschule für Politik sollte eine Institution sein, die der Verbreitung und Vertiefung politischer Wissens- und Willensbildung im Geiste des Nationalsozialismus diente.

Die Deutsche Bücherei in Leipzig wurde durch Gesetz vom 18.4.1940 zur Anstalt des öffentlichen Rechts erklärt (146). Beide Anstalten standen unter der Aufsicht des Reichsministers für Volksaufklärung und Propaganda.

VI. Die Wissenschaftspolitik der Bundesrepublik

Die Ausgaben des Bundes für Wissenschaft lassen sich entsprechend dem Bericht der Bundesregierung über Stand und Zusammenhang aller Maßnahmen des Bundes zur Förderung der wissenschaftlichen Forschung vom 18. Januar 1965 in zwei große Gruppen aufgliedern (147). Es handelt sich dabei um die Förderungsprogramme des Bundes und die verwaltungsbezogene Forschung des Bundes.

Der Ausgangspunkt der Wissenschaftspolitik des Deutschen Reiches lag in der verwaltungsbezogenen Forschung. So sollte z. B. die erste wissenschaftliche Reichsanstalt, das Reichsgesundheitsamt, die Entscheidungen der Reichsregierung auf dem Gebiet der Gesetzgebung und Verwaltung vorbereiten. Die verwaltungsbezogene Forschung hat die Aufgabe, der immer komplizierter werdenden Verwaltung Entscheidungshilfe zu leisten. Die über diesen begrenzten Zweck hinausreichenden Maßnahmen zur Förderung der wissenschaftlichen Forschung fallen unter die Förderungsprogramme.

1. Förderungsprogramme

Der erwähnte Bericht der Bundesregierung unterscheidet bei den Förderungsprogrammen: Allgemeine wissenschaftliche Förderung, Kernforschung, Weltraumforschung, Verteidigungsforschung, Studienförderung.

a) Den Schwerpunkt der allgemeinen wissenschaftlichen Förderung bilden: der Ausbau der bestehenden wissenschaftlichen Hochschulen und die großen Selbstverwaltungsorganisationen der deutschen Wissenschaft, die Deutsche Forschungsgemeinschaft und die Max-Planck-Gesellschaft (148).

Da die Aufwendungen für den Hochschulausbau die Finanzkraft einiger Länder übersteigt, beteiligte sich der Bund seit 1956 an diesen Kosten. Die Mittel, die der Bund dafür aufbrachte, stiegen von 24,4 Millionen DM im Jahre 1957 auf 211,5 Millionen DM im Jahre 1963 (149).

Die Deutsche Forschungsgemeinschaft ist eine zentrale Organisation der Forschungsförderung in der Bundesrepublik. Ihr gehören alle in der Westdeutschen Rektorenkonferenz zusammengeschlossenen wissenschaftlichen Hochschulen, die Akademien der Wissenschaften, die Max-Planck-Gesellschaft, der Deutsche Verband technisch-wissenschaftlicher Vereine, die

Gesellschaft Deutscher Naturforscher und Ärzte, die Physikalisch-Technische Bundesanstalt und die Fraunhofer-Gesellschaft zur Förderung der Angewandten Forschung als Mitglieder an. Sie besteht seit 1949 zunächst als "Notgemeinschaft der Deutschen Wissenschaft", seit der Fusion mit dem "Deutschen Forschungsrat" 1951 als "Deutsche Forschungsgemeinschaft". Ihre Vorgängerin in der Weimarer Republik war die 1920 gegründete Notgemeinschaft der Deutschen Wissenschaft, die ein Jahrzehnt später in Deutsche Forschungsgemeinschaft umbenannt wurde und bis zum Ende des Zweiten Weltkrieges bestand.

Die Deutsche Forschungsgemeinschaft, der Rechtsform nach ein eingetragener Verein privaten Rechts, ist eine Selbstverwaltungskörperschaft der deutschen Wissenschaft, die sich ihre Satzung selbst gibt und die wissenschaftlichen Mitglieder ihrer Organe frei wählt. In den Ausschüssen und Kommissionen der Deutschen Forschungsgemeinschaft sind mehr als 800 Forscher aller Fachrichtungen ehrenamtlich tätig (150). Die Unabhängigkeit der Deutschen Forschungsgemeinschaft als Selbstverwaltungsorganisation bildet zugleich die Grundlage einer engen Zusammenarbeit zwischen Wissenschaft, Staat und Wirtschaft. Im Kuratorium und Hauptausschuß der Deutschen Forschungsgemeinschaft sind der Bund, die Länder und der Stifterverband für die Deutsche Wissenschaft vertreten. In vielen Kommissionen der Deutschen Forschungsgemeinschaft wirken Forscher aus wissenschaftlichen Instituten, Industrieunternehmen und staatliche Stellen zusammen. Der Ausschuß für Angewandte Forschung vereinigt ebenfalls Persönlichkeiten aus Wissenschaft, Wirtschaft und Verwaltung. In der Deutschen Forschungsgemeinschaft ist eine Form der Forschungsförderung und der Zusammenarbeit zwischen Wissenschaft, Staat und Wirtschaft gefunden worden, die die im Grundgesetz verankerte Freiheit der Forschung zum Nutzen aller gewährleistet (151).

Die Deutsche Forschungsgemeinschaft fördert die Wissenschaft in allen ihren Zweigen durch finanzielle Unterstützung von Forschungsvorhaben und durch die Förderung der Zusammenarbeit unter den Forschern. Sie berät Parlamente und Behörden in wissenschaftlichen Fragen und pflegt die Verbindung der Forschung zur Wirtschaft und zur ausländischen Wissenschaft. Ihre besondere Aufmerksamkeit gilt der Nachwuchsförderung.

Von 1949-1963 sind vom Bund für Schwerpunktprogramme der Deutschen Forschungsgemeinschaft mehr als 240 Mill. DM geleistet worden, der größte Teil davon wurde für die Natur- und Ingenieurwissenschaften vergeben, aber auch die Medizin (Krebsforschung) und die Geisteswissenschaften (große Grabungen) sind mit erheblichen Beträgen beteiligt (152).

Die Forschungsgemeinschaft sieht ihre Aufgabe jedoch nicht nur in der Vergabe von Geldmitteln, sondern arbeitet z. B. auch mit verschiedenen ihrer Kommissionen an der Klärung von Problemen, die für die Gesetzgebung von Bedeutung sind. So bildeten die Arbeiten über Lebensmittelfragen, das Bleichen von Lebensmitteln und die Lebensmittelkonservierung, eine wesentliche Grundlage für die vom Bund verabschiedeten Lebensmittelgesetze.

Die Forschungsgemeinschaft wird vom Bund von den Ländern und über den Stifterverband für die Deutsche Wissenschaft von der Wirtschaft finanziert. Seit dem Jahre 1962 erhielt sie außerdem regelmäßige Zuwendungen der Fritz Thyssen-Stiftung. Seitens der öffentlichen Hand erfolgte die Finanzierung zunächst über das Königsteiner Staatsabkommen durch die Länder. Seit dem Jahr 1950 beteiligt sich der Bund in ständig steigendem Maße. Die laufenden Zuschüsse des Bundes, die 1950 2,5 Mill. DM betrugen, erreichten 1963 67,5 Mill. DM (1962: 63 Mill. DM) und damit rund 60% der Zuwendungen an die Deutsche Forschungsgemeinschaft. Am 4. Juni 1964 wurde das Verwaltungsabkommen zwischen Bund und Länder unterzeichnet, das die gemeinsame Finanzierung der Deutschen Forschungsgemeinschaft und der Max-Planck-Gesellschaft je zur Hälfte durch den Bund und die Länder vorsieht, soweit der Zuschußbedarf von der öffentlichen Hand gedeckt wird.

Die Max-Planck-Gesellschaft zur Förderung der Wissenschaften führt in der Rechtsform eines eingetragenen Vereins die Tradition der im Jahre 1911 gegründeten Kaiser Wilhelm-Gesellschaft fort. Die Gründung der Kaiser Wilhelm-Gesellschaft erfolgte damals, um eine Lücke im deutschen Wissenschaftsgefüge zu schließen. Gelehrten, die sich vor allem reiner Forschung widmen wollten, sollte ermöglicht werden, in völliger Freiheit und unbeschwert durch Lehrverpflichtungen ihre Arbeiten durchzuführen. Gleichzeitig sollte damit Gelehrten, die in neu zu entwickelnden Grenzgebieten der Wissenschaft tätig werden, ihr ganz spezielles, auf sie zugeschnittenes Arbeitsinstrument gegeben und es sollten auf diese Weise Fachrichtungen gestärkt werden, die in der Struktur der Universitäten und Technischen Hochschulen noch gar keinen oder keinen ausreichenden Raum hatten. Die Grundsätze der Kaiser Wilhelm-Gesellschaft gelten für die Max-Planck-Gesellschaft unverändert fort. Ihr satzungsmäßiger Zweck ist die Förderung der Wissenschaften, insbesondere durch Unterhaltung von Forschungsinstituten und Forschungsstellen. Zur Zeit verfügt die Max-Planck-Gesellschaft über annähernd 50 Institute und Forschungsstellen. Im Rahmen der Zielsetzung der Max-Planck-Institute ist der Institutsdirektor - ebenso wie die sonstigen wissenschaftlichen Mitglieder des Instituts - in der wissenschaftlichen Tätigkeit frei.

Die Max-Planck-Gesellschaft hat sich durch ihre wissenschaftlichen Leistungen eine außerordentliche Anerkennung im In- und Ausland verschafft. Ihre Institutsdirektoren sind zum größten Teil weltbekannte Gelehrte, von denen mehrere mit dem Nobelpreis ausgezeichnet wurden. In den Organen der Max-Planck-Gesellschaft - soweit sie nicht wissenschaftliche Beratungsgremien sind - vereinigen sich Wissenschaft, Staat und Wirtschaft.

Die Finanzierung der Max-Planck-Gesellschaft erfolgt zu annähernd 80 % aus öffentlichen Mitteln, rund 20 % werden von der Wirtschaft (vorwiegend für einzelne Institute) aus Spenden einschließlich der Zuwendungen des Stifterverbandes und aus Einnahmen für Auftragsarbeiten, Lizenzen usw. aufgebracht. Die Finanzierung aus öffentlichen Mitteln lag zunächst ausschließlich bei den Ländern (153).

Seit 1956 leistet der Bund Zuschüsse zu den einmaligen Ausgaben der Max-Planck-Gesellschaft. Mit diesen Beträgen werden Vorhaben der Gesellschaft zur Verbesserung der Arbeitsmöglichkeiten der Institute, Förderungsmaßnahmen für den wissenschaftlichen Nachwuchs und die Förderung der wissenschaftlichen Beziehungen zum Ausland ermöglicht. 1963 betrugen diese Zuschüsse 33, 8 Mill. DM (1962: 24, 4 Mill. DM). Darüberhinaus werden vom Bundesministerium für wissenschaftliche Forschung Sondermittel für Vorhaben auf dem Gebiet der Atom- und Weltraumforschung bereitgestellt. Außerdem gewährt noch das Bundesministerium für Ernährung, Landwirtschaft und Forsten Zuschüsse für besondere Forschungsvorhaben an das Max-Planck-Institut für Ernährungsphysiologie in Dortmund und an das Max-Planck-Institut für Tierzucht und Tierernährung in Mariensee.

Der Bund vergibt Zuschüsse an die Akademien der Wissenschaften in Göttingen, Mainz, München und Heidelberg. Diese Akademien vereinigen einen ausgewählten Kreis von Forschern zu regelmäßigem wissenschaftlichen Austausch und Gespräch. Die regelmäßigen Sitzungen sind vor allem für die Grundlagenforschung aller Wissenschaften bedeutsam. Die Akademien betreuen zahlreiche wissenschaftliche Unternehmungen und sind Partner der Akademien anderer Länder. Während die Grundfinanzierung der Akademien durch das jeweilige Sitzland erfolgt, sind die Bundesmittel vornehmlich für die Durchführung bedeutsamer Forschungsvorhaben notwendig. Der Bund gibt für die Akademien jährlich Zuschüsse in Höhe von über 1 Mill. DM.

Daneben finanziert das Bundesministerium für wissenschaftliche Forschung Dokumentationseinrichtungen mit zentraler und überregionaler Bedeutung für Wissenschaft und Forschung, weil nur so die wissenschaftliche Forschung in der Bundesrepublik Deutschland über die Ergebnisse der wissenschaftlichen Forschung des Auslandes auf dem laufenden gehalten werden kann. Es handelt sich dabei um das Institut für Dokumentationswesen in Frankfurt, die Zentralstelle für Atomkernenergie-Dokumentation in Frankfurt sowie die Leitstelle für Weltraumdokumentation bei der Zentralstelle für Luftfahrtdokumentation in München (154).

b) Die Kernforschung gewinnt in den letzten Jahren auch in der Bundesrepublik steigende Bedeutung. Sie kann jedoch häufig wegen des notwendigen großen personellen und materiellen Aufwandes nur als Großforschung (big science) betrieben werden. Die für diese Art der Forschung erforderlichen Millionenbeträge können nur unter Mitwirkung der öffentlichen Hand aufgebracht werden. Dies gilt besonders für Deutschland, wo nach einer erzwungenen Pause von 10 Jahren, in denen durch alliierte Verbote jede Betätigung auf dem Gebiet der Kernforschung auch für friedliche Zwecke unmöglich war, praktisch erst im Jahre 1955 mit der Kernforschung neu begonnen werden konnte. Um die Kernforschung nicht von den klassischen Disziplinen der Naturwissenschaften zu trennen und zugleich qualifizierten wissenschaftlichen Nachwuchs heranzuziehen, verblieb die Kernforschung in der Bundesrepublik weitgehend den Hochschulen und Universitäten. Eine Ausnahme davon ist nur dort gemacht worden, wo Forschungsanlagen wegen ihrer baulichen Dimension oder der Höhe der

Kosten den Rahmen einer Hochschule gesprengt hätten wie z. B. das Kernforschungszentrum in Karlsruhe (155).

Seit 1956 trägt das Bundesministerium für wissenschaftliche Forschung dazu bei, deutsche Forschungsstätten im Bereich der wissenschaftlichen Hochschulen und der Max-Planck-Gesellschaft, die unmittelbar der Atomforschung dienen, in einen leistungsfähigen Zustand zu versetzen. Die Förderungsmaßnahmen in den Jahren 1956 bis 1961 konnten die materielle Ausstattung der Institute wesentlich verbessern (156).

Von Bund und Ländern wurden in dem Zeitraum von Anfang 1956 bis Ende 1963 für die Förderung der Kernforschung, der Ausbildung und des Strahlenschutzes rund 2 Mrd DM ausgegeben. Hiervon entfielen auf den Bund etwas mehr als 1, 4 Mrd. DM und auf die Länder rund 600 Mill. DM; der überwiegende Teil dieser Mittel, nämlich rund 1, 5 Mrd DM, wurde für die Kernforschung verwendet, wobei allerdings nur ein verhältnismäßig geringer Teil zur Finanzierung der Forschungsarbeiten selbst, der größere Teil zum Bau von Forschungsanlagen diente (157).

c) Erst vor verhältnismäßig kurzer Zeit, im Januar 1962 entschloß sich die Bundesregierung, die Weltraumforschung für friedliche Zwecke planmäßig zu fördern. Zu diesem Zweck wurde eine Abteilung Weltraumforschung im Bundesministerium für wissenschaftliche Forschung gebildet.

Für Forschungsvorhaben auf dem Gebiet der Weltraumkunde wurden 1963 11 Mill. DM (1962: 3, 8 Mill. DM) bereitgestellt. Die Forschungsarbeiten wurden in der Hauptsache von Universitätsinstituten und Sternwarten und von einer Reihe von Instituten der Max-Planck-Gesellschaft, die sich zu einer Arbeitsgruppe für Weltraumforschung zusammengeschlossen haben, ausgeführt (158).

d) Die moderne Entwicklung der Waffentechnik erfordert umfangreiche wissenschaftliche Forschungsarbeiten auf dem Gebiet der Verteidigung. Konkrete militärische Aufgaben wie z. B. die Panzer- und Tieffliegerabwehr oder die Abwehr von ABC-Waffen (159) lassen sich nur durch eine entsprechende wissenschaftliche Forschung lösen. Die Verpflichtung zur Mitwirkung bei Aufgaben überregionaler Art im Rahmen der NATO z. B. der U-Bootabwehr, der militärischen Raumfahrt und der Raketenabwehr kann wissenschaftliche Beiträge und die Entwicklung von einzelnen "Bausteinen" durch die Bundesrepublik verlangen. Daneben besteht auch ein militärisches Interesse an einer allgemeinen Steigerung des wissenschaftlichen Niveaus durch Grundlagenforschung z. B. auf dem Gebiet der Luft- und Raumfahrt, der Geophysik, der Informations- und Rechentechnik. Diese Aufgaben führen in allen bedeutenderen Staaten zu steigenden Aufwendungen (160).

e) Der Bund hat sich in verschiedenen Programmen der Studienförderung angenommen. Ausgangspunkt war dabei stets das Ziel, in möglichst breiter Weise Begabungen zu fördern, um dadurch Forschung und Hochschulen zu helfen, ihre Nachwuchsbasis zu verbreitern. Das größte dieser Programme ist das gemeinsam von Bund und Ländern finanzierte "Honnefer Modell" einer allgemeinen Studienförderung.

Der Förderung des wissenschaftlichen Nachwuchses im engeren Sinne gilt die Arbeit der Studienstiftung des deutschen Volkes (gegr. 1920, wiedergegründet 1948), des Evangelischen Studienwerkes Villigst (gegr. 1948), der Bischöflichen Studienförderung "Cusanuswerk" (gegr. 1956), der Friedrich-Ebert-Stiftung (gegr. 1925, wiedergegründet 1947) und der Stiftung Mitbestimmung des Deutschen Gewerkschaftsbundes (gegr. 1954). Diese Institutionen, die Mittel des Bundes erhalten, fördern wissenschaftlich hervorragend Begabte. Die genannten Hochbegabten-Förderungswerke erstreben die Heranbildung eines qualifizierten Führungsnachwuchses für alle Bereiche des öffentlichen Lebens, besonders für Lehre und Forschung an den wissenschaftlichen Hochschulen (161).

Maßnahmen der Studienförderung wurden in den Jahren nach dem Kriege, als die Zahl der Studierenden nach dem Tiefstand während der nationalsozialistischen Herrschaft wieder anstieg, zunächst durch die Länder ergriffen. Abgesehen von den Regelungen in den Kriegsfolgegesetzen setzten gezielte Maßnahmen der Bundesregierung zur Studienförderung im Jahre 1949 bei der Wiedergründung der Studienstiftung des deutschen Volkes ein. Der Gedanke einer "Anfangsförderung" (Startförderung) im Honnefer Modell hat seinen Ursprung in den Hilfsmaßnahmen für geflüchtete SBZ-Studierende, die nach dem Aufstand vom 17. Juni 1953 einsetzten. Zur gleichen Zeit wurde deutlich, daß die aus Not überhandnehmende Werkarbeit der Studierenden ihr wissenschaftliches Studium zu einer nicht zu verantwortenden Weise behinderte und geeignete Abiturienten vom Studium abhielt. Diese Erkenntnisse führten zur Hochschulkonferenz vom Oktober 1955 in Bad Honnef, die Grundsätze für ein allgemeines, hochschulgerechtes Förderungsprogramm für den bedürftigen guten Durchschnitt entwickelte (162).

Die Förderung erfolgt nicht nur durch Stipendien, sondern in einem begrenzten Umfang auch durch Darlehen, um das Bewußtsein der Eigenverantwortung der Studierenden zu stärken. Zur Deckung von außergewöhnlichen Studienkosten werden ferner Zusatzdarlehen gewährt.

Die Gesamtentwicklung der Studienförderung nach dem Honnefer Modell seit dem Jahre 1957 ergibt sich aus der folgenden Aufstellung

Geförderte Studierende

Jahr	Zahl	Prozentsatz
1957/58	26 000	18,0
1958/59	32 500	19,2
1959/60	30 800	17,2
1960	30 200	15,7
1961	30 300	14,9
1962	33 400	15,2
1963	33 100	14,4
1964		16,8 (163)

2. Die verwaltungsbezogene Forschung

Die verwaltungsbezogene Forschung wird heute von fast allen Ressorts betrieben, weil das einzelne Ministerium für die Bewältigung seiner fachlichen Aufgaben wissenschaftliche Hilfe in breitem Umfang braucht. Verwaltungsbezogene Forschung ist demnach überwiegend Zweckforschung, die die Grundlage für bestimmte Maßnahmen politischer, administrativer oder gesetzgeberischer Art erarbeitet.

Die verwaltungsbezogene Forschung gliedert sich in:

Wirtschaft,
Ernährungs-, Land- und Forstwirtschaft,
Verkehr, Sozial- und Gesundheitswesen,
Wohnungsbau,
Recht und Verwaltung,
Archiv- und Bibliothekswesen, zeitgeschichtliche Fragen und Dokumentation,
Außen- und Entwicklungspolitik (164).

Zu den Forschungsinstituten des Bundes, die der verwaltungsbezogenen Forschung dienen, gehören unter anderem auch das traditionsreiche Bundesgesundheitsamt in Berlin (165) und die Physikalisch-Technische Bundesanstalt in Braunschweig und Berlin (166).

3. Die Gesamtausgaben für Wissenschaft und Forschung

Die Gesamtausgaben für Wissenschaft und Forschung verteilten sich 1962 und 1963 wie folgt:

- Mill DM -

Bereiche	1962	%	1963	%
I. Förderungsprogramme des Bundes				
a) Allgemeine Wissenschaftsförderung	374,1	26,7	378,9	23,5
b) Kernforschung	311,9	22,3	335,4	20,8
c) Weltraumforschung	11,0	0,8	50,5	3,1
d) Verteidigungsforschung	409,1	29,2	546,2	33,8
e) Studienförderung	99,8	7,1	92,0	5,7
II. Verwaltungsbezogene Forschung des Bundes nach Hauptaufgabenbereichen	193,8	13,9		13,1

Daraus geht hervor, daß der Anteil der Förderungsprogramme an den Gesamtausgaben des Bundes von 86,1 % im Jahre 1962 auf 86,9 im folgenden Jahr gestiegen ist. Demgegenüber ist der Anteil der Verwaltungsbezogenen Forschung an den Gesamtausgaben von 13,9 % auf 13,1 % im gleichen Zeitraum gesunken. An dem Verhältnis der Gruppen I. und II. zueinander hat sich also trotz der Steigerung der Gesamtausgaben für Wissenschaft und Forschung von 1962 auf 1963 um rund 15 % kaum etwas geändert (167).

Anmerkungen zu den Seiten 7 - 47

1) Karl Griewank, Aus den Anfängen gesamtdeutscher Wissenschaftspflege, in: Volkstum und Kulturpolitik, Festschrift für Georg Schreiber, Köln, 1932, S. 208 ff.; Georg Schreiber, Deutsche Wissenschaftspolitik von Bismarck bis zum Atomwissenschaftler Otto Hahn, Köln und Opladen 1954, S. 22.
2) Die Denkschrift, in der Leibniz diese Gedanken vortrug, hieß: "Plan zur Förderung der fürs Leben brauchbaren Naturwissenschaften und zur Gründung einer deutschen Sozietät, welche Wissenschaften und Künste in unserer Sprache beschriebe und die Ehre des Vaterlandes gegenüber dem Ausland rettete." Im Titel dieser Denkschrift zeigten sich bereits die künftige Betonung der angewandten Wissenschaften und die Bedeutung der Wissenschaft und Kunst für den internationalen Rang eines Staates.
3) vgl. Griewank, Aus den Anfängen..., S. 208 ff.; ders., Staat und Wissenschaft im Deutschen Reich, Freiburg Br. 1927, S. 1 ff.; Schreiber, Wissenschaftspolitik... S. 15 ff.
4) Böckh formulierte 1815 in dem Antrag auf Herausgabe eines thesaurus inscriptionum: "Der Hauptzweck einer königlichen Akademie der Wissenschaften muß dieser sein, Unternehmungen zu machen und Arbeiten zu liefern, welche kein einzelner leisten kann, teils weil seine Kräfte denselben nicht gewachsen sind, teils weil ein Aufwand dazu erforderlich wird, welchen kein Privatmann zu machen wagen wird." (Adolf von Harnack, Geschichte der preußischen Akademie der Wissenschaften, S. 489)
5) Dazu zählten folgende Unternehmungen: Die lateinischen Inschriften, 1853 die politische Korrespondenz Friedrichs des Großen, 1874 die ältesten griechischen Kirchenschriftsteller der ersten drei Jahrhunderte, 1891 die Kantausgabe, 1893 das Wörterbuch der deutschen Rechtssprache, 1894 das Wörterbuch der ägyptischen Sprache, 1897 die Leibniz-Ausgabe und die Sammlung der griechischen Ärzte, 1901 die Übernahme des schon 1838 begonnenen Grimm'schen Wörterbuches. Die großen wissenschaftlichen Unternehmungen der Akademie wuchsen stetig an und erlangten hohe Bedeutung. (Gerhard Dunkel, Die Deutsche Akademie der Wissenschaften zu Berlin in Vergangenheit und Gegenwart, Berlin 1958, S. 11 ff.; Griewank, Staat und Wissenschaft... S. 4)
6) Griewank, Aus den Anfängen..., S. 209.
7) ebd. S. 210.
8) ebd. S. 211.
9) Karl Griewank, Wissenschaft und Kunst in der Politik Kaiser Wilhelms I. und Bismarcks, in: Archiv für Kulturgeschichte, 34. Bd., 1952, S. 291/292.
10) Das Museum wurde von einem begeisterten Kunstsammler, dem oberfränkischen Freiherrn Hans von Aufsess, als private Stiftung gegründet. Hans von Aufsess hatte die Ambition, sein Museum zu einer "deutschen Nationalanstalt" mit weitreichenden wissenschaftlichen Aufgaben zu machen. Er beabsichtigte, im Rahmen des Museums ein Gesamtrepertorium über das Quellenmaterial zur deutschen Geschichte, Literatur und Kunst bis 1650 aufzubauen; vgl. Griewank, in: Archiv... S. 292)
11) ebd. S. 293/294.
12) vgl. Bismarcks Rede am 14. März 1877 im Reichstag, als er erklärte, im Verhältnis zu seiner Aufgabe sei das Reich die organloseste Institution, die überhaupt existiere. - Auch Rudolf Delbrück versuchte als Präsident des Bundes- und Reichskanzleramtes (von 1867-1876) die Organe der Reichsverwaltung zu stärken. Die meisten Neugründungen der Reichsverwaltung gehen auf ihn zurück. Er beabsich-

tigte damit, sich "vom preußischen Ministerium zu emanzipieren". (Begründung des Reichsgesundheitsamtes in der 14. Sitzung des Reichstages am 23. November 1875)

13) Der Norddeutsche Bund hatte die Frage der Maßeinheit in seiner Maß- und Gewichtsordnung von 1868 im Sinne des metrischen Systems geregelt.

14) Denkschrift über die internationale Regelung des Maß- und Gewichtswesen, Beilage II zum Etat des Reichskanzleramtes für 1876/77.

15) Der preußische Monarch, der zugleich Oberhaupt des Norddeutschen Bundes war, nahm an zahlreichen anderen wissenschaftlichen Unternehmungen regen Anteil. So förderte er aus seinen persönlichen Dispositionsmitteln, z. T. gemeinschaftlich mit anderen deutschen Fürsten, u. a. die deutschen Nordpolar- und Afrikaexpeditionen. vgl. Griewank, Aus den Anfängen... S. 215, ff., und in: Archiv... S. 294

16) Denkschrift, Beilage II z. Etat d. Reichskanzleramtes 1876/77.

17) Etat des Reichsamtes des Innern, Kap. 7a, Titel 6a. Denkschrift über die wissenschaftlichen und künstlerischen Unternehmungen, die aus Titeln des Etats für das Reichsamt des Innern gefördert werden. Verhandlungen des Reichstages, XII. Leg., I. Sess., Bd. 240, S. 1073. (Der Internationalen Erdmessung gehörten 1907 21 Staaten an.)

18) Der Norddeutsche Bund hatte schon die Deutsche Seewarte aus Bundesmitteln unterstützt. 1873 gab es Vorschläge, diese Anstalt in ein größeres Institut für die Physik der Erde mit Leitung in Berlin einzubauen. Dieser Plan wurde jedoch nicht verwirklicht. vgl. Griewank, Aus den Anfängen... S. 217.

19) Beschluß des Bundesrates vom 29. 4. 1873.

20) Art. 4, Ziff. 15 der Verfassung des Deutschen Reiches von 1871.

21) Denkschrift, Beilage III zum Etat des Reichskanzleramtes, 1876; vgl. ferner Vorlage vom 9. 4. 1872, Bundesratsdrucksache Nr. 40, bei Griewank, Aus den Anfängen... S. 220.

22) Auch die Bürokratie des Reichskanzleramtes widerstrebte einer selbständigeren Entwicklung des Gesundheitsamtes. Wegen seiner eigenmächtigen Personalpolitik in dieser Angelegenheit zog sich Bismarck die Kritik aller persönlichen Gegner im Reichstag zu. Immer wieder mußte Bismarck selbständig in die Entwicklung des Reichsgesundheitsamtes eingreifen. So wurde er auch der eigentliche Schöpfer des ersten reichseigenen Forschungslaboratoriums im Rahmen des Reichsgesundheitsamtes; vgl. Griewank, Aus den Anfängen... S. 223.

23) Im Reichstag erhob sich wiederholt Kritik an der Forschungstätigkeit des Reichsgesundheitsamtes. Aber mit dem wiederholten Nachweis, daß die verlangten Untersuchungen in den übrigen Hochschulinstituten nicht ausgeführt werden könnten, ließ sich die Verwirklichung des wissenschaftlichen Forschungsprogramms schließlich durchsetzen. Zu dem chemischen Laboratorium kam wenig später das hygienische Laboratorium des Reichsgesundheitsamtes und danach das bakteriologische. Wegen der Erfolge des Reichsgesundheitsamtes verstummte bald die Kritik an dem Vorgehen Bismarcks. So entdeckte Robert Koch 1882 als Abteilungsleiter des Reichsgesundheitsamtes den Tuberkulosebazillus und kurz danach auch den Cholerabazillus. Daneben gelang G. T. A. Gaffky die erste Reinkultur des Typhuserregers und Fritz Schaudinn die Entdeckung der spirochaeta pallida am Reichsgesundheitsamt; vgl. Griewank, in: Archiv..., S. 298, und Aus den Anfängen... S. 225. Der Direktor und die übrigen Mitglieder des Reichsgesundheitsamtes vertraten ihre Angelegenheiten selbst im Reichstag, was erheblich zu dem Ansehen und der Unabhängigkeit dieser Institution beitrug. Durch die Ernennung außerordentlicher Mitglieder im Jahre 1880 steigerte sich noch das wissenschaftliche Ansehen des Reichsgesundheitsamtes.

24) 1882 veranstaltete das preußische Kultusministerium Fachberatungen über die Förderung der Präzisionstechnik. Dabei machten Helmholtz und Werner von Siemens Vorschläge für ein großes Staatsinstitut für technische und für experimentalphysikalische Untersuchungen, die an den üblichen Lehranstalten nicht ausreichend gemacht werden konnten. Siemens führte dafür 2 Argumente ins Feld: 1. die deutsche Industrie erfordere eine gesteigerte wissenschaftliche Leistung, 2. wissenschaftliche Spitzenleistungen seien eine Voraussetzung für die Ehrenstellung der deutschen Nation. vgl. Denkschrift von Schreiber, Helmholtz, Siemens vom 16.

Juni 1883 über die Begründung eines Institutes für die Förderung der exakten Naturforschung und Präzisionsmechanik. Ferner Griewank, Aus den Anfängen... S. 233). Siemens leitete die Verwirklichung selbst in die Wege. Er bot der preußischen Staatsregierung ein Grundstück an und stellte die Übernahme des größten Teiles der Baukosten des Instituts als Geschenk in Aussicht. Gleichzeitig machte er allerdings auch dem Reich das gleiche Angebot mit der Zustimmung des preußischen Ministers von Goßler, weil er befürchtete, daß der große Plan von Preußen allein vielleicht doch nicht in dem gewünschten Umfange durchgeführt werden könnte. Goßler ließ bei seiner Empfehlung des Antrags gegenüber dem Staatssekretär von Bötticher offen, ob man ein Reichsinstitut oder aber ein preußisches Staatsinstitut mit Reichszuschuß gründen werde. Auch wenn es zu einem preußischen Institut kommen werde, so schrieb er, werde sich das Institut nicht auf die Grenzen des preußischen Staates beschränken, sondern als Zentralstelle für die experimentelle Forschung aller deutschen Physiker fungieren und mit den Untersuchungen die wirtschaftlichen Interessen des gesamten Reiches wahrnehmen. Bötticher war für die Übernahme des Instituts in die Obhut des Reichs. Indessen erhob das Reichsschatzministerium Bedenken aus finanziellen und verfassungsrechtlichen Gesichtspunkten. Das Reichsschatzministerium schlug vor, das Institut Preußen zu belassen. Die beiden Staatssekretäre, Goßler und von Bötticher, kamen dann überein, daß man die Anstalt doch als preußisches Institut errichten sollte, wobei das Reich einen Beitrag zu entrichten habe (Griewank, Aus den Anfängen... S. 233)

25) Werner v. Siemens, Wissenschaftlich-technische Arbeiten, Bd. II, 1891, S. 568 ff., S. 576 ff.; Graf Herbert v. Bismarck an Bötticher, 30. 7. 1884, bei Griewank, Aus den Anfängen... S. 233/234.

26) 5. und 6. Sitzung der 3. Kommission des Reichstages vom 10. und vom 13. Dezember 1888; vgl. auch W. Förster, Lebenserinnerungen und Lebenshoffnungen, S. 192 ff., und Förster, Die Physikalisch-Technische Reichsanstalt, 1887;

27) Bundesratssitzung vom 4. Juni 1886, Protokoll § 348; bei Griewank, Aus den Anfängen... S. 234.

28) Rudolf von Virchow (Preußen) machte gegenüber von Hertling (Bayern) geltend, daß es notwendig sei, "gewisse große Aufgaben, die in Wirklichkeit nicht nur Aufgaben eines Bundesstaates sind, zusammenzufassen und dem Reich zu unterstellen". Der preußische Minister von Goßler brachte das entscheidende Argument, indem er ausführte, selbst die reichsten Hochschulinstitute könnten nicht Aufgaben von dem hier erforderlichen Umfang übernehmen; vgl. Reichstagsprotokolle vom 8. Januar, vom 10. und 28. März 1887; dazu Griewank, Aus den Anfängen... S. 233 ff.

29) Antrag des Abgeordneten Müller-Sagan und Genossen 1898, Reichstagsdrucksache Nr. 197.

30) Denkschrift zum Nachtrag des Reichshaushalts 1898, angenommen in der 82. Plenarsitzung des Reichstags, 3. 5. 1898.

31) so u. a. für die Erforschung des Typhus, der Tuberkulose, der Syphilis, der Protozoenforschung, der Erforschung der Reblauskrankheit, der Schlafkrankheit und der Brustseuche der Pferde.

32) Denkschriften über die Tätigkeit der biologischen Abteilung, Januar 1901/02, in den Anlagen zu den Reichstagsprotokollen; vgl. außerdem 39. Plenarsitzung des Reichstages vom 1. Februar 1901; dazu: Schreiber, Wissenschaftspolitik... S. 30 ff. und Griewank, Staat und Wissenschaft... S. 25.

33) Leopold von Ranke übergab 1871 dem Reichskanzler Bismarck seine alten Pläne über die Gründung einer Akademie für deutsche Geschichte und Sprache, die die Monumenta Germaniae Historica, die Münchener Historische Kommission und evtl. auch das Grimm'sche Wörterbuch und die Arbeit des Germanischen Museums übernehmen sollte. Diese gesamtdeutsche Akademie sollte neben die einzelstaatlichen Akademien treten. Ranke glaubte, die Gründung des Deutschen Reiches sei für seine Pläne günstig. Das Reichskanzleramt ging darauf jedoch nicht ein, weil es darin einen zu tiefen Eingriff in die bestehende Wissenschaftsorganisation sah und Widerstände der Länder befürchtete. Ranke an Bismarck, 6. 6. 1871, in: Ranke, Sämtliche Werke 53/54, S. 696 ff., bei Griewank, Aus den Anfängen... S. 228.

34) Griewank, Aus den Anfängen... S. 226.
35) Denkschrift zu den Reichstagsprotokollen (Anlage): Bd. 298, Nr. 43.
36) Denkschriften in den Anlagen zu den Reichstagsprotokollen: Bd. 240, Nr. 213; Bd. 298, Nr. 43, Bd. 253, Nr. 7218.
37) Das im Jahre 1852 nach den Beschlüssen der Generalversammlung der deutschen Geschichts- und Altertumsvereine gegründete Römisch-Germanische Zentralmuseum hatte die Aufgabe, die zerstreuten Denkmale der deutschen Urgeschichte bis auf die Zeiten Karls des Großen in Nachbildungen und Originalen an einem Ort zu vereinigen und nach wissenschaftlichen Gesichtspunkten geordnet der archäologischen Forschung sowie "der Belehrung weiterer Kreise nutzbar zu machen". vgl. Denkschrift in der Anlage zu den Reichstagsprotokollen, Bd. 240, Nr. 213. Die beiden Museen - Nürnberg und Mainz - finden sich seither ständig im Etat des Reichsinnenministeriums. Diese Tradition wurde durch den Bund bis auf unsere Tage fortgesetzt.
38) Reichstagsdrucksache Nr. 66, 1871 - Reichstagsbeschluß vom 16. November 1871 - Bundesratssitzung vom 28. Februar 1872, Protokoll § 78; Griewank, Aus den Anfängen... S. 228.
39) Es bezweckte, die historische Entwicklung der naturwissenschaftlichen Forschung, der Technik und der Industrie in ihrer Wirkung darzustellen und ihre wichtigsten Stufen durch hervorragende und typische Meisterwerke zu veranschaulichen; vgl. Denkschrift in der Anlage zu den Reichstagsprotokollen, Bd. 240, Nr. 213.
40) Griewank, Wissenschaft und Kunst... S. 300.; ders., Aus den Anfängen... S. 231.; Denkschriften und Anlagen zu den Reichstagsprotokollen, Bd. 240, Nr. 213; Bd. 253, Nr. 1121; Bd. 298, Nr. 43.
41) Das Meeresbiologische Institut in Rovigno wurde 1891 gegründet. Es sollte in erster Linie dazu dienen, das Berliner Aquarium mit Tieren der mediterranen Fauna zu versehen, die namentlich bei den niederen Tieren eine größere Mannigfaltigkeit aufweist und viel reichhaltiger ist als die der Nordsee.
42) vgl. Denkschrift i. d. Anlagen zu den Reichstagsprotokollen, Bd. 253, Nr. 1121.
43) Die Kaiserlich-Leopoldinisch-Karolinische Deutsche Akademie der Naturforscher, deren Sitz sich damals in Halle/Saale befand, ist die älteste der deutschen Akademien. Im Jahre 1652 von Ärzten der damaligen freien Reichsstadt Schweinfurth zur Pflege der Naturwissenschaften gegründet, ist sie im Jahre 1687 von Kaiser Leopold I. zur deutschen Reichsakademie erhoben und von ihm sowie von den nachfolgenden deutschen Kaisern, namentlich von Karl VI. und Karl VII., durch Verleihung mannigfacher Privilegien gefördert worden. Sie hat die Auflösung des alten Deutschen Reiches überlebt, trotz beschränkter Hilfsmittel ihre Tätigkeit fortgesetzt und auch nach der Gründung von Landesakademien als die einzige statuarisch ganz Deutschland umfassende gelehrte Körperschaft sich erhalten. Sie stand seit dem Jahre 1827 unter dem Protektorate des Königs von Preußen. Nach den neuen, seit 1872 geltenden Statuten ist es die Aufgabe der Akademie, die Naturwissenschaften in ihrer weitesten Ausdehnung zu fördern. Die Akademie veröffentlichte zwei periodisch erscheinende Schriften; vgl. Denkschrift in den Anlagen zu den Reichstagsprotokollen, Bd. 240, Nr. 213.
44) Reichstagsprotokolle (Anlagen), Bd. 240, Nr. 213.
45) zum ganzen Folgenden: Stenographische Berichte über die Verhandlungen des Reichstages, X. Legislaturperiode, I. Session, 1899/1900. Bd. II, S. 1233 ff.
46) Robert von Mohl, Das Reichsstaatsrecht, Tübingen 1873, S. 140/141.
47) Albert Hänel, Deutsches Staatsrecht, 1. Bd.: Die Grundlagen des deutschen Staates und die Reichsgewalt, Leipzig 1892, S. 222.
48) ebd. S. 222, 724.
49) ebd. S. 428.
50) Paul Laband, Die Wandlungen der Reichsverfassung, Dresden 1895, S. 3 ff.
51) Georg Meyer und Gerhard Anschütz, Lehrbuch des Deutschen Staatsrechts, 6. Aufl., Leipzig 1905, S. 236, Anm. 14.
52) ebd. S. 235 Anm. 11.
53) zum ganzen Folgenden: Heinrich Triepel: Die Kompetenzen des Bundesstaates und die geschriebene Verfassung, aus den staatsrechtlichen Abhandlungen, Festgabe für Paul Laband zum 50. Jahrestag der Doktorpromotion, 2. Bd. Tübingen 1908, S. 250 ff.

54) ebd. S. 283 mit Anm. 1.
55) zum Folgenden: Triepel, ebd. S. 286-288.
56) ebd. S. 288. Dieser Grundsatz ist auch von Hänel an mehreren Stellen seines Deutschen Staatsrechts aufgestellt worden; z. B. S. 222, 428, 724.
57) Triepel, Kompetenzen... S. 294.
58) ebd. S. 309 ff., besonders S. 321.
59) ebd. S. 293, besonders S. 257.
60) Rudolf Smend, Staatsrechtliche Abhandlungen, Sammlung von Aufsätzen anläßlich des goldenen Doktorjubiläums, Berlin 1955, S. 39 ff.
61) zum ganzen Folgenden: Smend ebd. S. 52-59.
62) von Jagemann, Die deutsche Reichsverfassung 1904, S. 65 u. 66.
63) von Seydel, Kommentar zur Reichsverfassung, 2. Aufl. 1897, S. 102.
64) Arndt, Verfassung des Deutschen Reiches, 5. Aufl., S. 26.
65) vgl. C. H. Becker, Kulturpolitische Aufgaben des Reiches, in der der Nationalversammlung vorgelegten Denkschrift über die kulturpolitischen Kompetenzen des Reiches, S. 9 ff. Dort steht ferner auf S. 34: "Zur Förderung seiner Bestrebungen und zur Erhöhung seines Einflusses braucht das Reich neue planmäßige Mittel, möglichst ohne zu enge Festlegung der Zweckbestimmung."
66) Denkschrift, Beilage 2 zu Anlage V des Reichshaushaltplanes 1920; vgl. Griewank Staat und Wissenschaft... S. 42.
67) Johannes Kluge, Die Finanzierung der Wissenschaft aus öffentlichen Mitteln, Bonn 1951, S. 9.
68) vgl. dazu die Ausführungen des Staatssekretärs Schulz im Reichstag vom 15. November 1922, Reichstagsprotokolle 1922, Bd. 357, S. 8996.
69) Akten des Auswärtigen Amtes, VI B, Bd. III Nr. 583, Boykottierung der deutschen Wissenschaft, Denkschrift der Reichszentrale für naturwissenschaftliche Berichterstattung vom 29. 1. 1925, Abschrift III 1251.
70) Georg Schreiber, Die Not der deutschen Wissenschaft und der geistigen Arbeiter, Leipzig 1923, S. 70/71.
71) Internationale Kongresse 1922 bis 1924:

Geistes- und Naturwissenschaft einschl. Medizin	57,	ohne Deutschland	51
Völkerrecht, intern. Recht, Sozialwissenschaften	8,	" "	2
Techn. Wissenschaften	20,	" "	17
Hilfswissenschaften	21,	" "	16
insgesamt	106,	" "	86

(Denkschrift der Reichszentrale... 1925, s. oben Anm. 69).
72) Nach dem Krieg wurden in Paris u. a. neugegründet: das Institut International d'Anthropologie (1920), das Institut International du Froid (1920), das Bureau International de l'Heure (1919) und das Institut des Hautes Etudes Internationales (1921). Diese Institute waren besonders gute Ansatzpunkte, um kulturpolitischen Einfluß auszuüben. Frankreich hatte sich auch um das Institut der Commission de Cooperation Intellectuelle des Völkerbundes bemüht, indem es dem Völkerbund das Gebäude und die Geldmittel für die Unterhaltung angeboten hatte. Das Institut wurde dann auch in Paris errichtet.
73) So hatten einige nordische neutrale Länder gegen die Rücknahme der Einladung an Deutschland zu dem Geographenkongreß, der 1925 in Ägypten stattfand, protestiert. Auf der Versammlung des International Research Council in Brüssel lag 1922 der Antrag der Schwedischen Akademie vor, den Artikel der Satzungen, welcher die Mittelmächte aus dem Council ausschloß, aufzuheben. Der Antrag wurde jedoch mit 30 gegen 3 Stimmen abgelehnt.
74) Denkschrift der Reichszentrale... 1925, S. 8.
75) vgl. Denkschrift der Reichszentrale... 1925, Akten des Auswärtigen Amtes VI B, Bd. III. Nr. 583, S. 9/10.
76) vgl. dazu Konrad Haenisch, Die Not der geistigen Arbeiter, Leipzig 1920; vgl. auch die Debatte im Reichstag vom 15. November 1922, Reichstagsprotokolle 1922, Bd. 357, S. 8985 ff.
77) Diese Institute erhielten bestimmte Beträge aus dem Reichshaushalt. vgl. im einzelnen Griewank, Staat und Wissenschaft... S. 45 f.
78) vgl. Interpellation vom 16. Oktober 1922, Drucksache Nr. 5052, abgedruckt in den Anlagen zu den stenogr. Berichten des Reichstages, 1922, Bd. 357, S. 5495.

79) Abg. Dr. Schreiber Reichstagsprotokolle, 267. Sitzung, 15. November 1922, Bd. 357, S. 8985.
80) ebd. S. 8996.
81) ebd. S. 9005.
82) ebd. S. 9006.
83) vgl. die Aussprache über die Interpellation von Marx, ebd. S. 9003 ff.
84) So hat in der 29. Plenarsitzung vom 20. Juni 1925 der Abgeordnete Schreiber darauf hingewiesen, daß bedeutende Arbeiten des Reichsgesundheitsamtes finanziell von seiten des Reiches stärker unterstützt werden müßten; vgl. Georg Schreiber, Deutsches Reich und deutsche Medizin, Leipzig 1926, S. 179.
85) ebd. S. 179/180 sowie Drucksache Nr. 329 vom 18. Mai 1925 zum Haushalt des Reichsministeriums des Innern.
86) 1. Das Reichsgesundheitsamt wurde vom Deutschen Reich auch nach dem Ersten Weltkrieg weitergeführt. Das Reichsgesundheitsamt erhielt bei seiner Gründung hauptsächlich die Aufgaben, den Reichskanzler bei der Ausübung seines Aufsichtsrechts über die Ausführung der Maßregeln auf dem Gebiet der Medizinal- und Veterinärpolizei und in der Vorbereitung von Gesetzen auf diesem Gebiet zu unterstützen. Ursprünglich genügte zur Bewältigung dieser Aufgaben ein kleiner Verwaltungsapparat mit wenigen Beamten und verhältnismäßig bescheidenen sachlichen Mitteln. Der ursprüngliche Wirkungskreis des Reichsgesundheitsamtes wurde jedoch, wie bereits geschildert, bald erweitert. Die Tätigkeit der Reichsverwaltung auf gesundheitlichem Gebiet dehnte sich im Laufe der Zeit immer mehr aus. 1923 wurden die noch verbliebenen Einrichtungen der ehemaligen Kaiser Wilhelm-Akademie für das militärärztliche Bildungswesen mit dem Reichsgesundheitsamt vereinigt. Dadurch wurde das Reichsgesundheitsamt nicht unerheblich in seinen Arbeitsstätten und -mitteln erweitert. Eine zusätzliche Erweiterung erfuhr das Reichsgesundheitsamt am 1. April 1925, als das Sozial-Hygienische Archiv der Zentralstelle für Volkswohlfahrt in die unmittelbare Verwaltung des Reichsgesundheitsamtes überging. Außer dem Reichsministerium des Innern nahmen das Reichsgesundheitsamt noch folgende Reichsbehörden in Anspruch: das Reichsministerium für Ernährung und Landwirtschaft, das Reichsarbeitsministerium, das Auswärtige Amt, das Reichsfinanzministerium, das Reichswirtschaftsministerium, das Statistische Reichsamt, das Reichswehrministerium, das Reichspost-, das Reichsverkehrs- und das Reichsjustizministerium. Dem Reichsgesundheitsamt standen vier Abteilungen zur Verfügung: eine chemisch-hygienische, eine medizinische, eine Veterinärabteilung und eine bakteriologische Abteilung. Zudem besaß es eine große Anzahl von Laboratorien für chemische, hygienische, pathologisch-anatomische, zoologische, pharmazeutische, veterinäre u. a. Zwecke. Als amtliches Publikationsorgan besaß das Reichsgesundheitsamt vor allem die "Veröffentlichungen des Reichsgesundheitsamtes" mit den Beiheften "Medizinalstatistische Mitteilungen". In diesen Publikationen wurden Nachrichten über den allgemeinen Gesundheitszustand, über zeitweilige Maßregeln zur Abwehr und Unterdrückung von Seuchen unter Menschen und Tieren, über die Geburts- und Sterblichkeitsverhältnisse, über die auf dem Gebiet der Gesundheitspflege erlassenen Gesetze und Verwaltungsanordnungen usw. gebracht. Die wissenschaftlichen Forschungsarbeiten wurden in den "Arbeiten aus dem Reichsgesundheitsamt" veröffentlicht (vgl. Schreiber, Reich und Medizin, ... S. 120 ff.).
2. Die Physikalisch-Technische Reichsanstalt hatte sich bis zum Weltkrieg bereits einen bedeutenden Ruf in der wissenschaftlichen Welt erobert. Sie wurde zum Vorbild für eine ganze Reihe von Staatslaboratorien in England, den USA, Frankreich, Rußland, Kanada, Japan, Australien. Eine Reihe von bahnbrechenden wissenschaftlichen Arbeiten und Entdeckungen, die für die Entwicklung der modernen Physik bedeutend wurden, sind an der PTR gemacht worden. Unter ihren Mitarbeitern befanden sich Gelehrte von Weltruf. 1923 wurde der PTR die Reichsanstalt für Maß und Gewicht (vormals Kaiserliche Normaleichungskommission) eingegliedert. In dieser Zeit wurde der Aufgabenbereich der Anstalt erheblich erweitert. Die PTR gliederte sich in die Abteilungen: Maß und Gewicht - Elektrizität - Wärme und Druck - Optik - und eine Präsidialabteilung mit Laboratorien für Radioaktivität, Feinmechanik und Chemie. 1937 umfaßte die PTR 80 Laboratorien (vgl. H. Moser, Forschung und Prüfung, Braunschweig 1962, S. 8 ff.,

und Richard Vieweg, Die Physikalisch-Technische Bundesanstalt, S. 2).
3. Das Reichsarchiv und die Historische Reichskommission. Das Reichsarchiv wurde besonders im Hinblick auf militärische Notwendigkeiten geschaffen. Die nach dem Versailler Vertrag auf ein Heer von 100. 000 Mann und eine Kleinmarine beschränkte Wehrkraft sollte wissenschaftlich gestützt werden. In dem Zentralarchiv wurden neben anderen, spezifisch archivarischen Aufgaben (Sammlung der Akten und Urkunden des Preußischen Kriegsministeriums, der Generalinspektion, des Militärkabinetts, der Geheimen Kriegskanzlei, des Heeresarchivs u. a.) durch zahlreiche Militärwissenschaftler als Aufgabe des Archivs die Geschichte des Ersten Weltkrieges bearbeitet. Die Darstellungen und Forschungen auf militärwissenschaftlichem Gebiet widmeten sich besonders den literarischen Überlieferungen des Großen Generalstabs (vgl. Ernst Müsebeck, Die nationalen Kulturaufgaben des Reichsarchivs, Berlin 1925; Georg Schreiber, Zwischen Demokratie und Diktatur, S. 49 ff.; ders., Wissenschaftspolitik... S. 46 ff.) Der Etat des Reichsarchivs betrug 1919 : 1. 000. 000 M. 1926 : 1. 221. 555 M. 1927 : 1. 194. 436 M 1931: 1. 272. 000 M. 1932: 1. 107. 400 M.

Im Zusammenhang mit dem Reichsarchiv ist die 1928 auf Anregung des Reichstages gegründete Historische Reichskommission zu nennen. (vgl. Walter Goetz, Die Historische Reichskommission von 1928, bei Spörl, Zwischen Wissenschaft und Politik, S. 540-548.) Zu ihren Aufgaben gehörte die Erforschung der neuesten Geschichte, der Stellung Deutschlands im europäischen Staatensystem, der deutschen Sozialentwicklung einschließlich der karitativen Leistungen im Ersten Weltkrieg und der deutschen Auswanderung. Die Mitglieder der Historischen Reichskommission waren großenteils in Personalunion zugleich Mitglieder der Reichsarchivkommission. (Reichsarchivkommission: Vorsitzender: Staatssekretär Lewald; Mitglieder: Delbrück, Goetz, Kehr, Marcks, Meinecke, Oncken, Schreiber, Schumacher, Schulte, General von Borries, der stellvertretende Generalstabschef Freiherr von Freytagh-Loringhoven und der Diplomat Graf Brockdorff-Rantzau. Der Historischen Reichskommission gehörten an: als Präsident: Meinecke, als Mitglieder: Brandenburg, Delbrück, Fincke, Goetz, Hansen, Hartung, Hintze, Hoetzsch, Marcks, Meier, Oncken, Kehr, Schreiber, Schumacher, Triepel.)

87) vgl. Denkschrift, Anlage 1 zur Ergänzung des Reichshaushaltsplanes 1920; Griewank, Staat und Wissenschaft... S. 47, und Schreiber, Wissenschaftspolitik... S. 49 ff.

88) Griewank, Staat und Wissenschaft S. 48.

89) Bayern und Württemberg errichteten für ihre Gebiete eigene topographische Büros; vgl. Denkschrift, Beilage III zum Nachtragsreichshaushalt 1921, Kap. V, S. 14.

90) 1920 erschien eine Delegation von Vertretern der Wissenschaft unter Führung des Staatsministers Schmidt-Ott und des Geheimrats Haber im Reichsministerium des Innern, um dort Verständnis und Hilfe für die Aufgaben der deutschen Wissenschaft zu wecken (vgl. Ausführungen des Staatssekretärs Schulz vor dem Deutschen Reichstag vom 15. November 1922, 267. Sitzung, Bd. 357, S. 8996). Die Reichsregierung erklärte sich grundsätzlich bereit, sofort zu helfen. Die damals noch in den Anfangsschwierigkeiten steckende kulturpolitische Abteilung des Reichsministeriums des Innern gab von ihrem allgemeinen Fonds für wissenschaftliche und künstlerische Zwecke 100. 000 M, um die ersten vorbereitenden Arbeiten für die Notgemeinschaft der Wissenschaft zu finanzieren. Am 30. Oktober traten die deutschen Akademien der Wissenschaften, Universitäten, Technische Hochschulen, die Kaiser Wilhelm-Gesellschaft, der Verband technisch-wissenschaftlicher Vereine und die Gesellschaft deutscher Naturforscher und Ärzte zusammen und gründeten die "Notgemeinschaft der deutschen Wissenschaft". (Denkschrift z. Ergänzung des Reichshaushaltsplanes 1920)

91) Schreiber, Reich und Medizin, ... S. 215.

92) vgl. Georg Schreiber, Die Not der deutschen Wissenschaft und der geistigen Arbeit, Leipzig 1923, S. 92.

93) Die deutsche Notgemeinschaft war in Fachausschüsse gegliedert, die die Anträge prüften und die Entscheidungen fällten. Es gab bis 1922 21, danach 22 Fachausschüsse für alle wichtigen Gebiete der deutschen wissenschaftlichen Forschung.

Unter den Mitgliedern der Ausschüsse fanden sich Namen von Weltruf, wie Max Planck, Fritz Haber, Paul Kehr, Hugo Hergesell. Außerdem gab es noch eine Reihe von Sonderausschüssen - besonders für die Aufgaben des Verlags, der Apparatebeschaffung, der Werkzeugmaschinen, der Tierbeschaffung und des Bibliothekwesens; vgl. Staatssekretär Schulz, Reichstagsprotokolle 1922, Bd. 357, S. 8997; Friedrich Schmidt-Ott, Notgemeinschaft der deutschen Wissenschaft, in: Das Akademische Deutschland, S. 606. Neben der Notgemeinschaft hat sich - unabhängig von ihr - in der Form eines besonderen eingetragenen Vereins mit selbständiger Geschäftsführung, unter dem Vorsitz von C. F. von Siemens der "Stifterverband der Notgemeinschaft der deutschen Wissenschaft" entwickelt. Trotz der unabhängigen und getrennten Rechtsform gab es zahlreiche organisatorische Verbindungen zwischen den beiden Verbänden. Über die dem Stifterverband zur Verfügung stehenden Mittel beschloß ein gemeinsamer Verteilungsausschuß. Die Hälfte seiner Mittel gab der Stifterverband der Notgemeinschaft, die andere Hälfte der Helmholtz-Gesellschaft, die sich besonders um die Unterstützung der technischen Wissenschaften bemühte. Daneben stellte der Stifterverband namhafte Summen für Forschungsstipendien zur Verfügung. (vgl. Schreiber, Not der Wissenschaft... S. 88)

94) Der Notgemeinschaft sind vom Reich folgende Mittel zugeflossen: 1924/25 : 3 Mill. M; 1925/26 : 5 Mill. M; 1927/28 : 8 Mill. M; 1929/30 : 7 Mill. M; 1931 : 5,075 Mill. M.

95) Denkschrift "Die Not der deutschen Wissenschaft", Beilage II zum Etat des Reichsministeriums des Innern 1920, S. 111 ff.; Denkschrift über den Mehrbedarf der Notgemeinschaft der deutschen Wissenschaft, im 2. Nachtrag zum Haushalt des Reichsministeriums des Innern 1922, S. 30; vgl. Schreiber, Not der Wissenschaft... S. 89/90. - Dispositionsfonds 1926 : 1,150 Mill.M.; 1927 : 1,200 Mill. M.

96) Schmidt-Ott, Notgemeinschaft... S. 606.

97) vgl. Griewank, Staat und Wissenschaft... S. 58 ff., Schreiber, Wissenschaftspolitik... S. 50 und Schmidt-Ott, Notgemeinschaft... S. 606-608; ferner: Mitteilungen deutscher Naturforscher und Ärzte, 3. Jahrg. 1926, S. 42.

98) Auszug aus dem Stenographischen Bericht über die Gründungssitzung am 11. Januar 1911 in der Königl. Akademie der Künste, abgedruckt in "50 Jahre Kaiser Wilhelm-Gesellschaft und Max Planck-Gesellschaft zur Förderung der Wissenschaften", Göttingen 1961, S. 121; ferner: Griewank, Staat und Wissenschaft,.. S. 61.

99) Das Aerodynamische Institut in Göttingen ging nach dem Krieg auf die Kaiser-Wilhelm-Gesellschaft über; das Reich leistete dafür laufend Zuschüsse. Für die Errichtung eines Instituts für Metallforschung bewilligte der Reichstag 1919 einen größeren Zuschuß, der bis 1923 fortgesetzt wurde; vgl. die Haushaltspläne 1919-1923. Die Gesellschaft erhielt 1919 einen Zuschuß vom Reich in Höhe von 5 Millionen Mark für die Errichtung eines Textilforschungsinstitutes sowie für das Kaiser Wilhelm-Institut für Biochemie. vgl. Denkschrift zum Reichshaushaltsplan 1919.

100) Denkschrift, Beilage 6 zu Anlage Bd. V im 1. Nachtrag zum Reichshaushaltsplan 1921; vgl. auch Griewank, Staat und Wissenschaft ... S. 63; Adolf von Harnack, Die Kaiser-Wilhelm-Gesellschaft zur Förderung der Wissenschaften, in: Das Akademische Deutschland, S. 613.

101) vgl. Denkschrift zu Anlage Bd. V des Reichshaushaltsplanes 1927, ferner: Griewank, Staat und Wissenschaft... S. 64.

102) Schreiber, Reich und Medizin... S. 218, und Harnack, Die Kaiser-Wilhelm-Gesellschaft... S. 609.

103) Die Wirtschaftskrise der Nachkriegsjahre traf die Studenten besonders hart. Die Nachkriegsjahre brachten eine soziologische Strukturwandlung mit sich. Die Geldentwertung beraubte den Mittelstand, dem etwa Dreiviertel der Studenten entstammten, seiner materiellen Grundlage. Stipendien und Stiftungen spielten vor dem Krieg eine geringe Rolle. Die Grundlage für das Studium war in der Regel das elterliche Privatvermögen. Nach dem Krieg trat ein gründlicher Wandel ein. Das Werkstudententum war sehr verbreitet. Von dem im Wintersemester 1922/23 in Karlsruhe, Breslau, Dresden, Rostock, Tübingen und Paderborn Studierenden arbeiteten im Sommer 1922 53 % als Werkstudenten. Im Sommersemester 1922 verrichteten 20% aller Studenten der Universität Leipzig eine Nebenarbeit während der Vorlesungszeit. 12 % übten einen Nebenberuf aus, der sie 8 Stunden am

Tag beschäftigte. Der Herbst 1922 traf die Studenten besonders schwer, da die immer rascher voranschreitende Geldentwertung die Studierenden um den Ertrag ihrer in den Sommerferien geleisteten Arbeit brachte. Viele Studenten mußten daraufhin ihr Studium unterbrechen. (vgl. Schreiber, Not der Wissenschaften. S. 51; Deutschlands Wirtschaftslage unter den Nachwirkungen des Weltkrieges, zusammengestellt im Statistischen Reichsamt, Berlin 1923)

104) vgl. die Verhandlungen des Vierten Deutschen Studententages in Erlangen 1921, Erlangen 1921.

105) vgl. Reichstagsprotokolle Bd. 357, S. 8990 ff.

106) vgl. ebd. S. 8999 die Ausführungen des Staatssekretärs Schulz vor dem Reichstag am 15. November 1922. - Im Jahre 1925 wurde von der Wirtschaftshilfe die Studienstiftung des Deutschen Volkes ins Leben gerufen, die sich die Förderung besonders begabter Studenten zur Aufgabe machte.

107) Die großen deutschen Museen hatten unter der bedrohlichen Wirtschaftslage in den Jahren nach dem Ersten Weltkrieg besonders zu leiden. Sie waren nicht mehr in der Lage, eine geordnete Verwaltung aufrechtzuerhalten. Ihre Beamten, Angestellten und Arbeiter erhielten mitunter monatelang nur einen Teil der ihnen zustehenden Löhne und Gehälter. Originale konnten nicht mehr angekauft, Modelle nicht mehr hergestellt werden. Ein Großteil der in Deutschland zum Verkauf kommenden Kunstwerke drohte ins Ausland abzuwandern.

108) Reichstagsprotokolle, Bd. 357, S. 8991; 8999.

109) Schreiber, Not der Wissenschaft... S. 59 ff. - Das Deutsche Museum in München entwickelte sich in den Jahren nach dem Ersten Weltkrieg zum bedeutendsten naturwissenschaftlich-technischen Museum der ganzen Welt.

110) Übersicht über die Unterstützungszahlungen vgl. Griewank, Staat und Wissenschaft... S. 110.

111) Schreiber, Not der Wissenschaft... S. 77/78.

112) RGBl. I, S. 365; vgl. ferner Zuständigkeitsverordnung vom 11. Mai 1934, RGBl. I. S. 375.

113) RGBl. I, S. 215.

114) Gustav Adolf Scheel, Die Reichsstudentenführung, in: Schriften der Hochschule für Politik in Berlin, H. 18, 1938.

115) vgl. die Angaben über den Gründungsaufruf des NSDStB vom 8. Dezember 1925 und die Vorgeschichte in: Die studentische Kameradschaft, Sonderausgabe vom April 1938, S. 14 f.

116) "Gesetze des deutschen Studententums - Richtlinien für die Kameradschaftserziehung des NSDStB" (hsg. von der Reichsstudentenführung - Amt für politische Erziehung); bei Roit, o. J., Institut für Zeitgeschichte, München, Archiv 2626/60 Db 48, 10. Diese Richtlinien stellen als die Aufgaben des NSDStB heraus: den Kampf gegen weltanschauliche Gegner des Nationalsozialismus, den Kampf gegen die Gegner des deutschen Volkstums und seiner Existenz an den deutschen Grenzen, insbesondere im Osten und im Ausland, Verwirklichung des Sozialismus in der Volksgemeinschaft.

117) vgl. dazu Otto B. Rögele, Student im Dritten Reich, in: Das Parlament, 21. 9. 1966, Beilage S. 3 f., S. 7.

118) RGBl. I, 1935, S. 769; siehe im einzelnen weiter unten S. 130.

119) vgl. Rögele, Student... S. 12.; 13 f.

120) RGBl. I, S. 802.

121) Der Altherrenbund 1940, S. 58 f., und Rögele, Student... a. a. O., S. 16.

122) "Vorläufige Maßnahmen zur Vereinfachung der Hochschulverwaltung" v. 28. 10. 1933, in: Die deutsche Hochschulverwaltung, Sammlung der das Hochschulwesen betreffenden Gesetze, Verordnungen und Erlasse, hsg. v. D. Casper, H. Huber, K. Kaepsch und Fr. Senger, 2 Bd., Berlin 1942/43, I, S. 83 f.

123) "Richtlinien zur Vereinheitlichung der Hochschulverwaltung" v. 1. 4. 1935, in Kraft gesetzt durch Erlaß vom 3. 4. 1935, ebd., S. 34 f.

124) vgl. H. Krüger, Der Aufbau der Führerverfassung, in: Deutsches Recht, 5 (1935), S. 210-212; vgl. ferner Deutsches Recht, H. 8 (1935); A. Köttgen, Deutsches Universitätsrecht, Tübingen 1933, S. 44; vgl. die gründliche Untersuchung von Helmut Seier, Der Rektor als Führer, in: Vierteljahreshefte für Zeitgeschichte, 12. Jhrg. 1964, H. 2, S. 105 f.

125) Hans Huber, in: Die Deutsche Hochschulverwaltung, a.a.O., S. 18. Hans Huber war Referent des Reichsministeriums für Wissenschaft, Erziehung und Volksbildung, der über mehrere Jahre federführend an der Entwicklung des Hochschulrechts beteiligt war.

126) Preußischer Erlaß vom 28. 10. 1933, Ziff. II, 3, in: Die deutsche Hochschulverwaltung, a.a.O., I, S. 33.

127) vgl. dazu die gründliche Untersuchung zu dem Themenkreis v. Seier, Der Rektor als Führer... S. 15 f.

128) RGBl. I, 1933, S. 155.

129) vgl. die §§ 2 und 3 d. Gesetzes zur Wiederherstellung des Berufsbeamtentums vom 7.4.1933. Gemeint waren in § 3 nur die Anhänger und Mitglieder von Linksparteien.

130) vgl. Wolfgang Kunkel, Der Professor im Dritten Reich, in: Das Parlament, Aus Politik und Zeitgeschichte, Bd. 38/66, Beilage 21.9.1966, S. 26, 27.

131) Edward Y. Hartshorne. The German Universities and National Socialism, Cambridge (Mass.), 1937. Nach Bracher-Sauer-Schulz, Die nationalsozialistische Machtergreifung, Studien zur Errichtung des totalitären Herrschaftssystems in Deutschland 1933/34 (Schriften des Instituts für politische Wissenschaft, 14), 1960, S. 24 f., 568 f. und passim, S. 321, wurden in der Machtergreifungsphase 14,34 % der im Wintersemester 1932/33 amtierenden Hochschullehrer (11 % der ordentlichen Professoren) entfernt. Nach H. Huber, Der Aufbau des deutschen Hochschulwesens, Gräfenhainichen 1939, S. 7 f., wurden bis 1938 durchschnittlich 45 % aller beamteten wissenschaftlichen Stellen innerhalb der deutschen Hochschulen neu besetzt. In dieser letzten Zahl sind jedoch Versetzungen u. Berufungen offenbar mitberücksichtigt.

132) Nach Angaben der Notgemeinschaft der deutschen Wissenschaft aus den Jahren 1936 und 1937 und nach Angaben von Helge Pross, Die deutsche akademische Emigration nach den Vereinigten Staaten 1933-1941, Berlin 1955.

133) vgl. Die Ausgaben des Deutschen Reiches und der Bundesrepublik für Wissenschaft und Forschung, 1882-1962, in: Kulturpolitischer Informationsdienst, Bonn, Jhrg. 3/1962, Nr. 12.

134) Kunkel, in: Parlament, 21.9.66, S. 32.

135) vgl. Kluge-Krüger, Verfassung und Verwaltung im Großdeutschen Reich, 3. Aufl., 1941, S. 432.

136) Schreiber, Wissenschaftspolitik... S. 74-76; Kunkel, in: Parlament, 21.9.66, S. 32.

137) Paul Ritterbusch, Wissenschaft im Kampfe um Reich und Lebensraum, Stuttgart, 1942, S. 5 f.

138) Bericht der Bundesregierung über den Stand der Maßnahmen des Bundes zur Förderung der wissenschaftl. Forschung vom 8. Dezember 1964, Aus den Akten des Bundesministers für wissenschaftliche Forschung AZ.II, 7-3180-1-92/64, Anl. I, 9.

139) vgl. Hans Thieme, Staat, Forschung und Erfinder, in Zeitschrift für die gesamte Staatswissenschaft, Tübingen 1936, S. 518.

140) Schreiber, Wissenschaftspolitik... S. 74.

141) Schreiber, ebd. S. 75/76.

142) vgl. Thieme, Staat, Forschung... S. 520/21.

143) vgl. Kluge-Krüger, Verfassung und Verwaltung... S. 431.

144) Erlaß des Führers über den Reichsforschungsrat vom 9. Juni 1942, RGBl. I, S. 389.

145) RGBl. I, S. 1255.

146) RGBl. I, S. 657. - Die Deutsche Bücherei in Leipzig war am 3.10.1912 vom Börsenverein der deutschen Buchhändler in Leipzig - Genossenschaft nach altem sächsischem bürgerlichem Recht - gegründet worden. Sie war eine Einrichtung dieses Vereins und stand in seinem Eigentum. Seit 1921 erhielt die Bibliothek finanzielle Unterstützung durch das Reich. Seit September 1922 wurde ihr Haushalt ausschließlich aus öffentlichen Mitteln bestritten, und zwar zu je zwei Fünfteln vom Reich und vom Lande Sachsen und zu einem Fünftel von der Stadt Leipzig.

147) Bericht der Bundesregierung über Stand und Zusammenhang aller Maßnahmen des Bundes zur Förderung der wissenschaftlichen Forschung vom 18. Januar 1965, Bundestagsdrucksache IV/2963, künftig zitiert: Bundesbericht Forschung, S. 42.

148) ebd. S. 45.

149) ebd. S. 46.

150) Deutsche Forschungsgemeinschaft, 3. Auflage, Wiesbaden 1959, S. 74 ff.; Bericht der Deutschen Forschungsgemeinschaft, Bad Godesberg 1961.
151) Bundesbericht Forschung S. 48.
152) zum ganzen Folgenden: ebd. S. 49.
153) zum Folgenden: Bundesbericht Forschung S. 49/50.
154) ebd. S. 50.
155) Bundesbericht Forschung S. 53.
156) ebd. S. 53.
157) ebd. S. 54.
158) ebd. S. 59, 60.
159) d. h. atomare, biologische, chemische Waffen.
160) Bundesbericht Forschung, S. 61-64.
161) ebd. S. 65.
162) Karl Friedrich Scheidemann, Studentenförderung bei uns, in: Wirtschaft und Wissenschaft, 1959, Nr. 27, S. 1/2.
163) Bericht der Bundesregierung vom 8. Dezember 1964, Anlage II, S. 57.
164) ebd. Anlage II/62.
165) Das Bundesgesundheitsamt setzt die Tradition der ältesten wissenschaftlichen Reichsbehörde, des Reichsgesundheitsamts, fort. Das Bundesgesundheitsamt wurde durch Gesetz vom 27. 2. 1952 errichtet (vgl. Bundesgesetzblatt I, S. 121). Das Bundesgesundheitsamt hat die Aufgabe, Forschungen auf dem Gebiet der Medizin durchzuführen, Gutachten zu erstatten, medizinalstatistische Arbeiten auf dem Gebiet der öffentlichen Gesundheitspflege durchzuführen. Außerdem obliegt ihm die Rauschgiftbekämpfung und die Führung des Arzneispezialitätenregisters. Zum Bundesgesundheitsamt gehört die Bundesopiumstelle, die den Verkehr mit Betäubungsmitteln zu überwachen hat (vgl. Bundeshaushaltsplan, a. a. O., S. 155).
166) Die Physikalisch-Technische Bundesanstalt ist die Nachfolgerin der Physikalisch-Technischen Reichsanstalt für das Gebiet der Bundesrepublik. vgl. Richard Vieweg, Die Physikalisch-Technische Bundesanstalt, Braunschweig 1958; ferner H. Moser, Forschung und Prüfung, Braunschweig 1962; Bundeshaushaltsplan 1962, Kap. 0903, S. 893 ff.
167) Bericht der Bundesregierung vom 8. Dezember 1964, Anlage II/5.

Kapitel 2: Die Kunstpolitik

I. Die Kunstpolitik des Deutschen Reiches bis zum Dritten Reich

1. Die Kunstpolitik des Deutschen Reiches von 1871

Der Schwerpunkt der Kunstpolitik lag in Deutschland nie beim Reich, sondern bei den Ländern und Kommunen. Selbst heute zu einer Zeit, da der Gesamtstaat sich kulturpolitisch in einem Ausmaß betätigt wie nie zuvor, wird die Förderung und Pflege der Kunst zum weit überwiegenden Teil von den Kommunen und den Ländern besorgt (1).

Bis zum Ersten Weltkrieg sah der Reichshaushalt für die Förderung der Kunst nur einen Betrag für die Beteiligung der deutschen Kunst an internationalen Ausstellungen des Auslandes vor. Dafür stellte das Reich von 1892 bis 1913 jährlich 20.000 Mark zur Verfügung (2). Ob dabei beabsichtigt war, die Kunst zu fördern oder eine außenpolitische Wirkung zu erzielen, läßt sich nicht mehr feststellen. Der praktische Effekt dürfte auf beiden Gebieten gelegen haben. Es fällt überhaupt auf, daß die Kunstpolitik des Kaiserreiches, soweit man bei den geringen Anstrengungen überhaupt davon reden kann, den Blickpunkt auf die Wirkung im Ausland richtete. So wurde auch das Kunsthistorische Institut in Florenz, das sich der kunsthistorischen Erforschung der italienischen Kunst - hauptsächlich der Renaissance - widmete, schon vor dem Ersten Weltkrieg aus dem Reichsetat finanziert.

Zu erwähnen ist in diesem Zusammenhang die Unterstützung von Kunstmuseen - wie z. B. des Germanischen Museums und des Römisch-Germanischen Museums - , die der Kunst dienen und zugleich wissenschaftliche und Bildungsaufgaben erfüllen (3). Diese drei Aufgaben der Museen lassen sich nicht trennen. So sollte z. B. das von einem Kunstsammler gegründete Germanische Museum der Sammlung alter deutscher Kunst und ihrer kunsthistorischen Erfassung dienen. Die gleiche Aufgabe hatte das Römisch-Germanische Museum für die Kunst aus der Zeit des römischen Einflusses in Deutschland.

Außerdem begann das Deutsche Reich vor dem Ersten Weltkrieg Beihilfen für die Erhaltung oder Wiederherstellung künstlerisch wertvoller Baudenkmäler zu geben, z. B. gab es 1898 eine finanzielle Unterstützung für die Wiederherstellung des ehemaligen kurfürstlichen Schlosses zu Mainz (4).

2. Die Kunstpolitik der Weimarer Republik

Auf einen Vorschlag des preußischen Kultusministers Carl Heinrich Bekker (5), den er in einer der Nationalversammlung vorgelegten Denkschrift über die kulturpolitischen Kompetenzen des Reiches machte, wurde in den Reichsetat ohne Zweckbestimmung im einzelnen zum erstenmal 1920 ein

Etattitel für die "Förderung wissenschaftlicher und künstlerischer Zwekke" in Höhe von 100.000 Mark aufgenommen (6). Der Titel stieg im folgenden Jahr auf 1,5 Mio. Mark (7), nach der Inflation betrug er 1,2 Mio. Mark (8).

In der dem Haushaltsentwurf von 1920 beigelegten Denkschrift wurde hervorgehoben, daß die bedrohliche Gefährdung des Deutschland nach dem Ersten Weltkrieg verbliebenen kulturellen Besitzstandes nur abgewendet werden könne, wenn neben den Ländern auch das Reich wirksam für die Behebung des dringlichsten Notstandes eintrete. In früherer Zeit seien die Länder, vor allem Preußen, in weitem Umfang bereit gewesen, aus ihren Mitteln auch kulturelle Zwecke zu fördern, deren Bestimmung und Bedeutung über das eigentliche Landesinteresse weit hinausgingen und die eine allgemeindeutsche Angelegenheit darstellten. Bei der gegenwärtigen Lage der Verhältnisse seien die Länder dagegen gezwungen, sich im wesentlichen auf den engeren Kreis ihrer eigenen Interessen zu beschränken. Es ergebe sich daher die zwingende Notwendigkeit für das Reich, vor allem dort helfend miteinzutreten, wo kulturelle Unternehmungen gefährdet oder zu fördern seien, die über die Bedeutung einer engeren Landesveranstaltung hinausgehend Erhaltung und Förderung im gesamtdeutschen Interesse erforderten. Dabei werde es sich in vielen Fällen nicht allein darum handeln, einzelnen Zwecken Geldmittel zuzuführen, sondern auch dahin zu wirken, daß bei Vorhandensein gleicher oder ähnlich gerichteter Bestrebungen eine Sammlung der Einzelkräfte zu tunlichst wirtschaftlicher Nutzbarmachung erfolge. Auf dem Gebiet des wissenschaftlichen Vereins- und Zeitschriftenwesens seien derartige Bestrebungen bereits im Gange. Sie könnten mit besonderem Nachdruck gefördert werden, wenn die Möglichkeit bestände, solchen Arbeitsgemeinschaften Mittel zuzuwenden und damit auch widerstrebende Einzelinteressen für den Zusammenschluß zu gewinnen.

Bei der Vielgestaltigkeit des ganzen Ausgabenkreises und der Neuordnung des Verhältnisses zwischen dem Reich und den Ländern sei es gegenwärtig nicht möglich, die für die einzelnen Zwecke erforderlichen Beträge in ihrer Höhe voll zu übersehen und sie im einzelnen nachzuweisen. Es sei daher ein übertragbarer Dispositionsfonds zur Förderung wissenschaftlicher und künstlerischer Zwecke vorgesehen, dessen Höhe vorläufig auf 100.000 Mark bemessen sei. Wenn diese Summe auch nicht zureichen werde, allen Anforderungen zu genügen, so werde sie doch die Möglichkeit gewähren, zum Ausdruck zu bringen, daß auch das Reich in heutiger Zeit die Pflege der kulturellen Güter als Lebensnotwendigkeit anerkenne und damit den auf diesem Gebiet Schaffenden die schwindende Zuversicht auf eine erfolgreiche Mitarbeit am Wiederaufbau des Reichs wiederzugeben, die im nationalen Interesse nicht entbehrt werden könne (9).

Daraus ergibt sich, daß das Reich sich vor allem dann als zuständig betrachtete, wenn die Förderung der Kunst gesamtdeutsche Bedeutung hatte.

Nach dem Ersten Weltkrieg, vor allem während der Jahre der Inflation, drohte ein großer Teil der Kunstwerke, die in Deutschland angeboten wurden, ins Ausland an zahlungskräftige Käufer abzuwandern. Die deutschen

Museen hatten nicht mehr die Mittel, Originale anzukaufen. Sie waren materiell kaum in der Lage, Modelle anzufertigen oder auch nur die bereits in ihrem Besitz befindlichen oder ihrer Obhut anvertrauten Kunstwerke ausreichend zu pflegen. Daher gewann die Unterstützung der Museen eine besondere Bedeutung. Das Deutsche Reich unterstützte während der Weimarer Republik laufend wie bereits im Kaiserreich das Germanische Museum in Nürnberg und das Römisch-Germanische Museum in Mainz (10).

Aus dem Titel zur Förderung künstlerischer Zwecke wurden 250. 000 Mark für die Förderung der Theaterkultur verwandt, indem einige Theater wie etwa das Nationaltheater in Mannheim daraus Unterstützungen erhielten (11).

Für die Aufgaben, die das Deutsche Reich auf dem Gebiet der Kunstpolitik wahrnahm, wurde die dem Reichsministerium des Innern angegliederte Stelle des Reichskunstwarts geschaffen (12). Der Reichskunstwart sollte "für alle gesetzgeberischen Arbeiten und Verwaltungsmaßnahmen, die mit künstlerischen Fragen in Berührung stehen, eine einheitliche Behandlung nach kulturellen Gesichtspunkten sichern und dabei zwischen den Anforderungen der Behörden und denen der freien Künstler vermitteln". Er stand in Fühlung mit den für das Gebiet der Kunst- und Heimatpflege bestehenden Verbänden (13). Die Stelle des Reichskunstwarts bestand von 1920 - 1932. Sie wurde 1933 aufgehoben (14).

Bemerkenswert ist, daß das Deutsche Reich auf dem Gebiet des Lichtspielwesens eine Vorzensur einführte (15). Nach dem Lichtspielgesetz vom 12. Mai 1920 (16) durften Filme öffentlich nur vorgeführt oder zum Zwecke der öffentlichen Vorführung ins In- und Ausland gebracht werden, wenn sie von den amtlichen Prüfungsstellen zugelassen waren. Diese Prüfungsstellen wurden ebenfalls aus dem Reichsetat finanziert (17).

II. Die Kunstpolitik des Dritten Reiches

1. Nationalsozialistische Kunstauffassung und Reichskulturkammer

Die deutsche Kunst galt den Nationalsozialisten als ein Ausdruck der germanischen Rasse. "Die kulturelle Schöpfung war die feinfühligste Äußerung einer blutmäßig bedingten Veranlagung" (18). Fremde Rassen konnten die deutsche Kunst nicht verstehen. Maßgebend für die Beurteilung der Kulturschöpfungen war das "natürlich primitiv gesunde Empfinden" des deutschen Volkes. Angehörige volksfremder Rassen sollten von der deutschen Kunst ferngehalten und ausgeschlossen werden (19). Die Kultur und damit die Kunst mußten aus dem deutschen Volk herauswachsen. Zum erstenmal äußerte sich Adolf Hitler über Kunst auf der Kulturtagung des Parteitages der NSDAP in Nürnberg am 2. 9. 1933. Er sagte dabei u. a.: "So wird die rassisch-weltanschaulich fundierte Tendenz einer Zeit auch die Tendenz der Pflege der Kunst bestimmen. Die Rasse, die dem gesamten Leben eines Volkes ihren Stempel aufdrückt, sieht dann auch die Aufgaben der Kunst mit ihren Augen. Sie löst in souveräner Weise, alle

Umstände des Zweckes und Materials erfassend, nach ihrem Sinn das Kunstwerk... Die Kunst ist eine erhabene und zum Fanatismus verpflichtende Mission... Die nationalsozialistische Bewegung und Staatsführung darf auch auf kulturellem Gebiet nicht dulden, daß Nichtkönner oder Gaukler plötzlich ihre Fahnen wechseln und so, als ob nichts geschehen wäre, in den neuen Staat einziehen, um dort auf dem Gebiet der Kunst und Kunstpolitik abermals das große Wort zu führen" (20).

Bemerkenswert ist eine weitere Rede Adolf Hitlers anläßlich der Eröffnung des Hauses der Deutschen Kunst in München. Hitler sagte dabei: "Ich will in dieser Stunde bekennen, daß es mein unabänderlicher Entschluß ist, genau wie auf dem Gebiet der politischen Verwirrung nunmehr auch hier mit den Phrasen im deutschen Kunstleben aufzuräumen. Kunstwerke, die an sich nicht verstanden werden können, sondern erst eine schwülstige Gebrauchsanweisung benötigen, um endlich einen Verschüchterten zu finden, der den so dummen oder frechen Unsinn geduldig aufnimmt, werden von jetzt an den Weg zum deutschen Volk nicht mehr finden... Denn der Künstler schafft nicht für den Künstler, sondern er schafft genauso wie alle anderen für das Volk. Und wir werden dafür Sorge tragen, daß gerade das Volk von jetzt an wieder zum Richter über seine Kunst aufgerufen wird" (21).

Das Instrument zur Kontrolle des künstlerischen Schaffens sollte die Reichskulturkammer werden, die durch das Reichskulturkammergesetz (22) vom 22.9.1933 gegründet wurde. Die Absicht des Gesetzes ergibt sich aus seiner Begründung (22). "Durch die Gründung des Reichsministeriums für Volksaufklärung und Propaganda hat das Reich seinen Willen zum Ausdruck gebracht, die Aufgabe der geistigen Führung der Nation in seine Hand zu nehmen. In der Hand des Leiters dieses Ministeriums sind alle Aufgaben der geistigen Einwirkung und die Überwachung aller Mittel zu ihr zusammengefaßt."

Die Freiheit im kulturellen Bereich wurde weitgehend eingeschränkt. "Alle früheren Staatsauffassungen seit der Aufklärungszeit setzten die Kultur als eine Angelegenheit der Einzelpersönlichkeit zum Staate in einen gewissen Gegensatz. Auch soweit dieser Gedanke nicht durchgeführt wird, ist an der Auffassung festgehalten worden, als sei die Kultur etwas, das wegen seiner besonderen Feinheit und Vielgestaltigkeit eine stark dezentralisierte Staatsbetreuung, möglichst ohne Befassung der Reichszentrale, verlange. Für den nationalsozialistischen Staat dagegen ist Kultur eine Angelegenheit der Nation. Die Aufgabe des Staates ist es, innerhalb der Kultur schädliche Kräfte zu bekämpfen und wertvolle zu fördern, und zwar nach dem Maßstab des Verantwortungsbewußtseins für die nationale Gemeinschaft" (24). Es war daher nur folgerichtig, daß man weiterhin forderte, daß, "um eine Politik der deutschen Kultur zu treiben", es notwendig sei, "die Schaffenden auf allen Gebieten unter der Führung des Reiches zu einer einheitlichen Willensgestaltung zusammenzufassen". Der einzelne mußte "erfaßt" werden. "Das geschieht im Wege des ständischen Aufbaues." Um klarzustellen, was mit "ständischem Aufbau" gemeint war, fuhr die Begründung zum Reichskulturkammergesetz fort: "Ständischer Aufbau bedeutet Erfassung des einzelnen."

Eine Reihe von Gesetzen, das Reichskulturkammergesetz vom 22. September 1933 (25), das Schriftleitergesetz vom 4. Oktober 1933 und das Theatergesetz vom 15. Mai 1934, sollten alle Kulturschaffenden unter die Kontrolle des Reichspropagandaministers bringen.

Das Reichskulturkammergesetz beauftragte und ermächtigte den Reichsminister für Volksaufklärung und Propaganda, die Angehörigen der Tätigkeitszweige, die sein Aufgabenbereich betraf, d. h. alle im kulturellen Bereich Tätigen, in Körperschaften des öffentlichen Rechts zusammenzufassen. Die Reichskulturkammer war eine Gesamtkörperschaft des öffentlichen Rechts, die sieben Einzelkammern umfaßte, nämlich: die Reichsschrifttumskammer, die Reichspressekammer, die Reichsrundfunkkammer, die Reichstheaterkammer, die Reichsmusikkammer, die Reichskammer der bildenden Künste und die Reichsfilmkammer (26). Die Einzelkammern waren wieder in Fachverbände und Fachschaften untergegliedert. Die Mitgliedschaft bei einer dieser Fachschaften begründete die mittelbare Mitgliedschaft bei den übergeordneten Kammern und letztlich bei der Reichskulturkammer. Alle kulturell Schaffenden mußten einer Kammer angehören. Nur wer der für seine Tätigkeit zuständigen Kammer angehörte, durfte seinen Beruf ausüben (27). Nach dem Kommentator des Reichskulturkammergesetzes, Schrieber, waren "die Kammern... das Mittel der organischen Verbindung des Staats- und Einzelwillens, sie stellten die Übereinstimmung beider sicher" (28). "Der einzelne wird herangezogen, eingebaut und so in unmittelbare Beziehung zum Staat gesetzt, der ausgleicht, erzieht und führt, wobei auf der Führung die Hauptbetonung liegt" (29). Was damit im einzelnen gemeint war, wurde im folgenden Satz gesagt: "Indessen wird man sich damit abfinden müssen, daß ein Eigenleben der Kultur nicht anzuerkennen ist. Sie darf sich nicht unbegrenzt entfalten..." (30). Voraussetzung für die Aufnahme in die Kammer war, daß der Bewerber in persönlicher, charakterlicher und politischer wie auch sachlicher Hinsicht zuverlässig und geeignet erschien (31). Die Präsidenten der einzelnen Kammern konnten Anordnungen über wichtige Fragen innerhalb ihres Gebietes erlassen. Zur Durchsetzung ihrer Anordnungen konnten sie Ordnungsstrafen verhängen (32). Der Präsident der alle Fachschaftsverbände umfassenden Reichskulturkammer war der Reichspropagandaminister, der damit den ganzen kulturpolitischen Bereich außerhalb der Schule und Wissenschaft und die in diesem Bereich Tätigen kontrollierte (33).

Um die Herrschaftsausübung von vornherein im nationalsozialistischen Sinne zu sichern, hatte Goebbels den einzelnen Kammern Sonderbefehlsstellen übergeordnet. Als einer Art vorgesetzter Dienststelle unterstanden sie ihm, dem Reichsminister für Volksaufklärung und Propaganda, unmittelbar. So war schon im Herbst 1933 das Amt eines Reichsdramaturgen geschaffen worden, der über die Spielplanpolitik entschied und mit einem Stab von Lektoren die eingereichten Bühnenmanuskripte zensierte. Ebenso gab es einen Reichsfilmdramaturgen und einen Reichsbeauftragten für künstlerische Formgebung. Eine Reichsschrifttumsstelle gab den Reichsschrifttumskammern Anweisungen, was erscheinen und was nicht erscheinen durfte (34).

2. Der deutsche Nationalpreis für Kunst und Wissenschaft

Der Führer und Reichskanzler stiftete mit Erlaß vom 30. 1. 1937 einen deutschen Nationalpreis für Kunst und Wissenschaft (35). Der äußere Anlaß für die Stiftung dieses deutschen Nationalpreises war die Verleihung des Friedensnobelpreises an Carl von Ossietzky. In der Einführung des Kommentars von Pfundtner-Neubert zu diesem Erlaß wurde dazu ausgeführt: "Da die wahre Bedeutung eines Menschen, die aus der Schöpferkraft seines Volkes erwachsen ist, nur im Verhältnis zu seinem Volk gewertet werden kann, muß die Auswahl durch Deutsche in Deutschland vorgenommen werden. Der Träger des deutschen Nationalpreises soll in Deutschland nationale Anerkennung und Volkstümlichkeit genießen. Bei einem deutschen Nobelpreisträger war dies nie der Fall." Der Erlaß hatte folgenden Wortlaut: "Um für alle Zukunft beschämenden Vorgängen vorzubeugen, verfüge ich mit dem heutigen Tage die Stiftung eines deutschen Nationalpreises für Kunst und Wissenschaft. Dieser Nationalpreis wird jährlich an drei verdiente Deutsche in der Höhe von je 100. 000 RM zur Verteilung gelangen. Die Annahme des Nobelpreises wird damit für alle Zukunft Deutschen untersagt."

Der Preis wurde jährlich im Rahmen des Parteitages der NSDAP verteilt. Die Durchführung des Aktes oblag dem Reichsminister für Volksaufklärung und Propaganda und Reichspropagandaleiter der NSDAP (36). Die Vorschläge für die Verleihung des deutschen Nationalpreises für Kunst und Wissenschaft wurden auf dem Gebiet der Kunst von den Präsidenten der einzelnen Kammern innerhalb der Reichskulturkammer und auf dem Gebiet der Wissenschaft vom Reichsminister für Wissenschaft, Erziehung und Volksbildung gemacht (37).

3. Verbot der Kunstkritik

Nach einer Anordnung des Reichsministers für Volksaufklärung und Propaganda über Kunstkritik vom November 1936 war "die Kunstkritik... im Rahmen der Neuformung des deutschen Kulturlebens eine der Fragen, deren Lösung am dringlichsten... ist". Josef Goebbels führte in dieser Anordnung aus: "Ich habe seit der Machtergreifung der deutschen Kunstkritik vier Jahre Zeit gelassen, sich nach nationalsozialistischen Grundsätzen auszurichten... Da auch das Jahr 1936 keine befriedigende Besserung der Kunstkritik gebracht hat, untersage ich mit dem heutigen Tage endgültig die Weiterführung der Kunstkritik in der bisherigen Form. An die Stelle der bisherigen Kunstkritik, die in völliger Verdrehung des Begriffes 'Kritik' in der Zeit jüdischer Kunstüberfremdung zum Kunstrichtertum gemacht worden war, wird ab heute der Kunstbericht gestellt; an die Stelle des Kritikers tritt der Kunstschriftleiter" (38).

4. Verbot "entarteter" Kunst

Das Gesetz über die Einziehung von Erzeugnissen entarteter Kunst vom 31. 5. 1938 (39) ordnete an, daß die Erzeugnisse "entarteter" Kunst ohne Entschädigung zugunsten des Reiches eingezogen werden konnten (§ 1). Der Nationalsozialismus wollte "auf allen Gebieten des staatlichen und kulturellen Lebens gesunde und organisch stabile Grundlagen schaffen". "Es galt, sinnfällig dem deutschen Volk vor Augen zu führen, daß sein gesunder Sinn, den es sich in allen seinen Schichten zutiefst bewahrt hatte, es zu einem richtigen Urteil befähigte. Der einzelne Volksgenosse mußte sehen, daß dieses oder jenes Machwerk nicht höhere, von ihm nur nicht verstandene Kunst war, sondern das Produkt eines kranken oder verbrecherischen Hirnes" (40). Zu diesem Zweck wurde gleichzeitig mit der Eröffnung des Hauses der Deutschen Kunst eine Ausstellung "Entartete Kunst" eröffnet. Aus den Museen und der Öffentlichkeit zugänglichen Sammlungen wurden rd. 5.000 Gemälde und Plastiken und etwa 12.000 Werke der Graphik entfernt und in Verwahrung genommen. Mit der Feststellung der Erzeugnisse der "entarteten Kunst" wurde der Präsident der Reichskammer der bildenden Künste von Adolf Hitler beauftragt.

5. Zuständigkeiten des Reichspropagandaministeriums

Darüber hinaus wurden die bisherigen Maßnahmen des Reiches auf dem Gebiet der Kunstpolitik fortgesetzt, d.h. ein allgemeiner Dispositionsfonds wurde für die Förderung künstlerischer Zwecke - allerdings im nationalsozialistischen Sinne - verwandt (41); die Erhaltung von Bauwerken von besonderer künstlerischer Bedeutung wurde gefördert (42); das Kunsthistorische Institut in Florenz wurde weiter unterstützt. Der Dispositionsfonds für die Förderung künstlerischer Zwecke wurde dem Reichsminister für Volksaufklärung und Propaganda übertragen. Organisatorisch wurde die Zusammenarbeit auf dem Gebiet der Kunstpolitik dem Reichsminister für Volksaufklärung und Propaganda übertragen. Entsprechend der Verordnung über die Aufgaben des Reichsministeriums für Volksaufklärung und Propaganda vom 30. Juni 1933 (43) war der Reichsminister für Volksaufklärung und Propaganda zuständig "für alle Aufgaben der geistigen Einwirkung auf die Nation, der Werbung für Staat, Kultur und Wirtschaft, der Unterrichtung der in- und ausländischen Öffentlichkeit über sie und der Verwaltung aller diesen Zwecken dienenden Einrichtungen".

Die bisherigen kulturellen Zuständigkeiten des Auswärtigen Amtes und des Reichsinnenministeriums gingen zu einem großen Teil auf das Reichspropagandaministerium über, so aus dem Geschäftsbereich des Auswärtigen Amtes: Nachrichtenwesen und Aufklärung im Auslande, Kunst, Kunstausstellungen, Film- und Sportwesen im Auslande; aus dem Geschäftsbereich des Reichsministeriums des Innern: Allgemeine innerpolitische Aufklärung, Hochschule für Politik, Einführung und Begehung von nationalen Feiertagen und Staatsfeiern unter Beteiligung des Reichsministers des Innern, Presse (mit dem Institut für Zeitungswissenschaft), Rundfunk, Deutsche Bücherei in Leipzig, Kunst (jedoch ohne Kunsthistorisches Institut in Florenz), Urheberrechtsschutz für Werke der Literatur und Tonkunst, Verzeichnis der nationalen wertvollen Kunstwerke, deutsch-österreichisches Übereinkommen über Kunstausfuhr, Schutz der Kunstwerke und Denkmäler, Schutz und Pflege der Landschaft und der Naturdenkmäler, Naturschutztage, Erhaltung von Bauwerken von besonderer geschichtlicher Bedeutung, Erhaltung der Nationaldenkmäler, Verband deutscher Vereine für Volkskunde, Musikpflege einschließlich des Philharmonischen

Orchesters, Theaterangelegenheiten, Lichtspielwesen, Bekämpfung von Schund und Schmutz.

Auf diesen Gebieten wurde der Reichsminister für Volksaufklärung und Propaganda für alle Aufgaben einschließlich der Gesetzgebung federführend. Außerdem gehörten zum Geschäftsbereich des Reichspropagandaministeriums auch die Reichskulturkammer, die Filmprüfungsstelle, der Werberat der deutschen Wirtschaft, die Reichsrundfunkgesellschaft, der Reichsverband der deutschen Presse (44).

III. Die Kunstpolitik der Bundesrepublik

1. Einzelne Maßnahmen zur Förderung der Kunst

Was von der Gewichtsverteilung der Kunstpolitik in der Weimarer Republik ausgeführt wurde, gilt auch für die Bundesrepublik. Der Schwerpunkt der Kulturpolitik liegt bei den Kommunen und Ländern, die dafür gegenwärtig jährlich etwa 1, 5 Milliarden DM ausgeben, während der Bund dafür nur rd. 20 Mio. DM aufbringt (45). Zwischen Ländern und Gemeinden dürften die Gesamtausgaben auf dem Gebiet der Kunstpolitik im Verhältnis von 42 % zu 58 % stehen (46). Aus Titel 660 (Kap. 0602) des Bundeshaushalts für "Förderung der Kultur, soweit es sich um eine repräsentative Vertretung des Bundes oder um die Wahrung von Belangen gesamtdeutscher oder internationaler Bedeutung handelt", unterstützt der Bund einige Orchester wie die Bamberger Symphoniker, das Radio-Symphonie-Orchester Berlin, die Philharmonia Hungarica. Daraus erhalten Kunstausstellungen - wie z. B. die Ausstellung "Documenta" - Musikveranstaltungen und Festspiele - wie z. B. die Bayreuther Festspiele oder die Ruhrfestspiele Recklinghausen - eine finanzielle Förderung. Damit entspricht dieser Fonds dem von C. H. Becker vorgeschlagenen allgemeinen Dispositionsfonds für künstlerische und wissenschaftliche Zwecke des Reichshaushaltes der Weimarer Regierung. Die dafür im Bundeshaushalt ausgebrachte Summe beträgt gegenwärtig rd. 8 Mio. DM (47). Wie die Weimarer Republik ist auch der Bund an der Erhaltung und dem Wiederaufbau künstlerisch wertvoller Baudenkmäler, z. B. des Speyerer Domes, beteiligt (48). Der Bund leistet ferner einen Beitrag in Höhe von z. Zt. rund 11 Mio. DM an die Stiftung Preußischer Kulturbesitz. Die Stiftung Preußischer Kulturbesitz ist durch ein Gesetz vom 25. 7. 1957 (49) als rechtsfähige Stiftung des öffentlichen Rechts errichtet worden. Der finanzielle Bedarf wird zu 9/19 vom Bund und zu 10/19 von den beteiligten Ländern getragen. Auf diese Stiftung wurden Vermögenswerte des ehemaligen Landes Preußen übertragen. Die Stiftung umfaßt:

Staatliche Museen mit den folgenden Abteilungen unter einer Generaldirektion: Ägyptische Abteilung - Antiken Abteilung - Islamische Abteilung - Ostasiatische Kunstabteilung - Indische Kunstabteilung - Skulpturenabteilung mit frühchristlich-byzantinischer Sammlung - Gemälde-Galerie - National-Galerie - Kupferstichkabinett - Kunstgewerbemuseum - Kunstbibliothek - Museum für Vor- und Frühgeschichte - Museum für Völkerkunde - Museum für deutsche Verwaltungskunde - Restbestände des ehemaligen Zeughauses - Gipsformerei; Staatsbibliothek in Marburg; Dienststelle Berlin der Staatsbibliothek; Depot der Staatsbibliothek in Tübingen; Geheimes Staatsarchiv; Ibero-amerikanisches Institut; Staatliches Institut für Musikforschung mit der Musikinstrumenten-Sammlung (50).

Die Deutsche Akademie Villa Massimo in Rom und die Casa Baldi in Olevano Romano sind Einrichtungen zur Förderung deutscher Künstler. Die Villa Massimo, früher Eigentum des Deutschen Reiches, ist im Jahre 1956 von den italienischen Behörden an die Bundesregierung als Treuhänder zurückgegeben worden. Die Auswahl der Stipendiaten und Ehrengäste wird vom Bundesminister des Innern in Zusammenarbeit mit den Kultusministern der Länder durchgeführt, die in der Regel die Barzuschüsse für die Stipendiaten und Ehrengäste übernehmen. Die Verwaltung und damit die Aufbringung der laufenden Kosten für die Deutsche Akademie Villa Massimo verbleiben weiterhin beim Bund, da sie als deutsches Kulturinstitut im Ausland mit überregionaler Zielsetzung nur vom Bund repräsentiert und betreut werden kann (51).

2. Fernsehen, Rundfunk, Film

Von seiner Zuständigkeit für die Rahmengesetzgebung der allgemeinen Rechtsverhältnisse der Presse und des Films nach Artikel 75, Ziffer 2 GG hat der Bund bisher keinen Gebrauch gemacht.

Der Plan der Bundesregierung, eine von den bestehenden Anstalten der Länder unabhängige zweite Fernsehanstalt zu errichten, scheiterte an dem Urteil des Bundesverfassungsgerichts vom 28. Februar 1961 (52).

Das nach langen Bemühungen zustande gekommene Bundesgesetz über die Errichtung von Rundfunkanstalten des Bundesrechts vom 29. November 1960, das ursprünglich auch die Veranstaltung eines zweiten Fernsehprogramms vorgesehen hatte, beschränkte sich auf die Errichtung zweier öffentlichrechtlicher Anstalten mit den Namen "Deutsche Welle" und "Deutschlandfunk", die Rundfunksendungen für das Ausland sowie für Deutschland und das europäische Ausland veranstalten sollen. Der Bund übt durch das Bundesministerium des Innern über diese Anstalten die Rechtsaufsicht aus. Er ist in den Aufsichtsgremien, dem Verwaltungsrat und dem Rundfunkrat vertreten. Beide Rundfunkanstalten werden aus dem Bundeshaushalt finanziert (53).

Die Förderung des Deutschen Films erfolgt in drei Programmen, nämlich der Verleihung des Deutschen Filmpreises, der Vergabe von Spielfilmprämien und von Kulturfilmprämien. Außerdem stellt der Bund Mittel für die Förderung der Filmarbeit im nichtgewerblichen Bereich (Schulen, Schulorganisationen, Erwachsenenbildung usw.), der filmwissenschaftlichen Forschung und der internationalen Filmfestspiele in der Bundesrepublik zur Verfügung (54).

1) vgl. Bedarfsfeststellung der Kulturministerkonferenz bis 1970, Bonn 1963, S. 58 ff., S. 72.
2) vgl. z. B. die Reichshaushaltspläne für das Etatjahr 1892/93, Kap. 7a, Titel 4a und für das Etatjahr 1913, Kap. 7a, Titel 4a.
3) Archiv für Kulturgeschichte, 34. Bd. 1952, S. 291.
4) vgl. Reichsetat 1928.
5) Denkschrift, Beilage 2 zu Anl. V des Reichshaushaltsplanes 1920.
6) Reichshaushalt 1920 V Kap. 3, Titel 17.
7) Reichshaushalt 1922, Kap. 3, Titel 1.
8) z. B. Reichshaushalt 1927, Kap. 2, Titel 31.
9) Denkschrift, Beilage 2 zu Anl. V des Reichshaushaltsplanes 1920.
10) bei C. H. Becker, Kulturpolitische Aufgaben des Reichs, Berlin 1919, S. 34.
11) Reichshaushaltsplan 1927 Bd. I V Kap. 2, Titel 31.
12) ebd. Titel 33 mit Erl.
13) Finger, Das Staatsrecht des Deutschen Reiches, Stuttgart 1923.
14) so der Große Brockhaus 1933.
15) Art. 118, Abs. 2 der WRV ließ für Lichtspiele eine Vorzensur zu.
16) Reichsgesetzblatt 1920 Nr. 197, S. 953.
17) vgl. z. B. Reichshaushalt 1927; ferner Ausführungsverordnung zum Lichtspielgesetz vom 16. 5. 1920, RGBl. 1920 Nr. 136.
18) Adolf Hilter, Rede auf dem Parteitag der NSDAP 1938 - Offizieller Bericht über den Verlauf des Reichsparteitages, München 1938, S. 73.
19) ebd. S. 73.
20) Berliner Lokalanzeiger vom 2. 9. 1933; abgedruckt bei: Josef Wulf, Die bildenden Künste im Dritten Reich - Eine Dokumentation, Gütersloh 1963, S. 67.
21) Abgedruckt bei: Franz Roh, Kunstbarbarei im Dritten Reich, Hannover 1962.
22) RGBl. 1933, Teil I, S. 659.
23) Begründung zum Reichskulturkammergesetz vom 22. 9. 1933, Reichs- und Staatsanzeiger Nr. 225 vom 26. 9. 1933, S. 2.
24) ebd.
25) RGBL. 1933, Teil I, S. 661.
26) vgl. §§ 1 und 2 des Reichskulturkammergesetzes.
27) § 4 der 1. DVO des Reichskulturkammergesetzes. vom 1. 11. 1935, RGBl. I, S. 797.
28) K. F. Schrieber, Das geltende Kulturrecht, in: Deutsches Kulturrecht, 1936, S. 19.
29) Schrieber, Die Reichskulturkammer, Kommentar, 1934, S. 16.
30) ebd. S. 13.
31) § 10 der 1. DVO zum Reichskulturkammergesetz; Schrieber, Kulturrecht... S. 23.
32) §§ 25 und 28 der 1. DVO zum RKKG.
33) Eine Darstellung der Methoden der Beeinflussung und der Kontrolle der Kulturpolitik im Dritten Reich findet sich bei Dietrich Strothmann, in: Nationalsozialistische Literaturpolitik, Bonn 1960.
34) Hildegard Brenner, Die Kunstpolitik der Nationalsozialisten, Hamburg 1963, S. 62/63. - W. Grottian weist darauf hin, daß auch in der Sowjetunion die Staatsführung die Kunst als Mittel für ihre Erziehungsziele benutzt und zu diesem Zweck Vorschriften über die zu behandelnden Themen und über die Form der Darstellung erläßt: Das sowjetische Regierungssystem, Köln u. Opladen 1956, S. 167-169.
35) RGBl. I, S. 305.
36) vgl. dazu die Ausführungsbestimmungen des Propagandaministers vom 10. 3. 1937, RGBl. I, S. 306.
37) § 2 der Ausführungsbestimmungen des Reichsministers für Volksaufklärung und Propaganda zum Führererlaß über die Stiftung des deutschen Nationalpreises vom 10. 3. 1937, RGBl. I, S. 306.
38) Anordnung des Reichsministers für Volksaufklärung und Propaganda vom 27. 11. 1936, in: Völkischer Beobachter vom 28. 11. 1936.
39) RGBl. I, S. 612.
40) Pfundtner-Neubert, Öffentliches Recht, 2. Sammlung, 1940, Ziffer 17, S. 1, Einführung zu dem Gesetz über Einziehung von Erzeugnissen entarteter Kunst.
41) Reichshaushalt V, Kap. 2, Titel 6.

42) Reichshaushalt V, Kap. E 18, Titel 1.
43) RGBl. I/1933, S. 449.
44) RGBl. I/1933, S. 104; RGBl. I/1933, S. 449.
45) vgl. Bedarfsfeststellung der Kultusministerkonferenz vom Februar 1963, S. 72, und Bundeshaushaltsplan für das Rechnungsjahr 1964, Kap. 0602, Titel 660, 661 und 970.
46) Bedarfsfeststellung... S. 72.
47) Bundeshaushaltsplan 1964, Kap. 0602, Titel 660, S. 327.
48) ebd. Ziff. 6, S. 327 u. 330.
49) Bundesgesetzblatt 1957, Bd. 1, S. 841.
50) Bundeshaushaltsplan 1964, Kap. 0602, Titel 660, S. 330.
51) ebd. Titel 970, S. 337.
52) BVerfGE Bd. 12, S. 205.
53) Bundesgesetzblatt 1960 I., S. 862; Aufzeichnung des Bundesinnenministeriums über Aufbau und Aufgaben der Abt. III vom 1. 2. 1963.
54) Aufzeichnung des Bundesministeriums des Innern v. 1. 2. 1963.

Kapitel 3: Die Bildungspolitik

I. Die Bildungspolitik der Weimarer Republik

Während im Deutschen Kaiserreich Reichsregierung und Reichstag sich auf dem Gebiet der inneren Kulturpolitik fast nur mit Fragen der Wissenschafts- oder gelegentlich der Kunstförderung befaßten, standen unter der Weimarer Verfassung Schulfragen im Vordergrund des kulturpolitischen Geschehens. Diese veränderte Situation erklärte sich daraus, daß die politischen Parteien in der Schule eines der wichtigsten Medien sahen, ihre gesellschaftspolitischen Vorstellungen zu verwirklichen (1). Bei der Schaffung der Weimarer Reichsverfassung spielten die Artikel über die Schule eine wichtige Rolle. Die Auseinandersetzungen im Reichstag und in der Reichsregierung um die Fragen der Schule und Bildung erklären sich aus den verschiedenen Schulprogrammen der Weimarer politischen Partein.

1. Die Schulprogramme der politischen Parteien der Weimarer Republik

Die Sozialdemokraten vertraten in der Schulfrage die drei Grundsätze der Weltlichkeit, der Einheitlichkeit und der Einführung der körperlichen Arbeit in den Schulbetrieb. Die Sozialdemokraten verlangten die Weltlichkeit der Schule für das ganze Reich. Sie traten für ein einheitliches Schulwesen für alle Schichten des Volkes ein. Die Schule müsse aus der Klassenschule des alten Obrigkeitsstaates zur Volksschule der deutschen Republik werden. Die besonderen Ziele der deutschen Schule seien einstmals die Erziehung zum Untertan, zum willfährigen Arbeiter, zum Kirchengläubigen usw. gewesen. Jetzt müsse verhindert werden, daß Erziehung und Unterricht in den Schulen bewußt oder unbewußt zu klassenstaatlichen Zwecken mißbraucht würden (2).

Das Programm der Sozialdemokraten enthielt auch den obligatorischen Kindergarten vom 5.-7. Lebensjahr als Bestandteil der Einheitsschule. Dadurch sollten die Einwirkungen des verschiedenen Milieus, in dem die Kinder aufwachsen, ausgeglichen werden, da sich eine wirkliche Einheitsschule mit den gleichen Vorbedingungen für die Kinder des gesamten Volkes nur in einer Gesellschaft erreichen lasse, in der die sozialen Unterschiede vollkommen aufgehoben seien (3).

Die Volksschule sollte verlängert werden. Ebenfalls verlängert werden sollte die Grundschule, auf die dann eine verkürzte Oberschule aufbaut (4).

Die Bereitstellung von Erziehungsbeihilfen sollte die Chancengleichheit aller Schichten des Volkes garantieren.

Die Sozialdemokraten waren grundsätzliche Gegner der Privatschule, weil sie die Einheitlichkeit des Schulwesens dadurch gefährdet sahen.

Die Einbeziehung der Arbeit in den Unterricht der öffentlichen Schulen stellte einen der wichtigsten Grundsätze der sozialistischen Schulreform dar. Dadurch sollte die Jugend mit der Arbeitswelt vertraut werden. Zugleich sollte damit bereits in der Jugend die Grundlage für die Sozialisierung des Wirtschaftslebens und für die Schaffung von Betriebsräten gelegt werden.

Unter den von ihnen geforderten weltlichen Schulen verstanden die Sozialdemokraten bekenntnisfreie Schulen, in denen zu keinem Bekenntnis angehalten wird und in denen auch kein Religionsunterricht erteilt wird (5).

Die Deutsche Demokratische Partei forderte die staatliche Gemeinschaftsschule. Der Staat sollte danach als Reich, Land oder Gemeinde allein berechtigt sein, die Schulen einzurichten, zu beaufsichtigen und zu leiten. Die Lehrer sollten Staatsbeamte sein. Der Religionsunterricht sollte im Auftrag des Staates erteilt und nur von ihm beaufsichtigt und geleitet werden. Eine solche Schule könne keine Bekenntnisschule sein. Die Schule vereinige die Stände und die Bekenntnisse des ganzen Volkes und habe als solche infolgedessen kein bestimmtes Bekenntnis. Nach der Auffassung der Deutschen Demokraten hat die staatliche Einheitsschule die Aufgabe, die völkische Einheit zu gewährleisten. Die Entscheidung über die Schulform dürfe nicht den Erziehungsberechtigten überlassen bleiben. Denn dadurch würde die fachwissenschaftlich und fachkundig begründete Normierung durch die von außen beeinflußte Entscheidung der Erziehungsberechtigten ersetzt werden. Weltliche und kirchliche Instanzen würden die Entscheidung der Erziehungsberechtigten beeinflussen. Der Religionsunterricht solle auf der Grundlage, auf der sich alle christlichen Bekenntnisse gemeinsam zusammenfinden, erteilt werden. Der Religionsunterricht solle das Trennende vermeiden und die gemeinsamen biblischen, geschichtlichen und kulturellen Bestandteile zusammenfassen (6).

Die Deutsch-Nationale Volkspartei trat für die konfessionelle Gestaltung der Volksschule ein. Sie forderten eine möglichst weitgehende Erleichterung der Gründung von Privatschulen. Sie wandte sich gegen die Anerkennung der konfessionslosen Volksschule. Es sollte auch den Erziehungsberechtigten nicht überlassen bleiben zu entscheiden, ob eine konfessionelle, eine simultane oder eine bekenntnisfreie Schule an dem betreffenden Ort einzurichten sei. Denn dadurch würden nur neue Schulkämpfe entfacht werden (7).

Das Zentrum trat für die Konfessionsschule ein. Darin sah das Zentrum die ideale Schulform. Unabhängig von der Schulform sollte der Religionsunterricht als ordentliches Lehrfach nach den Grundsätzen der betreffenden Religionsgesellschaft erteilt werden. Die Eltern sollten jedoch das Recht haben, ihre Kinder von dem Besuch des Religionsunterrichts fernzuhalten.

Die Zentrumspartei trat für die möglichst umfangreiche Errichtung von

Privatschulen ein. Höhere Privatschulen sollten bei der Erfüllung bestimmter gesetzlicher Voraussetzungen gegründet werden können (8).

Die Religionsfreiheit der Erwachsenen hat nach Auffassung der Zentrumspartei auch die Religionsfreiheit bezüglich der religiösen Erziehung der Kinder zum Inhalt. Die Gegensätze, die sich in der Auffassung von der Aufgabe und dem Zweck der Schule daraus ergäben, ließen sich nur auf dem Boden der Freiheit überwinden. Es müßten allen Gruppen die gleichen Rechte eingeräumt werden. Denn wer für die eigene Weltanschauung und Konfession eine gesicherte Freiheit verlange, der müsse auch bereit sein, den anderen dieselbe gesicherte Freiheit zuzugestehen (9).

Die Deutsche Volkspartei wollte vor allem den Schulfrieden bewahren. Sie machte daher den Vorschlag, die Bekenntnisschulen da, wo sie bestanden und wo die Eltern sie wünschten, zu erhalten, und die Simultanschulen da, wo sie ihren Bestand hatten und geschichtlich gefestigt waren, ebenfalls unberührt zu lassen. Nach Möglichkeit sollte der bestehende Zustand durch erneute Entscheidungen der Erziehungsberechtigten nicht gefährdet werden (10).

Die Deutsche Volkspartei entwickelte im Reichstag ferner den Vorschlag, alles, was schon im vorschulpflichtigen Alter bisher durch die Wohlfahrtspflege getan worden sei, in den Schulorganismus mit einzubeziehen. Der Staat und die Kommunen hätten die Aufgabe, das Krippenwesen und die Kleinkinderschulen zusammenzufassen und an den Schulbau anzulehnen.

Außerdem trat die Deutsche Volkspartei dafür ein, die einklassigen Schulen abzuschaffen, weil darin die gegenwärtige Bildungsentwicklung beschränkt werde (11). Die Volksschulen in den zentral gelegenen Dörfern müßten nicht nur mehrere Klassen haben, sondern auch noch mit Förderklassen versehen sein. In kleineren Städten sollten diese Förderklassen zu besonderen Förderschulen entwickelt werden. Um den Übergang von einer Schule in die andere zu erleichtern, sollten die Lehrpläne der mittleren und der höheren Schulen in den ersten zwei Jahren nach der Grundschule weitgehend einander angeglichen werden. Neben der Oberrealschule, dem Realgymnasium und dem humanistischen Gymnasium forderte die Deutsche Volkspartei das Deutsche Gymnasium als vierte Schulform, um die vernachlässigte deutsche Volkskultur zu heben. In der Einheit des Lehrerstandes sah die Deutsche Volkspartei eine wichtige Voraussetzung für die Einheit der Schule.

Die unabhängigen Sozialdemokraten sahen keine Möglichkeit, ihr pädagogisches Ideal des Sozialismus in der kapitalistischen Gesellschaftsordnung zu verwirklichen. Sie sahen in der bestehenden Schule nur ein Machtinstrument in den Händen der herrschenden Klasse zur Unterdrückung der proletarischen Schichten der Bevölkerung.

Die unabhängigen Sozialdemokraten verlangten die Unentgeltlichkeit der Schule, wozu nicht nur die Lehr- und Lernmittelfreiheit gehöre, sondern auch die Beköstigung und die Kosten für Kleidung, Wohnung usw. unbemittelter Schüler. Die sozialistische Einheitsschule vom Kindergarten bis zur Hochschule solle eine Arbeitsschule sein, die dem Empfinden, Denken und Wollen der Schüler ein soziales Gepräge gebe. Privatschulen haben in diesem Schulsystem keinen Platz.

Da die volle Gewissensfreiheit und reine Menschlichkeit die Weltlichkeit der Schule verlangen, darf nach der Auffassung der Unabhängigen Sozialdemokraten Religion nicht Unterrichtsgegenstand an den Schulen sein (12).

2. Die Entstehung der Schulartikel der Weimarer Reichsverfassung

Wohl wegen der weitauseinandergehenden Ansichten der politischen Parteien über das Schulwesen wollte die Regierung anfänglich dieses Gebiet in der Verfassung möglichst wenig regeln.

Der Verfassungsentwurf von Hugo Preuß sah in Art. 20 nur den einen Satz vor: "Der Unterricht soll allen Deutschen gleichmäßig nach Maßgabe der Befähigung zugänglich sein" (13).

Der dem Staatenausschuß vorgelegte erste Regierungsentwurf (14) beschränkte sich in Artikel 31 nur auf wenige allgemeine Sätze. Danach sollte der Unterricht in den öffentlichen Volksschulen unentgeltlich sein. Auf die Volksschulen bauten die mittleren und höheren Bildungsanstalten auf. Ferner wurde das öffentliche Unterrichtswesen unter staatliche Aufsicht gestellt.

Der dann der Nationalversammlung vorgelegte Regierungsentwurf lautete im Text gleich, mit der Ausnahme, daß nicht nur das öffentliche, sondern das ganze Unterrichtswesen staatlicher Aufsicht unterstehen solle.

Es gab verschiedene Gründe dafür, daß das Schulwesen nur so knapp erwähnt wurde. Einmal wurde von seiten der Länder schon Anfang 1919 darauf hingewiesen, daß sie die Schule als eine typische Ländersache ansähen (15). Zum anderen fehlte eine Reichsstelle, die angesichts der Schwierigkeiten in der Lage gewesen wäre, die Materie zu übersehen und die nötigen Vorarbeiten zu leisten.

Die Ideen des Regierungsentwurfs brachten nichts Neues. Unentgeltlichkeit des Unterrichts in den Volksschulen, Jugend- und Volksbildung als öffentliche Aufgabe, staatliche Aufsicht über das Unterrichtswesen - das sind alte liberale Forderungen, die sich schon in der preußischen Verfassung fanden. Neu ist nur, daß die Volksschulbildung der Unterbau für alle weiterführenden Schulen sein sollte. Darin ist ein erster zaghafter Versuch zu sehen, so etwas wie eine Einheitsschule zu schaffen. Doch die großen schulpolitischen Streitfragen wie: Konfessionsschulen, Stellung des Religionsunterrichts, Privatschulen, Lehrerbildung, Verhältnis von Schule und Kirche, Beteiligung der Erziehungsberechtigten, wurden nicht angerührt.

Schon während der 1. Lesung, in der Dr. Preuß das Schulwesen nur kurz erwähnte (16), wurde im Reichstag der Wunsch laut, daß die Verfassung dem Schulwesen mehr Raum widmen und auch die Zuständigkeit des Reiches stärker betonen solle (17).

Der Verfassungsausschuß ging von vornherein davon aus, daß das Schulwesen eingehender zu behandeln sei als im Regierungsentwurf. Die reichsrechtliche Regelung des Schulwesens war eine oft wiederholte Forderung liberaler und sozialistischer Schulpolitiker. Diese Forderung wurde vor allem auch von der Einheitsschulbewegung aufgestellt. Dazu kam die Forderung nach einer zentralen Koordinierung des Schulwesens, die neuen Auftrieb erhalten hatte, weil die Länder z. T. stark voneinander abweichende Initiativen ergriffen hatten. In die gleiche Richtung drängten die Schulpolitiker und die Vertreter der großen Lehrerverbände, die an den Ausschußarbeiten beteiligt waren (18).

Die Ausschußberatungen knüpften an den demokratisch-sozialdemokratischen Antrag Seyffert-Weiß-Frau Pfülf an. Dieser Antrag brachte wieder folgende Grundsätze (19): Bildung der Jugend durch öffentliche Anstalten - Staatsaufsicht über das gesamte Schulwesen durch fachlich vorgebildete Beamte - Unentgeltlichkeit des Volksschulunterrichts. Die Errichtung von Privatschulen wurde von der Genehmigung des Staates abhängig gemacht, der hierbei auch die Bedürfnisfrage prüfen sollte. Zur Frage der Konfessionsschulen und der Mitbestimmung der Erziehungsberechtigten führte der Entwurf nur aus, daß das öffentliche Schulwesen organisch auszubauen sei und daß sich auf einer für alle Klassen und Bekenntnisse gemeinsamen Grundschule das mittlere und höhere Schulwesen aufbaue. Ebensowenig wurde die Stellung des Religionsunterrichts im Rahmen des Schulunterrichts geklärt. Der Religionsunterricht, so wurde festgestellt, soll durch die Schulgesetzgebung geregelt werden.

Die Aussprache der ersten Lesung im Verfassungsausschuß brachte eine maßvolle grundsätzliche Auseinandersetzung über die großen schulpolitischen Fragen: Reich-Länder, Einheitsschule, Bekenntnis- und Simultanschule, Religionsunterricht, Privatschule, Aufstieg wirtschaftlich Schwacher, Unterrichts- und Erziehungsfragen usw. Dabei beantragten die Sozialdemokraten, daß der Religionsunterricht zwar als ordentliches, aber nicht als allgemeinverbindliches Lehrfach, sondern fakultativ erteilt werde. Der sozialdemokratische Abgeordnete Quarck führte ferner aus, es entspreche zwar nicht den Wünschen der Sozialdemokraten, daß der Religionsunterricht in den Schulräumen erteilt würde, doch in diesem Punkt würden sie entgegenkommen (20). Außerdem wollten die Sozialdemokraten neben der Volksschule keine Privatschule zulassen.

Das Zentrum dagegen hielt an der konfessionellen Gestaltung des Schulwesens fest.

Die erste Lesung des Verfassungsausschusses brachte als Ergebnis folgende Bestimmungen:

Bildung der Jugend durch öffentliche Anstalten,

Aufsicht des Staates durch hauptamtlich tätige, fachmännisch vorgebildete Beamte,

Genehmigung des Staates für die Errichtung von Privatschulen, wobei die Bedürfnisfrage nicht mehr erwähnt wurde,

die Forderung nach dem organischen Aufbau des öffentlichen Schulwesens und die für alle gemeinsame Grundschule,

Staatsbürgerkunde als Lehrgegenstand in allen Schulen,

Unentgeltlichkeit des Unterrichts und der Lernmittel in den Volksschulen,

Religionsunterricht als ordentlicher Lehrgegenstand, wobei kein Lehrer zur Erteilung des Religionsunterrichts und kein Schüler gegen den Willen des Erziehungsberechtigten zur Teilnahme am Religionsunterricht gezwungen werden durfte (21).

Zwischen der ersten und zweiten Lesung des Verfassungsausschusses kam die Schulfrage in die öffentliche Diskussion. Kirchliche, vor allem katholische Kreise kritisierten eine mögliche Beeinträchtigung der Bekenntnisschule und des Religionsunterrichts durch die Reichsverfassung (22). In der zweiten Lesung beantragte das Zentrum, die Volksschulen so einzurichten, daß die Schüler möglichst von den Lehrern des gleichen Bekenntnisses unterrichtet würden. Die Verteilung der Schulklassen in Simultanschulen auf die einzelnen Konfessionen sollte entsprechend dem Mehrheitswillen der Eltern vorgenommen werden.

In der Frage des Religionsunterrichts traten die Sozialdemokraten für die weltliche Schule ein, sie waren dann jedoch damit einverstanden, daß der Religionsunterricht als ordentliches, nicht verbindliches Lehrfach erteilt würde (23).

Die Demokratische Partei forderte zuerst, daß der Religionsunterricht Wahlfach sein sollte, beantragte dann jedoch im Antrag Naumann, daß der Religionsunterricht ordentliches Lehrfach der Schule werden und in Übereinstimmung mit Lehre und Satzung der betreffenden Religionsgesellschaft erteilt werden sollte (24).

Der vom Verfassungsausschuß dann im Rahmen des II. Hauptteiles der Reichsverfassung verabschiedete Abschnitt Bildung und Schule brachte gegenüber der zweiten Lesung keine wesentlichen Veränderungen. Es blieb bei der Aufsicht des Staates über das gesamte Schulwesen, an der auch die Gemeinden beteiligt werden konnten, bei der für alle gemeinsamen Grundschule, der staatlichen Genehmigung der Errichtung von Privatschulen, die jedoch den Landesgesetzen unterstehen sollten, sowie bei der Erteilung des Religionsunterrichts als ordentliches Lehrfach in Übereinstimmung mit den Grundsätzen der betreffenden Religionsgesellschaft, unbeschadet des Aufsichtsrechtes des Staates. Zur Frage der konfessionellen Gliederung des Schulwesens führte Artikel 143 des Entwurfes des Verfassungsausschusses nur aus, ob und wie weit bei der Gliederung der Volksschule Kinder des gleichen Bekenntnisses auf Antrag der Erziehungsberechtigten vereinigt werden könnten, bestimme die Gesetzgebung (25).

In der Nationalversammlung entbrannte über einige Punkte der Schulartikel erneut die Auseinandersetzung. Die Situation wurde dadurch schwieriger, daß noch im gleichen Monat, in dem der Verfassungsausschuß seine Arbeiten beendet hatte, die Demokratische Partei, die die politische Verantwortung für die Unterzeichnung des Versailler Vertrages nicht übernehmen zu können glaubte, aus der Regierungskoalition austrat. In den folgenden Verhandlungen über die Bildung einer neuen Regierung, die den Friedensvertrag unterzeichnen und die Reichsverfassung verabschieden sollte, spielte auch die Schulfrage eine Rolle (26).

Das Ergebnis der Verhandlungen der beiden großen Parteien über die Schulfrage (27) war das sogenannte Erste Weimarer Schulkompromiß in der Form des Antrages Löbe-Gröber (28).

In den wichtigsten Fragen bedeutete dieses Kompromiß eine völlige Abkehr von den Ergebnissen der Ausschußberatung. Nach diesem Kompromiß entschieden die Erziehungsberechtigten, ob und wie weit die Schulen innerhalb der Gemeinden für alle Bekenntnisse gemeinsam oder nach Bekenntnissen getrennt oder bekenntnisfrei (weltlich) sein sollten (Art. 143, Abs. 2). Einschränkend wurde verlangt, daß die Entscheidung der Erziehungsberechtigten einen geordneten Schulbetrieb ermöglichen müsse. Das Nähere dazu sollte ein baldigst zu erlassendes Reichsgesetz bestimmen. Bis dahin sollte es bei den bestehenden Vorschriften bleiben. Damit erschien die Bekenntnisschule jetzt als eine von drei gleichberechtigten Organisationsformen. Neben der Bekenntnisschule gab es noch die bekenntnisfreie Schule.

An die Stelle der Regelung durch die staatliche Gesetzgebung wurden die Erziehungsberechtigten als entscheidender Faktor eingeschaltet. An die Stelle einer einheitlichen Regelung trat die örtliche Sonderregelung in den Gemeinden.

Eine besondere Verfassungsbestimmung (Art. 143, Abs. 3) hatte die Begabtenförderung zum Gegenstand. Reich, Länder und Gemeinden hatten danach für den Zugang Minderbemittelter zu den mittleren und höheren Schulen Mittel bereitzustellen, insbesondere Erziehungsbeihilfen für die Eltern begabter Kinder. Die Gewährleistung der Privatschule unter bestimmten Normativbedingungen trat an die Stelle der einschränkenden Regelung des Ausschusses. Die staatliche Genehmigung für die Errichtung einer Privatschule war zu erteilen, wenn sie in ihren Lehrzielen und Einrichtungen sowie in der wissenschaftlichen Ausbildung ihrer Lehrkräfte nicht hinter den öffentlichen Schulen zurückstand und im Falle der Erhebung von Schulgeld durch Abstufung auch minderbemittelten Volksschichten zugänglich gemacht wurde (Art. 144).

Neben der Staatsbürgerkunde sollte auch der Arbeitsunterricht an den Schulen eingeführt werden (Art. 145, Abs. 3).

An die Stelle des Verbotes des Zwanges zum Religionsunterricht trat die Willenserklärung der Erziehungsberechtigten über die Teilnahme (Art. 146, Abs. 2) (29).

Der Antrag Löbe-Gröber wurde in der zweiten Lesung der Reichsverfassung von einer knappen Mehrheit am 18. Juli 1919 angenommen. Trotz der interfraktionellen Abmachungen stimmte nur ein Teil der Mehrheitssozialisten für das Kompromiß. Die Abgeordneten der Demokratischen Partei waren wegen ihres Parteitages in Berlin größtenteils nicht in Weimar gewesen. In der vorangehenden Aussprache prallten die Meinungen heftig aufeinander. Besonders von demokratischer Seite wurde das Kompromiß scharf angegriffen (30).

Schon wenige Tage nach der Annahme des Ersten Schulkompromisses erschien das Zweite Weimarer Schulkompromiß in der Form des Antrages Löbe-Gröber-Schiffer. Auch dieses Mal ist es in vertraulichen Verhandlungen, zu denen neben den Vertretern der Sozialdemokraten und des Zentrums auch die Vertreter der Demokratischen Partei zugezogen wurden, zustandegekommen. Es ist nicht ganz klar, was die beiden Parteien, die das Erste Kompromiß schlossen, bewogen hat, so rasch wieder davon abzugehen. Es wäre jedoch wohl als erheblicher Schönheitsfehler angesehen worden, wenn eine der drei "Verfassungsparteien" einen ganzen Abschnitt der Verfassung abgelehnt hätte. Die Sozialdemokraten waren nach der Meinung eines erheblichen Teiles ihrer Fraktion und ihrer Anhänger im Lande dem Zentrum ganz erheblich zu weit entgegengekommen. Da die Demokraten gegen das Kompromiß waren, hätte es der Stimmen aller Sozialdemokraten zur Annahme des Antrages Löbe-Gröber bedurft. Doch wie die Abstimmung vom 18. Juli 1919 zeigte, waren diese Stimmen unsicher. Das Zentrum suchte für die Regelung über Bildung und Schule deswegen eine breitere politische Basis.

Am 30. Juli erschien der Antrag Löbe-Gröber-Schiffer. Er bestimmte in Art. 143, Abs. 2, daß innerhalb der Gemeinden auf Antrag von Erziehungsberechtigten Volksschulen ihres Bekenntnisses oder ihrer Weltanschauung einzurichten seien, soweit hierdurch ein geordneter Schulbetrieb nicht beeinträchtigt würde. Dadurch standen nicht mehr drei gleichberechtigte Schultypen nebeneinander. Die Gemeinschaftsschule erhielt eine Sonderstellung. Sie bestand ohne Antrag, während Bekenntnisschulen und Weltanschauungsschulen nur auf besonderen Antrag eingerichtet wurden. Der Elternwille sollte auch nicht mehr in jedem Falle erforscht werden, sondern mußte sich in der Form eines Antrages äußern.

Die Privatschulfrage blieb in dem Kompromiß unerwähnt, weil in diesem Punkt die Verhandlungen mit den Vertretern der Demokratischen Partei nicht zu einer Einigung geführt hatten. Es blieb infolgedessen im wesentlichen bei der durch das Erste Kompromiß vorgeschlagenen Fassung des Artikels 144. Das Zweite Kompromiß wurde in dritter Lesung im Plenum angenommen. In der kurzen Debatte darüber kam es zu Angriffen von den Rechtsparteien und den Unabhängigen Sozialisten, z. T. auch von seiten der Demokratischen Partei. Neue Vorstellungen brachte die Debatte nicht.

Besondere Bedeutung hatte die Erklärung des Unterstaatssekretärs Schulz vor dem Plenum, da diese Erklärung nach den Angaben von Schulz nicht nur die Meinung der Reichsregierung wiedergab, sondern auch vorher von den drei Verfassungsparteien gebilligt worden war. Dieser Erklärung, die bei der Auseinandersetzung um das Reichsvolksschulgesetz eine Rolle spielte, kommt daher bei der Interpretation der Verfassung eine besondere Bedeutung zu. Schulz erklärte, Art. 143, Abs. 1, mache die für alle Bekenntnisse gemeinsame Schule zur Regel. Die davon abweichenden Schulformen, wie die Volksschulen bestimmter religiöser Bekenntnisse und die rein weltlichen Schulen, könnten auf besonderen Antrag einer ausreichenden Zahl von Erziehungsberechtigten einer Gemeinde errichtet werden, falls ein geordneter Schulbetrieb dadurch nicht beeinträchtigt werde. Vor allem dürfe das öffentliche Schulwesen nicht durch die hemmungslose Errichtung nichtleistungsfähiger Schulen beeinträchtigt werden. Ein Reichsgesetz sollte Grundsätze darüber aufstellen, wer als Erziehungsberechtigter anzusehen sei, wie viele von ihnen in einer Gemeinde zur Stellung eines Antrages notwendig seien und wie viele Schulen und in welcher organisatorischen Form diese einzurichten seien.

In Zusammenhang mit Art. 144, zu dem sich ein gemeinsamer Antrag der drei Parteien nicht ermöglichen ließ, erklärte Schulz, die Privatschulen dürften keine Standes- oder Kastenschulen werden.

3. Das Elternrecht in der Weimarer Reichsverfassung

Eine gewisse Rolle, weniger in der parlamentarischen als vielmehr in der außerparlamentarischen Diskussion, spielte Art. 120 der WRV, der lautete: "Die Erziehung des Nachwuchses zur leiblichen, seelischen und gesellschaftlichen Tüchtigkeit ist oberste Pflicht und natürliches Recht der Eltern, über deren Betätigung die staatliche Gemeinschaft wacht". Von katholischer Seite wurde daraus teilweise die positiv-rechtliche Ausgestaltung des Naturrechtssatzes, wonach Elternrecht Staatsrecht bricht, gesehen (31). Nach dieser Interpretation wäre Art. 120 WRV den Bestimmungen des Abschnitts "Bildung und Schule" vorgeordnet. Es würde den selbst gesetzten Rahmen dieser Arbeit sprengen, hier die ganze Problematik des Elternrechts aufzurollen. Zwar deutet die Formulierung des Art. 120 WRV darauf hin, daß die Vorstellungen von einem Elternrecht als einem "natürlichen Recht" aus dem christlichen Naturrecht entnommen sind.

Dennoch ist jede Verfassungsnorm, unabhängig von ihrer geistig-weltanschaulichen Herkunft, aus dem Gesamtzusammenhang der Verfassung zu interpretieren.

Ein Teil der Autoren dieses Artikels hatte jedoch bei der Formulierung sicher nicht das christliche Naturrecht vor Augen. Aus dem Wortlaut des Abschnitts "Bildung und Schule" der WRV oder aus dem Wortlaut des Artikels 120 ergibt sich nicht, daß die Bestimmungen des Abschnitts "Bildung und Schule" nur gelten sollten, soweit dem der Wille der Eltern nicht entgegensteht. Vor allem Art. 146 mit seinen Vorschriften über Gemeinschaftsschulen, Bekenntnis- und Weltanschauungsschulen und der Formulierung, daß "der Wille der Erziehungsberechtigten möglichst zu berücksichtigen" sei, wäre unverständlich, wenn der Elternwille allein ausschlaggebend bei der Organisation des Schulwesens sein sollte.

Auch die im Gegensatz zu den Verhandlungen über Art. 146 nur kurzen

Verhandlungen über Art. 120 WRV ergeben keine Anhaltspunkte für die Entscheidung der Frage nach Bedeutung und Umfang des Elternrechts in Art. 120. Man sprach dabei von "Prinzipien" (32), "allgemeinen Grundsätzen" (33), "biologischen Gesetzen" (34). Aufschlußreich ist die Stellungnahme des Verfassungsausschusses zu einem Antrag Dr. Sinzheimers, dem Artikel 120 den Zusatz anzufügen: "unbeschadet der Schulgesetzgebung", da es sonst vorkommen könne, daß die Eltern kraft ihres natürlichen Elternrechts in die Maßnahmen der Schule eingriffen; auch müsse einer Entwicklung vorgebeugt werden, daß bei Konflikten zwischen Schulgesetzgebung und Elternrecht aufgrund dieser Norm zuungunsten derer entschieden werde, die grundsätzlich der Schulgesetzgebung das höhere Recht einräumten. Dieser Antrag wurde abgelehnt mit der Begründung, die Schulgesetzgebung sei schon durch den Schlußsatz von Art. 120, "über deren Betätigung die staatliche Gemeinschaft wacht", berücksichtigt (35). Man könne bei der gesetzlichen Formulierung eines Grundsatzes nicht auch stets gleich alle anderen unter Umständen etwas anderes sagenden Grundsätze namhaft machen (36). Diese Ausführungen fanden im Verfassungsausschuß keinen Widerspruch. Aus diesen Verhandlungen ergibt sich, daß man bei der Schaffung des Art. 120 nicht davon ausging, daß das Elternrecht dem staatlichen Recht vorgehen sollte.

In der Rechtslehre wandte sich vor allem G. Holstein gegen die Rechtsauffassung, in der Verfassung gehe das Elternrecht dem Staatsrecht vor. Er vertrat die Ansicht, daß die WRV das Elternrecht von vornherein nur innerhalb der Grenzen des staatlichen Rechtssystems gewähre als ein Recht, das an sich der Verfügung des staatlichen Gesetzgebers unterliege und das darum von vornherein und nicht erst vermöge der Schulartikel durch die staatliche Schulhoheit begrenzt sei. Diese Rechtsauffassung setzte sich damals in der Hauptsache durch (37).

4. Die Reichsschulkonferenz

Die Reichsschulkonferenz von 1920 wollte durch eine gemeinsame Beratung der Vertreter des Reiches und der Länder Lösungen für die offenen Fragen auf dem Gebiet des Schulwesens finden.

Die Vorläufer der Reichsschulkonferenz von 1920 waren die in Preußen 1873, 1890 und 1900 zusammenberufenen Schulkonferenzen.

Die Konferenz des Kultusministers Falk im Oktober 1873 beschäftigte sich mit der Frage der Realschulen, der Gleichberechtigung der höheren Schulen sowie der Stellung von Latein und Griechisch im Unterricht dieser Schulen. Ein praktisches Ergebnis hatte diese Konferenz nicht.

Eindrucksvoller war die Schulkonferenz von 1890, die durch die Kabinettsorder des jungen Königs vom 13. Februar 1890 veranlaßt wurde. Diese Kabinettsorder forderte, "das Deutsche in den Mittelpunkt des gesamten Unterrichts zu stellen". Im Dezember 1890 trat die Konferenz zusammen. Unter den Teilnehmern waren Schulmänner, Vertreter der Kirchen, Volksvertreter, Universitätsprofessoren und Vertreter der Schulparteien. Der König erschien überraschend selbst in der Konferenz und erhob harte Anklagen gegen das Gymnasium. Er unterstrich das Nationale und forderte, "junge Deutsche, keine jungen Griechen und Römer" zu erziehen. Als Ergebnis der Konferenz verminderte man die Stundenzahl des Griechischen und Lateinischen und verstärkte dafür den Unterricht in Deutsch, Geschichte, Geographie und in den Naturwissenschaften. Im Mittelpunkt der Konferenz des Jahres 1900 stand die Berücksichtigung der lateinlosen Vorbildung für die Zulassung zu den Hochschulen. Es ging dabei vor allem um die Gleichwertigkeit der drei neunklassigen höheren Schultypen und um die Förderung von Reformschulen. Die Konferenz kam zu dem Ergebnis, daß alle drei Formen der höheren Schule gleichermaßen zur Hochschulreife für jedes Studium führen sollten. Vorkurse an der Hochschule selbst sollten unter Umständen die Vorkenntnisse der Studenten ergänzen (38).

Die preußische Regierung regte am 1. Dezember 1918 beim Reichsministerium des Innern die Einberufung einer Schulkonferenz an, "die aus freiheitlich, neuzeitlich und sozial gesinnten Pädagogen und Sachverständigen bestehen und die gründliche Erneuerung des deutschen öffentlichen Schul- und Erziehungswesens vorbereiten sollte".

In einem Rundschreiben vom 4. Januar 1919 (39) setzte das Reichsministerium des Innern die Einzelstaaten von seiner Absicht in Kenntnis, noch im Jahre 1919 eine Reichsschulkonferenz einzuberufen. Die gegenwärtige gefährdete Stellung Deutschlands unter den führenden Kulturnationen dränge zu einer einheitlichen nationalen Kulturpolitik. Ferner erscheine ein stärkeres Maß an organisatorischer Vereinheitlichung und damit Vereinfachung auch unter dem Gesichtspunkt der Ökonomie der Kräfte notwendig. Die Reichsschulkonferenz solle zunächst in freier Aussprache der Vertreter aller deutscher Staaten und der Reichsleitung die schwebenden Grundfragen des Schulwesens erörtern und nach Möglichkeit darüber Einigkeit der Ansichten erzielen. Das Reichsministerium lud zu einer Vorbesprechung mit den Vertretern der einzelnen Staaten vom 20. bis 22. Oktober 1919 ein. In der Einladung ließ sich das Reichsinnenministerium darüber aus (40), daß die Verfassung des Deutschen Reiches vom 11. August 1919 dem Reich eine Reihe wichtiger kulturpolitischer Aufgaben übertrage. Um diese Aufgaben ihrer Bedeutung gemäß wahrzunehmen, habe das Reichsministerium des Innern eine neue Abteilung eingerichtet, die die kulturpolitischen Aufgaben des Reiches, besonders die in der nächsten Zeit dringend notwendigen schulgesetzlichen Maßnahmen, zu bearbeiten habe. Hierbei werde auf ein enges und vertrauensvolles Zusammenarbeiten des Reichsinnenministeriums mit den Kultusministerien der Länder und den gemeindlichen Schulverwaltungen der größte Wert gelegt. Auch in Zukunft werde die Hauptarbeit für die Schule und die Volksbildung von den Ländern und Gemeinden zu leisten sein. Das Reich könne nur anregen, vermitteln und für einheitliche gewonnene Erfahrungen einheitliche Richtlinien ausarbeiten. Das Reichsministerium regte an, über die auf der Reichsschulkonferenz zu behandelnden Fragen Leitsätze vorzubereiten und zu veröffentlichen, die der öffentlichen Erörterung der Aufgaben der Reichsschulkonferenz als Grundlage dienen und dadurch dazu beitragen könnten, ein sachlich befriedigendes Ergebnis der Reichsschulkonferenz zu sichern.

Nachdem die einzelnen Länder zur geplanten Reichsschulkonferenz Stellung genommen und ihre Wünsche vorgebracht hatten, wurden die Vorarbeiten für die Konferenz einem geschäftsführenden Ausschuß übertragen, der sich aus drei Vertretern des Reichsministeriums des Innern und zwei Vertretern des Preußischen Ministeriums für Wissenschaft, Kunst und Volksbildung zusammensetzte. Der Reichsschulausschuß, ein beim Reichsinnenministerium aus Vertretern der Unterrichtsverwaltungen der Länder und der kommunalen Spitzenverbände bestehendes Gremium mit beratenden Befugnissen, erklärte sich auf einer Tagung vom 24. auf 25. Februar 1920 mit der Vorbereitung der Konferenz einverstanden (41).

Die Verhandlungen der Reichsschulkonferenz fanden vom 11. bis 19. Juni 1920 in Berlin in den Räumen des Reichstages unter Anwesenheit von Vertretern des Reichsinnenministeriums, des Auswärtigen Amtes und anderer Reichsministerien, Vertretern der Landesregierungen, der Lehrerverbände sowie anderer Verbände, der Konfessionen, der Jugendbewegung, der Wirtschaft, Wissenschaft usw. statt. Insgesamt waren über 700 Teilnehmer anwesend. Auf der Konferenz wurden folgende Gegenstände beraten:

Schularten, Schulziele und organisatorische Zusammenfassung zur Einheitsschule. (S. 453 ff. des Amtlichen Berichts)

Methodische Fragen und Bedeutung einzelner Schulfächer für das gesamte Schulwesen. Insbesondere: Arbeitsunterricht, Werkunterricht (In welchem Umfang ist körperliche Arbeit zur Grundlage geistiger und sittlicher Bildung zu machen?), Staatsbürgerkunde, Kunsterziehung, Lern- und Unterrichtsmittel. (S. 545)

Ausbildung der Lehrer (innen). Beteiligung der Lehrer an der Schulleitung und Schulverwaltung. (S. 616)

Auslese der Schüler für die einzelnen Schularten, Berufsberatung; Selbstregierung der Schüler, Schulgemeinde, Schülerausschüsse, Schülervereine, Gemeinschaftliche Erziehung der Geschlechter, Körperliche Erziehung. (S. 783)

Eltern, Elternbeiräte. (S. 813)

Vereinheitlichung des Schulwesens im Reiche. Einheitlicher Beginn des Schuljahres, einheitliche Regelung der Ferien. Einheitliche Benennung der Schulen und Klassen. Gegenseitige Anerkennung der Prüfungen und Zeugnisse der Schüler. Reifeprüfung, Reifezeugnis, Berechtigungen. Gegenseitige Anerkennung der Lehramtsprüfungen. Einheitliche Amtsbezeichnungen der Lehrer. (S. 872)

Verwaltung des öffentlichen Schulwesens.

Die Privatschulen in ihrem Verhältnis zum öffentlichen Schulwesen. (S. 846)

Deutsches Schulwesen im Ausland.

Ohne die zahlreichen Leitsätze der Berichterstatter, die Diskussionsinhalte und die Entschließungen (42) hier wiedergeben zu wollen, bleibt bemerkenswert, daß fast alle Vorschläge, die noch heute erregte Diskussionen auslösen - wie der Rahmenplan des Deutschen Ausschusses und die Einheitsschule des Bremer Planes - gar nicht so neu sind, sondern schon damals heftig diskutiert wurden. So hat der Zweite Ausschuß die Errichtung einer Art Förderstufe vorgeschlagen. Danach sollte sich auf einer vierjährigen Grundschule eine dreijährige Mittelstufe für erkenntnismäßig Begabte aufbauen, die die organische Grundlage bilden sollte für die weiterführenden sechsjährigen Vollanstalten und die dreijährigen Anstalten (43).

Für den Inhalt eines Reichsschulgesetzes hat die Reichsschulkonferenz kaum Vorschläge gebracht. Die Frage der Gliederung der Volksschulen in Gemeinschaftsschulen, Bekenntnisschulen, weltliche Schulen wurde kaum behandelt; es kam darüber auch zu keinen Entschließungen. Nur in einigen Erklärungen zum Schluß der Konferenz kamen diese Fragen noch einmal zur Sprache. So wurde von einer Seite die Umgestaltung der Schule im Geist der Demokratie und des Sozialismus gefordert und bedauert, daß die Frage der Weltlichkeit der Schule nicht ausreichend zur Verhandlung gekommen sei (44).

Ein anderer Sprecher erklärte, die über die Einheitsschule aufgestellten Leitsätze hätten den Eindruck entstehen lassen, als ob die Schule der Zukunft im Deutschen Reich die rein weltliche Schule sein werde; die Religion müsse jedoch auch künftig die Grundlage aller Erziehung sein (45). Bei der Zusammensetzung der Konferenz hätte jedoch eine Behandlung der dem Reichsschulgesetz vorbehaltenen Fragen zu einer hoffnungslos kontroversen Diskussion geführt. Eine Einigung wäre sicher nie zu erzielen gewesen; es war daher das zweckmäßigste, von vornherein darauf zu verzichten.

5. Das Reichsgrundschulgesetz

Artikel 146, Abs. 1, der Weimarer Reichsverfassung bestimmte, daß das gesamte öffentliche Schulwesen organisch auszugestalten sei. Art. 146, Abs. 1, galt als verfassungsrechtlicher Niederschlag der Forderungen, die unter dem Schlagwort "Einheitsschule" bekannt geworden waren. Fundament des gesamten Schulwesens sollte die "für alle gemeinsame Grundschule" werden. Art. 147 WRV verfügte die Aufhebung der privaten Vorschulen. Entsprechend diesen Verfassungsgrundsätzen bestimmte das Reichsgrundschulgesetz vom 28. 4. 1920 (46), daß die Volksschule in den vier untersten Jahrgängen als die für alle gemeinsame Grundschule einzurichten sei, auf der sich auch das mittlere und höhere Schulwesen aufbaue. Das Grundschulgesetz verfügte die Aufhebung der ständischen Vorschulen. Nach einer Vereinbarung der Länder sollte die Aufnahme in eine mittlere oder höhere Schule ausnahmslos erst nach Erfüllung der vierjährigen Grundschulpflicht gestattet sein. Dadurch wurde hochbegabten Kindern die Möglichkeit genommen, schon nach drei Schuljahren in eine mittlere oder höhere Schule umzuwechseln. Der Ausschuß "Bildungswesen" des Reichstages regte daher eine Änderung an. Der Reichstag nahm am 3. April 1925 diese Änderung mit folgender Formulierung an: "Der Lehrgang der Grundschule umfaßt vier Jahresklassen. Im Einzelfalle können besonders leistungsfähige Schüler nach Anhörung des Grundschullehrers mit Genehmigung der Schulaufsichtsbehörde schon nach dreijähriger Grundschulpflicht zur Aufnahme in eine mittlere oder höhere Schule zugelassen werden" (47).

6. Das Reichsvolksschulgesetz

Das Reichsvolksschulgesetz sollte entsprechend Art. 146, Abs. 2, der Weimarer Reichsverfassung WRV die Grundsätze aufstellen, in deren Rahmen die Landesgesetzgebung die Einzelheiten über die Ausgestaltung des öffentlichen Schulwesens regeln sollte.

Noch im Jahre 1919 begannen die Vorarbeiten zu einem Reichsschulgesetz. Während der Arbeiten über den ersten Entwurf des Reichsschulgesetzes begann die Auseinandersetzung darüber, ob die Gemeinschaftsschule die Regelschule, die Konfessionsschule dagegen nur eine Ausnahmeschule sei. Die Weimarer Verfassungsartikel waren das Ergebnis eines Kompromisses, der später von den Vertragsparteien verschieden interpretiert wurde. Die Sozialdemokraten vertraten die Auffassung, aus der Formulierung des Artikels 146, Abs. 1, ergebe sich, daß die Gemeinschaftsschule die Regelschule sei und daß in jeder Gemeinde zunächst eine Gemeinschaftsschule bestehen müsse, ehe eine Bekenntnisschule eingerichtet werden könne ("strenge Regelschultheorie"). Eine andere Richtung vertrat die Ansicht, daß die Erziehungsberechtigten darüber abstimmen könnten, ob sie eine Bekenntnis- oder eine Weltanschauungsschule wünschten. Für den Fall, daß sich zuwenig Stimmen für diese Schule ergäben, sollte die Gemeinschaftsschule eingerichtet werden ("milde Regelschultheorie"). Eine dritte Auffassung - vor allem in der Zentrumspartei vertreten - sah alle drei Schulformen als gleichrangig an, über die die Erziehungsberechtigten zu entscheiden hätten. Diese Diskussion zeigte bereits, welchen Schwierigkeiten das erst noch zu entwerfende Reichsgesetz im Reichstag begegnen würde.

Ein erster vorläufiger Referentenentwurf, der im Reichsministerium des Innern noch im Herbst 1919 aufgestellt worden war, wurde von dem "Reichsschulausschuß" auf seiner ersten Tagung durchberaten. Dort entstand ein abgeänderter Entwurf, der jedoch, wie der erste Entwurf des Innenministeriums, nicht veröffentlicht wurde. Aus weiteren Referentenentwürfen entstand in Zusammenarbeit mit dem Reichsschulausschuß und den Unterrichtsverwaltungen der Länder schließlich ein Regierungsentwurf, der, entsprechend den Beschlüssen des Reichsrats abgeändert, am 22. April 1921 dem Reichstag zuging (48). Nach diesem Entwurf waren die Volksschulen Gemeinschaftsschulen, soweit sie nicht nach näherer Bestimmung dieses Gesetzes Bekenntnisschulen oder bekenntnisfreie Schulen werden sollten. Die bekenntnisfreien Schulen teilte der Entwurf in weltliche Schulen und Weltanschauungsschulen (§ 1).

In der allen Schülern offenstehenden Gemeinschaftsschule war Religionsunterricht ordentliches Lehrfach. Bei der Aufstellung der Lehrer sollte nach Möglichkeit auf die religiöse Gliederung der Schüler Rücksicht genommen werden (§ 2).

Antragsberechtigt waren die Erziehungsberechtigten volksschulpflichtiger Kinder. Die Landesgesetzgebung sollte bestimmen, wann ein rechtswirksamer Antrag vorliege (§ 6). § 9 des Entwurfes gab eine Erläuterung zu Artikel 146, Abs. 2 der Weimarer Reichsverfassung, der eine Bekenntnisschule nur zuläßt, wenn ein geordneter Schulbetrieb nicht beeinträchtigt wird. § 9 geht dabei von einer bestimmten Organisation des Schulwesens in einer Gemeinde aus, für die die Zahl der Klassen, der Lehrer, der Räume, der Unterrichtsfolge usw. maßgebend sind. § 9 sah dann eine Beeinträchtigung des geordneten Schulbetriebes vor, wenn diese Organisation erheblich herabgesetzt wird.

§ 13 bestimmte, daß bei dem erstmaligen Antragsverfahren die Beibehaltung bestehender Bekenntnisschulen oder bekenntnisfreier Schulen ohne weitere Voraussetzung als beantragt gelte.

Die Begründung zu dem Gesetzentwurf hob hervor, daß der Entwurf "den vorläufig unüberbrückbaren weltanschaulichen Gegensätzen ihr Sonderrecht im Schulwesen gewährleisten" wolle. Als Mittel zu diesem Zweck betrachte er eine weitgehende Berücksichtigung des Willens der Erziehungsberechtigten und damit der auf Erhaltung von Bekenntnisschulen und auf Einrichtung von bekenntnisfreien Schulen gerichteten Bestrebungen. Der am 22. April 1921 dem Reichstag übersandte Entwurf wurde wegen mehrerer Regierungskrisen erst am 23./24. Januar 1922 in erster Lesung beraten. Staatssekretär Schulz vom Reichsinnenministerium, der den Entwurf begründete, bezeichnete das Gesetz als eine Fortsetzung des Weimarer Schulkompromisses und meinte, daß man an diesen Entwurf in erster Linie politische und erst danach pädagogische und schulreformerische Maßstäbe legen dürfe. Er hob hervor, der Grundgedanke des Gesetzentwurfes sei, daß die Erziehungsberechtigten darüber entscheiden sollten, welche Schulform sie haben wollten (49).

Die Sozialdemokratische Partei erklärte, die Regelschule müsse die Gemeinschaftsschule sein, die einen weltlichen Teil ohne Religionsunterricht und eine Schule mit getrenntem Religionsunterricht habe (die sogenannte Simultanschule). Die Konfessionsschule und die Weltanschauungsschule könnten demgegenüber nur Sonderschulen sein. Die Gemeinschaftsschule könne nach dem Entwurf zur verkappten Bekenntnisschule werden. Da die Lehrer dem gleichen Bekenntnis angehören sollten wie der überwiegende Teil der Schüler, und der Landesgesetzgebung ein viel zu weiter Spielraum eingeräumt werde, könne eine Landesregierung, die auf dem Boden der Bekenntnisschule stehe, die Gemeinschaftsschule völlig zugunsten der Bekenntnisschule aushöhlen. Der § 9 des Entwurfes begünstige eine Absplitterung von Sonderschulen (50).

Die Zentrumspartei erklärte, in Weimar habe man unter der gemeinsamen Schule die alte christliche Simultanschule verstanden. Diese sei aber jetzt zu einer weltlichen Schule geworden. Die Umänderung der Gemeinschaftsschule in eine weltliche Schule und die besondere Feststellung einer weltlichen Schule unter dem Namen Weltanschauungsschule sowie die Schaffung der eigentlichen religionslosen Weltschule, neben denen die Bekenntnisschule stiefmütterlich behandelt werde, lasse fast vermuten, dieser Gesetzentwurf solle sein: "Entwurf eines Gesetzes zur Einführung der weltlichen Schule". Die Konfessionsschule sei niemals eine Sonderschule gewesen und auch im Weimarer Schulkompromiß nicht als eine Sonderschule angesehen worden. Hier bringe der Entwurf eine Diskriminierung der Bekenntnisschule, die der Verfassung zuwiderlaufe. Was der Regelschule anzusehen sei, werde sich erst zeigen, wenn die Eltern ihren Willen geoffenbart hätten (51).

Die Deutsch-Nationale Volkspartei ließ durch ihren Sprecher erklären, daß sie grundsätzlich die Bekenntnisschule der Simultanschule vorziehe und daß sie es als unveräußerliches Recht der Eltern ansehe, über die Schulgattung zu bestimmen, der sie ihre Kinder zuführen wollten (52).

Die Deutsche Volkspartei erklärte, sie halte die Gemeinschaftsschule des Entwurfs für verfassungswidrig. Die Weimarer Verfassung habe als Kompromißschule die Simultanschule vorgesehen und nicht die Gemeinschaftsschule des Entwurfs, die alles andere sei, nur keine christliche Gemeinschaftsschule (53).

Die Unabhängigen Sozialisten lehnten den Gesetzentwurf ebenfalls ab. Sie machten geltend, daß die Gemeinschaftsschule des Reichsschulgesetzes zur verkappten Bekenntnisschule werden könne, und daß die Bekenntnisschule der Verfassung zuwider zur Normalschule werde. Sie verlangten stattdessen die öffentliche Einheitsschule mit weltlichem Charakter und die Erklärung der Religion zur Privatsache (54).

Die Deutsche Demokratische Partei bemängelte, daß der Schulgesetzentwurf nicht die Gemeinschaftsschule, sondern im Widerspruch zu der Verfassung die Bekenntnisschule als Regelschule behandle (55).

Diese Debatte und die darin vorgebrachten Argumente gaben einen Vorgeschmack von den Beratungen im 30. Ausschuß (Ausschuß für Bildungswesen). Die Aussprachen entwickelten sich rasch wieder zu grundsätzlichen Debatten, in denen die bekannten Argumente wiederholt wurden. Die Sozialdemokraten beantragten wieder, die Gemeinschaftsschule zur Regelschule zu erklären. Bekenntnisschulen sollten nur neben ihnen errichtet werden können. Eine ähnliche Auffassung vertraten die Deutschen Demokraten. Die Unabhängigen Sozialisten wollten überhaupt nur weltliche Schulen zulassen. Die Deutsch-Nationalen, das Zentrum, die Bayerische Volkspartei und die Deutsche Volkspartei beantragten, als Volksschulen gleichberechtigt und gleichrangig die Gemeinschaftsschulen, die Bekenntnisschulen und die bekenntnisfreien Schulen (weltliche Schulen) zu erklären. Die Gegensätze waren unüberbrückbar. Der Antrag, der Deutschnationalen Volkspartei, der eine bekenntnismäßige Gliederung des Schulwesens auf Antrag der Erziehungsberechtigten zuließ, fand schließlich eine knappe Mehrheit. Damit hatte der Ausschuß sich zwar für die Gleichberechtigung der drei Schularten ausgesprochen, aber bei den Mehrheitsverhältnissen des Reichstages war die Annahme des Antrages im Plenum durchaus unsicher (56).

Die Beratungen im Ausschuß zogen sich über fast zwei Jahre hin, bis sich schließlich der Ausschuß selbst einer weiteren Beratung des Reichsschulgesetzes widersetzte. Ein Gesetzentwurf der Reichsregierung aus dem Jahre 1925 (57) ging auf den Hauptstreitpunkt, auf die Frage der Rangordnung von Bekenntnis- und Gemeinschaftsschulen, gar nicht ein. Die Begründung zu dem Gesetz führte an, daß es die Absicht der Reichsverfassung gewesen sei, unabhängig von einer sonstigen allgemeinen Regelung, dem Wunsche von Erziehungsberechtigten auf Bekenntnis- oder Weltanschauungsschulen möglichst zu entsprechen.

Im ersten Abschnitt gab der Gesetzentwurf Begriffsbestimmungen über die Bekenntnisschule, die Weltanschauungsschule und die weltliche Schule. Die Bekenntnisschule sollte danach der Aufnahme von Schülern eines bestimmten Bekenntnisses dienen. Die an ihr hauptamtlich angestellten Lehrkräfte mußten dem betreffenden Bekenntnis angehören. Die gesamte Unterrichts- und Erziehungsarbeit mußte von dem Geist des Bekenntnisses getragen werden (§§ 4 und 5). Entsprechendes sollte für die Weltanschauungsschulen gelten (§§ 6 und 7).

Abschnitt II stellte Grundsätze für die Errichtung von Bekenntnis-, Weltanschauungs- und bekenntnisfreien (weltlichen) Schulen auf.

§ 9 des Entwurfs bestimmte, daß in Reichsgebieten, in denen die Volksschulen nach landesrechtlichen Bestimmungen Bekenntnisschulen waren, die bisherigen Vorschriften in Geltung bleiben sollten.

Der Entwurf des Reichsschulgesetzes von 1925 wurde erarbeitet unter einer Koalition, die Reichskanzler Hans Luther (parteilos) führte. Das Reichsministerium des Innern leitete Martin Schiele (Deutschnational). Dem Kabinett gehörten an: Die Deutsche Volkspartei (3 Minister), die Deutschnationale Volkspartei (3 Minister), die Deutsche Demokratische Partei (2 Minister), die Deutsche Zentrumspartei (3 Minister) und die Bayerische Volkspartei (1 Minister). Der Entwurf folgte keiner der geschilderten Theorien über die Regelschule. Es war nicht zu übersehen, daß die Sozialisten an dem Entwurf nicht beteiligt waren. Die Gemeinschaftsschule ist in dem Gesetzentwurf nicht geregelt. Die Stellung der Bekenntnisschule (und der Weltanschauungsschule) ist gegenüber dem ersten Entwurf deutlich gehoben.

Im Oktober 1925 wurde der Entwurf mit Vertretern der Unterrichtsverwaltungen der Länder beraten. Das Ergebnis dieser Beratung ist nicht bekanntgegeben worden. Aus der Stellungnahme Preußens zu dem Entwurf von 1927 läßt sich jedoch entnehmen, daß Preußen Bedenken dagegen erhob, daß die Gemeinschaftsschule nicht nur nicht bevorrechtigt, sondern überhaupt nicht geregelt war. Preußen vertrat damals auch die Ansicht, daß die Reichsverfassung die Gemeinschaftsschule nicht in eine Reihe mit den anderen Schulformen stelle und die einfache Gleichberechtigung also verhindere (58). Nach der Beratung mit den Ländern ist der Entwurf nicht weiter verfolgt worden.

Die Beratung eines Reichsschulgesetzes wurde erst im Jahre 1927 wieder aufgenommen. Am 16. Juli 1927 wurde der von Reichskanzler Marx in seiner Regierungserklärung angekündigte Entwurf veröffentlicht. Die Reichsregierung bestand zu diesem Zeitpunkt aus einer Koalition zwischen Deutschnationalen (5 Minister), Zentrum (Kanzler und 2 Minister), Deutscher Volkspartei (1 Minister) und Bayerischer Volkspartei (1 Minister) (59).

Der Entwurf verstand sich ebenfalls nur als Ausführung des Art. 146, Abs. 2 (60). Wie die Begleiterklärung der Reichsregierung feststellte (61), sah der Entwurf von einer authentischen Interpretation des Art. 146, Abs. 1, der Reichsverfassung in bezug auf die Frage einer Vorzugsstellung der Gemeinschaftsschule absichtlich ab. Der Entwurf nannte als Formen der deutschen Volksschule die nach Bekenntnissen nicht getrennte Volksschule (Gemeinschaftsschule), die Bekenntnisschule und die bekenntnisfreie Schule (weltliche oder Weltanschauungsschule). Er bestimmte, daß diesen Schulformen unbeschadet des Art. 146, Abs. 1, der Weimarer Reichsverfassung im Rahmen der Bestimmungen dieses Gesetzes freie Entwicklungsmöglichkeiten zu geben seien.

Nach einer Umschreibung der einzelnen Schulformen (§§ 3 bis 5) handelte der zweite Abschnitt von der Einrichtung und Umwandlung der Schulformen. Danach mußte ein Antrag auf Errichtung einer besonderen Schulform von den Erziehungsberechtigten von mindestens 40 schulpflichtigen Kindern gestellt werden. Zur Gewährleistung des geordneten Schulbetriebs durfte die Schule nach Aufbau und Zahl der Klassen und Unterrichtsabteilungen nicht hinter derjenigen Mindesthöhe der Organisation zurückbleiben, die am 1. Januar 1927 in der Gemeinde rechtlich zulässig gewesen war (§ 9, Abs. 2).

Daneben machte der Entwurf Ausführungen über Schulaufsicht und Religionsunterricht. In den Übergangsbestimmungen erklärte der Entwurf, daß sämtliche bei Inkrafttreten dieses Gesetzes bestehenden Schulen in ihrer Schulform als beantragt zu gelten hätten, wenn nicht Anträge auf andere Schulformen gestellt würden (§ 18, Abs. 4).

Die erste Lesung des Entwurfes von 1927 am 18. Oktober 1927 brachte die bereits von den Beratungen früherer Gesetzentwürfe bekannten Argumente. Die Sozialdemokratische Partei beharrte auf ihrer Meinung, daß nach der Reichsverfassung die Gemeinschaftsschule als Regelschule vorgesehen sei. Dieser Bestimmung der Verfassung trage der vorliegende Entwurf nicht Rechnung.

Die Deutsche Volkspartei, die zwar nicht die Regelschultheorie vertrat, meinte dennoch, die Verfassung habe der Gemeinschaftsschule eine gewisse Vorrangstellung eingeräumt, der der Gesetzentwurf nicht Rechnung trage; auch wenn sich der Entwurf nur auf eine Regelung des Art. 146, Abs. 2, der Reichsverfassung beziehe, entspreche er nicht den Absichten der Verfassung. Das ergebe sich auch aus § 18 des Entwurfes. Sie, die Deutsche Volkspartei, trete dafür ein, daß diejenigen Schulen, die schon innerlich den Charakter einer Bekenntnisschule verloren hätten, als Gemeinschaftsschulen angesprochen werden sollten. Für sie sei die christliche Gemeinschaftsschule die bevorzugte Schulform.

Die Deutschen Demokraten wandten sich gegen das Gesetz, weil es die Gemeinschaftsschule in den Ländern zerstöre.

Nachdem alle Vermittlungsvorschläge zur Überbrückung der Meinungsverschiedenheiten im 12. Ausschuß (Bildungswesen) abgelehnt worden waren, scheiterte auch dieser Entwurf und brachte damit das Ende des Reichsschulgesetzes (62).

II. Die Bildungspolitik des Dritten Reiches

1. Die Schulverwaltung (63)

In der Weimarer Zeit bestand etwa die gleiche föderalistische Gliederung der Schulverwaltung wie in der Bundesrepublik. Für die Aufgaben der Schulen waren die Länderverwaltungen zuständig. Diese Verwaltungsgliederung vertrug sich nicht mit der auf eine Vereinheitlichung aller kulturellen Bereiche hinzielenden Politik der nationalsozialistischen Führung. Die Länderministerien verloren ihre Bedeutung durch das Gesetz zur Neuordnung des Reiches vom 30. 1. 1934 (64). Unmittelbar in der Zeit nach diesem sogenannten Ersten Neuordnungsgesetz verblieben die bisherigen Kompetenzen weitgehend bei den Länderverwaltungen, weil diese Zuständigkeiten in der Ersten Durchführungsverordnung wieder an die Länderverwaltungen zurückgegeben wurden. Faktisch war damit der alte Zustand wiederhergestellt. Rein rechtlich nahmen die Länder jetzt die Aufgaben im Namen des Reiches wahr. Die Zuständigkeit der Länder reichte soweit wie das Reich, das die Entscheidung der einzelnen Fragen an sich ziehen konnte, keine eigenen Maßnahmen erließ (65). Auf Reichsebene war für schulpolitische Entscheidungen das Reichsinnenministerium (Abt. III) zuständig. Das Reichsinnenministerium hatte einige Male auf dem Gebiet der Schulpolitik, obgleich ohne große praktische Konsequenzen, eingegriffen. So verkündete es im Mai 1933 ein reichseinheitliches Schulreformprogramm (66). Ferner erließ das Reichsinnenministerium Richtlinien für den Geschichtsunterricht an Volksschulen und proklamierte Leitgedanken zur Schulordnung (67). Indessen, mit Wirkung vom 1. 5. 1934 wurde das bereits erwähnte Reichsministerium für Wissenschaft, Erziehung und Volksbildung gegründet (68). Auf dieses Ministerium gingen folgende Geschäftsbereiche über:

Schulwesen - Wissenschaftliches Büchereiwesen - Volkskunde - Jugendverbände - Erwachsenenbildung - Wissenschaft (69).

Das Ministerium wurde von dem bisherigen preußischen Kultusminister Bernhard Rust übernommen, der es in Personalunion mit seinem preußischen Ministeramt führte (70). Das Reichsministerium für Wissenschaft, Erziehung und Volksbildung wurde zur zentralen politischen und Verwaltungsinstanz des gesamten Schulwesens. Es erließ alle grundlegenden Reformen, verabschiedete die maßgeblichen Richtlinien, Lehrpläne, Schultypenbestimmungen, Ordnungen für die Lehrerausbildung und die Lenkung des Lehrmittelwesens (71).

Die schon in der Weimarer Zeit erhobene Forderung nach Vereinheitlichung des Schulwesens wurde im Dritten Reich teilweise verwirklicht. In den Jahren 1936 bis 1938 wurde die Höhere Schule nur noch in drei Grundtypen, nämlich das altsprachliche Gymnasium, die naturwissenschaftliche und die neusprachliche Oberschule gegliedert (72).

2. Personalpolitik

Die Länder haben durch das Gesetz zur Neuordnung des Reiches vom 30. 1. 1934 grundsätzlich ihre Hoheitsrechte verloren.

Es war nur eine konsequente Fortsetzung dieser Maßnahme, daß am 2. 2. 1934 auch die Rechte zur Ernennung der unmittelbaren Landesbeamten an die Reichsstatthalter übergingen (73).

Der Erlaß des Führers und Reichskanzlers über die Ernennung und Entlassung von Reichs- und Landesbeamten vom 1. 2. 1935 (74) bestimmte, daß Beamte ab der sogenannten "Ratsebene" künftig entweder vom Führer oder von seinem Stellvertreter ernannt wurden. Das betraf im Schulsektor alle Beamten vom Studienrat an aufwärts (75). Das Reichserziehungsministerium war zuständig für die Ernennung aller Lehrkräfte an den Hochschulen für Lehrerbildung (76). Am 20. 8. 1937 ging das Ernennungs- und Entlassungsrecht für alle Beamten vom Studienrat an aufwärts an das Reichserziehungsministerium über, das indessen gehalten war, in jedem Fall die gutachtliche Stellungnahme des Stellvertreters des Führers einzuholen und zu berücksichtigen (77).

Alle maßgeblichen Positionen auf den verschiedenen Ebenen der Schulverwaltung wurden mit im nationalsozialistischen Sinn politisch zuverlässigen Beamten besetzt. Auch auf der unteren Ebene wurden 1933 rund 22 % der preußischen Schulräte entlassen und durch "zuverlässige" Beamte ersetzt (78).

Das Gesetz zur Wiederherstellung des Berufsbeamtentums (79) v. 7. 4. 1933 diente als hauptsächliche Handhabe für die Entfernung politisch unerwünschter Lehrer. Die in diesem Zusammenhang maßgebenden Vorschriften waren der § 2, wonach nichtarische Beamte in den Ruhestand versetzt werden mußten, § 3, der es ermöglichte, Beamte, "die nach ihrer bisherigen politischen Tätigkeit nicht die Gewähr dafür boten, daß sie rückhaltlos für den nationalen Staat eintreten würden", ohne Ruhegehalt aus dem Dienst zu entlassen, § 4, der jeden Beamten der Versetzung auch in ein anderes Amt mit niedrigerem Diensteinkommen aussetzte, "wenn es das dienstliche Bedürfnis erforderte". Gegen die Entscheidungen aufgrund dieses Gesetzes gab es keine Rechtsmittel. Die auf der Grundlage dieses Gesetzes durchgeführten Säuberungsaktionen verliefen in den einzelnen Ländern verschieden gründlich. Immerhin hatten sie das Ergebnis, daß nach Abschluß der Säuberungen über 30 % der Lehrer NSDAP-Mitglieder waren (80).

3. Der nationalsozialistische Lehrerbund

Es war nur folgerichtig, Einfluß auf die Erziehung der Jugend über die

Erzieher und Lehrer zu gewinnen. Im Zuge der Gleichschaltung wurden alle Lehrerverbände aufgelöst. Als einzige Vertretung der Lehrer wurde der Nationalsozialistische Lehrerbund (NSLB) angesehen. "Der NSLB stellt im Hinblick auf Politik und Weltanschauung die große Erzieherfront... dar". "Der NSLB stellt im Hinblick auf seine Fachschaften vom Kindergarten über Volksschule, höhere Schule und Hochschule einschließlich aller Fach- und Arbeitsgebiete die auf Erziehung bezügliche fachliche Organisation der NSDAP dar" (51). Die Schulung der Lehrer im nationalsozialistischen Sinne wurde der NSDAP weitgehend übertragen. Das Reichsministerium für Wissenschaft, Erziehung und Volksbildung ordnete an, "daß in Zukunft die bisher von den staatlichen Schulaufsichtsbehörden eingerichteten nationalpolitischen Schulungslehrgänge für Lehrer fortfallen und von den Gauamtsleitern durchgeführt werden". Diese Lehrgänge hatten sich über das ganze Jahr zu erstrecken. Für die Teilnahme an diesen Schulungslehrgängen hatten die Schulaufsichtsbehörden Urlaub zu gewähren, und die Behörden hatten "die durch den NSLB durchgeführte Schulung mit allen Kräften zu fördern" (82).

Alle Beamten und damit auch die Lehrer wurden angehalten, sich eingehend mit den Grundsätzen der nationalsozialistischen Staatspolitik und mit dem Gedankengut des Nationalsozialismus zu beschäftigen (83). Um "die Verbundenheit des ganzen deutschen Volkes mit seinem Führer auch nach außen hin klar in Erscheinung treten" zu lassen, wurde der von ihm eingeführte Gruß vorgeschrieben als allgemeiner "deutscher Gruß". Die Beamtenschaft - so wurde verlangt - "muß auch hier dem deutschen Volk vorangehen". Deswegen ordnete der Reichsminister für Wissenschaft, Erziehung und Volksbildung an, daß in seinem Geschäftsbereich sämtliche Beamte, Angestellte und Arbeiter von Behörden im Dienst und innerhalb des dienstlichen Gebäudes durch Erhebung des rechten Armes zu grüßen hätten. Es wurde "von den Beamten erwartet, daß sie auch außerhalb des Dienstes in gleicher Weise grüßen" (84). Das "Erheben des rechten Armes" sollte "durch den gleichzeitigen deutlichen Ausspruch Heil Hitler" begleitet werden (85).

Um die nationalsozialistische Erziehung zu gewährleisten, mußte vor der Ernennung zum Schulleiter "zu der Frage der politischen Zuverlässigkeit eine Stellungnahme sowohl des für den Dienstort als auch des für den Ort der neuen Stelle zuständigen politischen Gauleiters" eingeholt werden (86). Ebenso mußten Bewerber für den Auslandsschuldienst ihre politische Zuverlässigkeit im Sinne des Nationalsozialismus nachweisen. Auch hier wurde die Zuverlässigkeit von den zuständigen Parteidienststellen geprüft (87).

4. Der Kampf gegen die Bekenntnisschule

In dem Konkordat zwischen dem Deutschen Reich und dem Heiligen Stuhl vom 12. 9. 1933 (88) wurde das Recht auf katholischen Religionsunterricht in den Volksschulen, Berufsschulen, Mittelschulen und Höheren Schulen als ordentliches Lehrfach garantiert (Art. 21). Ferner wurde "die Beibehaltung und Neueinrichtung katholischer Bekenntnisschulen... gewährleistet" (Art. 23). Weiter enthält dazu das Konkordat: "In allen Gemeinden, in denen Eltern oder sonstige Erziehungsberechtigte es verlangen, werden, wenn die Zahl der Schüler unter gebührender Berücksichtigung der örtlichen schulorganisatorischen Verhältnisse einen nach Maßgabe der staatlichen Vorschriften geordneten Schulbetrieb durchführbar erscheinen läßt, katholische Bekenntnisschulen eingerichtet" (89). (Art. 23). Im Rahmen der allgemeinen Berufsausbildung der Lehrer sollten Einrichtungen geschaffen werden, die eine Ausbildung katholischer Lehrer entsprechend den besonderen Erfordernissen der katholischen Bekenntnisschule gewährleisteten (Art. 24). Trotz dieses Konkordats stand auf dem Schulprogramm des NSLB die Schaffung der deutschen Gemeinschaftsschule, die auch von nationalsozialistischen Pädagogen gefordert wurde (90). Schon bald richtete sich die politische Agitation gegen die Bekenntnisschulen und gegen die konfessionellen Lehrerbildungsanstalten (91). Zu Ostern 1941 waren alle Bekenntnisschulen in Gemeinschaftsschulen umgewandelt (92). Im Elsaß wurde sofort nach der Eroberung die Gemeinschaftsschule eingeführt (93). Es kam vor allem zwischen dem Reichsminister für Wissenschaft, Erziehung und Volksbildung und der kath. Kirche zu heftigen Auseinandersetzungen wegen der konfessionellen Lehrerbildungsanstalten (94). Die Hochschulen für Lehrerbildung wurden entweder gleich als simultane Anstalten errichtet, oder - sofern sie zunächst als konfessionelle Hochschulen eingerichtet worden waren - 1938 in konfessionell nicht getrennte Hochschulen verwandelt (95).

Das Bestehen von Privatschulen vertrug sich schlecht mit den nationalsozialistischen Vorstellungen von einem einheitlichen, gleichgeschalteten, nationalsozialistisch indoktrinierten Schulwesen. Infolgedessen lief parallel mit der Beseitigung der Bekenntnisschulen auch der Abbau des Privatschulwesens. Auf diese Weise sollten auch im Bereich der privaten Schulen unerwünschte, konkurrierende Erziehungsmächte ausgeschaltet werden. Das Konkordat hatte die Privatschulen in Art. 25 in ihrem Bestand gesichert. Durch eine entsprechende Interpretation des Gesetzes zur Wiederherstellung des Berufsbeamtentums, das man auch auf die Inhaber von Privatschulkonzessionen ausdehnte, durch administrative Maßnahmen und Aktionen des politischen Drucks ist es gelungen, bis zum Jahre 1940 das Privatschulwesen auf allen Ebenen, sowohl bei den Volksschulen als auch bei den Mittelschulen und den Höheren Schulen - von kleinen Restbeständen abgesehen - zum Erliegen zu bringen (96).

5. Rassenpolitische Maßnahmen gegen jüdische Schüler

Während die meisten jüdischen Lehrer aufgrund des Gesetzes zur Wiederherstellung des Berufsbeamtentums entlassen wurden, traf die Schulverwaltung auch eine Reihe von Maßnahmen gegen die jüdischen Schüler. Eine der ersten gesetzlichen Maßnahmen des nationalsozialistischen Regimes auf dem Gebiet des Schulwesens bestand in dem Erlaß des Gesetzes gegen die Überfüllung der deutschen Schulen und Hochschulen vom 25. 4. 1933 (97). Dieses Gesetz sollte bei allen Schulen außer den Pflichtschulen die Zahl der Schüler und Studenten soweit beschränken, daß die gründliche Ausbildung gesichert und dem Bedarf der Berufe genügt war. Man sah in diesem Gesetz bald eine Möglichkeit, Nichtarier vom Besuch weiterführender Bildungseinrichtungen auszuschließen. Der Besuch der

Pflichtschulen wurde jüdischen Kindern nicht verweigert. Allerdings wurde versucht, jüdische Kinder in eigenen jüdischen Schulen zusammenzufassen. Während z. B. die übrigen Gruppenschulen wie Bekenntnisschulen oder Privatschulen abgeschafft wurden, wurden die Kommunen aufgefordert, Sonderschuleinrichtungen für jüdische Kinder zu schaffen, wenn 20 oder mehr Kinder vorhanden seien. So richtete z. B. Frankfurt 1936 fünf jüdische Grundschulklassen ein (98). Bei den weiterführenden Schulen sollte der Anteil der jüdischen Schüler möglichst niedrig gehalten oder diese nach Möglichkeit aus der Schulgemeinschaft völlig ausgeschlossen werden. Der Anteil an den Neuaufnahmen bei den Höheren Schulen wurde für jüdische Schüler entsprechend der Anteilszahl der jüdischen Bevölkerung an der Gesamtbevölkerung auf 1,5 % festgelegt (99). Gleichzeitig wurde der Gesamtanteil der jüdischen Schüler an jedem Schulsystem auf 5% festgelegt. Alle weiteren Schüler mußten entlassen werden. Die Landesregierungen sollten zu Beginn eines jeden Schuljahres festsetzen, wie viele Schüler jede Schule und wie viele Studenten jede Fakultät neu aufnehmen durfte. Bei geringer Platzzahl wurde arischen Bewerbern auch dann der Vorzug gegeben, wenn die jüdische Anteilszahl noch nicht erreicht war (100). 1938 wurden alle jüdischen Schüler vom Unterricht an den öffentlichen Schulen ausgeschlossen (101). Mitte 1939 wurde die Durchführung des Schulunterrichtes für alle jüdischen Kinder der "Reichsvereinigung der Juden in Deutschland" übertragen (102). Es handelte sich dabei um eine Organisation der Juden zur Koordinierung ihrer verschiedenen Organisationen. Diese Organisation hatte sich in den folgenden Jahren, soweit das überhaupt möglich war, besonders um den Aufbau der jüdischen Schulen und der schulischen Versorgung der jüdischen Kinder bemüht (103).

6. Nationalsozialistische Erziehung außerhalb der Schule

Neben der Schule waren jedoch noch weitere Erziehungsräume: Das Elternhaus und die freie Gesellschaft. Der nationalsozialistische Staat wollte diese Räume nicht sich selbst überlassen. Es gab zwar schon Vorstellungen, die Erziehung durch das Elternhaus zu beschränken. Die nationalpolitischen Erziehungsanstalten waren dafür erste Ansatzpunkte für eine allerdings verschwindende Minderheit der Jugendlichen. Man versuchte jedoch, den Einfluß des Elternhauses auf andere Weise zurückzudrängen. Die Einleitung des Gesetzes über die Hitler-Jugend vom 1. 12. 1936 (104) stellte fest: "Die Erziehung dient stets nur dem gemeinsamen Ziel der Bewegung". Die Hitler-Jugend hatte die Aufgabe, die Jugendlichen außerhalb der Schule zu "erfassen". Das Ziel war - wie das jeden totalen Staates - alle Staatsbürger in allen Lebensbereichen zu erfassen.

Nach den nationalsozialistischen Vorstellungen von der Erziehung gab es drei Erziehungsträger. Neben Elternhaus und Schule war die Hitler-Jugend berufen, die Jugend zu erziehen. Diese Aufzählung der Erziehungsträger galt als erschöpfend (105). Die "Vielheit von Vereinen und Verbänden, die sich früher mit der Erziehung der Jugend befaßten mit dem traurigen Ergebnis, daß die deutsche Jugend konfessionell gespalten, in Klassen zerrissen und politisch verhetzt wurde", hatte fürderhin in der Jugendarbeit nichts mehr zu suchen (106). "Die wesentlichsten Elemente... der Hitler-Jugend" waren: "1. Die Ideen des Nationalsozialismus, denen sich die Jugend verpflichtet, 2. die Gemeinschaft der Jugend, die sich gegenseitig erzieht und 3. die Bindung an die Ideen des Nationalsozialismus durch die Gemeinschaft" (107).

Was unter der sich gegenseitig erziehenden Gemeinschaft der Jugend gemeint war, wird in den folgenden Ausführungen gleich klar gestellt werden. Es wäre ein Irrtum anzunehmen, man hätte diese Gemeinschaft sich selbst überlassen. Die Hitler-Jugend (HJ) hatte die Aufgabe, die gesamte deutsche Jugend "körperlich, geistig und sittlich im Geiste des Nationalsozialismus zum Dienst am Volk und zur Volksgemeinschaft zu erziehen". Es war das Ziel der nationalsozialistischen Erziehung in der Hitler-Jugend, die deutsche Jugend völlig unter die Herrschaft des Staates zu bringen und sie zu einem willfährigen Instrument der nationalsozialistischen Führung zu machen. Die Begründung des Gesetzes über die Hitler-Jugend bringt das zum Ausdruck, indem sie ausführt: "Man kann das Gesetz über die Hitler-Jugend auch als das Gesetz zur Sicherung der Einheit von Jugend und Reich bezeichnen" (108).

Die Einheit von Partei, Hitler-Jugend und Staat wurde dadurch verwirklicht, daß die Führung und Erziehung der HJ dem Reichsjugendführer der NSDAP übertragen wurde, der das Staatsamt unter der Bezeichnung "der Jugendführer des Deutschen Reiches" führte. Der Reichsjugendführer hatte die Stellung einer Obersten Reichsbehörde mit dem Sitz in Berlin und war dem Reichskanzler unmittelbar unterstellt (109). Nach der ersten Durchführungsverordnung war der Jugendführer des Deutschen Reiches die federführende Stelle für alle staatlichen Maßnahmen, die die Jugend berührten. Die Zuständigkeiten verschiedener Ministerien wurden daher auf den Reichsjugendführer übertragen (110). Die zweite Durchführungsverordnung zum Gesetz über die Hitler-Jugend (Jugenddienstverordnung) (111) bestimmte, daß der Dienst in der Hitler-Jugend für alle Jugendlichen vom 10. bis zum 18. Lebensjahr Pflicht war. Zur Einführung der Jugenddienstpflicht war "die Schaffung einer öffentlich-rechtlichen Erziehungsgewalt" vorgesehen. Um Disziplin und Ordnung in der Hitler-Jugend und den Dienst überhaupt zu erzwingen, wurde eine Dienststrafordnung der Hitler-Jugend erlassen, nach der unter anderem "Jugenddienstarrest" verhängt werden konnte, der durch die Polizei zu vollstrecken war (112).

Nach § 1 des Reichsarbeitsdienstgesetzes vom 26. 6. 1935 (113) sollte der Reichsarbeitsdienst die deutsche Jugend im Geiste des Nationalsozialismus zur Volksgemeinschaft und zur wahren Arbeitsauffassung, vor allem zur gebührenden Achtung der Handarbeit, erziehen. § 1 dieses Gesetzes führte auch aus: "Alle jungen Deutschen beiderlei Geschlechts sind verpflichtet, ihrem Volk im Reichsarbeitsdienst zu dienen". Zwar war der Reichsarbeitsdienst "zur Durchführung gemeinnütziger Arbeiten" bestimmt, er hatte jedoch, wie sich aus der Einführung zum Reichsarbeitsdienstgesetz ergab (114), auch ganz bestimmte Erziehungsfunktionen. Zwischen der allgemeinen Ausbildung in der Schule und der Ausbildung mit der Waffe im Wehrdienst sollte der Reichsarbeitsdienst besonders zum nationalsozialistischen Menschen erziehen. Der Reichsarbeitsdienst war demnach eine Art zwangsweiser Erwachsenenbildungsinstitution. Der Reichsarbeitsdienst war dem Reichsminister des Innern unterstellt. 1943 wurde durch Führererlaß die Unterstellung des Reichsarbeitsdienstes unter den Reichsminister des Innern aufgehoben. "Der Reichsarbeitsführer" wurde zur Obersten Reichsbehörde erhoben (115).

III. Die Bildungspolitik der Bundesrepublik

1. Schulpolitische Fragen bei der Entstehung des Grundgesetzes

Schulpolitische Fragen spielten bei der Schaffung des Grundgesetzes wieder eine wichtige Rolle, wenn es auch dabei nicht zu den heftigen und langwierigen Auseinandersetzungen über die Gestaltung des Schulwesens kam, wie sie bei der Abfassung der Weimarer Verfassung und bei den Beratungen über das Reichsschulgesetz auftraten.

Der vom Verfassungskonvent auf dem Herrenchiemsee ausgearbeitete Entwurf eines Grundgesetzes, der dem Parlamentarischen (116) Rat als Grundlage für seine Arbeit vorlag, enthielt keine Bestimmung über das Elternrecht. Im Parlamentarischen Rat wollten dann jedoch die Fraktionen der CDU/CSU, der Deutschen Partei (DP) und des Zentrums in das GG die Bestimmung aufnehmen, daß die Schule in ihrem religiös-weltanschaulichen Charakter so bestimmt sein sollte, wie es der Gewissensentscheidung der Eltern entspricht. Bereits in der 2. Sitzung des Plenums waren der Abgeordnete Dr. Süsterhenn (117) als Vertreter der CDU und der Zentrumsvertreter Brockmann (118) dafür eingetreten, das Recht der Eltern, über die religiös-sittliche und sonstige Erziehung ihrer Kinder zu bestimmen, als unverzichtbares Naturrecht, das dem Recht aller anderen Erziehungsberechtigten voranzustellen sei, in das GG aufzunehmen. Als Antwort darauf warnte der Abgeordnete Dr. Heuß, FDP (119), in der 3. Sitzung des Plenums vor der Begünstigung von Minderheits-Zwergschulen. Die Abgeordnete Frau Wessel (Zentrumspartei) bezog sich bei der späteren Diskussion im Hauptausschuß zur Begründung des Elternrechts auf die Glaubens- und Gewissensfreiheit (120).

Im Hauptausschuß des Parlamentarischen Rates zeigten sich die Haltungen der einzelnen Parteien zum Elternrecht dann sehr deutlich. Nach den Vorstellungen der CDU/CSU sollte das Elternrecht auch die "Bestimmung des religiös-weltanschaulichen Charakters der Schule" umfassen (121). Die CDU wollte bewußt eine breite Ausgestaltung des Elternrechts. Dem lag die Auffassung zugrunde, "daß die Eltern nicht nur das Recht und die Pflicht zur Erziehung im Hause selbst haben, daß sie darüber hinaus das Recht haben, in der religiös-weltanschaulichen Ausgestaltung der Schule wie auch in der Unterrichtsfreiheit dieses Elternrecht zur Geltung zu bringen" (122). Dr. Süsterhenn stellte in diesem Zusammenhang noch klar, daß die CDU keineswegs den Antrag auf die Einführung von Konfessionsschulen gestellt habe, es gehe hier lediglich darum, die verfassungsmäßige Voraussetzung für die freie Entscheidung der Eltern darüber zu schaffen, ob sie ihre Kinder in Bekenntnis-, Gemeinschafts- oder anderen Schulen erziehen lassen möchten (123).

Die FDP stellte sich gegen diese Ausdehnung des Elternrechts, um nicht "die Zukunft Deutschlands mit diesem subjektiven Gruppenrecht" zu belasten, bei dem in den einzelnen Gemeinden "ein Herabsinken des Schulwesens und die Entfremdung der Kinder untereinander die notwendige Folge sein muß" (124). Die SPD lehnte die weltanschauliche Gestaltung der Schule ab, weil "es keine bessere Anstalt gibt, zur Toleranz zu erziehen, als die Simultanschule" (125).

Der von der CDU/CSU, DP und Zentrumspartei unterstützte Antrag, in das GG die Bestimmung aufzunehmen, daß bei der religiös-weltanschaulichen Gestaltung des Schulwesens dem Willen der Erziehungsberechtigten Rechnung zu tragen ist, verfiel im Hauptausschuß in den einzelnen Lesungen jeweils der Ablehnung durch eine knappe Mehrheit (in der 1. Lesung mit 11 zu 10, in der 2. und 4. Lesung mit 11 zu 9 Stimmen).

Auch im Plenum fand sich keine Mehrheit für die Anerkennung eines Elternrechts auf Bestimmung des konfessionell-weltanschaulichen Charakters der Schule. Die im Hauptausschuß bereits dargelegten Standpunkte wurden von den Sprechern der einzelnen Parteien noch einmal wiederholt. Anzuführen sind jedoch noch folgende Ausführungen vom Schluß der letzten Lesung des Grundgesetzentwurfes im Plenum, weil sich daraus klar ergibt, wie die Situation von den bei der Schlußabstimmung unterlegenen Parteien verstanden wurde. Der Abgeordnete Dr. Fink sprach am Schluß dieser letzten Lesung noch einmal für die CDU. Er führte unter anderem aus: "Wir werden für das Elternrecht auch jetzt, da es in dieser Verfassung nicht verankert ist, weiterkämpfen. Wir hätten es gern gesehen, wenn Sie... in dieser für uns wesentlichen Frage den Volksentscheid mitzugelassen hätten. ... Wir sind der Ansicht, daß die Mehrheit unseres Volkes für das Elternrecht stimmen wird..."(126). Nach der Schlußabstimmung führte die Abgeordnete Wessel (Zentrum) in einer Erklärung u. a. aus: "Wenn sich Herr Brockmann und ich zu unserem aufrichtigen Bedauern trotzdem nicht in der Lage sahen, dem Grundgesetz unsere Zustimmung zu geben, so legen wir Wert auf die Feststellung, daß wir von dieser Zustimmung allein durch die negative Entscheidung über das naturbegründete Elternrecht abgehalten worden sind" (127).

Damit hat sich das Grundgesetz mit dem ganzen Fragenkreis der Bekenntnisschule, der bekenntnisfreien Schule, der Gemeinschaftsschule nicht beschäftigt, sondern die Regelung dieser Probleme dem Landesrecht überlassen (128). Die Länder haben verschiedene Regelungen getroffen. Meist werden die Gemeinschaftsschule und die Bekenntnisschule rechtlich gleich behandelt. In manchen Ländern wird das Hauptgewicht mehr auf die eine, in anderen Ländern mehr auf die andere Schule gelegt (129).

Während zur Zeit der Weimarer Republik der Artikel 120 WRV zu den Rechtsinstitutsgarantien gezählt, also nicht als Gewährleistung oder Gewähr subjektiver individueller Rechte angesehen und das Elternrecht als der Disposition des staatlichen Gesetzgebers unterliegend betrachtet wurde (130), gilt das Elternrecht des GG heute als ein Grundrecht, also als ein Abwehrrecht des einzelnen gegenüber dem Staat (131). Das ergibt sich aus der Formulierung, die von einem "natürlichen Recht" der Eltern spricht. Es handelt sich demnach sogar um ein nicht erst vom Staat verliehenes, eigenständiges und ursprüngliches, vorstaatliches Menschenrecht (132). Es läßt sich nicht aufrechterhalten, dieses Grundrecht als hauptsächlich auf den häuslichen Bereich beschränktes Recht darzustellen (133). Dieser Schluß ist weder aus der Formulierung "Erziehung", die dann von Bildung und Ausbildung begrifflich zu trennen wäre, noch aus der Stellung des Elternrechts in Art. 6 statt in Art. 7 GG gerechtfertigt. Erziehung ist ein umfassender Begriff, aus dem sich die Bildung nicht ausschließen läßt. Die Regelung im Zusammenhang mit dem Thema Eltern und Familie besagt ebenfalls nicht, daß davon die Schulerziehung ausgenommen sei, da der Einfluß der Eltern auf die Schulerziehung nicht bestritten werden kann.

Problematisch ist jedoch der Umfang des Elternrechts. Auch wenn von einem natürlichen Recht die Rede ist, läßt sich das nicht gleichsetzen mit einer ganz bestimmten Naturrechtslehre. Die geschilderte Vorgeschichte ergibt klar, daß das GG so wenig wie die WRV das Elternrecht im präzisen Sinne, etwa einer katholischen Naturrechtslehre, übernehmen wollte (134). Das wurde auch teilweise von katholischer Seite so verstanden (135). Neben den Eltern gibt es noch andere Erziehungsträger. Dazu gehören der Staat und die Schule. Art. 6, Abs. 2, Satz 2 unterwirft die Betätigung der elterlichen Gewalt der Überwachung durch die staatliche Gemeinschaft. Daraus rechtfertigen sich eine Reihe von gesetzlichen Schranken gegenüber dem elterlichen Erziehungsrecht. Aus dem Zusammenhang und der Gegenüberstellung von Art. 6, Abs. 2, und Art. 7 ergibt sich kein Über- oder Unterordnungsverhältnis. Es ergibt sich daraus insbesondere nicht, daß das elterliche Kindererziehungsrecht des Art. 6, Abs. 2 dem Unterrichtsanspruch des Staates beherrschend übergeordnet sei (136).

Der staatliche Gesetzgeber darf zwar das natürliche Erziehungsrecht der Eltern nicht beliebig in seinem Inhalt beschränken (137), doch darüber hinaus enthält das GG keine Beschränkungen der staatlichen Schulhoheit, insbesondere nicht der staatlichen Schulgesetzgebung (138). Im einzelnen überläßt das GG die Entscheidung der Frage, wieweit die religiöse und weltanschauliche Gestaltung der Schulformen der Entscheidung der Eltern übertragen wird, der Regelung durch die Ländergesetze.

In Artikel 6 des GG wurde dann im Zusammenhang von Ausführungen über Ehe und Familie bestimmt, daß die Pflege und Erziehung der Kinder das natürliche Recht der Eltern sind, ohne daß in diesem Zusammenhang die religiös-weltanschauliche Ausgestaltung der Schule erwähnt wurde (139).

Die Bestimmungen im Grundgesetz zur Staatsaufsicht über das Schulwesen und zum Religionsunterricht (Art. 7, Abs. 1-3) folgen inhaltlich den Bestimmungen der Weimarer Reichsverfassung (Art. 144 u. 149) (140).

In der Frage des Privatschulwesens herrschte im Hauptausschuß des Parlamentarischen Rats ebensowenig Einigkeit wie über den weltanschaulichen Charakter der Schule. Uneingeschränkt gegen die Zulassung von Privatschulen war nur der Vertreter der KPD (141). Erhebliche Vorbehalte gegen die Einführung von Privatschulen erhoben die Vertreter der

SPD (142) und der FDP (143). Diese Parteien wollten der Privatschule nur Ausnahmecharakter zugestehen und ihre Gründung nur bei Erfüllung enger Voraussetzungen gestatten. Die CDU/CSU trat für eine möglichst weitgehende Zulassung von Privatschulen ein (144). In der Frage der Finanzierung forderte die CDU staatliche Subventionierung und eine Ausweitung der Schülerfreistellen an diesen Schulen (145). Am weitesten ging die Deutsche Partei (DP), die beantragte (146):

"1. Privatschulen einschließlich privater Hoch- und Fachschulen sind zuzulassen. Ihre Zulassung darf nicht aus religiösen, weltanschaulichen oder politischen Gründen versagt werden.

2. Die den öffentlichen Erziehungsanstalten durch die Tätigkeit der Privatschulen ersparten Kosten sind diesen zu erstatten"

Als Kompromiß dieser verschiedenen Ansichten gewährleistet das Grundgesetz die Errichtung von privaten Schulen unter folgenden Voraussetzungen:

1. Die Privatschulen dürfen in ihren Lehrzielen und in ihren Einrichtungen nicht hinter den öffentlichen Schulen zurückstehen;

2. Die wissenschaftliche Ausbildung ihrer Lehrkräfte muß denen der öffentlichen Schulen entsprechen;

3. Durch die Gründung der Privatschule darf eine Sonderung der Schüler nach Besitzverhältnissen der Eltern nicht gefördert werden;

4. Die wirtschaftliche und rechtliche Stellung der Lehrkräfte muß hinreichend gesichert sein (147).

Private Volksschulen werden nur in den Ausnahmefällen des Artikels 7, Abs. 5, zugelassen.

Die staatliche Schulaufsicht des Artikels 7, Abs. 1, umfaßt auch alle Privatschulen. Damit hat das Grundgesetz auch für das private Unterrichtswesen die Grundsätze der Weimarer Reichsverfassung (Art. 147) übernommen (148).

2. Deutscher Ausschuß (149) und Förderung der Erwachsenenbildung

Die Bundesregierung hat auf Anregung des Bundestages der 1. Wahlperiode, besonders des Kulturpolitischen Ausschusses, im Herbst 1953 zusammen mit den Kultusministerien der Länder den "Deutschen Ausschuß für das Erziehungs- und Bildungswesen" ins Leben gerufen. Der Ausschuß bestand aus 20 auf fünf Jahre berufenen Mitgliedern. Er sollte ein von jeder behördlichen Einflußnahme unabhängiger Kreis von Persönlichkeiten sein, die ihre Kenntnisse und Erfahrungen und ihr Interesse ehrenamtlich zur Verfügung stellen, um von einem lediglich auf das Wohl der Gesamtheit gerichteten Standpunkt die Entwicklung des deutschen Erziehungs- und Bildungswesens zu beobachten und durch Rat und Empfehlungen zu fördern (150). Aufgabe des Deutschen Ausschusses war es danach, die gesamte Situation des Schul- und Erziehungswesens in Deutschland einer umfassenden Prüfung zu unterziehen und Vorschläge für die Lösung der festgestellten Probleme zu machen. Die dem Ausschuß gegebene Vollmacht bezieht sich auf das Schulwesen, auf die Stellung und die Aufgaben der wissenschaftlichen Hochschulen und der Kunsthochschulen sowie auf die Erwachsenenbildung. Der Deutsche Ausschuß hat damit von allen Institutionen den umfassendsten Auftrag, auf kulturellem Gebiet Vorschläge und Empfehlungen zu erarbeiten (151). Der Deutsche Ausschuß legte eine Reihe von Empfehlungen und Gutachten über Fragen des Schulwesens und der Erwachsenenbildung vor. Am bekanntesten geworden ist sein "Rahmenplan zur Umgestaltung und Vereinheitlichung des allgemeinbildenden öffentlichen Schulwesens" vom Frühjahr 1959. Dieses Gutachten enthielt die erste große Reformplanung des deutschen Schulwesens nach dem Zweiten Weltkrieg (152). Ferner wirkte der Deutsche Ausschuß in allen Legislaturperioden an der Beratung der kulturpolitischen Titel im Bundesetat mit.

Im Rahmen der Erwachsenenbildung fördert der Bund den Pädagogischen Arbeitskreis des Deutschen Hochschulverbandes. Ferner gibt der Bund finanzielle Unterstützungen für die Volksbüchereiarbeit und unterstützt Einzelmaßnahmen der Hochschulen für politische Wissenschaften und ähnlicher Einrichtungen (153).

Anmerkungen zu den Seiten 69 - 97

1) Dementsprechend erklärte die WRV in ihrer Präambel auch als eines ihrer Ziele, "den gesellschaftlichen Fortschritt zu fördern".
2) Richard Lohmann, Das Schulprogramm der Sozialdemokratie und ihre Schulpolitik, Stuttgart, Berlin, 1921, S. 47.
3) ebd. S. 65-67.
4) ebd. S. 71.
5) Abg. Schulz, Nationalversammlung, 60. Sitzung, 18. 7. 1919, Bd. 328, S. 1682.
6) Abg. Seyfert, ebd. S. 1687; vgl. auch Luppe in der gleichen Sitzung, S. 1705.
7) Abg. Traub, ebd. S. 1689-1691.
8) Abg. Gröber, ebd. S. 1684.
9) Gröber, ebd. S. 1684; vgl. den Wahlaufruf der Christlich-Demokratischen Volkspartei (nach 1918 Zentrum), in dem es u. a. heißt: "Erhaltung der konfessionellen Volksschule, Wahrung des Rechts der Eltern auf die Kinder", in: Karl Mahler, Die Programme der politischen Parteien in Deutschland nach dem Kriege, 4.- Aufl. 1919, S. 7 - 8, und Anton Rheinländer, Zentrum und Schulpolitik seit Weimar, Berlin 1924.
10) Abg. Beuermann, Nationalversammlung... Bd. 328, S. 1695 ff.
11) vgl. die gegenwärtige Diskussion um die Mittelpunktschule.
12) Abg. Kuhnert, Nationalversammlung... Bd. 328, S. 1697 ff.
13) Reichsanzeiger vom 20. Januar 1919, Beilage 1, bei Walter Landé: Die Schule in der Reichsverfassung, Berlin 1929; vgl. auch S. H. Rosin, Das Schulkompromiß, Berlin 1920, S. 5. Der Preuß'sche Entwurf sah in § 4, Ziff. 12, eine Gesetzgebungszuständigkeit des Reiches für das Schulwesen nur im Rahmen des § 20 vor.
14) Triepel, Quellensammlung, S. 19; Drucksache Nr. 59, Bd. 335, S. 48 ff. Das Reich hatte nach diesem Entwurf keine Gesetzgebungszuständigkeit auf dem Gebiet des Schulwesens; vgl. Preuß-Anschütz, Reich und Länder, Berlin 1928, S. 129 ff., abgedr. bei Landé, Schule... S. 28/29.
15) Preuß führte das Fehlen einer Reichszuständigkeit auf dem Schulgebiet auf den "sehr energischen Widerspruch der Gliedstaaten" zurück. Stenogr. Berichte,

Bd. 326, S. 287; vgl. auch Preuß-Anschütz, Reich und Länder, S. 130 ff.

16) Nationalversammlung, 24. 2. 1919, Bd. 326, S. 287 D.

17) Nationalversammlung, Stenogr. Berichte, Bd. 326, S. 376 B, Koch, S. 394 D, Schücking, S. 478 D; vgl. Landé, Schule... S. 30.

18) Rosin, Schulkompromiß... S. 5, 12.

19) Verhandlungen der deutschen Nationalversammlung, Anlagen zu den Stenograph. Berichten, Bd. 336, Nr. 98, S. 209.

20) Abg. Dr. Quarck, Nationalversammlung, Anlagen zu den Stenograph. Berichten, Bd. 336, S. 223, 224.

21) Anlagen zu den Stenogr. Berichten, Verfassungsausschuß, Bd. 336, S. 230.

22) Verfassungsausschuß, S. 524.

23) Rosin, Schulkompromiß... S. 11.

24) ebd. S. 12.

25) Verfassungsausschuß, S. 12 ff.

26) Die einzige Schilderung eines Beteiligten über diese Vorgänge stammt von Heinrich Schulz, der darüber in: Der Leidensweg des Reichsschulgesetzes, Berlin 1926, S. 42 ff, schreibt:
"... Der Zentrumsabgeordnete Gröber besuchte in jenen Tagen den Reichspräsidenten Ebert, um ihm die Bereitwilligkeit des Zentrums zur Übernahme der Regierung gemeinsam mit den Sozialdemokraten zu erklären. Er glaube, daß die Parteien angesichts der politischen Lage die Verpflichtung hätten, die Verantwortung für die Führung der Geschäfte zu übernehmen und daß sich eine gemeinsame Plattform für ihre gemeinsame Arbeit finden lasse. Nur müsse die Schulfrage zu einem für beide Teile annehmbaren Abschluß gebracht werden. In dieser Beziehung hätten die letzten Beratungen im Verfassungsausschuß scharfe Gegensätze ergeben. Für das Zentrum handle es sich hierbei um Gewissensfragen ernstester Art. Werde bis zur 3. Lesung der Verfassung keine Lösung gefunden, so seien die beiden Parteien auch in der Regierung wohl nicht zusammenzuhalten. Er bitte den Reichspräsidenten, seinen Einfluß einzusetzen, und eine solche Gefahr zu verhindern, deren Auswirkungen angesichts der außenpolitischen Lage, ebenso aber auch wegen der innenpolitischen Notwendigkeit, die Verfassung alsbald zu verabschieden und damit eine sichere Grundlage zu schaffen, unabsehbar seien. - Reichspräsident Ebert ließ mich daraufhin zu einer vertraulichen Besprechung zu sich kommen. Er teilte mir die Bedenken und Wünsche Gröbers mit und fügte als seine Meinung hinzu, daß auch er angesichts der gespannten politischen Lage eine Regelung der Schulfrage für notwendig hielte. Gewiß handle es sich dabei für die Sozialdemokratie um eine außerordentlich wichtige Frage, bei der sie - wie das Zentrum - ihre grundsätzliche Stellung nicht preisgeben dürfe. Aber andererseits erfordere die außerordentlich unsichere und gefahrdrohende politische Gesamtlage, daß die beiden Parteien in der Regierung zusammenhalten würden. Ich sei an den bisherigen Beratungen der Schulfrage im Verfassungsausschuß durch meine anderweitige Inanspruchnahme zwar nicht unmittelbar beteiligt gewesen. Aber gerade deshalb glaube er, daß ich, auch schon wegen meiner langjährigen Parteitätigkeit auf schulpolitischem Gebiet, geeignet sei, nunmehr mich in intensiver Weise an den notwendigen Kompromißberatungen zu beteiligen. Jedenfalls bitte er mich, mein Bestes für das Zustandekommen einer Einigung zu tun. Im gleichen Sinne habe er auch bereits mit Reichsminister David gesprochen, der seiner Auffassung zustimme. - Ich konnte mich der Ebert'schen Auffassung um so weniger entziehen, als ich in seiner Beurteilung der Gesamtlage und damit auch der Notwendigkeit einer Einigung der beiden Regierungsparteien in den kritischen Schulfragen durchaus beipflichten mußte..."

27) Darüber gibt es keine authentische Niederschrift. Inhalt und Verlauf werden geschildert bei Joseph Mausbach, Kulturfragen in der deutschen Verfassung, München-Gladbach, 1920, S. 88, und bei Schulz, Leidensweg..., S. 43 ff.; vgl. dazu Landé, Schule... S. 41. Nach diesen Schilderungen forderten die Vertreter des Zentrums Zulässigkeit und vollkommene Gleichstellung der Bekenntnisschule, die Vertreter der Sozialdemokratie das gleiche für die weltliche Schule. Da man die Gegensätze nicht überbrücken konnte, wählte man den Ausweg, den Erziehungsberechtigten die örtliche Regelung mit gewissen Einschränkungen zu über-

lassen. Auf eine allgemeingültige Verfassungsregelung wurde verzichtet.

28) Nationalversammlung, Anlagen zu den Stenogr. Berichten, Bd. 337, Nr. 566, S. 335 ff.

29) Reichstagsprotokolle 1919, Bd. 328, S. 1715 ff. - Drucksache Nr. 656, Bd. 337, S. 406 ff.

30) zum ganzen Folgenden: Rheinländer, Zentrum und Schulpolitik... S. 13, 14; Landé, Schule... S. 43/44, 48; Rosin, Schulkompromiß... S. 47, 49. - Ferner: Reichstagsprotokolle, Bd. 329, S. 2161 ff.

31) Mausbach, Kulturfragen... S. 44; Tischleder, Die Staatslehre Leos XIII., 1925, S. 86 f.

32) Abg. Dr. Sinzheimer, Verhandlungen der verfassungsgebenden Deutschen Nationalversammlung, Band 336, S. 378.

33) Abg. Koch (Cassel), ebd. S. 506.

34) Abg. Dr. Quarck, ebd. S. 379.

35) Abg. Dr. Düringer, ebd. S. 506.

36) Abg. Koch, ebd. S. 506.

37) Holstein, Elternrecht, Reichsverfassung und Schulverwaltungssystem, in: Archiv für öffentliches Recht, NF, Bd. 12, S. 187 ff. - vgl. Gerhard Anschütz, Die Verfassung des Deutschen Reiches, 14. Aufl. 1933, S. 560, mit weiteren Nachweisen; ferner Landé, Die Schule in der Reichsverfassung, S. 17 f., S. 26; Mohs, Schulgewalt und Elternrecht in Preußen, 1930; Hodes, Elternrecht und Staatsbefugnis (Diss.), 1931; Maury, Elterliche Erziehungsgewalt und öffentliche Schulgewalt nach deutschem Recht, 1931; Westhoff, Verfassungsrecht und deutsche Schule, 1932.

38) Karl Brandi, Die Schulkonferenzen von 1873, 1890, 1900, in: Das Akademische Deutschland, Berlin 1930, S. 249-251.

39) Die Reichsschulkonferenz 1920. Ihre Vorgeschichte und Vorbereitung und ihre Verhandlungen. Amtlicher Bericht, erstattet vom Reichsminister des Innern, Leipzig 1921, S. 11.

40) ebd. S. 14, 15.

41) ebd. S. 16.

42) ebd. S. 886 ff.

43) Dieser Beschluß wurde gefaßt auf Antrag von Tews, Deutschbein, Siekinger, Rein, Hofstätter, Behrendt, Steinhauser, Wutz, ebd. S. 710.

44) Nydahl, Neukölln, Stadtschulinspektor, ebd. S. 1047.

45) Dr. v. Hauck, Erzbischof von Bamberg, ebd. S. 1048.

46) Reichsgesetzblatt, S. 851, vgl. Anlage.

47) Gustav Lahmeyer, Das Reichsgrundschulgesetz, Berlin 1925, S. 5 ff; vgl. auch: Der Kampf um das Reichsschulgesetz, hsg. von der Zentralstelle der katholischen Schulorganisation Deutschlands, 1925, S. 16.

48) Vom Reichsminister des Innern Koch unter dem 22. 4. 1921/III 1957/ dem Reichstag vorgelegt (Reichstagsdrucksache Nr. 1883, I. Wahlperiode 1920/21). Aktenstücke zum Reichsvolksschulgesetz, hsg. von Walter Landé, Leipzig 1928, S. 2, und: Das Ringen um das sogenannte Reichsschulgesetz, Hsg. Bischöfliche Arbeitsstelle für Schule und Erziehung, Köln, 1956.

49) Stenographische Berichte des Reichstages, I. Wahlperiode 1920, Bd. 352, S. 5478 ff.

50) ebd. S. 5481 ff.

51) ebd. S. 5486 ff.

52) ebd. S. 5494 ff.

53) ebd. S. 5499 ff.

54) ebd. S. 5505 ff.

55) ebd. S. 5512 ff.

56) Antrag der Demokraten Weiss, Dr. Götz, Korsch: Der Ausschuß wolle beschließen, die §§ 1 bis 3 des Entwurfs wie folgt zu fassen: § 1 Die Volksschulen sind nach Art. 146 Abs. 1, der Deutschen Reichsverfassung für alle gemeinsame Schulen (allgemeine Volksschulen). Indes sind gemäß Abs. 2 des Art. 146 auf Antrag von Erziehungsberechtigten Volksschulen ihres Bekenntnisses und ihrer Weltanschauung einzurichten. Wo in einer Gemeinde nur eine Schule besteht, ist diese Schule... allgemeine Volksschule.

Antrag der Sozialdemokraten Hofmann, Hellmann, Frau Pfülf, Schreck, Frau Schuch, Frau Juchatz: Der Ausschuß wolle beschließen, den § 1 wie folgt zu fassen: § 1 Die Volksschulen sind Gemeinschaftsschulen. Bekenntnisschulen und bekenntnisfreie Schulen können in jeder Gemeinde nur neben der Gemeinschaftsschule und nach näherer Bestimmung dieses Gesetzes errichtet werden. Die bekenntnisfreien Schulen sind entweder weltliche Schulen oder Weltanschauungsschulen.

Der Unabhängige Sozialist Kuhner beantragte: Der Ausschuß wolle beschließen, den § 1 wie folgt zu fassen: § 1 Die Volksschulen sind weltliche (bekenntnisfreie) Schulen.

Antrag der Deutsch-Nationalen Dr. Düringer, Hartwig, Dr. Mumm, Dr. Phillip, Schulze (Berlin): Der Ausschuß wolle beschließen, den § 1 wie folgt zu fassen: Die Volksschulen sind entweder gemeinschaftliche Schulen (Abs. 2) oder Bekenntnisschulen (Abs. 3) oder bekenntnisfreie Schulen (Abs. 4). Den drei Schularten dieses Gesetzes ist gleichmäßig freie Entwicklungsmöglichkeit zu geben.

Antrag des Zentrums und der Bayerischen Volkspartei, Marx, Lauscher, Schreiber, Lang-Brumann, Hofmann, Rheinländer: Der Ausschuß wolle beschließen, dem § 1 folgende Fassung zu geben: § 1 Die Volksschulen sind Gemeinschaftsschulen oder Bekenntnisschulen oder weltliche Schulen.

Der Antrag der Deutschen Volkspartei lautete: Der Ausschuß wolle beschließen, den § 1 wie folgt zu fassen: § 1 Die Volksschulen sind entweder Gemeinschaftsschulen oder Bekenntnisschulen oder bekenntnisfreie Schulen.

Die Mehrheitsverhältnisse im Plenum des Reichstages waren wie folgt:

Freunde der Bekenntnisschule	Gegner der Bekenntnisschule
71 Deutschnationale	108 Mehrheitssozialisten
65 Deutsche Volkspartei	86 Unabhängige und Kommunisten
72 Zentrum	1 Fraktionsloser (Teuber, Bochum)
20 Bayer. Volkspartei	40 Demokraten
4 Bayer. Bauernbund	
2 Deutsch-Hannoveraner	
234 Freunde der Bekenntnisschule	235 Gegner der Bekenntnisschule

Beide entgegengesetzten Seiten beriefen sich für ihre Auffassung auf die Vorgänge bei der Entstehung des Art. 146, Abs. 2, insbesondere auf die Erläuterungsrede des Staatssekretärs Schulz. Dieser hatte u. a. erklärt: "... Dadurch wird die für alle , wie es im Abs. 1 des Art. 143 heißt, also auch alle Bekenntnisse gemeinsame Schule als die Regel aufgestellt. In dieser Auslegung sind sich die drei antragstellenden Parteien und die Regierung einig. Der nunmehr neu beantragte Abs. 2 verschafft demgegenüber den abweichenden Schulformen ihr verfassungsmäßiges Recht, und zwar dergestalt, daß sie als Grundschule im Sinne des Abs. 1 zu gelten haben. Als solche Schulformen werden angesehen die Volksschulen bestimmter religiöser Bekenntnisse, ferner aber auch die rein weltlichen Schulen, die bekenntnisfreien Schulen, in denen der Religionsunterricht überhaupt nicht erteilt wird."

57) Am 19. Januar 1925 erklärte Reichskanzler Dr. Luther vor dem Reichstag, seine Regierung hoffe, dem Reichstag demnächst einen Entwurf eines Reichsschulgesetzes vorlegen zu können. Ein von Geheimrat Gürich im Auftrage des Reichsinnenministeriums ausgearbeiteter Referentenentwurf, der zunächst mit der Bitte um vertrauliche Behandlung den Ländern zur Stellungnahme übersandt wur-

de, kam durch eine Indiskretion an die Presse und wurde Anfang September 1925 in der Öffentlichkeit bekannt. (vgl. Landé, Schule... S. 46 ff.; Das Ringen um das sogenannte Reichsschulgesetz... S. 76 ff.

58) Landé, Schule... S. 121.

59) Ernst Deuerlein, Das Reichskonkordat, Düsseldorf 1956, S. 99; Sogenanntes Reichsschulgesetz... S. 90.

60) Begründung bei Landé, Schule... S. 79.

61) ebd. S. 78.

62) vgl. Erste Beratung des Entwurfs eines Reichsschulgesetzes, in: Verhandlungen des Reichstages, 3. Wahlperiode, 339. Sitzung vom 18. Oktober 1927, Bd. 394, S. 11505 ff.; ferner: Sogenanntes Reichsschulgesetz... S. 187; Deuerlein, Reichskonkordat... S. 102. Vgl. zu den Ausschußsitzungen den Artikel des Abgeordneten Mumm von der Deutschnationalen Partei vom 6. 3. 1928 in der Zeitung "Reichsbote", in dem er die Auseinandersetzungen im Ausschuß, die zum Scheitern des Entwurfs geführt haben, schilderte; abgedruckt in: Sogenanntes Reichsschulgesetz... S. 188 ff.

63) vgl. zu diesem Thema die gründliche und umfassende Untersuchung von Rolf Eilers, Die nationalsozialistische Schulpolitik, 1963, S. 57.

64) RGBl. 1934 I S. 75.

65) ebd. S. 81.

66) Wilhelm Frick, Das Kampfziel der deutschen Schule, 1933, S. 82.

67) Leitgedanken zur Schulordnung vom 20. 1. 1934, ZBl. 1934, S. 43.

68) Erlaß des Reichspräsidenten vom 1. 5. 1934. RGBl. 1934 I S. 365.

69) Erlaß des Reichskanzlers vom 1. 5. 1934, RGBl. 1934 I S. 375.

70) Erlaß des Reichsministers der Justiz vom 16. 10. 1934, ZBl. 1934, S. 349.

71) vgl. dazu im einzelnen Eilers, Nationalsozialistische Schulpolitik,... S. 57 f.

72) Erlasse des RMfWEuV vom 20. 4. 1936, 20. 3. 1937, 29. 1. 1938, MBl WEV 1936, S. 210; 1937, S. 155.

73) 1. DVO zum Gesetz zur Neuordnung des Reiches, RGBl 1934, I, S. 81.

74) RGBl. I, 1935, S. 74; Erlaß des RMWEV vom 21. 3. 1935, RGBl. I, 1935, S. 751.

75) WUR 1937, S. 204.

76) Erlaß des RMfWEuV vom 11. 12. 1936, MBl WEV 1937, S. 3.

77) Erlaß des RMfWEuV vom 20. 8. 1937, RGBl. I, 1937, S. 912.

78) vgl. im einzelnen bei Eilers, Nationalsozialistische Schulpolitik... S. 66 f.

79) RGBl. I, 1933, S. 175.

80) vgl. im einzelnen: Eilers, Nationalsozialistische Schulpolitik... S. 68 f.; S. 73.

81) Ministerialerlaß des Reichs- und Preußischen Ministeriums für Wissenschaft, Erziehung und Volksbildung vom 22. 12. 1933, AZ: U II a 512 II 1; in: Kluger, Der deutsche Volksschullehrer, Berlin-Breslau 1944, S. 953.

82) Erlaß des RuPRMfWEuV vom 12. 5. 1936, AZ: E III b Nr. 1200 II 1; in: Kluger, Volksschullehrer... S. 953.

83) Erlaß des MdI und des RMFWEuV vom 11. Juli 1933, AZ: Z d 1365 II, in: Kluger, Volksschullehrer..., S. 958.

84) Erlaß des RMfWEuV vom 22. Juli 1933, AZ: A 1717, in: Kluger, Volksschullehrer..., S. 965.

85) Erlaß des RuPrMdI und RuPrMfWEuV vom 5. 2. 1935, AZ: Z II a 497 I II, in: Kluger, Volksschullehrer... S. 966.

86) Erlaß des RUPrMfWEuV vom 17. 10. 1934, AZ: UII D 2 Nr. 5710, in: Kluger, Volksschullehrer..., S. 796.

87) Bekanntmachung des RMfWEuV vom 30. 1. 1943, AZ: E III b 2974/42, in: Kluger, Volksschullehrer... S. 1189.

88) RGBl. 1933, II S. 679.

89) ebd. S. 679 f.

90) vgl. u. a. Ernst Krieck, Nationalpolitische Erziehung, Leipzig 1932; ferner die Ausführungen in der Zeitschrift "Christliche Erziehung im deutschen Volk" Bd. 2, ADLZ 1933, S. 256 f. vgl. die dabei angewendeten Methoden und einzelne Beispiele bei Eilers, Nationalsozialistische Schulpolitik... S. 85 ff., sowie bei Franz Teping, Der Kampf um die konfessionelle Schule in Oldenburg während der Herrschaft der NS-Regierung, 1949.

92) vgl. Johannes Neuhäusler, Kreuz und Hakenkreuz. Der Kampf des Nationalso-

zialismus gegen die katholische Kirche und der kirchliche Widerstand, Bd. 1 und 2, München 1946, Bd. 1, S. 100. vgl. dazu Mayer, in: Deutsches Schulverwaltungsarchiv 1941, S. 274.

94) vgl. Deuerlein, Reichskonkordat... Abschnitt III: Die Konkordatswirklichkeit, S. 167 f., S. 180-186.

95) Paul Michel, Der neue deutsche Erzieher, Eßlingen 1938, S. 12.

96) vgl. dazu die Ausführungen bei Eilers, Nationalsozialistische Schulpolitik... S. 92, besonders die Zahlenangaben auf S. 98.

97) RGBl. 1933, I, S. 225.

98) Wirtschaft und Recht, 1936, S. 90; vgl. bei Eilers, S. 99.

99) 1. DVO des Gesetzes gegen die Überfüllung deutscher Schulen und Hochschulen vom 4. 5. 1933, ZBl. 1933, S. 128.

100) Erlaß des preußischen Kultusministers vom 4. 4. 1934, ZBl. 1934, S. 127.

101) Erlaß des RMfWEuV vom 15. 11. 1938, u. v. 17. 12. 1938, MBl WEV 1938, S. 520.

102) Erlaß des RMfWEuV vom 14. 8. 1939, MBl WEV 1939, S. 454.

siehe D. F. Kaelter, Die jüdische Schule in Königsberg,

103) in: Bulletin der Leo Baeck-Institute, 4. Jahrg., Nr. 14, August 1962, S. 151. vgl. im einzelnen dazu Eilers, a. a. O., S. 98 ff., besonders auch seine Ausführungen über die Funktion der Hilfs- und Sonderschulen im Dritten Reich, S. 102 u. 103.

104) RGBl. I, S. 993.

105) Pfundtner-Neubert, Öffentliches Recht... Kulturwesen, Ziffer 13, Anmerkung zu § 2.

106) vgl. Pfundtner-Neubert, a. a. O., I d, Ad 18, S. 3.

107) Einführung in das Gesetz über die Hitler-Jugend vom 1. 12. 1936; vgl. Pfundtner-Neubert, Öffentliches Recht... Kulturwesen, Ziffer 13.

108) Der Kommentar von Pfundtner-Neubert äußert sich dazu: "Der Hitler-Jugend ist deshalb als eine ihrer Hauptaufgaben die Erziehung in der Gemeinschaft durch die Gemeinschaft zur Volksgemeinschaft übertragen." (Ziffer 13, zu § 2...).

109) § 3 des Hitler-Jugend-Gesetzes; vgl. ferner Stuckart-Schiedermair, Neues Staatsrecht, Leipzig 1944, S. 115.

110) 1. DVO zum Gesetz über die Hitler-Jugend; vgl. Pfundtner-Neubert, Öffentliches Recht Kulturwesen, Ziffer 13; RGBl. I, S. 709.

111) RGBl. 1939, I, S. 710.

112) Pfundtner-Neubert, Öffentliches Recht... Ziff. 13, Anm. zu § 2, Ziff. 1 der DVO zum Gesetz über die Hitler-Jugend.

113) RGBl. I, S. 769 und Fassung vom 9. 9. 1939, RGBl. I, S. 1747.

114) RGBl. 1939, Bd. I, S. 1747.

115) Erlaß vom 20. 8. 1943 RGBl. I, S. 495.

116) zum Ganzen: Verhandlungen des Parlamentarischen Rates 1948/1949.

117) Verhandlungen des Parlamentarischen Rates, 2. Sitzung des Plenums vom 8. 9. 1948, S. 20.

118) ebd. 3. Sitzung des Plenums vom 9. 9. 1948, S. 45.

119) ebd. 3. Sitzung des Plenums vom 9. 9. 1948, S. 55.

120) Verhandlungen des Parlamentarischen Rates, 21. Hauptausschußsitzung vom 7. 12. 1948, S. 246.

121) ebd. S. 245.

122) Verhandlungen des Parlamentarischen Rates, 21. Hauptausschußsitzung vom 7. 12. 1948, Frau Dr. Weber S. 245.

123) ebd. Dr. Süsterhenn S. 253.

124) ebd. Dr. Heuß, S. 248.

125) ebd. Bergstraesser, S. 249.

126) Verhandlungen des Parlamentarischen Rates, 10. Sitzung vom 8. 5. 1949, S. 222.

127) ebd. S. 240.

128) Jahrbuch des öffentlichen Rechts, NF Bd. I 1951, S. 102 ff.

129) vgl. Martin Redeker, in: Rheinischer Merkur vom 23. 9. 1960 und Maunz, Staatsrecht... S. 123.

130) vgl. Anschütz, a. a. O., S. 569. s. o. S. 101 a.

131) vgl. Mangoldt-Klein, Das Bonner Grundgesetz, Art. 6, Anm. IV, bes. 2a; Wernicke, Bonner Kommentar, Erl. II, 2c zu Art. 6; Hamann, Das Grundgesetz, Art. 6, Anm. B 5; Giese, Das Grundgesetz, Kommentar, Anm. II; Hanna Walz, Protestantische Kulturpolitik, 1964, S. 93.

132) vgl. u. a. Mangoldt-Klein, a. a. O.
133) so Wernicke, a. a. O., Art. 6, II, 2.
134) vgl. dazu Mangoldt-Klein, a. a. O., S. 72.
135) s. o. S. 131 G, Anm. 117 u. 118.
136) vgl. Mangoldt-Klein, Art. 6, Anm. IV, 5b, S. 274; so auch Feig, Das Elternrecht im Bonner GG, 1953, S. 16.
137) BVerfGE 7, 323 f; vgl. Kommentar zum GG, Leibholz-Rinck, GG, 1966, 1. Aufl. S. 143.
138) Mangoldt-Klein, Art. 6, IV, 5b; Wernicke, a. a. O., Erl. II, 2c zu Art. 6; Giese, a. a. O., Art. 6, Anm. II.
139) Näheres dazu vgl. Grewe, Die Rechtsstellung der Privatschulen nach dem GG, DoV 1950, S. 33; Maunz. Deutsches Staatsrecht, 11. Aufl., 1962, S. 121; Mangoldt-Klein, Das Bonner Grundgesetz, 2. Aufl. 1957, Art. VI, Anm. IV.
140) vgl. dazu Jahrbuch des öffentlichen Rechts, neue Folge, Bd. I 1951, S. 102 ff.
141) Renner, 22. Hauptausschußsitzung. S. 263.
142) Bergstraesser, Dr. Katz, 22. Hauptausschußsitzung, S. 262.
143) Heuß, 22. Hauptausschußsitzung, S. 262.
144) Pfeiffer (CSU), Dr. Strauß (CDU), 23. Hauptausschußsitzung, S. 563 bzw. 565.
145) Strauß, ebd. S. 565.
146) Seebohm, 22. Hauptausschußsitzung, S. 262.
147) Artikel 7, Abs. 4 - 6 GG.
148) Jahrbuch des öffentlichen Rechts, a. a. O., S. 111 f.
149) Bildungsrat s. u. S. 421 a.
150) Aus dem vom Bundesminister des Innern und dem Präsidenten der Ständigen Konferenz der Kultusminister der Länder gemeinsam erfolgten Berufungsschreiben an die Mitglieder; Empfehlungen und Gutachten des Deutschen Ausschusses, Folge 1, Stuttgart 1955, S. 5.
151) Ansprache des Bundesministers des Innern, Robert Lehr, bei der Konstituierung des Deutschen Ausschusses; Empfehlungen und Gutachten des Deutschen Ausschusses, Folge 1, S. 7.
152) vgl. Empfehlungen und Gutachten des Deutschen Ausschusses, Folge 3.
153) Aktenvermerk über die Aufgaben der Abteilung III des Innenministeriums, 1. 2. 1963, S. 4.

Kapitel 4: Die auswärtige Kulturpolitik

A. Entwicklung und Methoden

I. Die auswärtige Kulturpolitik des Deutschen Reiches bis zum Ersten Weltkrieg

1. Wissenschaftliche Institute im Ausland

Die wissenschaftlichen Institute des Deutschen Reiches im Ausland bildeten die Anfänge einer deutschen Auslandskulturpolitik. Das Deutsche Reich setzte auf diesem Gebiet die Entwicklung fort, die der Norddeutsche Bund und Preußen begonnen hatten.

Das Archäologische Institut in Rom wurde am 18. Mai 1874 Reichsanstalt. Vorher, seit dem 2. März 1871, war es eine königlich-preußische Staatsanstalt und ursprünglich das internationale, 1829 unter dem Protektorat des damaligen Kronprinzen, des späteren Königs Friedrich Wilhelm IV. von Preußen, gegründete und schon sehr bald vom preußischen Staat subventionierte Istituto di Corrispondenza Archeologica (Institut für Archäologische Korrespondenz) (1). Dieses Institut wurde auf Anregung des bayerischen Gesandten in Rom, Graf Tauffkirchen, unter Zustimmung des Reichstages auf das Reich übernommen. Die Absicht des bayerischen Gesandten war, die Einrichtungen der Anstalt auch den außerpreußischen Archäologen zugute kommen zu lassen. Das archäologische Institut diente der wissenschaftlichen Pflege der klassischen Archäologie. Es hatte insbesondere die Aufgabe, die wissenschaftliche archäologische Forschung in den Ländern des klassischen Altertums zu fördern und Veröffentlichungen über die Denkmäler der griechischen und der römischen Epoche zu ermöglichen. Das Institut unterhielt Zweiganstalten in Rom und seit 1875 auch in Athen. Die Institute verbanden mit der wissenschaftlichen Forschung zugleich eine Lehrtätigkeit. Sie hielten Sitzungen, Kurse und Führungen, namentlich für die Stipendiaten, ab. Fast alle deutschen Universitätslehrer für Archäologie und eine stattliche Reihe von Philologen und Althistorikern, darunter viele Gymnasiallehrer, nahmen daran teil. Von Fall zu Fall veranstalteten die Institute auch Ausgrabungen. Sie veröffentlichten die Ergebnisse ihrer Forschungen in regelmäßigen Mitteilungen. Bei dem Institut bestand auch eine römisch-germanische Kommission (2).

Seit 1902 unterstützte das Reich regelmäßig das Kunsthistorische Institut in Florenz. Die Subventionen erfolgten aus dem Etat des Innenministeriums. Das Institut wurde getragen von einem privaten Verein zur Erhaltung des Kunsthistorischen Instituts in Florenz e. V. mit Sitz in Berlin (3). An dem Florenzer Institut fanden regelmäßig Vorträge, Sitzungen und Kurse mit deutschen und italienischen Gelehrten statt. Das Institut stand auch in lebhaftem Austausch mit anderen ausländischen Instituten ähnlicher wissenschaftlicher Zielsetzung (4).

Das Reich subventionierte regelmäßig auch die Deutsche Zoologische Station in Neapel. Diese Station ist eine private Gründung des Dr. Anton Dohrn im Jahre 1870 aus eigenen Mitteln. Dohrn hatte dabei die Absicht verfolgt, den Meeresstudien, die immer größere Bedeutung für die Biologie erlangten, eine Heimstätte am Mittelländischen Meer zu geben, da die Fauna und Flora der Nordsee und der Ostsee bei weitem nicht so reichhaltig waren wie im Mittelmeer. Mit dem Institut war ein öffentliches Aquarium verbunden, dessen Einkünfte einen bedeutenden Teil der Betriebskosten deckten.

Um die Anstalt auf möglichst selbständige finanzielle Grundlagen zu stellen, hatte Dr. Dohrn mit in- und ausländischen Universitäten, Akademien oder größeren Gelehrteninstituten Mietkontrakte über sogenannte "Arbeitstische" abgeschlossen, wodurch den Vertragspartnern die gesamten Forschungsmöglichkeiten der hervorragend eingerichteten Laboratorien für die Forscher ihrer Länder zur Verfügung gestellt wurden. Im Jahre 1907 bezahlten so Preußen vier, Bayern, Sachsen, Württemberg, Baden, Hessen, Hamburg sowie die Universität Straßburg je einen Tisch, während von ausländischen Regierungen und wissenschaftlichen Vereinigungen insgesamt 31 Tische gemietet waren. Der Regierung des Deutschen Reiches wurde 1907 als Gegenleistung für die laufende Subvention die doppelte Zahl der von ihr gemieteten Tische zur Verfügung gestellt, so daß das Deutsche Reich über 22 Tische verfügte. An dem Institut arbeiteten Gelehrte aus aller Welt in gemeinsamer Arbeit. Die wissenschaftliche Tätigkeit der Station beschränkte sich keineswegs auf die Zoologie. Vielmehr befaßte sie sich mit der gesamten Biologie. Unter den Gelehrten, die an der Zoologischen Station arbeiteten, befanden sich auch Botaniker, Physiologen, Chemiker, ja sogar Mediziner und Kliniker. Daneben befaßte sich das Institut mit der Konservierung von Seetieren, die über die ganze Welt versandt wurden, um alle Museen und Laboratorien mit Studienmaterial zu versorgen. Das Dohrn-Institut leitete einen neuen Abschnitt in der biologischen Forschung in der ganzen Welt ein. Es wurde vorbildlich für alle Länder mit eigenen Meeresküsten, die das Beispiel der Neapeler Zoologischen Station nachahmten (5).

Bismarck sprach seit 1883 wiederholt den Wunsch nach einem Sprachinstitut für den diplomatischen Dienst aus. Daraufhin gründete Althoff (6) 1887 das Orientalische Seminar an der Universität Berlin, dessen Kosten zur Hälfte vom Reich getragen wurden. Das Orientalische Seminar beschränkte sich bald nicht mehr auf die Tätigkeit einer Sprachschule, sondern betrat das Feld der Forschung. Damit machte es die übliche Entwicklung der übrigen vorangegangenen Reichsanstalten durch (7).

Seit 1907 bestand das Deutsche Institut für Ägyptische Altertumskunde in Kairo als selbständige Reichsanstalt. Es hatte sich aus der Stelle des wissenschaftlichen Sachverständigen entwickelt, der ursprünglich dem kaiserlichen Generalkonsulat in Kairo beigegeben war. Das Institut sollte die wissenschaftliche Erforschung des alten Ägypten fördern (8).

Die Ausgrabungen von Olympia waren ein vom Reich besonders unterstütztes einmaliges Unternehmen. Die Methode der Ausgrabungen von

Olympia sollte für alle folgenden Ausgrabungen vorbildlich werden. Vor Beginn des Unternehmens kam es zu Meinungsverschiedenheiten zwischen Bismarck und dem Kaiser. Bismarck hatte schon 1868 von der Aufnahme preußischer Ausgrabungen in Olympia abgeraten, weil er glaubte, die Stimmung in Griechenland sei dafür nicht gut. 1874 erklärte sich der Kanzler dann damit einverstanden, daß auf Grund eines Staatsvertrages mit Griechenland die Ausgrabungen durch das Reich in Angriff genommen würden (9). Der Reichstag bewilligte im gleichen Jahr die erste Rate für die Ausgrabungen. Diesem Unternehmen folgte die große Reihe der meist von Preußen eingeleiteten Ausgrabungserfolge in Griechenland, Kleinasien und Ägypten durch das Deutsche Reich. Noch vor Abschluß der Ausgrabungen kam es erneut zu Differenzen zwischen dem Kaiser und Bismarck. Bismarck wollte kein Verhältnis zwischen dem Wert der ausgegrabenen Kunstgegenstände und den Aufwendungen sehen. Demgegenüber erwiderte der Kaiser, er könne es nicht billigen, die Funde in Olympia bloß nach den darauf verwendeten Mitteln zu beurteilen. Er führte aus: "Die zutagekommenden Kunstschätze sind von solcher Bedeutung sowohl für die Geschichte der alten Welt als für die Kunst selbst, daß andere Staaten sich glücklich schätzen würden, das Doppelte des Geldes für deren Besitz aufzuwenden... Ein jeder von uns wird bei Erzählung der Olympischen Spiele in unserer Jugend sich erinnern, mit welchem Interesse, ja Entzücken, man sich dieselben imprimierte. Und nun wir bloß nach den überkommenen Schriftstellern die ganze Stätte dieser großen Vergangenheit in ihren Resten vor Augen haben, sollten wir aus bloßen Geldpunkten ein so großes und kaum zur Hälfte vollendetes Unternehmen nicht zu Ende führen?! Das wäre Preußens nicht würdig!" (10) Diese Gedankengänge waren Bismarck weitgehend fremd. Er beurteilte auch die wissenschaftlichen Unternehmungen mehr praktisch-politisch. Von der uneigennützigen Forschungsarbeit in Olympia, die wenig sichtbaren Gewinn brachte, versprach er sich für die Dauer auch keinen besonderen außenpolitischen Ertrag (11).

Für die Förderung der auf die Erschließung Zentralafrikas und anderer Länder gerichteten wissenschaftlichen Bestrebungen bestand im Etat des Deutschen Reiches der sogenannte Afrikafonds. Dieser Fonds ermöglichte die Durchführung medizinischer, meteorologischer, tierärztlicher und kartographischer Forschungen (12).

2. Kulturpolitik als neue Ebene der Weltpolitik

Erst kurz vor dem Ersten Weltkrieg erkannte man in Deutschland, hauptsächlich am Beispiel Frankreichs und Englands, die Notwendigkeit, der Kulturpolitik im Ausland größere Aufmerksamkeit zu widmen. In einem Brief Bethmann Hollwegs an Professor Lamprecht aus dem Jahre 1913 ist zum erstenmal von "auswärtiger Kulturpolitik" die Rede. In diesem Schreiben führt der Reichskanzler u. a. aus: "Ich bin mit Ihnen von der Wichtigkeit, ja, der Notwendigkeit einer auswärtigen Kulturpolitik überzeugt. Ich verkenne nicht den Nutzen, den Frankreichs Politik und Wirtschaft aus dieser Kulturpropaganda zieht, noch die Rolle, die die britische Kulturpropaganda für den Zusammenhalt des britischen Weltreiches spielt. Auch Deutschland muß, wenn es Weltpolitik treiben will, diesen

Weg gehen. Wenn auch die Regierung durch Unterstützung und Unternehmungen manches helfen kann, so muß doch - es liegt in der Natur der Sache - das meiste und die ganze Kleinarbeit von der Nation selbst geleistet werden. Was Frankreich und England auf diesem Gebiet leisten, ist nicht eine Leistung ihrer Regierung, sondern eine solche der nationalen Gesamtheit, der Einheit und Geschlossenheit ihrer Kulturen, des zielsicheren Geltungswillens der Nation selbst. Wir sind noch nicht soweit. Wir sind unserer Kultur, unseres inneren Wesens, unseres nationalen Ideals nicht sicher und bewußt genug. Es liegt wohl in der Eigenart unserer doch wohl individualistischen und noch nicht ausgeglichenen Kultur, daß sie nicht die gleiche suggestive Kraft hat wie die britische und französische, daß nicht jeder Deutsche im Ausland seine Heimat in sich abbildet, wie der Franzose Paris und der Engländer die britische Insel. Ich glaube auch, daß die Wichtigkeit der in dieser Richtung zu leistenden Aufgabe bei uns noch viel zu wenig erkannt ist. Wir sind ein junges Volk, haben vielleicht allzuviel noch den naiven Glauben an die Gewalt, unterschätzen die feineren Mittel und wissen noch nicht, daß, was die Gewalt erwirbt, die Gewalt allein niemals erhalten kann" (13).

Hier zeigt sich zum erstenmal von offizieller Seite eine klarere Vorstellung vom Wesen und der Notwendigkeit der auswärtigen Kulturpolitik.

3. Auslandsschulwesen

a) Als neues großes Gebiet eröffnete sich der deutschen Auslandskulturpolitik das deutsche Auslandsschulwesen. Den deutschen Auslandsschulen kommt in den Anfängen der deutschen auswärtigen Kulturpolitik die größte Bedeutung zu. Unter Auslandsschulen sind verschiedene Schularten zu verstehen. Ursprünglich meinte man damit Schulen, welche deutsche Staatsangehörige im Ausland oder Deutschstämmige, die als Minderheit fremden Staaten angehörten, errichtet hatten, um ihre Kinder in der Verbundenheit mit der deutschen Sprache und Kultur zu erziehen (14). Später wurden in deutschen Auslandsschulen auch Ausländer unterrichtet.

b) Die Anfänge des deutschen Auslandsschulwesens gehen ins 13. und 14. Jahrhundert zurück. In den deutschsprachigen Siedlungsgebieten Osteuropas, im Baltenland, in Polen, Ungarn und Rußland entstanden deutsche Schulen; Landsmannschaften, Gilden und die Kirche waren die Gründer. Als älteste deutsche Auslandsschule wird die Domschule zu Reval 1319 zum erstenmal urkundlich erwähnt. Bald gab es in Osteuropa eine Reihe deutscher Schulen. Es zeigte sich, daß die Orte mit deutschen Schulen über Jahrhunderte hinweg ihr deutsches Volkstum erhielten, während Orte ohne deutsche Schulen im fremden Volkstum aufgingen und verschwanden (15).

Während der Reformation entstanden zahlreiche neue Auslandsschulen als Mittelpunkt kulturellen und kirchlichen Lebens. Mit der Gründung evangelischer Kirchengemeinden wurden zugleich evangelische Schulen gegründet. Solche Gemeinden und Schulen entstanden jetzt auch außerhalb der geschlossenen Siedlungsgebiete, z. B. in Stockholm 1569, in Kopenhagen 1575, in Moskau 1626, in Petersburg 1710, in Bukarest 1740, in Warschau 1780 (16).

Im schwäbischen Banat wurden seit Beginn des 18. Jahrhunderts zahlreiche katholische Auslandsschulen gegründet. Ein Jahrhundert später begann die Gründung katholischer deutscher Auslandsschulen in Nord- und Südamerika. Diese Schulen wurden nicht nur Sammelpunkte für die Glaubensbrüder, sondern Träger und Erhalter deutscher Sprache und Kultur. Auch hier zeigte sich, daß Siedlungen mit deutschen Schulen der Einschmelzung in fremde Völker widerstanden, während andere meist rasch in den fremden Völkern aufgingen (17).

Bis zur Mitte des 19. Jahrhunderts hatten die deutschen Schulen im Ausland fast durchweg konfessionellen Charakter. Durch die starke deutsche Emigration, hauptsächlich im Zusammenhang mit den Ereignissen von 1848, erhielten die deutschen Kolonien einen großen Zuwachs, so daß sie allmählich ihren einheitlichen konfessionellen Charakter verloren. Die ersten allgemeinen, d.h. nicht konfessionell gebundenen Schulen entstanden in Chile in den Jahren nach 1858 (18). Besonders in den Verkehrs- und Handelszentren wie Konstantinopel, Antwerpen usw. entstanden starke deutsche Kolonien, die durch den wirtschaftlichen Aufschwung des Reichs Auftrieb erhielten. Zur Unterhaltung der Schulen wurden fast durchweg Schulvereine gegründet. Diese Schulvereine waren in der Regel nicht konfessionell. So wurden 1867 die deutsch-evangelische Schule in Konstantinopel und 1875 die evangelische Schule in Antwerpen zu allgemeinen deutschen Schulen (19).

Der von den Ereignissen der Jahre 1870/71 ausgehende Nationalismus erfaßte auch die Auslandsdeutschen, deren Nationalbewußtsein und deren Bewußtsein einer gemeinsamen kulturellen Vergangenheit erstarkten. Um diese Zeit schickten auch Ausländer zunehmend ihre Kinder in deutsche Schulen.

Auch zahlenmäßig spiegelt sich diese Entwicklung wieder. In den ersten drei Jahrzehnten des 19. Jahrhunderts wurden nur vier deutsche Schulen im Ausland gegründet, wenn man die geschlossenen deutschen Siedlungen und die USA außer acht läßt. Von 1840 - 1850 wurden 5, von 1850 - 1860 12, von 1860 - 1870 21 deutsche Auslandsschulen gegründet. Dann änderte sich die Entwicklung schlagartig. 1870 - 1880 betrug die Zahl der Neugründungen 74, 1880 - 1890 89, d.h. in 20 Jahren wurden 163 neue deutsche Schulen gegründet. Die Wechselbeziehungen zwischen den politischen Ereignissen, der allgemeinen Aufwertung des deutschen Namens und dem Aufschwung des deutschen Auslandsschulwesens springen hier unmittelbar in die Augen. In diese Zeit fällt auch die Gründung der ersten höheren deutschen Schule im Ausland. Private Stiftungen bildeten meist die Grundlage der höheren Schulen (20).

Mit dem wachsenden Ansehen Deutschlands erstarkte auch das Auslandsschulwesen. Zwischen 1890 und 1900 sind etwa 180 neue deutsche Schulen im Ausland gegründet worden, von 1900 - 1910 204 und von 1911 - 1914 über 60, d.h. zwischen 1890 und 1914 wurden rund 450 Schulen gegründet (21).

Um 1914 bestanden an fast allen größeren Orten der Welt deutsche Schulen. Das deutsche Auslandsschulwesen stand auf einem Höhepunkt, den es lange nicht wieder erreicht hat. Die Auslandsschulen wurden damit zu dem mit Abstand wichtigsten Gebiet der auswärtigen Kulturpolitik Deutschlands. Neben der Vermehrung der Schulen wuchs auch die Schülerzahl der einzelnen Schulen. Das war hauptsächlich auf den verstärkten Zustrom ausländischer Schüler zurückzuführen (22).

c) In den letzten Jahren vor dem Ersten Weltkrieg wurden an zahlreichen deutschen Auslandsschulen Sprachlehrgänge für Erwachsene eingeführt. Der Andrang junger Kaufleute, Hochschüler und Offiziere war stark. Der Gegenwartswert der deutschen Sprache war hoch gestiegen. Auch gewann Deutschland unter den Schülern seiner Sprache sicher viele Freunde (23).

Diese Sprachlehrgänge waren im Gegensatz zu denen der Franzosen, die damit viel früher begonnen hatten, ein ganz neues Feld deutscher Bildungsarbeit und Kulturpolitik im Ausland. Den deutschen Auslandsschulen lag diese Arbeit, wie auch übrigens die Aufnahme nichtdeutscher Schüler in ihre Anstalten, ursprünglich völlig fern. Die deutschen Auslandsschulen stellten sich z.T. rasch auf diese Wirkungsmöglichkeiten um und erweiterten ihre Aktivität. In vielen Teilen der Welt waren Auslandsschulen mit diesen neuen Aufgaben indessen einfach überfordert. Regionale Schwierigkeiten kamen hinzu. Die deutschen Schulen in Südafrika z.B. konnten keine schwarzen Schüler aufnehmen, wenn sie nicht am nächsten Tag leerstehen wollten. Ähnlich verhielt es sich in den deutschen Schulen in China (24).

d) Die deutschen Schulen im Ausland wurden in der Regel privat finanziert. Als sich in den achtziger Jahren des 19. Jahrhunderts das öffentliche Interesse diesen Schulen zuwandte, trat ein Wandel ein. Zwar war es noch nicht der Staat, der sich dieser Frage annahm, wohl aber taten es einzelne Vereine. Im Jahre 1880 wurde in Wien der Allgemeine Deutsche Schulverein gegründet, im Jahre 1881 entstand in Berlin eine eigene deutsche Abteilung des Allgemeinen Deutschen Schulvereins.

Das Deutsche Reich begann sich offiziell erst spät um die Auslandsschulen zu kümmern. Der König von Preußen gab als oberster Schirmherr der evangelischen Kirche gelegentlich einige Beihilfen für evangelische Schulanstalten aus seinem Dispositionsfonds. Im übrigen waren die Schulen völlig auf sich allein gestellt. Als nach der Reichsgründung die Schulen sich zunehmend zu allgemeinen deutschen, nichtkonfessionellen Schulen entwickelten, wurde 1878 ein besonderer Reichsschulfonds zur Förderung und Unterstützung der Auslandsschulen geschaffen. Der Reichsschulfonds wurde nicht geschaffen, weil man plötzlich im Reich in den Auslandsschulen eine kulturpolitische Aufgabe sah, sondern weil man die erwähnten Beihilfen des preußischen Königs, die dieser aus öffentlichen Mitteln gegeben hatte, auf den Reichsetat übernehmen wollte, nachdem das Reich mit den auswärtigen Angelegenheiten verfassungsrechtlich betraut worden war. Die Gründung des Reichsschulfonds war also in erster Linie eine Verwaltungs- und nicht eine politische Maßnahme (25).

Der Reichsschulfonds erschien im Etat des Auswärtigen Amtes zum erstenmal 1878 mit 75.000,-- Mark. Er wurde dann in den achtziger Jahren herabgesetzt und betrug bis 1892 60.000,-- Mark. Darin zeigte sich, daß das Reich die Größe seiner kulturpolitischen Aufgabe gar nicht erkannt hatte. 1892 wurde der Betrag auf 100.000,-- Mark festgesetzt, bis er 1897 110.000,-- Mark und 1898 150.000,-- Mark erreicht hatte (26).

1898 besuchten das deutsche Kaiserpaar und der damalige Staatssekretär des Auswärtigen Amtes Fürst von Bülow auf einer Orientreise die deutsche Schule in Konstantinopel. Sie waren von dieser Schule sehr beeindruckt. Als Folge davon wurde im nächsten Jahr der Reichsschulfonds verdoppelt. Mit der Kontrolle dieser staatlichen Zuschüsse wurde im Auswärtigen Amt ein Referent in der Rechtsabteilung beauftragt. Ein Schulreferat erhielt das Auswärtige Amt erst 1906.

Eine weitere Folge dieses Besuches war, daß die Reichsschulkommission, die sich mit der Anerkennung der Höheren Schulen als militärberechtigte Anstalten befaßte, der Konstantinopeler Schule die Militärberechtigung, d.h. die Berechtigung zur Ausstellung von Einjährig-Freiwilligen-Zeugnissen ausstellte. Damit begann die behördliche Anerkennung der deutschen Auslandsschulen. 1900 wurde die Anwendung der einschlägigen Bestimmungen der Wehrordnung auch auf die Auslandsschulen beschlossen (27).

Für die Unterstützung ausländischer Schulen lag nach der herrschenden Auffassung die juristische Grundlage darin, daß das Reich die Rechtsverpflichtung habe, der reichsdeutschen Jugend im Ausland die gleiche Schulbildung zu ermöglichen, wie sie sie im Inland auf Grund der Schulpflicht hätte. Damit schieden von vornherein die Schulen der Volksdeutschen in Nord- und Südamerika und Osteuropa, von Ausnahmen abgesehen, aus der Unterstützung durch das Deutsche Reich aus. Ferner kamen die höheren deutschen Auslandsschulen für eine Unterstützung nicht in Betracht, da für ihren Besuch keine Schulpflicht bestand. Höhere deutsche Schulen waren für das Auswärtige Amt Luxusgegenstände Privater, die das Reich nichts angingen. Gerade die Elitebildung in den höheren deutschen Auslandsschulen wäre unter den Gesichtspunkten einer auswärtigen Kulturpolitik besonders wichtig gewesen. Erst der Staatssekretär und spätere Reichskanzler Fürst von Bülow setzte politische Gesichtspunkte an die Stelle der juristischen Grundsätze. Ab 1898 wurden nun auch Höhere Schulen im Ausland gefördert (28).

e) Nach dem Vorbild anderer Länder ging nach 1906 auch das Reich zur Gründung von Schulen über. Wo man aus wirtschaftlichen und politischen Gründen die Verbreitung der deutschen Sprache und Kultur für wichtig hielt und wo die deutschen Gemeinden im Ausland zu schwach waren, um Schulen zu gründen, trat das Reich ein. Es gründete für Angehörige fremder Nationen sogenannte "Propagandaschulen". Davon lagen zehn im Fernen Osten, sieben im Nahen Osten. So entstanden neben den alten deutschen Auslandsschulen neue Propagandaschulen, z.B. 1907 die deutsche Medizinschule für Chinesen in Shanghai, 1907 die deutsche Realschule für Chinesen in Hankau, 1907 die deutsche Realschule für Chinesen in Tientsin, 1908 die deutsche Bergschule für Chinesen in Pinshinang in

Hankau, 1909 die deutsche Realschule für Chinesen in Shantung, 1910 die deutsche Realschule für Chinesen in Sinanfu Shantung, 1912 die deutsche technische Schule für Chinesen in Shanghai, 1910 die deutsche Hochschule für Chinesen in Tsingtau, 1909 die deutsche Schule in Bagdad, 1911 die deutsche Realschule in Aleppo (Syrien), 1912 die deutsche Schule in Adana (Kleinasien) (29). Gründer und Träger dieser Schulen war das Deutsche Reich.

f) Die Vermittlung von Lehrern war für die deutschen Auslandsschulen noch wichtiger als finanzielle Hilfe. 1901 richtete der Verein für das Deutschtum im Ausland eine Lehrervermittlungsstelle ein. Dieser private Verein erhielt jedoch keine amtlichen Auskünfte von den Kultusverwaltungen. Ab 1906 befaßte sich das neu errichtete Schulreferat des Auswärtigen Amtes mit der Vermittlung von Lehrkräften. 1906 erbat der Schah von Persien die Errichtung einer deutschen Schule für persische Knaben in Teheran. Das Auswärtige Amt sandte ihm den Direktor und die Lehrer, die zuvor am Orientalischen Seminar im Persischen vorgebildet worden waren. Von diesem Zeitpunkt an meldeten die Unterrichtsverwaltungen der deutschen Bundesstaaten alljährlich dem Auswärtigen Amt eine Anzahl von Lehrkräften, die willens und geeignet waren, an deutschen Schulen im Ausland zu unterrichten (30).

Laufend wurden deutsche Lehrer für ihre Aufgaben im Ausland am Orientalischen Seminar ausgebildet. Das Auswärtige Amt schloß im Namen der ausländischen Schulverbände die Anstellungsverträge mit den Lehrern ab. Bis 1914 konnte das Auswärtige Amt den deutschen Auslandsschulen 700 deutsche Lehrer vermitteln. Dadurch erhielten die deutschen Schulen im Ausland einen starken Auftrieb. Das Auswärtige Amt traf auch mit den deutschen Bundesstaaten Vereinbarungen über Beurlaubung und spätere Wiederanstellung ins Ausland gehender Lehrkräfte.

g) In diese Zeit fallen auch die Anfänge einer sich dann steigernden Berufung deutscher Schulmänner und Gelehrter durch fremde Staaten. Der erste Staat, der solche Berufungen vornahm, war Japan. Bei der Durchführung der japanischen "Verwestlichung" wurde stark die Mithilfe deutscher Gelehrter in Anspruch genommen. An der Hochschule in Tokio wirkten über Jahrzehnte deutsche Gelehrte (31). An den Höheren Schulen wurde der deutsche Unterricht eingeführt und Lehrer dafür an japanische Schulen berufen.

Ab 1885 begann in Chile die Umgestaltung des Schulwesens und Bildungswesens nach deutschem Muster. Andere südamerikanische Staaten folgten. Nach 1900 berief China zunehmend deutsche Lehrer ins Land. 1910 erfolgte die Berufung einer größeren Anzahl deutscher Hochschullehrer an die neugegründete Reichsuniversität Peking. 1907 stellte Persien Mittel für die Gründung einer deutschen Schule für Perser zur Verfügung. Die Türkei stellte deutsche Lehrer an türkischen Schulen an. 20 deutsche Professoren wurden an die türkische Hochschule in Stambul berufen. Vor dem Krieg fand - als Höhepunkt des Austausches von Gelehrten - ein intensiver Austausch von Hochschulprofessoren zwischen dem Deutschen Reich und Nordamerika statt (32).

h) Die Schulen in den deutschen Kolonien und Schutzgebieten bildeten im Rahmen des deutschen Auslandsschulwesens eine besondere Gruppe.

Die Schulen in den deutschen Kolonien und Schutzgebieten waren teils für Weiße, teils für Farbige bestimmt und wurden entweder von der Regierung, von den Missionen oder von sonstigen Privatpersonen unterhalten. Die Schulen für Eingeborene waren teils Regierungsschulen, teils Missionsschulen. An die Regierungsschulen für Eingeborene waren häufig Handwerkerschulen angegliedert. Die Regierungsschulen verfolgten vor allem den Zweck, Eingeborene als Schreiber und Kanzlisten der deutschen Verwaltung heranzubilden. Die Eingeborenenschulen wurden jedoch überwiegend von den Missionen geführt. Für die Missionsschulen, welche Beihilfen vom Gouvernement erhielten, bestimmte die Regierung den Lehrplan und übte die Schulaufsicht aus. Im übrigen war der Bezirksamtmann Schulaufsichtsbehörde. Soweit sich Schulvorstände gebildet hatten, waren diese gutachtlich zu hören und zur Mitverwaltung heranzuziehen. An den Missionsschulen wurde die einheimische Sprache meist als Unterrichtssprache beibehalten, obwohl die deutsche Sprache zielbewußt gefördert wurde. Für die Verbreitung der deutschen Sprache wurden Prämien an die Schulen oder aber auch regelmäßige Jahresunterstützungen von seiten der Regierung geleistet. Die Missionsschulen waren für die Eingeborenenbildung von besonderer Bedeutung, und sie erfaßten in über 2.000 Schulen mehr als 100.000 eingeborene Schüler (33).

Als Beispiel für das deutsche Schulwesen in den Kolonien kann besonders Deutsch-Ostafrika angeführt werden. Dort unterhielt die Regierung drei Schulen für Europäer sowie zehn Haupt- und 98 Nebenschulen für Farbige, an denen über 5.000 Eingeborene unterrichtet wurden. Die Missionen unterhielten in Deutsch-Ostafrika drei Schulen für Europäerkinder und zahlreiche Schulen für Eingeborene, in denen sich die Missionen besonders eifrig um die Verbreitung der deutschen Sprache bemühten.

In Deutsch-Südwestafrika gab es 17 Regierungs- und Gemeindeschulen, darunter eine Realschule, eine Höhere Knaben- und eine Höhere Mädchenschule. Das Eingeborenenschulwesen wurde ganz den Missionen überlassen. In Kamerun gab es vier Regierungsschulen neben zahlreichen Dorf- und Stationsschulen der Missionen für Eingeborene. In Togo unterhielt die Regierung drei Schulen. Die Unterrichtung der Eingeborenen im Hinterland wurde den Missionsschulen überlassen. Die Regierungsschulen verfolgten das Ziel, Schüler aus dem Hinterland für den Regierungsdienst heranzubilden und dem Mangel an Dolmetschern und Schreibern auf den Innenstationen abzuhelfen. In Lome, der Hauptstadt Togos, gab es eine deutsche Handwerkerschule für die in den Werkstätten und bei den Bauten des Gouvernements tätigen Lehrlinge.

In Deutsch-Neuguinea gab es eine Regierungsschule für Europäer und mehrere Regierungsschulen für Eingeborene. Daneben unterhielten die Missionen Dorf- und Sonntagsschulen für Eingeborene. In Samoa bestand eine Regierungsschule für Weiße und Mischlingskinder und eine Regierungsschule für Eingeborene (34).

II. Die auswärtige Kulturpolitik der Weimarer Republik

1. Die Gründung der Kulturabteilung des Auswärtigen Amtes

Der Erste Weltkrieg konfrontierte das Deutsche Reich mit einer langanhaltenden feindlichen Propaganda und Kulturpolitik. Die moderne totale Kriegsführung, die sich schon im Ersten Weltkrieg zeigte, bezog auch die Wissenschaft und die Kultur mit in die Auseinandersetzungen ein.

Hauptsächlich die Erfahrungen des Ersten Weltkrieges veränderten die Einstellung des Deutschen Reiches gegenüber der Kulturarbeit im Ausland. Die Notlage des deutschen Schulwesens im Ausland und der deutschen Wissenschaft zwangen zu besonderen Anstrengungen. In einer Zeit, in der Heer und Wirtschaft am Boden lagen, fanden kulturelle Werte größere Aufmerksamkeit.

Die Gründung der Kulturabteilung im Auswärtigen Amt und im Reichsministerium des Innern war ein Ausdruck dieser veränderten Bewußtseinslage. Das Schulreferat des Auswärtigen Amtes wurde kurz vor dem Ersten Weltkrieg und während des Krieges allmählich zu einem allgemeinen Kulturreferat erweitert, das immer noch der Rechtsabteilung angehörte. 1919 wurden im Kulturreferat (Referat III d) folgende Angelegenheiten bearbeitet: Kunst und Wissenschaft - Kirchenangelegenheiten - Schulangelegenheiten. Der Personalbestand betrug: ein vortragender Rat und zwei ständige Hilfsarbeiter (35).

Im Jahre 1920 wurde für die Aufgaben der Auslandskulturpolitik eine besondere Abteilung VI im Auswärtigen Amt gegründet. Die Verbreitung der deutschen Sprache und Kultur unter den ausgewanderten Deutschen, vor allem durch deutsche Schulen, und die Hilfe für die deutschen wissenschaftlichen Institute im Ausland waren zeitlich gesehen die ersten Aufgaben der Kulturabteilung des Auswärtigen Amtes. Dementsprechend erhielt die kulturpolitische Abteilung des Auswärtigen Amtes bei ihrer Gründung die Bezeichnung: "Abteilung für Deutschtum im Ausland und kulturelle Angelegenheiten". Später nannte man sie einfach "Kulturabteilung". Zum Aufgabenbereich der Abteilung VI gehörten die Förderung deutscher Kunst und Wissenschaft im Ausland, der Austausch von Gelehrten und Studenten, die Pflege des Auslandsdeutschtums, die Unterstützung der deutschen Schulen im Ausland, das Auswanderungswesen, das Kirchen- und Missionswesen im Ausland, die allgemeinen Fragen des Minderheitenrechts. Angegliedert war der Abteilung die Reichsstelle für Nachlässe und Nachforschungen im Ausland (36).

Das Tätigkeitsfeld der Kulturabteilung erweiterte sich rasch. Nach der Behebung der Kriegsschäden war es eine Hauptaufgabe, durch Verbreitung der deutschen Sprache und Kultur innerhalb der anderen Völker sich Freunde und Absatzmärkte zu gewinnen. Um diese Zeit begannen die ersten Versuche, nicht nur die Deutschen im Ausland, sondern auch die an deutscher Kunst, Wissenschaft, Technik und Wirtschaft interessierten Kreise anderer Nationen anzusprechen.

2. Kulturbeirat

Ein Kulturbeirat sollte das Auswärtige Amt unterstützen. Die Gründung eines Kulturbeirates des Auswärtigen Amtes ging auf eine Anregung des Haushaltsausschusses des Reichstages während der 1. Legislaturperiode 1920/21 zurück, die dem Reichsministerium des Auswärtigen empfahl:

"Nach Muster des Beirates der Außenhandelsstelle einen kulturellen Beirat zu schaffen, der eine verstärkte kulturelle Auswirkung auf das Ausland ins Auge fassen soll;

außerdem einen kleineren Ausschuß zu schaffen, der den Auslandsschulen seine Aufmerksamkeit zuwendet und aus auslandspädagogisch geschulten, aber auch sonst an diesen Fragen interessierten Persönlichkeiten sich zusammensetzt." (37)

Diese Anregung bildete erneut den Gegenstand einer Anfrage des Reichstages an die Regierung vom 21. 6. 1921 (38). Darauf antwortete das Auswärtige Amt, es beabsichtige nach wie vor, einen kulturellen Beirat ins Leben zu rufen, dessen Aufgabe darin bestehe, der Kulturabteilung bei ihren Maßnahmen im Rahmen der kulturpolitischen Beziehungen Deutschlands zum Ausland mit seinem Rat zur Seite zu stehen. Das Auswärtige Amt beabsichtige, in den Beirat bestimmte Einzelpersonen zu berufen, die vermöge ihrer Berufsstellung oder ihrer Lebenserfahrung in hervorragendem Maße berufen schienen, in Fragen der Kulturpolitik mitzusprechen. Die richtige zahlenmäßige Zusammensetzung zu finden, sei schwierig. Ein zu großes Gremium sei nicht arbeitsfähig. Halte man die Zahl der Beteiligten jedoch klein, so bestehe die Gefahr, daß man in den nicht beteiligten Kreisen Eifersucht errege. Der kleinere Ausschuß, der den Auslandsschulen seine Aufmerksamkeit zuwenden und aus auslandspädagogisch geschulten und anderen an diesen Fragen interessierten Persönlichkeiten sich zusammensetzen solle, sei in der Bildung begriffen (39).

Nach den vom Auswärtigen Amt für die Aufgaben des Kulturbeirates beim Auswärtigen Amt aufgestellten Richtlinien sollte der Kulturbeirat die Aufgabe haben, bei der Pflege der geistigen Beziehungen zwischen Deutschland und dem Auslande und bei der Förderung der deutschen kulturellen Interessen im Ausland mitzuwirken. Zur Erfüllung dieser Aufgaben sollte sich seine Tätigkeit insbesondere darauf erstrecken, das Auswärtige Amt bei Maßnahmen auf diesen Gebieten zu beraten, Verständnis, Interesse und Hilfsbereitschaft im deutschen Volk für die bezeichneten Aufgaben und ihre Träger zu erwecken und zu erhalten, aus den Erfahrungen seiner Mitglieder Anregungen zu geben zur Förderung einer vertieften Verbindung zwischen den im Inland und im Ausland wirkenden geistigen Kräften, zum Studium der Entwicklungsmöglichkeiten der deutschen Kultur im Ausland und zur Vertiefung des ausländischen Verständnisses für deutsches Geistesleben.

Der Kulturbeirat sollte keine bindenden Beschlüsse fassen. Er sollte aber nach den Richtlinien in der Lage sein, das Ergebnis seiner Beratungen in

Entschließungen zusammenzufassen und sie dem Auswärtigen Amt vorzulegen (40).

Außer dem geplanten allgemeinen Kulturbeirat gehörten zur Abteilung VI:

Der Beirat für das Auswanderungswesen (41) und
der Reichsbeirat für das deutsche Schulwesen im Ausland (42).

Zur Teilnahme an dem Kulturbeirat wurden Ende 1923 51 führende Persönlichkeiten der Wissenschaft, des Bildungs-, Kirchen- und Missionswesens, der Politik, des Theaters, der Musik, der bildenden Künste und des Kunstgewerbes, der Literatur, des Filmwesens und des Buchgewerbes eingeladen (43). Da der Reichsratsausschuß im April 1924 die für den Kulturbeirat eingesetzten Mittel aus dem Etat wieder gestrichen hatte, wurde der Beirat jedoch nicht einberufen. Darüber entstanden Meinungsverschiedenheiten zwischen Reichstag und Reichsrat. In der Sitzung des Sonderausschusses des Reichsrats über die Vereinfachung der öffentlichen Verwaltung vom 21. Mai 1926 forderten die Vertreter Preußens und Bayerns die Reichsregierung auf, sie solle erklären, daß sie dem Plan, den Kulturbeirat zu erhalten, entgegentrete. Das Auswärtige Amt erklärte in dieser Sitzung, es sei beabsichtigt, im Laufe des Jahres 1926 den Kulturbeirat einmal zusammenzurufen, um zu sehen, ob sich aus seinen Beratungen für die aktive Kulturpolitik des Auswärtigen Amtes Nutzen ziehen lasse. Am 24. Januar 1927 sollte die erste Sitzung des Kulturbeirates im Bundesratssaal in Berlin stattfinden (44). Dabei sollte das Auswärtige Amt einen Bericht über Aufgaben und Tätigkeit der Kulturabteilung geben, an den sich eine Aussprache anschließen sollte. Es kam dann jedoch nicht zu dieser Sitzung; denn inzwischen war nach den Feststellungen des Auswärtigen Amtes ein Teil der Beiratsmitglieder verstorben, ins Ausland verzogen oder sonstwie ausgeschieden. Da man im Auswärtigen Amt glaubte, große Beiräte nützten wenig, wurde die Absicht geäußert, unter einem neuen Namen - etwa "Beirat für deutsche Kultur im Ausland" - den alten Kulturbeirat fortzusetzen. In diesen Beirat sollten nur zehn Mitglieder - teils Parlamentarier, teils Nichtparlamentarier - berufen werden. Dieser Beirat sollte nach einer Aufzeichnung des Auswärtigen Amtes vom 11. Juli 1928 noch im Jahre 1928 einberufen werden. Die Einberufung erfolgte jedoch nicht mehr (45).

3. Deutsche Beteiligung an der Internationalen Kommission des Völkerbundes für geistige Zusammenarbeit

Das Deutsche Reich beteiligte sich auch an der Arbeit der Internationalen Kommission des Völkerbundes für geistige Zusammenarbeit. 1921 wurde im Rahmen des Völkerbundes die Internationale Kommission für geistige Zusammenarbeit gegründet (Commission Internationale de Coopération Intellectuelle). Diese Kommission sollte durch den Austausch geistiger Werte und Gedanken das gegenseitige internationale Verständnis fördern. Der Bericht von der Gründung der Kommission bezeichnete als Aufgaben, mit denen sich der Völkerbund sofort beschäftigen sollte: Pädagogische Systeme und Methoden, wissenschaftliche und philosophische Forschung. Die erste Arbeit der Kommission war eine Untersuchung über die Lage der Geistesarbeiter in den durch die Kriegsfolgen besonders mitgenommenen Staaten Mitteleuropas.

1924 wurde die Gründung des Internationalen Instituts für geistige Zusammenarbeit in Paris durch Rat und Versammlung des Völkerbundes beschlossen. Die Kommission fungierte als Verwaltungsrat des Instituts. Als erster Deutscher wurde Einstein in die Internationale Kommission für geistige Zusammenarbeit berufen. Später war Deutschland in der Kommission und im Institut mit mehreren Persönlichkeiten aus Wissenschaft und Verwaltung vertreten. Seit 1928 bestand die Deutsche Nationale Kommission für geistige Zusammenarbeit, die die Verbindung des deutschen Geisteslebens mit der Internationalen Kommission bilden sollte. Verbindungsmann der deutschen Regierung und der Internationalen Kommission war der Leiter der Kulturabteilung des Auswärtigen Amtes, Gesandter Hans Freytag (46).

4. Der Reichstag und Fragen der auswärtigen Kulturpolitik

Der Reichstag und die Reichsregierung wandten ihr Interesse verstärkt der Auslandskulturpolitik zu. So sagte am 24. Juni 1929 Dr. Gustav Stresemann im Reichstag anläßlich der Beratung des Haushaltes des Auswärtigen Amtes:

"... Es ist so oft behauptet worden, daß im Auswärtigen Amt die Abteilung VI, die Kulturabteilung, als der Train angesehen würde, zu dem hochgeborene Herren ungern hingingen. Wenn ich irgendjemand im Auswärtigen Amt kennte, der diese Auffassung verträte, dann würde ich der Meinung sein, daß er damit zum Ausdruck bringt, daß er sich selbst für das Auswärtige Amt nicht eignet. Denn wenn in irgendeiner Zeit, so haben diese kulturellen Fragen für Deutschland - nicht nur in kultureller Beziehung - sondern in außenpolitischer Beziehung - eine ganz ungemein große Bedeutung..." (47).

Der Reichstag wandte sich wiederholt mit Anfragen und Anregungen zur auswärtigen Kulturpolitik an die Reichsregierung. So regte der Reichstag anläßlich der Debatte zum Reichshaushaltsplan für 1925 eine verstärkte Förderung des internationalen Studentenaustausches an (48). 1927 ersuchte der Reichstag das Auswärtige Amt, sich besonders der Frage des Studiums von ausländischen Studenten in Deutschland anzunehmen (49).

5. Private Organisationen für Kulturarbeit im Ausland

In jenen Jahren entstand auch eine Reihe von privaten Organisationen, die sich der Pflege deutscher Kultur im Ausland, des internationalen Kulturaustausches und der Betreuung von Ausländern in Deutschland annahmen. Erwähnt seien in diesem Zusammenhang:

Das 1917 gegründete Deutsche Institut für Auslandskunde in Stuttgart -

das 1921 gegründete Deutsche Studentenwerk in Berlin -

der 1925 gegründete Deutsche Akademische Austauschdienst in Berlin -

die 1925 gegründete Deutsche Akademie -

der 1926 gegründete Amerika-Werkstudentendienst als Vorläufer der Carl Duisberg-Gesellschaft -

die 1927 gegründete Forschungsstelle für Auslandsdeutschtum und Auslandsschulen (ab 1938 Deutsches Institut für Auslandskunde, Münster i.W.) -

das 1932 gegründete Goethe-Institut.

Aus privater Initiative entstandene Institutionen spielten im internationalen Kulturaustausch bald eine wichtige Rolle. Sie konnten unbürokratischer arbeiten als staatliche Behörden. Außerdem weckten sie im Ausland nicht den Argwohn, als ob mit kulturellen Mitteln politische Zwecke verfolgt werden sollten (50).

6. Auswärtige Kulturarbeit auf dem Gebiet der Wissenschaft

a) Ausgangssituation nach dem Ersten Weltkrieg

Nach dem Krieg bediente sich die deutsche Kulturpolitik zunächst der Stützpunkte, die die deutsche Wissenschaft vor dem Krieg im Ausland geschaffen hatte. Mühsam ist es gelungen, die Verbindung zur ausländischen Wissenschaft wieder aufzunehmen und allmählich auch wieder in den internationalen wissenschaftlichen Organisationen mitzuarbeiten. Die Notgemeinschaft der deutschen Wissenschaft hat, wie geschildert, nach dem Krieg die ersten Kontakte zum Ausland vermittelt, indem sie sowohl die sachlichen als auch die persönlichen Beziehungen wieder herstellte.

Auch die Kaiser Wilhelm-Gesellschaft gewann im Rahmen der wissenschaftlichen Beziehungen zum Ausland bald große Bedeutung. Die von dem preußischen Kultusministerium bereits vor dem Kriege gegründeten Institute sind als Stützpunkte deutscher wissenschaftlicher Betätigung im Ausland erhalten und weiter ausgebaut worden. Die Kaiser Wilhelm-Gesellschaft hat die Arbeitsgemeinschaft mit den Akademien oder ähnlichen wissenschaftlichen Organisationen anderer Länder wieder aufgenommen. Zum Teil gründete sie mit anderen Ländern gemeinsame Institute, die nicht nur den deutschen Gelehrten die Möglichkeit auslandskundlicher Forschungen boten, sondern auch Ausländern Gelegenheit gaben, mit der deutschen Wissenschaft in enge Fühlung zu treten (51).

Um den in Deutschland arbeitenden ausländischen Wissenschaftlern den Aufenthalt angenehm zu gestalten und ihnen den Kontakt mit ihren deutschen Kollegen zu erleichtern, errichtete die Kaiser Wilhelm-Gesellschaft 1929 in Berlin-Dahlem das Harnack-Haus, das für eine größere Anzahl ausländischer Gelehrter, die an den Instituten der Kaiser Wilhelm-Gesellschaft arbeiteten, Wohn- und Clubräume bot (52).

Die Akademie zur wissenschaftlichen Erforschung und zur Pflege des Deutschtums (Deutsche Akademie seit 1925) in München hat sich die Aufgabe gestellt, die kulturellen Beziehungen Deutschlands zum Ausland zu fördern. Sie widmete sich besonders dem europäischen Südosten, aber auch Indien (53).

b) Wissenschaftliche Institute im Ausland

Die deutschen wissenschaftlichen Reichsinstitute im Ausland spielten auf dem Gebiet der auswärtigen Kulturpolitik wieder eine wichtige Rolle.

Die Archäologischen Reichsinstitute in Rom, Athen und Kairo gehörten zu den glanzvollsten wissenschaftlichen Einrichtungen des Deutschen Reiches. Das Deutsche Archäologische Institut in Rom hatte sich einen hervorragenden Platz unter den zahlreichen internationalen Instituten der Ewigen Stadt errungen. Das Institut konnte auch nach dem Ersten Weltkrieg die wissenschaftlichen Beziehungen zu den Instituten der einzelnen Länder aufrechterhalten. Auf dem Gebiet der Archäologie ist das Reich mit dem Archäologischen Institut und mit den Ausgrabungen in Olympia vorbildlich geworden.

Der Erste Weltkrieg hat die Tätigkeit der deutschen Archäologie im Ausland auf lange Zeit unterbrochen. Die Institute konnten nur langsam wieder aufgebaut werden. Sie verzichteten darauf, neue Arbeiten in Angriff zu nehmen und beschränkten sich darauf, die wichtigsten der vor dem Krieg begonnenen Arbeiten zu Ende zu führen und Arbeitsmöglichkeiten für die Zukunft zu erhalten. Sie mußten großen, kostspieligen Unternehmungen kleinere Aufgaben vorziehen, denen sie sich mit größerer Intensität widmen konnten (54). Es lag wohl im Wesen der Archäologie, die internationale menschliche Beziehungen der Wissenschaftler mit sich brachte, daß Vertrauen, Freundschaft und Zusammenarbeit schneller wieder erstanden, als in anderen wissenschaftlichen Disziplinen, wo noch 1928 ein wissenschaftlicher Kongreß Deutschen die Teilnahme verwehrte (55).

Die archäologischen Institute in Rom bildeten das größte und klangvollste Orchester internationaler wissenschaftlicher Zusammenarbeit (56). Neben den schon vor dem Krieg in Rom bestehenden Instituten Italiens und der europäischen Großmächte wurden nach dem Krieg neue Institute fast aller anderen größeren europäischen Länder errichtet. Sie arbeiteten alle in harmonischer gegenseitiger Ergänzung an dem ungeheuren Erbe der römischen Antike. Die gemeinsame wissenschaftliche Arbeit an den geistigen und kulturellen Wurzeln der europäischen Nationen und der modernen Kultur der Menschheit überhaupt verband die Forscher der römischen Institute auch menschlich miteinander.

Nach dem Krieg wurde das Institut in Kairo zunächst als selbständiges Reichsinstitut wieder aufgebaut. Später wurde es mit dem römischen archäologischen Institut vereinigt zum Archäologischen Institut des Deutschen Reiches mit einem Inlandsteil: Der Zentraldirektion in Berlin und der Römisch-Germanischen Kommission in Frankfurt/M., und einem Auslandsteil: Den Abteilungen in Rom, Athen, Istanbul und Kairo.

Das Institut in Rom pflegte auch die Beziehungen zu den anderen deutschen Kulturstätten in der Ewigen Stadt. Die Erforschung der christlichen Archäologie verband es mit den päpstlichen wissenschaftlichen Organisationen. Die Abteilungen in Athen, Kairo und Istanbul stellten sich, da sie die einzigen deutschen Institute in diesen Regionen waren, zugleich auch in den Dienst anderer Wissenschaften, die Gelehrte in diese Länder entsendet haben. Sie waren also zugleich Zentren des Auslandsdeutschtums und Mittler zwischen den Nationen. Die Institute waren für die Wissenschaft und nicht für die Politik errichtet worden. Dennoch erfüllten die Archäologen - wenngleich manchmal unbewußt - auch politische Aufgaben. Durch ihre wissenschaftliche Arbeit förderten sie in anderen Völkern geistige Haltungen und Bereitschaften, die im Zusammenleben der Völker nicht ohne Wirkung waren. Die vier Institute in Rom, Athen, Kairo und Istanbul unterstanden der Berliner Zentraldirektion. Neben der Verwaltung besorgte die Zentraldirektion die großen Gesamtveröffentlichungen, die über den Rahmen der einzelnen Abteilungen hinausreichten. Sie pflegte ferner die Beziehungen zu den Ländern, in denen keine eigenen Zweigabteilungen bestanden. Ständige Arbeitsbeziehungen bestanden sowohl zu den Parallelinstituten als auch zu den dem Institut als ordentliche und korrespondierende Mitglieder verbundenen Gelehrten aller Kulturnationen. Besondere Kontakte wurden in dem Jahrzehnt nach dem Ersten Weltkrieg zu Spanien, Sowjetrußland und zu den Balkanländern geknüpft. Neben den Auslandsbeziehungen unterhielt die Zentraldirektion enge Verbindung zu den deutschen Akademien, Universitäten, Museen, wissenschaftlichen Gesellschaften und zu den einzelnen Forschern.

Die Römisch-Germanische Kommission in Frankfurt/M. bildete den Mittelpunkt für die prähistorische und römische Archäologie in Deutschland. Das Institut arbeitete eng mit ungarischen, österreichischen, schweizerischen, französischen, belgischen, holländischen und englischen Archäologen zusammen. Die Ausstrahlungen, die von diesem Institut ausgingen, lassen sich schwer übersehen, sie können jedoch nicht hoch genug eingeschätzt werden. Wenn man bedenkt, daß die Bibliothek des Frankfurter Instituts die größte archäologische Bibliothek der Welt überhaupt war, daß Gelehrte aller Nationen darin arbeiteten und ihre Forschungen zum Abschluß brachten, kann man etwa erkennen, wie sehr diese Institutionen nicht nur von wissenschaftlicher, sondern auch von politischer Bedeutung waren.

Das Deutsche Kunsthistorische Institut in Florenz und die Zoologische Station in Neapel (Anton Dohrn-Institut) wurden während des Krieges von der italienischen Regierung beschlagnahmt. Das Kunsthistorische Institut in Florenz wurde 1923 zurückgegeben (57). Die Zoologische Station in Neapel wurde in ein italienisches Institut des öffentlichen Rechts umgewandelt und 1923 der Leitung des Sohnes des Gründers, Reinhard Dohrn, anvertraut (58).

Das Deutsch-Italienische Institut für Meeresbiologie in Rovigno setzte seine Arbeit nach Kriegsende bis zum Ausbruch des Zweiten Weltkrieges fort und bildete ein gutes Beispiel internationaler wissenschaftlicher Zusammenarbeit (59).

c) Austausch von Wissenschaftlern

Dem Austausch von Gelehrten maß das Auswärtige Amt von vornherein besondere Bedeutung zu. So förderte das Auswärtige Amt Reisen und Vorträge namhafter deutscher Professoren im Ausland. Es ermöglichte die Einladung ausländischer Gelehrter nach Deutschland. Finanzielle Unterstützungen und diplomatische Hilfe ermöglichten die verstärkte Mitarbeit deutscher Professoren an internationalen wissenschaftlichen Kongressen entgegen den Bestrebungen des deutschfeindlichen International Research Council (30).

In den Botschaftsberichten jener Jahre wurde immer wieder auf die Ausstrahlungskraft von Vorträgen namhafter Wissenschaftler im Ausland hingewiesen. Die Weltreise Professor Einsteins war das beste Beispiel für die hervorragende Wirkung des Besuches deutscher prominenter Gelehrter im Ausland. Diese Weltreise war nicht nur ein kulturelles Ereignis, sie war für Deutschland auch von politischer Bedeutung, da sie wieder an die Weltgeltung der deutschen Wissenschaft erinnerte. Bezeichnend für die Wirkung dieser Reise sind einige Botschaftsberichte. So berichtete u. a. darüber die Botschaft in Madrid: "Professor Einstein wurde mit Ehrungen aller Art überhäuft, und man kann wohl ohne zu übertreiben sagen, daß seit Menschengedenken kein ausländischer Gelehrter eine so gefeierte und außergewöhnliche Aufnahme in der spanischen Hauptstadt gefunden hat. Die Presse brachte täglich spaltenlange Berichte über sein Treiben und Tun, und die wissenschaftlichen Mitarbeiter der bedeutenderen Zeitungen beschäftigten sich in langen Aufsätzen mit der Relativitätstheorie... Am 4. April fand in der Akademie de Ciercia eine feierliche Sitzung unter dem Vorsitz Seiner Majestät des Königs statt, der Professor Einstein das Diplom eines korrespondierenden auswärtigen Mitglieds überreichte. Zusammenfassend ist über den Besuch Einsteins zu sagen, daß er ein voller und ungetrübter Erfolg war. Dem Ansehen der deutschen Wissenschaft und der Hochachtung vor ihren Leistungen hat Professor Einstein einen unschätzbaren Dienst durch seine spanische Reise erwiesen, die auch von der englischen Presse bemerkt worden ist" (61).

Die Botschaft in Tokio berichtete von Professor Einsteins Reise durch Japan: "Professor Einsteins Reise durch Japan gleicht einem Triumphzuge. Das gesamte japanische Volk, vom höchsten Würdenträger bis zum Rikscha-Kuli, beteiligte sich spontan, ohne Vorbereitung und ohne Mache. Bei seiner Ankunft in Tokio war eine solche Menge von Menschen an der Bahn, daß die Polizei machtlos das lebensgefährliche Gedränge dulden mußte. Wie in Tokio war auch der Empfang in den anderen Städten, die er besuchte. Trotz der superlativen Ehrungen, die ihm überall zuteil geworden, blieb er bescheiden und freundlich. Der Höhepunkt der Auszeichnung des berühmten Mannes war das diesjährige Chrysanthemenfest. Nicht die Kaiserin, nicht der Prinzregent waren die, die Cercle hielten, unbewußt und ungewollt drehte sich alles um Einstein. Jeder wollte dem berühmtesten Manne der Gegenwart wenigstens die Hand gedrückt haben"(62).

d) Austausch von Lektoren

Mit den deutschen Lektoren im Ausland beschäftigte sich das Auswärtige Amt zum erstenmal im Jahre 1921. Zuvor wurden die Lektorate an den ausländischen Universitäten meist ohne Mitwirkung des Auswärtigen Amtes besetzt. 1921 trat Professor Mosstue mit einer Denkschrift an das Auswärtige Amt heran, in der er Vorschläge unterbreitete. Es passierte häufig, daß deutsche Lektorate im Ausland entweder überhaupt nicht besetzt waren oder aber zum Teil sogar mit nichtdeutschen Lektoren besetzt waren. Auf diese Denkschrift hin setzte sich das Auswärtige Amt am 8. Oktober 1921 mit den deutschen Missionen im Ausland in Verbindung und machte darauf aufmerksam, daß der deutsche Lektor an einer ausländischen Universität es wie kaum ein anderer in der Hand habe, das Verständnis für Deutschland,. - seine große Vergangenheit, seine Gegenwartswerte und seine Zukunftsmission - zu wecken und zu fördern. Deswegen sei danach zu streben, daß diese Lektorate immer mit Deutschen besetzt würden. Die auswärtigen Missionen mußten dem Auswärtigen Amt über die Möglichkeit und das Wirkungsfeld von Lektoraten berichten sowie bevorstehende Lektoratsvakanzen anmelden. Das Auswärtige Amt bemühte sich dann darum, diese Lektorate wieder mit geeigneten deutschen jungen Kräften zu besetzen (63).

e) Austausch von Studenten

Die langandauernde geistige Isolierung Deutschlands während der Kriegsjahre machte sich bei dem akademischen Nachwuchs besonders nachteilig bemerkbar. Das Studium an deutschen Hochschulen konnte Auslandserfahrungen und Auslandskenntnisse nicht ersetzen. Dadurch drohte eine Verengung des Gesichtskreises unserer Nation. Unmittelbar nach dem Ersten Weltkrieg war es wegen der antideutschen Haltung in vielen Ländern deutschen Studenten kaum möglich, im Ausland zu studieren (64). Die nachfolgenden Inflationsjahre nahmen den deutschen Studenten in der Regel die Mittel zum Studium an einer außerdeutschen Universität.

Während in der Inflationszeit der Andrang ausländischer Studenten wegen der für Ausländer günstigen Währungsverhältnisse an deutschen Hochschulen stark zunahm und fast zu einer Überfüllung der deutschen Hochschulen durch Ausländer führte, trat nach Abschluß dieser Periode die gegenteilige Entwicklung ein. Ein erheblicher Teil der ausländischen Studenten verließ Deutschland und suchte außerdeutsche Hochschulen auf. Während der Inflation hatten die meisten Unterrichtsverwaltungen an den Hochschulen und Universitäten für ausländische Studenten höhere Gebühren erhoben als für deutsche Studenten. Auf Anregung des Auswärtigen Amtes fanden sich 1925 die Unterrichtsverwaltungen bereit, die Gebühren der Ausländer an den deutschen Hochschulen den Inländersätzen gleichzustellen. Einzelne Unterrichtsverwaltungen gingen - ebenfalls auf Anregung des Auswärtigen Amtes - noch weiter, indem sie bedürftigen ausländischen Studierenden die Gebühren auf Antrag ganz oder zum Teil erließen. Angesichts der zielbewußten Studentenpropaganda einiger anderer Länder glaubte man jedoch, mehr tun zu müssen. Die Reichsregierung sah in der Gewinnung ausländischer Studierender zum Studium an deutschen Hochschulen eines der wenigen ihr noch verbliebenen Mittel, wirkungsvolle Beziehungen zu den geistig führenden Kreisen des Auslandes zu gewinnen (65). Man ging - sicher zu Recht - von der Erwartung aus, daß diese jungen Leute, wenn sie auf ihrem Studiengebiet eine sorgfältige deutsche Ausbildung genössen, später eine Brücke zwischen Deutschland und ihrem Heimatland bilden würden.

Im März 1925 ging das Auswärtige Amt daran, eine Einrichtung zu schaffen, die es fremden Staatsangehörigen durch Gewährung von Stipendien und Studienbeihilfen erleichtern sollte, ihre Ausbildung an deutschen Hochschulen und anderen deutschen Lehranstalten zu vervollkommnen. Während die bisherigen Maßnahmen zur Unterstützung ausländischer Studenten, wie Gebührenermäßigung usw., mehr karitativen Charakter hatten, war die Absicht bei der neuen Institution, eine sorgfältige Auslese solcher Studenten zu treffen, die begabt und deutschfreundlich waren und von denen mit einiger Gewißheit zu erwarten war, daß sie Deutschland einst in ihrer Heimat politisch und wirtschaftlich nützlich sein würden. Es sollten im allgemeinen solche Ausländer berücksichtigt werden, die bereits einige Semester in ihrer Heimat absolviert hatten, und die zur Vertiefung ihres Wissens und zur Erweiterung ihres Gesichtskreises einige Semester an deutschen Hochschulen studieren sollten, um anschließend in ihrer Heimat ihre Studien zum Abschluß zu bringen.

Die Organisation sollte in der Form einer Stiftung aufgebaut werden. Dafür gab es zwei Gründe: Einmal glaubte man, dadurch auch private Beteiligungen zu gewinnen, auch wenn die ersten und die hauptsächlichen späteren Geldmittel aus dem Fonds des Auswärtigen Amtes bereitgestellt werden sollten. Außerdem erschien es dem Auswärtigen Amt als dem eigentlichen Stifter aus außen- und innenpolitischen Gründen nicht zweckmäßig, selbst als Stifter in Erscheinung zu treten, um nicht von vornherein den Eindruck einer kulturpolitischen Propagandaaktion entstehen zu lassen (66).

Die Stiftung wurde dann 1925 gegründet unter dem Namen Alexander von Humboldt-Stiftung mit ihrem Sitz in Berlin. Schon 75 Jahre zuvor gab es einmal eine Alexander von Humboldt-Stiftung, die das Ziel hatte, deutschen Gelehrten die Reise ins Ausland zu ermöglichen. In Anknüpfung an diese Tradition nannte man - wenngleich mit umgekehrter Zielsetzung - die neue Institution zur Förderung des Studentenaustausches Alexander von Humboldt-Stiftung (67). Die Alexander von Humboldt-Stiftung vergab jährlich etwa 80 Stipendien an ausländische Studenten in Höhe von etwa 1.500 M im Jahr (68).

In Berlin, wo sich der größte Teil der Humboldtstipendiaten befand, hat die Humboldt-Stiftung 1927 ihr Alexander von Humboldt-Haus, ein Clubhaus, geschaffen, das nicht nur den Stipendiaten der Stiftung, sondern allen ausländischen Studenten in Berlin offenstand (69).

Nach dem Ersten Weltkrieg befand sich das Auslandsdeutschtum in den abgetrennten Gebieten und im übrigen Ausland in einer geistigen und wirtschaftlichen Notlage (70). Wegen der politisch ungünstigen Verhältnisse versuchten viele junge Leute, ihr Studium in Deutschland zu absolvieren und sich danach als Lehrer, Geistliche, Ärzte, Juristen usw. dauernd in Deutschland niederzulassen. Dadurch wurde das Deutschtum im Ausland geschwächt und der Persönlichkeiten, die später auf geistigem und wirtschaftlichem Gebiet hätten Führungsstellen einnehmen können, beraubt. Bis 1923 konnten Studierende aus den abgetretenen Gebieten aus Mitteln der Flüchtlingsfürsorge Beihilfen erhalten (71). Um einer Abwanderung auslandsdeutscher Studenten aus den Auslandsgebieten und einer damit verbundenen Schwächung des Auslandsdeutschtums rechtzeitig vorzubeugen, wurde die "Vereinigung Fürsorge für das Auslandsdeutschtum e. V." in Berlin seit 1923 vom Reichsinnenministerium mit Mitteln ausgestattet. In den vom Reichsinnenministerium dazu erlassenen Richtlinien (72) für die Verteilung von Stipendien an auslandsdeutsche Studierende wurde als Voraussetzung für die Gewährung von Stipendien neben Begabung und Bedürftigkeit gefordert: "Die zweifelsfreie deutsche Gesinnung" des Stipendiaten, "wobei die Staatsangehörigkeit keine Rolle zu spielen braucht".

Nach den Richtlinien des Innenministeriums kamen für eine Förderung durch die Vereinigte Fürsorge folgende Gruppen von Studierenden in Betracht:

Inlandsdeutsche, soweit sie Flüchtlinge waren und nach abgeschlossenem Studium wieder ins Ausland gehen wollten (Rückkehrer) -

Reichsdeutsche, deren Eltern im Ausland wohnten, und die nach vollendetem Studium wieder in das Ausland gehen wollten -

Deutschstämmige, deren Eltern im Ausland wohnten, und die nach abgeschlossenem Studium wieder in das Ausland gehen wollten.

Das Reichsinnenministerium führte dazu weiter aus: "Hauptzweck der Unterstützung ist die Heranbildung geistiger Führer für das Auslandsdeutschtum. In erster Linie sind daher Bewerber zu unterstützen, von denen auf Grund von Zeugnissen, Empfehlungen, Nachweis der Herkunft oder Vorbildung zu erwarten ist, daß sie einst als Nachwuchs der Intelligenz des deutschen Volkstums außerhalb der gegenwärtigen Reichsgrenzen in Betracht kommen und hierfür geeignete Führerfähigkeiten besitzen werden" (73).

Die Vereinigte Fürsorge für das Auslandsdeutschtum e. V. bildete für die Förderung auslandsdeutscher Studenten eine Arbeitsgemeinschaft mit dem Verein für das Deutschtum im Ausland und mit der früher gesondert laufenden Stipendienfürsorge der konfessionellen Verbände (Gustav Adolf-Stiftung, Caritas-Verband usw.) (74). Es wurden zunächst nur in den Fällen Stipendien vergeben, in denen der Studierende seiner Ausbildung an einer deutschen Hochschule innerhalb der Reichsgrenzen nachging. In der Praxis hat es sich jedoch als notwendig erwiesen, daß die Stipendienförderung auch auf Hochschulen des Auslandes ausgedehnt wurde. Besonders erschien es erforderlich, Hochschülern deutscher Abstammung an den Hochschulen des Auslandes durch Gewährung von Beihilfen das Studium zu ermöglichen. Es empfahl sich auch, das Studium Auslandsdeutscher an Hochschulen des nicht deutschsprachigen Auslandes zu fördern, zumal es in vielen Fällen unerläßlich war, daß die auslandsdeutschen Studierenden an einer Hochschule des Auslandes ihre Ausbildung vollendeten und dort ihre Schlußprüfung ablegten, weil sie allein dadurch berechtigt wurden, in ihrem Wohnstaate führende Stellungen einzunehmen. Es wurde auch eine Anregung des Auswärtigen Amtes in Aussicht genommen, für diese Zwecke weitere Mittel bereitzustellen (75). Diese ganze Angelegenheit wurde vom Auswärtigen Amt, um im Ausland keinen Argwohn zu erwecken, streng vertraulich behandelt. Die Stipendien für Deutschstämmige an ausländischen Hochschulen wurden im engsten Einvernehmen mit den Organisationen der deutschen Minderheiten im Ausland vergeben. Die Vereinigte Fürsorge betreute etwa ab 1925 nur solche Stipendiaten, die von der Stipendienorganisation in ihrem Wohnstaate empfohlen und nach ihrer Rückkehr dorthin von dieser Organisation auch weiter betreut wurden. Wo solche Organisationen ursprünglich im Ausland nicht vorhanden waren, wurde aus geeigneten Persönlichkeiten aus den Kreisen der führenden Deutschen ein Stipendienausschuß gebildet. Die Auslandsorganisation entschied über die Zuteilung eines jeden Stipendiums. Sie hatte der Vereinigten Fürsorge ihre Entscheidung anzuzeigen (76).

Zur Bewältigung der Aufgabe, deutschen Studenten das Studium im Ausland zu ermöglichen, stützte sich das Auswärtige Amt auf den Deutschen Akademischen Austauschdienst. Die Anfänge des Deutschen Akademischen Austauschdienstes gehen zurück bis in das Jahr 1923. In den Kreisen des Sozialwissenschaftlichen Instituts unter Führung von Alfred Weber, Arnold Bergstraesser und Eberhard Gothein wurde die Idee einer staatswissenschaftlichen Austauschstelle konzipiert und dann in der "Deutschen Vereinigung für staatswissenschaftlichen Studentenaustausch e. V. ", mit ihrem Sitz in Heidelberg, in die Tat umgesetzt. Der Austausch begann zuerst zwischen Deutschland und den Vereinigten Staaten von Amerika. 1925 wurde die "Deutsche Vereinigung für staatswissenschaftlichen Studentenaustausch" in den "Deutschen Akademischen Austauschdienst" mit seinem Sitz in Berlin umgewandelt. Der Deutsche Akademische Austauschdienst wollte den deutschen Studenten wieder den Weg in die Welt öffnen, indem er ihnen im Austauschverfahren ein kostenfreies einjähriges Studium an einer ausländischen Universität ermöglichte. Dabei sollten vor allem solche besonders qualifizierten Studenten und jüngeren Akademiker deutscher Staatsangehörigkeit berücksichtigt werden, deren Begabung und Bildungsgang ein Wirken im Dienste von Politik, Wirtschaft oder der Pflege kultureller Beziehungen erwarten ließen. Aus dem Prinzip der Gegenseitigkeit heraus bemühte sich der Deutsche Akademische Austauschdienst auch um Stipendien für Ausländer (77).

Der Deutsche Akademische Austauschdienst begann seine Arbeit im Jahre 1924, indem er 12 deutsche Studenten auf amerikanische Hochschulen vermittelte. Etwa gleich viele amerikanische Studenten wurden an deutsche Hochschulen vermittelt. 1925 stieg die Zahl der auf deutsche Hochschulen vermittelten amerikanischen Studenten auf 15, 1926 auf 20, 1927 auf 28, 1928 auf über 40. Die Zahl der dafür nach Amerika eingeladenen Deutschen war jeweils noch größer. 1926 dehnte der Deutsche Akademische Austauschdienst seine Tätigkeit auf England und englische Studenten aus, 1928 auf Frankreich und französische Studenten. Skandinavien wurde in den Austausch ebenfalls mit einbezogen. Gegen Ende der zwanziger Jahre wurden durch den Deutschen Akademischen Austauschdienst jährlich etwa 100 deutsche und ausländische Studenten gegenseitig ausgetauscht (78). Die Mittel des Deutschen Akademischen Austauschdienstes stammten zum größten Teil vom Auswärtigen Amt (79).

Die bekanntesten Stipendien für deutsche Studenten in England waren vor dem Ersten Weltkrieg die 15 Stipendien, die Cecil Rhodes in seinem Testament neben über 150 Stipendien für Studierende aus den Vereinigten Staaten und den englischen Dominions für deutsche Studenten ausgesetzt hatte. Seit dem Krieg wurden diese Cecil Rhodes-Stipendien für Deutsche nicht mehr zur Verfügung gestellt. Das englische Parlament hat im Jahre 1914 den diesbezüglichen Passus außer Kraft gesetzt (80, 81).

Der Deutsche Akademische Austauschdienst eröffnete eigene Vermittlungsstellen im Ausland. Die Stellen in London und Paris wurden wichtige deutsche Stützpunkte für den internationalen Kulturaustausch (82).

Der Amerika-Werkstudentendienst der. Wirtschaftshilfe der deutschen Studentenschaft bemühte sich, deutschen und amerikanischen Werkstudenten Arbeits- und Stipendienplätze in Amerika und Deutschland zu beschaffen (83).

Im April 1927 wurde außerdem die "Deutsche Akademische Auslandsstelle des Verbandes der deutschen Hochschulen" gegründet. Diese Stelle sollte das Studium deutscher Studenten im Ausland und das Studium ausländischer Studenten in Deutschland in jeder Weise fördern und gleichzeitig die Wechselbeziehungen zwischen deutschen und ausländischen Hochschulen durch praktische Maßnahmen stärken. Um diesen Zweck zu erreichen, wurden an den einzelnen Hochschulen örtliche Akademische Auslandsstellen geschaffen. 1930 gab es solche Akademischen Auslandsstellen in Bonn, Charlottenburg, Darmstadt, Dresden, Frankfurt, Freiburg, Hamburg, Heidelberg, Karlsruhe, Köln, Königsberg, Leipzig, Marburg, München, Tübingen, Würzburg. Diese Akademischen Auslandsstellen waren den ausländischen Studierenden von Anfang ihrer Anwesenheit am Hochschulort an behilflich bei der Wohnungsvermittlung, bei der Erledigung der Formalitäten an den Hochschulen und bei den Behörden. Sie veranstalteten mit den Ausländern gesellige Abende, Vorträge, Besichtigungen und vermittelten persönliche Kontakte mit deutschen Studenten und Professoren. Die Arbeit der Deutschen Akademischen Auslandsstelle wurde vom Auswärtigen Amt ebenfalls unterstützt (84). Daneben erfuhren die internationalen Ferienkurse an deutschen Universitäten sowie gemeinsame Ferienwochen von deutschen und ausländischen Schülern die besondere Unterstützung des Auswärtigen Amtes (85).

7. Buch und Literatur

Das deutsche Buch war von jeher eines der wirksamsten Mittel deutscher Kulturpolitik. Vor dem Krieg fand das deutsche Buch, besonders das Fachbuch, eine sich über die ganze Welt erstreckende Verbreitung, ohne daß es dazu der Mitwirkung des Deutschen Reiches bedurft hätte. Ausländische Studenten bereiteten sich vielfach auch an ausländischen Universitäten nach deutschen Lehrbüchern auf ihr Examen vor. Gewisse wissenschaftliche Buchreihen wie Göschen und Reclam waren weltbekannt (86, 87). Nach dem Krieg wurde das deutsche Buch durch anderssprachige Bücher verdrängt, an die sich das ausländische Publikum rasch gewöhnte. Dabei spielte auch das politische Ressentiment gegenüber allem, was aus Deutschland kam, eine Rolle. Vor allem war es jedoch die wirtschaftliche Lage in Deutschland, die den Bücherexport wegen der steigenden Buchpreise sehr erschwerte. Das Ausland bezog fast nur noch reine Fachliteratur von uns. Infolge der Währungsabwertung wurde das deutsche Buch etwa doppelt so teuer wie das der anderen Kulturländer. Die Wirtschaftskrise mit ihren hohen Preisen brachte es mit sich, daß die Kreise, auf die die deutsche Buchausfuhr angewiesen war (Dozenten, Studenten und Intellektuelle), gezwungen waren, immer mehr zu einem nichtdeutschen Buch zu greifen. Diese Entwicklung setzte das Auslandsdeutschtum der Gefahr aus, von der geistigen Entwicklung Deutschlands abgeschnitten zu werden (88).

Die Franzosen waren auch auf dem Gebiet der Bücherpropaganda - so lautete auch im Auswärtigen Amt die Bezeichnung für die Förderung der Verbreitung des deutschen Buches im Ausland zwischen den beiden Weltkriegen - das bewunderte, jedoch nicht erreichte Vorbild. Sie dominierten auf internationalen Buchausstellungen im Ausland (89).

Der Börsenverein der deutschen Buchhändler in Leipzig übernahm die Tätigkeit der ehemaligen Gesellschaft für Ausland-Buchhandel. Das Auswärtige Amt ließ über seine Vertretungen dem Börsenverein der deutschen Buchhändler von allen Gelegenheiten zu Buchausstellungen Nachricht geben. In der Folgezeit veranstaltete der Börsenverein zusammen mit dem Auswärtigen Amt zahlreiche Buchausstellungen im Ausland (90). Es fanden u. a. eine Buchausstellung in Moskau, zwei Ausstellungen in den Vereinigten Staaten und mehrere Ausstellungen in Italien, Frankreich und den Balkanländern statt. Außerdem wurde versucht, durch deutsche Buchhandlungen, zum Beispiel in New York und Tokio, dem deutschen Buch wieder Boden zu gewinnen (91). Diese Bemühungen gewannen dem deutschen Buch wieder viele Freunde zurück und steigerten den Buchexport. Doch der hohe Preis des deutschen Buches blieb ein großes Hindernis für seine weitere Verbreitung. Nach 1930 sank der deutsche Export - vor allem der wissenschaftlichen Lehrbücher - noch mehr (92).

8. Kunst

Für die Verbreitung deutscher Kunst im Ausland wurde von staatlicher Seite vor dem Ersten Weltkrieg - abgesehen von gelegentlichen Unterstützungen für die Beteiligung an internationalen Ausstellungen - wenig unternommen. Die Franzosen waren auch auf diesem Gebiet mit staatlich geförderten Kunstausstellungen, Konzerten, Opern- und Theateraufführungen, Modeausstellungen, jeweils verbunden mit gesellschaftlichen Veranstaltungen, das Vorbild der deutschen Kulturpolitik. Erst nach dem Ersten Weltkrieg setzten Bemühungen des Auswärtigen Amtes ein, die deutsche Kunst auch außerhalb der deutschen Grenzen bekannt zu machen.

An den internationalen Kunstausstellungen in Rom und Venedig beteiligte sich Deutschland mit eigenen deutschen Abteilungen. Bei der Jahrhundertausstellung in Wien 1926 bot das Deutsche Reich eine Auswahl der kostbarsten deutschen Malerei der letzten hundert Jahre. In London war Deutschland zum erstenmal nach dem Krieg auf einer Kunstausstellung im Jahre 1925 mit einer Reihe der besten Gemälde und Plastiken der voraufgegangenen fünfzig Jahre vertreten. Weitere Kunstausstellungen, die vom Deutschen Reich gefördert wurden, waren u. a. die Thoma-Ausstellungen in Basel und Bern, die Liebermann-Korinth-Ausstellungen in Zürich sowie verschiedene kleinere und größere Gemäldeausstellungen in Holland, Schweden und Finnland (93).

Eine Ausstellung deutscher Theaterkunst, die nach Holland, den Skandinavischen Ländern und nach London geschickt wurde, versuchte, mit den Werken unserer deutschen Bühnenbildner bekannt zu machen. Die deutsche Graphik und Aquarellmalerei wurde in kleineren Ausstellungen, beispielsweise in Barcelona, Madrid, Zürich, Bern, Warschau und Tokio vorgestellt. Dem Pariser Publikum präsentierte sich die deutsche Kunst im Frühsommer 1929 auf einer Ausstellung in der Bibliothèque Nationale. In Tokio fand 1927 eine Ausstellung deutscher Plastik und Malerei statt, die ungewöhnlich gut aufgenommen wurde. In Südamerika wurde durch Ausstellungen dieser Art die deutsche Kunst überhaupt erst bekannt. Wie in Südamerika war auch in den Vereinigten Staaten von Nordamerika die französische Kunst vorherrschend. Zum erstenmal nach dem Krieg wurden die Schöpfungen deutscher Künstler jährlich in den deutschen Abteilungen im Rahmen der internationalen Ausstellungen des Carnegie-Instituts gezeigt (94).

Besonderes Interesse fand im Ausland das deutsche Kunstgewerbe. Zum erstenmal war das deutsche Kunstgewerbe auf größeren internationalen Ausstellungen in den Jahren 1925 und 1927 bei der großen Ausstellung in Monza bei Mailand vertreten. Von diesen Ausstellungen gingen zahlreiche Verbindungen des Auslands mit der deutschen Wirtschaft aus. Die wirtschaftliche Krise machte sich sehr schwer auch auf dem Gebiet des Kunstaustausches bemerkbar. Wegen der hohen Frachtkosten war es kaum noch möglich, internationale Ausstellungen zu beschicken. Vor allem konnten die deutschen Künstler die Frachtkosten für ihre Werke nicht mehr tragen. Dadurch wurde die deutsche Beteiligung an internationalen Kunstausstellungen wieder geringer. Auf dem Gebiet der Kunstgewerbeausstellungen lag der Fall ähnlich. Die Transportschwierigkeiten waren hier noch größer als bei anderen Kunstausstellungen. Das war um so beklagenswerter, als Deutschland begann, auf diesem Gebiet einen Vorrang vor anderen Nationen zu gewinnen (95).

Von allen Künsten hat die deutsche Musik zuerst wieder den Weg ins Ausland gefunden. Die deutschen Orchester und einzelne Künstler unternahmen wie vor dem Krieg wieder große Konzertreisen. Mit Furtwängler als Dirigent haben die Berliner Philharmoniker in Dänemark, Frankreich, England und in der Schweiz Triumphe gefeiert. In Argentinien sicherte die Arbeit deutscher Dirigenten, besonders Kleibers, der deutschen Musik die Vormachtstellung. Bruno Walter in London und Max von Schillings in Barcelona waren Mittelpunkte der Musik- und Opernkunst in diesen Städten.

Gastspielreisen deutscher Schauspieltruppen im Ausland - besonders die Gastspiele Paul Wegeners in Südamerika und Max Reinhardts in den Vereinigten Staaten - gewannen nicht nur dem deutschen Theater, sondern auch der deutschen Sprache neue Freunde.

Steigende Bedeutung als Mittel deutscher Auslandskulturpolitik gewann der Film, dessen künstlerische Qualität Ende der zwanziger und Anfang der dreißiger Jahre der deutschen Auslandskulturpolitik sehr zugute kam. Das Auswärtige Amt unterstützte die Verbreitung des deutschen Films im Ausland (96).

9. Auslandsschulwesen

Der Erste Weltkrieg traf die deutschen Auslandsschulen schwer. Jahrzehntelange Erfolge wurden mit einem Schlage zunichte gemacht. In den Feindländern kam das deutsche Schulwesen sofort zum Erliegen. Die Gebäude und die sachlichen Einrichtungen wurden beschlagnahmt, die Lehrkräfte interniert oder vertrieben. Der deutsche Unterricht wurde verboten. Die Schüler wurden gezwungen, nichtdeutsche Schulen zu besuchen (97). In den während des Krieges neutral gebliebenen Ländern Spanien, Mexiko, Holland hielt sich das deutsche Schulwesen verhältnismäßig gut, auch wenn es selbst dort von der Heimat völlig abgeschnitten und auf sich allein gestellt war. Andere Schulen, wie in Tsingtau, Mailand, Genua, Rom, mußten schon in den ersten Kriegsjahren ihre Tore schließen. Die Schule in Bukarest unterbrach ein Jahr lang ihren Unterricht. Die drei Vollanstalten in Antwerpen, Brüssel und Konstantinopel mußten bei Kriegsende ihren Unterricht einstellen (98).

Die deutschen Schulen in Südamerika konnten während des Ersten Weltkrieges - mit Ausnahme von Brasilien - weiterarbeiten, ja, sich sogar noch weiter entwickeln. Brasilien hat sich im Ersten Weltkrieg Deutschland gegenüber sehr feindlich gezeigt. Das deutsche Schulwesen wurde dort stark beeinträchtigt. Nach dem Ersten Weltkrieg konnte es jedoch seine Arbeit bald wieder aufnehmen und sich erfreulich weiterentwickeln (99). In Mexiko erlebte das deutsche Auslandsschulwesen während des Ersten Weltkrieges sogar einen starken Aufschwung. Die deutsche Realschule in der Stadt Mexiko konnte während des Krieges, obgleich von allen Verbindungen mit der Heimat abgeschnitten, zu einer Oberrealschule ausgebaut werden. Sie hielt während des Krieges ihre erste Reifeprüfung ab und konnte ihre Schülerzahl nahezu verdreifachen (100).

In Asien war das deutsche Schulwesen, verglichen mit den riesigen Räumen, auch vor dem Krieg nur von lokaler Bedeutung. Das deutsche Schulwesen drohte in China, wo es seinen asiatischen Schwerpunkt hatte, völlig zerstört zu werden. Nach dem Ersten Weltkrieg konnten jedoch an manchen Orten, wie in Shanghai, Peking, Hankau, Tietsin und Tsienanfu, wieder deutsche Schulen errichtet werden. Auch in Japan zeigten sich nach dem Krieg wieder bescheidene Anfänge (101).

Die Regierungsschulen in unseren ehemaligen Kolonien wurden, mit Ausnahme von Südwestafrika, alle geschlossen. In Deutsch-Ostafrika, Kamerun und Togo wurde das deutsche Schulwesen völlig vernichtet. In Ägypten sind die deutschen Schulen in Kairo und Alexandrien geschlossen worden. Nur in Deutsch-Südwestafrika konnte sich das deutsche Schulwesen nicht nur erhalten, es blühte unmittelbar nach dem Ersten Weltkrieg sogar wieder auf (102). In manchen Ländern erholte sich das deutsche Schulwesen jedoch überhaupt nicht mehr. So hatte es in Australien und Neuseeland nahezu hundert Schulen eingebüßt (103).

Vier Jahre lang nach dem Schluß des Ersten Weltkrieges blieb das deutsche Auslandsschulwesen auf einem Tiefstand (104). Dann setzte allmählich ein neuer Aufschwung ein. Aufs Ganze gesehen hat sich das deutsche Schulwesen im Ausland verhältnismäßig rasch wieder erholt und schritt einer neuen Blütezeit entgegen. Die Hilfe des deutschen Staates für die Auslandsschulen bildete die erste Aufgabe der deutschen Kulturpolitik nach dem Ersten Weltkrieg. In vielen Fällen lebten die Schulvereine nach dem Krieg wieder auf. Diese Schulvereine und die öffentliche Hand versuchten gemeinsam, die Kriegsschäden zu beseitigen und neue Schulhäuser aufzubauen. Aber auch zwischen den Weltkriegen stiegen die jährlichen Zuschüsse des Reiches an die deutschen Auslandsschulen nicht über sechs bis acht Millionen Mark.

Da nach dem Ersten Weltkrieg die Militärdienstpflicht wegfiel, hatte auch die Reichsschulkommission keine Aufgaben mehr. Ein Beschluß des Reichsrates vom 12. Mai 1920 hat sie aufgehoben. Der Reichsschulausschuß übernahm ihre Befugnisse, soweit sie über den Rahmen der Regelung des Einjährigenwesens hinausgingen. Der Reichsratsbeschluß setzte fest, daß die Höheren Schulen im Ausland vom Reichsinnenministerium in Verbindung mit dem Auswärtigen Amt bei Erfüllung gewisser Voraussetzungen die Berechtigung zur Erteilung der Obersekundareife erhalten sollten.

Ebenfalls im Jahre 1920 wurde ein aus fünf, später aus acht Mitgliedern bestehender Gutachterausschuß für das deutsche Schulwesen im Ausland aufgestellt (105). Dieser Gutachterausschuß begutachtete die Lehrpläne der Schulen, überwachte die Reife- und sogenannten Schlußprüfungen (Obersekundareife-Prüfungen) und gab der Reichsregierung Anregungen zur Förderung des Auslandsschulwesens. Auf Grund der Gutachten des Gutachterausschusses sprachen dann die genannten Reichsbehörden (IM in Verbindung mit AA) die Anerkennung der Schulen als Vollanstalten bzw. Nicht-Vollanstalten aus. Dadurch wurden die Auslandsschulen den inländischen Höheren Schulen gleichgestellt. Zur Beratung von Fragen, die über die Befugnisse des Gutachterausschusses hinaus gingen, wurde im Jahre 1923 der Reichsbeirat für das Höhere Schulwesen im Ausland ins Leben gerufen. Der Reichsbeirat, dem Auslandslehrer und andere mit den Verhältnissen im Ausland vertraute Persönlichkeiten angehörten, tagte jährlich einmal im Auswärtigen Amt.

Die Inflation in Deutschland brachte für die deutschen Auslandsschulen noch einmal harte Jahre, weil die für sie so unentbehrliche Geldhilfe aus der Heimat stark entwertet wurde. Die zweite Hälfte der zwanziger Jahre sah den Wiederaufbau des deutschen Auslandsschulwesens jedoch schon wieder so weit fortgeschritten, daß die Zerstörungen des Ersten Weltkrieges schon wieder weitgehend behoben waren. Die meisten deutschen Schulen hatten ihre Tore wieder geöffnet. Die Schülerzahl war bereits höher als vor dem Ersten Weltkrieg. Es gab jetzt 19 anerkannte Schulen, und zwar 11 Vollanstalten und 8 mit Obersekundareife, gegenüber 13 anerkannten Schulen im Jahre 1914 (106). Im Jahre 1933 hatte das deutsche Auslandsschulwesen trotz der Wirtschaftskrise und der damit verbundenen Schwierigkeiten wieder einen sehr hohen Stand erreicht. Die Zahl der Schulen hatte sich gegenüber 1913 von 853 auf über 1.600 erhöht. Die Zahl der Schüler war im gleichen Zeitraum von 48.000 auf 80.000 angewachsen. Immer mehr Schulen wurden zu sechs- oder neunklassigen Höheren Schulen ausgebaut. Im Jahre 1933 gab es 25 vom Reich anerkannte Höhere Schulen. Zu Beginn des Dritten Reiches hatten die deutschen Auslandsschulen einen neuen Höchststand erreicht (107).

Die Schulreformen aus der Mitte der zwanziger Jahre für die inländischen Schulen beeinflußten auch den Unterricht und das Prüfungswesen an den Auslandsschulen. 1929 wurden einheitliche Richtlinien für das Prüfungswesen an den deutschen Auslandsschulen erlassen (108).

1927 wurde in Darmstadt der Verband Deutscher Auslandslehrer gegründet. Das Ziel dieses Verbandes war der Zusammenschluß der Auslandslehrer zu einer großen Gemeinschaft zu gegenseitiger ideeller und materieller Hilfe. Der Verband sollte gleichzeitig das Verständnis für die kulturelle und wirtschaftliche Bedeutung der Auslandsschule als "des besten Ausfuhrartikels Deutschlands" in allen Schichten unseres Volkes wecken. Dieser Verband schloß die seit der Jahrhundertwende bestehenden lokalen Lehrerverbände zusammen. Alljährlich wurden unter Beteiligung hoher Staats- und Regierungsvertreter Tagungen abgehalten, zu denen die Lehrer aus allen Teilen der Welt zu einer gemeinsamen Aussprache zusammenkamen (109).

Schon Anfang der zwanziger Jahre wurden deutsche pädagogische Missionen ins Ausland berufen. In Equador waren im Rahmen einer deutschen pädagogischen Mission 20 deutsche Lehrkräfte tätig. In San Salvadore übernahm 1923 eine deutsche pädagogische Mission die Reorganisation der Lehrerbildung. 1924 wurden deutsche Pädagogen mit der Neuorganisation des gesamten Schulwesens in Kolumbien beauftragt (110).

III. Die auswärtige Kulturpolitik des Dritten Reiches

1. Organisatorische Maßnahmen und Zuständigkeiten

Die Kulturabteilung des Auswärtigen Amtes, die 1933 in "Kulturpolitische Abteilung" umbenannt wurde, setzte ihre bisherige Arbeit im Ausland fort. Die Kulturpolitische Abteilung erhielt ein besonderes Sprachenreferat, da die deutsche Sprachwerbung im Ausland einen immer größeren Umfang annahm. Dieses Referat arbeitete eng mit der 1925 gegründeten

Deutschen Akademie in München zusammen, die in diesem Falle als Hilfsdienststelle der Kulturpolitischen Abteilung fungierte. Die Deutsche Akademie befaßte sich hauptsächlich mit der pädagogischen und technischen Organisation für den Einsatz deutscher Sprachlektoren im Ausland. Das Sprachenreferat der Kulturpolitischen Abteilung entwickelte sich besonders während des Zweiten Weltkrieges, vor allem in der Verbindung mit der Gründung deutscher Kulturinstitute, bei denen das deutsche Lektorat eine besondere Abteilung bildete (111). Die Sachgebiete Nachrichtenwesen, Aufklärung, Kunst und Film wurden aus der Zuständigkeit des Auswärtigen Amtes herausgenommen und dem Reichsministerium für Volksaufklärung und Propaganda übertragen (112).

Zu Anfang des Krieges wurde die Auslandsarbeit auf dem Gebiet der Kunst wieder dem Auswärtigen Amt übertragen (113). Außerdem schalteten sich in zunehmendem Maße in die Auslandskulturarbeit die sogenannte Auslandsorganisation der NSDAP und verschiedene andere nationalsozialistische Organisationen, wie die Deutsche Studentenschaft und der Nationalsozialistische Deutsche Lehrerbund, ein (114). Wegen dieser verschiedenen Träger der auswärtigen Kulturpolitik bot die auswärtige Kulturpolitik im Dritten Reich kein einheitliches Bild. Neben der Kulturarbeit des Auswärtigen Amtes in den bekannten Formen stand die nationalsozialistische Propagandatätigkeit. Neugeschaffen wurde im Dritten Reich die Institution des Kulturattaches (115) an den deutschen Auslandsvertretungen.

Nach 1933 wurde eine Reihe von Kulturinstituten im Ausland eröffnet. Dazu zählten u.a. deutsche Kulturinstitute in Rom, Florenz, Neapel, Madrid, Barcelona und in den Hauptstädten der Balkanländer (116). Diese Institute waren als Stätten deutscher Kultur im Ausland gedacht; sie besaßen eine deutsche Bibliothek und veranstalteten deutsche Sprachkurse, Kunstausstellungen, Musikabende usw. In der Regel war auf Grund eines Kulturabkommens auch die Gründung eines Kulturinstitutes des betreffenden Landes in Deutschland vorgesehen. Durchgeführt wurde nur die Gründung des rumänischen Kulturinstitutes in Berlin. Die Gründung eines bulgarischen Kulturinstitutes kam wegen des Kriegsendes nicht mehr zustande. Ausländische Institute in Deutschland, denen die Kulturpolitische Abteilung besondere Aufmerksamkeit schenkte, waren das italienische Petrarca-Haus in Köln, das China-Institut in Frankfurt/M., das Collegium Hungaricum in Berlin und das Institut Français in Berlin. Daneben trugen etwa 70 deutsch-ausländische Kulturgesellschaften, die vom Auswärtigen Amt finanzielle Beihilfen erhielten, zur Förderung der deutschen Kulturbeziehungen zum Ausland bei (117).

2. Geplante Dachorganisation "Deutscher Kulturaustausch"

Das Reichspropagandaministerium versuchte, alle auf dem Gebiet der Auslandskulturpolitik tätigen, nichtstaatlichen Organisationen unter seine Leitung zu bringen. Zu diesem Zweck legte das Propagandaministerium dem Auswärtigen Amt den Entwurf eines Reichsgesetzes über die Errichtung einer als Dachgesellschaft für alle mit dem Ausland arbeitenden kulturellen Institute und Einrichtungen geplanten Anstalt "Deutscher Kulturaustausch" vor.

Der Gesetzentwurf des Propagandaministeriums übertrug die Aufsicht über sämtliche Vereinigungen und Einrichtungen, die sich mit der Frage der Pflege der Beziehungen zum Ausland und mit der Betreuung von Ausländern befaßten, dem neuzugründenden "Deutschen Kulturaustausch". Die Aufsicht über diese Organisation sollte der Propagandaminister haben. Der erste und der zweite Vorsitzende sollten nach dem Entwurf vom Propagandaminister im Einvernehmen mit dem Stellvertreter des Führers ernannt werden (118).

Da kein betroffenes Ressort die ihm unterstellten Organisationen der Aufsicht des Reichspropagandaministers übertragen wollte, ließ sich keine Einigung zwischen den beteiligten Ministerien erzielen (119). Der Versuch des Propagandaministers, die Organisationen, die sich mit kultureller Arbeit im Ausland befaßten, an sich zu ziehen, hatten daher keinen weiteren Erfolg (120).

3. Auswärtige Kulturpolitik auf dem Gebiet der Wissenschaft

Auf dem Gebiet der Wissenschaft wurde vom Dritten Reich die bereits von der Weimarer Republik geleistete auswärtige Kulturarbeit fortgesetzt. Die genannten deutschen wissenschaftlichen Reichsinstitute (121) im Ausland setzten ihre Arbeit wie bisher fort. Ebenso förderte das Auswärtige Amt bis Kriegsende in Verbindung mit dem Erziehungs- und Wissenschaftsministerium auf die bereits dargestellte Weise den Austausch von Wissenschaftlern und Studenten. Bemerkenswert war dabei, daß das Auswärtige Amt auch Gelehrte ins Ausland sandte, die keineswegs auf dem Boden des Nationalsozialismus standen. So wurden noch während des Zweiten Weltkrieges Gelehrte wie Planck, Voßler, Hahn ins Ausland entsandt (122).

Die Emigration deutscher Wissenschaftler und Künstler, die unmittelbar nach der nationalsozialistischen Machtergreifung einsetzte, schadete jedoch dem Ansehen des Deutschen Reiches erheblich. Die Durchführung des Gesetzes zur Wiederherstellung des Berufsbeamtentums von 1933 machte es zahlreichen Gelehrten, Künstlern und Ärzten unmöglich, weiter in Deutschland ihrem Beruf nachzugehen. Sie wurden gezwungen, sich im Ausland ein neues Betätigungsfeld zu suchen. Das Auswärtige Amt befürchtete schon 1933, daß vor allem die Emigration international anerkannter Gelehrter wie z.B. Einsteins in der Öffentlichkeit des Auslandes ein für Deutschland unangenehmes Echo und eine antideutsche Stimmung hervorrufen könnte (123). Eine Reihe ausländischer Regierungen war sofort bereit, die aus Deutschland emigrierten Wissenschaftler bei sich wieder zu beschäftigen. Da man keine Möglichkeit sah, die Emigranten in ihrem Beruf in Deutschland zu halten, stellte man Überlegungen über andere Maßnahmen an, um die befürchteten negativen Wirkungen im Ausland auszuräumen. Man faßte dabei ins Auge, die deutschen Auslandsvertretungen einzuschalten, die versuchen sollten, Kenntnis von allen Bestrebungen, deutsche Emigranten im Ausland anzustellen, zu erhalten und die maßgebenden Stellen darauf hinzuweisen, daß eine "einseitige Bevorzugung von Elementen, die dem heutigen Deutschland vermutlich nicht oder wenig freundlich gegenüberstehen, in Deutschland verstimmend wirken könnte." Gleichzeitig sollten dem Ausland für die Stellen, die für Emigranten vorgesehen waren, andere Wissenschaftler angeboten werden, die nicht im Konflikt mit der nationalsozialistischen Regierung standen (124).

Am 9. November 1933 fand im Auswärtigen Amt eine Sitzung von Vertretern des Auswärtigen Amtes, des Reichsministeriums des Innern, des Preußischen Kultusministeriums und der Geheimen Staatspolizei statt über "die bedenklichen Folgen, die in kulturpolitischer Hinsicht aus einem allzu starken Eindringen deutscher Emigranten in Hochschulen, wissenschaftlichen Institutionen und dergleichen des Auslandes entstehen könnten" (125). Gleich zu Beginn der Sitzung wurde festgestellt, daß es schwierig erscheine, dagegen vorzugehen. Man erwog dabei verschiedene Möglichkeiten einer Abhilfe. Eine Erwägung war, die Behörden des Auslandes darauf aufmerksam zu machen, daß man in einer Anstellung entlassener deutscher Gelehrter einen unfreundlichen Akt gegen die Reichsregierung sehe. Ein solcher Schritt erschien jedoch wenig aussichtsreich. Von finanziellen Druckmitteln versprach man sich noch am ehesten die Möglichkeit, "die Abwanderung unliebsamer Elemente" zu verhindern. Das Auswärtige Amt hat dann jedoch in dieser Angelegenheit nichts mehr unternommen (126).

Ein besonderes Beispiel für das Nebeneinander der auswärtigen Kulturarbeit der Reichsbehörden und der NSDAP war die Kundgebung der deutschen Wissenschaft vom 11. November 1933 (127). Zu dieser Veranstaltung hatte der Nationalsozialistische Deutsche Lehrerbund geladen. Der Nationalsozialistische Deutsche Lehrerbund war die einzige Organisation der Hochschulprofessoren und der Lehrer an Höheren Schulen, Mittel- und Volksschulen.

Der Kongreß sollte den Zweck haben, die bedeutendsten deutschen Gelehrten und Forscher zu den brennendsten Fragen der gegenwärtigen Staats- und Weltpolitik Stellung nehmen zu lassen. Das Reichsministerium für Volksaufklärung und Propaganda unterstützte die Durchführung dieser Kundgebung. Eine Denkschrift "An die Gebildeten der Welt" erklärte: "Alle Wissenschaft ist unlösbar verbunden mit der geistigen Art des Volkes, aus der sie erwächst. Voraussetzung erfolgreicher wissenschaftlicher Arbeit ist daher die unbeschränkte geistige Entwicklungsmöglichkeit und die kulturelle Freiheit der Völker... Aus dieser Überzeugung heraus richtet die deutsche Wissenschaft an die Gebildeten der ganzen Welt den Appell, dem Ringen des durch Adolf Hitler geeinten deutschen Volkes Verständnis entgegenzubringen...". Die Professoren der deutschen Hochschulen wurden in einem Rundschreiben aufgefordert, durch ihre Unterschrift die Ergebnisse der Tagung und des Rufes an die Welt zu unterstützen. In dem Aufruf war zu lesen: "Es wird des Hinweises kaum bedürfen, daß die Namen derjenigen Herren, welche Juden sind oder sonst für Sinn und Zweck der Entschließung nicht in Betracht kommen, nicht erscheinen möchten."(128) Man kann sich vorstellen, welche Wirkung diese Kundgebung und das Schlußmanifest auf die Weltöffentlichkeit erzielten.

Ein weiteres Beispiel für die auswärtige Kulturarbeit einer nationalsozialistischen Organisation, diesesmal der Deutschen Studentenschaft, bietet der Bericht der Lagerleitung über das deutsch-französische Studentenlager auf dem Inselhof bei Zempin auf der Insel Usedom vom 20. 7. bis 17. 8. 1935. In dem Bericht wurde von der Lagerleitung mitgeteilt, den Franzosen sei bekanntgegeben worden, daß es sich um ein Ferienlager handele. Daß dabei gearbeitet werden sollte, sei den Franzosen völlig fremd gewesen. Da man die französische Mentalität, nämlich "krassen Individualismus", gekannt habe, sei zunächst nötig gewesen, "die Gäste an Disziplin und Ordnung einigermaßen zu gewöhnen". Der Dienst an einer "Gemeinschaft" sei den Franzosen als Lebensform bisher fremd gewesen.

Der Bericht fuhr fort, die Franzosen hätten bei ihrer Ankunft vor der Tatsache gestanden, daß sie, um sich nachts betten zu können, erst mal selber die Betten aufbauen und die Strohsäcke hätten stopfen müssen. In der ersten Überraschung hätten sie das auch getan. Das Aufstehen am nächsten Morgen zum Frühsport dagegen sei nur von einigen befolgt worden, und es sei Krisenstimmung aufgekommen. Die Lagerleitung habe sich in dieser Situation bemüht, "einen Ausgleich zwischen der deutschen Form des Arbeitslagers und des französischen Ferienlagers zu schaffen, die Franzosen unbemerkt in unsere Form hineinwachsen zu lassen". Das habe man dann schließlich auch geschafft. Nur bei einigen, "die tatsächlich nur des Vergnügens wegen nach Deutschland gekommen waren", hätten auch diese psychologischen Bemühungen keinen Erfolg gehabt, während andere doch "begriffen hatten, worum es uns geht". Nach der Arbeit habe man mit den Franzosen debattiert, wobei "unsere Grundforderung war: Keine Verständigung im pazifistischen Sinne, die stark nach Kompromiß aussieht, sondern Verständnis für das beiderseitig wirkende Wollen". Man habe versucht, den Franzosen "unsere ganze nationalsozialistische Begriffswelt, wie Volk und Staat, Gemeinschaft, Führer, Leistungsprinzip, Rasse, Blut und Boden usw., beizubringen". Von da sei man zur "Besprechung von Teilgebieten, wie Erbhof, NS-Betrieb, Sterilisation" übergegangen. Ob diese Art von "Kulturarbeit" den gewünschten Erfolg hatte, wurde nicht berichtet (129).

4. Buch und Literatur

Der Verbreitung deutscher Bücher im Ausland wurde hauptsächlich vom Reichsministerium für Volksaufklärung und Propaganda besondere Bedeutung beigemessen. Auch auf diesem Gebiet zeigte sich die wenig glückliche nebeneinander bestehende Aktivität des Auswärtigen Amtes, des Propagandaministeriums und der Parteiorganisation. Die Reichsschrifttumskammer beklagte sich gleich zu Beginn ihres Bestehens, daß von Deutschland fast ausschließlich reine Fachliteratur bezogen werde, die "durch ihre Wissenschaftlichkeit, Objektivität und bewußte Beschränkung für eine auf das Totale gerichtete aktive Kulturpolitik wenig geeignet ist" (130). Die Reichsschrifttumskammer bedauerte, daß der Absatz "schöngeistiger und politisch-philosophischer Literatur, die allein das Ideengut des Nationalsozialismus vertreten kann", fortwährend abnehme.

Das Auswärtige Amt berücksichtigte auch während des Dritten Reiches ausgesprochen nationalsozialistisches Schrifttum für den Buchaustausch verhältnismäßig wenig. Hervorzuheben ist in diesem Zusammenhang die Herausgabe zweier deutscher Buchreihen durch das Auswärtige Amt, die nur für den Absatz im Ausland bestimmt waren. Diese waren die "Deutschen Dichter der Gegenwart" mit 20 Bänden und eine über 60 Bände umfassende Serie leichterer Unterhaltungsliteratur, "Der deutsche Tauchnitz". Das darin vertretene Schrifttum war politisch tendenzlos. Es fanden sich darunter Verfasser wie Hauptmann, Wiechert, Ina Seidel, Carossa. Im Ausland waren diese Bücher sehr begehrt. Ferner lieferte das Auswärtige Amt ganze Bibliotheken an Institute im Ausland. Zur Förderung der Verbreitung des deutschen Buches veranstaltete das Auswärtige Amt nach wie vor Buchausstellungen (131). Die Veranstaltung von Buchausstellungen ging jedoch immer mehr in die Hand der Auslandsorganisation der NSDAP über, wobei die deutschen ausländischen Vertretungen dann nur noch eine unterstützende Funktion hatten (132). Die Auslandsorganisation der NSDAP bemühte sich besonders um die Auslandsdeutschen, die sie mit nationalsozialistischer Literatur belieferte.

Das Ministerium für Volksaufklärung und Propaganda vertrat die Ansicht, die Ausfuhr deutscher Bücher sei das wirksamste Mittel der Auslandspropaganda auf weite Sicht, denn hierdurch werde der Welt demonstriert, daß die deutschen Leistungen im geistigen Bereich unentbehrlich seien. Als der deutsche Bücherexport Anfang der dreißiger Jahre weiter zurückging, subventionierte das Deutsche Reich auf Veranlassung des Reichsministers für Volksaufklärung und Propaganda eine 25 prozentige Preissenkung deutscher Bücher im Ausland aus dem Reichsetat (133).

Die Kulturabteilung des Auswärtigen Amtes förderte auch das Erscheinen ausländischer Übersetzungen deutscher Bücher. Auf diesem Wege ist durch Zuschüsse der Kulturabteilung in Spanien und Latein-Amerika eine große Verbreitung deutscher Lehrbücher, vor allem der Medizin, in spanischer Sprache erreicht worden (134).

5. Auslandsschulwesen

Das Dritte Reich versuchte, die Auslandsschulen wie die Inlandsschulen im nationalsozialistischen Sinne zu beeinflussen. Schon wegen der räumlichen Entfernung gelang dies bei weitem nicht so wie bei den Schulen innerhalb der Reichsgrenzen. 1935 erließ das Reichserziehungsministerium neue Prüfungsordnungen für die Auslandsschulen. Der Erlaß des Reichserziehungsministeriums von 1937, der das Höhere Schulwesen neu gliederte, galt auch für die Auslandsschulen. Die Angleichung wurde jedoch nicht in allen Auslandsschulen vollzogen. Die vorgeschriebene Verkürzung der Schulzeit von 13 auf 12 Jahre wurde bei vielen Schulen dadurch erreicht, daß man die Vorklassen von vier auf drei verringerte, um dadurch die Zahl der Hauptklassen unangetastet zu lassen.

Soweit ausländische Schulen Träger nationalsozialistischer Propaganda wurden, setzten an verschiedenen Stellen Gegenmaßnahmen der Regierungen ein, die zu einer Beeinträchtigung der Unterrichtsmöglichkeiten der deutschen Auslandsschulen führten (135). Brasilien z.B., in dem Gruppen verschiedener Rassen ohne Gegensätze und Spannungen zusammenlebten und das deshalb die nationalsozialistische Rassenideologie besonders scharf ablehnte, verbot 1938 die Erteilung des Grundschulunterrichts in deutscher Sprache sowie die Annahme von Subventionen von seiten ausländischer Regierungen. Brasilien verlangte die Naturalisierung aller an den Schulen unterrichtenden Lehrer. Ebenso verbot Argentinien durch einen Regierungserlaß aus dem Jahre 1938 jede politische und sonstige Werbetätigkeit, welche den Schülern Meinungen beibringen konnten, die den Grundsätzen der argentinischen Verfassung widersprachen. Die Lehrerlaubnis wurde jeweils nur auf ein Jahr erteilt. Andere Staaten ergriffen Maßnahmen, um eine mögliche Beeinflussung der Kinder ihrer Staatsangehörigen in ausländischen Schulen zu verhindern. 1933 untersagte Griechenland Kindern griechischer Staatsangehöriger den Besuch ausländischer Volksschulen. Die Türkei erließ 1931 das gleiche Verbot. Bulgarien besteuerte ab 1931 den Besuch ausländischer Schulen durch bulgarische Staatsangehörige. Diese Maßnahmen führten zu einer Verringerung der Schülerzahl. So verloren z. B. die deutsche Schule in Athen 250 Schüler und die deutsche Schule in Saloniki 200 Schüler. Nachteilig wirkten sich auf die Arbeit der deutschen Schulen im Ausland auch die politischen Unruhen aus, die in einigen Ländern ausbrachen und zu kriegerischen Auseinandersetzungen führten, so z. B. in Mandschukuo, China, Afghanistan und besonders in Spanien (136).

Das Deutsche Reich gab weiterhin finanzielle Zuschüsse zu den Personal- und Sachkosten der deutschen Auslandsschulen. Die Ausgaben aus dem Reichsetat für diese Schulen steigerten sich von 3,2 Mio. RM im Jahre 1931 über 4,7 Mio. RM im Jahre 1939 auf 12,5 Mio. RM im Jahre 1943. Trotz der angeführten Schwierigkeiten stieg die Zahl der anerkannten deutschen höheren Auslandsschulen von 25 im Jahre 1933 auf 40 im Jahre 1938 (137).

Der Zweite Weltkrieg brachte zum zweitenmal einen großen Einschnitt in der Geschichte des deutschen Schulwesens. Wie schon durch den Ersten Weltkrieg wurden große Teile des deutschen Auslandsschulwesens vernichtet. Die Schulen wurden beschlagnahmt, die deutsche Sprache verboten, die Lehrpersonen interniert. Nur die von Orden oder Kirchengemeinden getragenen deutschen Schulen im Ausland konnten noch weiterarbeiten. Weite Teile des deutschen Auslandsschulwesens, vor allem in Ost- und Südosteuropa, wurden mit der Vertreibung der deutschen Minderheiten völlig vernichtet (138).

6. Ausgaben des Auswärtigen Amtes für kulturpolitische Zwecke

Für die Ausgaben der Kulturpolitischen Abteilung des Auswärtigen Amtes bestanden im Haushalt des Auswärtigen Amtes zwei besondere Fonds, der "Kulturfonds" und der "Schulfonds"

Der "Kulturfonds" verausgabte 1931 : 3,4 Mio. RM - 1939 : 3,9 Mio,
der "Schulfonds" im gleichen Jahr: 3,2 Mio. RM - 1939 : 4,7 Mio.

1943 waren für den Kulturfonds vorgesehen 3,3 Mio. RM, dazu traten aber weiter

für allgemeine Deutschtumsausgaben	0,7 Mio. RM
für deutsche Sprachwerbung im Ausland	0,5 Mio. RM
für wissenschaftl. Institute im Ausland	3,4 Mio. RM
und für deren Einrichtung	0,5 Mio. RM
Der Ansatz betrug also insgesamt	8,4 Mio. RM

Für den Schulfonds waren im Jahre 1943 vorgesehen	6,9 Mio. RM
außerdem für Schulbauten	5,6 Mio. RM
zusammen	12,5 Mio. RM

Beide Fonds zusammen umfaßten demnach

1931	6,6 Mio. RM
1939	8,6 Mio. RM
1943	20,9 Mio. RM,

wobei der größte Teil der Ausgaben in Devisen zu leisten war. Die Aufblähung der Fonds während der Kriegszeit beruht nicht auf einer normalen Entwicklung, sondern erklärt sich aus der Ausnutzung der zeitweiligen territorialen Machtposition des Reiches (139).

IV. Die auswärtige Kulturpolitik der Bundesrepublik Deutschland

1. Die Ausgangssituation nach dem Zweiten Weltkrieg - die Kulturabteilung des Auswärtigen Amtes

Nach dem Zusammenbruch des Jahres 1945 gab es sechs Jahre lang keine deutsche Außenpolitik und auch keine Kulturarbeit des Auswärtigen Amtes. 1951 nahm die jetzt wieder "Kulturabteilung" genannte Abteilung VI des Auswärtigen Amtes ihre Tätigkeit neu auf. Eine Fülle von Aufgaben wartete auf sie, für deren Bewältigung ihr zunächst nur wenige Personen und bescheidene Mittel zur Verfügung standen. Nach den Jahren der Kulturpropaganda mußte die Kulturabteilung mit sehr großer Zurückhaltung ans Werk gehen. Sie bemühte sich, nach den Jahren des Hasses und des Kriegsgeschreis an das andere Deutschland eines Beethoven und Bach, Goethe und Schiller, Dürer und Kant zu erinnern. Allmählich gelang es, die während der Herrschaft Hitlers, während des Krieges und in den Nachkriegsjahren unterbrochenen Kontakte wieder neu anzuknüpfen. Entgegen den Prinzipien der Propaganda wurde peinlich darauf geachtet, sich niemandem aufzudrängen, sondern in den Kulturaustausch auf der Basis des Gebens und Nehmens nur auf Wunsch eines anderen Landes einzutreten. Durch den Abschluß von Kulturabkommen, die Errichtung von Kulturinstituten und Bibliotheken, das Abhalten von Sprachkursen, die Entsendung von Wissenschaftlern, Schriftstellern, Musikern und durch die Veranstaltung von Ausstellungen konnten die unterbrochenen Verbindungen verhältnismäßig rasch wieder neu geknüpft werden (140).

Der Schwerpunkt der Pflege der Kulturbeziehungen zum Ausland liegt beim Auswärtigen Amt. Daneben befassen sich mit der Auslandskulturpolitik wie in den meisten Ländern der Welt zahlreiche staatliche und private Institutionen. In der Bundesregierung sind neben dem Auswärtigen Amt vor allem das Innenministerium und das Bundespresse- und Informationsamt für die auswärtige Kulturpolitik von Bedeutung. Eine Reihe weiterer Ministerien und Bundesstellen sind außerdem auf dem Gebiet der auswärtigen Kulturarbeit tätig. So vergibt das Bundeswirtschaftsministerium Stipendien unter wirtschaftlichen Gesichtspunkten an ausländische Studenten zum Studium in Deutschland. Das Bundesministerium für wirtschaftliche Zusammenarbeit erfüllt Aufgaben der Kulturpolitik auf dem Gebiet der Entwicklungshilfe. Das Bundesministerium für Familien- und Jugendfragen beteiligt sich über den Bundesjugendplan stark an der Förderung des internationalen Jugendaustausches. Vor allem der deutsch-französische Jugendaustausch gehört nach dem deutsch-französischen Abkommen vom 22. Januar 1963 in seine Zuständigkeit. An der Betreuung und Ausbildung ausländischer Praktikanten in der Bundesrepublik sind neben der Kulturabteilung und der handelspolitischen Abteilung des Auswärtigen Amtes in einem interministeriellen Ausschuß das Wirtschafts-, Arbeits- und Ernährungsministerium beteiligt, ferner gelegentlich andere Ministerien sowie die Zentralstelle für Arbeitsvermittlung. In der Frage der ausländischen Praktikanten arbeiten die amtlichen Stellen eng mit den Spitzenverbänden der Wirtschaft im Rahmen des Aussprachekreises für berufliche Aus- und Weiterbildung von Ausländern in der Bundesrepublik und der Arbeitsgemeinschaft für die Zusammenarbeit mit den Entwicklungsländern und des Gesprächskreises Wissenschaft und Wirtschaft (getragen vom Bundesinnenministerium und dem Stifterverband) zusammen. Ferner wirken dabei die Handelskammern, der Deutsche Akademische Austauschdienst, die Carl Duisberg-Gesellschaft, die Friedrich Ebert-Stiftung, die Stiftung Internationale Solidarität und eine Reihe weiterer Organisationen mit (141). Wegen der zahlreichen und engen Verbindungen der inneren mit der äußeren Kulturpolitik sind an der Kulturarbeit im Ausland auch die Kultusministerien der Länder sowie die Ständige Konferenz der Kultusminister beteiligt.

Im Bereich der wissenschaftlichen und der Hochschulbeziehungen zum Ausland wirken mit: Die Westdeutsche Rektorenkonferenz, die Deutsche Forschungsgemeinschaft, der Stifterverband für die Deutsche Wissenschaft. Die akademischen Auslandsämter von 51 Universitäten und Hochschulen befassen sich mit dem Problem der ausländischen Studenten. Diese akademischen Auslandsämter arbeiten eng mit den studentischen Auslandsämtern zusammen.

Weitere Institutionen, die ganz oder zum Teil mit Hilfe öffentlicher Mittel für die Kulturarbeit im Ausland wirken, sind: Das Goethe-Institut zur Pflege der deutschen Spracheund Kultur im Ausland e. V. mit dem Hauptsitz in München (142), Inter Nationes, die Alexander vom Humboldt-Stiftung, der Deutsche Akademische Austauschdienst, der mit der Kultusministerkonferenz zusammenarbeitende Dokumentations- und Auskunftsdienst, die Carl Duisberg-Gesellschaft und das Institut für Auslandsbeziehungen in Stuttgart. Es gibt noch etwa 120 Institutionen, darunter zahlreiche deutsch-ausländische Gesellschaften, die vom Auswärtigen Amt Verwaltungszuschüsse erhalten (143) für die Pflege kultureller Beziehungen zum Ausland. Der Buchversand ins Ausland ist hauptsächlich Inter

Nationes, dem Institut für Auslandsbeziehungen, dem Dokumentations- und Auskunftsdienst und der Martin Behaim-Gesellschaft in Darmstadt anvertraut.

Die Zahl der staatlichen und privaten Stellen, die sich in der Bundesrepublik mit der Kulturarbeit im Ausland befassen, beträgt etwa 500 (144). 50 dieser Institutionen befassen sich mit allgemeinen Aufgaben. Neben dem Deutschen Akademischen Auslandsdienst, der Alexander von Humboldt-Stiftung, dem Pädagogischen Austauschdienst und der Carl Duisberg-Gesellschaft befassen sich rund 100 weitere kleinere Organisationen mit dem Austausch von Personen und der internationalen Bildungsarbeit. Eine weitere Gruppe bilden die 45 Verbindungs- und Zweigstellen internationaler und ausländischer Organisationen, die sich ebenfalls mit der internationalen Kulturarbeit befassen. Die Kirchen und konfessionellen Organisationen arbeiten über mehrere besondere Institutionen (mindestens 25) mit dem Ausland zusammen. Dazu kommt noch eine Vielzahl von Fachorganisationen, Institutionen, Vereinen, die neben ihrer Hauptaufgabe auch kulturelle Beziehungen zum Ausland pflegen (145).

Da das Auswärtige Amt nach dem Zusammenbruch 1945 wegen der Vorbehalte der Besatzungsmächte seine Tätigkeit erst später als die anderen Ministerien aufnehmen konnte, hat das zuvor bestehende Bundesinnenministerium eine Reihe von kulturpolitischen Aufgaben übernommen, die eigentlich wegen ihres Zusammenhangs mit der auswärtigen Kulturpolitik in die Zuständigkeit des Auswärtigen Amtes gehören und die teilweise vor dem Zusammenbruch auch von dem Vorgänger des jetzigen Auswärtigen Amtes wahrgenommen worden sind. Daraus ergibt sich eine Überlagerung von Zuständigkeiten zwischen dem Bundesministerium des Innern und dem Auswärtigen Amt. Es ist mehrmals versucht worden, die Zuständigkeiten zwischen Innenministerium und Auswärtigem Amt klar abzugrenzen; indessen konnten die beiden Ressorts keine Einigung erzielen. Das Auswärtige Amt erreichte nicht, daß alle deutschen wissenschaftlichen Institute im Ausland wie vor dem Zweiten Weltkrieg in seine Zuständigkeit übertragen wurden. Immerhin kam 1960 folgende Abgrenzung zustande:

Bundesinnenministerium:

a) Wissenschaftliche Institute im Ausland (Archäologisches Institut Berlin mit Zweigstellen - Historisches Institut in Rom - Kunsthistorisches Institut in Florenz - Künstlerheime der Villa Massimo und in Olevano);

b) Internationale wissenschaftliche und kulturelle Kongresse im Inland. Finden diese Veranstaltungen im Ausland statt, so gehören sie in die Zuständigkeit des Auswärtigen Amtes;

c) Reisen ausländischer Gelehrter in die Bundesrepublik;

d) Reisen von Wissenschaftlern ins Ausland soweit es sich um Studien-, Informations- und Vortragsreisen handelt. Handelt es sich dagegen um Reisen zur Teilnahme an kulturellen und wissenschaftlichen Tagungen sowie um Reisen auf Grund von Berufungen und Stipendien, so gehören sie zur Zuständigkeit des Auswärtigen Amtes;

e) Hochschullehreraustausch in Gruppen,

f) Förderung deutsch-ausländischer Kulturgesellschaften, wenn besondere Tagungen in Deutschland abgehalten werden.

g) Förderung von Gastspielen und Kunstausstellungen, sofern es sich um ausländische Veranstaltungen in der Bundesrepublik handelt.

h) Förderung der Osteuropa-Institute und des Europa-Kollegs in Hamburg.

Diese Verteilung der Zuständigkeiten zwischen Auswärtigem Amt und Innenministerium ist nicht glücklich. Es wäre zweckmäßiger, die vom Innenministerium auf dem Gebiet der auswärtigen Kulturpolitik wahrgenommenen Aufgaben der Kulturabteilung des Auswärtigen Amtes zu übertragen. Die Zersplitterung der Zuständigkeiten zwischen den Ministerien erschwert der Kulturabteilung des Auswärtigen Amtes die Führung in der Pflege der Kulturbeziehungen zum Ausland (146).

2. Kulturbeirat

Der Minister des Auswärtigen hat im Jahre 1961 auf Anregung des damaligen Leiters der Kulturabteilung, Dr. Sattler, einen Beirat für kulturpolitische Fragen gebildet und damit die alten Pläne aus den Jahren 1920 bis 1928 verwirklicht. Die erste Sitzung des Beirates, der etwa zwei- bis dreimal im Jahr für ein bis zwei Tage in verschiedenen Orten der Bundesrepublik zusammentritt, fand am 12. und 13. Januar 1961 statt. Die Aufgabe des Beirates ist, die Kulturarbeit der Bundesregierung im Ausland auf den verschiedensten Gebieten durch Anregungen, Kritik und Wünsche zu unterstützen. Zu den einzelnen Themen (z. B. deutsche Schulen im Ausland, Arbeit der Kultur- und Goethe-Institute im Ausland, deutsche Wissenschaft und Kunst im Ausland) können zur Unterstützung des Beirates weitere Persönlichkeiten als Sachverständige zugezogen werden. Die Tätigkeit des Beirates ist ehrenamtlich (147).

3. Kulturabkommen

Im Gegensatz zu früher wird der Kulturaustausch immer häufiger durch internationale Kulturabkommen geregelt, die oft bis in die Einzelheiten die gegenseitigen Leistungen festlegen (148). Zunehmend werden bilaterale Kulturabkommen im Zusammenhang mit politischen Verträgen geschlossen, um die politischen Vereinbarungen in ihrer Bedeutung zu erhöhen. Die steigende Häufigkeit von Kulturabkommen ist ein Ausdruck des Grundsatzes, daß die Kulturarbeit auf einem Austausch, d. h. auf Gegenseitigkeit beruhen müsse (149).

Die Bundesrepublik hat mit einer Reihe von Staaten Kulturabkommen geschlossen. Im Hinblick auf die Zuständigkeitsverteilung auf kulturellem Gebiet innerhalb der Bundesrepublik schließt die Bundesregierung diese Kulturabkommen im allgemeinen in der Form von Rahmenabkommen ab (150).

Wegen der Meinungsverschiedenheiten über die Zuständigkeit des Bundes für den Abschluß von Kulturabkommen (151) wurde in der sogenannten Lindauer Absprache vom 14. 11. 1957 zwischen Bund und Ländern vereinbart, daß das Einverständnis der Länder herbeigeführt werden sollte, soweit völkerrechtliche Verträge auf Gebieten der ausschließlichen Zuständigkeit der Länder eine Verpflichtung des Bundes oder der Länder begründen sollten. Um den Ländern zu ermöglichen, möglichst frühzeitig ihre Wünsche geltend zu machen, sollten die Länder rechtzeitig über den beabsichtigten Abschluß derartiger Verträge unterrichtet werden. Ferner wurde vereinbart, daß ein ständiges Gremium aus Vertretern der Länder gebildet wird, das als Gesprächspartner für das Auswärtige Amt oder die sonst zuständigen Fachressorts des Bundes im Zeitpunkt der Aushandlung internationaler Verträge zur Verfügung steht (152). Der bayerische Vertreter beim Bund ist Vorsitzender der Vertragskommission. Die Zusammenarbeit des Auswärtigen Amtes mit der ständigen Vertragskommission beim Abschluß von Kulturabkommen hat sich bewährt. Durch diese Kommission ist es gelungen, die verschiedenen Wünsche der Länder und des Bundes beim Abschluß von Kulturabkommen aufeinander abzustimmen und praktische Lösungen zu finden. Die internationalen Kulturabkommen wurden bisher nahezu ausschließlich durch den Bund abgeschlossen, auch soweit die Länder davon betroffen wurden (153).

4. Kulturinstitute

Eine mühsame und wichtige Aufgabe des Auswärtigen Amtes nach dem Zweiten Weltkrieg war die Neuerrichtung und Einrichtung der deutschen Kulturinstitute und Bibliotheken im Ausland. Diese Institute stehen sowohl deutschen als auch ausländischen Personen offen. Die Vermittlung deutscher Sprachkenntnisse und deutschen Kulturgutes bildet das Hauptaufgabengebiet dieser Institute. Gegenwärtig bestehen 198 deutsche und deutsch-ausländische Kulturinstitute und Kulturzentren im Ausland (154). 106 Kulturinstitute sind "deutsch-ausländische" Kulturinstitute; Rechtsträger dieser Institute sind deutsch-ausländische Kulturvereinigungen, also Gesellschaften nach ausländischem Recht. An 14 von diesen 106 Instituten bestehen "Dozenturen" des Goethe-Institutes (155).

Eine wichtige Rolle für den internationalen Kulturaustausch spielen durch ihre Veranstaltungen, ihre Informationsmöglichkeiten und nicht zuletzt durch die Vermittlung persönlicher Beziehungen die deutsch-ausländischen Kulturgesellschaften, von denen es gegenwärtig nahezu 100 gibt. 50 davon erhalten regelmäßige finanzielle Unterstützungen des Auswärtigen Amtes. Der dafür verwendete Betrag belief sich im Jahre 1962 auf rund 410.000 DM (156).

5. Internationale Organisationen

Ein verhältnismäßig neues Feld der Auslandskulturpolitik bilden die multilateralen Kulturabkommen wie z. B. der UNESCO, der WEU und des Europarates. Die internationale kulturelle Kooperation tritt zunehmend neben die nationale Kulturrepräsentanz (157).

Die Bundesrepublik wurde auf ihren Antrag durch Beschluß der 6. Generalversammlung der UNESCO vom 21. Juni 1951 in die UNESCO aufgenommen (158).

Die Bundesrepublik Deutschland unterhält seit dem Herbst 1958 an der Deutschen Botschaft Paris eine Stelle für den Ständigen Deutschen Delegierten bei der UNESCO. Anfangs wurde dieses Amt von dem Kulturreferenten der Botschaft mitverwaltet. Die kulturelle Bedeutung der Bundesrepublik jedoch sowie die Vielfalt der UNESCO-Arbeit und die sich ständig verstärkende Politisierung der UNESCO erforderten die Berufung eines eigens für UNESCO-Belange bestellten deutschen Delegierten.

Die UNESCO hat in einigen Staaten sogenannte UNESCO-Institute errichtet. Die Bundesrepublik ist Gastland für eines dieser Institute nämlich das Institut für Pädagogik in Hamburg. Es ist die Aufgabe solcher Institute, durch ihrem Fach entsprechende Tagungen, Veröffentlichungen usw. die Ziele der UNESCO zu fördern. Der Arbeitsstab der Institute ist international. Die Bundesrepublik trägt etwa 80 % des Budgets des Hamburger Institutes.

Eine Reihe weiterer Organisationen, an denen die Bundesrepublik beteiligt ist, befaßt sich ebenfalls mit kulturellen Fragen, obwohl ihre Hauptaufgaben auf wirtschaftlichem, militärischem oder allgemein politischem Gebiet liegen.

Die Bundesrepublik ist im Rahmen des Kultursachverständigen-Komitees des Europarates, das aus Delegierten der Regierungen gebildet ist, an der Kulturarbeit des Europarates beteiligt (159).

Die Westeuropäische Verteidigungs-Union (WEU) hatte einen Kulturausschuß gebildet und ein Kulturbüro in London eingerichtet (160). Diese Institution wurde 1959 als selbständiges Organ aufgelöst und in den Europarat eingefügt.

Auch die NATO befaßt sich seit der Gipfelkonferenz im Dezember 1957 mit kulturellen Fragen. Die NATO veranstaltet Seminare und vergibt Forschungsstipendien. Der Wissenschaftsausschuß der NATO beschäftigt sich mit der Behebung des Mangels an naturwissenschaftlichem Nachwuchs. Die NATO besitzt neben dem Wissenschaftsausschuß einen besonderen wissenschaftlichen Berater. Sie erarbeitet Programme für Sommerkurse und zur Förderung von speziellen Forschungsaufgaben (161).

Auch der Europäische Wirtschaftsrat (OECD) hat ein Programm zur Behebung des Mangels an Wissenschaftlern und Technikern ausgearbeitet. Die Bundesrepublik ist unter Federführung des Bundeswirtschaftsministeriums an diesem Programm im Rahmen ihrer Mitgliedschaft an der OECD beteiligt (162). Am 4. und 5. Oktober 1963 fand in Paris die erste Tagung der Wissenschaftsminister der OECD-Staaten statt.

6. Auswärtige Kulturarbeit auf dem Gebiet der Wissenschaft

a) Die wissenschaftlichen Institute, die am Anfang der auswärtigen Kulturpolitik des Deutschen Reiches standen - so besonders das Deutsche Archäologische Institut mit seinen sieben Auslandsabteilungen, das Kunsthistorische Institut in Florenz und die Zoologische Station in Neapel -

spielen auch heute für die auswärtige Kulturpolitik eine wichtige Rolle. Dazu kommt ein umfangreiches Programm für den Austausch von Wissenschaftlern und Studenten.

Austausch von Wissenschaftlern und Studenten

b) Auf Anregung des jetzigen Bundestagspräsidenten, Dr. Eugen Gerstenmaier, hat die Bundesregierung 1952 ein Gästeprogramm ins Leben gerufen. Nach diesem Programm sollen führende Persönlichkeiten der Kultur, Wissenschaft und Politik des Auslandes zu zwei- bis vierwöchigen Studienreisen durch die Bundesrepublik eingeladen werden. Ein parlamentarischer Auswahlausschuß verteilt die Mittel auf die verschiedenen Länder. Er wählt die von den Auslandsvertretungen vorgeschlagenen Persönlichkeiten aus und klärt alle mit dem Gästeprogramm zusammenhängend grundsätzlichen Fragen. Von 1952 bis 1954 war das Programm auf die USA beschränkt. Es nannte sich bis dahin Amerika-Austauschprogramm. 1954 wurde es auf Grund der guten Erfahrungen, die man damit gemacht hatte, auf andere Länder in Europa und Übersee ausgedehnt. Die Zahl der eingeladenen Gäste betrug von 1952 bis 1962:

1952	63	Gäste	
1953	101	"	
1954	50	"	
1955	57	"	
1956	93	"	
1957	137	"	
1958	155	"	
1959	77	"	
1960	81	"	
1961	83	"	
1962	157	"	(163)

Bis 1956 wurden im Bundeshaushalt für dieses Programm 550. 000 DM ausgegeben. Auf Wunsch des parlamentarischen Ausschusses wurde der Betrag 1957 auf jährlich 750. 000 erhöht (164).

In vielen Ländern ist das Interesse gestiegen, deutsche Wissenschaftler für ausländische Hochschulen zu gewinnen. Deutsche Wissenschaftler werden zumal von den Universitäten der Entwicklungsländer des Nahen und Fernen Ostens begehrt, vor allem Wissenschaftler, die auf den Gebieten der Medizin, der Naturwissenschaften und der Technik arbeiten. In den lateinamerikanischen Ländern, besonders in Brasilien, wird in letzter Zeit häufig der Wunsch laut, auch deutsche Soziologen, Politologen und Wirtschaftswissenschaftler zu erhalten. Der Annahme solcher Berufungen durch Deutsche stellen sich indessen häufig große Schwierigkeiten in den Weg, weil die ausländischen Universitäten nicht immer die gleichen Bezüge zahlen, die die Gelehrten in Deutschland erhalten würden. In solchen Fällen muß den deutschen Hochschullehrern durch Beihilfen des Auswärtigen Amtes eine Ausgleichszahlung gewährt werden. In den letzten Jahren konnten ständig mehr deutsche Wissenschaftler mit Beihilfen des Auswärtigen Amtes an ausländische Hochschulen und Institute vermittelt werden. Folgende Zahlen geben darüber Auskunft:

1955 wurden	23	Hochschullehrer	in 6	Länder vermittelt,
1956	30	"	in 8	"
1957	37	"	in 10	"
1958	48	"	in 15	"
1959	65	"		
1960	60	"		
1961	85	"		
1962	117	"		

Frankreich, England und die USA zahlen häufig ihren Auslandsprofessoren die vollen Gehälter weiter. Die dem Auswärtigen Amt dafür zur Verfügung stehenden Mittel reichen indessen nicht aus, ähnlich zu verfahren (165).

Es ereignet sich verhältnismäßig selten, daß ausländische Professoren Berufungen an deutsche Hochschulen erhalten. Dieser Austausch war vor dem Krieg mit den deutschsprechenden Ländern wie Österreich und der Schweiz viel intensiver, als das heute der Fall ist. Die ausländischen Professoren sind an deutschen Hochschulen meist als Gastprofessoren tätig. Außerdem wird ausländischen Wissenschaftlern ermöglicht, in Deutschland spezielle Studien zu betreiben und an wissenschaftlichen Kongressen teilzunehmen.

Die deutschen Lektoren an ausländischen Hochschulen sind für die auswärtige Kulturarbeit von großer Bedeutung. Sie vermitteln nicht nur die Kenntnis der deutschen Sprache. Im Zusammenhang damit geben sie zugleich ein Bild der Kultur, des wissenschaftlichen Lebens, der wirtschaftlichen und politischen Situation unseres Landes. Häufig bilden sie die einzigen deutschen Lehrpersonen an ausländischen Hochschulen und damit die einzigen Ansatzpunkte für die deutsche Kulturarbeit an diesen Hochschulen. Wie den an ausländische Hochschulen gehenden deutschen Professoren zahlt das Auswärtige Amt auch den Lektoren eine Beihilfe, wenn das Gehalt, das sie von der ausländischen Universität beziehen, nicht für ihren Lebensunterhalt ausreicht. Die Lektorate an ausländischen Universitäten sind nicht als Dauerstellen gedacht, schon deswegen, weil sie nicht die für Dauerstellen notwendigen Sicherungen wie Altersversorgung, Recht auf Wiedereinstellung in Deutschland oder dergleichen bieten. Man geht davon aus, daß die Lektorate in gewissen Abständen immer wieder neu besetzt werden. Dieser Wechsel der Lektoren hängt jedoch weitgehend davon ab, ob die betreffenden ausländischen Hochschulen einen solchen Wechsel wünschen. In den vergangenen Jahren gingen deutsche Lektoren in steigender Zahl in fremde Länder. Es waren: (166)

1955	48	Lektoren	in 13	Ländern
1956	59	"	in 16	"
1957	63	"	in 19	"
1958	77	"	in 25	
1960	115			
1961	145			
1962	153			

Internationale wissenschaftliche Kongresse tragen mit am stärksten zu einer engen, auch persönlichen, über das Fachliche hinausgehenden Verbindung zwischen den Gelehrten verschiedener Nationen bei. Häufig können die Wissenschaftler, wenn es sich nicht um einen Kongreß in einem benachbarten Land handelt, den Besuch solcher Veranstaltungen mit eigenen Mitteln nicht bestreiten. Das Auswärtige Amt unterstützt daher finanziell die Teilnahme deutscher Wissenschaftler an internationalen Tagungen, vor allem außerhalb Europas. Die deutschen Wissenschaftler oder die deutschen wissenschaftlichen Delegationen erscheinen auf internationalen Kongressen nicht mit irgendeinem offiziellen Auftrag. Sie repräsentieren nicht die Regierung, sie werden ausschließlich von ihren wissenschaftlichen Gremien entsandt oder in ihrer Eigenschaft als Wissenschaftler persönlich eingeladen (167). Das Auswärtige Amt übernimmt in der Regel zwei Drittel der Reisekosten, während ein Drittel der Teilnehmer selbst aufzubringen hat. Nach einer internen Vereinbarung mit den Landeskultusministerien sind die Landeskulturverwaltungen und Hochschulen für die Teilnahme deutscher Wissenschaftler an Kongressen in Europa zuständig, während die Teilnahme in außereuropäischen Ländern in die Zuständigkeit des Auswärtigen Amtes fällt. Für die Teilnahme deutscher Wissenschaftler an wissenschaftlichen Kongressen im Ausland und für wissenschaftliche Vortragsreisen stellte das Auswärtige Amt 1961 810.000 DM und 1962 1 Mio. DM zur Verfügung (168).

Wie die Berichte der Botschaften immer wieder hervorheben, können Vorträge deutscher Wissenschaftler im Ausland eine besondere Ausstrahlungskraft haben. Berühmt wurde die schon geschilderte Weltreise Professor Einsteins. Die Einladungen an deutsche Wissenschaftler, im Ausland Vorträge zu halten, wurden in den letzten Jahren immer häufiger ausgesprochen. Das Auswärtige Amt leistet für diese Vortragsreisen in gleicher Weise wie für die Teilnahme an wissenschaftlichen internationalen Kongressen Beihilfen (169).

In allen Fragen des wissenschaftlichen Austausches ist das Auswärtige Amt auf die Zusammenarbeit mit den Kultusministerien der Länder angewiesen, in deren Zuständigkeit z. B. die Beurlaubung deutscher Wissenschaftler zur Annahme einer Berufung an eine ausländische Universität oder von Einladungen zu Gastvorlesungen sowie die Sicherstellung der deutschen Hochschullehrer im Ausland fällt. Desgleichen ist das Auswärtige Amt bei der Einladung ausländischer Gelehrter nach Deutschland auf die Kultusverwaltungen der Länder und die Hochschulen angewiesen. In all diesen Fällen kann das Auswärtige Amt nur vermittelnd wirken, da es keinen direkten Einfluß auf die Kultusverwaltungen ausüben kann. Bei der Unterstützung von Reisen deutscher Wissenschaftler ins Ausland und bei Einladungen ausländischer Wissenschaftler in die Bundesrepublik arbeitet das Auswärtige Amt eng mit der Deutschen Forschungsgemeinschaft, der Ständigen Konferenz der Kultusminister der Länder, der Westdeutschen Rektorenkonferenz und dem Deutschen Akademischen Austauschdienst zusammen (170).

d) Die Förderung des Studentenaustausches zwischen den einzelnen Ländern gehörte schon lange vor dem Kriege zu den wichtigsten Mitteln der deutschen auswärtigen Kulturpolitik. Um den internationalen Studentenaustausch zu intensivieren, entstand die Idee des "Austauschstudenten", d. h. für einen Studenten, der ins Ausland ging, sollte aus dem betreffenden Land ein anderer Student nach Deutschland kommen. Das Stipendienprogramm hat jedoch diesen engen Rahmen längst gesprengt. Die Bundesrepublik gehört zu den von ausländischen Studenten bevorzugten Ländern. Gegenwärtig studieren in der Bundesrepublik etwa 24. 000 ausländische Studenten.

Die für ausländische Studenten zum Studium in der Bundesrepublik vergebenen Stipendien sind nach Art und Umfang sehr verschieden. Damit passen sie sich den jeweiligen Bedürfnissen an. Innerhalb der europäischen Länder ist es häufig üblich, ein bis zwei Semester an einer ausländischen Hochschule zu studieren, um die betreffende Sprache zu lernen, sich ein Bild vom Nachbarland zu machen, ein spezielles Problem zu studieren oder ganz allgemein den Horizont zu erweitern. Damit ist jedoch den Studenten aus den Entwicklungsländern wenig gedient, da sie das Studium in ihren Heimatländern in der Regel nicht fortsetzen und zum Abschluß bringen können. Für Studenten aus diesen Ländern müssen daher Stipendien für eine ganze Ausbildung gewährt werden.

Der politische Charakter der Stipendien zeigt sich auch daran, daß sie häufig anläßlich von Staatsbesuchen in der Bundesrepublik oder im Ausland verliehen werden. Die Durchführung des Stipendienprogramms wird in der Regel dem Deutschen Akademischen Austauschdienst und der Alexander von Humboldt-Stiftung übertragen. Die Kulturabteilung stellt eine Art Programm der Stipendienverteilung nach politischen, kulturpolitischen und wirtschaftlichen Gesichtspunkten auf. Sie koordiniert die Stipendienhaushalte dieser beiden angeführten Organisationen und prüft die Verwendungsnachweise. Die Aufstellung eines Stipendienprogramms ist außerordentlich schwierig, da die Erziehungssysteme und sonstigen Voraussetzungen der etwa 80 Stipendienländer sehr unterschiedlich sind. Die Kulturabteilung des Auswärtigen Amtes hat gegenwärtig mit etwa 20 verschiedenen Stipendienarten zu tun.

Da die internationalen Organisationen wie die NATO, die OECD, der Europarat, die UNESCO, EURATOM und die Montanunion auch Stipendien vergeben, ist es mitunter schwierig, den Überblick über das Stipendienwesen zu behalten. Eine Koordinierung der verschiedenen Stipendien wäre zu überlegen. Es wäre auch zweckmäßig, das gesamte Stipendienwesen organisatorisch zusammenzufassen nach dem im Ausland zum Teil bestehenden Vorbild der "Scholarship-Divisions".

Eine wichtige Rolle im Rahmen des Stipendienwesens spielt das Fulbright-Abkommen mit den USA. Die Durchführung dieses Abkommens ist der Kulturabteilung des Auswärtigen Amtes anvertraut. Dieses Abkommen ermöglicht den Austausch von jährlich etwa 250 deutschen und doppelt soviel amerikanischen Professoren, Lehrern, Assistenten und Studenten. Das Auswärtige Amt stellte für ausländische Studenten in der Bundesrepublik folgende Stipendienmittel zur Verfügung:

1958	4.037.000 DM	
1959	3.647.000 "	
1960	4.669.000 "	
1961	10.904.000 "	
1962	16.264.000 "	

Die Zahl der Fulbright-Stipendiaten (Studenten, Professoren und Dozenten) betrug:

1958	258 Deutsche nach d. USA	554 Amerikaner in die BRD
1959	250 " " "	518 " "
1960	265 " " "	519 " "
1961	247 " " "	498 " "
1962	250 " " "	489 " "

Die Mittel hierfür wurden bis 1963 allein von den USA aufgebracht. Ab 1963 ist die Bundesrepublik Deutschland zunächst auf fünf Jahre mit 3.200.000 DM jährlich beteiligt (171).

Das Auswärtige Amt unterstützt finanziell Reisen ausländischer studentischer Reisegruppen in die Bundesrepublik. Es läßt die Programme für die Reisen vorbereiten und Reisebeihilfen gewähren. Die Abwicklung der Studienreisen ausländischer Studentengruppen in die Bundesrepublik und deutscher Studentengruppen ins Ausland ist dem Deutschen Akademischen Austauschdienst übertragen worden.

Ursprünglich wurden nur Reisen aus Ländern gefördert, mit denen die Bundesrepublik diplomatische Beziehungen unterhält. Zuerst wurde diese Regel 1957 bei Polen aufgehoben. Seit 1966 findet sie keine Anwendung mehr.

Die Studienreisen in die Bundesrepublik nehmen von Jahr zu Jahr einen größeren Umfang an. An diesen Reisen sind Besuchergruppen aus allen Ländern der Erde beteiligt. Von 1953 bis 1958 besuchten im Rahmen dieses Programms ca. 10.000 ausländische Besucher die Bundesrepublik (172). Das Auswärtige Amt gewährt ferner Reisebeihilfen für die Teilnahme deutscher Studenten an internationalen Seminaren und Tagungen und unterstützt die Reisen nichtakademischer oder akademischer Jugendlicher und Schülergruppen zum Besuch internationaler Einrichtungen im Ausland (173).

Das Auswärtige Amt stellt auch finanzielle Beihilfen für deutsche Studierende zur Verfügung. Der Stipendienplan des Auswärtigen Amtes sieht vor, daß nicht genügend dotierte Stipendien des Auslandes für deutsche Studenten durch Beihilfen aufgebessert werden. Die aus den Ländern des Nahen und Fernen Ostens angebotenen Stipendien für deutsche Studenten sind häufig so niedrig bemessen, weil sie sich am Lebensstandard der einheimischen Studenten orientieren und daher als Stipendium für einen deutschen Studenten nicht ausreichen. Ein birmesischer Student kommt in seinem Heimatland mit etwa DM 100,-- aus, während ein deutscher Stipendiat in Birma ca. DM 800,--, die Passagekosten ungerechnet, benötigt. Um diese Differenz auszugleichen, gibt das Auswärtige Amt eine Art Ausgleichsstipendium zu dem birmesischen Stipendium (174).

Das Auswärtige Amt gibt regelmäßig Zuschüsse an die deutschen Organisationen für Studentenaustausch. Die nach dem Krieg sich neu entwikkelnden Möglichkeiten des Studentenaustausches führten auch zu einem Ausbau der sich damit befassenden Organisationen. Die Kulturabteilung hat diesen Organisationen laufend sich steigernde Verwaltungskostenzuschüsse gewährt.

Die wichtigsten dieser Austauschorganisationen für Studenten und Hochschulpraktikanten sind gegenwärtig: Deutscher Akademischer Austauschdienst - Alexander von Humboldt-Stiftung - Auslandsstelle des Bundesstudentenringes - Auslandsstelle des Studentenverbandes deutscher Ingenieurschulen - World University Service - Verband deutscher Studentenschaften - Internationaler Studentenbund - Carl Duisberg-Gesellschaft (für nichtakademische Praktikanten).

Besondere Bedeutung kommt in diesem Zusammenhang dem Deutschen Haus in der Cité Universitaire in Paris zu. Dieses Studentenwohnheim wurde aus Bundesmitteln errichtet und kann 100 deutsche und ausländische Studenten beherbergen. In der Cité Universitaire in Paris haben alle bedeutenden Staaten ein Haus für ihre Studenten. In dem Haus sind jedoch nicht nur Studenten einer Nation untergebracht, weil man durch die Belegung mit mehreren Nationen internationale Begegnungsmöglichkeiten schaffen will (175).

Die vom Auswärtigen Amt für Stipendien und Beihilfen an ausländische und deutsche Studenten zur Verfügung gestellten Mittel betrugen: (176)

1958	1.567.000 DM
1959	1.646.000 DM
1960	2.569.000 DM
1961	4.454.000 DM
1962	6.223.000 DM

Seit 1956 bemüht sich das Auswärtige Amt um die kulturelle Betreuung der ausländischen Studenten und Praktikanten in der Bundesrepublik. Das Auswärtige Amt regte die Einrichtung besonderer Einführungs- und Sprachbildungskurse an den Universitäten und Hochschulen an. Es fördert über die Einrichtung von Klubräumen durch örtliche studentische oder andere Organisationen die Begegnungsmöglichkeiten junger Ausländer mit den Deutschen. Daneben unterstützt das Auswärtige Amt Studienreisen ausländischer Studenten innerhalb der Bundesrepublik zusammen mit deutschen Studenten, wobei sie in der Regel auch Gelegenheit erhalten, sich in Berlin über das nationale Problem der Wiedervereinigung an Ort und Stelle zu orientieren (177).

7. Kunst

Die Kunst gehört in allen ihren Disziplinen zu den subtilsten Mitteln der auswärtigen Kulturpolitik. Durch künstlerische Veranstaltungen werden zwar immer nur gewisse Schichten der ausländischen Bevölkerung angesprochen, die Wirkung kann jedoch umso nachhaltiger sein, weil sie unbeabsichtigt erscheint. Im Ausland haben nur erstklassige künstlerische Darbietungen, die gut vorbereitet werden, die Möglichkeit, das deutsche Kulturleben erfolgreich zu repräsentieren. Die internationale Konkurrenz auf diesem Gebiet ist sehr stark. Nur Spitzenleistungen haben Aussicht, die Aufmerksamkeit im Ausland zu wecken (178).

a) In der Regel werden Gastspielreisen von Theater- und Opernensembles, von Orchestern, Tanzgruppen, Chören oder von einzelnen Künstlern auf Grund eines privaten Gastspielvertrages durchgeführt. Das Auswärtige Amt unterstützt solche Gastspielreisen, wenn die finanziellen Bedingungen eines solchen Vertrages für die deutschen Künstler ungünstig sind. An das Auswärtige Amt werden jedes Jahr von Künstlern und Ensembles eine größere Anzahl von Anträgen auf finanzielle Unterstützung von Gastspielen im Ausland gestellt. Die Begrenztheit der für diese Art von Förderung dem Auswärtigen Amt zur Verfügung stehenden Mittel macht eine Auswahl der geförderten Gastspiele nötig. Hinzu kommt, daß das Auswärtige Amt auch Gesichtspunkte der Wirksamkeit der Aufführung im Ausland anlegen muß, wenn es Förderungsmittel einsetzt. Wenn ein politisches Interesse daran besteht, daß Gastspiele in bestimmten Ländern abgehalten werden, so versucht das Auswärtige Amt von sich aus, deutsche Spitzenkräfte für Veranstaltungen in diesen Ländern zu gewinnen(179).

Das Auswärtige Amt stellte für die Förderung von Aufführungen deutscher Theater und Konzerte 1962 3, 5 Mio. DM zur Verfügung. Bei der Auswahl der förderungswürdigen Veranstaltungen arbeitet das Auswärtige Amt zusammen mit der zum deutschen Musikrat gehörenden Verbindungsstelle für zwischenstaatliche Beziehungen, der deutschen Sektion des internationalen Theaterinstitutes und dem deutschen Bühnenverein. Diese Gremien beraten das Auswärtige Amt sachverständig. An der Beratung wirken ferner noch mit: Die Ständige Konferenz der Kultusminister der Länder und das Bundesinnenministerium, das vor allem bei Fragen ausländischer Gastspiele in der Bundesrepublik eingeschaltet wird (180).

Die folgenden Ausführungen sollen durch ausgewählte Beispiele ein Bild von der vielfältigen Arbeit auf dem Gebiet des Theaters und der Musik im Ausland geben.

Im Jahre 1956 fuhren mit Unterstützung des Auswärtigen Amtes das Stuttgarter Kammerorchester nach Japan und Indien, das Berliner Kammerorchester nach Südamerika, die Bamberger Symphoniker nach Skandinavien und die Berliner Philharmoniker nach den USA und nach Kanada. Diese Veranstaltungen hatten nahezu alle einen guten Erfolg. Ferner unterstützte das Auswärtige Amt mehrere Veranstaltungen im Ausland aus Anlaß des 100. Todestages von Robert Schumann. Im folgenden Jahr gaben die Berliner Philharmoniker unter Karajan 15 Konzerte in Japan mit hervorragendem Erfolg. Das Berliner Kammerorchester gastierte in Indien und Pakistan. Im Jahre 1958 führten erfolgreiche Konzertreisen das Koeckert-Quartett nach Südamerika und den USA, den Cellisten Professor Hoelscher nach dem Vorderen Orient, den Pianisten Professor Seemann nach Kanada, den Pianisten Gerd Kemper nach Afrika. Die Städtische Oper Berlin gastierte 1956 in Florenz, im gleichen Jahr nahm die Bayerische Staatsoper an den Festspielen in Athen teil. Nach langjähriger Pause gastierte ein deutsches Opernensemble zum erstenmal wieder in Belgrad mit großem Erfolg. Die Frankfurter Oper gab in der französischen Hauptstadt ein Gastspiel.

Deutsche Theater führen regelmäßig im Ausland Schauspiele auf. 1956 führte das Bochumer Schauspielhaus während der internationalen Festspiele in Paris Faust I und "Le Diable et le Bon Dieu" von Sartre auf. Es hatte mit diesen Aufführungen großen Erfolg. Das Aachener Stadttheater gab häufig Gastspiele in den benachbarten belgischen und holländischen Grenzstädten. Das Berliner Schloßparktheater gastierte mit "Ein besserer Herr" von Hasenclever 1957 in den Niederlanden. Das Berliner Theater am Kurfürstendamm führte im gleichen Jahr im Sadler's Wells Theatre in London "Leonce und Lena" und "Wozzeck" von Georg Büchner, "Philotas" von Lessing, "Der zerbrochene Krug" von Kleist und "Traumspiel" von Strindberg auf. Das Berliner Theater hatte eine Woche lang in London ein volles Haus. 1958 führten die Berliner Theater-Gastspiele in Oslo als erstes deutsches Berufstheater nach dem Kriege "Nathan der Weise" auf und wurden dabei vom norwegischen Publikum begeistert aufgenommen. Zu erwähnen sind noch die Beteiligungen an den Edinburgher Festspielen und den internationalen Theaterwochen in Paris (1958) sowie der Austausch von Studentenbühnen.

Schon bald nach dem Wiederbeginn deutscher Gastspiele im Ausland nach dem Zweiten Weltkrieg bedurfte ein großer Teil dieser Veranstaltungen nicht mehr der finanziellen Unterstützung mit staatlichen Mitteln, da die deutschen Ensembles auf Grund ihrer Leistung im Ausland Einnahmen erreichten, die die Unkosten deckten.

1959 gastierten die Städtische Oper Berlin, die Frankfurter Oper und die Städtischen Bühnen Bochum bei den internationalen Theaterfestspielen in Paris. 1960 gaben Gastspiele: Die Bayerische Staatsoper in Holland, die Hamburgische Staatsoper in Spoleto und Bergen, die Städtische Oper Berlin in Wien, das Düsseldorfer Schauspielhaus in Frankreich, Norwegen und in den Beneluxstaaten. Die Bamberger Symphoniker nahmen an der Sibelius-Woche in Helsinki teil. Das Münchener Kammerorchester und das Berliner Kammerorchester unternahmen Gastspielreisen durch Lateinamerika und Asien. Neben diesen Veranstaltungen unterstützte das Auswärtige Amt die Aufführungen der Hochseiltruppe "Die Zugspitzartisten" in Südost- und Ostasien. 1960 gaben Aufführungen: Die Städtische Oper Berlin in Paris, die Wiesbadener Oper in Oslo, die Württembergische Staatsoper in Helsinki, das Deutsche Schauspielhaus Hamburg in New York (Faust I), das Kom(m)ödchen, Düsseldorf, in den USA, das Berliner Kammerorchester in Asien und Australien, die Berliner Philharmoniker in den USA (181).

b) Die deutsche Kunstpolitik nach 1933, insbesondere die Maßnahmen der Nationalsozialisten gegen die "entartete Kunst", hatte Deutschland von der europäischen und internationalen Entwicklung abgeschnitten. Es zeigte sich jedoch nach 1945, daß unter der nach außen sichtbaren Oberfläche soviel Zusammenhang mit den künstlerischen Entwicklungen der übrigen Welt vorhanden war, daß der Anschluß an die moderne internationale Kunst verhältnismäßig rasch wieder erreicht wurde. Die geistige Verbindung zu den Nachbarländern war nicht völlig erloschen. Unmittelbar nach dem Zusammenbruch ging es zuerst darum, sich selbst einen Überblick über den Kunstbestand in der Bundesrepublik zu verschaffen. Die Fachwelt veranstaltete zu diesem Zweck eine Reihe von Ausstellungen über die moderne Kunst in Deutschland, beginnend mit den Ausstellungen der Maler des Bauhauses und des Blauen Reiters in den Jahren 1949 und 1959 in München. Diese Ausstellungen in Deutschland, die als eine Bestandsaufnahme der Fachwelt gedacht waren, führten bald zu Anforderungen solcher Ausstellungen durch das Ausland. Das Auswärtige Amt erkannte die darin liegenden Möglichkeiten für die deutsche Kulturarbeit im Ausland. Es unterstützte diese Ausstellungen anfangs durch diplomatische Hilfe und später auch durch Bereitstellung von Mitteln. In den ersten Jahren standen nur 100.000,-- DM zur Verfügung. Diese Mittel erlaubten keine große Aktivität. Indessen machte sich in den ersten Jahren die Knappheit der Mittel noch nicht so bemerkbar, da es angesichts des noch vorhandenen Mißtrauens in der ganzen Welt gegenüber Deutschland angebracht war, sich bei der Entfaltung eigener Initiativen Zurückhaltung aufzuerlegen.

Bei der Veranstaltung von Kunstausstellungen im Ausland konnte das Auswärtige Amt den Rat maßgebender Fachleute nicht entbehren. Daher wurde bereits 1953 ein Ausschuß für Auslandskunstausstellungen geschaffen. Diesen Ausschuß gehörten neun bis zehn Museumsdirektoren und außerdem Vertreter des Bundesministeriums des Innern, der Ständigen Konferenz der Kultusminister sowie des Deutschen Kunstrates an. Dieser Ausschuß berät das Auswärtige Amt bei der Veranstaltung von Kunstausstellungen im Ausland. Die einzelnen Mitglieder des Ausschusses überwachen auch die Durchführung der Ausstellungen, wenn sie sie nicht sogar selbst verantwortlich durchführen. Dieses Gremium ist schon deswegen für das Auswärtige Amt besonders wichtig, weil das Amt selbst nicht die technischen Mittel für die Durchführung solcher Ausstellungen besitzt und auch keine Möglichkeit hat, Museen oder Privatsammlungen zur Bereitstellung von Leihgaben für Ausstellungen zu veranlassen. Bisher trat der Ausschuß ein- bis zweimal im Jahr zusammen.

Für die Veranstaltung von Kunstausstellungen stellt das Auswärtige Amt regelmäßig Mittel zur Verfügung. Zahlreiche Ausstellungen in Europa und in den Vereinigten Staaten kommen zustande, ohne daß es einer staatlichen Intervention oder Subvention bedürfte. Außerhalb Europas und der USA ist jedoch eine staatliche Hilfe in der Regel nicht zu entbehren.

Die folgende Auswahl soll ein Bild der deutschen Ausstellungstätigkeit im Ausland geben:

Das Auswärtige Amt unterstützte von 1953 bis 1958 folgende Ausstellungen moderner deutscher Kunst: 100 Jahre deutsche Kunst, London, Tategalerie, 1956; Deutsche Aquarelle, Handzeichnungen und Drucke, USA,

1956; Deutsche Kunst des 20. Jahrhunderts, Schweden, 1956; Moderne deutsche Graphik, Südafrikanische Union, 1956; Deutsche Kunst des Expressionismus, New York, Museum of Modern Art, 1957; Moderne deutsche Graphik, Kanada, 1958.

In Mexiko, Chile, Japan, Mittel- und Ostasien, Vorderasien, Australien und Neuseeland fanden Graphikausstellungen statt. Mit Werken der Bildhauer Gerhard Marcks und Wilhelm Lembruck wurden in London 1955 und 1957 Ausstellungen veranstaltet. Die Bundesrepublik beteiligte sich mit Unterstützung des Auswärtigen Amtes an den großen internationalen Kunstausstellungen der Biennale in Venedig 1954, 1956, 1958 und der Biennale Sao Paulo 1953, 1955 und 1957.

Die Ausstellung in dem Museum of Modern Art in New York im Herbst 1957 machte die amerikanische Fachwelt zum erstenmal mit den Werken des deutschen Expressionismus in größerem Umfang bekannt und vertraut. Eine Folge davon war, daß die englischsprachige wissenschaftliche Literatur sich intensiv mit dem deutschen Expressionismus beschäftigte, und daß die Preise für die Werke auch der lebenden deutschen Künstler auf dem internationalen Kunstmarkt sprunghaft anstiegen. Von diesem Zeitpunkt an führten amerikanische Kunstgalerien laufend Ausstellungen einzelner deutscher Künstler durch, ohne daß es dazu noch einer Mitwirkung von staatlicher deutscher Seite bedurfte. Dieses Beispiel zeigt, welch weittragende Auswirkung eine größere Ausstellung haben kann.

Wie sich nach 1945 zeigte, ist unsere alte deutsche Kunst für die internationalen Beziehungen von unschätzbarem Wert. Ausstellungen alter deutscher Kunst vermochten in den schwierigen Jahren unmittelbar nach dem Zweiten Weltkrieg zuerst wieder eine Brücke zur Kunstwelt anderer Völker zu schlagen und ihnen ins Bewußtsein zu bringen, daß Deutschland zu den alten Kulturnationen Europas gehört. Bereits im Jahre 1945 veranstaltete die Kunsthalle Karlsruhe eine Ausstellung ihrer Hauptwerke in St. Gallen. Wenig später stellte die Münchener Pinakothek in Paris und Winterthur aus. 1948 fand eine Ausstellung deutscher Malerei von den frühen Kölner Meistern bis zu Dürer in Paris statt. Diese Ausstellungen in den ersten Jahren nach dem Zweiten Weltkrieg waren nur auf Grund noch bestehender persönlicher Kontakte zwischen den maßgeblichen Persönlichkeiten der großen Museen möglich. Nach 1952, d. h. nach der Wiederaufnahme der Tätigkeit der Kulturabteilung des Auswärtigen Amtes, waren Museumsausstellungen schwieriger, weil mit dem Wiederaufbau der Museen die Museumsleiter wenig gewillt waren, ihre Bestände für Ausstellungen in anderen Ländern herauszugeben. Dennoch war es immer wieder möglich, Werke alter deutscher Kunst im Ausland zu zeigen. Zum Beispiel konnte im Winter 1954/55 im Viktoria- und Albert-Museum in London die Ausstellung "Rococo-Art from Bavaria" mit geradezu sensationellem Erfolg gezeigt werden. 1955 veranstaltete das Wallraf-Richartz-Museum in Köln eine Ausstellung seiner Meisterwerke deutscher Malerei in Paris. In den Jahren 1955 und 1956 wanderte eine Sammlung deutscher Handzeichnungen des 15. bis 19. Jahrhunderts durch die Vereinigten Staaten von Amerika und machte einen großen Teil der kunstinteressierten Amerikaner zum erstenmal mit Kunstwerken bekannt, die ihnen bis dahin nahezu unbekannt gewesen waren. 1959 hatte eine Lovis Corinth-Ausstellung in England nachhaltigen Erfolg. Eine Ausstellung im Jahre 1960 in Brasilien über "Deutsche Kunst seit 1945" wurde von der brasilianischen Presse als das Ereignis des Jahres gefeiert. Ein ungewöhnliches Echo im Ausland hatte die Ausstellung "Berlin, Ort der Freiheit für die Kunst" in Österreich 1960 und Norwegen 1961.

Der Europarat veranstaltet jährlich eine Ausstellung, die den Zweck hat, die geistige Einheit Europas anhand der Kunstentwicklung darzustellen. Die Bundesrepublik beteiligt sich regelmäßig an diesen Ausstellungen. Bisher haben folgende Europarat-Ausstellungen stattgefunden: Kunst des Humanismus, Brüssel 1955, - Kunst des Manierismus, Amsterdam 1956 - Kunst des Frühbarock, Rom 1957 - Europäisches Rokoko, München 1958 - Europäische Romantik, London 1959 - Ursprung des 20. Jahrhunderts, Paris 1960 - Romanische Kunst in Europa, Barcelona und Santiago de Compostela, 1961 - Kunst um 1400, Wien 1962 - Byzantinische Kunst, Athen 1964 - Karl der Große, Aachen 1965 - Königin Christine von Schweden, Stockholm 1966. Wegen der hohen Kosten spielten bisher Plastik-Ausstellungen im Vergleich zu Ausstellungen der Malerei eine erheblich geringere Rolle.

Im Rahmen der bildenden Kunst spielen auch Ausstellungen von Erzeugnissen des deutschen Kunsthandwerks und der deutschen industriellen Formgebung eine immer bedeutendere Rolle. Ausstellungen dieser Art wurden gezeigt: 1954 in Reykjavik - 1956 in der Schweiz und in Indien - 1958 in Peru, Chile und Irland - 1959 in den USA. Die bedeutendste Ausstellung dieser Art war die 1956 aus Anlaß des 80. Geburtstages von Papst Pius XII. im Lateran (182).

c) In der internationalen Kulturarbeit aller Staaten spielt der Film eine zunehmende Rolle. Die Bildersprache des Films erreicht die Volksschichten jeder Gliederung und jeden Alters. Der Film steht heute in der internationalen kulturellen Diskussion wie nie zuvor. Seit dem Ersten Weltkrieg arbeitet das Auswärtige Amt mit Filmen im Ausland. Damals war unsere Situation entschieden günstiger als heute, weil in den zwanziger Jahren und Anfang der dreißiger Jahre der deutsche Film Weltgeltung besaß. Heute spielt der deutsche Film auf internationaler Ebene kaum mehr eine Rolle. Die gewerbliche Verbreitung des deutschen Films im Ausland hat verglichen mit der amerikanischen, französischen, italienischen und englischen Konkurrenz nur einen geringen Umfang (183).

Die Filmarbeit im Ausland durch das Auswärtige Amt betrifft ausschließlich die nichtgewerbliche Verbreitung von Spiel- und Dokumentarfilmen. Verwerter sind sowohl die Auslandsvertretungen selbst wie Goethe- und Kulturinstitute, Schulen, Vereine, Universitäten usw. Der Kreis der Interessenten wächst ständig.

Der Filmbestand ist in den letzten Jahren ständig ausgebaut worden. Während beispielsweise vor 10 Jahren etwa 40 Filme zur Verfügung standen, haben die Auslandsvertretungen jetzt im Durchschnitt etwa 200 Filme in ihrem Archiv. Von den in den letzten Jahren vom Auswärtigen Amt bzw.

von Inter Nationes übernommenen Filmen wurden in der Regel 60 bis 70 Kopien geliefert.

Der Erfolg der Filmarbeit ist schwer zu messen. Ein Anzeichen dafür sind jedoch die wachsende Zahl der Filmvorführungen und die Anfragen nach Überlassung von Filmen. Die Filme werden auch gern über das Fernsehen im Ausland gesendet, soweit die Rechte hierfür zur Verfügung stehen (184).

Das Auswärtige Amt bereitet federführend die deutsche Beteiligung an den internationalen Filmfestspielen in Cannes und Venedig zusammen mit den zuständigen Stellen der deutschen Filmwirtschaft vor. Es ist an der Durchführung der deutschen Teilnahme an ausländischen internationalen Filmveranstaltungen aller Art sowie bei der Veranstaltung deutscher Kulturwochen im Ausland beteiligt. Es überprüft laufend das deutsche Angebot an Kultur-, Dokumentar-, Lehr- und Spielfilmen und wählt geeignete Filme für die Kulturarbeit der ausländischen Vertretungen aus. Das Auswärtige Amt pflegt die internationale Zusammenarbeit auf dem Gebiet des Films im Rahmen der Westeuropäischen Union, es hilft mit, Kontakte der deutschen Filmindustrie mit dem Ausland unter kulturellen und sonstigen Gesichtspunkten herauszustellen und vermittelt wissenschaftliche Filme und Unterrichtsfilme an interessierte Stellen des Auslandes, besonders in wissenschaftlich unterentwickelten Ländern. Gemessen an der Bedeutung des Films für die auswärtige Kulturpolitik und an der Aktivität anderer der Bundesrepublik vergleichbaren Staaten, hält sich die Filmarbeit der Bundesrepublik trotz des großen Aufschwunges in den vergangenen Jahren in bescheidenen Grenzen. Die Botschaft der USA in der Bundesrepublik hat für sich allein mehr Filme zur Verfügung als das Auswärtige Amt und die deutschen Auslandsvertretungen zusammen.

Da die Produktion von Filmen, und zwar sowohl von Spiel- als auch von Dokumentarfilmen, in der Bundesrepublik ausschließlich privatrechtlich erfolgt, geben die wirtschaftlichen Überlegungen bei der Filmherstellung den Ausschlag. Es gibt in der Bundesrepublik kaum eine Produktion von Filmen, die die Erfordernisse der Filmarbeit im Ausland berücksichtigt. Dies hat zur Folge, daß das Auswärtige Amt keine systematische Auswahl vornehmen kann und daß wichtige aktuelle Themen, die für das Informationsbedürfnis des Auslandes von großer Bedeutung wären, vielfach überhaupt nicht in einer Filmbearbeitung vorliegen. Andere Staaten lassen mit Etatmitteln zum Teil Filme herstellen, die besonders die Bedürfnisse der Auslandsarbeit berücksichtigen. Zu diesen Staaten gehören in erster Linie alle Ostblockstaaten, aber auch die USA, England, Frankreich, Italien, Holland, Dänemark und Kanada. Eine solche Sonderproduktion erfordert erhebliche Mittel, die dem Auswärtigen Amt bisher nicht zur Verfügung stehen. Ebenso müßten für die Synchronisation deutscher Filme in Fremdsprachen mehr Mittel zur Verfügung gestellt werden (185).

d) Das Auswärtige Amt stellt über die Auslandsvertretungen Tonbänder den Rundfunkanstalten im Ausland zur Verfügung. Zum Teil werden die Tonbänder für die in Nord-, Mittel- und Südamerika eingerichteten regelmäßigen "deutschen Stunden" (z. Zt. 51 Sender) verwendet, die entweder von eigenen Redaktionen, die vom Auswärtigen Amt einen Zuschuß hierfür erhalten, oder von den Auslandsvertretungen selbst zusammengestellt werden.

Nach einer Vereinbarung zwischen dem Auswärtigen Amt und den Rundfunkanstalten der Bundesrepublik werden den Auslandsvertretungen Tonbänder dieser Rundfunkanstalten zur Ausleihe an ausländische Sender zur Verfügung gestellt. Die verwaltungsmäßige Durchführung liegt bei der "Deutschen Welle" (186).

Eines der jüngsten Gebiete der Auslandskulturpolitik der Bundesrepublik ist der Auslandsfunk. Seit dem 3. 5. 1963 wurde von der Arbeitsgemeinschaft der deutschen Rundfunkanstalten (ADR) ein Auslandsfunkprogramm unter dem Namen "Deutsche Welle" ausgestrahlt. Die Durchführung hatte für die Arbeitsgemeinschaft der Westdeutsche Rundfunk übernommen. Bis 1962 wurden dadurch fast nur die Deutschen im Ausland angesprochen, da der ausgestrahlte Programmblock von zwei Stunden fast nur deutsche Sendungen enthielt. Daher erhielt die Deutsche Welle den Beinamen "Heimwehsender". Nach der Gründung der Rundfunkanstalt für Auslandssendungen "Deutsche Welle" als selbständige Anstalt des öffentlichen Rechts durch Bundesgesetz vom 29. November 1960 wird ein regelmäßiges Programm in 17 Sprachen ausgestrahlt (187). Die Bemühungen des Auswärtigen Amtes, Fernsehaufzeichnungen des Deutschen Fernsehens in laufender Folge für die Kulturarbeit der Auslandsvertretungen zu beschaffen, haben noch zu keinem befriedigenden Erfolg geführt. Bisher wurden nur in Einzelfällen Kopien von Fernsehfilmen erworben. Den ausländischen Fernsehstationen wurden jedoch laufend die in 16 mm Streifen vorhandenen Kulturfilme angeboten (188).

8. Literatur und Buch

Das Buch und die Literatur werden häufig als das wichtigste Mittel der Auslandskulturpolitik überhaupt angesehen. Um möglichst viele Schichten des Auslandes mit der Literatur zu erreichen, muß eine Auswahl der hervorragendsten und geeignetsten Werke dem Ausland zur Verfügung gestellt werden in einer Spannweite, die vom einfachen Unterhaltungsroman über das Fachbuch bis zur wissenschaftlichen Literatur reicht.

Das Auswärtige Amt fördert die kulturellen Beziehungen zu anderen Staaten auf dem Gebiet des Buchwesens durch: Buch- und Zeitschriftenspenden - Buchausstellungen - Förderung von Übersetzungen deutschen Geistesgutes in fremde Sprachen - Herausgabe von Monographien - Förderung von Auslandsreisen deutscher Schriftsteller.

So werden aus Mitteln des Auswärtigen Amtes und unter Beteiligung der deutschen Auslandsvertretungen folgende Spenden deutscher Bücher verteilt:

an wissenschaftliche Institutionen des Auslandes durch die Deutsche Forschungsgemeinschaft (Bücher und Zeitschriften wissenschaftlichen Charakters);

an ausländische und auslandsdeutsche Bibliotheken, Vereine, kirchliche Einrichtungen etc. sowie für deutsche Arbeitnehmer im Ausland durch das Institut für Auslandsbeziehungen in Stuttgart und die Martin Behaim-Gesellschaft in Darmstadt;

in Fällen von besonderer Bedeutung auf Grund von Anforderungen der deutschen Auslandsvertretungen durch das Buchreferat des Auswärtigen Amtes. Außerdem werden durch Inter Nationes aus Mitteln des Auswärtigen Amtes die Bibliotheken der Kulturinstitute im Ausland eingerichtet und laufend ergänzt.

Die großen deutschen Buchausstellungen sind wichtige Werbemittel für die Verbreitung des deutschen Buches. Durch große Buchausstellungen wird ein größerer Leserkreis überhaupt erst auf die deutsche Literatur angesprochen. Repräsentative deutsche Buchausstellungen werden in Zusammenarbeit mit dem Börsenverein des Deutschen Buchhandels e.V. nach einem langfristigen Programm in allen Teilen der Welt veranstaltet. Für kleinere Buchausstellungen unter Mitwirkung der Auslandsvertretungen oder der Goethe- und anderer deutscher Kulturinstitute werden Buchkollektionen zur Verfügung gestellt. Die deutsche Teilnahme an internationalen Buchausstellungen wird gefördert.

Große und z.T. sehr erfolgreiche Buchausstellungen fanden nach dem Zweiten Weltkrieg statt in mehreren Städten Japans, in Montreal, Ottawa und Toronto (1957) sowie in mehreren Städten Lateinamerikas. 1963 fanden große Buchausstellungen in den USA, in Südafrika, Japan und Irland statt.

Die Nachfrage nach deutschen Büchern ist gegenwärtig im Ausland sehr groß. Die Mittel, um deutsche Bücher und Zeitschriften als Geschenk zur Verfügung zu stellen, sind jedoch gegenwärtig verhältnismäßig knapp. Mitunter ist es schwierig, wenn von anderen Ländern aus irgendeinem Grund eine Spende von 1.000 Büchern eingeht, bei passender Gelegenheit eine entsprechende Gegenspende von einigen hundert Exemplaren guter deutscher Literatur dem entgegenzustellen. Hinzu kommt, daß wegen der starken Konkurrenz der Ostblockstaaten, insbesondere der sowjetisch besetzten Zone, die Bundesrepublik besondere Anstrengungen zur Verbreitung guter deutscher Literatur unternehmen muß.

Das Auswärtige Amt gibt zur Unterrichtung des Auslandes Monographien über bestimmte Themen des deutschen kulturellen Lebens heraus (Theater in Deutschland", "Neues Bauen in Deutschland" etc. In Vorbereitung: "Schulbauten in der Bundesrepublik Deutschland", "Musikleben in der Bundesrepublik", "Moderne deutsche Literatur"). Die Monographien erscheinen in fünf bis sechs Sprachen.

Eine der wichtigsten Aufgaben im Rahmen der Verbreitung des deutschen Buches im Ausland liegt in der systematischen Herstellung brauchbarer Übersetzungen solcher Bücher, die wir im Ausland zu verbreiten wünschen und bei denen sich die Verleger an das Risiko einer Übersetzung nicht heranwagen, weil ihnen der Erfolg nicht sicher scheint. Wir können nicht immer erwarten, daß der Ausländer Deutsch lernt, um unsere Literatur in der Originalsprache zu lesen. Das Auswärtige Amt fördert die Initiative ausländischer Verleger, die deutsche Bücher in ihrer Landessprache veröffentlichen wollen, durch Abnahmegarantien. Fremdsprachige oder mehrsprachige Ausgaben deutscher Zeitschriften sowie deutsche Publikationen in fremden Sprachen werden durch Abnahmegarantien ermöglicht.

Wünsche ausländischer Universitäten, Akademien, literarischer Kreise usw., profilierte deutsche Schriftsteller zu Vorlesungen aus einigen Werken bei sich zu sehen, können vom Auswärtigen Amt im Rahmen der vorhandenen Mittel erfüllt werden. Anläßlich der deutschen Buchausstellungen werden häufig Lesungen mit bekannten Schriftstellern der Bundesrepublik veranstaltet. Dem Schriftstellernachwuchs und anderen förderungswürdigen Schriftstellern, die sich aus eigenen Mitteln Auslandsreisen nicht leisten können, werden in Zusammenarbeit mit den zuständigen Verbänden Stipendien für eine Auslandsreise gegeben (189).

9. Auslandsschulwesen

Der Zweite Weltkrieg vernichtete das deutsche Auslandsschulwesen nahezu vollständig. Vor dem Kriege gab es schätzungsweise über 1.000 deutsche Auslandsschulen. Unter den Schulen, die auch nach dem Krieg ihre Arbeit fortsetzen konnten, waren eine Anzahl Schulen in Lateinamerika und in Europa, die von Kirchen getragen wurden, sowie eine Anzahl deutscher Gemeindeschulen in der Südafrikanischen Union. Mit dem Beginn der deutschen Auslandskulturpolitik begann 1950 auch der Neuaufbau des deutschen Schulwesens im Ausland. Die meisten deutschen Auslandsschulen waren von einem Schulverein getragene Privatschulen. Sie waren nach den rechtlichen Bestimmungen des Gastlandes nahezu immer auch der Schulgesetzgebung des Gastlandes unterworfen. Im Zusammenhang mit der Errichtung internationaler Organisationen kam in den letzten Jahren ein neuer Schultyp übernationaler Art hinzu, nämlich Schulen, die Einrichtungen der Montanunion, der NATO, der WEU sowie der Dienststellen der SHAPE und Euratom waren.

Die vom Auswärtigen Amt betreuten Schulen der verschiedensten Art und Größe erreichten 1957 schon wieder die Zahl von rund 400. Die Hälfte davon entfielen auf Lateinamerika, etwa 60 auf Europa, 45 auf Afrika, die übrigen auf die restlichen Erdteile. Gegenwärtig gibt es ca. 530 deutsche Schulen im Ausland. Zahlreichen Schulen wurde inzwischen bereits wieder die Berechtigung zuerkannt, deutsche Reifeprüfungen abzuhalten, so z. B. in Kairo, Rom, Mailand, Vlodrop, Watersleyde, Madrid, Barcelona, Bilbao, St. Gallen, Zuoz, Istanbul (insgesamt 41) (190).

Der Auslandsschulausschuß der Ständigen Konferenz der Kultusminister der Länder, in dem neben den Landeskultusministerien auch das Auswärtige Amt vertreten ist, betreut die Auslandsschulen pädagogisch. Die Auslandsschulen sind, wie schon erwähnt, in der Regel Privatschulen, die von privatrechtlichen Vereinigungen betrieben werden. Diese Schulträger verwalten die Schulen auch in eigener Zuständigkeit. Das Schulreferat des Auswärtigen Amtes und der Auslandsschulausschuß der Kultusministerkonferenz haben Richtlinien und Hinweise für die Verwaltung dieser Schulen erarbeitet, die Vorschläge für die Zuständigkeiten und Aufgaben der Schulvereinsvorstände und der Schulleitung, die Lehreranstellungsverträge, die Satzungen der Schulvereine und die Pflichten der Lehrer enthalten. Die meisten Schulen erhalten bedeutende Zuwendungen vom Auswärtigen Amt. Zur Zeit sind 1023 deutsche Lehrer (Volks- und Mittelschullehrer, Studienräte) und 120 Kindergärtnerinnen im Ausland tätig. Dazu kommen die bereits ortsansässig gewordenen Auslandslehrer aus der Zeit vor dem Zweiten Weltkrieg, deren Zahl etwa 250 betragen dürfte. Die Zahl der an den Auslandsschulen tätigen nichtdeutschen Lehrer beträgt ein Vielfaches der vom Auswärtigen Amt entsandten Lehrer. Das Schulreferat des Auswärtigen Amtes hält regelmäßig Vorbereitungskurse für künftige deutsche Auslandslehrer ab. Die Schulgesetzgebung einiger Länder erschwert es deutschen Lehrern, im Ausland tätig zu sein. Deswegen werden deutschstämmige Lehrkräfte fremder Staatsangehörigkeit in die Bundesrepublik eingeladen und ein bis zwei Jahre zur Ausbildung im innerdeutschen Schuldienst eingesetzt, ehe sie wieder in ihren Heimatländern an deutschen Auslandsschulen tätig werden.

Die Länder beurlauben Lehrkräfte aus dem innerdeutschen Schuldienst unter voller Wahrung ihrer Beamtenrechte und unter den üblichen beamtenrechtlichen Zusicherungen für den Auslandsschuldienst.

Das Auswärtige Amt vermittelt den deutschen Auslandsschulen die notwendigsten Unterrichtsmittel. Das Auswärtige Amt ließ durch eine Gruppe von Auslandslehrern ein neues Fibelwerk ausarbeiten, das an die Auslandsschulen verteilt wurde. Ferner wird den Schulen und Sprachkursen im Ausland unentgeltlich eine Monatszeitschrift für deutschlernende Ausländer, die der sprachlichen Schulung und der Information über das politische, kulturelle und wirtschaftliche Leben in der Bundesrepublik Deutschland dient, zur Verfügung gestellt (191).

10. Sprachwerbung

Nach dem Zweiten Weltkrieg wuchs das Interesse an der deutschen Sprache erstaunlich rasch wieder an. Der Umfang des deutschen Sprachunterrichts im Ausland wird veranschaulicht in der Tatsache, daß das Lehrbuch "Deutsche Sprachlehre für Ausländer" von Schulz-Griesbach, das Sprachlehrbuch des Goethe-Instituts, von 1956 bis 1958 in rund 120.000 Exemplaren verkauft wurde. Die Nachforschungen ergaben, daß die meisten Ausländer die deutsche Sprache vorwiegend aus beruflichen Erwägungen lernen. Deswegen stehen unter den Berufen der Teilnehmer an den deutschen Sprachkursen die Ingenieure, Techniker und Ärzte, die deutsche Fachliteratur lesen möchten, an erster Stelle. Das deutsche Fachbuch steht im Mittelpunkt des Interesses für deutsche Literatur. In einigen Ländern des Nahen und Mittleren Ostens sowie in den nordafrikanischen Ländern spielen auch politische Motive eine Rolle für die Vorliebe zur deutschen Sprache, da in diesen Ländern die Ressentiments gegenüber den ehemaligen Kolonialmächten Frankreich und England noch ausgeprägt sind. Deutsche Sprachkurse wurden 1958 an ca. 220 deutschen und deutsch-ausländischen Institutionen sowie an zahlreichen ausländischen Rundfunkanstalten durchgeführt. Vor allem in den deutschen Kulturinstituten, den deutschen Bibliotheken und den Kulturinstituten der deutsch-ausländischen Gesellschaften finden deutsche Sprachkurse statt. Dazu kommen noch rund 40 deutsche Schulen im Ausland und die Dozenturen des Goethe-Instituts. Die Kosten für die Sprachkurse lassen sich in der Regel nicht aus den Einnahmen durch Kursgebühren decken. Deswegen leistet das Auswärtige Amt nahezu zu allen Sprachkursen Zuschüsse und Beihilfen.

Die Verbreitung der deutschen Sprache im Ausland ist in erster Linie die Aufgabe des Goethe-Instituts (192). Eine wichtige Aufgabe liegt in der Ausbildung von ausländischen Deutschlehrern in der Bundesrepublik. Thailand und Ägypten haben z.B. vor etwa neun Jahren Deutsch als zweite Fremdsprache bzw. als Wahlpflichtfach an den Oberschulen und Gewerbeschulen eingeführt. Die thailändische und die ägyptische Regierung hatten damals die Bundesregierung um die Ausbildung von einheimischen Deutschlehrern in der Bundesrepublik gebeten, um dem Mangel an qualifizierten Deutschlehrern abzuhelfen. In Bangkok unterrichteten anfänglich drei Deutschlehrer, die zusammen mit zwei einheimischen Lehrkräften 2.500 Schüler zu unterrichten hatten. Nach Kairo wurden in den letzten Jahren zahlreiche Deutschlehrer für eine vorübergehende Tätigkeit an ägyptischen Oberschulen entsandt, um eine zu starke Einflußnahme der Sowjetzone in Ägypten auf diesem Gebiet zu verhindern.

In der Ausbildung einheimischer Lehrer zu Deutschlehrern in der Bundesrepublik liegt die einzig wirksame Lösung zur Behebung des Deutschlehrermangels in den fremden Ländern. Das Goethe-Institut, das Schulreferat des Auswärtigen Amtes und das Bayerische Kultusministerium haben zusammen einen Ausbildungsplan erarbeitet, der eine zwanzigmonatige Ausbildung der einheimischen Lehrer umfaßt, die danach wieder in ihre Heimatstaaten zurückkehren sollen. Diese Lehrer werden während der ersten sechs Monate an den Institutionen des Goethe-Instituts unterrichtet. In einem daran anschließenden zweimonatigen Kurs werden sie in die Methodik des Deutschunterrichts eingewiesen und hören Fächer wie Staatsbürgerkunde, Geschichte und Geographie Deutschlands. Danach werden sie auf Studienseminare deutscher höherer Schulen verteilt und besuchen, soweit es sich um Lehrer höherer Schulen handelt, ein Semester lang eine deutsche Universität. Ein Abschlußexamen beendet diese Ausbildung.

Der Aufgabenbereich des Goethe-Instituts wurde dadurch erweitert, daß ab 1959 alle neuen Kulturinstitute im Ausland durch das Goethe-Institut eingerichtet und die dem Auswärtigen Amt unmittelbar unterstehenden Kulturinstitute nach und nach in die Verwaltung des Goethe-Instituts überführt werden.

Bei dem großen Interesse an der deutschen Sprache in den arabischen Ländern des Nahen und Mittleren Ostens liegt eine der größten Chancen der deutschen Auslandskulturpolitik in diesen Gebieten (193).

11. Bildungshilfe

Seit dem Jahre 1956 ist die Bundesrepublik, wie auch viele andere Nationen, bemüht, den Entwicklungsländern beim Ausbau ihrer Wirtschaft und Industrie zu helfen. Jahrelang sah man den Schwerpunkt der Entwicklungshilfe in der Kapitalhilfe. Bald stellte sich jedoch heraus, daß die wirtschaftliche Entwicklung ohne gleichzeitige Ausbildung der Personen, die in der neu aufgebauten Wirtschaft und Industrie arbeiten sollen, auf große Schwierigkeiten stieß. Gegenwärtig kann in diesen Ländern, die ca. 1 Milliarde Menschen umfassen, nur eine kleine Minderheit lesen und schreiben. So trat in den letzten Jahren neben die Kapital- und Wirtschaftshilfe zunehmend die Bildungshilfe, die meist als sogenannte "Technische Hilfe" bezeichnet wird (194).

Dazu gehört z.B. die Errichtung von Gewerbe- und Fachschulen, von Handwerksschulen, Technischen Lehranstalten, Lehrwerkstätten und Mustergütern. Es stellte sich jedoch heraus, daß es mit einer bloßen Berufsausbildung nicht getan ist und daß auch eine Berufsausbildung ein Minimum an Allgemeinbildung voraussetzt. Die wirtschaftliche Entwicklung setzt die Entwicklung des gesamten Erziehungs- und Bildungswesens voraus (195). So kam es zu dem umfassenden Erziehungsplan der UNESCO für Schwarz-Afrika, der anläßlich der 11. Generalversammlung der UNESCO Ende 1960 in Paris beschlossen wurde und einen Ausbau des Bildungswesens vom Kindergarten über die Elementar- und Berufsschule bis zur Hochschule einschließlich der Erwachsenenbildung vorsieht.

Die Bildungshilfe umfaßt also sowohl die die Bildungsgrundlage vermittelnde Schulbildung, die wir in Europa auf Grund der allgemeinen Schulpflicht haben, als auch die eigentliche Berufsausbildung zum Handwerker, Landwirt, Techniker, Ingenieur, Verwaltungsfachmann. Zur Bildungshilfe gehören ferner die Universitäten und Hochschulen, die Lehrerbildung und die Erwachsenenbildung. Bildungshilfe ist der Oberbegriff, der alle Bemühungen um die Ausbildung und Bildung von Angehörigen der Entwicklungsländer umfaßt. Als Bildungshilfe im engeren Sinne läßt sich die Hilfe bei der Vermittlung allgemeiner Bildung, als "Technische Hilfe" die Fachausbildung bezeichnen. Praktisch wird gegenwärtig die Bildungshilfe im engeren Sinne durch die Kulturabteilung des Auswärtigen Amtes geleistet und die fachliche Hilfe durch das Bundesministerium für wirtschaftliche Zusammenarbeit, das die Entwicklungsabteilung des Auswärtigen Amtes übernommen hat. Ein wichtiger Teil der Bildungshilfe besteht in den gegenwärtig etwa 2.000 für ausländische Studenten vergebenen Stipendien und in der Betreuung der zur Zeit etwa 24.000 ausländischen Studenten, von denen etwa die Hälfte aus den Entwicklungsländern kommt. Hinzu kommt die Ausbildung von über 10.000 Praktikanten in deutschen Betrieben (196).

12. Personen und Mittel in der auswärtigen Kulturpolitik

Der Kulturfonds des Auswärtigen Amtes weist folgende Entwicklung auf:

1952	2,8 Mio. DM
1953	5,1 Mio. DM
1954	9,8 Mio. DM
1955	22,0 Mio. DM
1956	27,0 Mio. DM
1957	32,0 Mio. DM
1958	50,2 Mio. DM
1959	61,6 Mio. DM
1960	95,8 Mio. DM
1961	128,5 Mio. DM
1962	162,7 Mio. DM

Zur Erfüllung des umfangreichen Aufgabenkreises, den die auswärtige Kulturpolitik stellt, und für die Bewirtschaftung der oben genannten Mittel stehen dem Auswärtigen Amt in der Zentrale ca. 100 Personen, die vom Abteilungsleiter über die Referenten bis zu den Schreibkräften alles umfassen, zur Verfügung. Im Ausland arbeiten in Afrika 6, in Südamerika 8, in den USA 4, in Asien 12, in Australien 1, in Europa 17 Kulturreferenten bei den deutschen Vertretungen im Ausland (197). Zum Vergleich: Für die Kulturarbeit in New York stehen Frankreich allein über 100 Personen zur Verfügung. Die Kulturabteilung der Handelsmission der SBZ in Kairo umfaßt etwa 30 Personen.

Ein Teil der Kulturreferenten der Bundesrepublik im Ausland nimmt gleichzeitig die Arbeit des Pressereferenten wahr. Diese Doppelfunktion ist besonders häufig in Afrika und Asien anzutreffen, wo es besonders darauf ankäme, konzentrierte und qualifizierte Kulturarbeit zu leisten. Die Tätigkeit eines Kulturreferenten und die Tätigkeit eines Pressereferenten beansprucht jede für sich schon mehr als die Arbeitskraft einer Person. Hier offenbart sich in der deutschen Auslandskulturpolitik ein eklatantes Mißverhältnis zwischen den für die Kulturarbeit aufgebrachten finanziellen Mitteln und der Zahl der für die Durchführung der Arbeit zur Verfügung stehenden Personen. Die Gefahr dieser Situation liegt darin, daß die personellen Kräfte sich mit der Verteilung und Verwaltung der Millionenbeträge, die für die Auslandskulturpolitik ausgegeben werden, erschöpfen und zur Konzipierung und Durchführung einer eigentlichen Kulturpolitik überhaupt nicht kommen. Die Kulturabteilung des Auswärtigen Amtes wird dadurch mehr oder weniger nur zu einer Verteilungsstelle öffentlicher Gelder. Sie müßte jedoch die zentrale Führungsstelle für dieses wichtige Gebiet der Außenpolitik sein.

13. Resonanz auf die deutsche auswärtige Kulturpolitik

Obgleich es schwierig oder gar unmöglich ist, über die Resonanz deutscher Kulturpolitik im Ausland genaue Feststellungen zu treffen, lassen sich doch verschiedene Einflußsphären der deutschen Auslandskulturpolitik unterscheiden. Es gibt Gebiete, in denen die deutsche Auslandskulturpolitik große Resonanz findet; in anderen Völkern vollzieht sich die Kulturarbeit dagegen unter großen Schwierigkeiten und läßt kaum Ergebnisse erkennen. Die Nachwirkungen der nationalsozialistischen Herrschaft und des Zweiten Weltkrieges sind bei allen inzwischen erreichten Erfolgen der deutschen Auslandskulturpolitik immer wieder anzutreffen. In den skandinavischen Ländern begegnet alles, was aus Deutschland kommt (mit Ausnahme unserer Handelsgüter), einer spürbaren Reserve. Die Erinnerungen an die Besatzungszeit sind in Dänemark und Norwegen noch nicht erloschen. Aber auch in Schweden begegnet der Bundesrepublik Zurückhaltung (198). Nur in Finnland ist eine noch immer weitgehend vorhandene traditionelle Freundschaft zu Deutschland bei großen Teilen der Bevölkerung anzutreffen (199). Den ersten Platz nimmt in Skandinavien auf kulturellem Gebiet Frankreich ein. Das gleiche gilt weitgehend für die iberische Halbinsel, wo vor allem in Portugal Frankreich mit Abstand in Lebens- und Gesellschaftsform dominiert. Dahinter nimmt in Portugal, von England knapp übertroffen, Deutschland den dritten Platz ein. In Spanien genießt Deutschland breite Sympathien, was sich auch in der Kulturarbeit auswirkt (200). In Frankreich ist in den letzten Jahren das Interesse für den östlichen Nachbarn stark gewachsen. In die Beziehungen der beiden Staaten zueinander sind ganz neue freundschaftliche Akzente getreten, die zu dem Freundschaftsvertrag vom 22.1.1963 geführt haben, der vor allem eine Intensivierung des Kulturaustausches vorsieht. In den Beneluxstaaten scheinen die psychologischen Schwierigkeiten für die deutsche Kulturarbeit in Belgien am geringsten zu sein, wo wieder eine Deutschland gegenüber wohlwollende Einstellung anzutreffen ist, während in den Niederlanden die aus dem Krieg stammenden Ressentiments noch nicht ganz abgeklungen sind. In beiden Ländern hat jedoch nach dem Zweiten Weltkrieg Englisch die Stelle von Deutsch im Lehrplan der Schulen eingenommen (201). In Italien, einem traditionellen deutschen Kulturpartner, stehen französische, angelsächsische und selbst russische Kulturbeiträge im Vordergrund. Die deutsche Kulturarbeit stößt zum Teil auf eine starke antideutsche Grundhaltung, die besonders in der modernen italienischen Kunstgattung des Films immer wieder erneut zum Ausdruck kommt (202). Die USA sind für die Kulturarbeit der Bundesrepublik im allgemeinen kein schlechter Boden. Es gibt jedoch einige Ausnahmen, zu denen das bedeutendste Kulturzentrum der USA, New York, gehört. Frankreich hat jedoch unter den europäischen Nationen - wenn wir die andersgelagerten Beziehungen des Sonderfalls und Blutsverwandten England außer acht lassen - auch hier die stärkste Ausstrahlungskraft (203). Die Mehrzahl der Südamerikaner schätzt kulturell unter den Europäern am höchsten nicht etwa uns und trotz der sprachlichen und konfessionellen Herkunft auch nicht die Spanier und Portugiesen, sondern ebenfalls die Franzosen ein. Dennoch findet die deutsche Kulturarbeit in Südamerika, mit regionalen Differenzierungen, eine gute Resonanz (204). Sofern sich über die Kulturarbeit in den afrikanischen Staaten überhaupt ein allgemeines Urteil abgeben läßt, kann man sagen, daß die Bundesrepublik mit großen Chancen kulturell dort arbeiten kann, sofern sie sich auf die im Vergleich zu europäischen Partnern völlig anderen Verhältnisse richtig einstellt (205). Im Vordergrund muß in diesen Ländern die Bildungshilfe stehen. Die Kulturarbeit muß starke Differenzierungen aufweisen, je nachdem ob die dünne Schicht der Intellektuellen oder breite

Bevölkerungskreise angesprochen werden sollen. Großer Beliebtheit erfreut sich in diesen Staaten auch die Filmarbeit.

Wegen des hohen Standes seiner Technik und Zivilisation, seiner Allgemeinbildung und seines Kulturlebens überhaupt steht Japan für die deutsche Kulturarbeit auf der gleichen Stufe wie die großen europäischen Kulturnationen und die Vereinigten Staaten von Amerika. Japan hat eine hohe, wohl zu hohe Meinung von den Deutschen und ihrer Kultur, was der Bundesrepublik bei ihrer Kulturarbeit besondere Verpflichtungen auferlegt. Japan muß qualitätsmäßig und finanziell auf gleicher Ebene mit den europäischen Kulturländern und den USA behandelt werden (206).

Die Kulturarbeit in den asiatischen Entwicklungsländern begegnet großen Schwierigkeiten. Die Bevölkerung dieser Staaten besteht zu einem hohen Prozentsatz aus Analphabeten, z.B. im Iran ca. 85 %, in Afghanistan 95 %. Die deutsche Sprache ist kaum verbreitet. Nur eine geringe Zahl Gebildeter läßt sich durch Spitzenleistungen europäischer Kultur überhaupt erreichen und ansprechen (207).

Mit den Ostblockländern besteht kaum ein Kulturaustausch. Es läßt sich dagegen auch nicht feststellen, wie der Widerhall auf die deutsche Kulturarbeit dort ausfällt. Das deutsch-sowjetische Kulturabkommen hat bis in die Einzelheiten festgelegt, wie viele Professoren, Studenten und Künstler in jedem Jahr auszutauschen sind. Dem Kulturaustausch waren in diesem Abkommen derart enge und strenge Grenzen gezogen, daß man sich von ihm keine großen Wirkungen versprechen konnte. Das Kulturabkommen mit der Sowjetunion ist inzwischen abgelaufen und nicht mehr erneuert worden.

B. Motive und Elemente

I. Typen der Auswärtigen Kulturpolitik

Die auswärtige Kulturpolitik ist ein wichtiger Teil der modernen Kulturpolitik geworden. Mit dem Aufkommen des weltpolitischen Imperialismus vor der Jahrhundertwende versuchten die Großmächte auch mit kulturellen Mitteln ihre politischen Möglichkeiten auszuweiten (208). Als einer der ersten in Deutschland erklärte der Reichskanzler Bethmann Hollweg im Jahre 1913, Deutschland muß "auswärtige Kulturpolitik" betreiben, wenn es Weltpolitik betreiben will (209). Soweit sichtbar, erscheint in dieser Äußerung Bethmann Hollwegs auch zum ersten Mal der Begriff "auswärtige Kulturpolitik".

Abgesehen von dem generellen Motiv der Ausweitung des eigenen Einflusses sind die Zielsetzungen der auswärtigen Kulturpolitik vielfältig und in der Regel nicht scharf voneinander zu trennen. Häufig bestimmen mehrere Motive zusammen kulturelle Aktivitäten im Ausland. Dennoch lassen sich entsprechend den verschiedenen Zielsetzungen gewisse Typen aufzeigen.

1. Pflege des eigenen Volkstums

Die Erhaltung und Pflege des eigenen Volkstums im Ausland kann ein Motiv für kulturelle Bemühungen im Ausland bilden. In den Anfängen der deutschen Auslandskulturpolitik lag der Schwerpunkt auf dem Gebiet der kulturellen Unterstützung der eigenen Volkszugehörigkeit im Ausland. Die Unterstützung der deutschen Schulen im Ausland bildete lange Zeit für die beginnende deutsche Auslandskulturpolitik das Hauptgebiet.

Der wirtschaftliche und politische Machtzuwachs nach Deutschlands Einigung 1871 beeinflußte auch die Auslandsdeutschen und löste unter ihnen ein neues Zugehörigkeitsgefühl für Deutschland aus. Auch in Deutschland selbst rückten die Millionen Auslandsdeutscher erneut in das politische Bewußtsein. Vor allem die deutschen Schulen wurden als das beste Mittel angesehen, um nicht nur das Deutschtum in den deutschen Gemeinden im Ausland zu bewahren, sondern um auch den deutschen Standpunkt und den deutschen Einfluß unter anderen Nationen zu unterstützen (210).

Der Allgemeine Deutsche Schulverein zur Erhaltung des Deutschtums im Ausland, der 1881 gegründet wurde, setzte sich besonders für die Errichtung und Unterstützung der deutschen Schulen außerhalb Deutschlands ein (211). Im Reichstag und in der Reichsregierung sah man allgemein in den deutschen Auslandsschulen ein gutes Instrument für die Festigung und Stärkung des deutschen Einflusses. So führte der Abgeordnete Eickhoff 1909 vor dem Reichstag aus, von wie großer Bedeutung das Auslandsschulwesen für die Heranbildung der künftigen Führer des deutschen Volkstums im Ausland sei. Er erklärte, daß angesichts dieser hohen Bedeutung der deutschen Schulen für die Auslandsdeutschen diese Schulen eine besondere finanzielle Unterstützung durch das Reich verdienten (212).

Die Absicht, den Deutschen im Ausland kulturell zu helfen, kam immer wieder in den Äußerungen von Regierungsstellen und in den Ausführungen im Reichstag zum Ausdruck (213). Das offizielle Interesse an den deutschen Auslandsschulen war von da an ständig im Wachsen (214). Bis zum Ersten Weltkrieg bildete das Auslandsschulwesen den Schwerpunkt der deutschen Auslandskulturpolitik, auch wenn das Reich nur finanzielle Unterstützungen dafür leistete. Bezeichnend für diese Akzentuierung war, daß im Auswärtigen Amt zuerst ein Schulreferat im Rahmen der Rechtsabteilung gegründet wurde, aus dem sich dann die Kulturabteilung des Auswärtigen Amtes entwickelte.

Mitunter wurde zwar über die reine Unterstützung von Schulen hinaus eine allgemeine Verbreitung der deutschen Kultur gefordert, weil nur dadurch die deutsche Machtstellung zu erhalten sei (215). Auch kulturmissionarische Gesichtspunkte tauchten hin und wieder auf. Friedrich Paulsen führte dazu aus, daß es von größter Bedeutung sei, daß die deutsche Sprache und die deutsche Kultur ihren Platz in der Welt der Zukunft behielten. Jede Beschränkung und sogar ein nur relativer Rückschritt im Vergleich zur Verbreitung anderer Sprachen würden ein Verlust nicht nur für das Deutschtum, sondern für die Menschheit sein. Die moderne Welt würde viel von ihrer Macht und ihrem Reichtum des geistigen Lebens opfern, wenn die deutsche Sprache und Kultur fehlten (216). Doch die praktische Durchführung der deutschen Auslandskulturpolitik beschränkte sich, abgesehen von der Unterhaltung einiger wissenschaftlicher Institute, auf die Bemühungen um das Deutschtum im Ausland, ohne daß etwa der Versuch gemacht worden wäre, die Elitegruppen anderer Völker zu erreichen. Man glaubte offensichtlich, über die kulturelle Betreuung eigener Volkszugehöriger im Ausland lasse sich besser der deutsche Einfluß verbreiten als durch Bemühungen um fremde Volkskreise. Darin lag von Anfang an ein großes Hemmnis für die deutsche auswärtige Kulturpolitik. Anstatt über die Auslandsdeutschen Einfluß auszustrahlen, brachte sie häufig - wie vor allem während des Dritten Reiches und während der Kriegsjahre - diese Gruppen nur in Schwierigkeiten und machte die wirklich einflußreichen Kreise des Auslands anstatt gewogen nur mißtrauisch.

Auch nach dem Ersten Weltkrieg lag anfänglich der Akzent weitgehend immer noch auf der Pflege des Auslandsdeutschtums. Man meinte, die Unterstützung der Auslandsdeutschen für den wirtschaftlichen Wiederaufbau Deutschlands zu brauchen. Das Gefühl der gemeinsamen Not richtete die staatlichen Bemühungen wieder hauptsächlich auf die Auslandsdeutschen. Nicht nur das Reich, sondern auch die Länder, vor allem Preußen, teilten diese Überzeugung (217). Neue Anstrengungen wurden gemacht, um die Deutschen im Inland mit den Deutschen im Ausland enger zu verbinden und das deutsche kulturelle Prestige wieder herzustellen. So sagte Stresemann im März 1919, er brauche nicht besonders zu betonen, welche äußerst wichtigen Aufgaben in der alten kulturellen Gemeinschaft der Deutschen und in der Bedeutung des Deutschtums im Ausland lägen. Denn das Deutschtum im Ausland werde künftig noch stärker werden als gegenwärtig (218). Im Oktober 1919 sagte der neue Reichskanzler G. Bauer in diesem Zusammenhang ebenfalls, daß die deutschen Stammesgenossen im Ausland das Gefühl der Verbundenheit mit uns haben und daß die politischen, sprachlichen und menschlichen Verbindungen in Zukunft noch enger gestaltet werden müßten (219). Als Stresemann Außenminister wurde, wies er im Mai 1925 erneut auf die Bedeutung der Auslandsdeutschen für das Deutsche Reich hin (220). Im Juni des gleichen Jahres hob der ehemalige Innenminister M. Schiele (221) hervor, daß der deutsche Geist und der deutsche Selbstbehauptungswille keine Grenzen kennen würden und daß wir uns in diesem Geist und Willen mit den Auslandsdeutschen eins fühlten. Noch nach dem Ersten Weltkrieg, als 1920 eine besondere Abteilung im Auswärtigen Amt für die Kulturarbeit im Ausland gegründet wurde (222), wurde diese neue Abteilung "Abteilung für Deutschtum im Ausland und kulturelle Angelegenheiten" genannt. Auch daraus ergibt sich, daß man noch nach dem Ersten Weltkrieg die Hauptaufgabe und das Hauptfeld der kulturellen Bemühungen des Deutschen Reiches im Ausland in der Pflege des deutschen Volkstums sah. Noch Anfang der dreißiger Jahre wurde die Entwicklung des Volkstumsgedankens als eine der Hauptaufgaben der deutschen auswärtigen Politik angesehen. Im Februar 1931 führte der damalige Außenminister Dr. Curtius in einer Rede über die auswärtige Politik des Reiches gegenüber dem Reichstag aus, daß die Regierung hoffe, daß der Völkerbund dem deutschen Volkstum - worunter er die auf einer gemeinsamen Kultur basierende Nationalität verstand - das Recht verschaffe, seine eigenen Wege zu gehen. Der Schutz der Minderheiten und die Entwicklung des Volkstumsgedankens blieben Hauptaufgaben der deutschen auswärtigen Politik (223).

Trotz erheblich erweiterter Zielsetzungen und einem breit angelegten Spektrum von Methoden (224) stand also während der Weimarer Republik in der auswärtigen Kulturpolitik die Pflege des deutschen Volkstums im Ausland zunächst wieder im Vordergrund. Ehe sich eine breiter angelegte Auslandskulturpolitik, die sich stärker an die maßgeblichen Kreise im Ausland wandte, hätte voll auswirken können, fand die Pflege des deutschen Volkstums im Dritten Reich eine neue Belebung. Schon zu Ende der 20er Jahre gründete die NSDAP eine Auslandsabteilung, die die nationalsozialistischen Ideen unter den Auslandsdeutschen verbreiten sollte. Das Zentrum der Auslandsabteilung war Hamburg. Trotz des Widerstandes der offiziellen deutschen Vertretungen im Ausland faßte diese Organisation im Ausland Fuß. Zwar bot sich in zahlreichen europäischen Ländern unter den bedrängten Minderheitengruppen ein dankbares Arbeitsfeld. Doch dadurch wurde in der Regel die Isolierung dieser Gruppen nur verstärkt, anstatt sie zu Ausstrahlungszentren zu machen. Die nationalsozialistische Propaganda appellierte im Ausland an die Bedeutung der deutschen Kultur, an die Einheit aller Deutschen und an die Stärke, die aus einer solchen Einheit hervorgehe. Unter der Leitung der Auslandsorganisation der NSDAP wurde ein Programm in Gang gesetzt, das die Deutschen im Ausland zu aktiven Teilnehmern der nationalsozialistischen Bewegung machen sollte (225). Als Ziel ihrer Arbeit wurde angegeben, "eine Schicksalsgemeinschaft aller Deutschen innerhalb und außerhalb Deutschlands zu errichten, die allen Stürmen trotzen solle" (226). Die nationalsozialistische Außenpolitik forderte die Einheit aller Deutschen innerhalb eines größeren Deutschlands über die ganze Welt verteilt. Die Auslandsdeutschen wurden ganz planmäßig in die außenpolitischen Ziele des Dritten Reiches einbezogen (227).

Nach dem Zweiten Weltkrieg trat eine völlige Umorientierung in der deutschen Auslandskulturpolitik ein. Die Zäsur nach dem Zweiten Weltkrieg war viel tiefer als die nach dem Ersten Weltkrieg. Die Pflege des Deutschtums im Ausland trat im Rahmen der Auslandskulturpolitik gegenüber anderen Zielsetzungen deutlich zurück. Die deutsche Kulturarbeit im Ausland wandte sich nun in erster Linie nicht mehr an die Deutschen im Ausland, sondern an die Ausländer selbst.

Die Bemühungen um im Ausland wohnende eigene Volkszugehörige ist ein vorwiegendes Merkmal der kulturellen Außenpolitik von Staaten, die starke Volksgruppen im Ausland besitzen. So bemühte sich z.B. von Anfang an Italien besonders um die Auslandsitaliener. Dazu errichtete Italien ebenfalls eine große Organisation der Auslandsschulen (228).

2. Pflege einer gemeinsamen Kulturtradition

Die Pflege einer gemeinsamen Kulturtradition bildet das tragende Prinzip für eine andere kulturpolitische Konzeption. Während sich die Volkstumspolitik an Minderheitengruppen wendet, was leicht zu Spannungen mit deren Gaststaaten führen kann, wendet sich die an einer gemeinsamen Kulturtradition orientierte Kulturpolitik von vornherein nur an andere Staaten und Völker, nicht an innerhalb von ihnen lebende Splittergruppen. Zum Beispiel die spanische Auslandskulturpolitik geht stark von der gemeinsamen Kulturtradition mit Lateinamerika, der "Hispanidad", aus (229). Besondere Erwähnung verdient das seit 1946 bestehende Institut für hispanische Kultur, das die Aufrechterhaltung des die Völker hispanischer Kultur einigenden Bandes bezweckt (230).

3. Kulturelle Expansion

Eine andere Form der Kulturpolitik im Ausland hat sich allgemein die kulturelle Expansion zum Ziel gesetzt. Im Gegensatz zur Kulturpropaganda und zum Kulturimperialismus strebt die kulturelle Expansion eine allgemeine Verbreitung und freiwillig von den Adressaten akzeptierte kulturelle Hegemonie an. Die Kulturpropaganda totalitärer Staaten dient nur als Mittel politischer Machtziele; ihr geht es um die Eroberung und Unterwerfung. Während die kulturelle Expansion auf dem Prinzip der Partnerschaft fußt, strebt die Kulturpropaganda Unterordnung, wenn nicht Unterwerfung an. Zwar geht auch die kulturelle Expansion von der Überlegenheit der eigenen Kultur aus, doch sie will diese nicht mit Gewalt durchsetzen. Sie vertraut vielmehr darauf, daß sie auch von den anderen anerkannt und freiwillig akzeptiert wird. Es kann unter Umständen auch ein methodischer Unterschied zwischen Kulturexpansion und Kulturpropaganda bestehen. Mit der Kulturpropaganda werden gern die gröberen Mittel der Einhämmerung verbunden. Doch kulturimperialistische Zielsetzungen können sich sehr wohl auch subtiler Mittel bedienen.

Von der bloßen Selbstinterpretation unterscheidet sich die kulturelle Expansion durch ihren Anspruch: während die kulturelle Expansion Bewunderung erregen möchte und von der Überlegenheit der eigenen Kultur überzeugt ist, ist der Selbstinterpretation ein höheres Maß an Selbstbescheidung und Zurückhaltung eigen.

Wenn von kultureller Expansion die Rede ist, so muß zuerst an die französische Kulturpolitik gedacht werden. Die Franzosen wurden sich verhältnismäßig früh, wohl als erste, der besonderen Eignung und Bedeutung ihrer Kultur für die Erweiterung des französischen Einflusses bewußt (231). Dabei baute die französische Kulturpolitik auf der Weltgeltung der französischen Sprache als dem Verständigungsmedium einer geistigen Elite auf. Überhaupt unterschied sich die französische Kulturpolitik von allem Anfang an dadurch von der deutschen, daß sie sich vor allem an die Elite der fremden Länder richtete. Sie suchte auch schon frühzeitig die Kooperation der Eliten. Auf diese Weise praktizierte sie als erste ein Prinzip, das heute als allgemeinverbindlich gelten kann, nämlich das Prinzip der Gegenseitigkeit und Partnerschaft, das die Einflußmöglichkeiten der kulturellen Bemühungen erheblich erweitern kann, weil es ihnen den Anschein des Missionarischen nimmt. Sie erreichte dadurch, daß die fremden Staaten sogar noch Unterstützungen für die französischen kulturellen Unternehmungen gaben, so etwa bei der Errichtung von französischen Schulen. Bei aller Subtilität waren sich die Franzosen über ihr Ziel, die Welt

geistig zu erobern, nie im unklaren. 1933 erklärte der Berichterstatter Dariac bei den Parlamentsberatungen, daß es darum gehe, die Welt geistig zu erobern (232).
Im Jahre 1927 stellte der französische Unterrichtsminister Paganon für den Haushaltsausschuß des Min. d. Auswärtigen in einer umfassenden Studie über die französische Auslandsarbeit fest, daß Französisch die Lieblingssprache der intellektuellen Aristokratie vieler Länder und Rassen sei und daß diese Sprache eine besondere Vorliebe in den 1919 neu geschaffenen oder zur Unabhängigkeit geführten Staaten finde. Die französische Kulturarbeit wende sich nicht an kompakte nationale Gruppen, wie das Kulturprogramm Deutschlands und Italiens, sondern versuche, die Elite der fremden Länder zu erreichen, die begierig nach französischer Kultur und ihren verfeinerten Traditionen sei. Die französischen Aktivitäten könnten nur mit fremder Zusammenarbeit begriffen und durchgeführt werden. Sie seien niemals auf Enklaven, die anderen bedrohlich erschienen, ausgerichtet, sondern sie dienten überall der Sache der geistigen Zusammenarbeit und der Annäherung der Eliten. Sie schafften eine Klientel für französische Kunst und Literatur, und sie trügen gleichzeitig zu einer Kenntnis fremder Staaten auf französischer Seite bei, worüber man nie genug informiert sein könne. Der Bericht bemerkte ferner, daß die französischen Institute in enger Zusammenarbeit mit den fremden Universitäten und den lokalen Regierungen arbeiteten, deren Unterstützung sie genössen. In Lateinamerika und in Japan würden sogar von Regierungsseite für die französischen Institute Gelder gegeben. Auch die französischen Schulen im Ausland orientierten sich stark nach den Notwendigkeiten der Gastländer (233).

Die französische Kulturpolitik unterschied sich damit im Ansatz von der deutschen, die ursprünglich von viel beschränkteren Zielsetzungen ausging. Der französische Einfluß in der ganzen Welt geht vor allem auf diese erwähnten Ziele zurück, die sich nie darauf beschränkt haben, nur gewisse nationale Minderheiten kulturell zu betreuen. Auf diese Weise lief die französische Kulturpolitik nie die Gefahr, ihre Minderheiten in Gegensatz zu dem Gastland zu bringen, was aufs ganze mehr geschadet als genützt hätte.

4. Selbstinterpretation

Weniger anspruchsvoll als die kulturelle Expansion ist eine Kulturarbeit mit dem Ziel der nationalen Selbstinterpretation. Der Selbstinterpretation geht es darum, den anderen Völkern ein Bild von sich zu geben. Alle missionarischen Akzente fehlen dieser Art von Kulturpolitik. Sie will weder der Weltgeltung der eigenen Kultur Raum schaffen, noch einen zivilisatorischen Beitrag zur Weltkultur leisten (234). Sie geht weder offen noch insgeheim von der Überlegenheit der eigenen Kultur gegenüber anderen aus. Ihre Absicht ist vielmehr schlicht, den anderen sich vorzustellen und sich dabei von der besten Seite zu zeigen. Zurückhaltung ist einer ihrer obersten Grundsätze (235).

Der praktische Typ der nationalen Selbstinterpretation zeigte sich zuerst in der britischen Kulturarbeit. Wahrscheinlich liegt sie schon in der britischen Mentalität begründet, deren sicheres Selbstbewußtsein gar nicht auf die Idee kam, die anderen von der eigenen Qualität erst überzeugen zu müssen. Das Bewußtsein bereits erreichter Weltgeltung ließ den Briten jede Art von Kulturmessianismus als überflüssig erscheinen.

Als 1934 der British Council errichtet wurde, wurde als Motiv dafür angegeben, im Ausland den nötigen Hintergrund an Wissen über Großbritannien zu vermitteln, um auf außenpolitischem Gebiet nach Möglichkeit Mißverständnisse zu vermeiden. Die kulturelle Arbeit im Ausland sollte eine nützliche Grundlage für die übrige Außenpolitik schaffen (236). Die anderen Völker sollten mit dem Leben und Geist des britischen Volkes auf der Grundlage eines Gedankenaustausches bekanntgemacht werden (237).

Die deutsche Auslandskulturpolitik hat verhältnismäßig spät zu dieser Art der sachlichen Selbstinterpretation gefunden. Vor dem Ersten Weltkrieg war man von den Glanzleistungen des deutschen Geistes so überzeugt, daß man - wohl in der Hoffnung, niemand könne ihnen den Respekt versagen - nur eine Volkstumspolitik betrieb (238). Nach dem Ersten Weltkrieg war das Nationalgefühl zu tief verletzt, als daß es zu der Selbstverständlichkeit der bloßen Selbstdarstellung hätte finden können. Es tauchten zwar hin und wieder Äußerungen auf, die nur die Kenntnis von dem deutschen kulturellen Schaffen vermitteln wollten (239). Die Wiederherstellung des deutschen Prestiges (240) und die Selbstbehauptung des deutschen Geistes (241) waren jedoch stärkere Beweggründe. Erst nach dem Zweiten Weltkrieg ging die deutsche Kulturarbeit eindeutig zu der Form der Selbstinterpretation über. Die maßgeblichen Personen und Stellen bezeichneten die Selbstinterpretation als das Ziel der deutschen Kulturarbeit im Ausland. Wie von den führenden deutschen Repräsentanten immer wieder betont wird, geht es den kulturellen Bemühungen der Bundesrepublik im Ausland nur darum, den anderen Nationen die Möglichkeit zu verschaffen, Deutschland auf der Basis der Gegenseitigkeit kennenzulernen und, falls gewünscht, einen Beitrag zur Lösung der gegenwärtigen internationalen Probleme zu leisten (242). Dadurch unterscheidet sich die deutsche Auslandskulturpolitik nach dem Zweiten Weltkrieg erheblich von ihren vorangegangenen Epochen.

5. Kulturpropaganda

Die Kulturpropaganda ist häufig kennzeichnend für die Bemühungen totalitärer Staaten. Die Kulturpropaganda betrachtet die Kultur als reine Funktion für kaum verdeckte Machtbestrebungen. Die Propaganda entspricht den generellen außenpolitischen Zielsetzungen, die anderen zu beherrschen und nicht, sie als gleichberechtigte Freunde zu gewinnen. Sie geht nicht von dem Prinzip der Partnerschaft, sondern von dem Prinzip der Über- und Unterordnung aus. Die Kultur ist für die Propaganda ein Mittel der Eroberung.

Häufig wurde versucht, die Unterscheidung zwischen der Kulturpropaganda und anderen Typen der kulturellen Außenpolitik nach den praktizierten Methoden zu vollziehen. Danach ist die Propaganda durch die Methode des Einhämmerns, des Verdrehens, des Zurechtbiegens oder gar des Verfälschens der Tatsachen für die beabsichtigten Zwecke gekennzeichnet. Indessen orientiert sich diese Unterscheidung an gewissen Erscheinungen einer in der jüngsten Vergangenheit praktizierten Propaganda und übersieht, daß die moderne Kulturpropaganda im Ausland längst zu sublimeren Methoden übergegangen ist (243). Die Unterscheidung läßt sich heute letztlich nur nach den Motiven, die hinter den Methoden stehen, vornehmen (244).

Die Nationalsozialistische Kulturpolitik ist in weiten Bereichen als Kulturpropaganda zu bezeichnen. Bemerkenswert ist in diesem Zusammenhang, daß die nationalsozialistische Regierung das dafür zuständige Ministerium selbst das Propaganda-Ministerium nannte und damit zum Ausdruck brachte, für wie wenig notwendig sie es hielt, die propagandistischen Absichten zu verbergen. Vor allem die Auslandsorganisation der NSDAP war die Trägerin der nationalsozialistischen Kulturpropaganda, der es darum ging, die nationalsozialistische Ideologie zu verbreiten und die nationalsozialistischen Machtansprüche durchzusetzen (245).

II. Das Prinzip der Gegenseitigkeit

Als Prinzip der Gegenseitigkeit wird heute eine Erscheinung bezeichnet, die in der auswärtigen Kulturpolitik eine größere Rolle spielt als je zuvor. Der ehemalige Leiter der Kulturabteilung des Auswärtigen Amtes, Dr. Sattler, bezeichnet das Prinzip der Gegenseitigkeit als eine Grundvoraussetzung der deutschen kulturellen Außenpolitik. Er führt dazu aus: "1. Der Kulturaustausch ist nur wirksam, wenn er gewünscht ist. Man kann ihn keinem Land aufzwingen. Hier liegt der Hauptunterschied gegenüber der Kulturpropaganda.

2. Die Kulturpolitik ist nur wirksam als Austausch, etwa wie eine Seilbahn. Der eine Wagen geht nur rauf, wenn der andere runterkommt. In Wirklichkeit können Sie mit einem Land nur dann echte Kulturbeziehungen anknüpfen, wenn Sie sich gleichzeitig für seine Kultur interessieren und hier ein echter, wirksamer Austausch stattfindet". (246)

Die Kulturarbeit im Ausland wird zunehmend zu einem gegenseitigen Geben und Nehmen und damit zum Kulturaustausch. Auch auf dem Gebiet der Bildungshilfe, von der man annehmen könnte, sie vollziehe sich auf einseitigen Bahnen, wird es zunehmend notwendiger, sie auf der Basis des Austausches zu vollziehen, um auf diese Weise der Prestigeempfindlichkeit der neu entstandenen Staaten Rechnung zu tragen.

Eine Erscheinung dieser Entwicklung ist, daß sich die internationale Kulturarbeit immer stärker im Rahmen von Kulturabkommen vollzieht, die die Einzelheiten des Austausches festsetzen und häufig die gegenseitigen Leistungen bis ins einzelne quantitativ festlegen. Diese Entwicklung wird vor allem sichtbar im Kulturverkehr mit den dem sowjetischen Einflußbereich zugehörenden Staaten, besonders mit der Sowjetunion (247). Als Beispiel dafür möge das Kulturabkommen zwischen der Bundesrepublik

Deutschland und der Sowjetunion vom 30. 5. 1959 dienen (248). Dort wurde u. a. über den Programmaustausch der Rundfunkanstalten vereinbart:

"1. Es ist vorgesehen, daß monatlich je zwei bis drei Referate von 15 bis 20 Minuten aus dem Gebiet der Wissenschaft und Technik sowie monatlich ein Referat von je 8 bis 15 Minuten aus dem Gebiet der Musik, des Theaters und des Sports gesendet werden.

2. Beide Seiten werden sich spätestens drei Monate vor den jeweiligen Sendungen über die Themen der Sendungen sowie die Frequenzen und Sendezeiten unterrichten." (249)

Andere Artikel des Abkommens legen bis ins einzelne fest:

"A. Langfristiger Austausch von Wissenschaftlern für die Jahre 1959 und 1960.

1. Deutsche Wissenschaftler, insbesondere Nachwuchskräfte, der folgenden Fachgebiete sollen für 9 bis 12 Monate an sowjetischen Lehr- und Forschungsanstalten arbeiten:

Sprachwissenschaft 1 Person, Ethnologie 1 Person, Mathematik 1 Person, Physik 1 Person, Astronomie 1 Person, Biologie 1 Person, Medizin 1 Person, Landbauwissenschaft, Forstwissenschaft 1 Person, Geologie, Mineralogie 1 Person, Maschinenbau 1 Person, Elektrotechnik 1 Person, Bergbau, Hüttenwesen 1 Person, Chemie 1 Person.

2. Sowjetische Wissenschaftler und Aspiranten der folgenden Fachgebiete sollen für 9 bis 12 Monate an Lehr- und Forschungsanstalten in der Bundesrepublik Deutschland arbeiten: Chemiker 3 Personen, Aspiranten der technischen Wissenschaften, und zwar: Elektrotechnik, Radiotechnik, Maschinenbau, Bauingenieurwesen, Bergbau, Eisenhüttenwesen u. a. 10 Personen.

B. Kurzfristiger Austausch von Wissenschaftlern für das Jahr 1959.

1. Deutsche Wissenschaftler der folgenden Fachgebiete sollen zu Studien- und Vortragsreisen von ein bis dreiwöchiger Dauer in die Union der Sozialistischen Sowjetrepubliken reisen: Pädagogik 1 Person, Philosophie 1 Person, Sprachwissenschaften 2 Personen, Wirtschafts- u. Sozialwissenschaften 1 Person, Rechtswissenschaft 1 Person, Wirtschaftsgeographie 1 Person, Mathematik 1 Person, Physik 2 Personen, Astronomie 1 Person, Chemie 1 Person, Biologie 1 Person, Medizin 1 Person, Landbauwissenschaft, Forstwissenschaft 1 Person, Geologie, Mineralogie 1 Person, Maschinenbau 1 Person, Elektrotechnik 2 Personen.

2. Sowjetische Wissenschaftler der folgenden Fachgebiete sollen zu Studien- und Vortragsreisen von ein- bis dreiwöchiger Dauer in die Bundesrepublik Deutschland reisen: Chemie 2 Personen, Radiotechnik 2 Personen, Rechenmaschinen 2 Personen, Chemischer Apparatebau, Radiotechnik, Verbrennungsmotoren u. a. 4 Personen, Biologie 2 Personen,

Physik 2 Personen, Elektrotechnik 2 Personen, Techn. Berufsschulwesen 3 Personen." (250).

In den letzten Jahren werden bilaterale Kulturabkommen auch zunehmend im Zusammenhang mit politischen Verträgen abgeschlossen, um die Bedeutung der Politischen Abrede zu unterstreichen (251). Diese Erscheinungen zeigen eine Entwicklung zur Kulturwerbung mit stipulierter Gegen- und Mehrseitigkeit.

Die Kultur hat auf dem Gebiet der Internationalen Beziehungen und Vereinbarungen die gleiche Bedeutung wie etwa die Wirtschaft und das Militär erreicht. Diese Art des Kulturaustausches, die sich von einer freizügigen Kulturarbeit entfernt, macht die zunehmende Politisierung des internationalen Kulturraumes deutlich. Je mehr die Kultur auf der internationalen Ebene dem politischen Instrumentarium zugerechnet wird, desto eindeutiger wird das Verlangen der staatlichen Instanzen, sie zu kontrollieren.

Die Anfänge der deutschen Kulturpolitik im Ausland kannten noch keine bilateralen Kulturverträge. Die Kulturarbeit bewegte sich außerhalb rechtlicher Bindungen gegenüber dem Empfangsland. Für die deutsche Auslandskulturarbeit galt das schon deswegen, weil sie sich ursprünglich an die Auslandsdeutschen wandte und die Angehörigen anderer Völker erst allmählich in die kulturellen Bemühungen einbezog. Die Entwicklung, den Kulturaustausch durch bilaterale Verträge zu regeln, setzte verhältnismäßig spät ein. Noch 1938 zählte das Institut de Cooperation Intellectuelle 36 bilaterale Kulturabkommen. 1951 waren es 150 und 1954 300 bilaterale Kulturabkommen, die die UNESCO in einer Aufstellung veröffentlichte. Auch nach dem Ersten Weltkrieg wurden in den ersten Jahren kaum Kulturabkommen abgeschlossen. Erst seit dem Zweiten Weltkrieg haben sie stark zugenommen und steigende Bedeutung gewonnen (252).

Während der Periode der totalitären Regime in Mitteleuropa waren sie als Instrumente zur Infiltration und Unterwühlung der Ordnung anderer Staaten stark in Mißkredit gekommen. Trotz dieses Mißbrauches wurde dadurch jedoch die Entwicklung einer verstärkten Politisierung der internationalen Kulturarbeit eingeleitet, der sich heute kein bedeutender Staat mehr entziehen kann (253). Kulturabkommen sind heute für die Entstehung und den Zusammenhalt internationaler Gruppierungen auf dem Gebiet der Weltpolitik ebenso wichtig wie Wirtschafts- und Militärabkommen.

Im Rahmen der Kulturabkommen setzen die Vertragsparteien immer häufiger sogenannte gemischte Kommissionen ein, die in erster Linie den Grundsatz der Gegenseitigkeit sichern sollen (254). Indessen dehnen diese Kommissionen in der Praxis ihre Zuständigkeit zunehmend auf alle Formen kultureller Beziehungen aus, so daß auch private Organisationen, die sich auf privater Ebene am internationalen Kulturaustausch beteiligen, sich häufig an diese Kommissionen wenden und sie um ihre guten Dienste ersuchen (255).

Mitunter wird neben den Kommissionen, die unregelmäßig tagen, sogar ein gemeinsames Sekretariat eingerichtet (256).

Während die nationalen Dienste ihre Arbeit verständlicherweise auf die einseitige Werbung ausrichten, liegt der Akzent der Kommission auf dem kulturellen Austausch. Auf diese Weise bilden die gemischten Kommissionen fast eine Art erster Elemente einer internationalen Struktur der kulturellen Beziehungen (257).

Eine Reihe von Verträgen regelt die internationale Kulturarbeit auf multilateraler Basis, sei es in regionalem Rahmen - wie z.B. die WEU, der Europarat oder Euratom - sei es in universalem Rahmen wie die UNESCO, deren Ziele nach ihrem Statut sind: Förderung des Friedens und der Sicherheit durch vermehrte Zusammenarbeit in Erziehung, Wissenschaft und Kultur, um die allgemeine Achtung der Gerechtigkeit, der Menschenrechte und der Freiheit für alle, ohne Unterschied des Ranges, des Geschlechts und der Religion zu erreichen (258).

III. "Unpolitische" oder "politische" Zielsetzung der auswärtigen Kulturpolitik?

Die Selbstverständlichkeit, mit der etwa die Franzosen oder die Briten auswärtige Kulturpolitik betreiben, ist in der Bundesrepublik noch immer nicht ganz erreicht.

Vor dem Dritten Reich war man in der Beurteilung des Wesens der auswärtigen Kulturpolitik unbefangener als heute. So führt Georg Schreiber aus, die auswärtige Kulturpolitik benutze kulturelle Unternehmungen und Institutionen, um im Ausland dem Heimatland literarische, wissenschaftliche, technische und kulturelle Wertgeltung zu verschaffen; dabei werde die Kultur als Wegbereiter der Macht, aber auch der Wirtschaft empfunden (259).

Schlechthin die Eroberung der Macht durch die Kultur als politisches Mittel bezeichnet Adolf Morsbach als Ziel der Kulturpolitik. Zwar könne sich theoretisch auch die Kulturpolitik im Ausland in den Dienst einer ethischen Idee stellen und dadurch die Kultur und nicht die politische Macht zum Ziel haben. Doch praktisch stehe die auswärtige Kulturpolitik immer im Dienst der Förderung machtpolitischer und wirtschaftspolitischer Interessen. Deswegen sei Kulturpolitik im Ausland die Willenserrichtung eines Staates, im Ausland mittels der geistigen Kulturkräfte und Werte des eigenen Landes im Kampf um die Geltung in der Welt seinen Bestand zu erhalten und zu vermehren (260).

Nach der Gründung der Bundesrepublik ging man nur sehr zögernd daran, die sogenannte "dritte Bühne" der Außenpolitik (261) zu betreten. Es sollte auf gar keinen Fall der Eindruck erweckt werden, als solle die Kultur zum Vorspann der Politik dienen. Das führte bis zu dem Vorschlag, von Auslandskulturpolitik oder auswärtiger Kulturpolitik überhaupt nicht mehr zu reden. So meint Theodor Steltzer, das beste sei, von dem Ausdruck

"Kulturpolitik" ganz abzusehen und nur noch von "Kulturarbeit" zu sprechen, weil sonst unwillkürlich die Vorstellung einer tagespolitisch orientierten Kulturpropaganda hervorgerufen werde. Die Verbreitung nationaler Kulturinhalte genüge nicht mehr als Ausgangspunkt in einer Zeit, in der die Zusammenarbeit der Völker der Welt sich verdichte (262).

Auch Hellmut Becker hebt hervor, daß die Kulturpolitik kein Hilfsmittel der Außenpolitik sein dürfe, sondern völlige Eigenständigkeit genießen müsse (263). Es zeigte sich in diesem Zusammenhang eine Tendenz, die Kulturarbeit auf der internationalen Ebene nicht mehr als nationale Aufgabe der einzelnen Staaten, sondern als eine internationale Aufgabe überstaatlicher Organisationen anzusehen (264).

Die offiziellen Stimmen zum Wesen der Auslandskulturpolitik sind ähnlich zurückhaltend. Der Bundestagsabgeordnete Kahn-Ackermann (SPD) meinte im Deutschen Bundestag: "Die Kultur darf nicht zum Vorspann der Politik gemacht werden". Er sprach dann auch nur von Kulturarbeit und nicht von Kulturpolitik (265).

Der Bundesaußenminister von Brentano sprach in der Debatte des Bundestages vom 23. Juni 1960 (266) fast nur von "Kulturarbeit im Ausland" und ganz nebenbei, als er die Kulturpropaganda ablehnte, fiel auch das Wort Kulturpolitik. So sagte von Brentano, jede kulturpolitische Arbeit im Ausland sei von dem, was man Kulturpropaganda nenne, unerläßlich zu trennen. Ebenso verlangte der Bundestagspräsident Gerstenmaier die Trennung von Kulturpolitik und Kulturpropaganda (267). In der Bundestagsdebatte vom 23. 6. 1960 wurde zwar nicht vorgeschlagen (wie es Steltzer machte), den Begriff der auswärtigen Kulturpolitik ganz zu streichen, das Bemühen, diesen Ausdruck zu vermeiden, war jedoch deutlich erkennbar. Der Abgeordnete Kühn (SPD) meinte, die Kulturarbeit im Ausland müsse sorgfältig von der Public Relations-Arbeit, von der Öffentlichkeitsarbeit und Propaganda getrennt werden (268). Die Auslandskulturarbeit dürfe nicht wie im Dritten Reich ein planmäßig kalkuliertes Instrument äußerer Machtpolitik sein. Im übrigen meinte Kühn, die Auslandskulturarbeit dürfte nicht politisches Hilfsinstrument werden. Die auswärtige Kulturpolitik müsse Selbstdarstellung unserer Nation und ein Beitrag für die Meisterung der Probleme der Zeit, vor allem auch in den Entwicklungsvölkern sein (269). Dieter Sattler spricht sich auf der einen Seite gegen eine "Politisierung" des Kulturaustausches aus, sieht aber darin auf der anderen Seite ein neues Feld der Außenpolitik (270). In all diesen Äußerungen zeigt sich eine Unsicherheit in der Beurteilung der kulturellen Außenpolitik.

In dieser Diskussion zeigen sich offensichtlich Mißverständnisse darüber, was unter "politisch" und was unter "unpolitisch" zu verstehen ist. Die auswärtige Kulturpolitik kann direkt und nachdrücklich konkrete politische Ziele anvisieren, wie es die nationalsozialistische und die sowjetische Kulturpropaganda praktizierte bzw. noch praktiziert. Von Bemühungen, die das gegenseitige Verständnis der Nationen fördern und den Boden psychologisch dafür vorbereiten sollen, daß später einmal politische Verhandlungen mit Erfolg geführt werden können, läßt sich jedoch nicht sagen, sie seien unpolitisch. Die Kritik an der politischen Zielsetzung der Kulturpolitik identifiziert zu Unrecht "politisch" mit einem bestimmten Typ der Kulturpolitik, nämlich der Kulturpropaganda. Dr. Berthold Martin stellte wohl als erster wieder klar, daß die auswärtige Kulturpolitik ein wichtiger Teil der Außenpolitik ist (271).

Es besteht kein Gegensatz zwischen Kulturpolitik, Kulturaustausch, Kulturarbeit, Kulturwerbung.

Der Kulturaustausch betont die Gegenseitigkeit (272). Kulturarbeit ist jede Bemühung um die Kultur, sei es mit oder ohne politische Zielsetzung. Sie bildet keinen Gegensatz zur Kulturpolitik. Kulturwerbung ist ein anderes Wort für die Ziele und Arbeitsweise der auswärtigen Kulturpolitik, also ebenfalls kein Gegensatz (273). Alle diese Bezeichnungen umschreiben den gleichen Gegenstand (274). Kein Staat unternimmt kulturelle Bemühungen im Ausland des bloßen Selbstzweckes willen. Er will vielmehr in den anderen Ländern Sympathie, Geneigtheit, Verständnis und Freundschaft erwecken (275). Es gibt keine absolute Desinteressiertheit für die Kulturarbeit im Ausland (276). Von der konventionellen auswärtigen Politik unterscheidet sich die auswärtige Kulturpolitik dadurch, daß es ihr nicht um die unmittelbare Erreichung konkreter Ziele geht, sondern daß sie langfristig das Ansehen und den Einfluß der eigenen Nation fördern möchte (277). Sie muß langfristig angelegt sein und kennt, da es ihr um die Schaffung und Erhaltung eines psychologischen Klimas geht, praktisch keinen Endpunkt (278). Die auswärtige Kulturpolitik bildet eine Art Infrastruktur der Außenpolitik, auf deren Grundlage sich die einzelnen konkreten Ergebnisse der Außenpolitik dann später erringen lassen.

Anmerkungen zu den Seiten 104 - 175

1) Schreiber, Wissenschaftspolitik... S. 27, mit weiteren Quellenangaben.
2) Anlagen zu den Verhandlungen des Reichstages, Denkschriften: Bd. 245 von 1908, Aktenstück Nr. 583, Bd. 253 von 1909, Aktenstück Nr. 1121; Bd. 272 von 1910, Aktenstück Nr. 191; Bd. 298 von 1914, Aktenstück Nr. 48; Bd. 320 von 1914-1918, Aktenstück Nr. 634.
3) Unter Mitwirkung namhafter Kunstforscher rief der Verein Veröffentlichungen ins Leben. Bekannt wurden damals vor allem die italienischen Forschungen. Unter anderem gab das Institut die Korrespondenz Michelangelos heraus sowie eine Bibliographie der Veröffentlichungen über Florenz seit 1890.
4) Denkschriften in den Anlagen zu den Reichstagsprotokollen: Bd. 245, Aktenstück Nr. 583; Bd. 240 Aktenstück Nr. 214; Bd. 253, Aktenstück Nr. 121; Bd. 298, Aktenstück Nr. 243; Bd. 320, Aktenstück Nr. 643.
5) vgl. die Denkschriften in den Anlagen zu den Reichstagsprotokollen: Bd. 253, Aktenstück Nr. 1121; Bd. 272, Aktenstück Nr. 191; Bd. 298, Aktenstück Nr.243; Bd. 320, Aktenstück Nr. 643.
6) Mit Friedrich Althoff begann im preußischen Kultusministerium eine neue Ära. Althoff schuf den größten Teil der für die experimentelle Forschung neu benötigten Arbeitsstätten durch Angliederung von technischen, medizinischen, naturwissenschaftlichen Lehr- und Forschungsinstituten an die preußischen Hochschulen. Er baute aber auch die hochschulfreien Institute aus und vermehrte sie.
7) Eduard Sachau, Denkschrift über das Seminar für orientalische Sprachen, Berlin 1912; Arnold Sachse, Friedrich Althoff und sein Werk, Berlin 1928, S. 274-277; Heinrich Pohl, Die deutsche Auslandshochschule, Tübingen 1930; Georg Schrei-

ber, Zwischen Demokratie und Diktatur; ders., Wissenschaftspolitik... S. 29; Griewank, Aus den Anfängen... S. 235; ders., Staat und Wissenschaft... S. 28.

8) Diesem Ziel dienten eigene wissenschaftliche Unternehmungen im Dienst und im Auftrag anderer deutscher wissenschaftlicher Anstalten, Unterstützung deutscher, in Ägypten arbeitender Forscher, wissenschaftliche Auskünfte an die deutschen Akademien und an einzelne Gelehrte, die Vorbereitung und Durchführung des Internationalen Archäologischen Kongresses im April 1909. (Vgl. Denkschrift über die wissenschaftlichen und künstlerischen Unternehmungen des Reiches, Reichstagsprotokolle (Anlagen), Bd. 253, Aktenstück Nr. 1121.)

9) K. Griewank, Wissenschaft und Kunst in der Politik Kaiser Wilhelms I. und Bismarcks, in: Archiv für Kulturgeschichte, Bd. 34 1952, S. 307.

10) bei Griewank, Wissenschaft und Kunst... S. 305.

11) Schreiber, Wissenschaftspolitik..., S. 29; Griewank, Staat und Wissenschaft..., S. 19.

12) Der Fonds betrug von 1894 bis 1917 jährlich 200. 000, - M. (vgl. Reichstagsprotokolle, Anlagen. Bd. 205, S. 453)

13) Abgedruckt in der Vossischen Zeitung vom 12. Dezember 1915 und in: "Die Propaganda als politisches Instrument" von Edgar Stern-Rubarth, S. 108, und in: Görres-Lexikon, Spalte "Auslandskulturpolitik"; vgl. auch die Rede von Prof. Karl Lamprecht, gehalten am 7. Oktober 1912 auf der Tagung des Verbandes für Internationale Verständigung zu Heidelberg über auswärtige Kulturpolitik, gedruckt 1913, Stuttgart.

14) Richard Mitterer, Das deutsche Auslandsschulwesen, Bamberg 1957, S. 5.

15) ebd. S. 8.

16) Boelitz-Südhof, Die deutsche Auslandsschule, Berlin-Leipzig 1929, S. 19.

17) Boelitz-Südhof, ebd., und Koch, Deutsche Lehrer in der kulturellen Auslandsarbeit, Frankfurt/M. 1959, S. 67.

18) Am bekanntesten unter den deutschen Auswanderern nach Südamerika wurde Karl Anwandter, der 1850 mit einer größeren Gruppe Gleichgesinnter nach Valdivia in Chile auswanderte und dort eine blühende Kolonie gründete. (vgl. Mitterer, Auslandsschulwesen... S. 9)

19) vgl. Koch, Deutsche Lehrer... S. 66, und Boelitz-Südhof, Auslandsschule... S. 10.

20) Schmidt-Boelitz, Aus deutscher Bildungsarbeit im Ausland, Langensalza 1927, S. 22.

21) Schmidt-Boelitz, ebd. S. 23/24. Um eine Vorstellung von der damaligen Ausbreitung der deutschen Auslandsschulen zu geben, werden einige Beispiele genannt: Die Schülerzahl der deutschen Schule in Antwerpen betrug im Jahre 1891 270, im Jahre 1913 843; in Bukarest 1891 687, 1913 2. 373; in Konstantinopel 1891 380, 1913 742.

22) vgl. auch Boelitz-Südhof, Auslandsschule... S. 22. - Im Jahre 1912 befanden sich unter rund 2. 400 Schülern der deutschen Schule in Bukarest rund 1. 400 Landesangehörige, in Sofia im gleichen Jahr 247 Schüler, davon 185 Nichtdeutsche; in Madrid waren von 292 Schülern 247 Nichtdeutsche, in Kopenhagen von 529 Schülern 413 Nichtdeutsche.

23) Die Franzosen betrieben ihre Auslandskulturpolitik in erster Linie durch die Verbreitung ihrer Sprache (Alliance Francaise), indem sie darauf vertrauten, daß mit der Sprache auch die französische Geisteswelt verbreitet würde.

24) Schmidt-Boelitz, Bildungsarbeit..., S. 29 ff.

25) Schmidt-Boelitz, ebd. S. 17.

26) Mitterer, Auslandsschulwesen... S. 12.

27) Mitterer, ebd. S. 12; Schmidt-Boelitz, Bildungsarbeit... S. 26, S. 23.

28) Franz Schmidt, Deutsche Bildungsarbeit im Ausland, Braunschweig 1956, S. 23. - Langsam begann das Reich mit einer aktiveren Kulturpolitik. Zur Bewertung der deutschen Arbeit ein kurzer Vergleich mit den Leistungen anderer Nationen: vor 1914 unterhielt z. B. in der Türkei Frankreich ca. zwanzigmal, England fünfmal, Italien zweimal so viele Schulen wie Deutschland. Der italienische Etat für Kulturpropaganda war damals etwa achtmal so groß wie der deutsche Etat (vgl. Mitterer, Auslandsschulwesen... S. 13).

29) Schmidt-Boelitz, Bildungsarbeit... S. 30.

30) Schmidt, Bildungsarbeit im Ausland... S. 25.

31) Schmidt-Boelitz, Bildungsarbeit... S. 32.
32) Schmidt-Boelitz, ebd. S. 33.- Dem Ausland blieb nicht verborgen, daß die deutsche Bildungsarbeit in den letzten Jahren vor dem Krieg zielbewußter betrieben wurde. Am 3. März 1912 machte der Londoner Daily Mail in einem Artikel unter der Überschrift "German Schools in Many Lands" auf diese Entwicklung aufmerksam. Der Verfasser, George Adams, veröffentlichte Einzelheiten über die jüngste Entwicklung und Ausgestaltung zahlreicher deutscher Auslandsschulen in der Absicht, seine Landsleute und die zuständigen Behörden durch diese Hinweise zu warnen. (vgl. Boelitz-Südhof, Auslandsschule... S. 25; ferner Schmidt-Boelitz, Bildungsarbeit... S. 31.)
Der Verfasser schrieb in diesem Artikel von einem erstaunlichen Erfolg des deutschen Auslandsschulwesens für die deutsche Sache. Das zeigte der deutschen Regierung erneut, welche politische Bedeutung die Kulturarbeit im Ausland, besonders in den deutschen Auslandsschulen, gewonnen hatte. Das ergab sich auch aus einer Denkschrift des Auswärtigen Amtes vom April 1914.

Vgl. das die Denkschrift begleitende Schreiben vom 15. Juni 1915 an die kaiserlichen Missionen und Berufskonsularbehörden, in dem es u. a. heißt: "Die Denkschrift ist nicht dem Plenum des Reichstags vorgelegt, sondern nur den Mitgliedern der Budgetkommission mit der Verpflichtung der Geheimhaltung und Rückgabe mitgeteilt worden. Dies ist geschehen, um zu verhindern, daß ihr Inhalt der Öffentlichkeit und damit auch den fremden Regierungen bekannt wird. Eine genaue Kenntnis unserer Bestrebungen auf dem Gebiet des Auslandsschulwesens, wie sie sich aus der Denkschrift ergibt, würde voraussichtlich eine Anzahl dieser Regierungen veranlassen, der Weiterentwicklung der deutschen Schule in ihrem Lande Schwierigkeiten in den Weg zu legen. Auch könnten diejenigen Staaten, die auf dem Gebiete der Kulturpropaganda im Ausland mit uns im Wettbewerb liegen, durch die Denkschrift zur wirksameren Bekämpfung des deutschen Auslandsschulwesens veranlaßt werden. Endlich besteht die Gefahr, daß die Denkschrift unseren Gegnern eine Handhabe zu politischen Verdächtigungen bieten könnte, wozu die Förderung der deutschen Auslandsschulen durch das Reich bereits wiederholt Anlaß gegeben hat." Diese Denkschrift wurde als streng geheim verschickt.
33) Deutschland unter Kaiser Wilhelm II., Berlin 1914, S. 436.
34) Reichstagsprotokolle (Anlagen), Bd. 209, S. 2952, und: Deutschland unter Kaiser Wilhelm II, S. 436.
35) Zu den drei Zuständigkeiten gehörten im einzelnen:

1. Kunst und Wissenschaft
   A. Internationaler wissenschaftlicher Verkehr, Austausch und Entleihung wissenschaftlicher Werke, literarische Werke, Handschriften aus Bibliotheken und Archiven, internationale wissenschaftliche Kongresse, internationale wissenschaftliche Vereinigungen (Erdmessung, Erforschung der Luft, der Meere usw., Erdbebenforschung),
   zwischenstaatliche wissenschaftliche Vereinbarungen (Stenographie, Esperanto, Kalenderreform usw.), Empfehlungen von Gelehrten, Künstlern, wissenschaftl. und künstlerischen Vereinigungen Auslandsreisen, Veranstaltungen im Ausland.

   B. Deutsche Kunst- und wissenschaftliche Institute im Ausland (Historisches Institut in Rom, Kunsthistorisches Institut in Florenz, Institut für ägyptische Altertumskunde in Kairo, Evangelisches Institut für Altertumswissenschaft in Jerusalem), Ausgrabungen, Altertumsforschungen (Museen).

   C. Vermittlung bei Ankäufen von Kunstwerken für staatliche Sammlungen.
   Rückgabe und Rückforderung von Kunstwerken, desgleichen von Archivalien, Manuskripten, literarischen Werken.
   Schutz von Kunst und Naturdenkmälern, Burgen.

   D. Theaterwesen, Musikwesen, Cinematographie, Sport und Spiele (Olympische Spiele).

2. Kirchenwesen
   Innerdeutsche kirchliche Verhältnisse, Abgrenzung der Kirchengemeinden in den Grenzgebieten.
   Nachrichten über deutsches und ausländisches Kirchenwesen.
   Evangelische Gemeinden im Ausland, Anschluß an die Landeskirche, Unterstützungen.
   Katholisches Kirchenwesen (Vermittlung zwischen Staat und Kurie bei Ernennung von Domherren, Provistenbeschaffung).
   Sektenwesen im In- und Ausland (Methodisten, Heilsarmee usw.).
   Angelegenheiten der Juden (Zionistische Bewegung, Alliance Israélite usw.).
   Missionswesen (außerhalb der deutschen Kolonien), evangelische Missionsgesellschaften, katholische geistliche Orden.

3. Schulwesen (einschließlich des Hochschul- und Fachschulwesens)
   Gleichstellung preußischer und bundesstaatlicher Lehranstalten, Anerkennung von Zeugnissen aus anderen Bundesstaaten, akademische Titel.
   Vermittlung von Auskünften und Nachrichten über Schulwesen, Hochschulen, Fachschulen zwischen den deutschen und fremden Unterrichtsverwaltungen.
   Zulassung ausländischer Schüler, Studierender, Lehrer zu deutschen Schulen, Hochschulen und Fachschulen.
   Besuch ausländischer Unterrichtsanstalten durch deutsche Lehrer, Studenten und Schüler.
   Deutsches Auslandsschulwesen. Auswahl und Entsendung deutscher Lehrkräfte an deutsche Auslandsschulen.
   Versorgung der Auslandsschulen mit Lehrmitteln.
   Verwaltung des "Fonds zur Förderung deutscher Schul- und Unterrichtszwecke im Ausland" (sogenannter Schulfonds, Kap. 6 Titel 14 des Haushalts. Er betrug im Jahre 1919 1,8 Mio. M).
   Deutsche Lehrkräfte in ausländischen Diensten (Universität Konstantinopel, Instituto Nacional del Professorado scd. in Buenos Aires u.a.).
   Sorge für die in die Heimat zurückgekehrten Auslandslehrer.
   Verwaltung von Stiftungen zum Besten der Auslandslehrer (Schröder-Stiftung, Gräfin Landberg-Stiftung, Steffen-Stiftung).
   (Akten aus dem politischen Archiv des AA.)

36) O.R. Fischer, Die Organisation des auswärtigen Dienstes im alten und neuen Reich, Karlsruhe 1931; vgl. Adolf Morsbach, Die Gliederung der auswärtigen Kulturpolitik, in: Hochschule und Ausland. 1932, H. 9, S. 2.
37) Akten des AA, VI A - 230/22; II B 5828 in VI W, Bd. I, Kulturbeirat des AA.
38) Anfrage Nr. 887, 1. Wahlperiode des Reichstages 1920/21.
39) Akten des AA, VI A - 230/22; II B 5828 in VI W, Bd. I, Kulturbeirat des AA.
40) Akten des AA, VI W, Kulturbeirat, Bd. I zu VI A 1559/22.
41) Dieser Beirat wurde gemäß § 38 des Reichsgesetzes über das Auswanderungswesen vom 9. Juni 1897 gebildet. Der Beirat war zusammengesetzt aus Vertretern der Auswandererfürsorge-Organisation, der Schiffahrt, der Landwirtschaft, von Handel und Industrie sowie wissenschaftlichen Vertretern der Volkswirtschaftslehre. Er trat nach Bedarf zusammen.
42) Der Reichsbeirat für das deutsche Schulwesen im Ausland sollte für die Verbreitung von Verständnis, Interesse und Hilfsbereitschaft in der Heimat für das deutsche Schulwesen im Ausland wirken. Er gab aus dem Erfahrungskreis der Mitglieder Anregungen zur Förderung des deutschen Schulwesens durch Volkstumskurse, freie Deutschtumsorganisationen, städtische und staatliche Behörden sowie durch die Regierungen der Länder des Reiches. Sein Mitgliederkreis (insgesamt 20) setzte sich zusammen aus Vertretern der Schulverwaltungen, der einzelnen Länder, der Kirchen, der Kaufmannschaft und der Lehrer. Er trat jährlich ein- bis zweimal zusammen.
43) Akten des AA, VI W, Bd. I, Kulturbeirat, VI A Nr. 554/23.
44) Akten des AA, VI W - 2322/27.
45) Akten des AA, VI W 1927/28.
46) Marg. Rothbarth, Geistige Zusammenarbeit im Rahmen des Völkerbundes, Münster i. W., S. 32, 34, 37, 61-64; Akten des AA, VI B - 4018/1926, VI B - 18348/26.

47) Reichstagsprotokoll vom 24. Juni 1929.
48) Akten des AA, VI B, Bd. III, Nr. 569, betr. Anregungen auf dem Gebiet der Kulturpolitik, AZ: VI B - 14647/27.
49) Akten des AA, VI W, Bd. VI, Nr. 1, betr. die Hochschulen und das Studium in Deutschland 1927.
50) Dieter Sattler, Deutsche Kulturarbeit im Ausland, Rede anläßlich der Jahrestagung des Instituts für Auslandsbeziehungen, Stuttgart, 14. Januar 1961, Veröffentlichung des Instituts für Auslandsbeziehungen.
51) Adolf Morsbach, Deutsche Kulturpolitik im Ausland, in: Volkstum und Kulturpolitik, hsg. von Konen und J. P. Steffes, Köln 1932, S. 246/47.
52) Reinhold Schairer, Ausländische Studenten an deutschen Hochschulen, in: Das akademische Deutschland, Berlin 1930, S. 537.
53) Morsbach, Kulturpolitik... S. 247.
54) Das Archäologische Institut konnte eine vor dem Krieg begonnene Ausgrabung in Athen fortsetzen, weil es von einem amerikanischen Gönner, Gustav Oberländer, dafür Mittel erhielt. Die Fortführung einiger weiterer Ausgrabungen wurde durch die Notgemeinschaft der deutschen Wissenschaft ermöglicht. So konnten nach dem Krieg die Arbeiten in Pergamon, Mesopotamien, Uruk Warka und dem palestinensischen Sichem zu Ende geführt werden.
55) Schreiber, Wissenschaftspolitik...S. 56; ders., Not der Wissenschaft... S. 70 ff.
56) zum ganzen Folgenden: Gerhard Rodenwaldt, Archäologie als nationale und internationale Wissenschaft, in: Volkstum und Kulturpolitik, Festschrift für Georg Schreiber, Köln 1932, S. 93, 94, 95.
57) Durch königliches Dekret wurde am 1. August 1922 die bedingungslose Rückgabe des Instituts verfügt. Nach der Wiedereröffnung am 1. Oktober 1923 berief man den Schweizer Gelehrten Heinrich Bodmer zum Direktor, um dadurch politische Schwierigkeiten zu vermeiden. Bodmer war 10 Jahre am Kunsthistorischen Institut in Florenz tätig. Auf ihn folgte Arthur Haseloff. 1923 konnte im Rahmen des Instituts das Werk über "Florentinische Bildhauer der Renaissance" von Wilhelm von Bode, der Mitarbeiter des Instituts war, in 4. Auflage erscheinen. (vgl. Schreiber, Wissenschaftspolitik... S. 72)
58) Eine alleinige deutsche Ausrichtung scheiterte am Widerspruch der italienischen Marine, die den Golf von Neapel nicht freigeben wollte. (vgl. Schreiber, Wissenschaftspolitik... S. 73.) Obwohl das Institut nun eine italienische öffentliche Institution war, blieb es ständig unter der Leitung der Familie Dohrn. Daran hat sich bis heute nichts geändert. Das Deutsche Reich setzte seine Subventionen für das Dohrn-Institut fort. Man arbeitete wie vor dem Ersten Weltkrieg auf internationaler Basis auf der Grundlage des Systems von Arbeitstischen.
59) Das Institut war eine private Gründung des ehemaligen Direktors des Berliners Aquariums von 1891. Später unterstand es der Kaiser Wilhelm-Gesellschaft und dem R. Comitato Talassografico Italiano in Rom. Die Zusammenarbeit erlosch erst mit dem Zweiten Weltkrieg, als das Institut unter einen italienischen Sequester gestellt wurde. (vgl. Schreiber, Wissenschaftspolitik... S. 73)
60) Aktenzeichen VI B - 14824/24, Bd. I D, Nr. 569, betr. Kulturpropaganda Deutschlands.
61) Akten des AA, Az: VI B - 3843/23.
62) Akten des AA, Az: VI B - 4627/23; ferner Aktenvermerk des AA über die geleistete kulturpolitische Arbeit aus dem Jahre 1923, Az: VI B - 13645/23.
63) AZ: VI B Bd. I Nr. 76, betr. Lektoren, 1921 - 1925; AZ: VI W Bd. VI Nr. 1 VI W - o5141/32.
64) Walter Zimmermann, Das Auslandsstudium deutscher Studenten, in: Das akademische Deutschland, Berlin 1930, S. 508.
65) AZ: VI B - 8072/25 vom 3. Juli 1925.
66) Akten des AA VI B - 2683.
67) Akten des AA VI B - 8072/25. - Von den bereits geschilderten Grundsätzen der Auswahl der nach Deutschland einzuladenden Studenten sollten - wie das Auswärtige Amt entsprechend Überlegungen des Kuratoriums der Alexander von Humboldt-Stiftung in einem Runderlaß den deutschen Missionen im Ausland mitteilte - weitgehende Ausnahmen zugelassen werden. Angehörige von Ländern ohne Hochschulen, die deswegen wünschten, das ganze Studium in Deutschland zu absolvie-

ren, sollten auch die Möglichkeit erhalten, über die Alexander von Humboldt-Stiftung gefördert zu werden. Auch die Besucher mittlerer Fachschulen, z. B. von Maschinenbauschulen, Baugewerbeschulen usw., und anderen Lehranstalten sollten von einer Förderung durch die Alexander von Humboldt-Stiftung nicht ausgeschlossen werden. Man sollte sogar begabten Söhnen hervorragender Ausländer, deren Heimatschulen den Ansprüchen an Höhere Schulen in Deutschland nicht genügten, den Besuch höherer Gymnasialklassen in Deutschland durch Stipendien ermöglichen. Wenn auch all diesen Gruppen aus den verfügbaren Mitteln nicht immer für die ganze Zeit in Deutschland ein freies Studium ermöglicht werden konnte, so glaubte man doch, ihnen für einige Zeit mit der Gewährung ausreichender Stipendien eine willkommene Beihilfe zu leisten. Die Auswahl der in Frage kommenden jungen Menschen erfolgte zum großen Teil im Ausland unter Mitwirkung der deutschen Missionen. Man hielt es für zweckmäßig, die Auswahl nicht den Rektoren ausländischer Hochschulen zu überlassen, weil man sich nicht darüber sicher war, welche Maßstäbe dann bei der Auswahl zur Geltung kämen (vgl. Akten des AA, VI B - 1283).

68) Akten des AA, AZ: VI B - 641.

69) Zimmermann, Auslandsstudium... S. 536. - Die Zahlen der ausländischen Studierenden an deutschen Hochschulen betrugen WS 1926/27/ 7.026; SS 1927: 6.615; SS 1928: 6.541; SS 1929: 6.751. (vgl. Reinhold Schairer, Die Studenten im internationalen Kulturleben, H. 11 der von Georg Schreiber herausgegebenen Schriftenreihe "Deutschland und Ausland", Münster i. W.)

70) Akten des AA, VI B Bd. I Nr. 545 und VI B Nr. 5821/23.

71) Die Förderung auslandsdeutscher Studenten wurde von der Alexander von Humboldt-Stiftung in der Regel nicht übernommen, da diese Stiftung als Ziel ausdrücklich die Förderung ausländischer Studenten hatte.

72) Akten des AA, VI B Bd. I Nr. 545, AZ: II 2687.

73) Akten des AA, VI B Bd. I Nr. 545, AZ: II - 2687.

74) Der Reichsanteil an den zu gewährenden Unterstützungen für das Etatjahr 1923 wurde auf ein in 2 Hälften zur Auszahlung gebrachtes jährliches Stipendium im Höchstbetrag von 80.000,- M festgelegt. Der mit der Verleihung betraute Verein hatte seinerseits mindestens ein Viertel des Reichsanteils, also bei dem Höchstbetrag von 80.000,- M Reichsanteil 20.000,- M hinzuzufügen. 1923 wurde vom Reich ein Betrag von 40 Mio. Mark, also insgesamt die Reichsanteile für 500 Stipendien überwiesen. Die Bewerber hatten sich mit ihren Gesuchen an einen der Vereinigten Fürsorge angeschlossenen Verein zu wenden. Diesem Verein oblag die Verpflichtung, die Würdigkeit des Bewerbers und die Zuverlässigkeit seiner deutschen Gesinnung zu prüfen und unter Nachweis des eigenen Zuschusses die Gewährung des Reichsanteils bei der Vereinigten Fürsorge zu beantragen. Der Reichtsanteil wurde dem Stipendiaten zunächst zinslos als Darlehen überlassen. Er hatte einen Verpflichtungsschein auszufüllen. Für den Fall der Ansiedlung im Auslande wurde das Darlehen als verlorener Zuschuß gelöscht. Nach der Währungsumstellung wurden noch etwa 200 Hochschulstudierende und 20 Schüler Höherer Lehranstalten und Fachschulen durch die Gewährung von Stipendien bis zu 300,- RM pro Semester bei ihren Studien an deutschen Lehranstalten gefördert.

75) Akten des AA VI B Bd. 1 Nr. 545.

76) Nach einem Runderlaß des Auswärtigen Amtes an mehrere ausländische Vertretungen sollten nach 1925 folgende Stipendien für Gebiete mit deutschen Minderheiten vergeben werden:

Jugoslawien	20	Stipendien	zu je	40,- M	monatlich
Eupen-Malmedy	3	"	" "	50,- M	"
Ungarn	30	"	" "	50,- M	"
Siebenbürgen					
und Banat	30	"	" "	40,- M	"
sonstiges					
Rumänien	10	"	" "	50,- M	"
Dänemark	10	"	" "	50,- M	"
Litauen	5	"	" "	50,- M	"
Tschechoslowakei	10	"	" "	60,- M	"

Estland	10 "	" " 60,- M	"
Lettland	10 "	" " 60,- M	"
Süd-Tirol	10 "	" " 40,- M	"
Polen	10 "	" " 75,- M	"

Die Missionen wurden gebeten, diese Angelegenheit in streng vertraulichem Rahmen mit den beteiligten deutschen Verbänden zu regeln. Außerdem war vorgesehen, die an ausländischen Hochschulen studierenden und im Ausland wohnenden Reichsdeutschen zu fördern, auch wenn sie den ausländischen Organisationen nicht angeschlossen waren. (Akten des AA VI B Bd. I Nr. 545, VI B Nr. 3989, Runderlaß vom 6. Juni 1925, sowie Bd. II Nr. 545 (Abschrift des zitierten Runderlasses)

77) Es kam deswegen zu kleinen Rivalitäten zwischen dem Deutschen Akademischen Austauschdienst und der Alexander von Humboldt-Stiftung. Als der Deutsche Akademische Austauschdienst die Alexander von Humboldt-Stiftung bat, die Auswahl der amerikanischen Stipendienträger der Stiftung ihm zu überlassen, lehnte die Stiftung diesen Wunsch ab. Es kam in der folgenden Zeit jedoch zu einer engen Arbeitsgemeinschaft zwischen dem Deutschen Akademischen Austauschdienst und der Alexander von Humboldt-Stiftung.

78) Fritz Wertheimer, Auslandsdeutsche Studierende an deutschen Hochschulen, in: Das akademische Deutschland, S. 536.

79) Akten des AA, AZ: VI W - 6125/35, Bd. VI W, betr. Studentenaustausch, Allgemeines.

80) Zimmermann, Auslandsstudium... S. 508 u. 514.

81) Im Jahre 1929 ermächtigte das Parlament durch den "Rhodes Trust Act" die Trustees, neue Scholarships zu schaffen. Dies geschah in demselben Jahr durch die Errichtung von 2 Scholarships im Jahr für Deutsche, wiederum auf die Dauer von 3 Jahren. Die ersten beiden deutschen Nachkriegsstipendiaten sind im Oktober 1930 in Oxford immatrikuliert und die letzten im Oktober 1938. Die bereits für Oktober 1939 gewählten deutschen Stipendiaten haben naturgemäß von den Stipendien keinen Gebrauch mehr machen können. Im Zweiten Weltkrieg hat das Parlament nicht mehr eingegriffen, sondern hat es den Rhodes Trustees überlassen, die Stipendien für Deutsche zu suspendieren. Es sind seitdem von mehreren Seiten - auch von England aus - Versuche gemacht worden, die Trustees zur Wiederbelebung der Stipendien für Deutsche zu veranlassen. Die Trustees, die völlig unabhängig sind, haben dies immer verweigert, zunächst mit dem Argument, daß keine Mittel vorhanden wären und später mit dem Hinweis darauf, daß es dem ursprünglichen Geist des Testaments von Cecil Rhodes mehr entspräche, die verfügbaren Mittel für die neuen Mitglieder des British Commonwealth of Nations in Afrika und in anderen Gegenden zu verwenden. (in: Times v. 4. Okt. 1963; Geoffrey Elton, The first 50 years of the Rhodes Trust and the Rhodes Scholarships 1903-1953, Oxford 1956.)

82) Akten des AA VI W 05141/32 und VI W Bd. I Nr. 1 betr. Deutsche Akademisch-Pädagogische Vermittlungsstelle in Frankreich.

83) Schairer, Studenten i. internat. Kulturleben... S. 523.

84) ebd. S. 538.

85) Akten des AA VI W Bd. 13 Nr. 1 betr. Hochschulen und Studium in Deutschland, AZ: VI W - 7894/29.

86) Akten des AA VI D - 4290 - VI - 3029.

87) Während des Krieges wurden vom Auswärtigen Amt mehrere Propagandaschriften herausgegeben wie: "Sind wir Barbaren?" Nach dem Krieg wurden in den beginnenden zwanziger Jahren Broschüren vertrieben wie: "Die Greueltaten der Franzosen in Dortmund". Man stellte jedoch bald fest, daß diese Propagandaschriften häufig nur das Gegenteil von dem erreichten, was sie bezweckten. (vgl. Akten des AA IX D Nr. 2459 betr. Bücherpropaganda.)

88) Akten des AA VI D 4290; VI D 115; VI W 6114.

89) Die Bücherarbeit der Franzosen im Ausland wurde zu einem großen Teil von dem großen französischen Auslandsverlag "Maison du Livre Français" bestritten. Diesem Verlag waren 150 französische Verlagsanstalten angeschlossen. Er hatte in zahlreichen Ländern eigene Vertreter und Agenturen. Dieser französische Verlag betrieb eine systematische Auslandswerbung. Er stellte vor Ausstellungen den

Buchhandlungen des Ausstellungsortes die ausgestellten Werke kostenlos zur Verfügung und überließ sie ihnen zum kommissarischen Verkauf mit 40 % Rabatt.

90) Akten des AA VI D - 4290; VI D - 115.

91) Akten des AA VI - 3092; Hans Freytag, Über deutsche Kulturpolitik im Ausland, in: Deutsche Rundschau, Jhrg. 55 1929, H. 11, S. 103/104. (Hans Freytag war Gesandter und Leiter der Kulturabteilung des Auswärtigen Amtes.)

92) Akten des AA VI W - 6114; VI B - 10119 a.

93) Akten des AA VI B - 13645/23; VI B - 14824/24; Freytag, Über deutsche Kulturpolitik... S. 105.

94) Akten des AA VI B - 13645; VI B - 14824/24; Freytag, Über deutsche Kulturpolitik... S. 105.

95) Aufzeichnungen des AA, Referat VI D, vom 24. 10. 1922.

96) Morsbach, Kulturpolitik... S. 248, und Freytag, Über deutsche Kulturpolitik... S. 107.

97) vgl. A. Jungbluth, Die Entwicklung der anerkannten deutschen Auslandsschulen seit der Jahrhundertwende, in Schmidt-Boelitz, Bildungsarbeit... Bd. II, S. 614.

98) Jungbluth, ebd. S. 617.

99) B. Gaster, Das deutsche Auslandsschulwesen außerhalb Europas, in: Schmidt-Boelitz, Bildungsarbeit... Bd. II, S. 6.

100) ebd. S. 7.

101) ebd. S. 7.

102) ebd. S. 8.

103) ebd. S. 8, und Mitterer, Auslandsschulwesen... 2. Aufl. 1957, S. 15.

104) Jungbluth, Auslandsschulen... S. 617.

105) Mitterer, Auslandsschulwesen... 2. Aufl. S. 16, 17. Die erste Zusammensetzung wies 2 Vertreter Preußens und je einen Vertreter aus Bayern, Hessen und Lübeck aus. 1922 kam noch ein Vertreter aus Württemberg und 1923 einer aus Sachsen sowie ein Geschäftsführer hinzu.

106) Akten des AA VI B - 14824/24.

107) T. Böhme, Die gegenwärtige Lage des deutschen Auslandsschulwesens, in: Monatszeitschrift für Höhere Schulen, Berlin, H. 1/1934, und Mitterer, Auslandsschulwesen... S. 19.

108) Mitterer, Auslandsschulwesen... S. 17/18.

109) ebd. S. 18.

110) Akten des AA VI B - 14824/24.

111) Denkschrift von Paul Roth über "Die frühere Kulturabteilung des Auswärtigen Amtes", S. 12 (Aufzeichnung des AA ohne Aktenzeichen.)

112) VO über die Aufgaben des Reichsministeriums für Volksaufklärung u. Propaganda, RGBl. 1933 Bd. I, S. 449.

113) vgl. Dieter Sattler, Die Aufgaben der Kulturabteilung des Auswärtigen Amtes (inoffizielle Aufzeichnung des AA, ohne Datum).

114) Akten des AA VI W Bd. 25 u. VI W - 0344/35.

115) Inoffizielle Aufzeichnung des AA.

116) Akten des AA VI W - 5623/35.

117) Akten des AA, VI W-5623/35; Denkschrift Roth.

118) Akten des AA, VI W - 2837 III/1935.

119) Akten des AA, VI W - 3469/35.

120) Akten des AA, VI W - 5151/35.

121) s. o. S. 137 ff. u. 147 ff.

122) Denkschrift Roth, S. 9.

123) Akten des AA, AZ: EO VI W - 9054, Bd. 23, S. 6, betr. Hochschulwesen und Studium in Deutschland.

124) Akten des AA E O VI W - 9054, Bd. 23, S. 9.

125) Akten des AA VI B, Bd. 24, betr. Wissenschaft und Studium in Deutschland.

126) ebd.

127) Akten des AA VI W, Bd. 25, betr. Wissenschaft und Hochschule.

128) Akten des AA VI W Bd. 25, betr. Wissenschaft und Hochschule.

129) vgl. Akten des AA VI W - 9344/35.

130) Akten des AA VI W - 6775.

131) Denkschrift Roth, S. 8.

132) Akten des AA VI W - 12134/35.
133) vgl. Akten des AA VI W - 6114/35.
134) Denkschrift Roth, S. 9.
135) Mitterer, Auslandsschulwesen... S. 20.
136) Schmidt, Bildungsarbeit im Ausland... S. 14 ff.
137) Denkschrift Roth, S. 13 ff.; vgl. Mitterer, Auslandsschulwesen... S. 19 ff.
138) Mitterer, ebd. S. 21.
139) Denkschrift Roth, S. 4.
140) Aktenvermerk des AA über die Aufgaben der Kulturabteilung vom 14. März 1962.
141) vgl. Arbeitsring Ausland: Zur Neuordnung der deutschen Kulturbeziehungen im Ausland, Köln 1959, S. 6.
142) Jahresbericht des Goethe-Instituts, München 1961/62, S. 31 ff.
143) Arbeitsring Ausland... S. 8.
144) ebd.
145) vgl. auch Studie über den derzeitigen Stand von Organisation, Umfang und Finanzierung der kulturellen Beziehungen der Bundesrepublik zum Ausland, Sommer 1956, von Fritz von Twardowski, S. 5-19.
146) vgl. Schreiben des AA, Abt. VI, an das Bundesfinanzministerium vom 16. Oktober 1958 über die Abgrenzung der Zuständigkeiten zwischen den Kulturabteilungen des BMI und des AA.
147) Gegenwärtig gehören dem Beirat folgende Persönlichkeiten an: Prof. Hellmut Becker, Dr. Werner Bergengruen +, Prof. Dr. Arnold Bergstraesser +, Dr. Joachim Bodamer, Prof. Dr. Max Braubach, Dr. Max Freiherr von Brück, Prof. Dr. h. c. Hans Frhr. v. Campenhausen, Prälat Bernhard Hanssler, Prof. Dr. Theodor Heuß +, Frau Annedore Leber, Prof. Dr. Klaus Mehnert, Prof. Dr. Josef Piper, Prof. Dr. Emil Praetorius, Prof. Dr. Wolfgang Schadewaldt, Dr. Johannes Schauff, Frau Dr. Maria Schlüter-Hermkes. (vgl. Bulletin vom 17. 12. 1960, Nr. 236, S. 2282; Liste über die Mitglieder des Kulturbeirates des AA, Stand: 1. 4. 1963.)
148) Karl Doka, Kulturelle Außenpolitik, Zürich 1956, S. 36.
149) Dieter Sattler, Die Stunde der Kulturpolitik, in: Frankfurter Allgemeine Zeitung vom 25. 5. 1960.
150) Bisher wurden mit folgenden Staaten Kulturabkommen abgeschlossen: USA (9. 4. 1953), Frankreich (23. 10. 1954 und 22. 1. 1963), Spanien (10. 12. 1954), Italien (8. 2. 1956), Griechenland (17. 5. 1956), Norwegen (29. 5. 1956), Belgien (24. 9. 1956), Chile (20. 11. 1956), Japan (14. 2. 1957), Türkei (8. 5. 1957), Großbritannien (18. 4. 1958), UdSSR (30. 5. 1959), VAR (11. 11. 1959), Niederlande (27. 4. 1961), Pakistan (9. 11. 1961), Afghanistan (18. 4. 1961), Kolumbien (11. 10. 1960), Südafrika (11. 6. 1962). Mit Brasilien, Bolivien, Ekuador, dem Irak, mit Iran und Portugal werden Kulturabkommen vorbereitet (Aktenvermerk des AA über Kulturabkommen v. 1. 4. 1963; Aufzeichnung des AA über Aufgaben der Kulturabteilung aus d. Jahre 1958, S. 3). In diesen Kulturabkommen sind ständige gemischte Ausschüsse (Kulturkommissionen) vorgesehen, die den Regierungen Vorschläge für die Durchführung der Abkommen machen. Solche gemischten Ausschüsse bestehen gegenwärtig im Verhältnis zu folgenden Ländern: Frankreich, Spanien, Italien, Griechenland, Norwegen, Belgien, Chile, Japan, Türkei, Großbritannien, VAR, Niederlande, Pakistan, Afghanistan, Kolumbien, Südafrika. (vgl. Aktenvermerk des AA über Kulturabkommen vom 1. 4. 1963.)
Die Kommissionen haben keine Entscheidungsbefugnis. Sie können den beteiligten Regierungen nur Empfehlungen geben. Nach den bisherigen Erfahrungen ist die Einrichtung dieser gemischten Ausschüsse für die Intensivierung der kulturellen Beziehungen zwischen der Bundesrepublik und den betreffenden Ländern von großer Wichtigkeit, da in den Sitzungen dieser Kommissionen alle aufkommenden Fragen sachverständig erörtert werden können.
151) Sofern durch die Abkommen die Zuständigkeiten der Länder auf dem Gebiet der Gesetzgebung und der Verwaltung nicht berührt werden, ist die Bundeszuständigkeit nicht bestritten (Hermann Mosler, Kulturabkommen des Bundesstaates, in: Zeitschrift für ausländisches öffentliches Recht und Völkerrecht, Bd. 16, 1955, S. 23; Maunz, Deutsches Staatsrecht S. 282). Nach Artikel 32, Abs. 1 GG besitzt der Bund ein unbeschränktes Recht zum Abschluß völkerrechtlicher Verträge. Nach Artikel 32, Abs. 3, haben die Länder ein Vertragsschließungsrecht nur, "so-

weit die Länder für die Gesetzgebung zuständig sind". Artikel 32, Abs. 3, begründet nur eine konkurrierende Länderkompetenz (v. Mangoldt-Klein, Das Bonner Grundgesetz, 2. Auflage, Berlin u. Frankfurt/M., Art. 32, V 2 b und VI 2-3; Hamann, Das Grundgesetz, Artikel 32, 4; Böning, DÖV 1957, S. 819). Mosler (S. 26) vertritt die Ansicht, daß überwiegende Interessen der Bundesaußenpolitik den Länderkompetenzen vorgehen und daß daher der Gesamtstaat in Fällen zwingender Notwendigkeit ein ius eminens gegenüber seinen Gliedstaaten habe. Nach Maunz (S. 284) sind demgegenüber die Länder zum Abschluß von völkerrechtlichen Verträgen in Gegenständen der Gesetzgebung der Länder zuständig, nicht der Bund.

152) Akten des Bundesministeriums für besondere Aufgaben, AZ: M/20 - 25/63.

153) Es gibt jedoch auch Ausnahmen. Zum Beispiel regelt ein Abkommen zwischen dem Land Schleswig-Holstein und Dänemark Schulfragen der Minderheiten. (Akten des Bundesministeriums für besondere Aufgaben M/2 - 19/63)

154) Von diesen 198 Instituten wurden vom Goethe-Institut eingerichtet oder bisher in die Verwaltung des Goethe-Instituts übergeführt: 81 Institute. 11 Institute, zumeist kleinere, unterstehen noch der unmittelbaren Verwaltung durch die zuständigen Auslandsvertretungen (davon sollen 9 Institute im Laufe dieses Jahres ebenfalls dem Goethe-Institut unterstellt werden).

155) Akten des AA IV 7 (606) - 84. 000, vom 28. März 1963; vgl. im einzelnen das Verzeichnis des Auswärtigen Amtes über die deutschen Kulturinstitute, Bibliotheken, deutsch-ausländische Kulturinstitute und Kulturvereinigungen vom Oktober 1962.

156) Aktenvermerk des AA über Kulturabkommen vom 1. 4. 1963; Verzeichnis des AA über die deutsch-ausländischen Kulturgesellschaften im Inland vom 15. März 1963.

157) Hellmut Becker vertritt in seinem Aufsatz "Außenpolitik und Kulturpolitik" im Oktoberheft 1961 des "Merkur" die Ansicht, daß der internationalen kulturellen Kooperation der Vorrang vor der nationalen Auslandskulturarbeit gebühre. Besonders die Aufgaben der Bildungshilfe für die Entwicklungsländer werden sich auf nationaler und bilateraler Basis allein nicht lösen lassen.

158) Ein Gesetz über den Beitritt wurde dem damaligen völkerrechtlichen Status der Bundesrepublik Deutschland entsprechend nicht für erforderlich gehalten. Eine Bekanntmachung im Bundesgesetzblatt ist nicht erschienen. Die Satzung der UNESCO ist abgedruckt in Bd. I der Serie A (S. 371) der vom Auswärtigen Amt herausgegebenen halbamtlichen Vertragssammlung "Verträge der Bundesrepublik Deutschland".

Durch die Satzung sind der Bundesrepublik folgende Möglichkeiten einer Mitarbeit innerhalb der UNESCO gegeben:

a) Die BRD beteiligt sich an der alle 2 Jahre stattfindenden Generalkonferenz durch die Entsendung von 5 Delegierten (die Zahl der Delegierten ist durch die Satzung begrenzt) und einer Anzahl von Sachverständigen. Die Generalkonferenz entscheidet über Programm und Budget der UNESCO.

b) Die BRD ist im Exekutivrat der UNESCO seit 1954 vertreten. Die Wahl eines Exekutivratsmitgliedes erfolgt für jeweils 4 Jahre (mit der Möglichkeit der Wiederwahl für weitere 4 Jahre) ad personam. Die Mitarbeit der BRD in diesem Gremium ist seit 1954 nicht unterbrochen worden. (Deutsche Exekutivratsmitglieder: 1954-1960 Frau Dr. Maria Schlüter-Hermkes; 1960-1964 Prof. Dr. Otto von Simson.) Der Exekutivrat der UNESCO, dem seit der letzten (12.) Generalkonferenz im Dezember 1962 30 Mitglieder angehören, bereitet das Programm der Organisation vor und überwacht dessen Durchführung.

c) Ferner bietet das Sekretariat der UNESCO den Mitgliedstaaten die Möglichkeit der Mitarbeit. Mehrere Stellen des Sekretariats sind mit deutschen Experten besetzt. So ist z. B. ein Deutscher (Gesandter Salat) für die Dauer von 4 Jahren Leiter der Kulturabteilung der UNESCO gewesen. Z. Z. arbeiten im Sekretariat 9 Deutsche. Darüber hinaus werden ca. 30 Stellen, die die UNESCO im Rahmen ihres Programms "Technische Hilfe" zu vergeben hatte, von Deutschen in Entwicklungsländern wahrgenommen.

Die BRD ist als Mitglied der UNESCO verpflichtet, einen finanziellen Beitrag zu leisten. Seit ihrer Zugehörigkeit zur UNESCO (1951) hat sich der Beitrag von noch nicht DM 1 Mio. auf rund DM 4 Mio. (1963) erhöht; das sich 5,44 % des Gesamthaushalts der UNESCO. Damit steht die BRD an 5. Stelle hinter den USA (30,56 %), der UdSSR (14,29 %), England (7,23 %), Frankreich (6,67 %). Einwirkungsmöglichkeiten auf den Haushalt der UNESCO sind der BRD - wie jedem Mitgliedstaat - theoretisch zwar gegeben, da sie Sitz und Stimme in der Generalkonferenz hat. Praktisch dürfte sich diese Möglichkeit jedoch nur wenig auswirken, da die BRD nur einer von z. Z. 113 Mitgliedstaaten ist. Die Höhe des Mitgliedsbeitrages richtet sich einmal nach der Höhe des Etats der UNESCO, zum anderen nach einem vom Quotenbüro der UNO festgestellten Verteilerschlüssel. - s. auch Akten des AA, AZ: IV 2 (601)-80.00 v. 13. März 1963.

159) Der Europarat vergibt u. a. Studienstipendien, Forschungsstipendien und den Europäischen Filmpreis. Er veranstaltet die Europäische Kunstausstellung, das Europa-Seminar Straßburg, den Europäischen Schultag, Schulkurse, Geschichtsbuch-Konferenzen, Arbeiter-Studienreisen, Jugendkonferenzen. Im Rahmen des Europarates sind bisher Abkommen über die gegenseitige Anerkennung der Reifezeugnisse und der Auslandssemester sowie über die Ausgabe einer Kulturkennkarte geschlossen worden. Das Internationale Schulbuch-Institut in Braunschweig, das eine Angleichung des Schulbuches in Europa anstrebt, arbeitet eng mit dem Europarat zusammen. (vgl. Aufzeichnung des AA über die Aufgaben der Kulturabteilung aus dem Jahre 1958; von Twardowski, Studie... S. 20/21)

160) Von Twardowski, Studie... S. 21; Aufzeichnung des AA über die Aufgaben der Kulturabteilung aus dem Jahre 1958, S. 14.

161) Von Twardowski, Studie... S. 22; Aufzeichnung des AA über die Aufgaben der Kulturabteilung aus dem Jahre 1958, S. 15.

162) Von Twardowski, Studie... S. 22; Aufzeichnung des AA über die Aufgaben der Kulturabteilung aus dem Jahre 1958, S. 15.

163) Akten des AA, AZ: IV 2 (601) - 80.00 vom 13.3.1963.

164) Aufzeichnung des AA über die Aufgaben der Kulturabteilung aus dem Jahre 1958, S. 15/16.

165) vgl. Akten des AA, AZ: IV 5 (604) - 80.00 SL/0-94.05; Aufzeichnung des AA über die Aufgaben der Kulturabteilung aus dem Jahre 1958, S. 37.

166) vgl. Akten des AA, AZ: IV 5 (604) 80.00 SL/0-94.05, Ziffer 11; Aufzeichnung des AA über die Aufgaben..., S. 37-39.

167) Die Auswahl der Wissenschaftler hat das AA der Deutschen Forschungsgemeinschaft übertragen.

168) Akten des AA, AZ: IV 5 (604) 80.00 SL/0-94.05, Ziffer 11.

169) Die finanzielle Unterstützung ausländischer Professoren in der Bundesrepublik fällt in die Zuständigkeit des Bundesministeriums des Innern, das seine Mittel dem Deutschen Akademischen Austauschdienst übertragen hat. Der DAAD ist auch mit der organisatorischen Vorbereitung und der Durchführung dieser Besuche (Institutsbesichtigungen, Programmgestaltung, Vermittlung von Gastvorlesungen usw.) betraut. Das Bundesinnenministerium kann auf Antrag des Auswärtigen Amtes auch ausländischen Ärzten, die zur Weiterbildung an einer deutschen Klinik assistieren, eine monatliche Beihilfe leisten. Das Gesundheitsministerium vermittelt dafür geeignete Kliniken.

170) Aufzeichnung des AA über die Aufgaben der Kulturabteilung aus dem Jahre 1958, S. 43.

171) Akten des AA, AZ: IV 5 (604) 80 SL/0-94.05, Ziff. 13; Aufzeichnung des AA über die Aufgaben der Kulturabteilung aus dem Jahre 1958, S. 43-47.

172) In den letzten Jahren betrugen die Beihilfen für Reisen ausländischer Studentengruppen in die Bundesrepublik und deutscher Studentengruppen ins Ausland 1958 : 263.000 DM; 1959 : 272.000 DM; 1960 : 320.000 DM; 1961 : 920.000 DM; 1962 : 1.200.000 DM. (Akten des AA, AZ: IV 5 (604) 80 SL/0- 94.05, Ziff. 14; Aufzeichnung des AA über die Aufgaben der Kulturabteilung aus dem Jahre 1958, S. 48)

173) Der deutsch-französische Freundschaftsvertrag vom 22. Januar 1962 sieht einen verstärkten Austausch der Jugend beider Länder vor. Dafür wurde ein besonderes Jugendaustauschwerk mit einem Sonderfonds gegründet.

174) Die finanziellen Beihilfen für deutsche Studenten im Ausland betrugen 1958 : 404.000 DM, 1959 : 283.000 DM, 1960 : 200.000 DM. Seit 1961 werden die Beihilfen durch das Innenministerium geleistet. (Akten des AA, AZ: IV 5 (604) 80 SL/0-94.05; Aufzeichnung des AA über die Aufgaben der Kulturabteilung aus dem Jahre 1958, S. 50)

175) Aufzeichnung des AA über die Aufgaben..., S. 52.

176) vgl. Akten des AA, AZ: IV 5 (604) 80 SL/0-94.05, Ziffer 16.

177) Für diese Arbeiten standen folgende Mittel zur Verfügung 1956 : 678.000 DM, 1957 : 1.855,000 DM, 1958 : 1.643.000 DM. (Aufzeichnung des AA über die Aufgaben..., S. 54; von Twardowski, Studie... S. 32-34)

178) vgl. von Twardowski, Studie... S. 41.

179) Tätigkeitsbericht der Abt. 6 des AA v. 1956-58, in Aufzeichnung des AA über d. Aufgaben..., S. 58-62.

180) ebd. S. 62.

181) Aktenvermerk des AA über Gastspiele 1959-1962 des Referats IV 5 vom 11. März 1963; vom Twardowski, Studie... S. 41 ff.; Hans-Erich Haack in "Die Welt" vom 16. 3. 1963; R. Dvorak in "Die Welt" vom 6. 4. 1963; B. E. Werner in "Die Welt" vom 9. und 16. 12. 1961.

182) Aktenvermerk des AA über die wichtigsten Veranstaltungen auf dem Gebiet der bildenden Kunst, IV 5, vom 11. 3. 1963; Aufzeichnung des AA über die Aufgaben der Kulturabteilung aus dem Jahre 1958, S. 67-76; von Twardowski, Studie... S. 41/42; H.-E. Haack in Die Welt vom 16. 3. 1963; Robert Dvorak in: Die Welt vom 6. April 1963; B. E. Werner in: Die Welt vom 9. und 16. 12. 1961.

183) Die Hauptursache dafür dürfte in der gegenwärtigen, beschämend niedrigen künstlerischen Qualität der deutschen Filme zu suchen sein.

184) Die für Filmarbeit zur Verfügung stehenden Mittel sind zwischen 1953 und 1963 von 450.000 auf 4 Mio. DM gestiegen. (vgl. Akten des AA, AZ: VI 6, vom 11. März 1963)

185) Aufzeichnung des AA über die Aufgaben der Kulturabteilung aus dem Jahre 1958, S. 64-66; Akten des BM für besondere Aufgaben. Az: M 20 - 26/63.

186) Deutsche Welle 1953-1963, Köln 1963.

187) Deutsche Welle 1953 bis 1963, Köln 1963.

188) In den Jahren 1958 bis 1962 wurden für die Rundfunk- und Fernseharbeit ausgegeben 1958 : 468.000 DM; 1959: 665.000 DM; 1960 : 998.000 DM; 1961 : 1.584.000 DM; 1962 : 2.659.000 DM. (vgl. Akten des Bm. f. besondere Aufgaben, AZ: M 20 - 26/63)

189) Akten des AA, AZ: IV 7 (606) - 84.00, vom 28. 3. 1963; von Twardowski, Studie... S. 39/40; Aufzeichnung des AA über die Aufgaben der Kulturabteilung aus dem Jahre 1958, S. 79/80.

190) vgl. Akten des AA, Az: IV 4 (603)-81.00/0 v. 15. 3. 1963; Mitterer, Auslandsschulwesen... S. 21 ff.

191) Die für die deutschen Schulen im Ausland zur Verfügung gestellten Mittel belaufen sich auf 1950 : 180.000 DM; 1954 : 2.8 Mio. DM; 1955 : 20 Mio. DM; 1962 : ca. 50 Mio. DM. (vgl. Akten des AA, AZ: IV 4 (603)-81.00/0 v. 15. 3. 1963; Aufzeichnung des AA über die Aufgaben..., S. 20 ff.; S. Simon, Der Wiederaufbau des deutschen Auslandsschulwesens seit 1945, in: Deutsche Bildungsarbeit im Ausland 1956, S. 14 ff.; Mitterer, Auslandsschulwesen... S. 21 ff.; Koch, Deutsche Lehrer... S. 67)

192) Das im Goethe-Jahr 1932 in München gegründete Goethe-Institut e. V. ist die zentrale Organisation zur Pflege der deutschen Sprache im Ausland. Gegenwärtig unterhält das Goethe-Institut im Inland 17 Unterrichtsstätten. An diesen Unterrichtsstätten werden laufend achtwöchige Sprachkurse für Ausländer durchgeführt. Die Achtwochen-Kurse sollen die Ausländer soweit führen, daß sie sich in der Umgangssprache verständigen können und in der Lage sind, selbständig ihre Kenntnisse zu erweitern.

Die Aufgaben des Goethe-Instituts sind folgende:

1. Errichtung und Verwaltung deutscher Sprach- und Kulturinstitute im Ausland. Dabei behält das Auswärtige Amt die Entscheidung über Neueinrichtungen,

Schließung und Erweiterung derartiger Institute. Für Planung, Bau und Einrichtung von Institutsgebäuden, die der Bund baut oder kauft, sowie von gemieteten Räumen, die einen Baukostenaufwand von mehr als 50. 000 DM erfordern, ist die Bundesbaudirektion zuständig, wobei das Goethe-Institut Mitspracherecht hat.

2. Zu den Aufgaben der Kulturinstitute im Ausland gehören insbesondere die Erteilung von Deutschunterricht an Ausländer, die Fortbildung ausländischer Deutschlehrer, die Einrichtung von Bibliotheken und Leseräumen, die Durchführung kultureller Veranstaltungen sowie der kulturelle Informationsdienst und - sofern nicht vom DAAD und von den Auslandsvertretungen wahrgenommen - die Studienberatung.

3. Die Errichtung von Dozenturen an ausländischen kulturellen Institutionen. Die Tätigkeitsgebiete der Dozenten des Goethe-Instituts wurden im Einvernehmen mit dem Auswärtigen Amt durch Rahmenvereinbarungen zwischen der Zentralverwaltung des Goethe-Instituts und den ausländischen Institutionen jeweils festgelegt.

4. Die Erteilung von Lehraufträgen der deutschen Sprache an Institutionen im Ausland.

5. Die Vorbereitung und Durchführung von solchen Gastspielreisen ins Ausland, die im Rahmen der Kulturinstitute stattfinden (Ensembles bis zu 4 Personen).

6. Die Ausbildung und Fortbildung von ausländischen Deutschlehrern und Germanisten im In- und Ausland.

7. Die Buchversorgung gemäß dem Erlaß über die allgemeine Buchversorgung.

8. Die Dokumentation des Deutschunterrichts im Ausland.

9. Die Information und Beratung in allen Fragen des Deutschunterrichts im Ausland und die Entwicklung neuer Unterrichtsmittel.

10. Das Besucherprogramm im Rahmen der Förderung der deutschen Sprache im Ausland.

11. Die Ausbildung künftiger Leiter von Kulturinstituten sowie von Sprachdozenten. (vgl. Akten des AA, AZ: IV 7 (606) - 84. 00)

193) Die Zahl der vom Goethe-Institut entsandten Dozenten beträgt gegenwärtig 167. Die Zahl der entsandten Bibliothekarinnen und Verwaltungsangestellten beträgt 32. Insgesamt sind in allen Kulturinstituten im Ausland etwa 4. 600 Sprachlehrer und sonstiges Personal haupt- und nebenamtlich beschäftigt. - Für die oben aufgeführten Aufgaben des Goethe-Instituts erhielt dieses im Jahre 1963 Zuwendungen vom Auswärtigen Amt in Höhe von etwa 24 Mio. DM. In diesem Betrag ist ein Betriebsmittelzuschuß für die Zentralverwaltung in München von DM 1. 480. 000, -- enthalten. Keine Zuwendungen erhält das Goethe-Institut in München für die Einrichtung und den Unterhalt der 20 Unterrichtsstätten im Inland, an denen laufend Sprachlehrgänge für Ausländer stattfinden. Diese Sprachkurse des Goethe-Instituts im Inland wurden im vergangenen Jahr von über 8. 000 Ausländern besucht. (vgl. Akten des AA, AZ: IV 7 (606) - 84. 00)

194) "Technische Hilfe" ist eine wörtliche, aber sinngemäß schiefe Übersetzung der englischen "technical assistance" oder der französischen "assistence technique" und würde besser mit "fachliche Hilfe" bezeichnet. - Die Hilfe für die Entwicklungsländer auf dem Gebiet der Erziehung und Bildung stand zuerst in engem Zusammenhang mit der wirtschaftlichen Hilfe, indem neben den Industrieanlagen auch die Fertigkeiten zu ihrer Bedienung vermittelt wurden. Daher kommt die Bezeichnung "technische Hilfe".

195) Richard Behrendt, Die Entwicklungsvölker, in: Europa und die Entwicklungslän-

der, Stuttgart 1961, S. 28; Klaus Mehnert, Bildungsfragen in der Entwicklungshilfe, in: Erziehung, Bildung, Ausbildung, Bonn 1961, S. 120.

196) Aufzeichnung des AA über die Aufgaben der Kulturabteilung vom 14. März 1962 (ohne AZ.); Hellmut Becker, Außenpolitik und Kulturpolitik, in: Quantität und Qualität, S. 378 ff.; Georg Thomson, Entwicklung durch Ausbildungshilfe, in: Neues Afrika, 1961, H. 9/10, S. 398; Matthias Schmitt, Partnerschaft mit Entwicklungsländern, Stuttgart 1960, S. 42 ff; Manfred Abelein, Wagnis Entwicklungshilfe. Zwischen Moderne und Überlieferung, in: Jahrbuch der Auswärtigen Kulturbeziehungen, Bonn 1964, S. 41 ff.

197) vgl. Liste der Kulturreferenten bei den deutschen Vertretungen im Ausland vom 11. 1. 1963.

198) Referat des Kulturreferenten der deutschen Botschaft in Schweden auf der Tagung der Kulturreferenten in Maria Laach vom 11. bis 15. März 1963.

199) Kulturreferent der deutschen Botschaft in Helsinki auf der Tagung in Maria Laach.

200) Bericht der Botschaft Lissabon vom 1. 3. 1963 für die Tagung in Maria Laach.

201) Bericht der Kulturreferenten der Botschaften in Brüssel und Den Haag in Maria Laach.

202) Referat des Kulturreferenten der deutschen Botschaft in Rom, Freiherrn von Rummel, in Maria Laach.

203) Berichte der Kulturreferenten der Botschaft Washington, Hans Erich Haack, und des Generalkonsulats New York in Maria Laach.

204) Referate der Kulturreferenten der deutschen Botschaften in Chile und Brasilien in Maria Laach.

205) Kulturreferenten d. dt. Botschaften Pretoria u. Tunis in Maria Laach.

206) Kulturreferent der Botschaft Tokio in Maria Laach.

207) Berichte der Botschaften in Neu Delhi, Afghanistan und im Iran in Maria Laach.

208) vgl. dazu Rüdiger Altmann, Bergedorfer Gesprächskreis 1962, Nr. 1, S. 6.

209) s. o. S. 143.

210) Reichstag, Reichshaushaltsetat für das Jahr 1878/79, Etat für das Auswärtige Amt.

211) The Cultural Approach - Another Way in International Relations. Ruth Emily Mc Murry and Muna Lee. The University of North Carvlina Press, Chapel Hill 1947, S. 13.

212) Verhandlungen des Deutschen Reichtstages, Stenographische Berichte, 13. März 1899.

213) z. B. der Staatssekretär des Auswärtigen, von Bülow, am 8. März 1879 vor dem Reichstag; Prinz von Arenberg 1899 vor dem Reichstag bei der Debatte über den Etat des Auswärtigen Amtes. Damals wurde das entsprechende Kapital des Etats zum erstenmal überschrieben mit: "Zur Unterstützung deutscher Schulen und Bibliotheken sowie anderer wohltätiger Unternehmungen Deutschlands im Ausland." (vgl. Verhandlungen des Reichstages, Stenogr. Berichte, 13. März 1899)

214) So sagte am 6. März 1901 Freiherr von Richthofen, als er die politischen Ziele vor dem Reichstag kennzeichnete: "Wir sind dankbar, daß die Summe, die für die Unterstützung der deutschen Schulen im Ausland geleistet wird, von 150. 000 auf 300. 000 Mark erhöht werden konnte." (vgl. Stenographische Berichte des Reichstages vom 6. 3. 1901)

215) Bethmann Hollweg, Verhandlungen des Deutschen Reichstags, Stenogr. Berichte, 9. Dezember 1913, sowie Bethmann Hollweg an Prof. Lamprecht in seinem bereits zitierten Brief s. oben S. 143.

216) Paulsen, Handbuch des Deutschtums. . .; ferner The Cultural Approach. . . S. 44.

217) 1924 gab der Haushaltsausschuß des Preußischen Landtags zum Etat des Preußischen Ministeriums für Wissenschaft, Kunst und Volksbildung die Empfehlung ab, das Ministerium möge dem Auslandsdeutschtum verstärkte Aufmerksamkeit zukommen lassen und dabei vor allem vorsehen, daß die Kenntnis und das Verständnis für die Bedeutung des Deutschtums im Ausland in allen Schulen in größerem Ausmaß als bisher gepflegt werde. Es möge außerdem gesteigerte Mittel für Kulturpropaganda in den gefährdeten Gebieten bereitstellen und die Sache der deutschen Schulen und ihrer Lehrer im Ausland mit mehr Nachdruck als bisher betreiben und einen entsprechenden Einfluß auf das Reich ausüben. (Preußischer Landtag, Nr. 8195. Mündlicher Bericht über den Haushalt des Ministeriums für Wissenschaft, Kunst und Volksbildung, Rechnungsjahr 1924)

218) Verhandlungen der Verfassungsgebenden Nationalversammlung, 4. März 1919.
219) Verhandlungen der Verfassungsgebenden Versammlung, 7. Oktober 1919.
220) Verhandlungen des Deutschen Reichstags, Stenographische Berichte, 18. Mai 1925.
221) Verhandlungen des Reichstags, Stenographische Berichte, 13. Juni 1925.
222) s. o. S. 110.
223) Verhandlungen des Reichstags, Stenogr. Berichte, 10. Februar 1931.
224) dazu Freytag, Über deutsche Kulturpolitik... S. 97-109.
225) vgl. zu diesem Fragenkreis E. W. Bohle, Das Auslandsdeutschtum, Bd. 22, Grundlagen, Aufbau und Wirtschaftsordnung des nationalsozialistischen Staates. Hsg. Dr. H. H. Lammers, Reichsminister und Chef der Reichskanzlei, und Hans Pfundtner, Staatssekretär im Reichsministerium des Innern, Berlin 1939.
226) Emil Erich, Die Auslandsorganisation der NSDAP, Schriften zur deutschen Hochschulpolitik, H. 18, Berlin 1927.
227) vgl. bei Bohle, Auslandsdeutschtum..., und Erich, Auslandsorganisation NSDAP... S. 9.
228) Carl Doka, Kulturelle Außenpolitik, Zürich 1956, S. 71. Auch Frankreich hatte sich, obgleich bei weitem nicht mit dem Nachdruck wie Deutschland, in der Alliance Française das Ziel der Erfassung der Franzosen in aller Welt gesetzt.
229) So setzte sich die Junta de relaciones culturales folgende Aufgaben: Das Prestige der nationalen Kultur aufrechtzuerhalten und zu fördern sowie systematisch die spanische Kulturwerbung im Ausland zu leiten und zu koordinieren, vornehmlich im Verhältnis zu jenen Völkern, deren Ideengut, Bürger und Publikationen das kulturelle Erbe Spaniens wesentlich bereichern könnten, ohne daß sein Charakter geändert würde. (vgl. Doka, Kulturelle Außenpolitik... S. 84)
230) Spanische Kulturämter und Institute gibt es vor allem in lateinamerikanischen Staaten. Ähnliche Prinzipien liegen vielen kulturpolitischen Maßnahmen von Staaten zugrunde, die zusammen mit anderen Staaten einheitliche Kulturgruppen bilden. Das gilt z. B. von Portugal und Brasilien, von einstigen Herrschaftsländern mit ihren jetzt selbständig gewordenen Kolonien, z. B. England mit Indien, Frankreich mit Teilen Vorderasiens, Ostasiens und Nordafrikas. (vgl. Doka, Kulturelle Außenpolitik... S. 85/86)
231) So führte der Berichterstatter des Haushaltsausschusses für auswärtige Angelegenheiten, Raiberti, bei den Etatberatungen 1919 aus: "Von allen unseren Exportartikeln ist der französische Geist der beste, der bewirkt, daß der französische Genius erkannt, bewundert und geliebt wird." Er fügte hinzu, daß die geistige und moralische Expansion der beste Weg sei zur allgemeinen Verbreitung des französischen Einflusses: Raiberti, Impressions de la Chambre des Députés, 1919, Nr. 6889; vgl. dazu auch Paul M. Rühlmann, Kulturpropaganda, Charlottenburg 1919, S. 25 ff.
232) Adrian Dariac, Rapport... Budget... 1933 - Affaires Etrangères, Impressions de la Chambre des Députés, 1933, Nr. 1535.
233) Joseph Paganon, Rapport... Budget... 1931/32 - Affaires Etrangères... 1930, Nr. 3862.
234) so z. B. Paulsen, Handbuch des Deutschtums im..., Einleitung; Schiele, Verhandlungen des Reichstags, Stenographische Berichte, 18. Mai 1925.
235) Diesen Grundsatz hat die schweizerische Stiftung Pro Helvetia in ihre Richtlinien aufgenommen: "Die Werbung muß in einem richtigen Verhältnis zur Größe und zur Leistungsfähigkeit des Ausgangslandes stehen." Der Schweizer Bundesrat Etter führte dazu aus, die Kulturwerbung solle "nicht im Geist der Überheblichkeit, sondern im christlichen spiritus humilitatis erfolgen". Doka, Kulturelle Außenpolitik... S. 245)
236) vgl. Times, March, 20 th, 1935: "No country to-day can expect to be understood by others, if it remains aloof and passive. Foreign policy only, however wisely conceived, cannot remove misunderstandings unless it can work on a background of knowledge. Some form of national publicity, if wisely directed, with the Government, education an industry in a working partnership, can do much to provide a fruitful ground of policy."
237) In dem Bericht von April 1936 über die Arbeit des British Council wird über seine Ziele folgendes ausgeführt: "To make the life and thought of the British people more widely known abroad; and to promote a mutual change of knowledge and

ideas with other peoples. To encourage the study and use of the English language, both in foreign countries and in the Crown Colonies and Dependencies; to assist overseas schools in equipping themselves for this purpose; and to enable students from overseas to undertake courses of education or industrial training in the United Kingdom. To bring other peoples into closer touch with British ideals and practice in education, industry and government; and to make available to them the benefits of current British contributions to the sciences and technology;British and to afford them opportumities of appreciating British literatur, fine arts, drame and music. To cooperate with the selfgoverning Deminions in strengthening the common cultural traditions of the British Commonwealth." (The British Council, Report by Lord Eustace Percy, M. P., of activities from April 1, 1936, to July 15, 1937, 32 Chesham Place, Belgrave Square, London S. W. 1)

238) Paulsen, Handbuch des Deutschtums... S. 9.

239) vgl. z. B. Bülow, The Cultural Approach... S. 41.

240) The Cultural Approach... S. 55.

241) vgl. den Brief von Bethmann Hollweg an Prof. Lamprecht, s. o. S. 143.

242) Bundestagsprotokolle 3/119, S. 6871-72; Dieter Sattler in FAZ vom 25. 5. 1960; ders., Vortrag vor dem Institut für Auslandsbeziehungen in Stuttgart am 24. 10. 1958, veröffentlicht im Bulletin Nr. 205/6; Bruno E. Werner, Geist, Kunst und Diplomatie, Vortrag vor der Bayer. Akademie der schönen Künste, veröffentlicht in: Neue deutsche Hefte, Nr. 50, September 1958.

243) "Propaganda is only incompatible with culture when it intentionally given a false picture of a national style of life. Even then, it should still be a subject of study for the pathology of cultural relations". (Garcin)

In seinem Buch: La propagande, nouvelle force politique, Paris 1950, S. 28, schreibt Jacques Driencourt in bezug auf die Propaganda als politisches Mittel: "La Propagande... est une technique humaine. On ne juge pas, on ne condamne pas une technique; seul l'usage qui en est fait peut-être objet d'appréciation. La Propagande n'a pas de valeur propre; elle n'est ni bonne, ni mauvaise sans son essence. Il peut y avoir, et il y a de bonnes propagandes; c'est-à-dire satisfaisant aux règles et aux limites posées par une morale et un droit, étant bien entendu que nous restons dans le domaine du relatif. Et puis la Propagande est une pratique humaine; maniée par l'homme, elle s'adresse à l'homme. Elle ne fait qu'exploiter les données de la psychologie et de la sociologie, en généralisant et en systématisant des procédés courants dans les rapports individuels et sociaux. On ne peut donc prétendre la rejeter ou la condamner dans son principe, ce qui ferait que rendre la vie sociale impossible. On est là dans un domaine où le fait, par la seule force de sa présence, prime la théorie la mieux construite." Was damit im Blick auf die politische Propaganda gesagt wird, gilt auch für jede andere Art Propaganda; vgl. ferner E. Stern-Rubarth, Die Propaganda als politisches Instrument, Berlin 1921.

244) Pinto schreibt in seinem "Sommaire d'une étude comparative des structures et du fonctionnement des services nationaux chargés des relations culturelles internationales" für die von der UNESCO einberufene erste Konferenz der Leiter der nationalen Dienste für kulturelle Beziehungen, es handle sich um eine "attitude constante d'honnêteté intellectuelle, d'objectivité, de désinteressement. Les services des relations culturelles sont ainsi maintenue dans une ligne de pure compréhension internationale: C'est la condition même de leur succès". Pinto stellt dann schließlich fest: "C'est dans la mesure où une action culturelle est désinteressée quelle est efficace." Natürlich gibt es keine absolute Desinteressiertheit. Denn auch ein günstiges Klima in den Beziehungen zum anderen Staat ist ein Ziel, das eine Absicht und somit ein Interesse zum Ausdruck bringt. Das günstige Klima soll vielleicht irgendwann einmal für Verhandlungen, mögen sie selbst politischer oder wirtschaftlicher Natur sein, dienen. Désinteressement will deshalb besagen, daß nicht jene Absicht fühlbar werden soll, "die verstimmt". (vgl. Doka, Kulturelle Außenpolitik... S. 30)

245) Bohle, Auslandsdeutschtum..., und Erich, Auslandsorganisation NSDAP... S. 15.

246) Die Stunde der Kulturpolitik, Vortrag vor der Gesellschaft für Handel, Industrie und Wissenschaft, abgedruckt in: Frankfurter Allgemeine Zeitung vom 25. Mai

1960. - Im gleichen Sinne erklärte Doka die Reziprozität als generelles Merkmal der heutigen kulturellen Außenpolitik, a. a. O., S. 35.

247) vgl. Barghoorn, The Soviet Cultural Offensive, S. 99.

248) Text des Abkommens in Jahrbuch der auswärtigen Kulturbeziehungen, Bonn 1964, S. 95 ff.

249) Anlage 4 zu Artikel 6.

250) Anlage 6 zu Artikel 8.

251) so z. B. der deutsch-französische Freundschaftsvertrag vom 22. Januar 1963.

252) Die Bundesrepublik Deutschland ist gegenwärtig an ca. 20 Kulturabkommen beteiligt. S. o. S. 223.

253) Doka, Kulturelle Außenpolitik... S. 153 (36).

254) Fast alle Kulturabkommen, an denen die Bundesrepublik Deutschland beteiligt ist, sehen solche gemischten Kommissionen vor (s. o. S. 224).
Pinto meint im Zusammenhang mit den gemischten Kommissionen, der kulturelle Nationalismus verliere noch mehr an Terrain mit der Entwicklung der Kulturabkommen. Der Grund sei die verbriefte Reziprozität. In den gemischten Kommissionen gewöhne man sich daran, gemeinsam ein Programm der kulturellen Beziehungen zu überlegen. Diese Kommissionen würden ihren Einfluß selbst auf die Beziehungen mit Ländern ausüben, mit denen kein Kulturabkommen bestehe. Der "esprit international" sei besonders in den nationalen Kulturdiensten im Wachsen. (vgl. Doka, Kulturelle Außenpolitik...)

255) Die UNESCO stellte bis 1951 rd. 50 gemischte Kommissionen fest.

256) vgl. z. B. den Deutsch-Französischen Vertrag vom 22. 1. 1963, der für den deutsch-französischen Jugendaustausch einen Generalsekretär für die beiden Vertragspartner vorsieht, sowie das Kulturabkommen zwischen dem Irak und der Türkei. (Doka, Kulturelle Außenpolitik... S. 211).

257) vgl. dazu Hellmut Becker im Oktoberheft 1961 des "Merkur": Außenpolitik und Kulturpolitik, erschienen auch in seinem Buch: Quantität und Qualität - Grundfragen der Bildungspolitik, Freiburg 1962, S. 378 ff.; ferner Doka, Kulturelle Außenpolitik... S. 212.

258) Doka, Kulturelle Außenpolitik... S. 187. Die UNESCO geht in ihrer Zielsetzung und Wirksamkeit weit über die Internationale Kommission des Völkerbundes für geistige Zusammenarbeit (Commission Internationale de Coopération Intelectuelle), die 1921 gegründet wurde, hinaus. Diese Kommission sollte durch den Austausch geistiger Werte und Gedanken gegenseitig das internationale Verständnis fördern. Im Zuge der Entwicklung zur "One World" sieht Hellmut Becker in dem Ausbau der internationalen und supranationalen Formen der Kulturarbeit und in dem Abbau der nationalen Bemühungen das anzustrebende Ziel, vgl. seinen Aufsatz "Außenpolitik und Kulturpolitik a. a. O.

259) Georg Schreiber, Artikel Auslandskulturpolitik, im Staatslexikon der Görres-Gesellschaft, Bd. 1, Freiburg/Br. 1926, S. 462.

260) Adolf Morsbach, Deutsche Kulturpolitik im Ausland, in: Volkstum und Kulturpolitik, Köln 1932, S. 237.

261) vgl. Dieter Sattler in: Jahrbuch der auswärtigen Kulturbeziehungen... S. 13.

262) Theodor Steltzer, Vorschlag für die Bildung einer Körperschaft zur Förderung der deutschen Kulturarbeit im Ausland, in: Zur Neuordnung der deutschen Kulturbeziehungen zum Ausland, Arbeitsring Ausland, Köln 1955, Anlage 5, S. 1, 2, 4.

263) Becker, Außenpolitik und Kulturpolitik... S. 378 ff.

264) vgl. Steltzer, Vorschlag..., und Becker, Außenpolitik und Kulturpolitik...

265) Bundestagsprotokolle, 2. Legislaturperiode, 208. Sitzung, S. 11981.

266) Bundestagsprotokolle, 3. Legislaturperiode, 119. Sitzung, S. 6879.

267) Bulletin, Nr. 205/1958, S. 2041.

268) Bundestagsprotokolle, 3/119/6869.

269) Bundestagsprotokolle 3/119/6871-72.

270) Frankfurter Allgemeine Zeitung vom 25. Mai 1960.

271) vgl. Bundestagsprotokolle 3. Legislaturperiode 119. Sitzung, S. 6886. - Ebenso Doka, Kulturelle Außenpolitik... S. 15.

272) Der Kulturaustausch umfaßt in seinem weitesten Sinne auch jede private kulturelle Tätigkeit im Ausland, an der der Staat nicht beteiligt zu sein braucht.

273) Kulturwerbung im Ausland wurde nach dem schweizerischen Bundesbeschluß vom

28. September 1949 als eine der Aufgaben der Schweizer Stiftung Pro Helvetia bezeichnet (Doka, Kulturelle Außenpolitik... S. 231)

274) Die Amerikaner und Engländer sprechen von "cultural affairs" - "cultural diplomacy", die Franzosen von "Affaires culturelles et techniques", die Schweizer von "Kultureller Außenpolitik", während in Deutschland überwiegend die Bezeichnung "Auslandskulturpolitik" gebraucht wird (vgl. B. Martin, Jahrbuch der auswärtigen Kulturbeziehungen... S. 5).

275) Als Zielsetzung gilt bei den Franzosen: "Faire aimer la France" - bei den Engländern: "Make the life and thought of the British people more widely known abroad" - bei den Amerikanern: "Export the American way of life" oder "Explain the United States to other countries" (bei Doka, Kulturelle Außenpolitik... S. 32)

276) vgl. Pinto, Sommaire d'une étude comparative... s. oben S. 271 Anm. 241.

277) Gerstenmaier, Bulletin 1958, Nr. 205, S. 2041.

278) Doka spricht daher von einer Werbung "at long term".

Teil II Grundlagen

Kapitel 5: Ursprünge der Kulturpolitik

I. Seit wann gibt es den Ausdruck Kulturpolitik?

Die Problematik der Kulturpolitik beginnt mit ihrer Bezeichnung, obwohl sie heute zum gängigen politischen Wortschatz gehört. Schon gegen das Wort "Kulturpolitik" entsteht ein Unbehagen wie gegen ähnliche Begriffsmontagen mit dem Bestandteil "Politik", wie z. B. auch gegen die Familien-, Sport-, Gesundheits-, Jugendpolitik. Es entsteht dabei die Assoziation einer unzulässigen Intervention in Bereiche, die eigentlich dem selbständigen Wachstum überlassen bleiben müßten (1). Von daher läßt sich wohl teilweise erklären, daß der Begriff der Kulturpolitik in Deutschland erst spät Verwendung gefunden hat. Zwar taucht der Begriff der Kulturpolitik bereits in den vierziger Jahren des 19. Jahrhunderts in Magers "Pädagogischer Revue" auf, die anfangs den Untertitel "Zentralorgan für Pädagogik, Didaktik und Kulturpolitik" führt und in den ersten elf Büchern einen stehenden Abschnitt "Kulturpolitische Annalen" bringt (2). Abgesehen davon hat jedoch der Begriff keine weitere Verbreitung erlangt und fand auch keine Aufnahme in den politischen Wortschatz (3). In der deutschen Politik ist er erst um die Jahrhundertwende aufgetreten.

Wenn ich richtig sehe, enthält kein deutsches Konversationslexikon bis zum Jahre 1927 Angaben über den Begriff der Kulturpolitik (4). Auch in den Staatshandbüchern bis 1929 findet sich das Stichwort "Kulturpolitik" nicht. Erst 1929 führt das bei Herder erschienene Staatslexikon aus: "Kulturpolitik ist der Einsatz geistiger Mittel und kultureller Mittel durch den Staat" (5). Daneben wird Kulturpolitik jedoch in den großen Konversationslexika im Gegensatz zu anderen politischen Disziplinen bis in die jüngste Zeit nicht aufgeführt. So enthält der neu erschienene Große Brockhaus nicht das Stichwort Kulturpolitik, während er über Kulturphilosophie, Kulturkritik, Kultursoziologie wohl Ausführungen macht. Auch der Große Herder von 1954 enthält nichts über Kulturpolitik (6).

Bezeichnend für die Einschätzung der Kulturpolitik ist, daß selbst in der Gegenwart, wo die internationale Auseinandersetzung weitgehend als Wettkampf der Gehirne und Laboratorien bezeichnet und das Wohlergehen der breiten Schichten der Bevölkerung und des Staates in erster Linie als eine Angelegenheit von Erziehung und Bildung interpretiert werden, die Kulturpolitik noch kaum Lehr- und Forschungsgegenstand der Universitäten ist im Gegensatz zur Finanz-, Wirtschafts-, Sozial- und Verkehrspolitik, die längst ihren Platz unter den Forschungsdisziplinen gefunden haben (7).

II. Wurzeln der Kulturpolitik

1. Kulturpolizei

Die eigentliche Wurzel der Kulturpolitik ist wohl in der Kulturpolizei zu sehen.

Die Kulturpolizei erfuhr ihre Entwicklung mit dem Beginn des modernen Staates, der in der Überwindung jener Spaltung der herrschaftlichen Rechte, die im ständischen Staat die Entwicklung einer klar und ausschließlich nach dem Gesichtspunkt des Gesamtinteresses orientierten inneren und äußeren Politik unmöglich gemacht hatte, entstand. Das Wesen des modernen Staates wurde dadurch bestimmt, daß die staatliche Gewalt in der Hand des Fürsten konzentriert wurde und dadurch einen einheitlichen Charakter erhielt. Die politische und staatsrechtliche Basis bildete für den entstehenden modernen Staat der Gedanke der Polizeigewalt (8), der sich mit und aus der Idee des modernen Staates zu seiner besonderen Bedeutung entwickelt hat. Nach dem ursprünglichen Sinngehalt bedeutete Polizei, Politeia, nichts anderes als die Ordnung des Staatswesens (9).

Die Polizei bildete einfach den Gegensatz zu dem Zustand mangelnder autoritativer Ordnung des öffentlichen Lebens (10). Inhaltlich bedeutete sie den Gegensatz zu der bestehenden Ohnmacht staatlicher Gewalt gegenüber der Vielzahl geschichtlich fundierter subjektiver Rechte und Privilegien, die sich als Folge der Zersplitterung der Verfassung durch den Feudalismus und die ständische Verfassung ergeben haben. Infolge dieses Zusammenhangs übertrug sich der Begriff der Polizei auf den immer stärker sich entwickelnden Gedanken des modernen Staates, wonach der Vielheit der subjektiven Interessen der zahlreichen staatlichen Untergewalten und der Staatsbürger das objektive Interesse der Gesamtheit beherrschend gegenüberstehen müsse.

Darin lag der Gedanke, daß das Leben des Staates sich nach der salus publica zu richten habe. Dieser Gedanke wurde mit der Entwicklung einer einheitlichen Staatsgewalt zu deren eigenem Interesse und damit bildete er die gemeinsame Grundlage für die Entwicklung des Polizeigedankens und des modernen Staatsgedankens (11). Der Gedanke der alleinigen Maßgeblichkeit der salus publica als des Staatsinteresses trug die Tendenz zu einer wachsenden Intensität und Extensität in sich (12). Zwar war lange Zeit umstritten, welches der alleinige Inhalt der Polizei sei. Nach der Definition Johann Stephan Pütters galt als Inhalt der Polizei und als Zweck des Staates in erster Linie die Sicherheit des Bürgers, nicht jedoch die Förderung der allgemeinen Wohlfahrt (13). Sonnenfels setzt der gesetzgebenden Gewalt des Staates dieselbe Grenze (14). Auch einige Naturrechtslehrer wie Hobbes und Pufendorf vertraten die Ansicht, die Sicherheit des einzelnen sei der einzige nächste Zweck, der durch den Abschluß des Staatsvertrages erreicht werden sollte (15). Ungeachtet dieser Ansicht sah der Polizeistaat jedoch nicht nur in dem Sicherheitszweck, sondern auch in dem Wohlfahrtszweck seine Grundlage: salus publica suprema lex est (16). Der Staatszweck ist im Polizeistaat identisch mit dem Zwekke der Polizei. Von daher erhält der Polizeistaat seinen Charakter und

Namen, daß "die Polizeigewalt auf Erreichung des Staatszweckes seinem ganzen Umfang nach gerichtet ist" (17). Der Polizeistaat ist also kraft seiner Polizeigewalt zu allem, was die allgemeine Wohlfahrt erfordert, befugt: "Polizei ist uns die Sorge des Staates für das Gemeinwohl mittels Ausübung seiner gebietenden und zwingenden Autorität" (18). So heißt es z. B. im Anhaltischen Landtagsabschiede von 1652: "All unsere Ratschläge und Handlungen nach Erforderung unseres fürstlichen Amtes auf das gesamte Wohlergehen zu richten" und im Mecklenburgischen Landesgrundvergleich von 1755: "Die Wohlfahrt und Zufriedenheit unserer Untertanen aller Stände zu befördern." (19) Der Wohlfahrtszweck dehnte sich über die ökonomische Wohlfahrt bald auch auf die ethische Wohlfahrt aus, so daß sie auch die "zeitliche Glückseligkeit, die felicitas, der Bürger umfaßte" (20). So entstand neben der Polizei, die sich der Sorge für Leib und Leben widmete, eine Sittenpolizei (21). Damit betrat der Staat mit seinen Reglementierungen auch den geistigen Bereich und übte eine Art Gesinnungspolizei aus. Er bemühte sich, dem Geist der Untertanen nicht nur Schädliches - d. h. Autoritätswidriges - vorzuenthalten, sondern auch positiv Gutes zu bieten, indem die Polizei etwa Schauspiele mit ganz bestimmten Tendenzen aufführen ließ (22). Sonnenfels verlangte allen Ernstes die allgemeine polizeiliche Anordnung, daß im Theater das Laster "in seiner scheußlichen Gestalt und mit einer Strafe als einer unabänderlichen Folge, die Tugend mit allen ihren Reizungen usw. wenigstens am Ende siegend" erscheine (23).

Auf der Grundlage des absoluten Staates entwickelte sich vom 16. Jahrhundert bis zum 18. Jahrhundert in den deutschen Territorialstaaten ein staatliches Bildungssystem, daß den geistlichen Charakter der Bildungsanstalten zurückdrängte. Der Staat beanspruchte die maßgebliche Bestimmungsgewalt über alle Bildungsanstalten, seine eigenen wie die der Gemeinden, der ständischen Korporationen und der Kirchen. Vom ganzen Bildungswesen ergriff die Polizei- und Wohlfahrtsidee des Absolutismus Platz. Die Einführung der allgemeinen Schulpflicht durch staatliche Zwangsgesetze dokumentierte das Eindringen der polizei- und wohlfahrtsstaatlichen Grundsätze in die Bildungsverfassung dieser Epoche. So führte Preußen durch das Edikt Friedrich Wilhelms I. vom 9. Oktober 1717 die allgemeine Schulpflicht ein (24).

Obwohl die Bedeutung und Abgrenzung der "Kulturpolizei" schwankt, kehrt sie in den "Staatslehren" aus dem 19. Jahrhundert regelmäßig wieder. So teilt K. H. L. Poelitz in seiner Staatslehre (25) die angewandte Staatslehre in Nationalökonomie, Staatswirtschaft und Polizeiwissenschaft, wobei die letztere a) Sicherheits- und Ordnungspolizei, b) Kulturpolizei umfaßt. Als Gebiete der Kulturpolizei nennt er: Bevölkerungspolizei, Industriepolizei, Sittenpolizei, Religions- und Kirchenpolizei, Polizei der Aufklärung, Erziehungspolizei. Poelitz definiert die Kultur- (auch Wohlfahrts- und Hilfs-)polizei als "Inbegriff aller der Anstalten der Polizei, wodurch die Kultur der Staatsbürger nach ihrem ganzen Umfange begründet, befördert, erhalten und erhöht wird."

Das Staatslexikon von Rotteck-Welcker bezieht in Band II in einem Artikel über "Bildung, Kultur, Bildungsstufen, Bildungsanstalten, Bildungsmittel" die Kulturpolizei auf die geistige Kultur (26).

Georg Waitz zählt ebenfalls die "Sorge für die nationale Bildung und Wissenschaft, die Beziehungen zu dem religiösen Leben und der Kirche: Unterricht und Kultus" zu den Aufgaben des Staates (27).

Auf der Grundlage des Polizeigedankens sieht auch Bluntschli um die Mitte des 19. Jahrhunderts als Hauptaufgabe des Staates an, die Volksanlage zu höchster Vollkommenheit zu entwickeln. Zu den Staatsaufgaben zählt er neben der materiellen Wohlfahrt und der Entfaltung der Volksmacht die geistige Bildung des Volkes und die Förderung der Zivilisation (28). Der Staat hat nach ihm vier Hauptaufgaben: 1. Die Sorge für die Existenz und Sicherheit des Staates; 2. die Sorge für die Existenz und Sicherheit des einzelnen; 3. die Sorge für das materielle Interesse der Staatsangehörigen oder für die Volkswirtschaft; 4. die Sorge für das geistige Interesse der Staatsangehörigen oder für die Kultur.

Wenn schon die allgemeine Wohlfahrt ein Ziel der staatlichen Tätigkeit sei, so verstehe es sich von selbst, daß diese Tätigkeit auch auf den edleren Teil des Menschen, auf den Geist sich richten müsse. Insofern sei die Sorge für die allgemeine Bildung die wichtigste Abteilung der Wohlfahrtssorge. Der Staat werde jedoch nur da tätig sein, wo die Bemühungen der einzelnen und der unter ihnen bestehenden Gemeinschaften nicht ausreichten. So sei namentlich auf dem Gebiet der Kultursorge dem Staat durch die Familie und durch die Kirche vorgearbeitet. Auch die Gemeinde habe einen großen Teil dieser Sorge übernommen und die Vereinstätigkeit für die allgemeine Bildung sei nicht gering anzuschlagen. Dennoch bleibe dem Staate noch eine große Aufgabe übrig. Die Erziehung des heranwachsenden Geschlechts sei wesentlich Aufgabe der Familie. Doch stehe es andererseits fest, daß den meisten Eltern sowohl die Zeit als auch die Fähigkeit mangele, um die Erziehung und den Unterricht ihrer Kinder ohne fremde Beihilfe zu vollenden. Bei mangelnder Fähigkeit oder bei Ausfall der Eltern durch Tod müsse der Staat oder die Gemeinde die Fürsorge für die Erziehung der Kinder übernehmen.

Die sittlich-religiöse Bildung der Jugend und die sittlich-religiöse Fortbildung der Erwachsenen im christlichen Staat müsse dem Elternhaus überlassen bleiben. Der Staat müsse aber die verschiedenen christlichen Kirchen, deren gemeinschaftliches Bekenntnis auch das seine sei, in der Erreichung dieses Zweckes, soweit dies ohne Verletzung der Bekenntnisfreiheit geschehen könne, unterstützen, wenn die kirchlichen Mittel dafür nicht ausreichten. Die eigentliche Staatsaufgabe auf kulturellem Gebiet seien die übrigen Bildungszweige, die Verstandes- und Geschmacksbildung. Zu den staatlichen Aufgaben gehörten nach ihrer Emanzipation von der Kirche besonders die Schulen.

Als die drei Richtungen der Kulturpflege und Kulturpolizei des Staates bezeichnet Bluntschli die Verstandesbildung, die Ausbildung der Sittlichkeit und die Ausbildung des Sinnes für das Schöne. Unter Kulturpflege versteht Bluntschli die anregende, belehrende, schirmende und fördernde Tätigkeit des Staates auf kulturellem Gebiet. Unter Kulturpolizei versteht er die "befehlende und verbietende eingreifend wirksame Machtausübung der Staatsgewalt für die allgemeine Wohlfahrt auf kulturellem Gebiet".

In der Regel wird jedoch unter Polizei die ganze Tätigkeit des Staates für die allgemeine Wohlfahrt, soweit sie nicht eine justitielle (rechtliche) Tätigkeit ist, soweit sie also nicht zur Justiz gehört, verstanden.

Wahre Bildung, so führt Bluntschli aus, gedeihe nur in der Freiheit. Da jedoch ein gewisser Grad der Bildung eines jeden einzelnen Staatsbürgers für den Staat unbedingt notwendig sei, dürfe es der Staat nicht völlig den Eltern oder Vormündern überlassen, für diese Bildung zu sorgen. Der Schulzwang rechtfertige jedoch nur die unterste Stufe des Unterrichts für die Elementarschule. Unter den staatlichen Bemühungen um die allgemeine Bildung versteht er daher in erster Linie die Elementar- oder Volksschulen, die sowohl die Verstandes- als auch die sittlich-religiöse und die Geschmacksbildung zu fördern hätten. Demgegenüber genüge der Staat seiner Aufgabe, wenn er für die höhere Bildung Anstalten bereitstelle und zur allgemeinen Benutzung freigebe. Als besonderes Gebiet der Kulturpolizei nennt Bluntschli die Förderung und Überwachung der Presse. Ein weiterer Punkt der staatlichen Kulturpolizei liegt bei ihm in der Gründung guter öffentlicher und leicht benutzbarer Bibliotheken von seiten des Staates und der Gemeinde sowie in der Beseitigung des schädlichen Einflusses der Leihbibliotheken.

Die Förderung der sittlich-religiösen Bildung gilt Bluntschli als wesentliche Aufgabe der Kirche. Der Staat fördere die öffentliche Sittlichkeit durch nichts besser, als indem er der Kirche Schutz gewähre (29).

Auf dem Gebiet der Geschmacksbildung nennt Bluntschli die Pflege der Kunst und des Sinnes für das Schöne einen wesentlichen Teil der Kulturpflege. Erst die Ausbildung dieses Sinnes vollende die Ebenmäßigkeit in der Gesittung, wenn auch die Kunst geringeren und weniger nachhaltigen Einfluß auf das öffentliche Leben ausübe als die Wissenschaft und die Sittlichkeit (30).

Die Kulturpolizei brachte zwar eine intensive Tätigkeit des Staates auf kulturellem Gebiet unter Ablösung anderer Kulturträger. Insofern bildet sie den Ausgangspunkt für die staatliche Kulturpolitik. Die Kulturpolitik des absolutistischen Staates hatte jedoch einen ausgeprägt verwaltenden und bevormundenden Charakter. Für die politische Bildung der Bürger gewährte sie keinen Raum. Während der Epoche der Restauration wurde die politische Bildung geradezu unterdrückt. Die politische Betätigung der Untertanen war damals nicht erwünscht (31).

2. Protestantische Staatsidee

Über das politische System des alten Wohlfahrtsstaates hinaus lassen sich die Ursprünge der Kulturpolitik bis in den modernen protestantischen Staat zurückführen, dessen eine Wurzel durchaus religiös ist (32).

Schon in der Staatsauffassung des 15. und 16. Jahrhunderts war der Fortschritt erkennbar, indem die Herrschaft nicht mehr als privatrechtlicher Besitz angesehen wurde, sondern als ein von Gott übertragenes Amt, das Pflichten auferlegt. Die Fürsten wurden gelegentlich als Gottes Amtsleute bezeichnet. Am bekanntesten ist die Äußerung des Kurfürsten Friedrich I. von Brandenburg, daß er Gottes schlichter Amtsmann im Fürstentum sei (33). Dieser Gedanke des fürstlichen Amtes hat durch die Reformation eine besondere Vertiefung erfahren, und zwar nicht nur bei den Protestanten, sondern auch bei den Katholiken. Die Steigerung des religiösen Lebens und das Gefühl der Verantwortlichkeit gegenüber Gott brachte auch die Überzeugung von der Verantwortung der Fürsten für das Seelenheil der Untertanen, besonders bei den protestantischen Fürsten. Diese Sorge hatten die protestantischen Fürsten mit dem Kirchenregiment unmittelbar, die katholischen mittelbar mit ihren Bemühungen um die Erhaltung und Wiederbelebung ihrer Kirche übernommen (34).

Weder für die lutherische noch für die calvinistische Anschauung ist der Staat Selbstzweck. Der Staat bildet den Boden nicht zur Betätigung bürgerlicher, sondern christlicher Tugenden, er ist nicht in erster Linie organisierte Wohlfahrtseinrichtung, vielmehr christliches Sittlichkeits- und Heilförderungsinstitut. Der Staatszweck zielt auf das Heil des Menschen ab (35). Der populus ist zugleich die grex Dei. Das officium magistratus ist gerichtet auf die Verherrlichung des göttlichen Namens wie auf das göttliche Wohl (36). Mit anderen Worten heißt dies: "Die Religion ist durchaus die erste und vornehmste politische Angelegenheit" (37).

Die Maßnahmen der Staatsgewalt sollen dem Staat seinen Charakter als sittliche Ordnung wahren (38). Daher sind alle unsittlichen Dinge aus dem öffentlichen Leben zu verbannen (39). Nur diejenigen staatlichen Maßnahmen können folgerichtig anerkannt werden, die mit dem göttlichen und menschlichen Recht harmonieren (40). Daher verlangen Lutheraner wie Calvinisten von der Staatsgewalt die höchsten christlich-sittlichen wie bürgerlichen Eigenschaften (41).

Ludwig von Seckendorff betont in seinem Fürstenstaat besonders den theokratischen Charakter seines Staates, indem er schreibt: "Der letzte Zweck aller menschlichen Handlungen und Taten solle sein die Ehre Gottes" (42). Über den Zweck der staatlichen Ordnung schreibt er, daß er unter anderem bestehe in: "Guter Nahrung und Vermehrung der Leute und ihres Vermögens, Handelns und Wandels, der Hauptzweck dessen allen ist die heilsame Erhaltung der Polizei, oder ganzen Regiments in seiner Ehre, Kraft und Hoheit, und das letzte Ziel ist die Ehre Gottes" (43).

Das Pädagogische nimmt einen breiten Raum bei Seckendorff ein. Neben der politischen und wirtschaftlichen Konzentrierung des Staates fordert er eine sittliche Hebung des Volkes durch den Staat, besonders durch die Erziehung der Jugend: "Es darf keines weitläufigen Anführens, sondern ist allerdings bekannt, daß an Auferziehung der Jugend in einem Regiment sehr viel gelegen." An die erste Stelle der Erziehung setzt Seckendorff die Unterweisung in der christlichen Religion, die überall nutze. Seckendorff stellt ein ganzes staatliches Erziehungsprogramm auf. In den niedersten Schulen soll nach ihm der notdürftigste Unterricht in der christlichen Lehre und in den nötigsten Geschicklichkeiten erteilt werden. Die Eltern sollten ihre Kinder im fünften Jahr ihres Alters in die Schule schicken. Die Lehrer sollten dafür sorgen, daß begabte Schüler in die lateinischen Schulen kommen. Die höchste Schule ist für ihn die Universität, die von den Fürsten gestiftet wurde: "Kraft solcher Stiftung und kaiserlicher Begnadigung werden nun auf der Universität oder hohen Schulen die vier Fakultäten als die Theologia, Jurisprudentia, Medizin und Philosophia öffentlich gelehrt." Jeder Student sollte in guter Zucht und stillem Wesen erhalten werden. Für Arme sollten Stipendien bereitgestellt werden (44).

Diese Gedanken vertieft Seckendorff in seinem "Christenstaat" von 1686, in dem er noch einmal als obersten Zweck dieses Staates die wahre und ewige Glückseligkeit seiner Bürger herausstellt (45). Aus diesem Prinzip der Glückseligkeit kommt Seckendorff auch zu genauen Vorschriften über Gesundheit, Nahrung, Kleidung usw., die dann in den Polizeiordnungen des absolutistischen Staates eine große Rolle spielten.

Religionspolitik und Kirchenpolitik sowie deren Anhang, die Schulpolitik, sind daher die Keime der sich allmählich erweiternden und säkularisierenden Kulturpolitik (46).

Auch nachdem der Staat im Bildungswesen an die Stelle der Kirche getreten war, blieben die Grundsätze christlicher Religiosität bestimmend, vor allem deswegen, weil nun auch die Kirchen selbst als staatliche Anstalten galten, die dem Zweck dienten, "ihren Mitgliedern Ehrfurcht gegen die Gottheit, Gehorsam gegen die Gesetze, Treue gegen den Staat und sittliche, gute Gesinnung gegen ihre Mitbürger einzuflößen" (47).

Der christliche Charakter der öffentlichen Unterrichtsanstalten erschien nun gleichfalls als Mittel zur Pflege staatsbürgerlicher Gesinnung. Die staatlichen Anordnungen und Maßnahmen legten den Grund des gesamten Bildungs- und Unterrichtswesens, das nach dem Prinzip der staatlichen Souveränität voll in die Verfügungsgewalt des Staates trat (48).

3. Kulturkampf

Im Kulturkampf (49) ist eine weitere Wurzel der modernen kulturpolitischen Entwicklung zu sehen. Im Anschluß an den Kulturkampf zwischen der katholischen Kirche und dem preußischen Staat begann der Begriff der Kulturpolitik in den politischen Sprachgebrauch einzudringen. Aus dem ideellen Bereich des Kulturkampfes stammt der neue Begriff "Kulturpolitik". Man kann wahrscheinlich das Wort "Kulturkampf" als den eigentlichen Vorläufer des Begriffes "Kulturpolitik" bezeichnen. In dieser Epoche erhielt es seinen modernen politischen Akzent, obwohl das Wort vereinzelt schon früher aufgetaucht ist (50). -

In den politisch und ideologisch stark bewegten Zeiten des ausgehenden 19. Jahrhunderts war die Kultur nicht nur Gegenstand der geordneten Verwaltungstätigkeit des Polizeistaates, sie wird vielmehr selbst Gegenstand der wechselnden Politik und des politischen Machtkampfes.

Vereinzelt spielten die im Kulturkampf umstrittenen Fragen schon bei früheren Auseinandersetzungen eine Rolle. Als eine Art Vorläufer des Kulturkampfes kann die Auseinandersetzung um das Wöllner'sche Religionsedikt vom 9. Juli 1788 angesehen werden, mit dem der preußische Staat das weitere Umsichgreifen der Aufklärung zu verhindern trachtete. § 2 dieses Ediktes bestimmt, daß die "den preußischen Staaten ja von jeher eigentümlich gewesene Toleranz" für alle Landeskinder gelten solle, "so lange ein jeder als ein guter Bürger des Staates seine Pflichten erfüllt, seine jedesmalige besondere Meinung aber für sich behält" (51).

Das Wöllner'sche Edikt bestimmte, "die alten Kirchenagenden und Liturgien" der reformierten und der lutherischen Kirche "auch in Zukunft beizubehalten". Allen Lehrern und Geistlichen der protestantischen Religion wird bei "unausbleiblicher Kassation und nach Befinden noch härteren Strafen" verboten, "sich zu zügellose Freiheiten in Absicht des Lehrbegriffes ihrer Konfession" zu erlauben. Es folgen weitere Maßnahmen, vor allem auf dem Gebiet der Abnahme der Examen für Geistliche und Lehrpersonen in der Absicht, den Einfluß der Aufklärung auf dem Gebiet des preußischen Erziehungs- und Kirchenwesens zurückzudrängen. Heftige Fehden zwischen den Anhängern der Aufklärung und denen der Orthodoxie waren die Folge dieser staatlichen Maßnahmen (52).

Der erste große Kirchenkampf entzündete sich an der Frage der Mischehe, die für Kirche und Staat von gleich grundsätzlicher Bedeutung war, im Kölner Konflikt. Die staatlichen Verfassungsprinzipien und die kirchlichen Glaubensprinzipien traten sich mit der besonderen Härte gegenüber, die das gesteigerte Selbstbewußtsein, mit dem Staat und Kirche aus den großen Erschütterungen hervorgegangen waren, geschaffen hatte (53).

Die Ereignisse von 1836 bis 1841 gaben dem deutschen politischen Katholizismus neuen Auftrieb. Die Prinzipien des politischen Katholizismus im Vormärz und in der Märzrevolution betrafen auf der einen Seite die Stellung der Kirche gegenüber dem Staate und auf der anderen Seite die staatliche Verfassung als solche (54). Die Unabhängigkeit der Kirche gegenüber dem Staat war das eine Ziel bei gleichzeitiger Erhaltung ihrer öffentlich-rechtlichen Vorrechte (55). Schon im Zusammenhang mit diesen Auseinandersetzungen gewann die Schulfrage steigende Bedeutung. Die Schulreform, mit der das 19. Jahrhundert sein großes Werk der Reform der Bildungsverfassung begonnen hatte, war auf die vollständige Einführung der Staatsschule gegründet (56). Die Schulen blieben zwar christliche Konfessions- oder christliche Simultanschulen; es bestand auch nicht nur der konfessionell gebundene Religionsunterricht, sondern auch die geistliche Schulaufsicht weiter. In diesem Sinn war auch die Staatsschule des 19. Jahrhunderts eine "christliche Schule", was manche Kritik radikaler Schulreformer herausforderte. Die katholische Partei verstand unter der "christlichen Schule", für die sie eintrat, jedoch etwas anderes als die bestehende Staatsschule mit konfessionellem Religionsunterricht und geistlicher Schulinspektion. Auch diese Staatsschule war für sie ein Ausdruck obrigkeits- und polizeistaatlicher Anmaßung (57).

An Stelle der staatlichen christlichen Schule forderte die katholische Partei eine Schule mit kirchlicher Bestimmungsmacht. Die Erziehung der Jugend galt ihr als eine wesentliche kirchliche Aufgabe. Das Ziel war ein Schulwesen, in dem sich der Staat auf die äußeren Vorkehrungen beschränken und der Kirche die Bestimmungsmacht zukommen lassen sollte. Wenn es der katholischen Partei gelang, der geistlichen Gewalt die Bestimmung über die Schule zu sichern, so errang die Kirche in einer Zeit, in der die allgemeine Schulpflicht der Schule eine vordem ungeahnte Wirkungsbreite und Wirkungsmacht gegeben hatte, eine neue Herrschaftsposition im staatlich-gesellschaftlichen Bereich, die die im Zuge der Säkularisation und der Staatsreform eingetretenen Positionsverluste vollständig auszugleichen geeignet war. Die öffentliche Macht einer Institution hängt nicht davon ab, daß sie ihren überkommenen Besitzstand unter allen Umständen wahrt, sondern daß sie im Wandel der staatlich-gesellschaftlichen Zustände jeweils die Positionen zu besetzen weiß, von denen aus sich das Ganze der Sozialordnung durchdringen läßt. Eine Schlüsselposition dieser Art kam im 19. Jahrhundert der Schule zu. Indem die katholische Partei um die "christliche Schule" kämpfte, setzte sie an einem der Punkte an, an denen die Entscheidung um die Vorherrschaft zwischen der weltlichen und der geistlichen Macht fallen mußte.

Der Kulturkampf zwischen der katholischen Kirche und dem preußischen Staat brachte dann den Höhepunkt der Auseinandersetzungen um die Herrschaft über bestimmte Kulturbereiche. Die kulturellen Angelegenheiten wurden dadurch Gegenstand der Politik, das heißt des Machtkampfes (58).

Die Auseinandersetzungen, die als Kulturkampf bekannt wurden, begannen mit dem Streit um den Syllabus (58a) Pius' IX. Der Machtkampf zwischen Staat und Kirche bzw. politischem Katholizismus ging hauptsächlich um die Schule, d. h. um die Herrschaft über einen bestimmten Kulturbereich. Die erste Gruppe der preußischen Kulturkampfgesetze zielte auf die Abschwächung des kirchlichen Einflusses auf die Schule ab (59). Das sollte durch die Übertragung der Schulaufsicht in die Hände des Staates erreicht werden. Nach der Einführung der staatlichen Schulaufsicht kämpfte die katholische Kirche um ihren Einfluß auf das Schulwesen nicht mehr unter dem Gesichtspunkt, daß sie damit hoheitliche öffentliche Gewalt neben dem Staat beanspruchte, sondern weil sie den eigenen religiös-konfessionellen Kulturbereich gegenüber dem laizistischen Staat politisch forderte (60). Dieser konfessionelle Akzent, der in den Auseinandersetzungen um die Schulartikel in der Weimarer Reichsverfassung und das Reichsschulgesetz erneut sichtbar wurde, spielte seitdem in der Kulturpolitik eine wichtige Rolle.

4. Kulturkritik

Eine weitere wichtige Quelle der Kulturpolitik ist die in der 2. Hälfte des 19. Jahrhunderts aufblühende Kulturphilosophie und Kulturkritik. Die Kulturkritik wendet sich gegen die kulturellen Erscheinungen der damaligen Zeit, für die sie im Gegensatz zur eigentlichen Kultur die von da an für die deutsche kulturelle Diskussion typische Bezeichnung "Zivilisation" findet. Die damalige Situation des Deutschen Reiches, seine schnelle Entwicklung zum Machtstaat, seine rasche Industrialisierung und die dieser Entwicklung geistig nicht immer gewachsene deutsche Gesellschaft bilden den Hintergrund und eines der stärksten Motive für die Kulturkritik.

Schon Jean Jacques Rousseau verkündete den inneren Bruch der in "Zivilisationserstarrung" übergehenden Kultur. Schopenhauer greift die Kulturkritik auf, indem er die Zweck- und Sinnwidrigkeit des zeitgenössischen Kulturbetriebes anprangerte (61).

Als Bildungskritik wandte sich die Kulturkritik vor allem gegen die überkommenen - gern als humanistisches Bildungsideal umschriebenen - Bildungsvorstellungen. Sie kritisierte die politische Abstinenz einer sich zwecklos mit kompilierter Historie beschäftigenden Bildung, hob gegenüber einem selbstgenügsamen Individualismus die Hinwendung zur Gemeinschaft und ihren Aufgaben hervor und wollte die theoretische Intellektualisierung durch stärkere Verbundenheit mit den Aufgaben unseres Daseins ersetzen.

Etwa um die Mitte des vorigen Jahrhunderts wurde mit besonderer Intensität die Frage aufgeworfen, ob die Bildung eine humanistische oder eine politische Bildung sein müsse. Diese Frage hat ihre Aktualität noch nicht verloren, obwohl die Gebildeten zu spüren bekommen haben, daß ihre unpolitische Bildung dem Angriff des totalen Staates nicht standhalten konnte (62).

Arnold Ruge vollzog unter den Jung-Hegelianern am entschiedensten die Konsequenzen aus dem "Politischwerden der Zeit". Dabei ging Ruge noch durchaus von dem griechischen Bildungsideal aus. Er argumentierte, die Politisierung der Bildung scheine zwar zunächst eine Zerstörung der freien Wissenschaft und der schönen Künste zu sein. Doch obwohl die Griechen in höchstem Grade poetisch und philosophisch gewesen seien, seien sie doch gleichzeitig durch und durch politische Menschen gewesen. Die unseren Zuständen eigentümliche "Unverfänglichkeit" der Wissenschaft und Künste, deren scheinbare Freiheit auf der privaten Absonderung vom öffentlich-gemeinsamen Leben beruhe, habe es bei ihnen nicht gegeben. Ruge bezieht die romantische und die klassische Literatur in seine Kritik mit ein. Goethe und Schiller hätten sich infolge ihrer Beschränkung durch die historisch-politischen deutschen Verhältnisse auf ihre "Innerlichkeit" egoistisch zurückgezogen, seien aber außerstande gewesen, ihren dichterischen Idealen eine politische Realität zu geben (63). -

Nach seiner radikalen Kritik an der "bisherigen" Bildung gehören zur "neuen" Dichtung bei Ruge nur noch einige Namen wie Herwegh und Hoffmann von Fallersleben. Im letzten Jahrgang der Deutschen Jahrbücher führt Ruge noch deutlicher aus, daß die Zeit der "blasierten Theoretiker" und die "Illusion der abstrakten Philosophie" vorbei sei. Glauben, Wissen und Dichten, diese "absoluten" Sphären im Hegelschen System, schwebten nicht über dem Staat, sie seien vielmehr selbst eine öffentliche Angelegenheit und ein notwendiger Bestandteil in der geistigen Organisation der politischen Freiheit. Der blasierten Bildung fehle es an großen geschichtlichen Zwecken, sie begnüge sich mit sich selbst (64).

Ruge strebt eine Reform des Bildungsbewußtseins an. Diese Reform verderbe nicht die Künste und Wissenschaften, sie verwurzele sie vielmehr im Volke. Sie erst erzeuge eine wirkliche und mächtige Wissenschaft. Der wissenschaftliche Geist müsse im öffentlichen Leben einen wahrhaft lebendigen Inhalt bekommen. Die Trennung zwischen Gebildeten und Ungebildeten müsse beseitigt werden (65).

An die Stelle der "aparten Geisteswelt einer abgestorbenen Bildung", der über dem bürgerlichen Leben stehenden Polizei, der geheim darüber schwebenden Justiz und eines vom Volksleben abgesonderten Militärwesens habe eine ebenso geistige wie politische Gemeinschaft zu treten, in der alle Widersprüche des überlebten Liberalismus verschwinden sollen (66).

Gleichzeitig mit Ruge hat Max Stirner in einem Aufsatz über Humanismus und Realismus "das unwahre Prinzip unserer Bildung" angegriffen (67). Er wandte sich dabei sowohl gegen den humanistischen Bildungsbetrieb, der in der Vermittlung einer allgemeinen Bildung nur einen einseitig Gebildeten, als auch gegen die realistische Bildung, die einen "geschmacklosen Industriellen" hervorbringe. Um über diese Gegensätze hinauszukommen, müsse das Bildungswesen als solches sterben. Es müsse wieder "einfach und unmittelbar" werden. Das Wissen dürfe nicht nur ein äußerer Wissensbesitz, sondern müsse ein mit der Persönlichkeit "zusammengegangenes" Wissen sein (68).

Zu der Gruppe der die Bildungskritik anführenden Jung-Hegelianer gehört auch B. Bauer, der sich ebenfalls gegen die oberflächliche Kompilation an den Universitäten wandte und erklärte, die Wissenschaft an den Universitäten sei längst zu einem "unbestimmten Gas" geworden (69).

Jakob Burckhardt vertrat um die Mitte des 19. Jahrhunderts ebenfalls die Ansicht, daß die moderne Großstadtbildung nur "heraufgeschraubte Mediokritäten" heranzüchte. Er spricht von einer die individuelle Schöpferkraft herabsetzenden "Zwangsnivellierung" (70).

Durch Friedrich Nietzsche erhielt die Kulturkritik ihren weitesten Rahmen und tiefsten Hintergrund. Er spürt in einer ständig in das Metaphysische übergehenden Psychologie den Schwächen und Lastern der modernen, von der Zivilisation bedrohten Seele nach. Er stellt hinter dem jungen Glanz des Kaiserreichs und dem wissenschaftlichen Fortschrittsglauben die Gefahr der Barbarei heraus. Das Zentrum der Kulturdiagnose Nietzsches scheint in dem Gedanken zu liegen, der seit der "Geburt der Tragödie" und besonders seit den "Unzeitgemäßen Betrachtungen" sein ganzes Werk bis zu "Ecce Homo" durchzieht": die Dekadenz durch ein Übermaß an historischem, unproduktivem Wissen. Die zeitgenössische Bildung galt Nietzsche als Krankheit der Kultur (71). Unter dem Titel "Die ehemalige deutsche Bildung" beschreibt Nietzsche den "matten Glanz", der um die "edel verstellten Gebärden" der Bildung leuchtete, wie sie in Deutschland besonders durch Schiller, Humboldt, Schleiermacher, Schelling und Hegel verkörpert gewesen sei. Doch den "Milchstraßenglanz" dieser Bildung habe man alsbald von sich abgestreift (72). Der Bismarcksche Staat galt ihm als eine "Exstirpation (73) des deutschen Geistes zugunsten des deutschen Reiches", die Ära Bismarcks als eine solche der "deutschen Verdummung". Dennoch hielt Nietzsche Bismarck für bedeutender und geistiger als die gleichzeitigen deutschen Gebildeten. Das Deutschland Bismarcks habe zwar keine hohe Kultur und keinen Geschmack, aber "ein großes Quantum vererbter und angeschulter Tüchtigkeit" aufzuweisen, "viel Arbeitsamkeit, Ausdauer und Willigkeit zum Gehorchen". Nietzsche sieht die Gefahr, daß die politische Macht die Deutschen verbilde und daß die Politik überhaupt die Prädominanz über das geistige Leben gewinne (74).

Was Nietzsche um 1873 vor sich zu sehen glaubte, waren "Symptome eines Absterbens der Bildung" durch die zersplitternde Wissenschaft, die nationalen Machtkämpfe und die Geld- und Genußwirtschaft gerade auch der gebildeten Stände (75). Nietzsche tritt ebenfalls für eine Verbreitung der Bildung und gegen die Abkapselung der gelehrten Stände ein, weil er meint, daß die Menschen, die wissen, was Not ist, am ehesten auch fühlen, was ihnen Weisheit sein kann. Nietzsche sieht jedoch auch die Gefahr, daß die ungebildeten Klassen ebenfalls ein Opfer der gegenwärtigen Scheinbildung werden und diese noch allgemeiner machen. Nietzsche kritisiert scharf die Entartung der Bildung zu einer gelehrten Fachbildung auf der einen und einer journalistischen Allgemeinbildung auf der anderen Seite (76). Er ist der Meinung, daß beide zu der gleichen Unbildung beitragen, weil sich wissenschaftliche Strenge sehr wohl mit Urteilslosigkeit und Barbarei des Geschmacks in allen übrigen Dingen vertrage.

"Die Bildung wird täglich geringer, weil die Hast täglich größer wird", ist das Thema der Vorträge über die Zukunft der deutschen Bildungsanstalten (1871/72) (77), die ein Versuch sind, den Standort der Bildung zu bezeichnen. Gegenüber der allgemeinen Erweiterung und gleichzeitigen Verflachung der Bildung fordert er ihre Konzentration und Vertiefung in der Selbstgenügsamkeit (78).

In seiner zweiten "unzeitgemäßen Betrachtung" greift Nietzsche dieses Thema wieder auf. Er wendet sich erneut gegen die grenzenlose Erweiterung und Abschwächung der Bildung durch das historische Wissen. Er vertritt die Ansicht, daß über der Mannigfaltigkeit des Stoffs die Einheit des Bewußtseins verlorengehe. Die historische Bildung mache eine unmittelbare Begegnung unmöglich, da jedes Gefühl und jeder Gedanke nur vermittelt sei. Diese Bildung könne auch aus Mangel an Einheit, Glauben und Gemeinschaft keine eigene Kultur schaffen, die nach Nietzsche in der "Einheit des künstlerischen Stils in allen Lebensäußerungen eines Volkes" beruht.

Ein Nachklang dieser Bildungskritik sind die Kapitel des Zarathustra: "Vom Lande der Bildung", "Von der unbefleckten Erkenntnis" und "Von den Gelehrten". Darin wirft er den Gebildeten und Gelehrten erneut vor, ohne Wertung eine sinnlose Aufhäufung des Wissensstoffes zu betreiben (79).

Nietzsche suchte in seiner Bildungskritik einen Weg zurück zu den Bedürfnissen einer ursprünglichen Bildung, d. h. einer solchen, die den Menschen im ganzen formt und bildet (80). Damit liegt in Nietzsches Kritik an der bestehenden Bildung zuletzt auch eine Kritik an der bestehenden Humanität (81).

Die Kulturkritik brachte auch die für sie typische Unterscheidung zwischen Kultur und Zivilisation, wie sie Spengler in seinem "Untergang des Abendlandes" populär gemacht hat und wie sie uns bald darauf in Thomas Manns "Betrachtungen eines Unpolitischen" entgegentritt. Für Spengler ist die Zivilisation die Kulturstufe, zu der die untergehenden Kulturen herabsinken. "Kultur und Zivilisation - das ist der lebendige Leib eines Seelentums und seine Mumie". Das westeuropäische Dasein vor 1800 gehört für Spengler zur Kultur, das nach 1800 zur Zivilisation. Das Leben in Fülle und Selbständigkeit ist nach Oswald Spengler durch jenes späte, künstliche, wurzellose Leben unserer großen Städte, dessen Formen der Intellekt entwirft, abgelöst worden. Der Kulturmensch lebt für Spengler nach innen, der Zivilisationsmensch nach außen im Raum unter Körpern und Tatsachen. Was der eine als Schicksal fühlt, versteht der andere als Zusammenhang von Ursache und Wirkung. Der Zivilisationsmensch ist nach Spengler ein Materialist in einem nur innerhalb seiner Zivilisation gültigen Sinn (82). Damit erhebt Spengler implicite die Forderung nach einer neuen Verinnerlichung des Menschen, der sich von seiner natürlichen Basis immer stärker entferne (83).

Gemeinsam ist der Ausgangspunkt für die verschiedenen Auffassungen des Begriffspaares Kultur und Zivilisation: der Ruf nach einer Verinnerlichung. Die äußere Zivilisationsentwicklung gilt nur als ein Vorgang fortschreitender Naturbeherrschung, in dem nur ein "äußerer Intellektualisierungs- und Rationalisierungsvorgang unseres Lebens" gesehen wird (84). Alfred Weber zieht im Zivilisationsprozeß nur eine Fortsetzung der biologischen Entwicklungsreihe der Menschheit, die dem Menschen eine bessere Ausrüstung im Kampf ums Dasein und eine Ausweitung seiner Lebensmöglichkeiten bringt (85). Die Kultur dagegen steht über diesem allem. Sie bedeute "etwas anderes als die Ausweitung unserer Lebensmöglichkeiten und die Gestaltung nach den Notwendigkeiten und Nützlichkeiten unter seinen Zweckmäßigkeitsvoraussetzungen" (86).

Die Unterscheidung von Kultur und Zivilisation beeinflußt noch heute stark die deutsche Kulturpolitik (87).

In enger Beziehung zur Kulturkritik entstand in Deutschland die Schulreformbewegung in ihren vielfachen Einzelerscheinungen, im Aufbruch eng verbunden mit der Jugendbewegung. Von daher erklärt sich die enge Verbindung von Kulturpolitik und Kulturreform, die ein besonderes Merkmal der deutschen Kulturpolitik ist. Der Kulturkritik, sowie in ihrem Gefolge der Schulreformbewegung, ging es nicht nur um eine Reform des Bildungswesens. Die Reform des Bildungswesens sollte vielmehr zu einer allgemeinen und grundsätzlichen Lebensreform werden. Die Gedanken der Kulturkritiker, besonders Nietzsches, die Ideen eines Bergson, Simmel, Dilthey begannen besonders bei der Jugend nachhaltig und tief zu wirken und ein neues Lebensgefühl anzubahnen, dessen Schwerpunkt nicht mehr im strengen Denken und in der reinen Vernunft, sondern im Ganzen des Lebens, in einer Art Wesensschau, einer vitalen Vernunft liegen sollte (88). Diese Wandlung des Zeitgeistes erfaßte zuerst das Bildungswesen an den höheren Schulen. Fast alle Unterrichtsverwaltungen waren damals reformbereit. Schon die "neuen Bestimmungen" des preußischen Ministers Falk vom 30. Oktober 1872 verlangten für das ganze Schulwesen die freie Entwicklung der menschlichen Kräfte und wandten sich besonders gegen das mechanische Memorieren (89). Besonders bemerkenswert war die Schulkonferenz von 1890, auf der der junge Kaiser Wilhelm II. persönlich das zeitgenössische Bildungswesen, vor allem das humanistische Gymnasium, kritisierte. Er wandte sich ausdrücklich gegen die Absicht, junge Griechen und Römer zu erziehen und forderte demgegenüber die Heranbildung von jungen Deutschen (90). Zwar war eines der Motive dieser Kritik der heraufkommende Nationalismus. Das Hauptmotiv ist jedoch in der damaligen Bildungskritik zu sehen. Die Reformbewegung, die im übrigen auch die europäischen Nachbarn erfaßte, ist von da an nicht mehr zur Ruhe gekommen und hat bis heute das deutsche Schulwesen in einer ständigen Unruhe gehalten. Die Bemühungen der Schulreformbewegung fanden nach dem 1. Weltkrieg einen weiteren Höhepunkt in der Reichsschulkonferenz von 1920, die die "gründliche Erneuerung des deutschen öffentlichen Schul- und Erziehungswesens vorbereiten" sollte. Sie werden heute fortgesetzt in den zahlreichen Vorschlägen des Deutschen Ausschusses für das Erziehungs- und Bildungswesen (91).

Aus der gleichen antizivilisatorischen Grundstimmung wie die Schulreformbewegung entstand auch die deutsche Jugendbewegung. Bezeichnend für die sie leitende Grundstimmung war der Name einer Jugendgruppe, die dann eine ganze Bewegung auslöste: Wandervogel (92). Der Name entstand am 4. November 1901 am Gymnasium zu Berlin-Steglitz (93). Das Wandern galt als Ausdruck eines ursprünglichen, ganz und gar unzivilisatorischen Naturgefühls. Die Wandervögel meiden die Zivilisation der Städte, sie lieben Burgen und Berge, Mauern und Türme und alles, was noch vom Zauber mittelalterlicher Kultur überglänzt ist. Eduard Spranger spricht von dem "neuen Jugendland, seinem ästhetisch-phantastischen Lebensstil, mit seiner vitalen Körperfreude, seiner romantischen Wanderlust, seinem Wander- und Naturgenuß, seiner starken Erotik in Freundschaft und Seelengemeinschaft, seiner Volkstümlichkeit und Rousseauschen Primitivität" (94).

Die ständigen Reformbemühungen in unserem Bildungswesen hängen eng mit dem Fehlen eines verbindlichen Bildungsideals zusammen. Von den Erschütterungen der Kulturkritik hat sich das bis zum Anfang unseres Jahrhunderts in Deutschland herrschende Bildungsideal nicht mehr erholt. Das zumindest offizielle Bildungsideal war bis zum 1. Weltkrieg, wenn auch zu diesem Zeitpunkt bereits abdankend, das neuhumanistische Bildungsideal Wilhelm von Humboldts. Das humanistische Bildungsideal ist auf die "Bildung der inneren Menschenkräfte zu Totalität, Fülle und Idealität" gerichtet. Die Rücksicht auf Nützlichkeit, Brauchbarkeit und Praxis überhaupt scheidet zunächst aus (95). Dieser Humanismus erscheint in der liberal-individualistischen Ausprägung Humboldts als Ideal der schönen und reichen Individualität. Von daher stammt auch das Wort von der "Bildung", das mit seinem mystisch-verblasenen Klang lange unsere bildungspolitische Diskussion beherrschte (96). Für Humboldt ist die Welt nur der Stoff, an dem er seine innere Kraft und Freiheit übt, um sich zu veredeln und dem Begriff der Menschheit und seiner Originalität einen großen und würdigen Inhalt zu geben. Nicht das technische Wirken nach außen ist für Humboldt die Hauptsache, sondern die innere Beherrschung und intensive Bereicherung, die Bildung der seelischen Fülle zur Einheit, die Erzeugung einer Welt innerhalb der eigenen Individualität. Alles wissenschaftliche Streben, das nicht auf dieses Ziel gerichtet ist, bleibt für Humboldt tot und ohne Beziehung (97). Als Vorbild für seine Bildungsidee fand Humboldt die Griechen. Seine neuhumanistische Griechenauffassung war das Zentrum seiner Bildungstheorie. Das Hellenentum wurde ihm zur Idee, wobei er sich weniger die empirisch-historische Realität der griechischen Geschichte, als ihre ideelle Grundstruktur vorstellte (98). Die Griechen stellten für Humboldt gleichsam "die reine Menschheit" dar. Ihnen war für Humboldt eine kräftige und ursprüngliche Individualität eigen. In der Mannigfaltigkeit ihrer Lebens- und Kunstformen spiegelte sich ihre Universalität. Auf Grund dieser Beurteilung des Hellenentums kam Wilhelm vom Humboldt zu der Ansicht, daß nur die Beschäftigung mit der Gesamtheit es vermöge, die Weite des menschlichen Geistes zu bilden (99).

Die harten Vorwürfe der Kultur- und Bildungskritik brachten die erste Unsicherheit gegenüber der Gültigkeit des Humboldtschen Bildungsideals. Nietzsche hielt diesem Bildungsideal den ersten Abgesang, als er von dem "matten Glanz" über den "edel verstellten Gebärden" der deutschen Gebildeten sprach. Alles in allem reichte dieses Erziehungs- und Bildungsideal bis etwa zum 1. Weltkrieg in das 20. Jahrhundert hinein. Heute befindet es sich "nicht einmal mehr in Abwehrstellung" (100).

Der Aufschwung der Technik und das damit neu entstandene technische Bildungswesen liefen den introvertierten humanistischen Bildungsvorstellungen ebenfalls zuwider (10C).

Bezeichnend für diese neue geistige Strömung ist die Festrede von Karl Karmarsch zum 25jährigen Bestehen der späteren technischen Hochschule Hannover: "Politechnische Schulen in dem Sinne, den der Name in Deutschland hat, sind ein Erzeugnis des gegenwärtigen Jahrhunderts... Das beinahe gleichzeitige Entstehen vieler Lehranstalten von gleicher und völlig gleicher Art in fast allen Ländern ist das unverkennbare Zeichen vom Aufwachen eines neuen Geistes, von einer wenigstens teilweisen Umwälzung in der Tätigkeit des ganzen Geschlechts. Es tritt uns hier die Invasion der materiellen Interessen, der sogenannten realistischen Tendenz, entgegen - eine Tatsache, welche auf manchen Seiten außerordentliche Bedenken erweckt, ja scharfe Anklagen hervorgerufen hat. Die politechnischen Schulen werden hiervon mitbetroffen; denn - gestehen wir es nur unverhohlen! - diese Schulen dienen den materiellen Interessen; wollen und sollen ihnen dienen... Die ganze Welt gibt zu, daß sich die technische und realistische Bildung der sogenannten Gelehrtenbildung ebenbürtig an die Seite gestellt hat; neben den Gymnasien geht die höhere

Bürgerschule her, neben der Universität die politechnische Schule, die technische Universität..."

Nach dem 1. Weltkrieg stieß die Formulierung eines allgemeinen Bildungsideals auf unüberwindliche Schwierigkeiten. Die erstarkte Sozialdemokratie hatte kein Verständnis zu dem introvertierten, vergeistigten Bildungsideal des Neuhumanismus. Sie vertrat völlig unhumanistisch die Vorstellung, die Jugend müsse frühzeitig mit der Arbeitswelt vertraut gemacht werden. Die Jugend sollte geschult werden für die moderne Arbeits- und Berufswelt. Die damaligen Vorstellungen von einer einheitlichen Gesellschaft, für die eine einheitliche Schule vorbilden sollte, vertrugen sich schlecht mit dem strengen Humboldtschen Individualismus (102). Dazu kamen im kulturpolitischen Bereich das konservative, das liberale und das katholische Element (103). Auch eine so bedeutende Persönlichkeit wie Carl Heinrich Becker, der Minister des alten preußischen Ministeriums für Geistliche-, Unterrichts- und Medizinangelegenheiten, konnte die auseinanderstrebenden Kräfte nicht auf ein gemeinsames Ziel einigen. Das liberale Element, das noch am ehesten das Nebeneinander verschiedener Kräfte überbrücken und verbinden konnte, war letztlich nur für eine kleine Minderheit unabhängiger Persönlichkeiten bestimmt, die dazu noch stark von der Wissenschaft geprägt sein mußten. Das liberale Erziehungs- und Bildungsideal wurde in der kultur- und schulpolitischen Öffentlichkeit mehr und mehr als unzulänglich empfunden, zumal es ohnehin nur im Bereich der höheren Schule und der Hochschule einigermaßen vertreten wurde (104).

Hier liegt eine der Ursachen für die Mühelosigkeit und Schnelligkeit, mit der sich der Nationalsozialismus in den ersten Jahren des Dritten Reiches auch auf der kulturpolitischen Ebene durchsetzte. Im Dritten Reich erhielten die Bildungsinstitutionen dann die Aufgabe, die Jugend zu Nationalsozialisten zu erziehen (105). Damit hatten die Deutschen nach den Schwierigkeiten der vorangegangenen Epoche wieder ein offizielles Bildungsideal, das die deutsche Bildung als eine Gestaltung und Förderung deutscher Erbanlagen auffaßte (106). Von der Bildung des Individuums war jetzt keine Rede mehr. Die "verlorenen Einzelmenschen" wurden jetzt wieder zu einer "Gemeinschaft des Ursprungs und des Zieles" gesammelt.

Nachdem mit dem Zusammenbruch des Jahres 1945 auch diese von einem primitiven Biologismus herkommende sogenannte Weltanschauung unterging, blieb im kultur- und schulpolitischen Bereich praktisch nichts mehr übrig. Es zeigte sich, daß auf geistigem Gebiet das Ausmaß der Katastrophe viel größer war, als auf materiellem Gebiet. Trotz redlicher Bestrebungen einzelner Lehrer und Forscher aus dem Bereich der pädagogischen Wissenschaft sowie der Verbände der Lehrer und Erzieher, der Schulverwaltungen und der Kirchen sowie anderer Gesellschaftsgruppen oder besonderer Institutionen, wie etwa des Deutschen Ausschusses, ist es bis jetzt nicht gelungen, ein verpflichtendes, allgemein anerkanntes Erziehungs- und Bildungsideal in der Bundesrepublik zu schaffen. Es wurde zwar vielfach versucht, an das alte klassische Bildungsideal wieder anzuknüpfen, doch die Welt der Griechen und Römer gehörte nach der

Turbulenz der vorangegangenen Jahre endgültig der Historie an. Die "anthropozentrische" Humanitätsidee, die alles danach beurteilt, wie es dem menschlichen Dasein einen höheren Sinn verleiht, tut sich schwer in einer Welt, in der der Mensch die Natur nicht mehr aus der Distanz beherrscht und sie sich aneignet, sofern sie ihn veredeln kann, sondern in der die Sachen zu regieren drohen (107). Theodor Litt stellt den "Siegeszug der Sache" als eines der bemerkenswertesten Kennzeichen unserer Epoche heraus. Er kommt zu dem Ergebnis, daß die deutsche Klassik, für die die moderne Welt der Arbeit und Technik mit dem "Stigma des Inhumanen" belastet ist, für die Gegenwart nicht mehr die Kraft eines allgemein wirksamen Bildungsideals haben kann (108).

In dem Fehlen eines gemeinsamen Bildungsideals liegt eine der größten Schwächen unserer gegenwärtigen Kulturpolitik, die zu einer Vielzahl von Vorschlägen und Improvisationen geführt und es gleichzeitig verhindert hat, daß die Kulturpolitik als Ganzes überschaubar wurde. Darin liegt auch eines der zentralen Motive dafür, daß das Wort "Reform" in allen Kulturprogrammen, besonders der politischen Parteien, enthalten ist und einen geradezu mystischen Klang bekommen hat (109).

Anmerkungen zu den Seiten 193 - 209

1) In anderen Ländern wie etwa in Frankreich und in den angelsächsischen Ländern spricht man in diesem Zusammenhang nicht von Politik, sondern von "affaires culturelles" oder "cultural affairs".
2) vgl. Eduard Spranger, Artikel Kulturpolitik, in: Wörterbuch der Politik, Leipzig 1923, I. Bd. A-K, S. 1087.
3) In den Debatten des Reichstages ist der Begriff "Kulturpolitik" bis 1900 kaum verwendet worden. Man sprach nur in bezug auf den Einzelfall von Forschung und Wissenschaft oder von der Kunst. Erst kurz vor dem Ersten Weltkrieg taucht das Wort Kulturpolitik häufiger im politischen Sprachgebrauch auf, so etwa in dem bereits erwähnten Brief von Bethmann Hollweg an Prof. Lamprecht, s. o. S. 143.
4) vgl. Werner Richter, Was ist und zu welchem Ende treibt man Kulturpolitik? Bonn 1955, S. 6.
5) Herders Staatslexikon, Freiburg i. Br., 1929, Bd. III (5. Aufl.), Spalte 693.
6) Damit verhält es sich mit dem Begriff der Kulturpolitik ähnlich wie mit dem Begriff der Kultur, der auch sehr lange brauchte, bis er in den deutschen Sprachschatz eindrang. Von Mendelssohn wird der Begriff Kultur im 18. Jahrhundert als neuer Ankömmling bezeichnet, der bloß zur Büchersprache gehöre und den der gemeine Mann kaum verstehe. (vgl. Richter, Was ist... Kulturpolitik?... S. 6)
7) Auch in der praktischen Politik findet die Kulturpolitik erst seit kurzer Zeit größeres Interesse. Die maßgebenden Politiker der einzelnen politischen Parteien in der Bundesrepublik beschäftigen sich meist mit anderen politischen Disziplinen.
8) Kurt Wolzendorff, Der Polizeigedanke des modernen Staates, Breslau 1918, S. 9.
9) so bei Edgar Loening, Lehrbuch des Verwaltungsrechts, S. 3 ff.; Artikel Polizei, in: Wörterbuch der Staatswissenschaften; Gerhard Anschütz, Die Polizei (Vortrag der Gehe-Stiftung, Bd. II), 1910; F. Chr. B. Avé-Lallemant, Physiologie der deutschen Polizei, 1882, S. 66 ff.
10) vgl. Wolzendorff, Polizeigedanke... S. 10.
11) Ihre Anfänge nahm diese Entwicklung der Polizei in Frankreich, wo sich die Theorie am zentralistischen und absolutistischen Staat orientieren konnte. Das ancien régime verband mit der Polizei zunächst das Prinzip der "allgemeinen Wohlfahrt" oder, wie es in der Terminologie des ancien régime genannt wurde, der "allgemeinen Glückseligkeit" ("le bonheur de tous"). Vor allem die Pariser Polizei gilt

14) Wilhelm von Sonnenfels, Grundsätze der Polizeiwissenschaft, 1777, I. § 76. - Im übrigen war man sonst wohl geneigt, die Gesetzgebungsgewalt des Landesherrn für unbeschränkt zu erklären und durch sie die der Polizeigewalt gezogenen Grenzen zu umgehen. (vgl. dazu Kurt Wolzendorff, Die Grenzen der Polizeigewalt, Marburg 1905, S. 47.)

15) Hobbes, De Cive cap. VI, III, S. 93: Securitas enim finis est propter quem homines se subjiciunt aliis. - Samuel von Pufendorf, De Officio Hom. et Civ. lib. II, cap. V, VII, S. 465: Genuina igitur et principalis causa, quare patres familias, deferta naturali libertate ad civitates constituendas descenderint, fuit ut praesidia sibi circumponerent contra mala quae homini ab homine immanent.

16) Christian von Wolff, Institutiones iuris naturae, S. 599; auch ders., Ius naturae, pars octava § 86: Salus publica in civitate suprema lex est.

17) Lotz, Über den Begriff der Polizei, S. 28; vgl. auch S. 27.

18) vgl. Bluntschli, Wörterbuch der Politik, 1875, Bd. III, S. 66.

19) vgl. Johann Stephan Pütter, Beiträge zum deutschen Staats- und Fürstenrecht, 1777, I, XIX, § 50.

20) So bezeichnete Hohenthal (Liber de Politia, Lipsiae) 1776, S. 14, als Zweck der Polizei, "ut felicitatem omnium et singulorum civium conservat". - Delamare, Traité de la Police, Paris 1729; Préface: "Son unique objet consiste à conduire l'homme à la plus parfaite félicité dont il puisse jouir en cette vie."

21) Im Polizeistaat hat das Wort vom beschränkten Untertanenverstand seinen Ursprung. Dieses Wort geht auf eine Äußerung des preußischen Ministers von Rochow 1837 zurück. Er sagte: "Dem Untertanen geziemt es nicht, an die Handlungen des Staatsoberhauptes den Maßstab seiner beschränkten Einsicht zu legen." Da der Bürger nicht wissen kann, was für ihn gut ist, muß ihn die Staatspolizeigewalt leiten: "Ce que le Tuteur est au Pupille, le Médecin au Malade, le Pilote au Vaisseau, le Magistrat l'est au citoyen." (Delamare, Traité de la Police, S. 238)

22) Fr. Funck-Brentano, Le drame des poisons, 6. Aufl. 1903, S. 302, ferner Chassaigne, La lieutenance générale... S. 65.

23) Sonnenfels, Polizeiwissenschaft... I. S. 139.

24) Ernst Rudolf Huber, Deutsche Verfassungsgeschichte seit 1789, Bd. I, Stuttgart 1957, S. 281. vgl. ferner Spranger, Art. Kulturpolitik... S. 1088.

als Beispiel für das Entstehen und die Entwicklung des Polizeigedankens. (vgl. dazu Paisant, La police au XVIIIme siècle, Discours prononcé à l'ordre des avocats le 17 avril 1894, 7 ff., und die Einleitung von M. Chassaigne, La lieutenance générale de police de Paris, (1906)

12) Fleury, Droit public de France, Ouvrage posthume de Mr. l'abbé Fleury, composé pour l'éducation des princes et publié avec des notes par J. B. Daragon 1769. Danach umfaßt die Polizei: I. subsistance pour le corps 1) Notwendigkeiten des Lebens (Nahrung, Kleider, Wohnung, Heizung), 2) Gesundheit und Bequemlichkeiten, 3) Mittel, um dieses zu erreichen. - II. les bonnes moeurs 1) Religion in bezug auf das Äußere, 2) innerer Frieden im Reich, Mäßigkeit und geregeltes Leben des einzelnen.

13) "Ea supremae potestatis pars, qua exercetur cura avertendi mala futura in statu reipublicae interno in commune metuenda, dicitur ius politiae. Cuis proince ambitus I) fere tot in obiectis verratur, wuot cogitari possunt securitatis et salutis internae impedimenta, sive ea in factis hominum nocinis; sive in alio quacumque casu fatali consistant; quorum alia tam II) universam rem publicam, alia singulas in ea universitates concernere possunt; iterumque III) alia solius politiae obiecta sunt, veluti incendia, contagia etc., alia vel alias simul supremae potestatis partes spectant veluti ut ne in re iudiciaria criminali etc. abusus irrepant. Ipsius autem causa IV) mox singularia dantur instituta, veluti exubiarum, visitationum cet.; mox libertas civium naturalis in iis, e quibus malum futurum metui posset, ad hoc avertendum restringitur, sine prohibendo alias licita, sine praecipienio facere patine. quae ex libertate naturali facere patine non erat opus; mox denique e medio tolli curatur, quidquid publicum in detrimentum vergere potuerit. V) Promovendae salutis cura propie non est politiae, nisi quatenus ea mente agitur, ut tanto lautior sit status isti malo, quod metuebatur, directe oppositus." (Johann Stephan Pütter, Institutiones iuris publici Germanici lib. VII. cap III. De iure politiae § 33, I)

25) Leipzig 1808, 2 Bände.
26) Altona 1835, S. 568.
27) Georg Waitz, Grundzüge der Politik, nebst einzelnen Ausführungen, Kiel 1862, S. 16. Waitz kritisiert in diesen Ausführungen den Begriff der Volksbildungspolizei, worunter man die Sorge des Staates für Unterricht und Bildung verstehe, weil er der Intervention des Staates in die kulturellen Bereiche eine Grenze setzen und demgegenüber einen eigenen Bereich für die Familie und die Kirche bewahren möchte (S. 80 u. S. 12). Der Staat dürfe nur das Recht haben zu fördern, daß die Erziehung nicht ganz vernachlässigt werde, daß sie keine ihm geradezu feindliche Richtung nehme, daß sie gewisse, für seine Aufgaben notwendige Resultate erziele. Er müsse auch dafür sorgen, daß besondere Bedürfnisse, die der Staat habe, befriedigt, auch allgemein die nationale Wissenschaft und Kunst gefördert würden. Desgleichen bedürfe der Staat der Wissenschaft und des geistigen Lebens und werde ihnen deswegen Schutz und Pflege angedeihen lassen (S. 15/16).
28) zum ganzen Folgenden: J. C. Bluntschli in: Deutsches Staatswörterbuch hsg. von Bluntschli-Brater 1857-1870, Bd. VI, S. 149-157; da auch Stichworte Polizei und Kulturpolizei.
29) In diesem Zusammenhang nennt Bluntschli: die finanzielle Beihilfe des Staates zu den kirchlichen Ausgaben; die Dotation der Geistlichkeit; die Achtung des Staates vor der Geistlichkeit; der ihnen eingeräumte Einfluß in den Schulen; die religiöse Feier wichtiger staatlicher Vorkommnisse; die Bestrafung von Handlungen und Äußerungen, durch welche die Ehrfurcht vor dem Christentum verhöhnt und die Grundwahrheiten desselben öffentlich verspottet werden. Abgesehen von der kirchlichen Tätigkeit müsse die Förderung der sittlich-religiösen Bildung durch den Staat insbesondere in allen Schulen geschehen. Die staatliche Wirksamkeit erstrecke sich soweit wie die Interessen der Gemeinschaft, und soweit es das Nebeneinanderbestehen und Zusammenleben der Menschen erfordere (VI, S. 157). Als weitere Aufgaben der Kulturpolizei werden genannt: Das Verbot unzüchtiger Darstellungen, insbesondere in Theatern - das Verbot der Heirat zwischen nahen Verwandten - das Verbot der Anreizung zur Trunkenheit in Schenkstuben und Wirtshäusern - die Beschränkung der Branntweinbrennerei auf Landgütern - das Hausieren mit geistigen Getränken - die Beachtung der Polizeistunde - die Einschränkung des Spiels um Geld - das Verbot der Tierquälerei (VI, S. 158-160).
30) Bei der Bereitstellung von Anstalten wie Kunstschulen, Konservatorien, rät Bluntschli zur Zurückhaltung, wenn Kunstsinn und Wohlhabenheit fehlten, weil dann nur eine darbende und unzufriedene Staatsbürgerklasse ins Leben gerufen werde. In diesem Zusammenhang nennt er jedoch die Möglichkeit der Bereitstellung staatlicher Stipendien für begabte, jedoch mittellose Künstler.
Als weitere Mittel der Förderung des öffentlichen Kunstsinns werden genannt: Ausstellung und Produktion von Kunstwerken - Veranstaltungen von Konzerten und Kunstausstellungen - Bau von Gemäldegalerien und Theatern (Staatswörterbuch... VI, S. 161)
31) vgl. Wolzendorff, Polizeigedanke... S. 119, und ders., Polizeigewalt... S. 51.
32) Spranger, Art. Kulturpolitik... S. 1088.
33) vgl. Fritz Hartung, Deutsche Verfassungsgeschichte, 7. Auflage, Stuttgart 1950, S. 63.
34) Hinweise der fürstlichen Räte auf die "Schuldigkeit" der Fürsten finden sich z. B. in Brandenburg 1484 (Z. preuß. G., Bd. 8, 1871, S. 144), in Bayern-Landshut im Jahre 1501 (bei Krenner, Landtagshandlungen, Bd. 13, S. 193 f.), in Ansbach-Kulmbach im Jahre 1531 (bei K. H. Lang, Neuere G. des Fürstentums Baireuth, Bd. 2, 1801, S. 61 (2. Ausg. v. A. Bayer, 1911, Bd. 1, S. 183), in Bayern im Jahre 1557 (in den AbhBAk. München, Bd. 21, 1898, S. 114 ff.), bei Hartung, Verfassungsgeschichte... S. 64.
35) Abraham Calov, Systema Locorum Theologic. Tomus VIII, Wittenberg 1677, S. 348: "Ut Mag. est, ita et Ministri, ut quisque suo loco tum honorem Dei cum salutem hominum omnibus modis promovent."; Johannes Coccejius, Summa Theologiae ex Scripturis repetita, Genf 1665, S. 822: "Gloriam suam, hoc est populum suum, adducere ad civitatem Dei."; Gisbert Voetius, Politica Ecclesiastica, Amsterdam 1663-1676, Bd. I, S. 242: "Civili Politiae convenit cura medicorum ad vitam, pacem et felicitatem requisitorum."

36) Calov, Systema... S. 600.
37) Otto Hintze, Historische und politische Aufsätze, Bd. 3, S. 120.
38) Joh. Andr. Quenstedt, Theologia diacticopolem, Wittenberg 1696 (ed. III), S. 438a: "Mag. in officii sui executione eo spectare debet, ut subditi in omni pietate et honestate tranquillam vitam agant."
39) Samuel Maresius, Systema Theologiae, Gießen 1691, Kap. 15, § 23: Res vero tota, natura sua malas et vitiosas, cuiusmodi sunt Lupanaria, quicquid contendunt Pontificii, non potest Mag. iure permittere."
40) Voetius, Politica Ecclesiastica... Bd. I, S. 896.
41) Marcus Wendelin, Christianae Theologiae Systema Maj., Kassel 1656, S. 1409: "Adjuncta Magistratus sunt, veritatis et justitiae amor, prudentia togata et militaris, fuga avaritiae, studium boni publici, fortitudo animi, temperantia, vigilantia, subditorum dilectio."
42) Veit Ludwig von Seckendorff, Teutscher Fürsten-Stat, 1656, ander. Teil, Kap. I, S. 15/19.
43) ebd. Kap. VIII, S. 89/90.
44) ebd. Kap. XIV, S. 148-155.
45) Seckendorff, Christen-Staat, 1686, Kap. VIII, §§ 1-4; Kap. IX, § 1, S. 105, 108, 111, 119; Kap. X. § 7; Kap. XI, § 1; Kap. XII, § 1.
46) vgl. dazu Spranger, Art. Kulturpolitik... S. 1088.
47) § 13, II, 11 ALR.
48) ebd. §§ 2-4, II, 13 ALR; vgl. dazu Huber, Verfassungsgeschichte... Bd. I, S. 263. - Im Zuge der weiteren Entwicklung des absoluten Staates erhielt die enge Verbindung zwischen Staat und Religion noch eine andere Sinndeutung; Die Religion wurde für den Staat ein Mittel - nach Moser das souveränste Mittel-, um im Volke den Geist bereitwilliger Unterordnung zu erzeugen und zu erhalten. Sie "ergänzet das Mangelhafte der Gesetze", der Regent muß also "diesen Leitriemen in seinen Händen" nicht vernachlässigen und seine Sorgfalt muß darauf gerichtet sein, daß jeder Bürger Religion habe (Sonnenfels, Polizeiwissenschaft... I, S. 118 ff.; ähnlich J. H. G. von Justi, Bd. II, S. 57 ff.; bei Wolzendorf, Polizeigedanke..., S. 38; vgl. ferner J. J. Moser, Von der Landeshoheit in Policey/Sachen, 1773, S. 39: "Die Religion... ist das allersouveränste Mittel zur Aufheiterung des Verstandes und zur Besserung des Willens, mithin zur Glückseligkeit des gemeinen Wesens"; J. C. Dithmar, Einleitung in die Oeconomische Policey- und Cameral-Wissenschaften, 1731, S. 138 ff.: "Der Gottesdienst ist die Grundfeste guter Polizei - die christliche Religion ist nicht nur die wahre, sondern auch zur Erhaltung eines rechtmäßig eingerichteten Staates bequemste Religion." vgl. Wolzendorff, Polizeigedanke... S. 38.
49) Der Begriff "Kulturkampf" geht auf eine Äußerung von Rudolf Virchow zurück, der im Laufe der ersten Beratung des Gesetzentwurfes über die Vorbildung und Anstellung der Geistlichen am 17. Januar 1873 erklärte: "Die Kirche hat ihren Wert dadurch erlangt, daß sie wirklich die Trägerin der ganzen humanen Entwicklung war, nicht als Trägerin der dogmatischen Entwicklung. Nach und nach ist es durch diese Tätigkeit der humanen Kirche, durch die Klöster, durch die Klosterschulen, durch die Geistlichen, die Weltgeistlichen und die Kirchengeistlichen, dahin gekommen, daß eine größere Menge von Personen an dem Wissen teilnahm, daß die Laien als gleichberechtigte Träger der Kultur sich erheben konnten, und... von dem Augenblicke an beginnt nicht bloß die Ketzerei, sondern eben auch die einseitige dogmatische Entwicklung der Kirche und des Papsttums... Das liegt auf der Hand, daß die moderne Ketzerei, gegen welche Sie kämpfen, und in deren konsequenter Ausbildung die Weltgeschichte den Gang genommen hat, den sie jetzt einhält, und aus dem schließlich die neuesten politischen Gestaltungen hervorgegangen sind, der italienische und der französische Krieg, diese Ketzerei... datiert von dem Augenblicke, wo das wissenschaftliche Laientum mit der Kirche in Konflikt geriet... Das ist die historische Entwicklung. So fassen wir die Sache auf..., und ich sage Ihnen das nicht bloß, um hier mit einem kleinen Stück Gelehrsamkeit zu glänzen, sondern weil ich die Überzeugung habe, es handelt sich hier um einen großen Kulturkampf". In: Georg Franz, Kulturkampf, München 1954, S. 9/10.
50) Rüdiger Altmann vertritt die Ansicht, daß der Begriff "Kulturpolitik" aus dem Wortfeld "Kulturkampf" stammt: Bergedorfer Gesprächskreis Protokolle Bd. I v. 19. 2. 62, S. 5.

51) Veröffentlicht in Acten, Urkunden und Nachrichten zur neuesten Kirchengeschichte, Weimar 1788, Bd. I, S. 461 bis 479; Handbuch über die Religions-, Kirchen-, geistlichen und Unterrichtsangelegenheiten im Königreich Preußen, Quedlinburg und Leipzig 1823, Bd. III, S. 207-316; vgl. ferner Fritz Valjavec, Das Wöllner'sche Religionsedikt und seine geschichtliche Bedeutung, in: Historische Jahrbücher, Bd. 72 (1952), S. 386 ff.

52) Paul Schwartz bezeichnete die Auseinandersetzung um das Wöllner'sche Religionsedikt als den ersten Kulturkampf in Preußen, vgl. sein gleichnamiges Buch von 1925. Auch Max Braubach spricht in diesem Zusammenhang von einem Kulturkampf, in: Gebhardt, Handbuch der deutschen Geschichte, Bd. II, S. 311.

53) vgl. dazu besonders Huber, Verfassungsgeschichte... Bd. II, S. 185 ff.

54) vgl. dazu die beiden Denkschriften des Erzbischofs von Geissel, die dieser der Kölner Bischofskonferenz am 1. Mai 1848 vorlegte (1. "Bemerkungen über die Stellung der Kirche zum Staate"; 2. "Zusammenstellung der Punkte, welche bei der neuen politischen Gestaltung der Dinge von den Katholiken ins Auge gefaßt werden müsse"). Der Bericht über die Kölner Verhandlungen erschien im "Archiv für kath. Kirchenrecht", Bd. 21, 1869, S. 117 ff. - Huber, Verfassungsgeschichte... Bd. II, S. 356/357.

55) vgl. dazu Franz Schnabel, Zusammenschluß, S. 16, 18, 24.

56) J. N. Sepp, Die Schulfrage (1848), S. 22: "Eine solche allgemeine Staatsschule ist die höchste Spitze der... staatspolitischen Bevormundung".

57) Bischof Wilhelm E. von Ketteler, Stenographische Berichte der deutschen Nationalversammlung 1848/49, Bd. III, S. 2182.

58) Die Interpretation des Kulturkampfes reicht von der Motivierung durch außenpolitische Gesichtspunkte bei Bismarck, nämlich der Abwehrstellung des Kanzlers gegen das klerikale Frankreich und Österreich (vgl. dazu Heribert Raab, Artikel Kulturkampf in: Staatslexikon, Bd. V, S. 182, und Adalbert Wahl, Deutsche Geschichte, Von der Reichsgründung bis zum Ausbruch des Weltkrieges (1871-1914), Stuttgart 1926, Bd.I, S.342 ff., bis zur Befürchtung Bismarcks um das neugegründete Reich gegenüber der katholischen Kirche und dem politischen Katholizismus, der die kleindeutsche Lösung ablehnte (so Paul Sattler, Bismarcks Entschluß zum Kulturkampf, in: Forschungen zur brandenburgischen und preußischen Geschichte, Berlin-Dahlem 1940, Bd. 52, S. 66 ff.; Bornkamm, Die Staatsidee im Kulturkampf, München 1950, S. 41 ff) -

58a) Eine Zusammenstellung von 80 der "hauptsächlichsten Irrtümer unserer Zeit" und das Unfehlbarkeitsdogma des Vatikanischen Konzils, die als massiver Angriff der Kirche auf die herrschende moderne, auf die Forschungsergebnisse der Naturwissenschaften sich stützende Weltanschauung und als ein für den Staat unannehmbarer Herrschaftsanspruch der römischen Kurie über den katholischen Volksteil angesehen wurde (Raab, Kulturkampf... S. 182)

59) vgl. dazu besonders Bornkamm, Staatsidee im Kulturkampf... S. 10.

60) vgl. dazu besonders Altmann, Bergedorfer Gesprächskreis... S. 5.

61) vgl. Manfred Schröter, Metaphysik des Untergangs, München 1949, S. 151.

62) Der Streit entstand erst unter den Jung-Hegelianern. Hegel selbst hatte noch durchaus aristotelische Bildungsvorstellungen. Für ihn hatte das Problem einer Wahl zwischen humanistischer und politischer Bildung überhaupt nicht bestanden, weil es sich für ihn von selbst verstand, daß gerade die humanistische Bildung zur polis heranbilde. (Löwith, Von Hegel... S. 312)

63) Echtermeyer und Ruge, Der Protestantismus und die Romantik. Zur Verständigung über die Zeit und ihre Gegensätze. Hallesche Jahrbücher für deutsche Wissenschaft und Kunst, Jahrgang 1840, Bd. 2, S. 1953 ff. vgl. zur Kritik an Goethe S. 65 ff., 153 ff., 2313 ff.

64) "Die Philosophie, die ihren radikalen Zweck aus dem Sinne verliert, läuft ebenso wie die allgemeine Weltbildung der reinen Privatmenschen immer Gefahr, an Selbstbespiegelung und eitler Bewegung in ihrer eigenen Subjektivität sich zu Grunde zu richten. Der Witz und der schale Humor großer Städte, der immer auf der Lauer liegt, wo er passend hervorbrechen und glänzen kann, die Vergötterung jedes Genies und jeder Berühmtheit, der hohle Enthusiasmus für Tänzerinnen, Gladiatoren, Musiker, Athleten, was beweist dies alles? Nichts als die blasierte Bildung, der es an reeller Arbeit für große Zwecke fehlt..., nichts als die Frivoli-

tät des bloßen Formverstandes und Formtalents; und man muß es dahin gebracht haben, all diese Gaben und alle diese Gescheitheit zu verachten, um nicht in denselben hohlen, saft- und kraftlosen Strudel hineingerissen zu werden. Spielt mit eurer Superklugheit und ennuyiert, wenn ihr es dahin gebracht habt, daß ihr mitglänzen und mitspielen könnt, reflektiert dann auf dieses Dandylöwen-Bewußtsein, in dem ihr alles und auch die Einsicht erreicht habt, daß ihr es nun höher als zu dieser Übersättigung und Blasiertheit nicht bringen könnt; aber denkt nicht, daß ihr ganze Menschen seid und wenn ihr euch aus Blasiertheit erschießen ließt. Dieselben Phänomene, die das hauptstädtische Leben der Überbildung hervorbringt, entspringen auch aus der selbstgenügsamen Philosophie. Ihre Illusion ist dieselbe wie die der Weltbildung, daß ein formelles Theoretisieren schon Geist und Selbstzweck sei." (Phänomenologie, ed. Lasson, S. 316 ff., vgl. Löwith, Von Hegel... S. 318/19)

65) "Die Probleme der Zeit müssen im Besitz des Volkes und für das Volk sein, um ein wirkliches Leben in dieser Welt zu führen. Der Begriff des Volkes ist die Aufhebung der Kaste und der Standesschranken, nicht nur der illusorischen zwischen Adel und Bauern, vornehm und bürgerlich..., sondern auch der wirklichen Schranken zwischen Wissenden und Unwissenden, worin sich viel mehr leisten läßt, als es auf den ersten Blick den Anschein hat."

66) Für Ruge ergeben sich daraus folgende Forderungen: "1. Die Kirche in die Schule zu verwandeln und eine wirkliche, allen Pöbel absorbierende Volkserziehung daraus zu organisieren. 2. Das Militärwesen damit völlig zu verschmelzen. 3. Das gebildete und organisierte Volk sich selbst regieren und selbst Justiz handhaben zu lassen im öffentlichen Leben und im öffentlichen Gericht." Ruge verstand sein Programm als die deutsche Erfüllung der Französischen Revolution. Noch während der Reaktion setzte er seine Hoffnung auf Preußen, als dessen europäische Mission er die Bildung einer germanischen Großmacht ansah. Ruge glaubte, daß die von ihm propagierte politische Bildung zur "Gesinnung" und weiterhin zum "Charakter" und schließlich zur politischen "Tat" führen werde.
(Hallesche Jahrbücher, Jahrgang I, S. 193 ff. und Jahrgang V, S. 61 ff.; vgl. Löwith, Von Hegel... S. 320)

67) Max Stirner, Das unwahre Prinzip unserer Erziehung oder der Humanismus und Realismus (1842), in: Kleinere Schriften, S. 237 ff. (vgl. Löwith, Von Hegel... S. 319)

68) "Das Wissen so gelehrt und tief, oder so breit und faßlich es auch sei, bleibt solange doch nur ein Besitz und Eigentum, als es nicht in dem unsichtbaren Punkt des Ichs zusammengeschwunden ist, um von da als Wille... hervorzubrechen. Das Wissen erfährt diese Umwandlung dann, wenn es aufhört, nur an Objekten zu haften, wenn es ein Wissen von sich selbst oder, falls dies deutlicher scheint, ein... Selbstbewußtsein des Geistes geworden ist. Dann verkehrt es sich, sozusagen in den Trieb, den Instinkt des Geistes, in ein bewußtloses Wissen, von dem sich jeder wenigstens eine Vorstellung zu machen vermag, wenn er es damit vergleicht, wie so viele und umfassende Erfahrungen bei ihm selbst in das einfache Gefühl sublimiert wurden, das man Takt nennt: alles aus jenen Erfahrungen gezogene weitläufige Wissen ist in ein augenblickliches Wissen konzentriert, wodurch es im Nu seine Handlungen bestimmt."

69) B. Bauer, Vollständige Geschichte der Parteikämpfe in Deutschland während der Jahre 1842 - 1846, Bd. III, 1847, S. 83. Bauer setzte sich jedoch von Ruge und Stirner dadurch ab, daß er sich gegen die geforderte Politisierung der Bildung wandte.

70) Briefe Jacob Burckhardts an Gottfried (und Johanna) Klinkel, Basel 1921, S. 81 f., S. 137 f.; ders., Briefe an die Brüder Schauenburg, Basel o. J.; Brief an Hermann Sch. v. 28. Febr. 1846. - Löwith über Jacob Burckhardt, Von Hegel... S. 233 ff. und S. 324 f.

71) Also sprach Zarathustra, Vom Lande der Bildung, (in Friedrich Nietzsche, Werke in drei Bänden, hsg. von Karl Schlechta, München, Hanser Verlag, Bd. II, S. 375 ff.
"Da floh ich rückwärts, heimwärts und immer eilender: so kam ich zu euch, ihr Gegenwärtigen, und ins Land der Bildung.
Zum ersten Male bracht ich ein Auge mit für euch, und gute Begierde: wahrlich,

mit Sehnsucht im Herzen kam ich. Aber wie geschah mir? So angst mir auch war - ich mußte lachen! Nie sah mein Auge etwas so Buntgesprenkeltes! Ich lachte und lachte, während der Fuß mir noch zitterte und das Herz dazu: "Hier ist ja die Heimat aller Farbentöpfe!" - sagte ich.
Mit fünfzig Klecksen bemalt an Gesicht und Gliedern: so saßet ihr da zu meinem Staunen, ihr Gegenwärtigen! Und mit fünfzig Spiegeln um euch, die eurem Farbenspiele schmeichelten und nachredeten!
Wahrlich, ihr könntet gar keine bessere Maske tragen, ihr Gegenwärtigen, als euer Gesicht ist! Wer könnte euch erkennen!
Vollgeschrieben mit den Zeichen der Vergangenheit, und auch diese Zeichen überpinselt mit neuen Zeichen: also habt ihr euch gut versteckt vor allen Zeichendeutern! Und wenn man auch Nierenprüfer ist: wer glaubt wohl noch, daß ihr Nieren habt! Aus Farben scheint ihr gebacken und aus geleimten Zetteln. Alle Zeiten und Völker blicken bunt aus euren Schleiern; alle Sitten und Glauben reden bunt aus euren Gebärden... Alle Zeiten schwätzen widereinander in euren Geistern: und aller Zeiten Träume und Geschwätz wären wirklicher noch, als euer Wachsein ist! Unfruchtbare seid ihr: darum fehlt es euch an Glauben. Aber wer schaffen mußte, der hatte auch immer seine Wahr-Träume und Stern-Zeichen - und glaubte an Glauben! - Halboffene Tore seid ihr, an denen Totengräber warten. Und das ist eure Wirklichkeit: 'Alles ist wert, daß es zugrunde geht!'"

72) "Als die Deutschen den andern Völkern Europas anfingen interessant zu werden... geschah es vermöge einer Bildung, die sie jetzt nicht mehr besitzen, ja die sie mit einem blinden Eifer abgeschüttelt haben, wie als ob sie eine Krankheit gewesen sei: und doch wußten sie nichts Besseres dagegen einzutauschen als den politischen und nationalen Wahnsinn. Freilich haben sie mit ihm erreicht, daß sie den anderen Völkern noch weit interessanter geworden sind, als sie es damals durch ihre Bildung waren: und so mögen sie ihre Zufriedenheit haben!" Morgenröte, Aph. 190. (Werke, Bd. I, S. 1137 f.)

73) Unzeitgemäße Betrachtungen, 1. Stück, David Strauß der Bekenner und der Schriftsteller, Werke, Bd. I, S. 137.

74) "Die Deutschen - man hieß sie einst das Volk der Denker: denken sie heute überhaupt noch? Die Deutschen langweilen sich jetzt am Geiste, die Politik verschlingt allen Ernst für wirklich geistige Dinge - ‚Deutschland, Deutschland über alles', ich fürchte, das war das Ende der deutschen Philosophie..., Gibt es deutsche Philosophen? gibt es deutsche Dichter? gibt es gute deutsche Bücher?' fragt man mich im Ausland. Ich erröte, aber mit der Tapferkeit, die mir auch in verzweifelten Fällen zu eigen ist, antworte ich ‚Ja, Bismarck!'"

75) "Alles dient der kommenden Barbarei, die Kunst sowohl wie die Wissenschaft - wohin sollen wir blicken?... Da wir eigentlich nichts zur Verteidigung haben und alle mit darin stehen - was ist zu machen? - Versuch, die wirklich vorhandenen Kräfte noch zu warnen, sich mit ihnen zu verbinden und die Schichten, aus denen die Gefahr der Barbarei droht, noch beizeiten zu bändigen. Nur ist jeder Bund mit den "Gebildeten" abzuweisen. Das ist der größte Feind, weil er den Ärzten hinderlich ist und die Krankheit weglügen will."

76) In den Grundzügen geht Nietzsches Bildungskritik bis auf Herder und Fichte zurück. Siehe dazu Herders Briefe zur Beförderung der Humanität, 8. Sammlung, 7. Fragment (1796) über "Schrift und Buchdruckerei"; Fichte, Die Grundzüge des gegenwärtigen Zeitalters (1804/05), 6. und 7. Vorlesung. - vgl. Goethe, Gespräche III, 57 (1824), Brief an Zelter vom 6. 6. 1825 und das Gespräch mit Eckermann vom 12. 3. 1828.

77) Eine ebenso konkrete wie radikale Kritik der Bildungsanstalten, von denen bei Nietzsche nur im Titel die Rede ist, enthalten die beiden Abhandlungen (1878 und 1881) von Paul de Lagarde zum Unterrichtsgesetz: Deutsche Schriften, Göttingen 1892, S. 168 ff. und 264 ff.

78) "Zwei scheinbar entgegengesetzte, in ihrem Wirken gleich verderbliche und in ihren Resultaten endlich zusammenfließende Strömungen beherrschen die Gegenwart unserer Bildungsanstalten: einmal der Trieb nach möglichster Erweiterung und Verbreitung der Bildung, andererseits der Trieb nach Verringerung und Abschwächung der Bildung selbst. Die Bildung soll aus verschiedenen Gründen in die allerweitesten Kreise getragen werden. Das verlangt die eine Tendenz. Die

andere mutet dagegen der Bildung selbst zu, ihre höchsten, edelsten und erhabendsten Ansprüche aufzugeben und sich im Dienste irgendeiner anderen Lebensform, etwa des Staates, zu bescheiden."

79) "Ohne Glauben und Aberglauben sind sie bunte Gemälde von allem, was je geglaubt wurde; gleich Mühlwerken arbeiten sie, um das Korn kleinzumahlen, das andere gesät haben."

80) vgl. zum ursprünglichen Begriff der "Bildung" Lagarde, Schriften... S. 171.

81) Löwith, Von Hegel... S. 329.

82) Oswald Spengler, Der Untergang des Abendlandes, München 1959, S. 180/181.

83) Rousseau hat als erster den Übergang der Kultur in die Zivilisationserstarrung dargestellt. In Rousseau erreicht der Affekt gegen das Künstliche, der Kampf gegen die entartete und falsche Kultur ihren ersten Höhepunkt. Er stellt in seinem Naturbegriff, der ein besonderer Kulturbegriff ist, der entarteten Kultur die Selbstausgestaltung der gefühlten und erlebten individuellen Naturanlagen zu einer harmonischen Selbstvollendung - die der eigentliche Sinn seines neuen Kulturbegriffes ist - gegenüber. In diesem Begriff liegt auch die Schwärmerei für die Natur. vgl. Rousseau, Discours sur l'origine et les fondements de l'inégalité parmi les hommes. in: Band 243 der Philosophischen Bibliothek, Leipzig.

84) Alfred Weber, Ideen zur Staats- und Kultursoziologie, Karlsruhe 1927 und ders., Der soziologische Kulturbegriff, Rede auf dem 2. Deutschen Soziologentag in Berlin, in Reden und Vorträge, Tübingen 1913, S. 8.

85) A. Weber, Kulturbegriff... S. 9.

86) Die Kultur beginnt für Alfred Weber erst da, wo die Gestaltung unseres Daseins durch Zielsetzungen anfängt, die in biologischem Sinne über- oder unzweckmäßig sind und die sich nicht aus den Gesichtspunkten der Fortexistenz und des besseren Versorgtseins unseres naturalen Lebens ableiten lassen. Flugzeuge, Dampfmaschinen und Röntgenstrahlen schenkten uns "nur ein neues naturalistisches Dasein". Kultur gebe es jedoch erst dann, wenn das Leben unter seinen Notwendigkeiten und Nützlichkeiten zu einem über diesem stehenden Gebilde geworden sei. Auf Alfred Weber geht die Unterscheidung zurück, die Kultur und Zivilisation auseinanderhält, je nachdem, ob wir eine Sache um ihrer selbst willen, ohne Zweck anstreben also etwas "zwecklos" tun, oder ob wir auf der anderen Seite eine Sache nur als Mittel zu einem bestimmten Zweck ansehen. Der amerikanische Soziologe MacIver, der von dieser Unterscheidung ausgeht, rechnet danach zur Kultur etwa einen Glaubenssatz, den Film, Spiele, Religion, Erholung und Vergnügen, wie auf der anderen Seite zur Zivilisation eine Schreibmaschine, die Schule, das Gesetzesrecht (R. MacIver, Society, A Textbook of Sociology, 5. Auflage, New York 1941, S. 272 ff.) Dieses Beispiel zeigt, daß es schwierig ist, auf Grund des Kriteriums "zweckbedingt" - "zwecklos" zu einer praktikablen Abgrenzung der Begriffe Kultur und Zivilisation zu kommen.

87) Der Begriff der Kultur wird in den verschiedensten Sinndeutungen gebraucht, ohne daß er endgültig geklärt ist. Unter den verschiedenen Umschreibungen lassen sich in einer ersten Aufteilung der subjektive und der objektive Kulturbegriff unterscheiden. Der subjektive Kulturbegriff meint die Kultur der einzelnen Persönlichkeit und nähert sich damit dem Bildungsbegriff, der objektive Kulturbegriff meint das Gegenständliche, das Kulturgut und das Kulturwerk. Die älteste Bestimmung geht von dem subjektiven Kulturbegriff aus. Bei Cicero ist cultura animi philosophia. Augustinus geht vom gleichen Kulturbegriff aus (vgl. Isolde Baur, Die Geschichte des Wortes Kultur und seiner Zusammensetzungen, in: Muttersprache, 1961, S. 222). Dieser Kulturbegriff zeigt eine rein intellektualistische Auffassung. Eine Abschwächung dieses intellektualistischen Kulturbegriffes ist der der Gesellschaftskultur, z. B. die Kultur der Gesellschaft des 18. Jahrhunderts. In Goethes Sprachführung ist Kultur etwas, das der Mensch als Persönlichkeitsbeschaffenheit besitzt. An Stelle von "Kultur" könnte man dort immer setzen: "Bildung der Persönlichkeit" (cultura animi). Jedoch schon bei Hegel zeigt sich die Wendung des Kulturbegriffes zu einem überindividualistischen Gebilde, das im Laufe der Geschichte von Menschengruppen, meistens Völkern, zwar erzeugt worden ist, nun aber ihnen auch als eine unabhängig gewordene Macht entgegentritt. Der Geist geht bei Hegel als Volksgeist und als Weltgeist zwar immer durch die Individuen hindurch, weil sie allein Funktionsträger sind, aber auch über sie hinweg

wie eine anonyme und fremde Macht. (Den gleichen Sachverhalt hat Georg Simmel in seinem berühmten Aufsatz von 1912 "Der Begriff und die Tragödie der Kultur" dargestellt. vgl. Eduard Spranger, Kulturfragen der Gegenwart, 3. Aufl. Heidelberg 1961, S. 44.

In Frankreich kam der Begriff der "civilisation" im Anschluß an Turgot durch Mirabeau auf. In dieser "civilisation" lag bereits der zivilisatorische Fortschrittsbegriff, das Geschichtemachen durch Politik, Wirtschaft und Technik im Geist einer schließlich positivistischen Wissenschaft. Diese Kulturanschauung prägte die Entwicklung von Turgot bis zu Comte (Alois Dempf, Kulturphilosophie, S. 18).

Der französische Begriff der Civilisation war zwar umfassend wie der deutsche Kulturbegriff. Er enthielt jedoch bereits die Akzente, die dann in der deutschen Kulturkritik zu der Bildung eines besonderen Zivilisationsbegriffes führten, der als Kritik an der zeitgenössischen kulturellen Entwicklung verstanden wurde.

In neuerer Zeit gibt es Bemühungen, das Begriffspaar Kultur und Zivilisation wieder zusammenzuführen und beide wieder zu indentifizieren. So unternimmt T. S. Eliot, allerdings auf der Basis einer von der deutschen verschiedenen Begriffsentwicklung, den Versuch einer weiten Kulturinterpretation, indem er über die Kultur ausführte: "Sie ist das, was das Leben lebenswert macht, ja sie ist das, was anderen Völkern und späteren Generationen das Recht gibt, angesichts der bleibenden Zeugnisse und Nachwirkungen einer untergegangenen Zivilisation zu sagen: 'Das Dasein dieser Zivilisation hat sich gelohnt'". (Thomas S. Eliot, Zum Begriff der Kultur, bei Rowohlt, 1961, S. 29.) Auch Arnold Bergstraesser fordert, wir müßten uns der Vorurteile entledigen, welche vor allem die Unterscheidung von Kultur und Zivilisation in unserer Kulturauffassung hervorgerufen hat (Arnold Bergstraesser, Politik in Wissenschaft und Bildung, Freiburg 1961, S. 230). Hendrik de Man weist ebenfalls darauf hin, daß zwar "beim Wort Kultur vorzugsweise noch an Gegenstände der höheren Bildung" gedacht wird. Er meint jedoch, feststellen zu können, daß die Entwicklung einer Ausweitung des Kulturbegriffs in der Richtung einer Gesamtschau unter Einbeziehung der Technik, der Wirtschaft und des Staates noch nicht zum Abschluß gekommen ist (Hendrik de Man, Vermassung und Kulturverfall, München 1951, S. 9).

Vor allem Theodor Litt wendet sich gegen die Unterscheidung von Kultur und Zivilisation und die daraus resultierenden Konsequenzen in unserer Bildungsanschauung. Sein besonderes Anliegen bildet die Einbeziehung der bisher dem Bereich der Zivilisation zugeordneten modernen Berufs- und Arbeitswelt in den großen Bereich der allgemeinen Kultur und Bildung. Ihm geht es damit um die Beseitigung der Kluft zwischen Kultur und Zivilisation (Theodor Litt, Das Bildungsideal der deutschen Klassik und die moderne Arbeitswelt, Bonn 1955, S. 11; ders., Berufsbildung, Fachbildung, Menschenbildung, Bonn 1958, S. 51/52).

88) Altmann, Bergedorfer Gesprächskreis... S. 5. und Eugen Löffler, Wesen und Wege der Schulreform, Berlin 1930, S. 41.

89) Friedrich Paulsen, Geschichte des gelehrten Unterrichts, Berlin u. Leipzig 1921, 3. Aufl., 2. Bd., S. 578.

90) ebd. S. 597.

91) s. o. S. 122.

92) Hans Blüher, Wandervogel, Geschichte einer Jugendbewegung, Berlin 1912.

93) Karl Seidelmann, Bund und Gruppe als Lebensformen deutscher Jugend, München 1954, S. 323.

94) Eduard Spranger, Psychologie des Jugendalters, 26. Aufl., Heidelberg 1960, S. 163. - Etwa zur gleichen Zeit, als Karl Fischer seine Steglitzer Gymnasiasten als erste Wandervögel auf Fahrt führte, begründete der spätere englische General Baden-Powell die ersten Scouts Troups. Beide Bewegungen, die deutsche Jugendbewegung und die Pfadfinderbewegung, sind von ihren geistesgeschichtlichen Ansätzen her Kulturreformbewegungen. Um die Jahrhundertwende haben sich mehrere Gruppen der Jugendbewegung unter dem gemeinsamen Namen "Freideutsche Jugend" zusammengeschlossen und im Oktober 1913 auf dem Hohen Meißner eine

Tagung veranstaltet, die an das Wartburgfest der Deutschen Burschenschaft 1817 anklang und die Aufmerksamkeit weiter Kreise auf die Bewegung lenkte.

95) hierzu: Eduard Spranger, Das deutsche Bildungsideal in geschichtsphilosophischer Betrachtung, Leipzig 1928, S. 13, 14.

96) Bezeichnend dafür sind die Ausführungen Wilhelm von Humboldts an Karoline von Beulwitz im Jahre 1789: "Ich mache keine Ansprüche auf die meisten anderen Vorzüge, nicht auf Talente, Wissen, Gelehrsamkeit, aber gern möchte ich Anspruch machen auf den Vorzug, Mensch und gebildeter Mensch zu sein." In: Deutsche Rundschau, Bd. 66, S. 243, vgl. dazu Eduard Spranger, Wilhelm von Humboldt, und die Reform des Bildungswesens, Tübingen 1960, S. 53.

97) Unter dem Titel "Theorie der Bildung des Menschen" legte Humboldt seine Bildungsideen vor. Dort führte er u. a. aus: "Im Mittelpunkt aller besonderen Arten der Tätigkeit steht der Mensch...." "Rein und in seiner Endabsicht betrachtet ist sein Denken immer nur ein Versuch, vor sich selbst verständlich, sein Handeln ein Versuch seines Willens, in sich frei und unabhängig zu werden, seine ganze äußere Geschäftigkeit überhaupt nur Streben, nicht in sich müßig zu bleiben." (Theorie der Bildung des Menschen, eine Auswahl aus seinen Schriften, besorgt von Clemens Menze, Paderborn 1959, S. 25).

98) Eduard Spranger charakterisierte diese Haltung als "das Dogma von der Absolutheit des Griechentums". Spranger, Humboldt... S. 59/60.

99) von Humboldt, Theorie der Bildung... S. 26/27. Entsprechend diesen Überlegungen trennte Humboldt in seinem litauischen Schulplan scharf Allgemeinbildung und Fachbildung, wobei er nur der ersteren bildenden Wert zugestand (verfaßt am 27. 9. 1809 in Litauen). in: Theorie der Bildung... S. 111. vgl. dazu ferner Spranger, Humboldt... S. 62.

100) Löwith, Von Hegel... S. 312.

101) (zitiert bei Wilhelm Treue, Die Geschichte des technischen Unterrichts; Altmann, Bergedorfer Gesprächskreis... S. 8). - Etwa gleichzeitig mit der Humboldtschen Reform entstand in Paris die berühmte Ecole Politechnique, aus der lange Zeit fast alle berühmten Naturwissenschaftler Frankreichs hervorgingen. Von dieser Schule ging auch eine mächtige theoretische Strömung aus, die ein naturwissenschaftlich-technisch-positivistisches Denken vertrat. Diese Strömung beschränkte sich nicht auf Frankreich. Sie erreichte mit den revolutionären Bewegungen auch Deutschland und bildete eine der Wurzeln des Marxismus.

102) Lohmann, Schulprogramm der Sozialdemokratie... S. 71.

103) darüber Werner Schütz, Das Erziehungs- und Bildungsideal unserer Zeit. Kulturpolitischer Informationsdienst, Bonn 1961, H. 1., S. 2.

104) ebd. S. 3/4.

105) vgl. § 1 des Reichsschulgesetzes v. 6. 7. 1938, Reichsgesetzblatt I, S. 799.

106) Joachim Haupt, Neuordnung im Schulwesen und Hochschulwesen 1933, S. 3.

107) Theodor Litt, Das Bildungsideal der deutschen Klassik und die moderne Arbeitswelt, Bonn 1955, S. 17, 21.

108) Bezeichnend für diese Haltung gegenüber dem neu heraufziehenden Zeitalter war, daß das Berufsschulwesen in Preußen nicht im Kultusministerium, sondern im Ministerium für Handel und Gewerbe ressortierte.

109) Jüngst wieder in den bildungspolitischen Leitsätzen der SPD vom Juli 1964.

Kapitel 6: Träger der Kulturpolitik

I. Begriffliches

Staat und Gesellschaft gelten als die beiden großen Träger der Kulturpolitik, die miteinander oder gegeneinander die Kulturpolitik bestimmen. Dabei sind die Grenzen der beiden Bereiche nicht immer klar zu ziehen, denn der Staat ist über seine finanziellen Förderungsmaßnahmen auch an der kulturellen Tätigkeit der gesellschaftlichen Gruppen beteiligt. Umgekehrt beeinflussen gesellschaftliche Kräfte durch ihre Mitwirkung an beratenden Gremien wie z.B. am Wissenschaftsrat und am Deutschen Ausschuß für das Bildungswesen auch die kulturpolitischen Entscheidungen des Staates.

Gegen die Unterscheidung von Staat und Gesellschaft wird der Einwand erhoben, Staat und Gesellschaft ließen sich nicht trennen. Staat und Gesellschaft bildeten nämlich ein Ganzes, sie seien miteinander vermengt und verbunden und gehörten notwendig zusammen. Das soziale Ganze lasse sich nicht in Staat und Gesellschaft aufteilen. Es sei ein geschichtlich bedeutungsvoller Fehler, zwischen beiden als Staat und Gesellschaft bezeichneten Faktoren, mit denen die irreführende Vorstellung von einer Art geschlossener Einheiten verbunden sei, Beziehungen freundlicher und feindlicher Art festzustellen (1).

Gegen die begriffliche Trennung von Staat und Gesellschaft wird vorgebracht, daß beide Begriffe menschliche Verbände bezeichneten und daß es sich dabei eigentlich um denselben Verband handele. Beide Verbände seien nämlich mitgliedergleich (2).

Das Gegensatzpaar Staat und Gesellschaft ist das Ergebnis einer neuzeitlichen geschichtlichen Entwicklung. Dem mittelalterlichen Denken wäre eine solche Konfrontierung von Staat und Gesellschaft unverständlich gewesen. Erst mit dem Zerfall der integralen Einheit des mittelalterlichen Weltbildes und seiner hierarchischen Sozialordnung wurde der Konflikt zwischen einem säkularen Staat und einer säkularen Gesellschaft möglich (3).

Goetz Briefs sieht daneben auch in der kolonialen Expansion des vergangenen Jahrhunderts einen entscheidenden Impuls für die Entfaltung des Gegensatzes von Staat und Gesellschaft, weil in den neu gewonnenen Gebieten sich soziale Lebensformen herausgebildet hätten, die außerhalb des traditionellen Rahmens der europäischen Völker lagen. Er sieht in dem Entstehen dieser auf der Grundlage einer freien demokratischen Übereinkunft sich selbst ordnenden und verwaltenden Gesellschaften einen Protest gegen den europäischen souveränen Staat und das Erstarken der

Fürstengewalt, der zu der Entfaltung des Gegensatzes von Staat und Gesellschaft geführt habe (4).

Zu der Herausbildung des Begriffspaares Staat und Gesellschaft kam es bei uns erst im vergangenen Jahrhundert nach einer langen gemeineuropäischen Tradition (5).

Einer der Ausgangspunkte der neueren Unterscheidung zwischen Staat und Gesellschaft liegt in der Hegel'schen Rechtsphilosophie. Der Staat ist bei Hegel als "objektiver Geist" und "Wirklichkeit der sittlichen Idee" eine objektive, geistig sittliche und rechtliche Ordnung, die über den einzelnen steht (6).

Lorenz von Stein wandelte die "Hegel'sche Idealdialektik in Realdialektik" um (7). Nach Lorenz von Stein sind "Staat und Gesellschaft... die beiden Lebenselemente aller menschlichen Gemeinschaften". Vor allem die Staatslehre des Positivismus trug im vergangenen Jahrhundert dann zu der Unterscheidung von Staat und Gesellschaft bei, indem sie den Staat unter Ausschluß aller geschichtlichen, sozialen und ethischen Momente als juristische Person konstruierte, dem sie die Gesellschaft mit ihren eigenen Problemen als autonomen unpolitischen Bereich der Wirtschaft und Kultur gegenüberstellte (8).

Ein besonderes Interesse an der Überbrückung des Gegensatzes von Staat und Gesellschaft haben gewisse politische Regime, deren Vorstellungen sich auf der Linie einer Identifikation von Staat und Gesellschaft bewegen. Fast alle totalitären Staaten vertreten eine weitgehende Integration der Gesellschaft in den Staat. Angesichts der Erfahrungen mit totalitären Staaten ist Vorsicht geboten bei Bemühungen, den Dualismus von "Staat und Gesellschaft" als "liberale Ideologie" zu überwinden, weil dadurch dem totalen Staat leicht Vorschub geleistet werden kann (9).

Die begrifflichen Schwierigkeiten mit den Kategorien Staat und Gesellschaft lassen sich auch dadurch lösen, daß man neben einem weiten Staatsbegriff einen engeren Staatsbegriff bildet, der nur den "staatlichen Machtapparat" innerhalb der als Verband gedachten Gesellschaft umfaßt (10).

So schwerwiegend die Einwände gegen die Unterscheidung von Staat und Gesellschaft auch sein mögen, so handelt es sich dabei doch um ein historisch gewordenes und nicht a priorisch konstruiertes Begriffspaar, das aus bestimmten Spannungslagen und Sachverhalten hervorgegangen ist. Solange diese Spannungen in irgendeiner Form weiterbestehen, werden auch die Kategorien von Staat und Gesellschaft sich nicht einfach durch andere Kategorien ersetzen lassen, zumal sich ein neuer und besserer Begriff bis jetzt nicht angeboten hat (11). Die gesellschaftlichen und staatlichen Formen sowie die sie beherrschenden Spannungsverhältnisse können sich im Laufe der Zeit ändern. Das macht jedoch noch nicht die Unterscheidung von Staat und Gesellschaft obsolet, die einzelnen Begriffsinhalte werden sich einer solchen Entwicklung entsprechend anpassen müssen. Es ist auch trotz Personengleichheit rein begrifflich möglich, zwischen zwei verschiedenen Personenverbänden zu unterscheiden, zwischen denen dann auch verschiedene Interessenlagen vorhanden sein können. Es erscheint denkbar, daß innerhalb eines umfassenden Verbandes noch zahlreiche kleinere Verbände und Individuen bestehen, die, in ihrer Gesamtheit als Gesellschaft bezeichnet, dann auch in Gegensatz zu diesem Gesamtverband, dem sie ebenfalls angehören, treten können. Die gleichen Personen können sehr wohl gleichzeitig Mitglieder mehrerer Verbände sein. So gesehen, bildet der Staat die politische Einheit, getragen von dem Bewußtsein der Rechtsgemeinschaft und der nationalen Einheit seiner Bürger, während sich die Gesellschaft als der Bereich der individuellen und sozialen Verschiedenheit zeigt (12). Das Begriffspaar gibt den Dualismus von Einheit und Vielheit wieder. Die Gesellschaft spiegelt die pluralistische Struktur der verschiedenen Gruppen, die der als Einheit aufzufassenden und im demokratischen Staat auf dem Prinzip der Gleichheit gegründeten öffentlichen Gewalt gegenübertreten, wobei dieser dualistischen Ordnung die Überzeugung zugrunde liegt, daß in ihr die Freiheit des einzelnen und der Gruppe und damit die Möglichkeit der Entfaltung ihrer Kräfte am besten gewahrt sind. So verstanden, kann also von Staat und Gesellschaft als möglichen Trägern der Kulturpolitik ausgegangen werden.

II. Staat und Gesellschaft in der Kulturpolitik

Auf dem Gebiet der Kulturpolitik entstehen immer wieder Spannungen zwischen Staat und Gesellschaft wegen des jeweiligen Einflußbereiches. Dabei wird von der Gesellschaft gegen den Staat vorgebracht, er solle sich einer Einflußnahme auf die Kultur enthalten, da er der Kultur nur Gewalt antun könne. Für eine so schwierige und empfindliche Materie wie die Kultur habe der Staat eine viel zu grobe Hand. Bürokratie und Kultur vertrügen sich schlecht miteinander (13). Vor allem werde die Freiheit als wichtigste Voraussetzung kulturellen Schaffens durch den Staat nur bedroht. Die staatlichen Instanzen halten dem entgegen, die gesellschaftlichen Gruppen ließen sich bei ihren Bemühungen um die Kultur zu sehr von ihren partiellen Interessen leiten und zeigten dabei die Tendenz, die Interessen anderer Gruppen zu unterdrücken und auf die Notwendigkeit des Ganzen wenig Rücksicht zu nehmen (14).

Im Laufe der geschichtlichen Entwicklung haben die Akzente auf dem Gebiet der Kulturpolitik zwischen Staat und Gesellschaft häufig gewechselt. Je nach den vorherrschenden Ordnungssystemen dominiert der staatliche oder der gesellschaftliche Einfluß. Die Überbetonung der staatlichen Stellung, gegenüber der die Mitwirkung der Gesellschaft bedeutungslos wird, ist das Merkmal aller totalitären Ordnungsvorstellungen. Der totale Staat - gleichgültig, ob er faschistischer, nationalsozialistischer, sowjetischer oder sonstiger Prägung ist - läßt nur die Hinordnung des einzelnen und der verschiedenen Gruppen auf die staatliche Gemeinschaft gelten. Von den verschiedenen Gemeinschaften gilt nur der Staat, der alle übrigen Gemeinschaften, soweit er sie nicht überhaupt verschlingt, nur in vollkommener Unterordnung unter sich duldet und ihnen gerade soviel Tätigkeitsbereich und Bewegungsfreiheit zugesteht, wie dies seinen Zwekken dient (15). Der totalitäre Staat dehnt seine Zugriffsgewalt auf alle

Lebenssphären aus (16). Die einzelnen gesellschaftlichen Gruppen werden "gleichgeschaltet". Dem staatlichen Kollektiv werden alle Kulturbereiche untergeordnet; Erziehung, Kunst, Wissenschaft, Religion und Weltanschauung werden in den Dienst der staatlichen Machtpläne gestellt. Der Staat nimmt "die geistige Führung der Nation" in seine Hand. Die verschiedenen geistigen Richtungen und der Wertpluralismus einer freien Gesellschaft finden in einem totalitären System keine Daseinsberechtigung mehr. Von der offiziellen Doktrin abweichende Wertvorstellungen können nicht geduldet werden. Diese Überbetonung der staatlichen Seite zu Lasten der Gesellschaft findet sich im Dritten Reich. Sie ist jedoch keineswegs eine spezifische Seite des Nationalsozialismus, sondern allen totalitären Regimen eigen (17).

Im Dritten Reich wurde die pluralistische Gliederung der Gesellschaft durch die gleichgeschaltete Einheitsgesellschaft, mit der sich der Einheitsstaat identifizierte, ersetzt. Nicht mehr zahlreiche freie gesellschaftliche Initiativen, sondern der eine Führerwille war maßgebend, der sich für die Lenkung der Kultur des Reichspropagandaministers bediente. Der Schule wurde die weltanschauliche Aufgabe übertragen, die Jugend im nationalsozialistischen Sinne zu erziehen. Anderen Gruppen mit abweichenden Wertvorstellungen wurde die Einflußnahme auf die Schule verwehrt. Auch im außerschulischen Bereich wurden die gesellschaftlichen Kräfte, wie z. B. die verschiedenen konfessionellen, politischen und beruflichen Organisationen ihrer Erziehungsfunktion weitgehend enthoben und diese der staatlichen Hitlerjugend übertragen (18).

Der nationalsozialistische Staat kümmerte sich auch wenig um den Anspruch der Kunst auf absolute Autonomie in Fragen der formalen und inhaltlichen Gestaltung. Die Kunst erhielt eine ideologische Mission, sie wurde als "Mittel zur Sicherung der Rasse und des Volkstums" (19) geradezu zur staatlichen Funktion. Der Reichsminister für Volksaufklärung und Propaganda schrieb vor, was Kunst sei, und was als "entartete Kunst" einfach konfisziert werden sollte (20).

Die liberale Reaktion gegen den absoluten Staat führte im 19. Jahrhundert zu einer Überbetonung der Gesellschaft gegenüber dem Staat. Man hat geradezu vom "Aufstand der Gesellschaft gegen den Staat" gesprochen. Der Staat sollte sich nur soweit betätigen, als es unbedingt notwendig sei, um das Wirken der Gesellschaft zu unterstützen. Der Staat sollte gegenüber der von ihm losgelösten Gesellschaft so etwas wie die Funktion eines Dienstboten der freien Gesellschaft haben, "der gegen Bezahlung in Gestalt von Steuern der Gesellschaft bestimmte Dienste leisten sollte."(21) Der Staat galt nur als Apparatur, die man nach den eigenen Interessen zur Befriedigung bestimmter Bedürfnisse, insbesondere des Bedürfnisses nach Eigentumsschutz und Rechtssicherheit, funktionieren lassen wollte. Hier zeigt sich eine liberale Wurzel der marxistischen Staatsauffassung, die, von der Vorstellung vom Staat als einer Apparatur zur Befriedigung von gesellschaftlichen Bedürfnissen ausgehend, zu dem Ergebnis kommt, daß der Staat dann das Herrschaftsinstrument in der Hand der jeweils herrschenden Klasse zur Unterdrückung der schwächeren Klassen sei (22). H.J. Laski entkleidet den Staat aller Privilegien und Sonderstellungen gegenüber der Gesellschaft und reiht ihn ein als Verband unter andere Verbände, die dem Staat ebenbürtig sind (23).

Neben der Überbetonung des Staates oder der Gesellschaft räumt ein drittes Ordnungssystem beiden einen jeweils eigenen Aufgabenkreis ein. Soweit solche Vorstellungen naturrechtlich orientiert sind, folgern sie aus der naturrechtlichen Notwendigkeit der Institution des Staates, daß dieser nicht seiner Autorität, Macht und Würde beraubt und zum Hilfsinstrument für begrenzte Zwecke einer autonomen Gesellschaft erniedrigt werden dürfe. Auf der anderen Seite müsse der Staat jedoch auch seinen Gliedern die Freiheit für ihre eigene Entfaltung belassen, soweit diese nicht den Staat in seinem Eigenwesen bedrohe. Damit wird sowohl einer Usurpation aller gesellschaftlichen Funktionen durch den totalen Staat, als auch der Entmachtung des Staates durch Interessenverbände im Dienst der totalen Gesellschaft eine Absage erteilt (24).

Nach dem ihm zugrunde liegenden Subsidiaritätsprinzip besagt eine bestimmte Staats- und Gesellschaftstheorie, daß bei Personen und Personengruppen im Falle des Unvermögens der Person in erster Linie der ihr am nächsten stehende kleinere Lebenskreis zur Hilfeleistung berechtigt und verpflichtet ist. Der jeweils kleineren Gemeinschaft, so etwa der Familie oder dem Verein, darf durch eine größere, durch die Gemeinde oder den Staat, nichts von dem abgenommen werden, wozu ihre eigene Leistungsfähigkeit reicht (25).

Das Subsidiaritätsprinzip statuiert also "das Recht der kleineren Lebenskreise", d.h. die kleinere Gemeinschaft hat das Recht und die Pflicht, alle Angelegenheiten, die sie aus der natürlichen Nähe zu den Dingen und genauerer Kenntnis der Sachverhalte besser zu beurteilen vermag, selbst zu verwalten. Die größere Gemeinschaft darf und muß eingreifen, wenn die kleinere Gemeinschaft die Grenzen ihrer Kraft erreicht hat und weitere, für das Wohl des Menschen notwendig zu leistende Aufgaben nicht mehr bewältigen kann. Dieses Recht der kleineren Lebenskreise gilt auch im Verhältnis der verschiedenen gesellschaftlichen Gruppen zum Staat. Hinsichtlich der Abgrenzung der Zuständigkeiten - und das interessiert in diesem Zusammenhang auf kulturpolitischem Gebiet - behauptet also das Subsidiaritätsprinzip einen Vorrang der Person vor der Gruppe sowie der kleineren vor den größeren Lebenskreisen. Es fordert deshalb für die Person soviel Freiheit wie möglich, soviel Bindung wie nötig. Das bedeutet in Anwendung auf das Verhältnis der innerstaatlichen kleineren Gemeinschaften zur größeren Gemeinschaft des Staates: "Soviel freie Gesellschaft wie möglich, soviel Staat wie nötig" (26).

Das Subsidiaritätsprinzip ist ein allgemeiner Grundsatz, welcher auf die jeweilige geschichtliche Situation konkretisiert werden muß. Als Formalprinzip bezeichnet das Subsidiaritätsprinzip nicht die konkretgeschichtlichen Wege und Mittel, die zur Verwirklichung dieses Zieles führen. Das ist eine Tat- und Zweckmäßigkeitsfrage. Ob im einzelnen Fall die Förderung eines Kunstwerks, die Erziehung der Kinder und Erwachsenen, die Unterstützung eines wissenschaftlichen Projekts durch den Staat, den einzelnen oder eine gesellschaftliche Gruppe vorgenommen werden soll, ergibt sich daraus nicht. Allgemein läßt sich jedoch daraus ableiten, daß sowohl der Staat als auch die Gesellschaft einen eigenen Aufgabenkreis auf kulturellem Gebiet zu erfüllen haben und daß Übergriffe von beiden Seiten diesem Prinzip zuwiderlaufen (27).

Andere Ordnungsvorstellungen gehen vom Prinzip der Gewaltenteilung und der Verhinderung des Machtmißbrauchs aus. Die Verteilung der Aufgaben zwischen Staat und Gesellschaft soll danach am besten geeignet sein, die Gefahr des Machtmißbrauchs einzudämmen. So bildet für Helmut Thielicke in seiner "Ethik des Politischen" die wirksame Begrenzung der Omnipotenz des Staates mit das wichtigste Anliegen. Er geht dabei von der zentralen Frage aus, ob es den Menschen der Gegenwart gelinge, den Machtgebrauch des Staates zu bändigen, der immer in einem Machtmißbrauch umzuschlagen drohe. Davon ausgehend fordert Thielicke, daß ein Minimum an Staatlichkeit für die Gestaltung des gesellschaftlichen Daseins gefordert werden müsse. Auch im Wohlfahrtsstaat sieht er die Möglichkeit der totalen Durchdringung des gesellschaftlichen Lebens und fordert von ihm freiwillige Selbstbeschränkung. Sonst drohe die Verkehrung des Staates in eine Pseudokirche (28). Auf diese "Grenzen des Staates" weist auch Otto Dibelius hin (29).

Eivind Berggrav sieht für den Staat ebenfalls "gewisse naturgegebene Grenzen". Diese Grenzen ergeben sich nach ihm aus dem Wesen des Staates: "Wenn der Staat etwas übernimmt, darf es nicht deshalb sein, weil er es selbst will. Es muß geschehen, weil er es soll." In den letzten Jahrzehnten habe der Staat jedoch einfach alles übernommen, was er bekommen konnte. Der Staat könne nicht die Aufgaben irgendeiner beliebigen Lebensgruppe einfach übernehmen. Der Staat könne nur dort schützen und stützen, wo die Hilfe der ganzen Gemeinschaft gebraucht werde. "Der Staat soll dafür sorgen, daß die Menschenrechte volle Möglichkeit zu ihrer Entfaltung bekommen." Berggrav stellt dem Staat die einzelnen Lebensgruppen gegenüber. In diesen Gruppen pulsierten Unternehmungsgeist, Pflichtgefühl und Entschlußkraft. Wo der Staat das Ganze übernehme, werde die Initiative der einzelnen geschwächt und die Entschlußkraft aufgelöst (30). Zum staatlichen Aufgabenbereich solle dagegen alles gehören, was zu seiner Ordnungsfunktion gehöre. Der Staat müsse die gesellschaftlichen Werte gegenüber dem ständigen Zugriff der einzelnen Machtgruppen wahren. Der Staat bleibe wichtig als Notwehr gegen den Egoismus und die Machtgier der einzelnen Menschen und Gruppen (31). F. Karrenberg kommt auf Grund von Überlegungen zur Herstellung eines Gleichgewichts der verschiedenen Kräfte und der Verhinderung des Machtmißbrauchs zu dem Ergebnis, es sei zwischen Staat und Gesellschaft eine Ordnung anzustreben, "in der der Staat nicht seinerseits alles an sich zieht, der Staat andererseits aber auch nicht zum Spielball mächtiger Interessengruppen wird" (32).

Während im sowjetischen Machtbereich die Staatsgewalt absolut dominiert, läßt sich in den Staaten westlich-demokratischer Prägung heute wohl ein Anwachsen des Einflusses der gesellschaftlichen Kräfte feststellen. Für die Situation der Bundesrepublik Deutschland sieht Werner Weber in einem Pluralismus, d. h. in einer ungeordneten Vielzahl oligarchischer

Herrschaftsgruppen, geradezu die eigentlichen politischen Potenzen, die die wirkliche Verfassung der Bundesrepublik ausmachen und ihre Herrschaftsorganisation bestimmen (33). Auch Theodor Eschenburg weist auf das Eindringen gesellschaftlicher Gruppen in den staatlichen Bereich hin, begleitet von der damit verbundenen Orientierung an einseitigen Verbandsinteressen (34). Hans Ryffel führt mit dem Blick auf die Expansion der gesellschaftlichen Kräfte aus, die westliche Gesellschaft sei dem marxistischen Fernziel des absterbenden Staates näher als die Sowjets, und sie betreibe in einer Zeit der totalen Politisierung des Sozialismus in der kommunistischen Welt eine Sozialisierung des Politischen (35).

Die kulturpolitische Entwicklung des Deutschen Reiches zeigt zwar die zunehmende Bedeutung der gesellschaftlichen Gruppen gegenüber dem Staat auf kulturpolitischem Gebiet. Schon in der Weimarer Reichsverfassung kündigte sich diese Entwicklung an, daß sich der Staat für die Entscheidung weltanschaulicher Fragen als nicht mehr kompetent erklärte und die Entscheidung darüber den gesellschaftlichen Gruppen, so auf dem Gebiet der religiösen Erziehung den Erziehungsberechtigten überließ. Weltanschauungsfragen werden damit Fragen der Gesellschaft und nicht des Staates. Diese Entwicklung wurde nach der Unterbrechung durch das Dritte Reich nach 1945 wieder fortgesetzt. So zeigen die politischen Parteien in der Bundesrepublik zunehmend die Neigung, sich in der Frage der weltanschaulichen Gestaltung des öffentlichen Schulwesens auf das Elternrecht zurückzuziehen (36).

Die gesellschaftlichen Gruppen sind wie nie zuvor an der Planung der kulturpolitischen Arbeit und der Entwicklung kulturpolitischer Konzeptionen und Vorschläge in Institutionen wie dem Deutschen Ausschuß für das Erziehungs- und Bildungswesen, dem Bildungsrat, dem Wissenschaftsrat oder der Deutschen Forschungsgemeinschaft zusammen mit staatlichen Instanzen beteiligt. Insgesamt läßt sich in der Bundesrepublik auf dem Gebiet der Kulturpolitik ein Anwachsen des Einflusses der gesellschaftlichen Kräfte feststellen, ohne daß jedoch bereits von einer Dominanz der Gesellschaft über den Staat die Rede sein kann.

III. Staat und Kultur

1. Kultur und Macht

Im Zusammenhang mit der Trägerschaft der Kulturpolitik stellt sich besonders die Frage nach dem Verhältnis von Staat und Kultur.

Sieht man in der Macht den alleinigen Zweck des Staates, so erhält die Kultur allenfalls funktionale Bedeutung für den Staat. Kulturelle Werte sind dann Faktoren, die unter anderem zu berücksichtigen sind, die aber nie selbst Motive der Politik werden. Sie haben nur insofern Bedeutung, als sie die Machtpolitik zu beeinflussen vermögen (37). Macht und der Kampf um ihre Eroberung, antagonistische Auseinandersetzungen um konkrete Ziele und um die Eroberung der Staatsleitung gehören zum Bild staatlichen Lebens. Doch Macht und Kampf sind nicht Selbstzweck. Die vitalistischen und naturalistischen Richtlinien der neueren Staatslehre, die in der bloßen Machtentfaltung den letzten Sinn staatlichen Lebens erblickten, unterlagen dabei einem Grundirrtum. Ein einzelner Zug aus dem Bilde des staatlichen Lebens wird von ihnen verabsolutiert und als das eigentliche Wesen dargestellt (38). Aus der Beschreibung seiner Lebensvorgänge allein läßt sich das Wesen des Staates nicht ermitteln. Als notwendige überzeitliche Erscheinung des menschlichen Lebens kann er nur aus seiner Bestimmung für das menschliche Dasein gedeutet werden. Scheuner weist daher darauf hin, daß das Wesen des Staates nicht etwas Seiendes, sondern seine Aufgabe ausmacht. Das Wesen des Staates kann nur aus dem Wesen des Menschen und seiner Bestimmung verstanden werden. So lag der Ausgangspunkt für das antike Staatsdenken in einer philosophischen Anthropologie (39). Auf dem gleichen Boden stand die gesamte ältere Staatslehre. Die von der antiken Philosophie aufgeworfene Frage nach der besten Staatsform orientiert sich an der Herausbildung eines idealen Menschen im Gemeinwesen (40). Von daher eröffnet sich auch der Zugang zu dem Verhältnis von Staat und Kultur als einer Äußerung der menschlichen Persönlichkeit. Die höchste Vollkommenheit kann der Mensch nach Platon nur erreichen, wenn er nach einer langjährigen gymnastischen, musischen, mathematischen und dialektischen Ausbildung sowie nach einer Betätigung und Bewährung in allen Zweigen des Staatslebens seinen Blick auf die Idee des Guten richtet (41). Aus dem Wesen des Menschen ergibt sich für Platon das Wesen des Staates. Nach seiner philosophischen Anthropologie besteht der Mensch aus drei übereinander gelagerten Schichten. Die unterste Stufe bildet "das sinnlich-begehrliche Vermögen", darüber lagern "die eifrig-mutigen Seelenkräfte", die oberste Schicht bildet schließlich die Vernunft (42). Entsprechend dieser Vorstellung vom Wesen des Menschen und der staatlichen Aufgabe der Verwirklichung eines idealen Menschenbildes im Gemeinwesen ergeben sich auch seine kulturellen Zielsetzungen.

Aristoteles legte besonders die Förderung der Gerechtigkeit und des vollkommenen Lebens als Aufgabe des Staates dar. Diese Auffassung der Antike begründete eine lange abendländische Tradition (43).

Die christliche Staatslehre übernahm von der Antike den Gedanken vom Menschen als einem auf die Gemeinschaft hin angelegten Wesen und die Sinndeutung des Staates entsprechend dem menschlichen Wesen. Sie stellt den Staat jedoch unter die heilsgeschichtliche Erwartung. In den mittelalterlichen Fürstenspiegeln wird daraus die Bindung des Herrschers an den Grundzweck des Staates, für den nun die Umschreibung des bonum commune gefunden wird. Der Herrscher erhält die Verantwortung für die Glückseligkeit (felicitas) des Volkes in einem umfassenden Sinn, sowohl auf dem Gebiet der Politik als auch im Bereich des moralischen Heils (44).

Im Polizeistaat des aufgeklärten Absolutismus finden diese Ideen erneut ihre Ausprägung. Bis zum 18. Jahrhundert wurde diese ursprünglich heilsgeschichtlich gesehene Bestimmung dann mehr und mehr säkularisiert (45). Nun wird sie mehr zur irdischen Glückseligkeit, wobei die Pflicht zur Selbstvervollkommnung damit immer noch verbunden ist (46). Diese Gedanken reichen bis in die Vorstellungen des modernen Wohlfahrtsstaates, der erneut in umfassender Weise das materielle und geistige Glück und Wohlergehen seiner Bürger in seine Zwecksetzung einbezieht (47). Damit blickt die kulturelle Zielsetzung des Staates auf eine lange Tradition zurück. Aus dem geistig-kulturellen Wesen des Menschen ergeben sich auch die geistig-kulturellen Zwecke und Aufgaben des Staates.

2. Der Begriff des Politischen

Der Begriff des Politischen ergibt sich auch für den Zusammenhang mit der Kultur aus den Erläuterungen über das Wesen des Menschen. Das Element der Macht und des Kampfes um sie gehört zwar mit zum Wesen des Politischen, macht dieses Wesen jedoch, entgegen der Definition von Carl Schmitt, nicht schlechthin aus. Es bedeutet eine Vereinseitigung, das Wesen des Politischen ganz einfach in der Zuspitzung von Gegensätzen bis zur letzten Kampfsituation zu sehen (48). Dadurch werden die Bezeichnungen "Politik" und "Politisches" ins Uferlose erweitert. Sie greifen dann über den Bereich des Staates hinaus und führen zu einer allgemeinen Politisierung als Vereins-, Wirtschafts-, Kirchen-, Militärpolitik.

Ein klarer Grundbegriff des Politischen läßt sich jedoch nur gewinnen durch eine Eingrenzung der Bezeichnung auf die polis und ihre entwickeltste Form, den Staat. Politisch heißt in diesem Sinne die Organisation und Ordnung des gebietsgesellschaftlichen Wirkens im Rahmen des Staates, kurz alles, "was sich auf den Staat als aufgegebene Lebensbewältigung bezieht" (49). Mit dem Begriff des Politischen werden in diesem Zusammenhang das Ringen um die Macht, ihre Eroberung und Handhabung sowie die Auseinandersetzung um die staatliche Entscheidung verstanden. Nicht jede Betätigung des Staates läßt sich jedoch als politische Tätigkeit ansehen. Als politisch wird in der Regel nur die führende, nicht die ausführende Macht des Staates bezeichnet. Die Politik wird dem engsten Kernbereich des staatlichen Lebens zugeordnet, in dem die eigentliche Auseinandersetzung um die Leitung und Führung des Volkes stattfindet. Zu diesem Bereich können Legislative wie Exekutive, Parlament wie Regierung gewählt werden. Dazu gehört alles, was sich mit der Leitung des Staates befaßt. Zu den leitenden Staatsorganen und zur Politik sind damit auch die Regierung und die Gesetzgebung zu rechnen. Die Aktionen der auf die Staatsleitung hinzielenden Parteien und Interessengruppen nehmen daran teil. Auch die Rechtsprechung kann politisches Gewicht gewinnen, soweit ihre Entscheidungen, vor allem auf dem Gebiet der Verfassungsrechtsprechung, politische Wirkungen erzielen.

Die sich im Rahmen fester Vorschriften vollziehende Tätigkeit untergeordneter Staatsorgane gilt nicht als politisch. Auch große Teile der staatlichen Kulturtätigkeit haben keine politische Zielsetzung (50). Die Grenzen sind im einzelnen mitunter schwierig zu ziehen, weil starke Spannungen und Auseinandersetzungen um Tätigkeiten, die man gemeinhin der Verwaltung zurechnet, diese auf die politische Ebene heben können. Der Bau einer Schule oder die Subventionierung eines Symphonieorchesters durch den Bund können auf diese Weise zu politischen Entscheidungen werden. In den vergangenen Jahren führte fast jede finanzielle Unterstützung irgendeines kulturellen Unternehmens durch den Bund zu politischen Spannungen. Ohne die Unterscheidung zwischen einer kulturverwaltenden und einer kulturpolitischen Tätigkeit des Staates aufzugeben, wird man daher den Begriff der Kulturpolitik sehr elastisch verstehen müssen (51).

3. Politik und Kultur

Zwischen Politik und Kultur besteht ein enger Zusammenhang. Die geistigen Mächte wirken nicht in einem vom Politischen getrennten Wirkungsraum. Sie üben im Gegenteil starke politische Wirkungen aus und werden auch ihrerseits von der Politik beeinflußt. Es trägt zur Festigung jeder politischen Macht bei, wenn es ihr gelingt, für ihre eigenen Ideen und Ordnungsvorstellungen die Fundierung durch allgemein anerkannte Regeln der Sitte, der Sittlichkeit und des Rechts zu finden. Das politische Prestige erfährt eine Steigerung, wenn die von einer Macht repräsentierte sonstige Kultur als vorbildliche Lebensgestaltung anerkannt wird. Es ist längst in das Bewußtsein der politischen Führer gedrungen, daß Sprache und Literatur, Musik und bildende Kunst, Wissenschaft und Technik für die politische Macht werbende Kräfte sein können (52). Kein Staat kann es sich mehr leisten, die geistigen Mächte bei der Erreichung seiner Ziele außer acht zu lassen. Der demokratische Rechtsstaat wahrt bei den Bemühungen um die geistigen Mächte hinreichend Zurückhaltung, indem er Kunst, Wissenschaft und Kirche die freie Entwicklung garantiert. Diese Zurückhaltung findet jedoch dort ihre Grenze, wo geistige Entwicklungen zu einer das gebietsgesellschaftliche Zusammenleben gefährdenden Zersplitterung des Staatsvolkes führen. Totalitäre Staaten versuchen, zwangsweise eine geistige Uniformität zu erreichen, um auf diesem Wege die angestrebte politische Solidarität zu erzielen. Das geistige Leben wird dabei zur bloßen Funktion der Politik (53).

Aber auch die Kultur ist wegen ihres sozialen Bezuges auf die Macht angewiesen, denn ohne ihre Unterstützung fehlt ihr weitgehend das Instrument ihrer Verbreitung.

Trotz der Interdependenz und des gegenseitigen Interesses von Macht und Kultur enthält dieses Verhältnis eine Antinomie. Die auf die sie begründende Kultur angewiesene Macht neigt dazu, die Kultur in ihren Dienst zu nehmen oder auch zu zwingen. Dabei benützt sie eine ganze Reihe von Mitteln, die von der wirtschaftlichen Förderung bis zur gewaltsamen physischen Unterdrückung reichen. Auch die Kultur neigt wegen ihres auf soziale Mitteilung gerichteten Elements dazu, sich mit dem zu verbinden, der ihr diese Mitteilung am besten verschaffen kann, d. h. sie tendiert zu einer Verbindung mit der Macht. Von beiden Seiten drohen der Kultur, die auf schöpferischer Freiheit beruht, Gefahren (54).

4. Kultur als Staatszweck

Die Kultur ist als Staatszweck heute nicht mehr bestritten. Zwar sind Begriffsverbindungen wie Sozialstaat, Rechtsstaat, demokratischer Staat, Sicherheitsstaat geläufiger als die des Kulturstaates. Der Begriff "Kulturstaat" schillert in vielerlei Bedeutungen. Bezeichnet man einen Staat oder bezeichnet ein Staat sich selbst als Kulturstaat, so soll im allgemeinen damit ausgedrückt werden, in diesem Staat bestehe eine hohe Kultur oder Zivilisation. Dadurch soll hervorgehoben werden, daß man sich über andere "wilde Völkerschaften" überlegen fühlt. Das Wort Kulturstaat drückt also ein Werturteil aus über ein Land oder ein Volk. An diesen Begriff des Kulturstaates, der keine Beziehung zu dem Staat als solchem und seinem Verhältnis zur Kultur hat, wird hier nicht gedacht. Von diesem Begriff soll daher im Folgenden nicht die Rede sein. In diesem Sinne ließe sich fast jeder moderne Staat als Kulturstaat bezeichnen.

In diesem Zusammenhang ist unter der Bezeichnung Kulturstaat ein Staat zu verstehen, der sich durch bestimmte Funktionen auszeichnet (55).

Im Rahmen der modernen Daseinsvorsorge spielt die kulturelle Daseinsvorsorge eine ständig wachsende Rolle, so daß Werner Richter geradezu von einem kulturellen Vorsorgestaat spricht (56).

Doch auch noch so intensive Bemühungen um die Kultur machen einen Staat noch nicht zum Kulturstaat. Der totalitäre Staat, der große Anstrengungen für die Kultur übernimmt, in dessen Händen die Kultur jedoch zur Funktion staatlicher Macht wird, der gewaltsam die Kultur dirigiert und seinen Vorstellungen zuwiderlaufende kulturelle Entwicklungen als "entartete" Kunst unterdrückt, verdient nicht, als Kulturstaat bezeichnet zu werden (57). Der Kulturstaat anerkennt den eigenen, autonomen kulturellen Bereich, in dem die Unabdingbarkeit und Freiheit kulturellen Schaffens möglich ist, ja, durch den Staat überhaupt erst ermöglicht wird (58). Dieses freie Schaffen ist jedoch nicht möglich, wenn der Staat glaubt, mit seinen Machtmitteln und Kulturfunktionären die Kultur "machen" zu können. Die gegenteilige Haltung, die zwar die Autonomie der Kultur absolut anerkennt, sie sich aber völlig selbst überläßt, kann heute vom Staat jedoch ebenfalls nicht mehr eingenommen werden. Der junge Wilhelm von Humboldt vertrat diese Ansicht, daß das kulturelle Leben ohne den Staat unendlich viel besser gehen würde (59). Die strenge Durchführung des Prinzips der völligen Staatsfreiheit der Kultur würde zu der Konsequenz führen, daß sich der Staat auch der Förderung der Kultur zu enthalten hat, weil jede Förderung bei der Beschränktheit der Förderungsmittel notwendigerweise eine Auswahl bedeutet und damit eine staatliche Lenkung mit sich bringt. Anerkennung der Autonomie der Kultur ist also nicht gleichbedeutend mit dem Verzicht auf jede Einwirkung auf die Kultur. Die Achtung der Autonomie der Kultur ist das Grundmerkmal des Kulturstaates. Daneben wird er durch vier von ihm wahrgenommene Funktionen gekennzeichnet: a. den Schutz der Kultur - b. die Förderung der Kultur - c. die Vermittlung der Kultur - d. die Gestaltung der Kultur.

a) Schutz der Kultur

Die Auffassung, die den Staat völlig aus dem kulturellen Bereich als etwas außerhalb des Staates Liegendem heraushalten will, geht davon aus, daß durch die staatliche Abstinenz am besten die Freiheit kulturellen Schaffens gewährleistet werde. Doch der Rückzug des Staates überläßt die Kultur nicht sich selbst und ihrer Freiheit. Die Kultur schwebt nicht in einem ihr allein vorbehaltenen freien Raum. Überläßt der Staat die Kultur sich selbst, so überläßt er sie damit der Gesellschaft, von der der Kultur keine geringeren Gefahren drohen als von seiten des Staates. Soziale und kollektive Machtzusammenballungen, die die Freiheit der Kultur beeinträchtigen, sich der Kultur bemächtigen, sie dirigieren und "machen", entstehen heute nicht nur im Rahmen des Staates, sie entstehen auch und gerade außerhalb des Staates. Unsere Gesellschaft hat eine Reihe von Kollektivorganisationen sozialer Macht geschaffen, die zur Bildung von Monopolen und Oligopolen nicht nur im wirtschaftlichen, sondern vor allem auch im kulturellen Bereich neigen. Diese Monopolgebilde sind für die freiheitliche Entwicklung der Kultur und für die Ermöglichung unabhängigen kulturellen Schaffens mindestens ebenso gefährlich wie der staatliche Dirigismus (60).

Die gesellschaftliche Diktatur wissenschaftlicher und künstlerischer Richtungen, das Meinungsmonopol gesellschaftlicher Gruppen in Fragen der Ästhetik und Ethik, die Gruppenbildung und die davon ausgehende Zwangsnormierung in Literatur, Kunst und Wissenschaft sind ebenso freiheitswidrige und damit kulturwidrige Erscheinungen, die sich im Kulturbetrieb einer staatsfreien Gesellschaft zeigen, wie die Manipulationen staatlicher Funktionäre. Daraus ergibt sich, daß die Kultur, wenn sie völlig der Gesellschaft überlassen wird, nicht sich selbst und ihrer Freiheit, sondern den Monopolisierungstendenzen der Gesellschaft überlassen wird. Ein Staat, der in dieser Weise sich zur Kulturautonomie bekennt und die Kultur den Kollektivgebilden der Gesellschaft ausliefert, kann kein Kulturstaat sein, weil er durch diese Haltung die Kultur geradezu gefährdet, denn nicht nur staatliche Macht, sondern auch die gesellschaftliche Macht kann die Kultur in ihrer Entwicklung und ihrem Bestand gefährden (61).

Wie gegen den Mißbrauch wirtschaftlicher Machtstellungen ist auch gegen den Mißbrauch kultureller Machtstellungen, gegen die die autonome Kultur gefährdenden gesellschaftlichen Monopolisierungsmächte und gesellschaftlichen Kulturoligopole der Verfassungsstaat, der sich seiner Verantwortung für die Kultur bewußt ist und durch verfassungsmäßige Kontrolleinrichtungen gegen die Versuchung des Machtmißbrauchs möglichst abgeschirmt ist, die beste Schutzeinrichtung.

Die gesellschaftlichen Einflüsse wirken sich häufig verdeckt und indirekt aus. Sie sind daher schwer zu fassen und zu kontrollieren. Auf diese Weise kann es ihnen möglich sein, die kulturelle Freiheit fast unbemerkt zu beeinträchtigen. Demgegenüber haben die staatlichen Einflüsse des Rechts- und Verfassungsstaates den Vorteil der Offenheit sowie ihrer parlamentarischen Kontrollierbarkeit. Die Staatsmacht ist verfassungsrechtlich verantwortlich, während sich die gesellschaftlichen Einflüsse leicht in die Verantwortungslosigkeit der Anonymität zurückziehen können. Während die gesellschaftlichen Kräfte, soweit sie im staatsfreien Raum wirken, sich nicht an festen Normen orientieren müssen, ist die Staatsmacht im demokratischen Rechtsstaat in ihren Handlungen verfassungsrechtlich normiert und bedarf für jede Beeinflussung einer Rechtsgrundlage (62). Staatliche Aktivität auf dem Gebiet der Kulturpolitik ist daher mit der kulturellen Freiheit wohl zu vereinbaren. Ja, es gehört geradezu zu den Aufgaben des modernen Verfassungsstaates, die kulturelle Freiheit zu hüten und für die verschiedenen kulturschöpferischen Kräfte die Möglichkeit einer freien Entfaltung zu schaffen. Gibt der Staat das Kulturgebiet völlig frei, so ist die Möglichkeit fast unabwendbar, daß unter den staatsfreien Gebilden nur das Recht des Stärkeren gilt und dementsprechend der kulturelle Bereich dann verteilt wird (63).

Es wurde schon darauf hingewiesen, daß im 19. Jahrhundert bereits der klassische Liberalismus sich nicht nur gegen die staatliche Kulturbevormundung gewendet hat, sondern zugleich im Staat den berufenen Hüter der kulturellen Freiheit gegen den Mißbrauch gesellschaftlicher Machtpositionen im Kulturbereich sah (64).

b) Förderung der Kultur

Kein Staat kann für sich das Prädikat Kulturstaat in Anspruch nehmen, wenn er sich auf den Schutz und die Anerkennung der Autonomie der Kultur beschränkt. Der Kulturstaat muß mit dem Schutz der Kultur eine aktive Anteilnahme verbinden (65). Etwa mit dem Beginn des 19. Jahrhunderts, dem Einsetzen der modernen naturwissenschaftlichen Entwicklung sowie dem Drang, auch auf dem Gebiet der Geisteswissenschaften große wissenschaftliche Unternehmungen anzupacken, zeigt sich, daß die privaten Mittel für die Durchführung dieser wissenschaftlichen Forschungsarbeiten nicht mehr genügen würden. In diese Zeit fällt die Ablösung des privaten durch das staatliche Mäzenatentum. Die Gesellschaft ist heute aus eigener Kraft nicht mehr in der Lage, die Kultur zur vollen Entfaltung zu bringen. Deswegen muß der Staat mit seinen Mitteln eingreifen. Das Deutsche Reich nahm bereits kurze Zeit nach seinem Entstehen aktiv an der Förderung von Kunst und Wissenschaft teil. Auch dadurch drückt der Staat seine Anerkennung vor einem eigenständigen Kulturbereich aus, daß er gesellschaftliche Gruppen und Institutionen bei ihren kulturellen Bemühungen unterstützt. In diesem Zusammenhang sind zu nennen: die staatliche Finanzierung unabhängiger Wissenschaftsorganisationen wie der Kaiser Wilhelm- und der Max Planck-Gesellschaft, der Deutschen Forschungsgemeinschaft; die Unterstützung von wissenschaftlichen Forschungsinstituten privater Art im In- und Ausland, die Ermöglichung von Forschungsexpeditionen und wissenschaftlichen Reisen, die Kulturpflege in ihren verschiedensten Spielarten, die von der Veranstaltung von Ausstellungen bis zur Subvention von Orchestern oder Beiträgen für die Erhaltung oder den Wiederaufbau von Kulturdenkmälern reichen. Mit dieser Förderung beschränkt sich der Staat nicht nur auf die Bewahrung und Vermittlung der überlieferten Kultur, sondern er trägt damit zu der Entwicklung des gegenwärtigen und zukünftigen Kulturgeschehens bei. Unter diesem Aspekt etwa sind die Bildungshilfen für junge Künstler und Wissenschaftler zu sehen. Zur staatlichen Kulturförderung gehört auch die Errichtung und Unterhaltung zahlreicher verschiedener Einrichtungen für die Pflege der Kultur, wie sie sich in Konzerthallen, Theatern, Museen usw. zeigt. Ein Staat, der sich nur auf die Bewahrung und Vermittlung der überkommenen Kultur beschränkt, müßte einschränkend als ein nur "musealer Kulturstaat" bezeichnet werden (66). Es wird zu Recht vom Kulturstaat erwartet, daß er im Rahmen seiner Förderung auch das Experiment, das Unerprobte, das Umstrittene und den wagenden Vorstoß unterstützt.

c) Die Vermittlung der Kultur

In der Kulturvermittlung liegt heute wohl der Schwerpunkt der staatlichen kulturpolitischen Aktivität, die jedoch in unserem Bundesstaat vorwiegend eine Angelegenheit der Länder ist. Während im Polizeistaat der Wohlfahrtszweck die Sorge des Staates für die allgemeine Bildung mitumfaßte, ohne den Staatsbürgern darauf einen Anspruch zu geben, ist heute das Recht auf die Vermittlung einer entsprechenden Bildung großenteils in die Verfassungen eingegangen und fand auch in die modernen Menschenrechte Aufnahme (67).

Doch nicht nur die Erfüllung des Menschenrechts seiner Staatsbürger auf Teilnahme an dem überlieferten Bestand der Bildungsgüter ist der Anlaß für die staatlichen Anstrengungen der Kulturvermittlung. Die Funktionsfähigkeit eines modernen Staates mit seiner komplexen Wirtschafts-, Verwaltungs- und politischen Apparatur hängt weitgehend von dem Bildungsstand seiner Bürger ab (68). Der Staat hat von daher sein ureigenstes Interesse an der möglichst allgemeinen Verbreitung der Bildung. Die staatliche Kulturvermittlung ist die Antwort des Staates auf das Recht des einzelnen auf Teilnahme am kulturellen Leben, wie es z. B. in die allgemeinen Menschenrechte eingegangen ist und sich an mehreren Stellen auch in den Verfassungen der Länder widerspiegelt. Vor allem die Schulen und Hochschulen, dann die Institutionen der Erwachsenenbildung sowie die allgemeinen Kultureinrichtungen wie Theater, Museen, sind die Mittel, mit denen der moderne Kulturstaat seiner Aufgabe - der Kulturvermittlung - gerecht wird (69).

d) Die Gestaltung der Kultur

Die Anerkennung der Kulturautonomie erscheint auf den ersten Blick als unvereinbar mit der Kulturgestaltungsmacht des Staates. Hier zeigt sich jedoch wieder die enge Verbindung und gegenseitige Beeinflussung zwischen Kultur und Staat trotz der Anerkennung eines eigenen Kulturbereiches durch den Staat. Auch wenn die organisatorische Seite der kulturellen Einwirkung des Staates näher steht als die schöpferische, läßt sich die staatliche Einflußnahme auf die Inhalte der Kultur nicht völlig ausschließen.

Es zeigt sich, daß auch in der bloßen Schutzgewährung, der einfachen Förderung und Vermittlung bereits eine Kulturgestaltung liegt. Denn die Beschränktheit der für eine Kulturförderung zur Verfügung stehenden staatlichen finanziellen Mittel zwingt zu einer Auswahl des zu Fördernden, zu einer Entscheidung über das Förderungswürdige. Auch der Staat, der sich nur auf das Bewahren, Vermitteln und Fördern einer autonom verstandenen Kultur beschränken möchte, kann der Entscheidung nicht ausweichen, was Kultur sei (70). Denn wenn der Staat die Kultur schützen, fördern und vermitteln will, so setzt die Entscheidung darüber voraus, daß geklärt ist, was eigentlich Kultur sei. Der Staat kann sich nicht im Rahmen seiner kulturellen Aktivität in die absolute Toleranz flüchten und sich als inkompetent für die Entscheidungen über den Inhalt der Kultur erklären. Die Bedenken darüber, ob die Organe des Staates, die Gesetzgebung, Verwaltung und Justiz, befähigt und befugt sind, Entscheidungen über Kultur und Nicht-Kultur, über das Wahre, Schöne und Gute zu fällen, sind nicht ohne weiteres von der Hand zu weisen. Doch wer anders sollte darüber entscheiden, wenn diese Entscheidung nicht nur ein wissenschaftliches oder gesellschaftliches Werturteil, sondern die Grundlage für das staatliche Handeln darstellt. Was als anerkanntes Bildungsgut vom Staat vermittelt oder was auf wissenschaftlichem oder künstlerischem Gebiet durch den Staat gefördert und beschützt wird, kann nur der Staat selbst oder eine vom Staat dazu ermächtigte Instanz entscheiden (71).

Um seine bürokratischen Verwaltungsorgane nicht mit kulturellen Werturteilen zu überfordern, hat sich weitgehend die Praxis eingebürgert, die staatlichen Entscheidungen durch ein Gremium unabhängiger Kulturkenner vorbereiten zu lassen oder gar die Entscheidungen solchen Gremien zu übertragen. Doch auch in diesen Fällen entscheidet der Staat immer selbst. Er läßt sich nur bei seinen Entscheidungen durch diese Beiräte unterstützen. Selbst wenn er die Entscheidungen an diese unabhängigen Gremien überträgt, ist der Staat daran immer noch indirekt beteiligt, weil er bei der Auswahl der Mitglieder über ihre Kennerschaft und Unabhängigkeit entscheidet und meist auch noch durch eigene Mitglieder in den Gremien vertreten ist. Auch bei einer solchen Delegation der Entscheidung über Kultur und Nicht-Kultur an ein Komitee unabhängiger Kenner legt der Staat den Entscheidungsbereich der eingesetzten Instanz und seine Wirkungskraft fest (72).

Diese Gremien für die Mitwirkung bei den Entscheidungen des Staates über die Kulturförderung, Kulturvermittlung oder den Kulturschutz bilden eine Basis für eine enge Zusammenarbeit zwischen Staat und Gesellschaft im kulturellen Bereich. Sie bilden die Nahtstelle von Staat und Gesellschaft, eine Art Clearingstelle für die verschiedenen Gesichtspunkte und Interessen. Darauf deuten auch schon die Zusammensetzungen etwa des Wissenschaftsrates, der für eine Bedarfsfeststellung und Planung auf dem Gebiet der wissenschaftlichen Forschung für die öffentlichen Mittel zuständig ist, des Bildungsrates, der mit der Planung im weitesten Sinn für das deutsche Bildungswesen beauftragt ist. Hier in diesen Gremien arbeiten die Vertreter aus dem gesellschaftlichen Bereich und aus dem staatlichen Bereich zusammen; auch wenn der Staat in diesen Formen die gesellschaftlichen Einflüsse und Stimmen weitgehend berücksichtigt und ihnen Geltung verschafft, bleibt doch die staatliche Entscheidung für die Einflußnahme auf die Kultur letztlich maßgebend.

Durch die staatliche kulturpolitische Aktivität wird jedoch nicht nur entschieden, was Kultur sei, es wird darüber hinaus eine Differenzierung zwischen wertvollen und weniger wertvollen, zwischen förderungswürdigen und weniger förderungswürdigen Kulturgütern vorgenommen. Der Staat muß aus der Vielzahl der Kulturgüter eine Auswahl treffen. Dadurch wird durch den Staat eine kulturelle Rangordnung, eine Kulturordnung aufgestellt (73). Die wichtigsten kulturellen Institutionen wie etwa Universitäten, Schulen, Theater, Museen, Konzerthallen, werden heute von der öffentlichen Hand getragen. Über diese Institutionen entscheidet der Staat mit. Die von den staatlichen Instanzen aufgestellten Lehrpläne sind Ausdruck der offiziellen Bildungsziele; die Spielpläne der Theater und die Ankäufe der Museen werten und lenken künstlerische Strömungen. Nachdem das private Mäzenatentum heute weitgehend durch das öffentliche abgelöst ist, erhält der Staat bei der Gestaltung der Kultur eine ständig wachsende Bedeutung.

Der Staat kann sich nicht mehr unter Berufung auf die Autonomie der Kultur damit begnügen, finanzielle Mittel bereitzustellen, um damit nur den gesellschaftlichen Kräften kulturelle Aktivitäten zu ermöglichen. Die Verantwortung des Staates für den Schutz und das Wohlergehen seiner Bürger umfaßt auch eine kulturelle Verantwortung. Aus dem Kulturbereich können für den Staat störende oder gar ihn gefährdende Einflüsse wie umgekehrt auch stabilisierende Wirkungen kommen (74). Schon deswegen ist der staatlichen Verantwortung nicht durch die Bereitstellung von Fonds für kulturelle Unternehmungen Genüge getan. Die Neutralität des Staates gegenüber den kulturellen Kräften, sein Eintreten für "Parität" wäre alles andere als Neutralität, weil er auch dadurch eine ganz bestimmte Kulturordnung hervorrufen würde. Der Verzicht auf eigene Kulturdifferenzierung, die volle Entfaltungsfreiheit für alle kulturellen Gebiete und Gruppen, hätten bald erhebliche Disparitäten und Disproportionalitäten zur Folge. Kultur entsteht gerade als Ergebnis eines Differenzierungsprozesses. Ganz abgesehen davon, daß eine schematische Parität der staatlichen Kulturpolitik praktisch unmöglich ist, würde sie nur zur Unkultur führen. So führte z. B. das Ausweichen der verantwortlichen staatlichen Kulturinstanzen vor der Aufgabe der differenzierenden Ordnung des kulturellen Angebots zu der vielbeklagten Überladung des Bildungswesens mit unbewältigten und großenteils sinnlosen Stoffmassen.

Die kulturelle Gestaltungsmacht des Staates ist das Zentrum dessen, was man unter Kulturhoheit versteht, die nach deutschem Verfassungsrecht den Kern der Länderstaatlichkeit bildet. Die staatliche Kulturgestaltungsmacht zeigt sich am nachdrücklichsten im Schulwesen. Es wird in der Verfassungswirklichkeit kaum eine größere Demonstration und Konzentration staatlicher Macht geben, als in den Bildungsanstalten. Das gilt nicht nur wegen des hohen Anteils des Bildungswesens am Staatsetat. Jeder einzelne Bürger verbringt einen beträchtlichen Teil seines Lebens in den Schulen, wo er entscheidend in seiner Persönlichkeit geprägt wird. Die Schulen bereiten ihn vor auf seine Tätigkeit und Stellung in Staat und Gesellschaft. Weitgehend wird heute sogar in den Schulen bestimmt, welchen Platz er später in Staat und Gesellschaft einnehmen wird. Über die Schulen und nicht über irgendwelche anderen Institutionen ist der Staat ständig mit der Mehrheit seiner Bürger, mit Eltern und Kindern, verbunden. Über die Schulen dringt der Staat in die Intimität der Familie. Die Schulen sind das stärkste Medium der Allgegenwart des Staates (75). In der Festlegung der Lehrpläne und Bildungsziele der öffentlichen Bildungsanstalten trifft der Staat nicht nur seine wichtigste kulturpolitische Entscheidung, sondern seine weittragendste Entscheidung überhaupt, die

die geistige Entwicklung einer ganzen Epoche mitbestimmt. Die Humboldt'sche Bildungsidee prägte das geistige Deutschland für über ein Jahrhundert. Nach der Erschütterung und Ablösung der klassischen Bildungsidee ist heute noch nichts an ihre Stelle getreten. Die Fruchtlosigkeit der Debatten über die Bildungsreform und die vergeblichen Versuche des Staates auf diesem Gebiet erklären sich zum wichtigsten Teil aus dem Fehlen einer Bildungsidee für die verschiedenen Institutionen. Nur aus einer solchen grundlegenden Idee ließen sich sinnvolle einzelne Maßnahmen ableiten, die zu einer grundlegenden, zusammenhängenden und sinnvollen Reform führen könnten, die mehr wäre als ein Herumkurieren an Symptomen. Sicher läßt sich eine Bildungsidee nicht am Kabinettstisch einer Regierung oder im Grundsatzreferat eines Kultusministeriums konzipieren; doch auch in einem vorwiegend von technisch-naturwissenschaftlichem Denken beeinflußten Zeitalter gibt es geistige Grundströmungen, die erfaßt und zu einem Bildungsideal verdichtet werden müssen, das auch für die menschliche Persönlichkeit genügend und vor allem zentralen Raum ließe. Hier liegt eine der wichtigsten Aufgaben der staatlichen Kulturpolitik, die noch nicht gelöst ist (76).

Anmerkungen zu den Seiten 219 - 235

1) Dietrich Schindler schlägt daher vor, anstatt von "Gesellschaft" vom "Außerstaatlichen" zu reden; denn Staat und Gesellschaft bildeten ein soziales Ganzes; darin liege das Organische, nicht aber in dem, was nach Weglassung (die ohnehin nur gedanklich erfolgen könne) des Staatlichen übrigbliebe: Verfassungsrecht und soziale Struktur, Zürich 1944, S. 62.
2) So Horst Ehmke, Staat und Gesellschaft als verfassungstheoretische Probleme in: Staatsverfassung und Kirchenordnung, Festgabe für Rudolf Smend, Tübingen 1962, S. 23 ff.
3) Goetz Briefs sieht in der Wendung des abendländischen Denkens zu Individualismus und Liberalismus die Ursache für die Unterscheidung von Gesellschaft und Staat. Das beginnende naturwissenschaftliche Denken und die Philosophie der Aufklärung, so meint er, habe die Gesellschaft als Naturzustand des menschlichen Zusammenlebens in den Mittelpunkt des Interesses gerückt. Dem "Naturrecht" der Aufklärung sei es darum gegangen, die von der Natur beabsichtigte Ordnung des gesellschaftlichen Lebens durch Emanzipation des Menschen von den Mächten der Vergangenheit, von Staat und Kirche, wiederherzustellen. vgl.: Gesellschaft und Staat, in: Staatslexikon der Görres-Gesellschaft, Bd. III, 1959, S. 840.
4) Briefs, ebd. S. 840.
5) Darauf weist vor allem Ehmke hin, der diese Entwicklung wieder rückgängig machen möchte. Er vertritt die Ansicht, daß anstatt der Kategorien "Staat und Gesellschaft" die Kategorien "civil society and government" gesetzt werden sollten, weil man dadurch den Widersprüchen entgehe, in die das Denken mit dem Begriffspaar Staat und Gesellschaft führe. Außerdem stehe weder unser Staat noch unsere Gesellschaft, sondern die "civil society" in der großen, durch die Verbindung von Antike und Christentum gegründeten gemeineuropäischen Tradition politischen Denkens, die von der societas civilis sive populus gesprochen habe. Diese societas sei für sie politisches Gemeinwesen gewesen. Ehmke orientiert sich dabei an den Grundbegriffen des englischen und amerikanischen Verfassungsdenkens, die nicht "Staat und Gesellschaft", sondern "civil society" und "government" sind: (Ehmke, Staat... S. 25; ferner Ernst Fraenkel, Das amerikanische Regierungssystem, Köln-Opladen 1960, S. 180 ff.
6) Hegel, Grundlinien der Philosophie des Rechts, Philosophische Bibliothek, Bd. 124, Leipzig 1911, S. 202 ff., 204, 225.
7) Lorenz von Stein, Staat und Gesellschaft, hsg. und eingel. von H. Aschenbrenner, 1934, S. 38.

8) P. von Oertzen, Die soziale Funktion des staatlichen Positivismus, (Diss. phil.) Göttingen 1952, S. 181-264, 277-312. Den literarischen Höhepunkt dieser Richtung bildeten Karl Friedrich von Gerber und Paul Laband (vgl. Ehmke, Staat... S. 41/42.)

9) Darauf weist trotz seiner Kritik an den Kategorien Staat und Gesellschaft auch Ehmke hin, der es als eine für die politische Führung offensichtlich durchaus gefährliche Sache betrachtet, den Dualismus von Staat und Gesellschaft einfach zur liberalen Ideologie zu erklären: Ehmke, Staat... S. 25.

10) Goetz Briefs faßt das Verhältnis von Staat und Gesellschaft primär als das Verhältnis des staatlichen Machtapparates und seines Gegenspielers, der freien Gesellschaft, auf: Briefs, Gesellschaft... S. 840. Auch Ehmke weist auf diese definitionsmäßige Lösung der begrifflichen Schwierigkeiten hin: Ehmke, Staat... S. 25.

11) Ehmkes Begriffspaar "civil society and government" ist sicher nicht geeignet, an die Stelle von "Gesellschaft und Staat" zu treten, zumal auch dafür deutsche Begriffe fehlen.

12) Josef H. Kaiser bezeichnet die Gesellschaft als den Bereich der individuellen und sozialen Differenziertheit und Mobilität, wogegen der demokratische Staat in dem Bewußtsein der Rechtsgemeinschaft von ihrer politischen Einheit grundgelegt und von dem Prinzip der Gleichheit der politischen Rechte beherrscht sei. Es sieht in der dialektischen Unterscheidung von Staat und Gesellschaft nach wie vor die Grundlage der sozialen Freiheit: Gesellschaft und Staat, in: Staatslexikon, Bd. VII, 1962, S. 596.

13) vgl. z. B. Wilhelm von Humboldt in: Ideen zu einem Versuch, die Grenzen der Wirksamkeit des Staates zu bestimmen, Gesammelte Schriften, Bd. I, S. 143, 156, 157.

14) Eivind Berggrav, Der Staat und der Mensch, Hamburg 1950, S. 186-198; Theodor Eschenburg, Herrschaft der Verbände, Stuttgart 1955; Hans Ryffel, Staat und Gesellschaft im Zeichen des Pluralismus, in: Wirtschaft und Recht, H. 3 1962 (Sonderheft: Die Integration der Verbände in Staat und Gesellschaft).

15) vgl. dazu Gerhard Leibholz, Das Phänomen des totalen Staates, in: Festschrift für Herbert Kraus, Kitzingen/Main 1954, S. 156; Carl J. Friedrich, Totalitäre Diktatur, Stuttgart 1957, S. 16 ff.

16) Den Ordnungsvorstellungen des totalitären Staates liegt im Gegensatz zum Individualismus das kollektivistische Gesellschaftssystem zugrunde, für das nicht das Individuum, sondern das Ganze der zentrale Wert ist. vgl. dazu Ewald Link, Das Subsidiaritätsprinzip, Freiburg i. Br. 1955, S. 46.

17) Chruschtschow führte dazu z. B. aus: "Auf dem Felde der Ideologie gibt es keinen Spaß." s. in Die Zeit vom 15. 3. 1963: "Wieder daheim".

18) Die Verwandtschaft totalitärer Ordnungsformen zeigt sich auch darin, daß Friedrich Engels die Erziehung der Jugend im kommunistischen Staat als "öffentliche Angelegenheit" bezeichnet hat (vgl. Friedrich Engels, Der Ursprung der Familie, des Privateigentums und des Staates, 1884, Bd. II, S. 218.). Aufschlußreich sind auch die Ausführungen des sowjetischen Pädagogen Professor Strumilin: "Jeder Sowjetbürger wird bereits nach dem Verlassen des Entbindungsheimes in die Kinderkrippe eingewiesen werden, von da aus in den durchgehend geöffneten Kindergarten oder in ein Kinderheim; hernach in die Internatsschule, um dann von hier aus, seinen Einweisungsschein in der Hand, in das selbständige Leben, d. h. in die Produktion einzutreten oder aber, um in dem gewählten Spezialfach weiterzustudieren." (bei Wolfgang Leonhard, Sowjetideologie heute, Frankfurt/M. 1962, S. 287)

19) Alfred Rosenberg, Um eine Weltanschauung in Blut und Ehre, 3. Aufl., München 1934, S. 203.

20) Auch Chruschtschow wandte sich gegen eine freie, vom Staat unabhängige Kunst mit der Begründung: "Der erste Schritt wäre ein Schlag gegen die revolutionären Errungenschaften auf dem Gebiet der sozialistischen Kunst. Dabei würde es kaum sein Bewenden haben. Man kann nicht ausschließen, daß diese Leute ihre Kräfte sammeln und den Versuch unternehmen, überhaupt die Errungenschaften der Revolution anzugreifen." (in Die Zeit vom 15. 3. 1963: "Wieder daheim".) Damit offenbarte Chruschtschow die Motive für die Haltung des autoritären Staates gegenüber der Kultur. Die geistige Selbständigkeit wird als Bedrohung des Staates, als staatsgefährdend angesehen. Hier liegen die tieferen Gründe dafür, daß der tota-

litäre Staat ein von ihm unabhängiges Eigenleben der Gesellschaft nicht gestattet.

21) vgl. Oswald von Nell-Breuning, Wörterbuch der Politik, Freiburg i. Br. 1952, Bd. V, S. 211.

22) vgl. Grundlagen des Marxismus-Leninismus. Lehrbuch, Berlin 1963, S. 183.

23) Harold J. Laski, Problem of Sovereignity, London, 1947, und: Authority in the Modern State, 1919. vgl. dazu Kaiser, Gesellschaft und Staat... S. 316/317.

24) vgl. dazu Briefs, Gesellschaft... S. 842.

25) Diese Gedanken kommen vor allem in der Enzyklika Pius' XI. Quadragesimo anno zum Ausdruck: "Fixum tamen immotumque manet in philosophia sociali gravissimum illud principium quod neque moveri neque mutari potest: sicut quae a singularibus hominibus proprio marte et propria industria possunt perfici, nefas est eisdem eripere et communitati demandare, ita quae a minoribus et inferioribus communitatibus effici praestarique possunt, ea ad maiorem et altiorem societatem avocare iniuria est simulque grave damnum ac recti ordinis perturbatio; cum solialis quaevis opera vi naturaque sua subsidium affere membris corporis socialis debeat, numquam vero eadem destruere et absorbere" (Q. a. Nr. 79; vgl. ferner Q. a. Nr. 80)

26) Die Ideen der Enzyklika Quadragesimo anno wurden von Pius XII. bei mehreren Kundgebungen erneut ausgesprochen. Vgl. die Textausgabe von Wilhelm Jussen, Gerechtigkeit schafft Frieden. Reden und Enzyklika des Heiligen Vaters Papst Pius XII., Hamburg 1946, z. B. Nr. 120, 126, 192, 209 und 92 ff. In den Grundzügen finden sich die Aussagen von Pius XI. und Pius XII. schon in dem Rundschreiben Leos XIII. Rerum novarum, auch wenn die Bezeichnung "Subsidiaritätsprinzip" sich dort noch nicht findet. Unter den katholischen Sozialphilosophen, die das Erscheinen von Quadragesimo anno geistig vorbereitet haben, ist besonders Heinrich Pesch zu nennen: Liberalismus, Sozialismus und christliche Gesellschaftsordnung, 2 Bde., Freiburg/Br. 1900/1901, Bd. 2, S. 488.

27) Ferdinand Frodel unternimmt den Versuch einer inhaltlichen Abgrenzung der Aufgaben zwischen Staat und Gesellschaft auf kulturellem Gebiet nach dem Subsidiaritätsprinzip: Gesellschaftslehre, Zürich 1962, S. 378 ff; S. 378 für die religiösen Aufgaben, S. 382 für die Geistesbildung und Körperpflege.

28) Helmut Thielicke, Theologische Ethik, II, 2. Teil, Ethik des Politischen, Tübingen 1958, S. 357-398.

29) In seiner Schrift: Grenzen des Staates, 1949.

30) Berggrav, Staat und Mensch..., S. 186-198.

31) Berggrav, ebd. S. 193, und Karl Jansen, Das Subsidiaritätsprinzip in evangelischer Sicht, in: Neue Gesellschaft, 1962, Bd. 9, S. 463.

32) Friedrich Karrenberg, in: Ev. Soziallexikon, Stichwort Staat, Spalte 996/997. Die evangelische Soziallehre kennt nicht die einheitliche Vorstellung einer Gesamtgesellschaft, die sich, aufsteigend vom einzelnen, über kleinere in immer umfassendere Gruppen und Gesellschaften gliedert, wie sie die katholische Soziallehre vertritt. Gelegentlich finden sich auch bei den Vertretern der evangelischen Soziallehre naturrechtliche Anklänge, so etwa wenn Berggrav von den "naturgegebenen Grenzen des Staates" spricht. Verhinderung des Machtmißbrauchs durch entsprechende Verteilung der Gewalten ist das am häufigsten anzutreffende Motiv evangelischer Sozialtheoretiker, wobei die Akzente verschieden gesetzt werden, je nachdem ob die staatliche Bedrohung und der staatliche Drang nach Allmacht (in diesem Sinne Helmut Thielicke und Otto Dibelius, a. a. O.), oder aber ob die Machtgier einzelner Interessengruppen (Jansen, Subsidiaritätsprinzip... S. 456 ff.), die den Staat für ihre Egoismen in Dienst zu nehmen suchen, als die größere Gefahr der Gegenwart angesehen wird. Trotz der verschiedenen Argumentation stimmen die Vertreter der evangelischen und der katholischen Soziallehre jedoch im Ergebnis weitgehend überein.

33) Werner Weber, Spannungen und Kräfte im westdeutschen Verfassungssystem, Stuttgart 1951, S. 49.

34) vgl. dazu vor allem Theodor Eschenburg, Herrschaft der Verbände, a. a. O.

35) Ryffel, Staat und Gesellschaft...

36) Erziehung, Bildung, Ausbildung. Zur Kulturpolitik der CDU/CSU, Bonn 1961, S. 227. Martin Redeker, Die religiöse und weltanschauliche Gestaltung der Schulen in Westdeutschland, in: Rheinischer Merkur vom 23. 9. 1960; Adolf Arndt, in:

Der Spiegel Nr. 48/1962; Kulturpolitische Leitsätze der SPD, Hamburger Tagung, September 1963, und Bildungspolitische Leitsätze der SPD v. 3. 7. 1964.

37) In diesem Sinne drückt sich Henry Morgenthau jr. aus: "We assume that statesmen think and act in terms of interest defined as power and the evidence of history bears this assumption out." (Zitat abgedruckt bei Berthold Martin, Kultur und Politik, S. 1, in Handbuch der Kulturpolitik, Bonn 1963.)

38) vgl. Ulrich Scheuner, Das Wesen des Staates und der Begriff des Politischen in der neueren Staatslehre, Staatsverfassung und Kirchenordnung, Festschrift für Rudolf Smend, Tübingen 1962, S. 254.

39) Darauf hat besonders Alfred Verdross hingewiesen: Abendländische Rechtsphilosophie, Wien 1958, S. 30 ff.

40) vgl. Leo Strauß, What is Public Philosophy? 1959, S. 90 ff.

41) Platon, Politeia VI, 510 b, 509 b.

42) Platon, Politeia IX, 580 d, 581.

43) vgl. Hans-Georg Gadamer, Wahrheit und Methode, Tübingen 1960, S. 7 ff.

44) Mansi Sacr. Conciliorum Collectio, Bd. 28, S. 516.

45) Nach Troeltsch tritt der Staat als rationell diesseitige Vorstellung an die Stelle der irrationalgöttlichen. vgl. Ernst Forsthoff, Deutsche Verfassungsgeschichte der Neuzeit, Stuttgart 1961, S. 38.

46) vgl. Pufendorf, De Officio hominis et civis, 1682, Buch 1, cap. 5; Thomasius, Institutionum jurisprudentiae divinae, libri tres, 1694, Buch 2, cap. 2, Buch 3, cap. 7.

47) Scheuner weist auf die Zusammenhänge dieser Tradition mit der amerikanischen Unabhängigkeitserklärung vom 4. 7. 1776 und dem Recht des "pursuit of happiness" für jeden Menschen hin; vgl. dazu auch Ursula M. von Eckardt, The Pursuit of Happiness in the Democratic Creed, 1939, S. 100 ff., 311 ff.

48) Carl Schmitt, Der Begriff des Politischen, Hamburg 1933.

49) Scheuner, Wesen des Staates... S. 259; ebenso Hermann Heller, Staatslehre, Leyden 1934, S. 204, und Arnold Bergstraesser, Artikel Politik, in: Staatslexikon, Bd. VI, 1961, S. 335.

50) Dabei handelt es sich um Kulturverwaltung. vgl. ferner Scheuner, Wesen des Staates..., S. 260.

51) Hermann Heller weist, von der Feststellung ausgehend, daß der Staat in der Regel auf seinem Gebiet die mächtigste politische Organisation darstellt, darauf hin, daß jede politische Wirksamkeit zwangsläufig danach streben muß, wenn nicht die Staatsgewalt als Ganzes zu erobern, sich doch wenigstens in ihr zum Teil durchzusetzen: Staatslehre, S. 205. L. M. Hartmann definiert dementsprechend die Politik als die Kunst, "gesellschaftliche Tendenzen in rechtliche Formen umzusetzen", in: Festschrift für Lujo Brentano, 1916, S. 220.

52) vgl. dazu u. a. Heller, Staatslehre S. 205 u. 207; Stresemann, s.o. S. 27; Josef Goebbels, Völkischer Beobachter Nr. 210 vom 28. 7. 1940, S. 5.

53) vgl. dazu Heller, Staatslehre, S. 207.

54) Oskar Köhler, Kultur und Macht in: Staatslexikon, Bd. 5, S. 176.

55) vgl. Nell-Breuning, Wörterbuch der Politik, Bd. II, S. 23. - Außer in der bayerischen Landesverfassung findet sich der Begriff des Kulturstaates weder im Grundgesetz noch in einer anderen Landesverfassung.

56) Richter, Was ist... Kulturpolitik? ... S. 22. vgl. besonders Ernst Rudolf Huber, Zur Problematik des Kulturstaats, Tübingen 1958.

57) Köhler, Kultur und Macht... S. 177.

58) Richter, Was ist... Kulturpolitik? ... S. 10.

59) W. von Humboldt in: Ideen zu einem Versuch... Gesammelte Schriften, Bd. I, S. 143, 156, 157.

60) Darauf verweist besonders Theodor Eschenburg, in: Herrschaft der Verbände, a. a. O.

61) Huber, Kulturstaat... S. 9.

62) Besonders Helmut Thielicke weist in seiner Ethik des Politischen auf die Bedrohung der Freiheit durch gesellschaftliche Kräfte hin. Er zeigt, wie aus diesem Bereich, "schwer kontrollierbare, halb anonyme Monopolbildungen erfolgen, die dem legitimen (und gewaltengeteilten!) Staat eine illegitime, zum mindesten 'potentielle' Totalität entgegensetzen und die vor allem jene Freiheit des einzelnen beschränken, zu deren Schutz die Selbstbegrenzung staatlicher Macht doch gerade

gedacht war... Diese kann bis zum Ruin der wirtschaftlichen und sozialen Existenz gehen.": Theologische Ethik, 2. Teil, Ethik des Politischen, S. 267.

63) vgl. Thielicke, ebd. S. 267.

64) Huber, Kulturstaat... S. 10. - Der Staat muß mit allen verfassungsmäßigen Mitteln die Unterwanderung der Freiheit des kulturellen Schaffens verhindern. Dazu gehört jedoch auch die Verhinderung der Untergrabung der staatlichen Ordnung aus dem kulturellen Bereich, da diese Ordnung die Ausübung der staatlichen Schutzfunktion erst ermöglicht.

65) Bluntschli zählt die fördernde Tätigkeit des Staates auf kulturellem Gebiet zu den Staatszwecken: Staatswörterbuch..., Bd. VI, S. 149 ff.)

Für Poelitz ist die Kulturpolizei als Staatszweck der Inbegriff aller der Anstalten der Polizei, durch die Kultur der Staatsbürger nach ihrem ganzen Umfange befördert wird (Staatslehre, Leipzig 1808); ebenso zählt Waitz die Sorge für die nationale Bildung und Wissenschaft, für Unterricht und Kultus zu den staatlichen Aufgaben: Grundzüge der Politik, Kiel 1862, S. 80/81.

66) Bluntschli führt dazu aus, daß die allgemeine Wohlfahrt als Ziel der staatlichen Tätigkeit sich auch auf den edleren Teil des Menschen, auf seinen Geist, richten müsse, ja, daß die Sorge für die allgemeine Bildung die wichtigste Abteilung der Wohlfahrtssorge sei: Staatswörterbuch... Bd. VI, S. 150); ebenso Waitz, Grundzüge S. 16; vgl. ferner Kurt Zielenziger, Die alten deutschen Kameralisten, Jena 1914, S. 349/350; Huber, Kulturstaat... S. 12.

67) So ist in Art. 22 der Deklaration der UNO vom 10. 12. 1948 (3. Session der Generalversammlung) von wirtschaftlichen, sozialen und kulturellen Rechten zu lesen, die für die Würde und freie Entwicklung der Persönlichkeit unentbehrlich seien. So verbrieft Art. 26 derselben Deklaration das Recht auf Erziehung (Schulen), die auf der Elementarstufe unentgeltlich und obligatorisch sein solle. Technischer und berufskundlicher Unterricht sollte für alle zugänglich werden, der höhere Unterricht gleichermaßen unter der Voraussetzung der Befähigung. Art. 27 anerkennt das Recht für jedermann auf Teilnahme am kulturellen Leben der Gesellschaft, auf Freude an den Künsten, auf den Fortschritt und auf den Ertrag der Wissenschaft. Jedermann habe auch das Recht auf Schutz der moralischen und materiellen Interessen, die seiner wissenschaftlichen, literarischen und künstlerischen Tätigkeit entsprechen.

68) vgl. Friedrich Edding, Von der Verzinsung des Bildungsaufwandes, in: FAZ v. 6. 3. 1963.

69) In den Etats der einzelnen Bundesländer hat der Kultusetat in der Regel den größten Anteil. Desgleichen stellen auch die Lehrer unter den Staatsbeamten den größten Anteil.

70) Richter, Was ist... Kulturpolitik?... S. 22.

71) vgl. Huber, Kulturstaat... S. 14.

72) Huber rechnet auch diese mit Entscheidungsmacht auf kulturellem Gebiet betrauten Gremien unabhängiger Sachkenner dem staatlichen Bereich zu, weil sie ihrer Funktion und ihrem Status nach sich von einer außerstaatlichen Instanz in ein "Stück Staat" verwandelten. Selbst wenn die eingesetzte Instanz ihren Platz im Raum der Gesellschaft behauptete, sei die staatliche Entscheidungsmacht an eine gesellschaftliche Instanz überantwortete, und das bedeute Verstaatlichung der Gesellschaft. Die mit staatlicher Entscheidungsmacht versehene gesellschaftliche Instanz werde ihrer Funktion nach dann ebenfalls ein Staatsorgan. Denn was Staat sei, sei keine bloße Frage der organisatorischen Zuordnung, sondern in erster Linie eine Frage der Funktion: Kulturstaat... S. 15.

73) Besonders Georg Schreiber hat darauf hingewiesen, daß der Staat nicht auf das Vermitteln und Fördern der Kultur beschränkt ist, sondern "auch sittliche Werte, kulturelle Leistungen, geistige Wirkungen und eine beachtliche Entwicklung der Menschennatur von sich aus setzen" kann und damit eine der wichtigsten Kulturgestaltungskräfte ist: Nationale und internationale Kulturpolitik, in: Deutschland und die Kultur der Ostsee, Münster i. W. 1927, S. 133.

74) vgl. Heller, Staatslehre S. 265.

75) Huber, Kulturstaat... S. 16-18.

76) vgl. Richter, Was ist... Kulturpolitik?... S. 30-32; Huber, Kulturstaat... S. 18-20.

I. Kulturpolitik, Sozialpolitik, Gesellschaftspolitik

Nach der Klärung der Quellen und der Trägerschaft der Kulturpolitik stellt sich die Frage nach ihrer Stellung im Rahmen der politischen Disziplinen und ihren über die Einzelmaßnahmen auf den verschiedenen Gebieten der Erziehung und Wissenschaft hinausreichenden Auswirkungen und Zielsetzungen für die gesamte Gesellschaft.

Wenn von Gesellschaftspolitik die Rede ist, so wird in erster Linie an die Sozialpolitik gedacht. Auch die Wirtschafts- und Finanzpolitik werden in gesellschaftspolitische Überlegungen eher einbezogen als die Kulturpolitik. Dabei bleibt oft unklar, was eigentlich unter Gesellschaftspolitik zu verstehen ist (1). Nur wenige Autoren legen genauer dar, was sie sich unter Gesellschaftspolitik vorstellen. Teilweise wird der Interessenausgleich zwischen den verschiedenen gesellschaftlichen Gruppen als Hauptziel der Gesellschaftspolitik angesehen. So sieht beispielsweise Burgbacher die Aufgabe der Gesellschaftspolitik in dem Streben nach der Harmonie in der Gemeinschaft. Neben der Sozialpolitik im engeren Sinne soll die Gesellschaftspolitik auch die Wirtschaftspolitik, die Familienpolitik sowie einen Teil der Kulturpolitik und der Erziehung umfassen (2). Bergstraesser vertritt die Ansicht, Ziel der Gesellschaftspolitik sei es, entgegenstehende Interessen zwischen verschiedenen Bevölkerungsgruppen auszugleichen, insbesondere die Industriearbeiterschaft und die Angestellten in eine politisch wie sozial einheitliche Ordnung aktiv einzugliedern; ferner sei es Ziel der Gesellschaftspolitik, die persönliche und politische Freiheit der Bürger in einer modernen Arbeitsgesellschaft zu fördern und die wirtschaftliche und soziale Eigenständigkeit aller Bürger zu sichern (3).

Nach Albrecht bilden die dem wirtschaftsgesellschaftlichen Gruppenausgleich und der allgemeinen Hebung der Volkswohlfahrt dienenden Maßnahmen und Einrichtungen zusammen mit einer Wirtschafts- und Finanzpolitik, die neben der Erfüllung ihrer ureigenen Aufgaben auch die Förderung eines gesunden Baus der Gesellschaft verfolgt, ein Ganzes, für das sich die Kennzeichnung als Gesellschaftspolitik durchzusetzen beginne (4).

Die Sozialpolitik erscheint danach als einer der Teilbereiche der Gesellschaftspolitik. Doch der Ausgleich verschiedener Interessen ist schließlich das Ziel aller Politik. Diese Begriffsbestimmungen zeigen deutlich ihre Orientierung an sozialpolitischen Zielsetzungen.

Demgegenüber vertritt Nell-Breuning die Ansicht, daß sich Sozialpolitik und Gesellschaftspolitik nur "berührten" (5). Gegenstand der Gesellschaftspolitik sei der Entwurf eines Ordnungsbildes der menschlichen Gesellschaft und dessen bestmögliche Verwirklichung. Während es Ziel der Gesellschaftspolitik sei, eine dem wahren Gemeinwohl dienende Ordnung zu schaffen, zu vervollkommnen oder fortzubilden, ferner die gesellschaftliche Ordnung, soweit sie gut sei, zu schützen und zu wahren, sei es Ziel der Sozialpolitik, Maßnahmen zur Abhilfe oder Linderung zu treffen, falls bestimmte Menschengruppen durch die bestehenden gesellschaftlichen Verhältnisse beeinträchtigt würden; an die Grundlagen der bestehenden gesellschaftlichen Ordnung werde durch die Sozialpolitik jedoch nicht gerührt.

Indessen wird zunehmend mit der Sozialpolitik auch die Zielsetzung verbunden, unter Umständen auf die Struktur der Gesellschaft einzuwirken (6). Außerdem können Hilfsmaßnahmen für materiell schwache Bevölkerungsteile indirekt auch die Struktur der Gesellschaft beeinflussen und sind dann ebenfalls als Gesellschaftspolitik anzusehen.

Folgt man der Begriffsbestimmung Albrechts, wonach der wirtschaftsgesellschaftliche Gruppenausgleich und die allgemeine Hebung der Volkswohlfahrt Kennzeichen der Gesellschaftspolitik sind, so ist die Gesellschaftspolitik mehr als eine etwas ausgedehnte Sozialpolitik zu betrachten. So scheint es zunächst keine größeren Gegensätze zu geben als Kulturpolitik einerseits und Sozialpolitik und damit Gesellschaftspolitik andererseits. Eine erste Unterscheidung bezeichnet die Verwirklichung geistiger Werte als Kulturpolitik, während die Sozialpolitik sich mehr mit der Verwirklichung materieller, vitaler Werte befasse (7). Bezeichnend dafür, wie gegensätzlich Kulturpolitik und Sozialpolitik gelten, ist, daß es in der praktischen Politik kaum Beziehungen zwischen den beiden Disziplinen oder den Politikern, die sich jeweils damit befassen, gibt. Doch nicht die Antithese materiell-geistig dürfte für den Inhalt der Gesellschaftspolitik entscheidend sein, sondern vielmehr die Beeinflussung gesellschaftlicher Strukturen.

Den Ausgangspunkt der Sozialpolitik bildet die Sorge um den arbeitenden Menschen (8). Sein Schutz vor Mißbrauch von wirtschaftlichen Machtstellungen, vor übermäßiger Inanspruchnahme seiner Arbeitskraft und Beschränkung seiner Muße, seiner Sicherheit vor Krankheit und Unfällen, seine direkte Entlohnung - all das bildet den Gegenstand der Sozialpolitik (9). Bis zum Ersten Weltkrieg war die Sozialpolitik strukturerhaltende Sozialpolitik. Was für den Arbeitnehmer getan wurde, diente zugleich zur Erhaltung der geltenden Gesellschaftsordnung (10). Die in Bewegung geratenen modernen Industriegesellschaften haben jedoch auch die Zielsetzungen der Sozialpolitik beeinflußt. In einem demokratischen Gemeinwesen wird die Gesellschaftsstruktur nicht als unwandelbar oder nur in einem vorgegebenen Rahmen als wandelbar angesehen. Die Sozialpolitik kann jetzt nicht mehr der Erhaltung einer statischen Gesellschaft dienen.

Die Arbeiterschaft hat nach ihrem kollektiven Aufstieg ihre Objektstellung abgestreift und gehört nicht mehr zu den sozial weniger Berechtigten oder Benachteiligten. Damit erhält die Sozialpolitik einen umfassenden Aufgabenbereich. Sie hat in erster Linie das Verhältnis der einzelnen Gruppen der Bevölkerung zueinander und zu den Staatsgewalten nach bestimmten Wertvorstellungen zu ordnen (11).

Im Gegensatz zu der an Klassen und Gruppen, also kollektiv orientierten Sozialpolitik, gilt die Kulturpolitik gemeinhin stärker als Ausdruck individueller Bemühungen. So befaßt sie sich z.B. mit der Erziehung und Bildung des einzelnen Menschen unabhängig von seiner Zugehörigkeit zu einer bestimmten Bevölkerungsgruppe. Allein die im Einzelnen liegenden geistigen Fähigkeiten und Interessen sollen für die Bildungsbemühungen um ihn entscheidend sein (12).

Ähnlich der Sozialpolitik hatte auch die Schulpolitik in der Klassengesellschaft eine stabilisierende Funktion. Die Erziehung und Bildung der Kinder entsprach in der Regel dem sozialen Status des Elternhauses. Das Schulsystem war ein Abbild der vorgegebenen sozialen Schichtung (13). Diese Situation hat sich geändert. Nach den Umwälzungen und Erschütterungen unseres Jahrhunderts sind in einer in Bewegung geratenen Gesellschaft persönliche Fähigkeiten und Kenntnisse von entscheidender Bedeutung für die Schichtung der Gesellschaft und den Standpunkt des Einzelnen in ihr (14). Damit spielt die Kulturpolitik für die Struktur der Gesellschaft eine wichtige Rolle. Hier zeigen sich Berührungspunkte zwischen Kulturpolitik und Sozialpolitik, wobei die Kulturpolitik in zunehmendem Maße die Gesellschaftsstruktur beeinflußt und damit weitgehend an die Stelle der Sozialpolitik tritt.

II. Die Bedeutung der Kulturpolitik für die Gesellschaftsverfassung

1. Die Berührung von Kulturpolitik und Sozialpolitik in der Nachkriegszeit

Nach dem Ersten Weltkrieg traf das Deutsche Reich eine Reihe von Maßnahmen, bei denen sich Kulturpolitik und Sozialpolitik berührten. Der Staat bemühte sich, durch materielle Unterstützung die notleidenden Künstler und Wissenschaftler wieder in die Lage zu versetzen, ihrer Wissenschaft und Kunst nachzugehen. Diese Maßnahmen waren in der Notzeit nach dem 1. Weltkrieg erforderlich, um überhaupt den nötigen Nachwuchs für Kunst und Wissenschaft zu sichern. In gleicher Weise wandte das Deutsche Reich nach dem 1. Weltkrieg zum ersten Mal seine Aufmerksamkeit der materiellen Notlage der Studenten zu, die in den Krisenjahren nach dem 1. Weltkrieg am 19. Februar 1921 die "Wirtschaftshilfe der deutschen Studentenschaft" gegründet hatten.

Zwar sind staatliche Bemühungen um die materielle Notlage von Bevölkerungsgruppen vor allem eine Angelegenheit der Sozialpolitik (15). In den angeführten Fällen lagen jedoch den staatlichen Hilfeleistungen weniger fürsorgerische als primär kulturpolitische Motive, nämlich die Sorge um die Wissenschaft und den wissenschaftlichen Nachwuchs zugrunde (16). Alle politischen Parteien des Reichstages sahen in der Wissenschaft eine der wichtigsten Grundlagen des gesellschaftlichen und staatlichen Lebens.

Auch in der Folgezeit nahm sich der Reichstag der materiellen Lage, insbesondere der besoldungsrechtlichen Situation des wissenschaftlichen Nachwuchses an und forderte die Reichsregierung auf, Maßnahmen zu treffen, den wissenschaftlichen Instituten des Reiches einen leistungsfähigen Nachwuchs zu sichern (17).

2. Gesellschaftspolitische Akzentuierung der Kulturpolitik in der Weimarer Republik

In der angeführten Debatte im Reichstag klangen jedoch auch andere Töne an, als davon die Rede war, Ziel der Wissenschaftspolitik müsse es sein, das Bildungsmonopol der Besitzenden zu brechen (18). In dieser Bemerkung zeigte sich die zunehmende gesellschaftspolitische Akzentuierung der Kulturpolitik. Gleichheit der Chancen heißt die Forderung einer in Bewegung geratenen, alte Strukturen abstreifenden Gesellschaft. Im Verfassungsrecht wurde dieser neue Zug, der auch die Kulturpolitik erfaßte, in der Präambel der Weimarer Reichsverfassung angekündigt, in der steht, das deutsche Volk habe sich die Verfassung "von dem Willen beseelt" gegeben, "den gesellschaftlichen Fortschritt zu fördern". In ein Gesetz eingegangen sind diese Vorstellungen zum ersten Mal im Reichsgrundschulgesetz. In der Begründung des Entwurfs eines Gesetzes betreffend die Grundschule und Aufhebung der Vorschule wird als Ziel des Gesetzes der gesellschaftspolitische Zweck angegeben, die Kinder aller Bevölkerungskreise solange wie möglich in der gleichen Schule zu vereinigen (19).

Auch über private Schulen sollte eine Sonderung der Schüler nach den Besitzverhältnissen der Eltern nicht gefördert werden (vgl. Art. 147 WRV). Diese Bestimmungen wandten sich gegen ein bestimmtes Gesellschaftsbild. Die Schule sollte in der Weimarer Republik einer von vornherein für alle festgelegten Klassenschichtung entgegenwirken.

Die Einheitsschule war das große Schlagwort in der Schuldiskussion in der Zeit der Weimarer Reichsverfassung (20), wobei allerdings die Vorstellungen, was unter Einheitsschule zu verstehen sei, auseinandergingen. Doch war es bezeichnend für den beginnenden Wandel der Schul- und Bildungspolitik, daß man in der Einheit der Schule eine wichtige Voraussetzung für die Einheit der Gesellschaft sah. Die Neuordnung des Verhältnisses der einzelnen Klassen und Schichten der Gesellschaft zueinander, zuvor hauptsächlich Aufgaben der Sozialpolitik, wurde jetzt zu einer der Hauptaufgaben der Schule erklärt. Eine Reihe von heute als sensationell empfundenen Vorschlägen wurde schon damals gemacht. Der Bremer Plan beispielsweise greift auf traditionelles sozialistisches Gedankengut zurück. Manche Vorstellungen des Rahmenplanes des Deutschen Ausschusses für das Erziehungs- und Bildungswesen haben in der damaligen Diskussion ihre Wurzeln. Diese Zusammenhänge zeigen auch, daß es bei diesen Reformplänen nicht nur, und nicht einmal primär um pädagogische Fragen geht, sondern daß gesellschaftspolitische Motive dafür entscheidend sind. Daraus erklärt sich auch die Heftigkeit der Auseinandersetzung, die die kulturpolitische Diskussion während der Weimarer

Verfassung noch stärker als heute kennzeichnete und die kaum verständlich wäre, wenn es hierbei nur um pädagogische Probleme ginge.

Die Sozialdemokratische Partei sah in der Schulpolitik vor den anderen Parteien die Möglichkeit, die Gesellschaftsverfassung zu beeinflussen. Sie hatte früh erkannt, daß es in den Schulen und in den übrigen Bildungsstätten nicht nur um die Vermittlung von Wissen und Kenntnissen geht, sondern daß dort die Grundlagen für die künftige Entwicklung und damit das Bild der künftigen Gesellschaft gelegt werden.

Deswegen gingen die Forderungen in dem Programm der SPD, die auch ihren Aktionen und Stellungnahmen in Parlament und Regierung zugrundelagen, viel weiter als die anderer Parteien. Den sozialdemokratischen Forderungen auf dem Gebiet der Schule lagen die Bestrebungen zugrunde, die überkommene Gesellschaftsstruktur zu ändern. Dazu sollte die Volksschulpflicht verlängert werden. Verlängert werden sollte nach sozialistischen Vorstellungen ferner auch die Grundschule, auf die sich dann eine verkürzte Oberschule aufbauen sollte. Staatliche Erziehungsbeihilfen sollten allen Schichten des Volkes die gleichen Bildungschancen einräumen. In der Einbeziehung der Arbeit in die öffentliche Erziehung sah die SPD einen wichtigen Programmpunkt, weil dadurch die Jugend mit der Arbeitswelt vertraut gemacht werden sollte (21). Die Privatschule hatte keinen Platz im Konzept der Sozialdemokraten, weil sie dadurch die Einheitlichkeit des Schulaufbaus und damit auch die Einheitlichkeit der Gesellschaft durchkreuzt sahen (22).

Durch das Reichsgrundschulgesetz wurde die Volksschule als Schule der Gesamtbevölkerung obligatorisch. Mit der Einführung der allgemeinen Schulpflicht (in Preußen seit 1717) war ursprünglich beabsichtigt worden, neben einem allgemeinen Unterrichtszwang auch die gemeinsame Erziehung und Bildung der Kinder aller Volksschichten zu erreichen (23). Bis 1920 jedoch waren "private Vorschulen" möglich und auch die Regel. Diese Vorschulen hatten die Aufgabe, die Schüler auf den Besuch der Gymnasien vorzubereiten, und galten mehr oder weniger als die Schulen der Kinder der "besseren Stände". Eine der Hauptaufgaben der Volksschule sollte es aber sein, allen Kindern die Erfahrung des gesamtgesellschaftlichen Zusammenlebens zu vermitteln. Die Volksschule sollte und soll "embryonic community life" (John Dewey) oder "Staat im Kleinen" sein (24). Praktisch wurde diese Forderung erst durch den Erlaß des Reichsgrundschulgesetzes in Deutschland verwirklicht. Der Umstand, daß die Volksschule durch dieses Gesetz von einer "Schule des niederen Volkes" zur "Schule der Gesamtbevölkerung" geworden ist, ist für die gesellschaftliche Struktur von sehr großer Bedeutung (25).

3. Die gesellschaftspolitische Bedeutung der Kulturpolitik in totalitären Regimen

Besonders deutlich zeigt sich die gesellschaftspolitische Bedeutung der Kulturpolitik - vor allem der Schulpolitik - in totalitären Regimen. So hat die Schule im Dritten Reich die Aufgabe, die Jugend im nationalsozialistischen Sinn zu erziehen. Dazu hatte die Erziehungsarbeit in den Schulen, wie die kulturpolitische Arbeit überhaupt, nach dem Willen der

Machthaber "auf dem Boden der nationalsozialistischen Revolution" zu stehen (26).

Das Gesetz betreffend die Grundschulen und Aufhebung der Vorschulen vom 18. 4. 1936 führt in seiner Begründung aus, daß der Fortbestand privater Vorschulen mit den Anforderungen einer einheitlichen nationalsozialistischen Jugenderziehung unvereinbar sei. Die dadurch erzielte konfessionelle oder standesmäßige Sonderung der Schüler widerspreche nämlich der nationalsozialistischen Volksgemeinschaft (27). Die Schulpflicht hatte die "Erziehung und Unterweisung der deutschen Jugend im Geiste des Nationalsozialismus" zu sichern (28). Die Neugliederung der Gesellschaft, die Heranbildung einer neuen, dem Regime genehmen Führerschicht, die Durchdringung des ganzen Volkes mit der nationalsozialistischen Rassenideologie - das waren Ziel und Aufgabe der nationalsozialistischen Kulturpolitik. Damit hatte die Kulturpolitik in erster Linie die Aufgabe, Gesellschaftspolitik zu sein.

Diese Erscheinung kann in allen totalitären Staaten beobachtet werden. So bezeichnet es Wolfgang Leonhard (29) als die Aufgabe der bolschewistischen Kulturrevolution, zwar die Werte aus dem kulturellen Erbe der Vergangenheit zu übernehmen, gleichzeitig aber alles, was gegenüber der sozialistischen Gesellschaft schädlich und reaktionär ist, auszuschalten. Kultur mußte dazu Allgemeingut werden. Die bürgerliche Ideologie und der reaktionäre Einfluß der Kirchen mußten daher beseitigt werden. Ein wichtiger Bestandteil der Kulturrevolution war die Umwandlung der Schulen in ein Instrument sozialistischer Erziehung. Ein neues Volksbildungssystem wurde geschaffen mit dem Ziel, Klassenunterschiede zu beseitigen und Menschen heranzubilden, die hauptsächlich auf der Grundlage polytechnischer Ausbildung fähig sind, am sozialistischen Aufbau mitzuwirken. Eine wichtige kulturpolitische Aufgabe war die Bildung einer neuen aus dem Volk hervorgegangenen Intelligenz, die auf der Seite der sozialistisch-sowjetischen Revolution stand (30).

4. Die Bedeutung der Kulturpolitik für die Gestaltung der Gesellschaft in den westlichen Demokratien

Auch in den modernen westlichen Demokratien gewinnt die Kulturpolitik für die Gestaltung der Gesellschaft eine ständig wachsende Bedeutung. Das Grundgesetz spricht zwar nicht vom "gesellschaftlichen Fortschritt", jedoch besagt der in Art. 20 I und Art. 28 I verankerte Grundsatz der Sozialstaatlichkeit, daß der Staat nach den Grundsätzen der sozialen Gerechtigkeit aufgebaut sein soll (31). Die Verpflichtung zur Verwirklichung der sozialen Gerechtigkeit richtet sich nicht nur auf eine Korrektur im Rahmen der bestehenden Verhältnisse, sie enthält vielmehr auch "ein evolutionäres, gestaltendes Moment" (32).

So verstanden, setzt das Grundgesetz die Tradition der WRV fort, Maunz sieht in dem Prinzip der sozialen Gerechtigkeit mit Recht jenes Verteilungsprinzip, "das jeder Schicht oder Gruppe in der Bevölkerung die ihr zukommenden Rechte einräumt", insbesondere auch die kulturelle Lebensfähigkeit aller Bevölkerungsschichten auf einem angemessenen Niveau hält (33). Zur Verwirklichung des Prinzips der sozialen Gerechtigkeit gehört auch, daß jedem jungen Menschen eine seiner Begabung und Erziehung entsprechende Bildung ermöglicht wird, die später über seine Stellung in der Gesellschaft den Ausschlag gibt (34).

Eine Reihe von Länderverfassungen erklären dementsprechend ausdrücklich, daß "jeder junge Mensch ohne Rücksicht auf Herkunft oder wirtschaftliche Lage das Recht auf eine seiner Begabung entsprechende Erziehung und Ausbildung hat" (35).

Die Studentenförderung nach dem Honnefer Modell hat zum Ziel, begabten und bedürftigen Studenten über wirtschaftliche Hinderungsgründe hinweg das Studium zu ermöglichen oder zu erleichtern. Bund und Länder bemühen sich auf diese Weise gemeinsam um die Verwirklichung der "gleichen Startchance" für alle jungen Menschen. Der Bundestag beschäftigte sich wiederholt mit dieser Frage. Es war eine allgemeine, unwidersprochene Forderung, daß jeder begabte junge Mensch die Möglichkeit einer seiner Begabung entsprechenden Ausbildung und auch die Möglichkeit sozialen Aufstiegs erhalten solle. So forderte am 24. März 1960 der Bundestagsausschuß für Kulturpolitik und Publizistik die Bundesregierung auf, sie solle die Verwirklichung des Grundsatzes der gleichen Chancen für jeden jungen Menschen beim Zugang zu weiterführenden Schulen und Hochschulen sichern (36).

Am 8. 4. hat der Deutsche Bundestag die Bundesregierung einstimmig ersucht, einen Entwurf zu einem Gesetz über die Gewährung von Berufsausbildungs- und Erziehungsbeihilfen vorzulegen (37).

Im Mai 1962 brachte die SPD-Bundestagsfraktion den Entwurf eines Gesetzes über Ausbildungsförderung im Bundestag ein (38), wonach für jede Art der Ausbildung ähnlich dem Honnefer Modell staatliche Ausbildungsbeihilfen bezahlt werden sollten. Darin zeigt sich ebenfalls, daß in wichtigen Fragen zwischen Sozialpolitik und Kulturpolitik enge Beziehungen bestehen. Je mehr sich die Sozialpolitik nicht nur des Schutzes und der Sicherung der in abhängiger Arbeit stehenden Bevölkerungskreise annimmt und sich nicht nur auf "Maßnahmen, die auf eine Ausschaltung sozialer Schäden im Rahmen einer bestehenden Sozialordnung abzielen", beschränkt, sondern "in weiterem Sinn Sozialreform" bedeutet (39), desto enger berührt sie sich mit der Kulturpolitik. Denn an diesem Vorgang der Sozialreform ist die Kulturpolitik, insbesondere die Schulpolitik, intensiv beteiligt. Die Schaffung einer gerechten Sozialordnung ist eines der Hauptanliegen auch der modernen Bildungspolitik. So stellt Pöggeler folgerichtig fest: "Sozialreform und Schulreform entsprechen sich, gehören zusammen und müssen als Ganzes geleistet und gedeutet werden" (40).

5. Gesellschaftspolitische Schlüsselfunktion von Schule und Bildung

Die Umschichtung und Nivellierung der Gesellschaft im Gefolge der Erschütterungen während der letzten Jahrzehnte und die Entwicklung zur modernen Industriegesellschaft, die Degradierung des sozialen Status zu einem bloßen Einkommensunterschied brachten es mit sich, daß weitgehend nicht mehr Herkunft und Besitz, sondern fachliche Qualifikationen über künftige Stellung und Rang des jungen Menschen in der Gesellschaft entscheiden.

Der Beruf ist zum Maßstab der sozialen Differenzierung unseres Volkes geworden (41). Der Schule und Hochschule kommt damit die entscheidende Funktion für den Aufbau und die Zusammensetzung der künftigen Gesellschaft zu (42). Helmut Schelsky bezeichnet deswegen die Schule von heute als "sozialen Filter", als die "entscheidende zentrale, soziale Dirigierungsstelle für die künftige soziale Sicherheit, für den künftigen sozialen Rang und für das Ausmaß künftiger Konsummöglichkeiten" (43). Schule und Bildung haben heute eine gesellschaftspolitische Schlüsselfunktion. Die Maßnahmen des Staates auf dem Gebiet der Erziehung und Bildung sind damit gesellschaftspolitische Maßnahmen ersten Ranges geworden (44).

Martin warnt vor einer Überschätzung der Möglichkeiten des Bildungswesens. Nach seiner Ansicht ist das Bildungswesen kein Allheilmittel gegen die Krankheiten der Gesellschaft, und bei all seiner sozialen Bedeutung sollte es auch nicht zu sehr in den Bereich der Sozialpolitik (und damit der Gesellschaftspolitik) hineingezogen werden. Auch wenn die Bildung kein Privileg mehr sei, könne keine Gesellschaft der Gebildeten entstehen, denn die Abstufung verschiedener Gesellschaftsgrade entspreche den natürlichen Verschiedenheiten der Menschen und sei selbst ein Teil der gesellschaftlichen Ordnung und Kultur (45). H. Becker fordert deshalb, daß bildungspolitische Entscheidungen auf den Ergebnissen sorgfältiger Sozialforschung aufbauen müßten. Während das ständische Selbstbewußtsein keine gesellschaftswissenschaftlichen Betrachtungen notwendig gehabt habe, erfordere in unserer Zeit der gesellschaftliche Wandlungsprozeß Bildungspolitik. Die Frage, wie dies gerecht und ohne bildungsfeindliche Zerstörung aller Überlieferungen geschehen könne, setze eine sorgfältige gesellschaftliche Analyse voraus, die es bisher nicht gebe (46).

6. Kulturpolitik in der "Freizeitgesellschaft"

Die technisch industrielle Entwicklung wird voraussichtlich in Zukunft den Raum der arbeitsfreien Zeit noch mehr vergrößern. Für die nächste Generation kann die heute teilweise geforderte 4-Tage-Woche bereits eine Selbstverständlichkeit sein. Die Freizeit ist dann größer als die Arbeitszeit. Schelsky meint, "daß die Fragen der Freizeit zu dem wahrscheinlich wesentlichsten Strukturproblem der kommenden Gesellschaft werden" (47). Er weist zu recht darauf hin, daß es falsch wäre anzunehmen, daß die Freizeit des Menschen in unserer Gesellschaftsverfassung sein völlig privater Lebensraum wäre, in dem er sich frei von anderen Verpflichtungen nach seiner eigenen Entscheidung in voller persönlichen Freiheit bewegen könne (48).

Zwar entrinnt der moderne Mensch für einige Zeit dem Herrschaftsbereich des industriell-bürokratischen Produktionsvorgangs, doch dann gerät er um so gründlicher in den Herrschaftsbereich des modernen Konsums, der ihm vorschreibt, welchen Konsumpflichten er zu gehorchen habe. Damit findet er in der Freiheit wieder nicht zu sich selbst, ja, dieser zweite vom Konsum her gesteuerte Selbstentfremdungsprozeß kann noch intensiver sein als der der Fließbandarbeit. Die Bildungsgüter einer vergangenen Generation werden von den Massenmedien und der Unterhaltungsindustrie als Konsumartikel angeboten und von den Verbrauchern ohne große innere Anteilnahme genossen (49).

Die Menschen, die in der Welt von Morgen leben werden, besuchen heute die Schulen. Das heutige Schul- und Bildungswesen müßte darauf eingestellt sein, Menschen zu erziehen, die über mehr als die Hälfte ihrer Zeit als Freizeit verfügen. Unsere Kulturpolitik hat sich jedoch noch nicht einmal auf die Auswirkungen der fünf-Tage-Woche eingestellt. Es kann jedoch für die Entwicklung der künftigen Gesellschaft nicht gleichgültig sein, ob ihre Mitglieder, unfähig zu eigener Schöpfung und aktiver Beschäftigung mit den Werten der Kultur, als reine Verbraucher das Opfer billiger Zerstreuung werden. Wo die Fähigkeit und das Interesse, sich mit den Fragen und Notwendigkeiten unserer Zeit auseinanderzusetzen, schwindet, sind der Massenverführung und der politischen Demagogie alle Möglichkeiten geöffnet.

Der Erwachsenenbildung kommt in diesem Zusammenhang eine besondere Bedeutung zu (50). Das durch sie bei der Arbeit mit religiösen, sozialen und staatsbürgerlichen Themen geweckte Interesse und Verantwortungsbewußtsein sind von großer gesellschaftspolitischer Bedeutung. Die allgemeine Kulturpflege kann dazu beitragen, daß das Verständnis für die großen Kulturleistungen geweckt wird und das eigene Bemühen um sie an die Stelle des unterschiedslosen, dem Sozialprestige verpflichteten Konsums tritt. Besondere Anstrengungen der Kulturpolitik sind nötig, wenn nicht die Freizeit zum alleinigen Markt einer gegenüber keinen Werten verpflichteten, die Sensationsgier und Triebinstinkte befriedigenden und letztlich verantwortungslosen Unterhaltungs- und Zerstreuungsindustrie werden soll.

Das Problem der Freizeit zeigt die zentrale Stellung der Kulturpolitik, deren Auswirkungen vor allen anderen politischen Maßnahmen das künftige Bild unserer Gesellschaft beeinflussen. Nicht eine Vielzahl einzelner Aufgaben und partieller Maßnahmen auf dem Gebiet der Erziehung, Kunst und Wissenschaft, die kaum einen inneren Zusammenhang erkennen lassen, machen das Wesen der Kulturpolitik aus, sondern die Sorge um die gesamte Verfassung unserer Gesellschaft. Die Aufklärung geistiger Entwicklungen und ihrer Folgen, die steuernde Einflußnahme auf diese Entwicklung, die im politischen Alltag ständig notwendige Klarlegung der verbindlichen Werte und die Orientierung aller Politik an ihnen - all das ist Sache der Kulturpolitik. In diesem weiten Sinne ist Kulturpolitik nicht nur eine politische Teildisziplin, sondern ein durchgängiger Grundzug aller Politik. Diese gesellschaftspolitische Bedeutung der Kulturpolitik spricht ebenfalls für eine Mitwirkung des Bundes an den wichtigsten kulturpolitischen Fragen. Denn die künftige Verfassung unserer Gesamtgesellschaft und ihre Stellung in der Gemeinschaft der Nationen der ganzen Welt müssen Gegenstand der Sorge aller politisch Verantwortlichen sein.

1) So trägt das Heft Nr. 66 der "Offenen Welt" den Untertitel Gesellschaftspolitik. Das Heft enthält Beiträge über Wirtschaftspolitik, Sozialpolitik, Bildungsfragen und sogar über Außenpolitik, in keinem der Artikel wird der Begriff der Gesellschaftspolitik aber näher erläutert. In seinem Buch "Sozialpolitik als Gesellschaftspolitik" befaßt sich Achinger mit den gesellschaftlichen Ursachen der Sozialpolitik und mit der gestaltenden Wirkung der entfalteten Sozialpolitik, sagt aber ebenfalls nicht ausdrücklich, was er unter Gesellschaftspolitik versteht.
2) Gesellschaftspolitik der Harmonie in: Die politische Meinung 1963 (88) S. 37.
3) Gesellschaftspolitik unserer Zeit, Vortrag vor der Bundesvereinigung der deutschen Arbeitgeberverbände 1959.
4) In: Gesellschaftspolitik: Sozialpolitik-Volkswohlfahrtspolitik, Schmollers Jahrbuch 81 (Heft 4) S. 2 ff., insbesondere S. 34.
5) In: Wörterbuch der Politik, 1. Heft, Zur christlichen Gesellschaftslehre, Spalte 39-42.
6) vgl. dazu Hans Achinger, Sozialpolitik als Gesellschaftspolitik. - Von der Arbeiterfrage zum Wohlfahrtsstaat, Hamburg 1958, S. 161.
7) so Werner Schütz, Kulturpolitik und Sozialpolitik in ihrer Wechselwirkung, in: Brennpunkte der Kulturpolitik, Stuttgart 1960, S. 35.
8) so auch Achinger, Sozialpolitik... S. 57 ff.
9) Ludwig Heyde, Abriß der Sozialpolitik, Heidelberg 1959, S. 12 ff; Ludwig Preller, Sozialpolitik, Tübingen 1962, S. 190 ff.; Max Weber: Zum Begriff Sozialpolitik, in: Festschrift für Alfred Amonn zum 70. Geburtstag, S. 167 ff.
10) Preller, Sozialpolitik, S. 93.
11) Preller ebd. S. 201 ff.; Der Große Herder Bd. 8, Februar 1958, Spalte 854; Schütz Kulturpolitik und Sozialpolitik... S. 35.
12) vgl. Schütz, ebd. S. 34/35.
13) Helmut Schelsky, Schule und Erziehung in der industriellen Gesellschaft, Würzburg 1957, S. 12; Hellmut Becker weist ebenfalls darauf hin, daß das westeuropäische Bildungssystem in seiner bisherigen Entwicklung im wesentlichen ständisch orientiert war, in: Sozialforschung und Bildungspolitik, Zeitschrift für Politik, NF 6, 1959 S. 218 ff., 220 f.
14) Neben dem Wegfall der ständischen Ordnung trägt auch die Verwissenschaftlichung unseres Lebens dazu bei, den Wert der persönlichen Fähigkeiten und Kenntnisse zu erhöhen, so mit Recht Becker, Sozialforschung..., besonders S. 229.
15) Allgemeine Ansicht, vgl. auch Max Weber zum Begriff Sozialpolitik in: Festschrift für Ammon... S. 167 ff., 169; Heyde, Abriß... S. 12 ff.; Preller, Sozialpolitik S. 190 ff.
16) So schilderte der Abgeordnete Dr. Schreiber vor dem Reichstag die Notsituation des wissenschaftlichen Nachwuchses und wies auf die daraus resultierende Gefahr einer schweren Erschütterung der ideellen und technischen Grundlagen unserer Kultur und einer Minderung unserer Erzeugung hin. Er führte aus, daß das Schwinden der wissenschaftlichen Lebenskraft eine geistige Verarmung und in ihrem Gefolge eine Zerrüttung unserer Wirtschaft und unserer geistigen Kultur mit sich bringe: Reichstagsprotokoll v. 15. 11. 1922, Bd. 357, S. 8985.
17) vgl. Interpellation v. 16. Oktober 1922, Drucksache Nr. 5052, Reichstagsprotokolle, Anlagen, 1920, Bd. 375, S. 5495; Reichstagsprotokolle, 267. Sitzung 15. 11. 1922, Bd. 357, S. 8985.
18) Abg. Heydemann am 15. 11. 1922, 267. Sitzung, Bd. 357, S. 9003 ff.
19) Verhandlung der Verfassungsgebenden Deutschen Nationalversammlung, Bd. 341 Berlin 1920, Anl. Nr. 2319, S. 2515. Das Reichsgrundschulgesetz erging nach dem Grundgedanken des Art. 146, I WRV, der bestimmte: "Auf einer für alle gemeinsamen Grundschule baut sich das mittlere und höhere Schulwesen auf. Für die Aufnahme eines Kindes in eine bestimmte Schule sind seine Anlage und Neigung, nicht die wirtschaftliche und gesellschaftliche Stellung oder das Religionsbekenntnis seiner Eltern maßgebend."
20) vgl. Lohmann, Schulprogramm der Sozialdemokratie... S. 47; vgl. ferner Seyfert, Protokolle der Nationalversammlung 1919, Bd. 328, S. 1687 und Luppe ebd. 1705. vgl. ferner: Die Reichsschulkonferenz 1920, Amtlicher Bericht, Leipzig 1929.

21) Damit sollte zugleich auch in der Jugend die Grundlage für die Sozialisierung des Wirtschaftslebens gelegt werden.

22) Lohmann, Schulprogramm der Sozialdemokratie... S. 47, 65, 67, 71. - Die übrigen Parteien der Weimarer Republik waren in diesen Fragen in ihren Programmen und Aktionen wesentlich zurückhaltender. Keine der rechts von der Sozialdemokratie stehenden Parteien forderte eine ähnliche Vereinheitlichung des Schulwesens. Das Zentrum und die Deutschnationale Partei traten vielmehr für eine Gliederung des Schulwesens nach konfessionellen Gesichtspunkten und für eine möglichst zahlreiche Errichtung von Privatschulen ein. Hier tritt deutlich der gesellschaftspolitisch konservative Grundzug dieser Parteien hervor, die weniger umwälzende Vorstellungen vom Aufbau der Gesellschaft hatten als die Sozialdemokraten. vgl. u. a. Abg. Kröber, Protokoll der Nationalversammlung, 60. Sitzung, Bd. 328, S. 1684.

23) Franz Pöggeler, Kulturpolitik als Sozialpolitik, in: Ordo Socialis 1962, Nr. 4, S. 153.

24) John Dewey, Schule und Demokratie (Deutsche Übersetzung), Braunschweig o. J.

25) vgl. Pöggeler in: Ordo Socialis, S. 153.

26) vgl. Joachim Haupt, Neuordnung im Schulwesen und Hochschulwesen 1933, S. 3.

27) RGBl. I, S. 372.

28) Reichsgrundschulgesetz vom 6. 7. 1938, RGBl I, S. 799.

29) Leonhard, Sowjetideologie... Bd. II, 1962, S. 190.

30) Leonhard, ebd. S. 191 f.

31) Bei dem Grundsatz der Sozialstaatlichkeit handelt es sich nicht lediglich um einen programmatischen Verfassungsgrundsatz ohne Aktualisierung. (In diesem Sinne aber Ipsen, Grundgesetz S. 14 186; ähnlich von Mangoldt, Kommentar zum Grundgesetz erste Auflage Anmerkung 2 b zu Art. 20, S. 134; Nawiasky-Leusser, Kommentar zur bayerischen Verfassung, Abs. 1-3 der Erläuterungen zu dem gleichlautenden Art. 3 Bay. Verf., S. 79 f.; Wernicke in: Bonner Kommentar 1 Erl. II 1 zu Art. 20. Der Grundsatz ist auch keineswegs nur ein "Substanzloser Blankettbegriff" (so unrichtig Grewe in: DRZ S. 351). Vielmehr ist dieses Prinzip Staatszielbestimmung und Grundsatz zur Auslegung des bestehenden Rechts; neben der Verwaltung und der Rechtsprechung ist auch die Gesetzgebung gehalten, "bei all ihren Beschlüssen, Maßnahmen und Entscheidungen, den Maßstab der sozialen Gerechtigkeit zu beachten"; so zutreffend Klein, in: von Mangoldt-Klein, Kommentar zum Grundgesetz, 2. Auflage, Anmerkung VII 2 b, 3 zu Art. 20; damit übereinstimmend Maunz, Staatsrecht, 11. Auflage 1962, S. 62 f. und die überwiegende Meinung.

32) Bundessozialgericht in: NJW 58, 1252; Bachof in VVDStrL 12 (1954) S. 39; Andreas Hamann, Das Grundgesetz, Oldenburg 1960, Einführung I D 2, S. 30.

33) Staatsrecht S. 62 f. zustimmend Klein in: Kommentar zum Grundgesetz, Anm. VII 2 b, 3 zu Art. 20.

34) Von Seiten der Gewerkschaften ist ebenfalls darauf hingewiesen worden. "daß der im GG angedeutete... Sozialcharakter gleiche Bildungsmöglichkeiten für alle (beansprucht)"; so Bernhard Tacke, zitiert bei Bielenstein, Die kulturpolitischen Grundsätze der deutschen Gewerkschaften in: Atomzeitalter Heft 10, Okt. 1963, S. 271 ff., 273.

35) vgl. Art. 11 Ba-WüVerf., vgl. ferner Art. 128 Bre. Verf., Art. 6 Berl. Verf., Art. 6 NRWVerf. u. Art. 59 HeVerf., abgedruckt bei Theo Tupetz, Brauchen wir ein Ausbildungsförderungsgesetz? in Hochschuldienst XV, Nr. 11, 1962, Sonderdruck S. 1.

36) vgl. Anl. z. Protokoll des Bundestagsausschusses für Kulturpolitik, Nr. 22 vom 24. 4. 1960.

37) Dargestellt bei Tupetz, Ausbildungsförderungsgesetz...

38) Bundestagsdrucksache IV - 415 v. 17. 5. 1962.

39) vgl. Achinger, Sozialpolitik... S. 161; Der Große Herder, Bd. 8, 1956, Spalte 854; anderer Ansicht Nell-Breuning in: Wörterbuch der Politik, 1. Heft zur christlichen Gesellschaftslehre, Spalte 41, der den Begriff der Sozialpolitik enger faßt.

40) Pöggeler, in: Ordo Socialis, S. 154.

41) Berthold Martin bezeichnet deshalb unsere Gesellschaftsordnung als "Berufsgesellschaft": Kulturpolitik und Berufsbildung, in: Wirtschaft und Berufserziehung 12, 1960, S. 204 f.

42) Nach Burgbacher beginnt die Gesellschaftspolitik in Familie und Schule. Seiner

Meinung nach sollte vor allem in der Schule den Aufgaben der Gesellschaftspolitik größere Aufmerksamkeit zugewandt werden. Es ist jedoch unangebracht, in der Schule nur ein gesellschaftspolitisches Instrumentarium zu sehen, das den wechselnden politischen Richtungen zur Verwirklichung ihres Gesellschaftskonzepts dienen soll. In diesem Sinne wohl Martin, Berufsbildung... S. 206.

43) Schelsky, Schule und Erziehung... S. 17. Schelsky analysiert in einer für den Deutschen Ausschuß für das Erziehungs- und Bildungswesen ausgearbeiteten Denkschrift die Rolle der Schule in unserer Gesellschaftsverfassung, a.a.O., S. 9 ff.

44) Auf diese Funktion von Schule und Bildung wird auch in Heft 66 der Offenen Welt hingewiesen (in: Gesellschaftspolitische Perspektiven der Wipog-Arbeit, ohne Verfasserangabe, S. 112 f.)

45) Martin, Berufsbildung... S. 206.

46) Becker, Sozialforschung S. 218 ff.

47) ebenso Thielicke, Freizeit wozu? in: Unser Verhältnis zur Arbeit, Heidelberger Studio (eine Vortragsreihe 1960), S. 151 ff. Während nach Thielicke der erste Akt des Sozialkampfs das Ringen für die Chancen der Menschlichkeit gewesen sei, gehe es im zweiten Akt dieses Kampfes um die Ausnutzung dieser Chancen. Zu diesen Chancen gehöre auch die Art und Weise, wie die durch den Sozialkampf errungene Freizeitverkürzung verwendet würde. Wenn diese Chance nicht genützt werde, dann sei auch der erste Akt jenes Kampfes vergeblich gewesen (ebd. S. 160).

48) in: "Beruf und Freizeit als Erziehungsziele in der modernen Gesellschaft" (Schelsky, Schule und Erziehung... S. 72)

49) Gegen die Ansicht, daß Demokratisierung und Massenproduktion von Kulturwerten zu einer allgemeinen Senkung des Kulturniveaus geführt hätten, hat sich Francis gewandt. (Soziale Auswirkungen der Arbeitszeitverkürzung in: Arbeitszeit und Freizeit, Nürnberger Hochschulwoche 8.-10. Februar 1961, S. 131 ff.) Seiner Meinung nach sollte man bezüglich dieser Entwicklung nicht allzu pessimistisch sein (a.a.O., S. 142 f.)

50) vgl. Alois Schardt, Erwachsenenbildung im demokratischen Staat, in: Erziehung, Bildung, Ausbildung, Bonn 1961.

Kapitel 8: Kulturpolitik zwischen Verfassungsrecht und Verfassungswirklichkeit

I. Überblick über die Entwicklung

1. Entwicklung im Deutschen Reich von 1871

a) Die verfassungsrechtliche Entwicklung des Deutschen Reiches war von Anfang an dadurch gekennzeichnet, daß der Schwerpunkt der Kulturpolitik, sowohl was die Gesetzgebung als auch was die Verwaltung anbelangte, bei den Gliedstaaten lag. Die Reichsverfassung vom 16. 4. 1871 enthielt keine kulturpolitischen Zuständigkeiten für das Reich. Schon die Verfassung des Norddeutschen Bundes hatte die Kompetenzen für Kunst und Wissenschaft und für das Schul- und Hochschulwesen den Einzelstaaten belassen müssen. Die Rechte und Pflichten des Deutschen Reiches umfaßten nur die Zuständigkeiten in politischen, wehrpolitischen, wirtschaftspolitischen und verkehrspolitischen Fragen (vgl. Art. 2-4). Der Schutz geistigen Eigentums (Art. 4, Ziffer 6) und das Pressewesen (Art. 4, Ziffer 16) gehörten ebenfalls zur Zuständigkeit des Reiches.

Der überwiegende Teil der innenpolitischen Fragen - vor allem die Kultur- und Schulpolitik - verblieb den einzelnen zum Deutschen Reich gehörenden Staaten. Seit dieser Zeit gilt die Kultur- und Schulpolitik in Deutschland als Domäne der Landespolitik (1).

b) Dennoch befaßte sich das Reich früh mit kulturpolitischen Angelegenheiten. So gründete es eine Reihe wissenschaftlicher Institute, die sich nicht nur auf die ressorteigene Forschung beschränkten. Das Reichsgesundheitsamt und die Physikalisch-Technische Reichsanstalt z. B. betrieben bald eine breit angelegte Forschung. Daneben gab das Reich finanzielle Unterstützungen für private Forschungsinstitute und für größere private wissenschaftliche Unternehmungen (2).

c) Im Reichstag wurde immer wieder hervorgehoben, daß die kulturpolitischen Angelegenheiten Sache der Einzelstaaten seien, daß das Reich unter gewissen Voraussetzungen jedoch ebenfalls kulturpolitisch aktiv werden könne. Bezüglich der kulturpolitischen Repräsentation des Reiches gegenüber dem Ausland bestand die einhellige Ansicht, daß diese in die Zuständigkeit des Reiches gehören würde (3). Im Inland sollte das Reich jeweils dann kulturpolitische Zuständigkeiten besitzen, wenn der Aufwand oder die Auswirkungen eines kulturpolitischen Unternehmens über die Grenzen eines einzelnen Staates hinausreichen (4). Teilweise wurde bereits in der Allgemeinheit des Interesses eine ausreichende Rechtfertigung für eine kulturpolitische Betätigung des Reiches erblickt (5).

Die Reichsregierung vertrat den Standpunkt, daß das Reich immer dann kulturpolitische Aufgaben zu übernehmen habe, wenn es sich um die Frage der internationalen Repräsentation von Kunst und Wissenschaft handele oder wenn die Voraussetzungen für das Unternehmen in allen deutschen Staaten vorhanden seien und wo der Zweck des Unternehmens allen deutschen Staaten zugute kommen könne (6).

2. Entwicklung in der Weimarer Republik

a) Ebenso wie in der Verfassung von 1871 waren auch in der Weimarer Reichsverfassung von 1919 die Zuständigkeiten des Reiches festgelegt und begrenzt. Das Reich war nur für diejenigen Angelegenheiten zuständig, die die Reichsverfassung ihm zuwies (7). Eine Verfassung jedoch, die sich zum Ziel setzte, "den gesellschaftlichen Fortschritt zu fördern", mußte sich auch kulturpolitischen Fragen widmen. Die Verfassung von 1919 hat keine geschlossene Kulturordnung vorgezeichnet. An mehreren Stellen nimmt sie zu einzelnen kulturellen Fragen Stellung und schafft dadurch einen gewissen kulturellen Verfassungsrahmen.

Nach Artikel 6, Ziffer 1 ist das Reich zuständig für die ausschließliche Gesetzgebung über die Beziehungen zum Ausland (8). Damit gehört auch die Auslandskulturpolitik als Teil der auswärtigen Beziehungen zur Zuständigkeit des Reiches. Zur konkurrierenden Gesetzgebungszuständigkeit des Reiches gehörten das Pressewesen (Art. 7, Ziffer 6 WRV) und das Theater- und Lichtspielwesen (Art. 7, Ziffer 20 WRV) (9).

Das Reich war ferner zuständig für die Grundsatzgesetzgebung über die Rechte und Pflichten der Religionsgesellschaften (Artikel 10, Ziffer 1 WRV) und das Schulwesen, Hochschulwesen und das wissenschaftliche Büchereiwesen (Artikel 10, Ziffer 2 WRV). Darin liegt eine wichtige Kompetenzerweiterung gegenüber dem früheren Recht, wonach beide Bereiche Landessache waren (10). Im Abschnitt IV der Verfassung befanden sich Grundsätze über Bildung und Schule. Darin wurde auch für die Kulturordnung und Gliedstaaten ein Rahmen festgelegt. Nach Art. 146 II WRV sollte ein Reichsgesetz Grundsätze für die bekenntnismäßige Gliederung des Schulwesens aufstellen.

b) Das Reich hat jedoch diese Möglichkeiten nicht ausgenützt. Das Reichsgrundschulgesetz vom 18. April 1920 blieb das einzige Gesetz, das vom Reich auf dem Gebiet des Schulwesens erlassen wurde. Die rechtlichen Möglichkeiten, die die Weimarer Verfassung dem Deutschen Reich auf dem Gebiet des Schul- und Hochschulwesens bot, gingen weit über die politischen Möglichkeiten des Reichstages und der Reichsregierung hinaus. Die innere Gestaltung der Schulen und Hochschulen, besonders die konfessionelle Gliederung des Schulwesens und die Stellung des Elternrechts, sind von weltanschaulichen Grundvorstellungen abhängig und damit typische Fälle einer wertbezogenen Kulturpolitik. Wie sich herausstellte, waren die gemeinsamen geistigen Grundlagen der Weimarer Parteien jedoch zu gering, als daß sie sich mit einer tragfähigen Mehrheit über die Grundsätze des Schul- und Hochschulwesens hätten einigen können (11).

Fragen der Wissenschaftsförderung haben bei der Schaffung der Weimarer

Reichsverfassung kaum eine Rolle gespielt. Die Verhandlungen zwischen den Parteien über den Verfassungsinhalt beschäftigten sich hauptsächlich mit Schulfragen. So finden sich in der Weimarer Reichsverfassung keine ausdrücklichen Bestimmungen, die dem Reich eine Zuständigkeit auf dem Gebiet der Wissenschaft und Kunst einräumten. Dennoch setzte das Reich auch ohne verfassungsrechtliche Zuständigkeit die Tradition des Kaiserreiches auf dem Gebiet der Wissenschaft und Kunst fort. Im Innenministerium und im Auswärtigen Amt entstanden dafür besondere Kulturabteilungen. Seit 1920 wurden ohne Festlegung der Zweckbestimmung Mittel zur "Förderung wissenschaftlicher und künstlerischer Zwecke" in den Reichshaushalt aufgenommen, damit dem Reich dadurch ermöglicht werde, sich aus eigener Initiative kulturpolitisch zu betätigen (12). Es kam deswegen nie zu ernsthaften Auseinandersetzungen über Zuständigkeitsfragen. Nach dem Krieg erfolgte der Auf- und Ausbau der alten wissenschaftlichen Reichsanstalten der Kaiserzeit. Neue Reichsanstalten wie das Reichsarchiv und die Chemisch-Technische Reichsanstalt kamen hinzu. Die deutschen wissenschaftlichen Reichsinstitute erlebten eine Blütezeit. Die Finanzierung der Notgemeinschaft der deutschen Wissenschaft erfolgte hauptsächlich durch das Reich. Außerdem war das Reich an der Finanzierung der Kaiser Wilhelm-Gesellschaft beteiligt. Als in der Not der Nachkriegszeit eine materielle Unterstützung der Studenten erforderlich wurde, sprang das Reich auch hier ein und betrat damit ein ganz neues Feld der Kulturpolitik. Daneben unterstützte das Reich noch zahlreiche weitere kulturelle Einrichtungen und Unternehmungen.

Unter der Weimarer Reichsverfassung deckte sich demnach die politische Wirklichkeit mit dem Wortlaut der verfassungsrechtlichen Kulturordnung ebensowenig wie im Kaiserreich. Auf der einen Seite konnte das Reich von den in der Verfassung gegebenen Kompetenzen keinen Gebrauch machen, da die politischen Parteien sich nicht auf einen Kompromiß einigen konnten, auf der anderen Seite entfaltete es eine breite kulturpolitische Aktivität, ohne dafür eine verfassungsrechtliche Grundlage zu besitzen. In den Debatten im Reichstag waren sich alle politischen Parteien darin einig, daß diese kulturpolitische Aktivität des Reiches nicht außerhalb seiner Zuständigkeit liegt (13).

3. Entwicklung im Dritten Reich

Die Machtergreifung durch die Nationalsozialisten brachte einen tiefen Einschnitt in die kulturpolitische Entwicklung des Reiches. Obwohl eine neue geschriebene Verfassung nicht erlassen wurde, wurde die Weimarer Verfassung Schritt für Schritt ausgehöhlt (14). An ihre Stelle trat eine neue Verfassungsordnung, die nicht in einer geschriebenen Verfassung festgelegt wurde. Die politischen Leitgedanken waren: der völkische Gedanke, das Rassenprinzip, die autoritäre Führung, die Idee des Volksstaates und die Begriffe Blut und Boden (15).

Aus dieser ungeschriebenen Grundordnung heraus entstanden eine Reihe von Gesetzen, die als die Verfassung näher ausgestaltende Grundgesetze verstanden wurden (16).

Durch eine Reihe von Gesetzen wie das Ermächtigungsgesetz (17), die beiden Gleichschaltungsgesetze, das Gesetz über den Neuaufbau des Reiches (18) und das Reichsstatthaltergesetz wurden der Reichstag völlig entmachtet, die gesetzgebende Gewalt dem Führer übertragen, die Landtage aufgelöst, die Länder ihrer Staatlichkeit entkleidet und zu Verwaltungseinheiten mit einem Reichsstatthalter an der Spitze umgewandelt, die Parteien mit Ausnahme der nationalsozialistischen deutschen Arbeiterpartei (NSDAP) aufgelöst.

Der totale nationalsozialistische Staat hat damit die vielfältige Gliederung auf staatlichem, politischem und gesellschaftlichem Gebiet eingeebnet. Die totale Identifikation des Staates mit allen politischen und gesellschaftlichen Gruppen hat im Wege der Gleichschaltung alle anderen als seine zentralen staatlichen Initiativen und Kompetenzen unterdrückt. Wenn der Wille des Führers oberstes Gesetz ist für alle staatlichen Bereiche, so kann es keinen Gegensatz zwischen Verfassungsrecht und Verfassungswirklichkeit geben, da die staatliche Verwaltung und das politische Leben ebenfalls vom Willen des Führers bestimmt wurden. Da die Länder ihrer Staatlichkeit entkleidet und zu bloßen Verwaltungseinheiten umgewandelt wurden, hat sich daher die Frage erledigt, ob die Wahrnehmung kulturpolitischer Aufgaben einer verfassungsrechtlichen Zuständigkeitsverteilung entspricht.

4. Entwicklung in der Bundesrepublik Deutschland

a) Im Vergleich mit der Weimarer Reichsverfassung von 1919 besitzt der Bund nach dem Grundgesetz von 1949 nur wenige kulturpolitische Zuständigkeiten. Das Grundgesetz läßt sich auf diesem Gebiet geradezu als Ergebnis eines Schrumpfungsprozesses (19) bezeichnen. Die Gesetzgebungszuständigkeiten auf dem Gebiet des Staatskirchen- und Schul- und Hochschulrechts finden sich im Grundgesetz nicht mehr. Ebensowenig gibt es noch eine Bundeszuständigkeit für das Theaterrecht, während die ehemalige Reichskompetenz für Presse und Film nur in Form einer Rahmenkompetenz des Bundes übrigblieb. Der Bund hat nach dem Grundgesetz die konkurrierende Gesetzgebungszuständigkeit für die Förderung der wissenschaftlichen Forschung (Art. 74, Ziffer 13 ff.) (20) und für den Schutz deutschen Kulturgutes gegen Abwanderung in das Ausland (Art. 74, Ziffer 5), sowie die Zuständigkeit für die Rahmengesetzgebung für die allgemeinen Rechtsverhältnisse der Presse und des Films (Art. 75, Ziffer 2), den Naturschutz und die Landschaftspflege (Art. 75, Ziffer 3). Ferner können die Zuständigkeiten auf dem Gebiet des Urheber- und Verlagsrechts (Art. 75, Ziffer 9), der auswärtigen Angelegenheiten und der Bundesstatistik (Art. 73, Ziffer 11) von kulturpolitischer Bedeutung sein (21). Für das Tätigkeitsgebiet der Exekutive gilt entsprechend Art. 30 und 83 GG ebenfalls der Grundsatz der Länderkompetenz, soweit das Grundgesetz keine andere Regelung trifft oder zuläßt.

b) Trotz dieser Zuständigkeitsregelung des Grundgesetzes folgt der Bund dem Vorbild des Reiches und fördert eine Reihe künstlerischer und wissenschaftlicher Unternehmungen. Er beteiligt sich an der Finanzierung wissenschaftlicher Institutionen und ist in ihren Organen vertreten. Er unterhält eigene Forschungseinrichtungen im In- und Ausland und gründete für die Wahrnehmung "seiner wissenschaftlichen Aufgaben" im November 1962 ein besonderes Bundesministerium für Wissenschaft und Forschung. Der Bundestag hat einen besonderen Ausschuß für Kulturpolitik.

Die gegenwärtigen kulturpolitischen Maßnahmen des Bundes zeigen eine für die Kulturpolitik typische Entwicklung. Die Zuständigkeitsverteilung der Verfassung auf dem Gebiet der Gesetzgebung gibt über die wirkliche Gewichtsverteilung im kulturpolitischen Bereich keine Auskunft. Nach der Weimarer Reichsverfassung hatte das Reich eine weitgehende gesetzgeberische Zuständigkeit, von der es jedoch keinen Gebrauch machte. In der Gesetzgebung liegt nicht der Schwerpunkt der Kulturpolitik. Bei den umstrittenen Zuständigkeiten und den politischen Spannungen zwischen Bund und Ländern wäre die Gesetzgebung bei der Mitwirkung des Bundesrates ein viel zu schwieriges, umständliches und wenig Erfolg versprechendes Instrument einer Kulturpolitik des Bundes. Schon deswegen spielt sich die Kulturpolitik hauptsächlich auf der Ebene der nichtgesetzesakzessorischen Verwaltung ab. Hinzu kommt, daß für kein anderes Sachgebiet die Methoden der nichtgesetzesakzessorischen Verwaltung so adäquat und charakteristisch sind wie für die Kulturpolitik. Die Kulturpolitik äußert sich typisch in der Errichtung und Unterstützung von wissenschaftlichen und kulturellen Einrichtungen, in der Bereitstellung von finanziellen Mitteln für kulturelle Zwecke, in der Förderung begabter Studenten, der Aufstellung und Finanzierung von Planungen - um nur einige Beispiele zu nennen. Der Vollzug von Gesetzen spielt demgegenüber eine untergeordnete Rolle. Dabei ist jedoch zu beachten, daß auch die nichtgesetzesakzessorische Verwaltung sich innerhalb der verfassungsrechtlichen Zuständigkeitsgrenzen des Grundgesetzes bewegen muß, wonach jede Art der Bundesverwaltung einer besonderen Ableitung aus dem Wortlaut des Grundgesetzes bedarf (22). Auf dem Gebiet der nichtgesetzesakzessorischen Verwaltung hat der Bund die seiner Verwaltung durch das Grundgesetz gezogenen Grenzen erheblich überschritten (23). Hier scheint sich eine allgemeine Tendenz der Ausweitung der Bundesverwaltung mittels der nichtgesetzesakzessorischen Verwaltung zu zeigen. Damit wird eine traditionelle Entwicklung fortgesetzt. Schon unter der Verfassung von 1871 hat sich die Reichsverwaltung, ohne besondere Zuständigkeit zu besitzen, ständig ausgeweitet. Die Vorwürfe etwa, die gegenwärtig gegen die Kulturabteilung des Innenministeriums erhoben werden, erinnern an die damaligen Berichte vom Entstehen immer neuer Reichsbehörden oder Abteilungen in den Reichsministerien (24).

Die Bemühungen des Bundes auf dem Gebiet der Kulturpolitik riefen von Anfang an den Widerstand der Länder hervor und führten schließlich zu den für die Kulturpolitik in der Bundesrepublik kennzeichnenden Auseinandersetzungen zwischen Bund und Ländern. Die Länder brachten schon im Vorwort des Königsteiner Abkommens vom 31. März 1949 gegenüber dem Bund zum Ausdruck, daß sie "die Förderung der wissenschaftlichen Forschung grundsätzlich als eine Aufgabe der Länder betrachten"(25). Die Kultusministerkonferenz der Länder wies anläßlich der Gründung des Bundestagsausschusses für Kulturpolitik darauf hin, daß kulturpolitische

Fragen zur Zuständigkeit der Länder gehörten. Ebenso brachten die Finanzminister der Länder bei den Beratungen des Bundeshaushalts in den letzten Jahren fast regelmäßig zum Ausdruck, der Bund könne dadurch Einsparungen erzielen, daß er die Kulturpolitik entsprechend der verfassungsrechtlichen Regelung den Ländern überlasse.

Der Bund ließ sich durch diese Stimmen nicht davon abhalten, auf kulturpolitischem Gebiet tätig zu werden. Für kulturelle Zwecke finden sich im Bundesetat zahlreiche ständige Titel. Der Entwurf eines Bundesgesetzes zur Förderung der wissenschaftlichen Forschung, den der Bundesminister des Innern am 5. Mai 1952 vorlegte, ging in seiner Begründung davon aus, daß die Förderung der wissenschaftlichen Forschung durch staatliche Maßnahmen Aufgabe des Bundes und der Länder sei; das Gesetz sollte dem Bund über die bloße Finanzierung der wissenschaftlichen Forschung hinaus die Befugnis sichern, Forschungsinstitute zu errichten und zu übernehmen. Diese Beispiele sind für die Bestrebungen von Bund und Ländern kennzeichnend. Unmittelbar nach dem Urteil des Bundesverfassungsgerichts, das die Verfassungswidrigkeit der Gründung der "Deutschland-Fernseh-GmbH" durch den Bund feststellt, sprachen die Kultusminister der Länder in einer Stellungnahme vom 22. März 1961 die Erwartung aus, daß keine neuen kulturpolitischen Ansätze im Bundeshaushalt ausgebracht werden und daß deren Abbau in dem Maße erfolge, in dem die Länder mit den entsprechenden Mitteln für diese Zwecke ausgestattet werden (26). Ebenso haben die Finanzminister bei den Etatberatungen 1962 den Bund aufgefordert, die Ansätze für kulturpolitische Zwecke im Bundeshaushalt wegen der fehlenden Bundeszuständigkeit zu streichen (27). Der Bundestagsausschuß für Kulturpolitik und Publizistik trat der von den Ländern ausgehenden Forderung nach Ausgliederung der kulturpolitischen Aufgaben aus der Zuständigkeit und Förderung des Bundes entgegen. Ein solcher Schritt würde - so machte der Ausschuß geltend - die gute Zusammenarbeit zwischen Bund, Ländern und Wissenschaftlern im Wissenschaftsrat beeinträchtigen und die Arbeit der Max-Planck-Gesellschaft und der Deutschen Forschungsgemeinschaft erschweren (28).

Das Bundeskultusministerium ist ein regelmäßig wiederkehrender Gegenstand der kulturpolitischen Diskussion, der gern als versteckte Drohung gegen die Länder gebraucht wird. Vor allem in Wahlauseinandersetzungen wird oft ein Kultusministerium gefordert, wie etwa 1961 von der FDP. Am 18. und 19. Juni 1954 stellte die Deutsche Partei im Bundestag den Antrag, die konkurrierende Gesetzgebungszuständigkeit des Bundes auf die einheitliche Regelung des Erziehungs- und Schulwesens auszudehnen und in Ausführung dieser Änderung des Grundgesetzes ein Bundesministerium für Erziehung und Unterricht zu errichten (29). In der darüber geführten Bundestagsdebatte wurde die Zersplitterung der Schulorganisation gerügt; die Schwierigkeiten, die daraus für die Kinder entstehen, die wegen des Umzugs der Eltern von einem Land ins andere die Schule wechseln müssen, wurden als besonderer Mißstand kritisiert; als Abhilfe wurde eine zentrale Regelung vorgeschlagen (30). Die Vertreter der CDU/CSU verweigerten einem Gesetz jedoch die Zustimmung, das die förderative Struktur verändern will, indem es den Ländern den wichtigsten Bereich ihrer Zuständigkeit nimmt.

Auf einen Gesichtspunkt, der für ein Bundeskultusministerium sprechen könnte und der auch im Interesse der Länder liegen könnte, hat Kultusminister Edo Osterloh hingewiesen. Die Arbeit der Ständigen Konferenz der Kultusminister der Bundesrepublik könnte nämlich fruchtbarer gestaltet werden, wenn sie wie die Länderfinanzminister oder die Länderinnenminister auch auf Bundesebene einen kompetenten Gesprächspartner hätten (31).

An dem Zuständigkeitsbereich des Bundes würde sich durch die Gründung eines Bundeskultusministeriums allein noch nichts ändern. Dennoch würden die Länder darin einen Versuch des Bundes sehen, in ihre Zuständigkeit einzudringen. Aus diesem Grunde läßt sich eine Grundgesetzänderung gegenwärtig nicht erreichen, zumal auch innerhalb einzelner Bundestagsfraktionen Bedenken gegen eine solche Verfassungsänderung vorhanden sind.

c) Gleichzeitig mit dem argwöhnisch beobachteten Vordringen des Bundes auf dem Gebiet der Kulturpolitik und teilweise als Abwehrreaktion dagegen griffen die Länder zu einer zunehmenden Selbstkoordinierung ihrer politischen Maßnahmen. Sie wurden sich früh der Tatsache bewußt, daß ihnen die Verfassung keinen Naturschutzpark garantieren würde, sondern daß die föderative Struktur unserer Verfassung ein Spannungsfeld ist, in dem sich die politischen Kräfte auswirken.

Da in einer Zeit starker Bevölkerungsmobilität, weitreichender Kommunikationsmittel und zunehmender Intensität des Verkehrs kulturelle Erscheinungen stärker als zuvor über den Bereich der einzelnen Länder hinauswirken, begannen die Länder schon früh, auf dem Gebiet der Kulturpolitik untereinander Kontakte zu pflegen. Die Kultusminister der Länder der amerikanischen und der britischen Besatzungszone fanden sich schon in den Jahren 1945 und 1946 zu gemeinsamen Beratungen zusammen (32). Im Februar 1948 fand eine Konferenz der Minister aller vier Besatzungszonen statt; es war die erste und einzige Konferenz dieser Art. Danach hielten die Minister der drei westlichen Besatzungszonen regelmäßig Konferenzen ab, an denen seit April 1949 auch die Unterrichtsverwaltung von West-Berlin teilnahm. Nach Inkrafttreten des Grundgesetzes wurde aus diesen Konferenzen "Die Ständige Konferenz der Kultusminister der Länder in der Bundesrepublik Deutschland" mit einem ständigen Sekretariat in Bonn, das von einem Generalsekretär geleitet wird.

Die Präambel der Geschäftsordnung der Kultusministerkonferenz bezeichnet als Aufgabe der Konferenz, "Angelegenheiten der Kulturpolitik von überregionaler Bedeutung mit dem Ziel einer gemeinsamen Meinungs- und Willensbildung und zur Vertretung gemeinsamer Anliegen" zu behandeln. Dabei soll "bei allen Beschlüssen... die verfassungs- und verwaltungsrechtliche Zuständigkeit des Bundes und der Länder unberührt" bleiben.

Eine der ersten und wichtigsten Vereinbarungen der Länder auf kulturpolitischem Gebiet war das "Königsteiner Abkommen der Länder der Bundesrepublik Deutschland über die Finanzierung wissenschaftlicher

Forschungseinrichtungen". Es wurde zum ersten Mal nach Verhandlungen der Kultus- und Finanzminister der Länder am 1.4.1949 für fünf Jahre abgeschlossen und am 12. März 1954 um fünf Jahre verlängert (33).

Eingangs des Abkommens wird erklärt, daß die Länder der Bundesrepublik Deutschland die Förderung der wissenschaftlichen Forschung grundsätzlich als eine Aufgabe der Länder betrachten. In dem Abkommen verpflichten sich die Länder (Art. I), für deutsche wissenschaftliche Forschungseinrichtungen, deren Aufgaben und Bedeutung über den allgemeinen Wirkungsbereich eines einzelnen Landes hinausgehen und deren Zuschußbedarf die Leistungskraft eines einzelnen Landes übersteigt, die zur Erfüllung der Forschungsaufgaben erforderlichen Mittel nach den Bestimmungen dieses Abkommens gemeinsam aufzubringen. Dabei wird ausdrücklich davon ausgegangen (Art. II), daß die von den Ländern gemeinsam zu finanzierenden Forschungsaufgaben nicht gleichzeitig Zuschüsse aus dem Haushalt des Bundes erhalten. Damit wird die Absicht der Länder, den Bund aus Wissenschaft und Forschung möglichst herauszuhalten, klar zum Ausdruck gebracht.

Im Februar 1954 forderte Ministerpräsident Ehard auf der Ministerpräsidentenkonferenz in München, daß in der labilen Situation, die die Verfassung geschaffen habe, der Föderalismus nicht in eine reine Abwehrstellung geraten dürfe (34).

Auf der gleichen Konferenz verabschiedeten die Ministerpräsidenten eine Entschließung, in der eine Vereinfachung und Vereinheitlichung im Aufbau des Schulwesens in Westdeutschland gefordert wurde. Folgende Punkte wurden dabei als besonders wichtig angesehen: Die Begrenzung der Zahl der Schultypen, die Vereinheitlichung der Bezeichnung für die Formen der mittleren und höheren Schulen, der einheitliche Schuljahrbeginn und eine Ferienordnung, die einheitliche Anerkennung der Reifezeugnisse. Daneben sollten die Schulgeld- und Lernmittelfreiheit sowie die Frage des Berechtigungswesens behandelt werden, um auch auf diesen Gebieten möglichst einheitliche Lösungen zu finden. Die Rechtsgrundlage dafür sollten dann Staatsverträge und Verwaltungsvereinbarungen der Länder bilden. Die Regierungschefs der Länder ersuchten die Ständige Konferenz der Kultusminister, die Grundlagen für solche Vereinbarungen zu erarbeiten. Mit diesem Beschluß wollte man der ständig wachsenden Kritik gegen die Verschiedenheiten des Schulwesens der Länder begegnen, weil man erkannt hatte, daß darin auch eine gefährliche Kritik an der föderativen Struktur der Bundesrepublik überhaupt lag. Deshalb bemühten sich die Länder zu beweisen, daß sie gut in der Lage seien, selbst diesen Mißständen abzuhelfen und daß es dafür keineswegs so etwas wie eines Bundeskultusministeriums bedürfte (35). Die Vorschläge der Kultusminister bildeten die Grundlage für das Abkommen der Ministerpräsidenten vom 17. Februar 1955. Das Abkommen regelte folgende Punkte: Den Beginn des Schuljahres, die Ferienordnung, die Anerkennung von Prüfungen, die einheitliche Bezeichnung der Mittelschule und der höheren Schule, Organisationsformen und Schultypen. Das Abkommen war auf unbestimmte Dauer abgeschlossen, es war die ersten zehn Jahre unkündbar und verpflichtete die Länderregierungen, auf den Erlaß entsprechender gesetzlicher Bestimmungen hinzuwirken. In den Verhandlungen der Konferenz wurde erneut die Sorge um den föderativen Staatsaufbau deutlich sichtbar, und die Befürchtungen, die föderative Ordnung könnte durch die Schulverhältnisse gefährdet werden, bestimmte dabei viele Überlegungen. So sagte Ministerpräsident Arnold in seiner Eröffnungsansprache: "Ich glaube, daß durch freie Vereinbarungen der Länder untereinander die notwendige Harmonisierung erreicht werden kann, die die Bevölkerung aller Länder mit Recht erwartet. Hier ist meiner Ansicht nach eine der Bewährungsproben des bundesstaatlichen Aufbaus gegeben, die die Länder bestehen müssen" (36).

In diesem Drang der Länder zur Vereinheitlichung liegt eine merkwürdige Wendung des sonst die regionale Eigenart betonenden Föderalismus. Als die Länder sahen, daß die Notwendigkeit oder auch nur der Wunsch breiter Bevölkerungskreise oder maßgeblicher Gruppierungen nach überregionalen einheitlichen Lösungen viele Aufgaben dem Bund zu überweisen drohte, bemühten sie sich selbst um einheitliche Lösungen. Diese "Selbstkoordinierung" der Länder im kulturpolitischen Bereich ist schon sehr weit fortgeschritten, sowohl was die Angleichung des Landesrechts als auch was die Vereinheitlichung der Verwaltungspraxis betrifft. Auf dem Schulsektor etwa besteht in der Bundesrepublik eine so weitgehende Vereinheitlichung der Schultypen und Lehrpläne, ja selbst der Kultusverwaltungspraxis, wie nie zuvor (37). Hans Schneider nannte auf der Tagung der Vereinigung deutscher Staatsrechtslehrer am 13. Oktober 1960 in Köln allein auf kulturpolitischem Gebiet für die Zeit von 1949 - 1960 die Zahl von 500 Beschlüssen der Kultusministerkonferenz der Trizone und der Ständigen Konferenz der Kultusminister der Bundesrepublik Deutschland (38). Diese Selbstkoordinierung ist im übrigen eine allgemeine Erscheinung, die sich auf alle Sachgebiete erstreckt. Sie ist auch gar nicht so neu. Schon Triepel legte dar, wie im Kaiserreich ein lebhaftes Bedürfnis nach Vereinheitlichung von Rechts- und Verwaltungsgrundsätzen und einer größeren Konzentration der Verwaltung zu zahlreichen zwischenstaatlichen Vereinbarungen der Gliedstaaten führte (39).

Eine besondere Erscheinung im Rahmen der Selbstkoordinierung der Länder sind die weder im Grundgesetz noch in den Länderverfassungen vorgesehenen gemeinsamen Einrichtungen der Länder, die eine Art dritter Ebene zwischen Bund und Ländern bilden (40).

Als nach dem Urteil des Bundesverfassungsgerichts im Fernsehstreit von seiten der Länder gefordert wurde, diejenigen Aufgaben aus dem Bundeshaushalt und der Bundesverwaltung herauszunehmen, für die nach der Entscheidung des Bundesverfassungsgerichts keine Bundeszuständigkeit bestehe, wurden auch Überlegungen angestellt, mit welchen Mitteln und Organisationsformen die Länder die Aufgaben bewältigen sollten, die sie nunmehr anstelle des Bundes zu übernehmen hätten. Ministerpräsident Meyers, der diesen Überlegungen Ausdruck gab, bezweifelte, ob die Institutionen, welche die Länder bisher in ihrem Bereich gebildet haben - wie etwa die Kultusministerkonferenz und ihre Ausschüsse - für die Bewältigung dieser Aufgaben ausreichen und schlug vor, eine besondere

Verwaltungs- und Koordinierungsstelle der Länder für diese Aufgaben zu gründen (41).

Nach Erlaß des Urteils des Bundesverfassungsgerichts im Fernsehstreit setzten alsbald Bemühungen ein, auf Länderebene eine Fernsehanstalt zu errichten. In dem Staatsvertrag vom 6. Juni haben die Länder dann die Anstalt "Zweites Deutsches Fernsehen" in Mainz gegründet (42).

Am weitesten in der Richtung der Selbstkoordinierung ging der am 13. März 1962 von der SPD-Fraktion des Bayerischen Landtages eingebrachte Entwurf eines Staatsvertrages der Länder über die Koordinierung der deutschen Kulturpolitik, der die Kultusministerkonferenz zu einer Art supra-staatlichen, über den Ländern stehenden Einrichtung machen wollte, die nicht nur Richtlinien und einen Gesamtbedarfsplan für die Kulturpolitik der Länder aufstellen soll, sondern auch die Länder verpflichtende Beschlüsse fassen kann (43). Eine Verwirklichung dieser Vorstellungen hätte zur Folge, daß auf dem wichtigsten Gebiet der Länderpolitik nicht mehr die Landesparlamente und die Landesregierungen, sondern die Kultusministerkonferenz die Entscheidungen träfe. Die Länderparlamente verloren durch die Verlagerung der Kulturpolitik in den Raum der nicht-gesetzesakzessorischen Verwaltung verbunden mit einer weitgehenden Selbstkoordinierung der Länder ohnehin schon erheblich an Bedeutung. Wenn die Länderparlamente heute überhaupt noch zu einer Entscheidung aufgerufen werden, wird ihr Spielraum häufig wieder durch den Hinweis auf zwischenstaatliche Ländervereinbarungen eingeengt. Aus dieser Entwicklung rühren die häufig zu hörenden, bewegten Klagen der Parlamentarier her, sie hätten im Parlament nur noch Akklamationsfunktionen.

Ein weiterer jedoch erheblich weniger radikaler Vorschlag als der der Bayerischen SPD stammt von Kultusminister Storz. Danach sollte durch ein Verwaltungsabkommen der Länderregierungen ein Bildungsrat gebildet werden, der die Aufgabe haben sollte, Entwicklungslinien für das deutsche Bildungswesen klarzulegen und für die Förderung des Schulwesens und der Erwachsenenbildung einen Gesamtplan aufzustellen. In diesem Bildungsrat sollte auch der Bund vertreten sein (44). In diesem Vorschlag zeigt sich eine Tendenz, kulturelle Angelegenheiten in einen von den Spannungen zwischen Bund und Ländern nicht berührten, neutralisierten Raum zu verlegen.

Am 10. 7. 1964 machte Kultusminister Hahn den Vorschlag, im Rahmen des Deutschen Wissenschaftsrates einen Bildungsrat einzurichten, der aus 16 vom Bundespräsidenten auf gemeinsamen Vorschlag der Bundesregierung und der Landesregierungen berufenen Mitgliedern bestehen sollte (45). Nach längeren Verhandlungen einigten sich am 8. Juli 1965 die in die vorbereitende Kommission zur Errichtung des Deutschen Bildungsrates entsandten Vertreter von Bund und Ländern über den Entwurf eines Verwaltungsabkommens (46). Die Konferenz der Ministerpräsidenten stimmte dem Vorschlag am gleichen Tage zu. Das Abkommen, das in seiner Gültigkeit zunächst auf fünf Jahre begrenzt ist, sieht als Namen der Institution "Deutscher Bildungsrat" vor. Er besteht aus einer Bildungskommission und einer Regierungskommission und ist zur Zusammenarbeit mit dem Wissenschaftsrat verpflichtet (47). Der Bildungskommission stellt das Abkommen die Aufgabe,

"1. Bedarfs- und Entwicklungspläne für das deutsche Bildungswesen zu entwerfen, die den Erfordernissen des kulturellen, wirtschaftlichen und sozialen Lebens entsprechen und den zukünftigen Bedarf an ausgebildeten Menschen berücksichtigen;

2. Vorschläge für die Struktur des Bildungswesens zu machen und den Finanzbedarf zu berechnen;

3. Empfehlungen für eine langfristige Planung auf den verschiedenen Stufen des Bildungswesens auszusprechen." (48)

Das Verfahren, nach dem die Empfehlungen vorgelegt werden, unterscheidet sich von dem, nach dem der Wissenschaftsrat arbeitet. Die Bildungskommission legt nach Art. 2, 2 ihre Pläne, Vorschläge und Empfehlungen erst nach Beratungen mit der Regierungskommission, Bund und Ländern vor. Eine vorherige Beschlußfassung der Regierungskommission ist demnach nicht notwendig. Die Bildungskommission besteht nach Art. 5 aus 18 Mitgliedern, die vom Bundespräsidenten berufen werden. 14 Mitglieder werden durch die Ministerpräsidentenkonferenz benannt, davon 3 auf Vorschlag der kommunalen Spitzenverbände. Weitere 4 Mitglieder benennt die Bundesregierung. Die Berufung erfolgt auf die Dauer von 4 Jahren, Wiederberufung ist zulässig. Art. 6 schreibt u. a. vor, daß eine Koordinierungskommission aus Vertretern der Bildungskommission des Bildungsrates und solchen des Wissenschaftsrates errichtet werden soll. Die Zusammensetzung der Regierungskommission wird in Art. 9 bestimmt. Die Länder entsenden je 1 Vertreter, die Bundesregierung 4, 3 weitere Vertreter beruft die Ministerpräsidentenkonferenz auf Vorschlag der kommunalen Spitzenverbände. Den Vorsitz führt der Präsident der Kultusminister-Konferenz.

Am 17. Februar 1966 berief der Bundespräsident die Mitglieder der Bildungskommission, so daß der Bildungsrat sich am 17. März konstituieren konnte (49).

d) Um die Auseinandersetzungen über die Zuständigkeiten auf dem Gebiet der Kulturpolitik zu bereinigen, wurden eine Reihe von Versuchen unternommen, die umstrittenen Fragen durch Vereinbarungen zwischen Bund und Ländern zu lösen. So machte am 15. März 1957 der damalige Bundesminister der Finanzen, Fritz Schäffer, folgenden Vorschlag für eine Vereinbarung über eine Aufgabenverteilung von Bund und Ländern auf dem Gebiet der Wissenschaft und Forschung:

Der Bundesverantwortung sollen zugewiesen werden:

die Finanzierung solcher Forschungsvorhaben, die im Zuge der modernen technischen und wissenschaftlichen Entwicklung überragende Bedeutung für den wirtschaftlichen und sozialen Fortschritt der Gesamtbevölkerung gewonnen haben und einen ungewöhnlich hohen Mittelaufwand er-

fordern, z. B. Kernphysik und dergleichen;
die Finanzierung von besonderen Bauvorhaben, Einrichtungen und Ausstattungen für eindeutig abgrenzbare und gesamtstaatlich bedeutsame Spezialaufgaben an Hochschulen und Instituten, für die die laufenden Mittel von den Ländern zur Verfügung gestellt werden;
die Finanzierung von Maßnahmen, die die Beziehungen zwischen der deutschen und der ausländischen Forschung und den internationalen Austausch der Forschungsergebnisse fördern.

Länderaufgaben müssen bleiben:

die Bereitstellung der erforderlichen laufenden Mittel für die herkömmlichen Forschungs- und Lehreinrichtungen, insbesondere die Hochschulen einschließlich Schaffung der nötigen Lehrstühle;
der Unterhalt und der Ausbau der dem Bedarf entsprechenden Ingenieur-, Fachschulen und allgemeinbildenden Schulen;
die Ausbildung des wissenschaftlichen Personals einschließlich der Nachwuchsförderung (50).

Am 12. September 1958 machte die Ständige Konferenz der Kultusminister in einem Entwurf den Vorschlag für eine Vereinbarung zwischen Bund und Ländern über die Förderung von Aufgaben auf dem Gebiet der Kulturpolitik. Danach sollten Bund und Länder sich laufend über ihre kulturpolitischen Planungen und Maßnahmen unterrichten. Für die kulturpolitischen Planungen und Maßnahmen sollten gemeinsame Förderungskataloge aufgestellt werden. Zur Abgrenzung der Zuständigkeiten wurden folgende Vorschläge gemacht:

Zu den Bundesaufgaben sollten gehören:

die Pflege der auswärtigen Beziehungen;

die materielle Förderung des deutschen Schulwesens im Ausland;

die Verteidigungsforschung und die sich daraus ergebenden Entwicklungsfragen;

die Kernenergieforschung und die Weiterentwicklung außerhalb der Hochschulen und der Max-Planck-Gesellschaft;

Maßnahmen zur politischen Bildung außerhalb von Schule und Hochschule.

Länderaufgaben sollten sein:

der Ausbau aller Einrichtungen, die der Lehre und Ausbildung dienen;

die Nachwuchsförderung im allgemeinen Schul- und Fachschulwesen einschließlich der Bau- und Ingenieurschulen;

die Pflege des gesamten kulturellen Lebens, insbesondere die Förderung des Theaters, der Museen und der bildenden Künste;

die Erhaltung von Kulturbauten mit besonderer nationaler Bedeutung;

die Förderung des Büchereiwesens.

Gemeinsame Aufgaben von Bund und Ländern sollten sein:

die gesamte Forschung in- und außerhalb der Hochschulen einschließlich der Kernenergieforschung, soweit sie in Verbindung mit den Hochschulen und der Max-Planck-Gesellschaft betrieben wird;

die Studentenförderung an wissenschaftlichen Hochschulen;

die Bereitstellung von Auslandslehrern;

die Förderung des Austausches von Erwachsenen, insbesondere von Forschern, Lehrern und Künstlern;

die Förderung einzelner wissenschaftlicher Institute und Gesellschaften einschließlich des Deutschen Archäologischen und Deutschen Historischen Instituts;

die Förderung kultureller Einrichtungen von besonderem überregionalen Charakter;

die Erfüllung kulturpolitischer Aufgaben im Rahmen des gesamtdeutschen Problems;

die Erhaltung des kulturellen Erbes der Heimatvertriebenen;

die Förderung des wertvollen Films, insbesondere des Kulturfilms (51).

Dieser Entwurf zeigte vor allem, wie weit die Länder bereit waren, sich über eine Verteilung der kulturpolitischen Aufgaben mit dem Bund zu verständigen.

1962 legte die Bundesregierung einen weiteren Entwurf für ein Abkommen zwischen Bund und Ländern über die Wahrnehmung kulturpolitischer Aufgaben vor (52), der nach längeren Verhandlungen am 4. Juni 1964 zu folgendem Verwaltungsabkommen zwischen der Bundesregierung und den Regierungen der Länder zur Förderung von Wissenschaft und Forschung führte:

"Die Bundesregierung und die Regierungen der Länder der Bundesrepublik vereinbaren zur Förderung von Wissenschaft und Forschung folgende gemeinsame Maßnahmen:

1. Bund und Länder werden ihre gemeinsamen Bemühungen um den weiteren Ausbau der wissenschaftlichen Hochschulen fortsetzen. Dabei sollen die Empfehlungen des Wissenschaftsrates berücksichtigt werden. Bund und Länder treffen Vorsorge, für diesen Zweck in der Zeit von 1963 bis 1966 vorbehaltlich der Beschlußfassung der gesetzgeben-

den Körperschaften jährlich 250 Millionen DM, insgesamt jährlich 500 Millionen DM, bereitzustellen.

2. Für die Dauer der Laufzeit des Staatsabkommens der Länder vom 19. Februar 1959 (Königsteiner Abkommen) tragen Bund und Länder den jährlichen allgemeinen Zuschußbedarf der Deutschen Forschungsgemeinschaft und der Max-Planck-Gesellschaft einschließlich der erforderlichen Baumaßnahmen je zur Hälfte.

   Für die Prüfung und Festsetzung des jährlich von Bund und Ländern gemeinsam aufzubringenden Zuschußbetrages wird ein Verwaltungsausschuß gebildet. In diesen Ausschuß entsendet jedes Land einen, der Bund sechs stimmberechtigte Vertreter. Für Entscheidungen ist - wie beim Königsteiner Abkommen - eine Mehrheit von zwei Dritteln der Stimmen erforderlich. In die Finanzierung können weitere Forschungseinrichtungen durch einstimmigen Beschluß des Verwaltungsausschusses einbezogen werden.

3. Die Mittel für die Durchführung des Honnefer Modells einschließlich der hierfür erforderlichen Verwaltungskosten des Deutschen Studentenwerks werden von Bund und Ländern gemeinsam, und zwar unter Berücksichtigung der von den Ländern gewährten Gebührenerlaßquote je zur Hälfte aufgebracht.

   Die Richtlinien für die gemeinsamen Maßnahmen der Studentenförderung werden von Bund und Ländern im gegenseitigen Einverständnis festgelegt.

4. Zur gegenseitigen Unterrichtung und zur gegenseitigen Abstimmung über die finanzielle Förderung von Wissenschaft und Forschung bilden Bund und Länder eine Ständige Kommission." (53)

Unabhängig von solchen Abkommen, die die gesamten kulturpolitischen Beziehungen zwischen Bund und Ländern regeln sollen, besteht schon über einen längeren Zeitraum hinweg eine steigende faktische Zusammenarbeit zwischen Bund und Ländern auf kulturpolitischem Gebiet. Die Zusammenarbeit beruht z.T. auf Abkommen zwischen Bund und Ländern, z.T. beruht sie auf einer durch Satzungen einzelner Einrichtungen festgelegten gemeinsamen Mitwirkung von Vertretern des Bundes und der Länder, z.T. vollzieht sie sich auch rein faktisch, indem beispielsweise der Bund und die Länder die gleichen Institutionen fördern, wie z.B. die Schillergesellschaft, die Deutsche Bibliothek in Frankfurt am Main, das Germanische Museum, das Deutsche Institut für Zeitgeschichte, die Max-Planck-Gesellschaft. Der Wissenschaftsrat hat seine Grundlage in einem Verwaltungsabkommen zwischen der Bundesregierung und den Länderregierungen. Die Mitglieder des Deutschen Ausschusses für das Erziehungs- und Bildungswesen sind durch den Bundesinnenminister und die Kultusministerkonferenz gemeinsam in ihr Amt berufen worden. Der Finanzbedarf der Deutschen Forschungsgemeinschaft und der Max-Planck-Gesellschaft wird von Bund und Ländern gemeinsam aufgebracht. Darüber hinaus besteht in über 20 kulturellen Institutionen ein Zusammenwirken von Bund und Ländern (54).

Das Königsteiner Abkommen erklärte die Förderung der wissenschaftlichen Forschung zwar grundsätzlich als eine Aufgabe der Länder und ging davon aus, daß die von den Ländern gemeinsam zu finanzierenden Forschungseinrichtungen nicht gleichzeitig Zuschüsse aus dem Haushalt der Bundesrepublik erhalten. Als 1957 jedoch der Ausbau der Ingenieurschulen dringlich wurde, schlossen Bund und Länder am 5. 9. 1957 ein Verwaltungsabkommen über den Ausbau der Ingenieurschulen, in dem auch bestimmt wurde, daß der Bund im Jahre 1957 etwa die Hälfte des Gesamtvolumens des Königsteiner Abkommens übernehmen sollte. Das nur für ein Jahr geschlossene Abkommen wurde 1958 verlängert. In dem Staatsabkommen der Länder zur Verlängerung des Königsteiner Abkommens wurde außerdem bestimmt, daß die gemeinsame Finanzierung der Forschungsgemeinschaft und der Max-Planck-Gesellschaft durch Bund und Länder nicht gegen das Königsteiner Abkommen verstoße. Auch in den übrigen Fällen wird die Bestimmung des Königsteiner Abkommens, wonach von den Ländern unterstützte Forschungseinrichtungen nicht gleichzeitig Bundeszuschüsse erhalten dürfen, nicht mehr streng beachtet (55).

Diese Entwicklung zeigt, daß die Länder sich mit der Mitwirkung des Bundes in der Kulturpolitik weitgehend abgefunden haben und bereit sind, größere kulturpolitische Aufgaben gemeinsam mit dem Bund wahrzunehmen.

II. Verfassungsrechtliche Grundfragen

1. Tendenzen

Die aufgezeichnete Entwicklung zeigt drei Tendenzen:

a) Das Reich und der Bund nehmen sich zunehmend kulturpolitischer Aufgaben hauptsächlich auf dem Gebiet der Wissenschaft und Forschung an. Dabei bedienen sie sich vorwiegend der Mittel der nichtgesetzesakzessorischen Verwaltung.

b) Die Länder auf der anderen Seite arbeiten bei der Erfüllung kulturpolitischer Aufgaben in steigendem Maße zusammen, um möglichst einheitliche Lösungen für das ganze Gebiet der Bundesrepublik zu finden.

c) Diese beiden unabhängigen und teilweise gegeneinander laufenden Tendenzen auf der Seite des Zentralstaates (56) und auf der Seite der Gliedstaaten werden teilweise überbrückt durch eine vereinbarte gemeinsame Erledigung kulturpolitischer Aufgaben.

Bei allen drei Erscheinungen stellt sich die Frage nach der Übereinstimmung von Verfassungsrecht und Verfassungswirklichkeit. Die kulturpolitische Aktivität des Zentralstaates beschwört den Konflikt mit den Kompetenzbestimmungen der Verfassung herauf. Angesichts der Selbstkoordinierung der Länder ergibt sich die Frage, ob sie dadurch - vor allem durch die Gründung gemeinsamer Institutionen - nicht die ihnen in einem Bundesstaat gesetzten Grenzen überschreiten, weil Aufgaben von überregionaler Bedeutung typische Bundesangelegenheiten seien. Auch die vereinbarungsgemäße Erledigung zwischen Bund und Ländern stößt auf die Bedenken, ob durch Vereinbarungen die verfassungsmäßige Zuständigkeitsverteilung geändert werden könne.

2. Verfassungsrechtliche Zuständigkeiten des Bundes

Die Meinungsverschiedenheiten über die verfassungsrechtliche Zuständigkeit des Bundes auf kulturellem Gebiet drehten sich hauptsächlich um die Frage, ob es sogenanntes ungeschriebenes Verfassungsrecht gibt, das dem Bundesstaat Kompetenzen verleiht. Es fehlte nicht an Versuchen, dem Bund aus der Verfassung solche kulturpolitischen Kompetenzen herzuleiten. So meinte Hans Peters, die aus der irrigen Identifizierung von "Verwaltung" und "Ausführung der Gesetze" sich ergebende Vorstellung, die Kulturpflege sei in genau dem gleichen Umfang wie die kulturelle Gesetzgebung im wesentlichen ein Ländermonopol, sei falsch (57). Der Bund könne fiskalisch aber auch hoheitlich ohne Gesetz kulturfördernd tätig werden. In Artikel 30 GG sei "staatlich" im Sinn von "obrigkeitlich" zu verstehen und nicht als Gegensatz von "nicht staatlich". Die Befehlsbefugnisse kämen grundsätzlich den Ländern zu, und nur dort, wo das Grundgesetz eine andere Regelung treffe oder zulasse, dem Bunde. Aus dem Wort "zuläßt" folge auch, daß man vor "Sache" in Art. 30 nicht einfügen dürfe "ausschließlich". Schließlich werde auch niemand dem Bunde die Vertretung gesamtdeutscher Interessen, die vom Bundesministerium für Gesamtdeutsche Fragen ohne ausdrückliche Erwähnung im Grundgesetz wahrgenommen werde, abstreiten. Dem Bund obliegen nach Peters alle Verwaltungsaufgaben, die sinngemäß und vernünftigerweise nach allgemeinen Anschauungen vom Bund zu erfüllen sind. Die von Triepel entwickelte Theorie von den ungeschriebenen Kompetenzen des Bundesstaates mit ihren beiden Erscheinungsformen "aus der Natur der Sache" und "kraft Sachzusammenhangs" bildet die Grundlage für die gegenwärtigen Rechtfertigungsbemühungen kultureller Zuständigkeiten des Bundes (58).

Die Erwartung, das Bundesverfassungsgericht werde sich im Fernsehstreit zwischen dem Bund und den Ländern dieser Auffassung anschließen, hat sich jedoch nicht erfüllt (59).

Das Bundesverfassungsgericht äußerte sich in seinem Urteil zur Gründung der Deutschland-Fernseh-GmbH auch allgemein über die Zuständigkeit des Bundes auf dem Gebiet kultureller Angelegenheiten.

Das Bundesverfassungsgericht erklärte, soweit kulturelle Angelegenheiten überhaupt staatlich verwaltet und geregelt werden könnten, fielen sie nach der Grundentscheidung des Grundgesetzes in den Bereich der Länder, soweit nicht besondere Bestimmungen des Grundgesetzes Begrenzungen oder Ausnahmen zugunsten des Bundes vorsähen. Diese Grundentscheidung der Verfassung verbiete es gerade im Bereich kultureller Angelegenheiten ohne eine hinreichende, deutliche grundgesetzliche Ausnahmeregelung anzunehmen, der Bund sei zuständig. Eine solche Ausnahmeregelung fehle jedoch. Die Kompetenznorm des Artikels 30 GG regle diejenige Betätigung des Staates, die der Erfüllung öffentlicher Aufgaben diene, und zwar ohne Rücksicht darauf, ob Mittel des öffentlichen oder des privaten Rechts verwendet würden. Artikel 30 GG gelte sowohl für die "gesetzesakzessorische" wie für die "gesetzesfreie" Erfüllung öffentlicher Aufgaben (60). Damit sind der Kulturverwaltung des Bundes enge Grenzen gezogen. Die typischen Tätigkeiten der Kulturverwaltung - die Förderung kultureller Vorhaben aus staatlichen Mitteln, die Errichtung von Fonds für kulturelle Zwecke, die Aufstellung von Planungen auf kulturellem Gebiet, die Gründung, Unterhaltung und Förderung wissenschaftlicher Institute - gehören demnach streng genommen alle in die Zuständigkeit der Länder. Ungeachtet der Ausführungen des Bundesverfassungsgerichts setzte der Bund auch nach dem Urteil vom 28. Februar 1961 seine kulturpolitische Tätigkeit fort.

3. Zulässigkeit der Selbstkoordinierung der Länder

Für die Selbstkoordinierung der Länder auf dem Gebiet der Kulturpolitik gibt es verschiedene Motive. Die Länder sind daran interessiert, weil sie eine von Bundes wegen betriebene Gleichschaltung und Vereinheitlichung vermeiden wollen (61). Daraus ergibt sich, daß die Länder in der Abwehr gegen eine mögliche Initiative des Bundes selbst einheitliche Lösungen suchen und die Betonung ihrer Eigenart zurückstellen. Das zweite Motiv hat seine Wurzel in der in dieser Hinsicht geänderten allgemeinen Bewußtseinslage. Weite Kreise der Bevölkerung, vor allem Angehörige von häufig der Versetzung unterliegenden Berufen, empfinden es als willkürlich und ungerecht, daß innerhalb der Bundesrepublik die verwaltungsmäßige Behandlung und Lösung typischer Fälle regional verschieden sein soll. Der durchschnittliche Bundesbürger bringt für regionale Verschiedenheiten auf dem Gebiet des Landesrechts und der Verwaltungspraxis nur noch wenig Verständnis auf (62). Auf den Tagungen der Ministerpräsidenten der Länder war dieses veränderte Klima immer wieder spürbar (63).

Die Länder können sich schwer dem Trend zur Vereinheitlichung entziehen. Die zur Erreichung dieses Zieles im Rahmen einer Selbstkoordinierung getroffenen Vereinbarungen gehen jedoch über die traditionellen Vorstellungen vom föderalistischen Eigenleben der Gliedstaaten hinaus. Es nimmt nicht wunder, daß dabei auch gleich wieder die Frage nach der Verfassungsmäßigkeit dieser Entwicklung gestellt wurde.

Gegen die Zulässigkeit von Vereinbarungen der Länder zur gemeinsamen Regelung kultureller Aufgaben wird vorgebracht, daß die über die Ländergrenzen hinausreichenden Aufgaben Sache des Zentralstaates seien, und daß es keine andere rechtliche Gesamtheit der Länder geben könne als den Bund. Die Zentralisierung von Aufgaben im Bundesstaat könne nicht durch die Gesamtheit der Länder erfolgen. Denn das souveräne Volk habe repräsentiert durch den Reichstag oder den Bundestag die Aufgabe zwischen dem Ganzen und seinen Gliedern geteilt. Die Zuweisung einer Zuständigkeit an den Gliedstaat auf Grund der bundesstaatlichen Verfassung bedeute, daß das Sachgebiet nach den Gesichtspunkten des Einzelstaates und nicht nach den Gesichtspunkten der Gesamtheit verwaltet werden solle. Denn die Vielfalt werde angestrebt, nicht die Gleichförmigkeit.

Der Bund sei zuständig für die Aufgaben, die einheitlich verwaltet werden müssen. Den Ländern seien die Sachgebiete vorbehalten, bei denen diese Notwendigkeit nicht bestanden habe (64). Vor allem gegen die Errichtung und Unterhaltung von Gemeinschaftseinrichtungen der Länder wurden Einwände erhoben, weil solche "freischwebenden Verwaltungseinrichtungen, die sich wie eine diffuse Wolkenschicht zwischen Bundes- und Landesorganisation einschieben" (65), mit der bundesstaatlichen Struktur, wie sie das Grundgesetz voraussetze, nicht zu vereinbaren seien. Die Duldung solcher Einrichtungen würde die Anerkennung eines "dreigliedrigen Bundesstaates" voraussetzen, in dem sich außer dem "Gesamtstaat" noch der "Zentralstaat" und die Gemeinschaft der Gliedstaaten gegenüber stünden (66). Diese Konstruktion sei jedoch überholt und endgültig zugunsten der zweigliedrigen Konzeption unseres Bundesstaates aufgegeben worden (67). Mit dem zweigliedrigen Bundesstaatsbegriff sei es unvereinbar, daß es innerhalb des Gesamtstaates Verwaltungseinrichtungen gebe, die sich rechtlich weder als solche des Bundes noch als solche eines Landes darstellen und folgerichtig nur als eine dem Bund gegenüberstehende und mit ihm nicht identische Ländergemeinschaft begriffen werden können.

Eine ausdrückliche Regelung findet die Frage von Vereinbarungen oder gemeinsamen Institutionen zwischen Bund und Ländern im Grundgesetz nicht. Aus dem Argument der Zwei- oder Dreistaatlichkeit ergibt sich für die Entscheidung des Problems wenig. Verträge zwischen den Gliedstaaten unter sich mit oder ohne die Folge der Errichtung gemeinsamer Einrichtungen oder Verträge zwischen den Gliedstaaten und dem Bund lassen sich in einem zweigliedrigen wie in einem dreigliedrigen Bundesstaat vorstellen (68). Den Theorien über die Zwei- oder Dreigliedrigkeit des Bundesstaates wird ohnehin eine unangebracht große Bedeutung zugemessen. Die wohl zum erstenmal von Nawiasky (69) entwickelte Theorie eines dreigliedrigen Bundesstaatsaufbaues ist eine ausschließlich "gedankliche Hilfskonstruktion zur begrifflichen Erfassung des Bundesstaates" (70). Aus dieser Theorie folgt nicht - und das ist ursprünglich auch gar nicht damit beabsichtigt -, daß neben dem einzelnen Land zwei weitere rechtsfähige Staatsgebilde bestehen, die das Ganze repräsentieren: Der Bund und die Gemeinschaft der Länder. Indem die Länder mittels Verträgen oder gemeinsamer Einrichtungen zusammenarbeiten, wird kein zusätzlicher Staatenbund innerhalb des Bundesstaates etabliert (71).

Länderabkommen, seien es Staatsverträge, Verwaltungsabkommen oder Beschlüsse der Konferenzen der Landesressortminister, sind ein prinzipiell zulässiges, ja sogar gebotenes Mittel zur Ordnung gliedstaatlichen Zusammenlebens. Die zunehmende Tendenz, durch Vereinbarungen zwischen den deutschen Bundesländern auf dem Gebiet der Kulturpolitik Rechtssetzung und Verwaltung zu koordinieren, geht zwar über die traditionelle Vorstellung vom Eigenleben der Gliedstaaten hinaus und wird auch nicht mehr durch das Subsidiaritätsgebot gedeckt. Daraus ergibt sich jedoch nicht ihre Unzulässigkeit. Soweit dadurch die Länder nicht Sachgebiete regeln, die gar nicht in ihre Zuständigkeit fallen oder wesentliche Teile der Landesgewalt zugunsten eines anderen Landes oder zugunsten einer supragliedstaatlichen Verwaltung aufgeben, sind sie mit dem Grundgesetz wohl vereinbar (72). Es ist durchaus zulässig, daß sich die Länder bei der Erfüllung ihrer Aufgaben absprechen. Es gibt für die Länder "keine verfassungsrechtliche Pflicht zur Uneinigkeit" (73). Auch die Schaffung von gemeinsamen staatlichen Einrichtungen der Länder gehört zu den legitimen Gegenständen, auf die sich die Abmachungen der Gliedstaaten erstrecken können (74). Dadurch entsteht nicht zwischen Bund und Ländern in Form einer Ländergemeinschaft ein drittes Staatsgebilde. Diese sogenannten Gemeinschaftseinrichtungen bleiben Geschöpfe, Instrumente der Länder, deren Staatsgewalt sie unterworfen bleiben (75).

4. Die Zulässigkeit von Vereinbarungen zwischen Bund und Ländern auf dem Gebiet der Kulturpolitik

Ein praktischer Weg zur Bereinigung ihrer kulturpolitischen Meinungsverschiedenheiten wurde von Bund und Ländern bereits dadurch eingeschlagen, daß sie im Wege von Vereinbarungen kulturpolitische Aufgaben kooperativ lösen. Es ist zweifelhaft, ob durch solche Vereinbarungen dem Bund eine verfassungsrechtlich zulässige Beteiligung an der Kulturpolitik eröffnet werden kann, ob er damit z. B. Planungen aufstellen, Fonds errichten, Finanzierungen durchführen, wissenschaftliche Institute ins Leben rufen darf - alles Dinge, die eigentlich Aufgaben der Länder sind. - In Fällen, in denen die Kompetenzaufteilung zwischen Bund und Ländern nicht "lückenlos" vorgenommen, sondern auf bestimmten Gebieten sowohl dem Bund als auch den Ländern Kompetenzen eingeräumt sind, können Bund und Länder Abmachungen über die Durchführung der Aufgaben treffen (76). Verfassungsmäßig begründete Kompetenzen können jedoch durch Bund-Länder-Abmachungen nicht verschoben werden (77).

Wenn die Länder im Wege von Vereinbarungen den Bund an der Durchführung und Erfüllung kulturpolitischer Aufgaben beteiligen, so wird dadurch jedoch nicht eine prinzipielle Bundeszuständigkeit begründet, sondern der Bund unterstützt die Länder bei der Erfüllung kulturpolitischer Aufgaben, sofern dadurch Interessen des Bundes berührt werden. Die Zuständigkeit der Länder auf kulturellem Gebiet wird dadurch grundsätzlich nicht eingeschränkt. Eine derartige vereinbarungsgemäße Beteiligung des Bundes an der Erfüllung kulturpolitischer Aufgaben dürfte deswegen wohl nicht gegen die Verfassung verstoßen (78). In jedem Fall hat diese Praxis bereits erheblich zu einer politischen Beruhigung beigetragen.

Die Länder sind, aus der Überlegung heraus, den Bund doch nicht aus der Kulturpolitik heraushalten zu können, eher bereit, ihn mittels Vereinbarungen daran zu beteiligen, weil dadurch die prinzipielle Regelung der Verfassung nicht geändert wird, die Länder sich jederzeit nach Ablauf des Vertrages wieder auf die verfassungsrechtliche Zuständigkeitsregelung berufen können und außerdem durch den Abschluß von Vereinbarungen nicht der Anschein mangelnder normativer Kraft der Verfassung erweckt wird.

Bei der Beurteilung verfassungsrechtlicher Fragen ist es nicht nur erlaubt, sondern sogar notwendig, die politische Wirklichkeit zu berücksichtigen. Nach der Rechtssprechung des Bundesverfassungsgerichts müßte der Bund sich weitgehend seiner kulturpolitischen Aktivitäten, soweit sie sich auf dem Gebiet der inneren Kulturpolitik auswirken, enthalten. Angesichts der geschilderten langen kulturpolitischen Tradition des Reiches und des Bundes stellt sich jedoch mit Recht die Frage, ob es möglich sein wird, den Bund zur kulturpolitischen Abstinenz zu bringen oder mit anderen Worten, ob die normative Kraft der Verfassung gegenüber dieser politischen Wirklichkeit den Vorrang hat.

Einfach löst sich diese Frage, wenn man mit Ferdinand Lassalle die Ansicht vertritt, Verfassungsfragen seien ursprünglich Machtfragen und nicht Rechtsfragen. Die in einem Lande herrschenden tatsächlichen Machtverhältnisse seien die wirkliche Verfassung des Landes, die rechtliche Verfassung, das was man gewöhnlich Verfassung nenne, sei - so Lassalle - nur ein Stück Papier. Ihr Vermögen, motivierend und regulierend zu wirken, reiche nur so weit, wie sie mit der wirklichen Verfassung übereinstimme (79).

40 Jahre später sagt Georg Jellinek: "Die Entwicklung der Verfassung bietet uns die große, immer noch nicht genug in ihrer gewaltigen Bedeutung gewürdigte Lehre, daß Rechtssätze unvermögend sind, staatliche Machtverteilung tatsächlich zu beherrschen. Die realen politischen Kräfte bewegen sich nach ihren eigenen Gesetzen, die von allen juristischen Formen unabhängig wirken" (80).

Von diesen Überlegungen ausgehend kommt Jellinek zu seiner These von der "normativen Kraft des Faktischen". Diese Gedanken gehören nicht der Vergangenheit an, sondern sind auch in der Gegenwart lebendig und geben einen Teil der Argumente für die gegenwärtige kulturpolitische Diskussion ab. Wer ausschließlich der tatsächlichen Verfassung bestimmende Wirkung zuspricht, leugnet damit letztlich die rechtliche Verfassung (81).

Die beiden sich entgegengesetzten Ansichten, von denen die eine nur die positive Norm, die andere nur die soziale Realität anerkennt, vermögen das Problem nicht zu lösen. Beispiele für diese beiden Haltungen zeigen sich in der neueren Staatsrechtslehre in der positivistischen Schule Paul Labands und Georg Jellineks und in der politisch-soziologischen Verfassungslehre Carl Schmitts (82).

Die Versuchungen dieses Denkens entstehen trotz aller Erfahrungen immer aufs neue. Die Folgen sind offenkundig. Im einen Fall läuft die Norm Gefahr, die Verbindung zur Wirklichkeit zu verlieren, im anderen schöpft die Wirklichkeit die Norm aus sich selbst. Weil es so ist, soll es dann auch so sein. Immer lautet das Resultat, daß die Norm gegenstandslos wird oder zumindest an zwingender Kraft einbüßt. Es zeigt sich daran, daß Norm und Wirklichkeit in einem Spannungsverhältnis zueinander stehen. Eine sich mit sich selbst beschäftigende juristische Dogmatik läuft immer Gefahr, um der Konstruktion von Grundsätzen und Begriffen willen an der sozial-politischen Wirklichkeit vorbeizugehen und die Norm der Wirklichkeit zu entfremden. Die Betonung des absoluten Primats der Politik gibt die Norm dem bloß Faktischen, gegebenenfalls in Gestalt der jeweiligen politischen Macht, preis. Die Lösung kann nur zwischen beiden Extremen liegen. Eine Verfassung als rein rechtliche Konstruktion wird sinnlos. Das Wesen der Verfassungsnorm - wie jeder Norm - besteht darin, daß sie gelten will. Sie will Wirklichkeit und Norm zur Übereinstimmung bringen. Wenn die Verfassung nicht ihre normative Kraft verlieren will, darf sie sich von den konkreten politischen Bedingungen ihrer Verwirklichung nicht ablösen (83).

6. Die Kulturpolitik im Bundesstaat

In der gegenseitigen Zuordnung der rechtlichen Verfassung und der wirklichen Verfassung ist auch die Lösung der kulturpolitischen Verfassungsprobleme zu suchen. Dazu ist es erforderlich, den Gesamtzusammenhang unserer Verfassung, insbesondere die bundesstaatliche Ordnung, zu berücksichtigen. Nur vor dem Hintergrund eines adäquaten Verständnisses des Bundesstaates ist ein befriedigendes Verständnis der bundesstaatlichen Ordnung und eine sachgemäße Interpretation der ihn konstituierenden Verfassungsgesetze möglich. Schwierigkeiten entstehen dabei jedoch aus der Tatsache, daß uns eine Theorie des heutigen Bundesstaates fehlt.

In der gegenwärtigen Diskussion wird daher in der Regel auf ältere Bundesstaatslehren zurückgegriffen, wie sie sich beispielsweise in dem weiten bundesstaatstheoretischen Schrifttum des Kaiserreiches (84) und der Weimarer Republik (85) finden.

Doch die Voraussetzungen haben sich inzwischen geändert. Im Deutschen Reich von 1871 war das Bewußtsein der Gliedstaaten von der Eigenstaatlichkeit aus der Zeit des Deutschen Bundes noch stark. Dieses Bewußtsein von der eigengeschichtlich bedingten Individualität der Glieder wirkte noch verhältnismäßig weit ins 20. Jahrhundert hinein. Die Erfahrungen des Dritten Reiches, die Erschütterungen des gesellschaftlichen und staatlichen Gefüges durch den Zusammenbruch im Zweiten Weltkrieg, die Neugliederung der deutschen Länder und die starke Bevölkerungs-Mobilität und -Umschichtung haben eine neue Situation geschaffen.

Aus den Vorgängen und Vorarbeiten bei der Bildung der Bundesrepublik Deutschland, die subsidiäre Anhaltspunkte (86) für den Versuch einer Klärung des bundesstaatlichen Charakters der Bundesrepublik ergeben können, zeigen sich verschiedene Motive für die Konstruktion einer bundesstaatlichen Ordnung. Die drei Militärgouverneure forderten im sogenannten Frankfurter Dokument Nr. 1, daß die verfassungsgebende Versammlung für Westdeutschland "eine demokratische Verfassung ausarbeiten solle, die für die beteiligten Länder eine Regierungsform föderativen Typs" vorschreibe (87). Schon der eigentümliche Wortlaut dieses Dokuments ergibt, daß damit nicht eine bestimmte Staatsform im Sinne der allgemeinen Staatslehre gefordert worden wäre. Die Auffassungen der Alliierten über das zu schaffende föderative Gebilde waren ziemlich verschieden und haben zunächst nur gemein, daß weder eine lose Konföderation autonomer Staaten noch ein zentralisierter Einheitsstaat geschaffen werden sollte (88). Trotz verschiedener Eingriffe der Militärgouverneure läßt sich jedoch nicht sagen, daß das Grundgesetz mit seinem föderativen Aufbau oktroyiert worden sei, denn auch dem Verfassungsgeber schwebte eine Regierungsform föderalistischen Typs vor (89).

Lediglich die Beweggründe der einzelnen Parteien waren verschieden. Während die CSU und die DP aus traditionsbedingten Gründen föderalistische Forderungen erhoben, wurden manche Unitarier durch die zentralistischen Erfahrungen der Vergangenheit zur Zurückhaltung veranlaßt. Die Anhänger kleiner Parteien erkannten die Chancen, die ein föderativer Staatsaufbau ihrem Einfluß und ihrer Repräsentation sicherte, wenn neben dem Bundesparlament auch noch Länder, Länderregierungen und der Bundesrat als Basen politischer Aktivität vorhanden waren (90). Mit dem Bundesstaatsbegriff wurden im einzelnen recht verschiedene Vorstellungen verbunden. Dr. Menzel vertrat im Parlamentarischen Rat die Ansicht, der Föderalismus beruhe auf der Liebe zu einem Vielfältigen (91). Dr. Carlo Schmid sah als Merkmale des Bundesstaates unter anderem die Gliederung des Ganzen in "Gebietskörperschaften eigener Ordnung" an (92). Er führte in diesem Zusammenhang als Grundsätze auf: "1. Die Lebensinteressen des Ganzen dürfen nicht durch partikulare Egoismen gefährdet werden. 2. Was das Land ohne Schädigung des Ganzen tun kann, das soll es auch allein tun, denn es hat den Vorteil der Sachnähe. Aufbau nach unten, aber Planung von oben". (93) Dr. Lehr erklärte, das föderalistische System bedeute, daß in einem Bundesstaat die Aufgaben so bestimmt und verteilt werden müssen, daß jede Arbeit, die eine Unterstufe erfüllen kann, auch dieser Unterstufe zugewiesen und von ihr geleitet wird (94).

Dr. Süsterhenn forderte eine Gewaltenteilung zwischen Bund und Ländern. Dr. Heuss erklärte zu allem, der Bundesstaatsbegriff sei staatsrechtlich nicht eindeutig und lehnte es ab, mit den Begriffen föderalistisch und föderativ Wortfetischismus zu treiben (95).

Diese Äußerungen zeigen eine ganze Skala von Vorstellungen und Zielsetzungen im Hinblick auf das Wesen des Bundesstaates. Eine einhellige Meinung über Begriff und Wesen des Bundesstaates bildete sich während der Beratungen des Parlamentarischen Rates nicht (96).

Die subsidiäre Kompetenzverteilung zwischen Gliedstaaten und Zentralstaat als tragendes Prinzip des Bundesstaates blickt auf eine lange Tradition zurück. Schon Tocqueville erblickte in der Verwirklichung des Subsidiaritätsprinzips die Grundlage des Bundesstaates. Den Einzelstaaten sei dementsprechend die Entscheidung in allen den Angelegenheiten verblieben, die nur sie selbst angehen, während es Aufgaben der Union sei, die allen gemeinsamen Interessen zu verfolgen (97). Georg Waitz vertrat in Anlehnung daran ähnliche Vorstellungen (98). Auch der Bundesstaatsbegriff Gierkes ist am Selbstverwaltungsideal und am Subsidiaritätsprinzip ausgerichtet. Die Subsidiaritätslehre des Althusius und das politische

Selbstverwaltungsideal der liberalen Reformer mögen ihn dazu inspiriert haben. Gierke stellt sich den Bundesstaat als einen genossenschaftlichen Aufbau von unten nach oben mit dem Zentralstaat als Haupt der Genossenschaft vor (99).

Auch Hugo Preuß vertrat als Schüler Gierkes während des Geltungsbereiches der Weimarer Verfassung im Hinblick auf den Bundesstaat das Ideal "von unten nach oben genossenschaftlich aufsteigenden Gemeinschaftslebens" (100). Das Prinzip der Subsidiarität wird auch in der gegenwärtigen Diskussion häufig als Zweck des föderalistischen Staatsaufbaus angegeben (101).

Die Vertreter der Länder bedienen sich dieses Grundsatzes, indem sie den tieferen Sinn und die eigentliche Rechtfertigung der bundesstaatlichen Ordnung darin sehen, die Vielgestaltigkeit und die Mannigfaltigkeit deutscher Landschaften und Stämme vor einer zu weitgehenden Uniformierung durch eine zentrale Handhabung der gesamten Staatsgewalt zu bewahren (102).

Das Prinzip der Subsidiarität setzt zwar der Aktivität des Bundes gegenüber den Gliedstaaten eine Grenze. Für Aufgaben, die über die Individualität und die Möglichkeit landschaftlich begrenzter Regelung hinausreichen, rechtfertigt es jedoch das Eingreifen des für solche umfassenden, die Möglichkeiten der Länder übersteigenden Aufgaben subsidiär zuständigen Bundes. Die moderne wirtschaftliche und gesellschaftliche Entwicklung wirkt sich in allen Ländern der Erde zunehmend auf eine Angleichung und Vereinheitlichung aller Lebensbereiche aus. Auf kulturpolitischem Gebiet brachte auch die stärkere Betonung der sozial- und gesellschaftspolitischen Seiten mit der ihnen innewohnenden Forderung nach gleicher Behandlung gleichgelagerter Tatbestände eine egalisierende Tendenz in die praktische Kulturpolitik. Wenn den Gliedstaaten deswegen nur noch eng begrenzte Möglichkeiten einer selbständigen Gestaltung verbleiben, und wenn die Gesamtaufgaben und die gliedstaatlichen Aufgaben auf dem Gebiet der Kulturpolitik ineinanderfließen, wird das Gleichgewicht zwischen Bund und Ländern gestört, und als Ergebnis einer solchen Gewichtsverlagerung ergibt sich in der Regel eine gesteigerte Bedeutung des Gesamtstaates. Dadurch werden auch die Wirkungen der "vertikalen Gewaltenteilung" abgeschwächt, die davon ausgeht, daß die Aufgliederung der drei Gewalten auf die Bundesebene und die Länder ebenfalls gewaltenteilend wirkt.

Aus dieser Entwicklung ziehen manche Kritiker des Bundesstaates den Schluß, die bundesstaatliche Struktur sei überholt und entspreche nicht mehr den Erfordernissen eines modernen Staates.

Diese Auffassung ist nicht neu. Schon Carl Schmitt erklärte: Die bundesstaatliche Struktur könne nur ein zeitweilig notwendiges Übel bis zu dem Zeitpunkt sein, in dem der "Souverän" zu herrschen beginne und eine "konkrete" Ordnung schaffe. Der Bundesstaat sei eine rechtlich nicht erfaßbare Übergangserscheinung, die alsbald ihren bundesstaatlichen Charakter verlieren müsse. Sie habe nur einen Sinn: hinüberzuführen in einen totalen Einheitsstaat (103). Ähnliche Vorstellungen hatten die deutschen Nationalliberalen im 19. Jahrhundert. Sie stellten den Bundesstaatsbegriff ebenfalls in den Dienst nationaler Einheitsideen (104). Die Verbindung von Demokratie und bundesstaatlicher Organisation bezeichnet Schmitt als "Bundesstaat ohne bündische Grundlage". Bei einer solchen Verfassung sei der bundesstaatliche Charakter ein Verfassungsbestandteil, in welchem aus einer früheren bundesmäßigen Organisation Elemente in die neue Staatsform übernommen seien. Diese Staaten seien in Wahrheit kein Bund mehr, sie seien nur noch deswegen als Bundesstaaten zu bezeichnen, weil die Verfassung auf Grund positiver Entscheidung über die Art der politischen Existenz den bundesstaatlichen Charakter wahren wolle (105).

Folgte man diesen Vorstellungen, so läge in den Auseinandersetzungen zwischen Bund und Ländern um die kulturpolitischen Zuständigkeiten nur ein Rückzugsgefecht der Länder gegenüber dem unaufhaltsamen Vordringen des Bundes, der im Laufe der Zeit ohnehin zusammen mit den Ländern auch deren Zuständigkeiten aufsaugt.

Indessen, die bundesstaatliche Ordnung kennt mehrere tragende Prinzipien, zu denen die Wahrung der Individualität und Vielgestaltigkeit der einzelnen Glieder zwar gehört, doch darin dürfte heute angesichts der unverkennbaren egalisierenden Tendenzen nicht mehr ihre hauptsächliche Grundlage liegen. Gerade die Erscheinung der Selbstkoordinierung der Länder, die dem Prinzip der Subsidiarität entgegenzulaufen scheint, läßt Züge hervortreten, die für eine positive Bestimmung des Wesens heutiger Bundesstaatlichkeit von Bedeutung sind. Das kommt bei Herbert Krüger zum Ausdruck, wenn er die Frage, ob in den materiellen Verschiedenheiten der Glieder das Wesen des Bundesstaates liege, überhaupt verneint und demgegenüber als die ratio essendi des Bundesstaates die Vielfältigkeit und Selbständigkeit der Initiativen hervorhebt (106). Die föderalistische Staatsordnung läßt mehr Raum für die eigene Verantwortung und für das Engagement der Bürger (107). Die erweiterte Gewaltenteilung und die Sicherung der Freiheit des Einzelnen vor Mißbrauch als Ziele bundesstaatlichen Aufbaus werden schon bei Radbruch (108) und Georg Jellinek (109) erwähnt.

Die neuere Staatslehre hebt zunehmend die die politische Freiheit garantierende Gewaltenteilung als primäres Prinzip des Bundesstaates hervor (110). Die Verteilung der Gewalten hat sich gegenüber dem klassischen Schema der Legislative, Exekutive und Justiz heute völlig verändert. Hauptsächlich zwischen den beiden erstgenannten Gewalten funktioniert das auf gegenseitiger Kontrolle beruhende System der Gewaltenteilung kaum mehr. Angesichts dieser Entwicklung gewinnt die föderalistische Ordnung als eine Form der Gewaltenteilung, die auch heute noch effektiv funktioniert, besondere Bedeutung (111). Mit der Idee der Diktatur verträgt sich eine föderalistische Ordnung schlecht. Nicht von ungefähr hat die nationalsozialistische Regierung gleich zu Beginn ihrer Herrschaft diese Ordnung zugunsten eines Einheitsstaates abgeschafft. Deswegen liegt in der Selbstkoordinierung der Länder, mit der sie der in der wirtschaftlichen und gesellschaftlichen Entwicklung liegenden Egalisierung begegnen wollen, auch kein Argument gegen den Föderalismus, denn gerade wegen der bundesstaatlichen Struktur führt diese durch die Selbstkoordinierung der Länder herbeigeführte Unitarisierung zu keiner Zentralisierung. Der gewaltenteilende Effekt der bundesstaatlichen Ordnung bleibt nicht nur erhalten, er wird durch das Zusammenwirken der Länder sogar noch verstärkt. Diese Selbstkoordinierung der Länder entspricht einer freiheitlichen Gesamtordnung viel eher, als wenn gleichgeordnete Lebensverhältnisse durch Anordnungen einer Zentrale geregelt würden (112).

Für die geschilderte kulturpolitische Situation ergibt sich daraus folgendes: Die Maßnahmen der Länder im Rahmen der Selbstkoordinierung auf kulturpolitischem Gebiet laufen unserer Verfassung nicht zuwider. Im Gegenteil, sie sind ein Ausdruck ihrer veränderten Sinndeutung. Auf der anderen Seite gehört zu einer Vielfalt der Initiativen auch die Initiative des Bundes. Allein die Gewährleistung der Freiheit nach innen erschöpft den Sinn des Föderalismus noch nicht. Die Sicherheitsfunktion nach außen darf nicht völlig übersehen werden (113). Der Bund hat eine Reihe von Aufgaben, die der Sicherheit und der Gesamtrepräsentation nach außen dienen. Auf beiden Ebenen spielt die Kulturpolitik, hauptsächlich die wissenschaftliche Forschung, eine immer wichtigere Rolle. Die Sicherheit eines Staates hängt heute entscheidend von den Leistungen seiner wissenschaftlichen Forschung und all dem, was damit zusammenhängt, ab. Auch aus diesem engen Sachzusammenhang einer Reihe von kulturpolitischen Gegenständen mit der Außenpolitik und Sicherheitspolitik, für die der Bund unstreitig zuständig ist, dürfte sich ein großer Teil der durch eine lange Tradition begründeten Beteiligung des Bundes an der Kulturpolitik, besonders im Bereich der wissenschaftlichen Forschung, rechtfertigen.

Anmerkungen zu den Seiten 252 - 276

1) Werner Schütz, Deutsche Kulturpolitik heute, in: Die politische Meinung, Jahrgang 1956, H. 2, S. 23.
2) s. oben S. 9 ff.
3) Stenographische Berichte über die Verhandlungen des Reichstages, X. Legislaturperiode, I. Session, 1898/1900, Band II, S. 1233-1236.
4) Reichstagsprotokolle, X. Legislaturperiode, I. Session, 1899/1900, Band II, S. 1234 ff.
5) Reichstagsprotokolle, X. Legislaturperiode, I. Session, 1899/1900, Band II, S. 1235 ff.
6) Reichstagsprotokolle, X. Legislaturperiode, I. Session, 1898/1900, Band II, S. 1235 ff.
7) vgl. Anschütz, Verfassung... Art. 6 I.
8) Die entsprechende Verwaltungszuständigkeit enthielt Art. 78.
9) Entsprechend dieser Kompetenz erging das Lichtspielgesetz vom 12. 5. 1920 und vom 20. 12. 1922. Nach diesem Gesetz durften Filme nur vorgeführt und in Verkehr gebracht werden, wenn sie zugelassen waren. (Nach der Verfassung war eine Vorzensur für Lichtspiele zulässig, Art. 118, Abs. 2 WRV.) vgl. dazu Anschütz, Verfassung... Art. 118, Anm. 6). Die Zulassung war zu versagen bei Gefährdung der öffentlichen Sicherheit und Ordnung, bei Verletzung des religiösen und sittlichen Empfindens, sowie bei verrohender, entsittlichender und das deutsche Ansehen oder die Beziehungen zum Auslande gefährdender Wirkung. Wegen des politischen, sozialen, religiösen und ethischen Inhalts durfte der Film jedoch

nicht verboten werden. Filme, die auch zur Vorführung vor Jugendlichen unter 18 Jahren bestimmt waren, bedurften einer besonderen Zulassung. Die Prüfung der Filme erfolgte durch besondere Prüfstellen. Die Zulassung besaß Gültigkeit für das ganze Reich. Die Mitglieder der Prüfstellen wurden durch den Reichsminister des Innern ernannt. Sie bestanden zu einem Viertel aus Vertretern des Lichtspielgewerbes, zu einem Viertel aus Vertretern der Literatur und Kunst, zur Hälfte aus in der Volkswohlfahrt, der Volksbildung und der Jugendwohlfahrt erfahrenen Personen. Der Vorsitzende war beamtet (vgl. Dienstag-Elster, Handbuch des deutschen Theater-, Film- und Musikrechts, Berlin 1932, S. 320 ff.).

10) Anschütz, Verfassung... Art. 10, 11.

11) Dafür finden sich manche Parallelen in der gegenwärtigen kulturpolitischen Diskussion. Über quantitative Fragen im Bereich des Schul- und Hochschulwesens läßt sich rasch Einigkeit erzielen; in Fragen der inneren Umgestaltung dagegen erscheinen die Gegensätze kaum überbrückbar. Die allgemeine Zustimmung, die die ersten Empfehlungen des Wissenschaftsrates über den Ausbau der wissenschaftlichen Hochschulen fand, hat nicht zuletzt darin ihre Ursache, daß der Wissenschaftsrat sich weitgehend auf quantitative Vorschläge beschränkte.

12) Dieser Haushaltstitel geht auf eine Anregung zurück, die C. H. Becker in seiner Denkschrift: "Die kulturpolitischen Aufgaben des Reiches" machte, Leipzig 1919.

13) vgl. u. a. Reichstagsprotokolle, 267. Sitzung vom 15. November 1922, Bd. 357.

14) vgl. dazu Arnold Köttgen, Vom deutschen Staatsleben, Jahrbuch des öffentlichen Rechts der Gegenwart, Bd. 24, 1937, S. 5; Ernst Rudolf Huber, Verfassungsrecht des Großdeutschen Reiches, 2. Aufl., Hamburg, 1937/39; Carl Schmitt, Staat, Bewegung, Volk, S. 5 ff.; Alfons Rehkopp, Staats- und Verwaltungskunde, Berlin 1944.

15) vgl. "Das Reich", 1940, Nr. 42.

16) Huber, Verfassungsrecht... S. 55.

17) RGBL. I, S. 141.

18) RGBL 1934 I, S. 75.

19) so Arnold Köttgen, Die Kulturpflege und der Bund, in: Staats- und verwaltungswissenschaftliche Beiträge, Stuttgart 1957.

20) Nach einem Antrag der SPD sollte in Art. 74, Ziffer 13 GG neben der Förderung auch die Organisation der Wissenschaftlichen Forschung aufgenommen werden. Dieser Antrag wurde jedoch abgelehnt, weil darin eine zu starke Gefährdung der Kulturautonomie der Länder erblickt wurde. Siehe dazu Hans Wenke, Die Kulturverwaltung im Verhältnis von Bund und Ländern, in Festschrift für Hans Nawiasky, S. 279.

21) Das Grundgesetz bietet wie die Weimarer Reichsverfassung nur einen Rahmen von Bestimmungen, der die Möglichkeit zur Verwirklichung verschiedener kulturpolitischer Vorstellungen läßt. Das Grundgesetz greift dabei zum großen Teil auf überkommene Vorstellungen zurück. Zu den allgemeinen kulturpolitischen Grundsätzen, die im Grundrechtsteil festgelegt sind, gehören die Freiheit des Glaubens, des Gewissens und des Bekenntnisses, sowie die Gewährleistung der ungestörten Religionsausübung (Art. 4), außerdem die Pressefreiheit, die Freiheit der Berichterstattung durch Rundfunk und Film, das Verbot einer Zensur und die Freiheit der Kunst, Wissenschaft, Forschung und Lehre (Art. 5 GG). In Artikel 6, Abs. 1 stellt das Grundgesetz Ehe und Familie unter den besonderen Schutz der staatlichen Ordnung. Der Staat hat danach Ehe und Familie vor schädigenden Beeinträchtigungen zu bewahren, (vgl. BVerfGE Bd. 9, S. 237 und Bd. 12, S. 151; ebenso BVerfGE Bd. 6, S. 55 und 386; Theodor Maunz, Deutsches Staatsrecht, 11. Aufl. 1962, S. 121). Die Regelung des Schulwesens ist zum größten Teil den Landesverfassungen überlassen. Das Grundgesetz stellt nur Grundsätze über die Schulaufsicht des Staates (Artikel 7, Abs. 1), den Religionsunterricht (Artikel 7, Abs. 2, 3) und das Privatschulwesen (Artikel 7, Abs. 4, 5) auf. Außerdem enthält das Grundgesetz noch das Verbot der Vorschulen (Artikel 7, Abs. 6). Alles übrige, wie die Organisation des öffentlichen Schulwesens, Unterricht, Erziehung, Lehrerbildung, wird vom Grundgesetz nicht geregelt. Es wurde den Landesverfassungen überlassen, dazu Grundsätze aufzustellen.

22) vgl. BVerfGE, Bd. 12, S. 205; Maunz, Staatsrecht... S. 209; Köttgen, Kulturpflege... S. 187.

23) vgl. dazu Konrad Hesse, Der unitarische Bundesstaat, Karlsruhe 1962, S. 17.

24) Heinrich Triepel, Unitarismus und Föderalismus, Tübingen 1907, S. 60 ff.

25) Königsteiner Abkommen in: "Kulturpolitik der Länder - ein Bericht der Kultusministerkonferenz 1960", S. 207 ff.; Wenke, Kulturverwaltung... S. 282.

26) Pressemitteilung der Kultusministerkonferenz aus Anlaß ihrer 81. Plenarsitzung vom 22. 3. 1961 in Bonn.

27) Protokoll der 241. Sitzung des Bundesrates vom 23. Februar 1962.

28) Kurzprotokoll der 3. Sitzung des Ausschusses für Kulturpolitik und Publizistik, 4. Legislaturperiode am 21. Februar 1962.

29) Bundestag, 2. Legislaturperiode 1954, Drucksache 621.

30) Bundestag, 54. Sitzung vom 5. 11. 1964, Protokoll.

31) vgl. zur ganzen Frage Edo Osterloh, Brauchen wir ein Bundeskultusministerium? in: Politische Meinung, 1956, H. 5, S. 43. - Gegen die verfassungsrechtliche Zulässigkeit der Errichtung eines Bundeskultusministeriums bestehen keine Bedenken. Die Errichtung eines solchen Ministeriums bestimmt sich nicht nach Art. 87 GG, denn diese Vorschrift behandelt nach ihrem Sinn und ihrer Stellung im Grundgesetz nicht die Errichtung der sogenannten Obersten Bundesbehörden (Bundesministerien und Bundesrechnungshof) (So h. L., vgl. Maunz-Dürig, Kommentar zum Grundgesetz, Anm. 15 zu Art. 87, Köttgen, Der Einfluß des Bundes auf die deutsche Verwaltung und die Organisation der bundeseigenen Verwaltung, in: J. ö. R. Bd. 3 (1954), S. 67 ff., Schäfer, Die bundeseigene Verwaltung, DÖV 58, 241 ff., Haman: Kommentar zum Grundgesetz, 2. Aufl. 1960, Anm. A zu Art. 87). Die Zulässigkeit eines Bundeskultusministeriums ist vielmehr eine Frage des Inhalts und der Grenzen der Organisationsgewalt, die sich wohl aus der Richtlinienkompetenz des Bundeskanzlers (Art. 65 GG) ergeben dürfte (so h. L. Maunz-Dürig, a. a. O., Köttgen a. a. O., Schäfer a. a. O.; anderer Ansicht Hamann in: Die Bindung der staatlichen Organisationsgewalt an die Gesetzgebung, in NJW 56 1 ff., ebenso Spanner, Organisationsgewalt und Organisationsrecht, in DÖV 57, 640 f.). § 9 der Geschäftsordnung der Bundesregierung hat die Organisationsgewalt auf den Bundeskanzler übertragen. Aufgrund dieser Zuständigkeit kann der Bundeskanzler Bundesministerien errichten, die Zahl der Bundesministerien bestimmen und die Zuständigkeiten der einzelnen Ministerien abgrenzen. Diese Befugnis ist aber begrenzt durch das Budgetrecht des Bundestages (so Schäfer a. a. O., Gross DVBl 54, 188) und durch gesetzliche und verfassungsrechtliche Organisationsvorschriften (so Gross DVBl 57, 852, Maunz-Dürig a. a. O.). Ferner können Bundesministerien nur für solche Angelegenheiten errichtet werden, die nach dem Grundgesetz zur Zuständigkeit des Bundes gehören. Bundeszuständigkeiten für Länderaufgaben können durch die Organisationsgewalt nicht begründet werden. Schließlich können auch die Bundesministerien nicht zur Koordinierung von Länderaufgaben errichtet werden (so Maunz-Dürig a. a. O.). Da das Grundgesetz in Art. 74 Nr. 5. 13, Art. 75 Nr. 2, 3 dem Bund kulturpolitische Aufgaben zuweist, wäre die Errichtung eines Bundeskultusministeriums in diesem Rahmen möglich.

32) zum Ganzen: Wenke, Kulturverwaltung... S. 280.

33) Kulturpolitik der Länder, Bonn 1960, S. 207.

34) Staatsanzeiger für Baden-Württemberg, 3. Jahrgang, Nr. 11 vom 20. 2. 1954; vgl. Wenke, Kulturverwaltung... S. 285.

35) vgl. Ehard, Staatsanzeiger für Baden-Württemberg, 3. Jahrgang, Nr. 11 vom 10. 2. 1954; Wenke, Kulturverwaltung... S. 285.

36) Stenographischer Bericht über die Konferenz der Ministerpräsidenten der Länder der Bundesrepublik am 16./17. Februar 1955 in Düsseldorf, S. 5, abgedruckt bei Wenke, Kulturverwaltung... S. 286.

37) Aktennotiz des Bundesministeriums für besondere Aufgaben vom 1. Februar 1963, Az.: M/20 - 27/63.

38) Veröffentlichung der Vereinigung der deutschen Staatsrechtslehrer (VVDStRL) 19, S. 34; vgl. auch Hesse a. a. O., S. 19.

39) Triepel, Unitarismus und Föderalismus, Tüb. 1907, S. 72 ff.

40) z. B. das Ständige Sekretariat der Kultusministerkonferenz, das "Zweite Deutsche Fernsehen", der Wissenschaftsrat.

41) Franz Meyers: Die föderalistische Struktur der Bundesrepublik Deutschland, Presseveröffentlichungen über den Bundesrat, Nr. 125, Bonn, 16. 3. 1961, S. 31 ff.

42) GV NW 1961, 269 u. a.

43) Bayer. Landtag, 4. Legislaturperiode 1962, Beilage 2880 vom 13. März 1962. Ein deutscher Kulturrat aus 25 Persönlichkeiten des öffentlichen und kulturellen Lebens soll nach dem SPD-Entwurf die KMK bei der Erarbeitung der Richtlinien für eine allgemeine deutsche Kulturpolitik beraten und bei der Abfassung des jährlichen kulturpolitischen Gesamtberichts unterstützen.

44) Storz vor dem Landtag Baden-Württemberg 1962, 55. Sitzung, 12. April 1962, im: Kulturpolitischen Informationsdienst Bonn, 1962, H. 12, S. 7 ff.

45) Der Wissenschaftsrat sollte dann als Organe neben dem Plenum und der Verwaltungskommission eine wissenschaftliche Kommission und eine Kommission für Bildungswesen haben, vgl. dazu Kulturpolitischer Informationsdienst, Bonn, 1964, Heft 15/16.

46) Kulturpolitischer Informations-Dienst (KI) 1965, Heft 13, S. 199.

47) Test des Abkommens im Akademischen Dienst Nr. 28 vom 15. 7. 1965, S. 330 f.

48) ebd.

49) Kulturpolitischer Informations-Dienst (KI), Heft 4, S. 60.

50) Bulletin 15. März 1957, Nr. 51, S. 430.

51) Kulturpolitischer Informationsdienst, Jahrgang 1962, Heft 2, S. 30.

52) Am 22. /23. März 1962 beschloß die Kultusministerkonferenz, daß das Zusammenwirken zwischen Bund und Ländern in kulturellen Fragen fortgesetzt werden soll. Auch der Bundesinnenminister hat vor dem Deutschen Bundestag am 15. März 1962 dazu seine Bereitschaft erklärt. (Bundestagsprotokoll, 4. Legislaturperiode vom 15. 3. 1962)

53) Das Schlußprotokoll zu diesem Verwaltungsabkommen zwischen Bund und Ländern lautet:

"1. Es wird festgestellt, daß die Länder über den gemeinsam aufzubringenden Betrag hinaus weitere Ausgaben für den Ausbau der wissenschaftlichen Hochschulen tragen, ihre Gesamtleistung also die des Bundes übersteigt.

2. Sollte der Bund den Wunsch äußern, nach Ablauf der gegenwärtigen Geltungsdauer des Königsteiner Abkommens in das Abkommen einzutreten, sind die Länder bereit, zu diesem Zweck mit dem Bund zu verhandeln.

3. Wegen der Beteiligung des Bundes an der Finanzierung von neu zu gründenden wissenschaftlichen Hochschulen wird auf das von den Ländern in Aussicht genommene Abkommen verwiesen.

4. Das Abkommen wird geschlossen unter dem Vorbehalt

a) der Auffassungen von Bund und Ländern über die Kompetenzen und Finanzverantwortlichkeiten nach dem Grundgesetz,

b) der Neuregelung der finanziellen Beziehungen von Bund und Ländern auf Grund der Empfehlungen der zu diesem Zweck eingesetzten Gutachter-Kommission.

Das Abkommen gilt deshalb bis zu dieser Neuregelung, längstens bis zum 31. Dezember 1966." Eine Verlängerung wurde bisher nicht erzielt. (Abgedruckt im Kulturpolitischen Informationsdienst Nr. 8/1964, S. 13)

Daneben empfahlen die Regierungschefs den Abschluß eines Abkommens über die Finanzierung der neuzugründenden Universitäten in Bochum, Bremen, Konstanz, Regensburg und der TH in Dortmund. Dafür ergibt sich nach den jetzigen Berechnungen ein Gesamtinvestitionsaufwand von 4, 1 Milliarden DM, der sich auf einen Zeitraum von 15 Jahren verteilt. Der Bund soll die Möglichkeit erhalten, sich an dem Abkommen und der Finanzierung zu beteiligen. Die Ministerpräsidenten beauftragten die Kultus- und Finanzminister, den in dem Verwaltungsabkommen vorgesehenen Schlüssel für die Beteiligung der einzelnen Länder unter Berücksichtigung der eigenen Leistungen für ihre Hochschulen zu überprüfen (vgl. Kulturpolitischer Informationsdienst, Heft 8/1964, S. 13-14).

54) vgl. Bericht des Generalsekretärs Frey von der Ständigen Konferenz der Kultusminister vor dem Bundestagsausschuß für Kulturpolitik und Publizistik am 11. Juni 1958, Kurzprotokoll der 6. Sitzung mit Anlage zu dem Bericht: Einzelübersichten über das Zusammenwirken von Bund und Ländern. - Ferner Kultusminister Dr. Storz vor dem Landtag Baden-Württemberg, 55. Sitzung vom 12. April 1962.

55) Aktenvermerk des Bundesministeriums für besondere Aufgaben vom 28. Mai 1963, Az.: M/20 - 28/63.

56) Es spielt in diesem Zusammenhang eine untergeordnete Rolle, ob man sich den Bundesstaat als ein zwei- oder dreigliedriges Gebilde vorstellt. (vgl. Zusammenstellungen der einzelnen Meinungen zu dieser Streitfrage bei Hirsch a. a. O., S. 144 ff.; Schmidt, S. 40 ff.; Hesse, Der unitarische Bundesstaat, S. 5; Josef H. Kaiser, Zeitschrift für ausländisches öffentliches Recht und Völkerrecht 1958, S. 530 ff.; Usteri a. a. O., S. 213 f., besonders 219).
Das soziologische Substrat des Bundes läßt sich von dem des Gesamtstaates nicht unterscheiden. Auch wenn man eine normative Staatsauffassung zugrunde legt, läßt sich keine von der sogenannten Bundesverfassung verschiedene Existenz der sogenannten Gesamtverfassung nachweisen. Im Folgenden wird daher der Bund als Gesamtstaat mit eigenem Aufgabenbereich den Ländern als Gliedstaaten gegenübergestellt.

57) zum Folgenden: Hans Peters: Die Stellung des Bundes in der Kulturverwaltung nach dem Bonner Grundgesetz, in: Um Recht und Gerechtigkeit - Festschrift für Erich Kaufmann, Stuttgart 1950, S. 292-295.

58) Heinrich Triepel entwickelte zum ersten Mal ausführlich die Theorie von den ungeschriebenen Kompetenzen des Bundesstaates in: "Die Kompetenzen des Bundesstaates und die geschriebene Verfassung". Er orientierte sich dabei an der amerikanischen verfassungsrechtlichen Theorie und Verfassungsrechtsprechung (S. 254 bis 257). In der Zeit der Weimarer Verfassung wurden die ungeschriebenen Bundeskompetenzen weiter vertreten. (vgl. dazu Gerhard Lassar, Gegenwärtiger Stand der Aufgabenverteilung zwischen Reich und Ländern im Handbuch des Deutschen Staatsrechts, Anschütz-Thoma, Bd. I, S. 310; Anschütz, Verfassung... S. 70; dazu ferner Walter Berz, Die Kulturautonomie der Länder, Diss. Mainz 1954). Im Geltungsbereich des Grundgesetzes vertreten die Möglichkeit ungeschriebener Bundeszuständigkeiten, Grewe in: Bundesrecht und Bundesgesetzgebung, S. 39 und 48, Kaufmann ebd., S. 83, Joel ebd., S. 331 und 334.

59) BVerfGE, Bd. 12, S. 205.

60) BVerfGE, Bd. 12, S. 205. - Im gleichen Sinne Maunz, Staatsrecht... S. 128 - 129. Ergänzend ist anzuführen, daß die Bundesregierung nach Art. 84 GG Aufsichtsbefugnisse hat, soweit die Länder Bundesgesetze ausführen. Für die Aufgaben, die durch die Gesetzgebungszuständigkeiten des Bundes gedeckt sind, darf der Bund durch Gesetze Bundesoberbehörden, bundesunmittelbare Körperschaften und Anstalten des öffentlichen Rechts errichten (Art. 87, Abs. 3 GG).

61) Köttgen, in: Jahrbuch des öffentlichen Rechts, Nf, Bd. III/1954, S.

62) Hans Schneider, VVDST 1961, Heft 19, S. 19. vgl. z. B. die Münchener Tagung vom Februar 1954, Staatsanzeiger von Baden-Württemberg vom 20. 2. 54.

63) Schon Jacob Burckhardt äußerte 1870: "Die heutigen Menschen haben allmählich in großen gesellschaftlichen Schichten schon unbewußt der Nationalität entsagt und hassen eigentliche Diversität. Sie opfern, wenn es sein muß, alle ihre speziellen Literaturen und Kulturen gegen durchgehende Nachtzüge auf."

64) so z. B. Wilhelm Haegert, NJW 1961, Heft 25, S. 1137.

65) Köttgen in: Jahrbuch des öffentlichen Rechts, NF, Bd. III, S. 145, bei Schneider a. a. O., S. 22.

66) Josef Kölble, NJW 1962, Heft 24, S. 1081; übereinstimmend Haegert a. a. O., S. 1138 und Krause JZ 1962, S. 158/159.

67) vgl. dazu im einzelnen Kaiser, Zeitschrift für ausländisches Recht und Völkerrecht, Bd. 18, 1957/58, S. 526 f., 533 f. und Schäfer NJW 1961, S. 1281 und 1449.

68) Jürgen Harbich, Der Bundesstaat und seine Unantastbarkeit, Berlin 1965, S. 86.

69) Nawiasky, Der Bundesstaat als Rechtsbegriff, Tübingen 1920.

70) Maunz, Pflicht der Länder zur Uneinigkeit? NJW 1962, S. 1641 f.

71) Geiger, Mißverständnisse um den Föderalismus, Berlin 1962, S. 26.

72) Schneider, a. a. O., S. 32, 17; Kölble, a. a. O., S. 1082; Pfeiffer, a. a. O., S. 565 f.

73) Maunz, Pflicht der Länder zur Uneinigkeit? NJW 1962, S. 1641.

74) Schneider, a. a. O., S. 18, 32.

75) Geiger, a. a. O., S. 26; Maunz, NJW 1962, S. 1644; vgl. zu diesem Problem ferner besonders Harbich, a. a. O.; Burkhard Heisel, Der Begriff des Bundesstaates in der deutschen Staatslehre, Marburg (Diss.), 1961, S. 40 f.; Willibald Apelt, Zum

Begriff des Föderalismus, in: Festgabe für Erich Kaufmann, Stuttgart u. Köln 1961, S. 1 f.
76) Kölble, Gemeinschaftsaufgaben zwischen Bund und Ländern, Schriftenreihe Speyer 11 / 1961, S. 24 f., S. 35, sowie DÖV 1960, S. 650 f.; F. Klein, Schriftenreihe Speyer 11 / 1961; Mangoldt-Klein, Grundgesetz, Anm. VII zu Art. 32, S. 794 f.
77) u. a. BVerfGE 1, 14 f. (35); 4, 139.
78) Anderer Ansicht ist wohl Maunz, der sich dazu jedoch sehr vorsichtig äußert: "Die Frage dürfte wohl zu verneinen sein, weil durch solche Abkommen keine Bundeszuständigkeit begründet werden könnte". Einen zulässigen Grenzfall sieht Maunz jedoch z. B. in der Abmachung des Bundes mit den Landeskultusministerien über die Errichtung eines Ausschusses für das Erziehungs- und Bildungswesen. Staatsrecht... S. 128/29.
vgl. dazu ferner Kölble, Verwaltungsabkommen zwischen Bund und Ländern, DÖV 1960, S. 650 f.
79) Ges. Reden und Schriften, hsg. u. eingel. von Eduard Bernstein II (1919), S. 25 ff.
80) Verfassungsänderung und Verfassungswandlung (1906), S. 72.
81) Konrad Hesse, Die normative Kraft der Verfassung, Tübingen 1959, S. 5.
82) z. B. G. Jellinek, Verfassungsänderung und Verfassungswandlung, a. a. O., und Allgemeine Staatslehre, a. a. O., S. 359 f.; C. Schmitt, Politische Theologie, 2. Aufl. 1934, S. 18 ff. - vgl. die erschöpfende Diskussion über den juristisehen Positivismus in der Weimarer Zeit u. a. bei E. Kaufmann, R. Smend, H. Heller (bes. H. Heller, Bemerkungen zur staats- und rechtstheoretischen Problematik der Gegenwart, AÖR NF 15 (1929), S. 321 ff., S. 343 ff.)
83) vgl. dazu Kreutzer, Bund und Länder in der Bundesrepublik Deutschland, in: Bund und Länder, Berlin 1959, S. 1 u. 6; Geiger, a. a. O., S. 2 u. 3; K. Hesse, Die normative Kraft der Verfassung, Tübingen 1959, S. 7 f.; vgl. ferner von vielen Autoren: Lorenz Stein, Die Geschichte der soz. Bewegung in Frankreich, 1849; ders. Zur preußischen Verfassungsfrage, Dt. Vierteljahresschrift, 1852; Ferdinand Lassalle, Über das Verfassungswesen 1862; Otto Gierke, Die Grundbegriffe des Staatsrechts und die neueren Staatstheorien, Zges StW 1874, Nachdruck 1915, S. 103; E. Huber, Recht und Rechtsverwirklichung, 2. Aufl. 1925, S. 31 ff.; 281 ff.; E. Kaufmann, Kritik der neukantischen Rechtsphilosophie, 1921; D. Schindler, Verfassungsrecht und soziale Struktur, 3. Aufl. 1950; mit besonderer Klarheit: H. Heller, Staatslehre, 1934, bes. S. 184 f.; U. Scheuner, Grundfragen des modernen Staates, in: Recht, Staat, Wirtschaft, III/1951, S. 134; G. Leibholz, Verfassungsrecht und Verfassungswirklichkeit, a. a. O., S. 280 f.; R. Smend, Verfassung und Verfassungsrecht, in: Staatsrechtliche Abhandlungen, 1955, S. 188.
84) dazu vor allem Paul Laband, Das Staatsrecht des Deutschen Reiches, 5. Aufl. 1914, I, Einleitung.
85) zum Beispiel Heinrich Triepel, Streitigkeiten zwischen Reich und Ländern, in: Festgabe für Wilhelm Kahl, 1923, S. 51; R. Thoma, Das Reich als Bundesstaat, HdBDStR I, 1930, S. 171 ff.; R. Smend, Staatsrechtliche Abhandlungen, S. 233. vgl. auch G. Leibholz, Die Gleichheit vor dem Gesetz, 2. Aufl. 1959, S. 133 ff.
86) dazu Hans Schneider, Prinzipien der Verfassungsinterpretation, VVDST 1963, Heft 20, S. 46.
87) vgl. den Text der Frankfurter Dokumente bei Huber, Quellen, Bd. II, S. 192 ff.
88) Nachweise bei Dennewitz, Föderalismus, S. 16 ff.
89) vgl. dazu von Mangoldt-Leibholz, Kommentar zum Grundgesetz E. S. 14 ff. und Ritter v. Lex, Entwicklung S. 51.
90) vgl. Stenographische Berichte, S. 35.
91) Stenographische Berichte, S. 32.
92) Stenographische Berichte, S. 16.
93) Stenographische Berichte, S. 16.
94) Stenographische Berichte, S. 86.
95) Stenographische Berichte, S. 41 f.
96) Zu diesem Ergebnis kommt auch B. Hirsch, Der Begriff des Bundesstaates in der deutschen Staatsrechtslehre, Hamburg 1961 (Diss.) S. 124.
97) vgl. Tocqueville, Democracy 1. Bd., S. 114. Innerhalb ihrer Kompetenzen sind die Einzelstaaten nach Tocqueville von dem Zentralstaat, der Union, vollkommen unabhängig. Die Gewalten und die Souveränität seien demnach zwischen beiden

geteilt: Alexis de Tocqueville, Democracy in America, Edition New York 1948, 1. Bd., S. 114, 159, 167, 169.

98) Waitz, Grundzüge... S. 153 bis 218.

99) vgl. Otto von Gierke, Labands Staatsrecht, S. 1168 ff.; Genossenschaftstheorie, S. 642; Das alte und das neue Reich, S. 16 ff.

100) vgl. Hugo Preuß, Obrigkeitsstaat, S. 21; derselbe, Selbstverwaltung, S. 244.

101) dazu Hans Stadler, Subsidiaritätsprinzip und Föderalismus, Freiburg, Schweiz 1951, S. 160 ff., mit weiteren Nachweisen.

102) Franz Meyers, Die Föderalistische Ordnung, hsg. von A. Süsterhenn, 1963, S. 43 ff.; Maunz, Deutsches Staatsrecht, 11. Aufl., München/Berlin 1962, S. 163 ff.; Höcherl, Wesen und Handhabung des föderalen Prinzips, in: Über die bundesstaatliche Ordnung der Bundesrepublik, Beiträge zu Fragen des deutschen Föderalismus, Bonn 1962.

103) Schmitt, Verfassungslehre, S. 388 ff.

104) vgl. Die Denkschriften von Pfitzer und Friedrich von Gagern; Pfitzer, Entwicklung des öffentlichen Rechts in Deutschland durch die Verfassung des Bundes, 1835; Gagern, Über den Bundesstaat, Denkschrift 1833, S. 372-387; Karl Theodor Welcker, Der Begriff des Bundesstaates, S. 76-116. Auch Otto von Gierke hat im Jahre 1868 die Aufgabe eines künftigen deutschen Bundesstaates darin gesehen, daß das Hineinwachsen in eine staatliche Einheit gefördert werden solle. (Gierke, Genossenschaftsrecht I, S. 842).

105) Schmitt a.a.O., S. 389.

106) Herbert Krüger, in: Veröffentlichungen der Vereinigung deutscher Staatsrechtslehrer, 1961, Heft 19, S. 158.

107) Geiger, a.a.O., S. 31.

108) Gustav Radbruch, Die politischen Parteien, S. 287.

109) Jellinek, Staatslehre, S. 556, 626, 786. Kelsen sieht in der dezentralisierten Herrschaftsordnung des Bundesstaates den Sinn, daß der Inhalt aller lokalen Rechtsnormen von der Zentralinstanz unabhängig gemacht und nur von den ihnen Unterworfenen erzeugt werde. Damit werde gleichzeitig ein höherer Grad von Demokratie erstrebt: Hans Kelsen, Staatslehre, S. 167, 193, 181.

110) Martin Usteri, a.a.O., S. 347; vgl. ferner W. Schmidt, Der bundesstaatliche Aufbau der Bundesrepublik Deutschland, Frankfurt 1961, S. 73; Werner Weber, Die Verfassung der Bundesrepublik Deutschland, S. 80 ff.; Peters, Gewaltenteilung, S. 28 ff.

111) Geiger, a.a.O., S. 31; Harbich, a.a.O., S. 119.

112) Wegen dieser Erscheinungen nennt Konrad Hesse in Anlehnung an Heinrich Triepel die Bundesrepublik einen unitarischen Bundesstaat, vgl. den Titel seiner Monographie: Der unitarische Bundesstaat.

113) vgl. Imboden, Die staatsrechtliche Problematik des schweizerischen Föderalismus, ZSR 1955, S. 209.

Kapitel 9: Recht auf Bildung

Noch vor einer Generation war von einem Recht auf Bildung kaum die Rede. In den Verfassungsurkunden bis in dieses Jahrhundert hinein wird - soweit ersichtlich - das Recht auf Bildung nicht erwähnt. Die Zahl der Menschenrechte und Bürgerrechte hat sich im Laufe der Zeit erweitert und differenziert zu den Rechten auf Meinungs-, Glaubens-, Gewissensfreiheit, der Freiheit vor willkürlicher Verhaftung, den Rechten auf Arbeit, Freizügigkeit, Versammlungs- und Vereinsfreiheit, Wahrung des Briefgeheimnisses, Unverletzlichkeit der Wohnung und anderen. Bis ins 20. Jahrhundert hinein fehlten Erziehung und Bildung in der Aufzählung, obwohl doch gerade sie von größter Bedeutung sind für die Erkenntnis und Betätigung menschlicher Rechte und Pflichten. I. C. Kandel meint dazu, daß die Erziehung bisher im religiösen Glauben oder in der Loyalität gegenüber einer bestimmten politischen Gruppe oder der Nation ausreichende Begründung und Zielsetzung gefunden habe (1). Das stimmte in dieser Begrenzung zwar auch für die Vergangenheit nicht. Indessen, es kennzeichnet eine Zeit, in der das Bildungswesen schon in seiner Struktur dazu beitrug, überkommene Gesellschaftsstrukturen zu konservieren und in der die Bildung nicht die Funktion eines sozialen Motors besaß. Das Abstreifen vieler auferlegter Bindungen, wie sie in den klassischen Grundrechten zum Ausdruck kommen, kennzeichnet zwar eine in Bewegung geratene Gesellschaft, in der eine neue Schicht gegen überkommene Sozialstrukturen angeht, doch die Bildung wurde offensichtlich nicht zu den elementaren Werten des menschlichen Daseins gerechnet. Das ist nur zu verstehen, weil die menschliche Existenz, die Stellung des einzelnen in der Gesellschaft - von Ausnahmen abgesehen - nicht von seiner Erziehung und Bildung abhingen, und weil es zuerst darum ging, die elementaren, vitalen Werte durchzusetzen. Die Stellung des einzelnen in der Gesellschaft, seine Zugehörigkeit zu einer bestimmten Klasse brachten eine bestimmte Erziehung und Bildung von allen mit sich. Aber diese Beziehung ließ sich nicht umkehren. Erziehung und Bildung waren als Mittel der sozialen Standortveränderung weitgehend ungeeignet oder zumindest unbekannt. Die Struktur des Bildungs- und Schulsystems entsprach der Struktur der Gesellschaft. Erst als ein gewisser Bildungsstand der Bevölkerung notwendig war als Voraussetzung für den bloßen Ablauf der staatlichen und wirtschaftlichen Apparaturen, erhielt das Thema Bildung auch für die Verfassung Bedeutung. Der Entwurf einer Verfassung des Deutschen Reiches vom 28. März 1849 erklärte in § 25: "Für die Bildung der deutschen Jugend soll durch öffentliche Schulen überall gesorgt werden. Eltern oder deren Stellvertreter dürfen ihre Kinder oder Pflegebefohlenen nicht ohne den Unterricht lassen, welcher für die unteren Volksschulen vorgeschrieben ist." Ähnlich lauten die Bestimmungen in der preußischen Verfassungsurkunde vom 31. Januar 1850. Von einem Recht auf eine der Begabung entsprechende Bildung ist hier jedoch noch nicht die Rede. Die Weimarer Reichsverfassung vom 11. August 1919 widmet den Fragen der Bildung und Erziehung einen ganzen Abschnitt. Danach soll für die Bildung der Jugend durch öffentliche Anstalten im Zusammenwirken von Reich, Ländern und Gemeinden gesorgt werden (Art. 143). Das gesamte Schulwesen wird unter die Aufsicht des Staates gestellt. (Art. 144). Die allgemeine Schulpflicht soll mit unentgeltlichem Besuch von Volks- und Fortbildungsschulen bis zum 18. Lebensjahr gelten (Art. 145). Das öffentliche Schulwesen soll organisch so ausgestaltet sein, daß sich auf einer für alle gemeinsamen Grundschule das mittlere und höhere Schulwesen aufbaut, für dessen Besuch Anlage und Neigung des Kindes, nicht aber die wirtschaftliche oder gesellschaftliche Stellung oder das Religionsbekenntnis seiner Eltern maßgeblich ist (Art. 146). Das ist eine klare Absage an die Klassenschule. Maßgeblich für die Bildung sollen jetzt Veranlagung und Neigung des Kindes sein. Doch der weitere Schritt zur Gewährung eines Anspruchs auf die Vermittlung einer Begabung entsprechenden Bildung ist damit noch nicht getan worden.

Inzwischen hat jedoch eine Entwicklung begonnen, die dem Bildungsprozeß eine zunehmend ökonomische Bedeutung übertrug, die ihm bis dahin weitgehend fremd war. Das lange Zeit in Deutschland herrschende Bildungsideal sah in der Bildung eine Vermittlung kultureller Werte zur Formung der menschlichen Persönlichkeit, völlig losgelöst von sozialen oder ökonomischen Zwecken. Die mannigfachen Erschütterungen der europäischen, besonders der deutschen Gesellschaft lösten jedoch alte, auf Besitz und Herkommen gegründete Sozialstrukturen auf. Der Steuerungsmechanismus für die neuen Strukturen einer mobilen anstatt stationären, offenen anstatt geschlossenen Gesellschaft wurde zunehmend in die Bildungsinstitutionen verlagert. Daher mischten sich bis dahin peinlich ausgeschlossene soziale und ökonomische Zwecksetzungen in das Bildungsgeschehen, die schließlich zur Auflösung des überkommenen Bildungsideals führten. Jetzt ging es nicht mehr nur um die Vermittlung von Bildungswerten zur Formung der menschlichen Persönlichkeit, sondern um die Verteilung von Sozialchancen und die Beteiligung am Nationalkonsum. Das brachte und bringt schwere Belastungsproben in unser Bildungssystem. Solange es "nur" um die Bildung der Persönlichkeit geht, läßt sich das Nichtbestehen der Aufnahmeprüfung zum Gymnasium oder das Scheitern im Abitur verschmerzen. Wenn davon jedoch die weitere berufliche Entwicklung, das Einkommen, das Sozialprestige abhängen, sieht sich eine verweigerte Versetzung völlig anders an. Deswegen bemühen dann aufgeschreckte Eltern die Verwaltungsgerichte. Die Schulen und Hochschulen sind mit diesen neuen, ungewollten Aufgaben, die mit ihrem ursprünglichen Bildungsauftrag nichts zu tun haben, vielfach überfordert. Neben dieser individuellen Bedeutung der Bildung, steht der gesamtsoziale Bezug der Bildung. Im Gegensatz zur agrarischen Untertanengesellschaft erfordert die moderne industrielle, demokratische Gesellschaft, die vom Konsens aller Mitglieder geleitet und von der aktiven Mitwirkung möglichst vieler getragen wird, eine möglichst umfangreiche Bildung möglichst vieler. Der Bürger des modernen demokratischen Staates vermag seine verfassungsmäßigen Rechte und Pflichten ohne eine entsprechende

Bildung heute gar nicht mehr wahrzunehmen. Das Recht auf Bildung bildet also geradezu die Voraussetzung für eine sinnvolle Wahrnehmung der übrigen Rechte. Darauf hat vor allem Dahrendorf hingewiesen, der in dem Bürgerrecht auf Bildung die Ergänzung der anderen großen Bürgerrechte vor dem Gesetz und im Staat sieht (2). Der Inhalt dieses Rechtes befindet sich in einem ständigen Wandel. Der elementare Inhalt der Bildung umfaßte das Leben und Schreiben, das für die Bedürfnisse des beginnenden 20. Jahrhunderts in Staat und Gesellschaft genügte. Heute gehören dazu: Die Kenntnis einer Fremdsprache, die Grundelemente der Naturwissenschaften und die elementaren Zusammenhänge des wirtschaftlichen, politischen und sozialen Lebens.

Ein ausdrückliches "Recht auf Bildung" enthält das Grundgesetz nicht. In Art. 12 GG ist jedoch neben dem Recht der freien Berufswahl und freien Berufsausübung auch das Grundrecht aufgeführt, daß alle Deutschen die Ausbildungsstätte frei wählen können. Der Grundgesetzgeber hat das Recht der freien Wahl der Ausbildungsstätte in Zusammenhang mit dem Recht der freien Berufswahl und freien Berufsausübung gesehen. Wie das Bundesverwaltungsgericht in ständiger Rechtsprechung entschieden hat, sind Ausbildungsstätten im Sinne des Art. 12 GG nur Einrichtungen, die der Vorbereitung auf irgendeine Berufstätigkeit dienen (3). Tatsächlich dürften damit die meisten Bildungseinrichtungen der Grundrechtsbestimmung unterliegen, da fast jede Bildungsstätte unter den gegenwärtigen gesellschaftlichen Verhältnissen in irgendeiner Weise einer späteren Berufsausübung dienen kann. Lediglich die Ausbildung zu reinen Liebhabertätigkeiten fällt nicht hierunter.

Das Grundrecht auf freie Wahl der Ausbildungsstätte richtet sich nur gegen die öffentliche Gewalt, jedoch nicht auch gegen private Inhaber von Ausbildungsstätten. Der freie Zugang zu den öffentlichen Bildungseinrichtungen kann durch Anforderungen an Charakter, Vorbildung, Kenntnisse und Verhalten des Auszubildenden, die für das Ausbildungsziel notwendig sind, beschränkt werden. Das Grundrecht auf freie Wahl der Ausbildungsstätte erstreckt sich aber nur auf bereits bestehende öffentliche Bildungseinrichtungen. Der einzelne Staatsbürger kann aus Art. 12 GG weder den Anspruch herleiten, daß öffentliche Bildungseinrichtungen in ausreichendem Maße geschaffen werden oder Bildungseinrichtungen in einer bestimmten Art ausgestaltet werden, noch daß sozial schwachen Bewerbern durch materielle Unterstützung der Besuch der Ausbildungsstätte ermöglicht wird (4). Deshalb kann auch eine zahlenmäßige Beschränkung für die Zulassung eingeführt werden, wenn die vorhandene Kapazität einer Bildungseinrichtung nicht ausreicht. Eine zahlenmäßige Beschränkung, die das Ziel einer Berufslenkung verfolgt, ist jedoch durch das Grundrecht der Ausbildungsfreiheit und der Freiheit der Berufswahl nach Art. 12 GG ausgeschlossen. Die freie Wahl der Ausbildungsstätte ist nach Art. 12 GG ein echtes Grundrecht, das der Staatsbürger durch gerichtliche Klage und Verfassungsbeschwerde durchsetzen kann (5).

Das Grundgesetz erklärt in Art. 20 und Art. 28 GG die Bundesrepublik Deutschland als Sozialstaat. Es handelt sich dabei nicht nur um einen programmatischen Grundgedanken (6) und auch nicht lediglich um einen "programmatischen Verfassungsgrundsatz ohne Aktualisierung" (7). Der Grundsatz ist auch keineswegs nur ein "substanzloser Blankettbegriff"(8). Aus der verfassungsrechtlichen Feststellung, die Bundesrepublik Deutschland sei ein Sozialstaat, ergibt sich vielmehr, daß Gesetzgebung, Rechtsprechung und Verwaltung gehalten sind, "bei all ihren Beschlüssen, Maßnahmen und Entscheidungen den Maßstab der sozialen Gerechtigkeit zu beachten" (9). Die Sozialstaatserklärung des Art. 20, Abs. 1 GG ist eine der entscheidendsten Aussagen unseres Verfassungsrechts überhaupt, und zwar eine unmittelbar verbindliche Norm, die nicht nur die Bedeutung einer Auslegungsregel für die Rechtsprechung (10) und vollziehende Gewalt oder einer Richtschnur für die Gesetzgebung hat. Lange Zeit wurde die Bedeutung des Sozialstaatsprinzips ausschließlich auf dem Gebiet der Sozial- und Wirtschaftspolitik gesehen. Rechtsprechung und Rechtslehre beschäftigten sich mit der Bedeutung dieses Prinzips hauptsächlich im Hinblick auf die öffentliche Fürsorge. Darin liegt eine merkwürdige Verkennung der Tragweite des Grundgedankens des Sozialstaates und der gesellschaftlichen Entwicklung. Bildungspolitische Maßnahmen machen heute einen großen Teil der konventionellen Sozialpolitik gegenstandslos. Wer die Möglichkeit einer seiner Begabung entsprechenden Ausbildung erhalten hat, erhält auf diese Weise auch seinen Anteil am Sozialkonsum und wird selbst in die Lage versetzt, zu seiner sozialen Sicherung Sorge zu tragen, so daß er als Gegenstand weiterer Sozialhilfe oder Fürsorge später wegfällt. In einer offenen Leistungsgesellschaft wird sich die soziale Gerechtigkeit, deren Durchsetzung der Grundsatz der Sozialstaatlichkeit beabsichtigt, hauptsächlich vermittels des Bildungswesens verwirklichen. Die Verpflichtung zur Verwirklichung der sozialen Gerechtigkeit richtet sich nicht nur auf eine Korrektur der bestehenden Verhältnisse, sie enthält vielmehr auch "ein evolutionäres, gestaltendes Moment" (11). Diesem gestaltenden Moment wird am besten durch ein entsprechendes Bildungssystem Rechnung getragen, das jedem die Chance einer seiner Begabung entsprechenden Bildung gewährt.

Selbst wer die Tragweite des Sozialstaatsprinzips nur auf der ökonomischen Ebene als das Verteilungsprinzip sieht, das nach dem Grundsatz der sozialen Gerechtigkeit im Rahmen der Daseinsvorsorge "jeder Schicht oder Gruppe in der Bevölkerung die ihr zukommenden Rechte einräumt" (12), kommt zu dem gleichen Ergebnis, da - wie dargelegt - kulturelle Daseinsvorsorge und materielle Daseinsvorsorge sich heute nicht mehr trennen lassen. Ja, es läßt sich geradezu sagen, daß heute in der kulturellen Daseinsvorsorge der wichtigere und umfassendere Teil der Daseinsvorsorge besteht. Daraus ergeben sich einige Folgerungen. Der Staat hat danach alles zu unternehmen, um ein Bildungswesen in allen Stufen aufzubauen, das jedem durch Bereitstellung entsprechender Einrichtungen und Förderungsmittel eine seiner Begabung entsprechende Bildung ermöglicht. Dabei ist der Staat an dem jeweiligen Wissensstand der einzelnen Bereiche der Wissenschaft und die Erkenntnisse auf dem Gebiet der Organisation des Bildungswesens gebunden (13). Die Grenze bildet allein die materielle Leistungsfähigkeit des Staates, wobei jedoch den Aufgaben und damit den Aufgaben für die Bildung entsprechend der Bedeutung des Sozialstaatsprinzips in unserer Verfassung die Priorität zukommt.

Eine besondere Frage lautet: Hat über diese Verpflichtung des Staates hinaus auch der einzelne einen Rechtsanspruch auf Bildung? Oder anders formuliert: Statuieren Art. 20 und Art. 28 ein subjektives öffentliches Recht auf Bildung? Diese Frage ist allgemein danach zu entscheiden, ob eine Norm Verpflichtungen der staatlichen Stellen im öffentlichen Interesse - wie etwa das Haushaltsrecht - enthält, oder ob diese Verpflichtungen dem Individualinteresse der Betroffenen dienen (14). Forsthoff führt dazu aus, daß für die Entscheidung dieser Frage "der auf die Lückenlosigkeit des Rechtsschutzes gerichteten Tendenz der heutigen öffentlichen Ordnung und der durch die soziologischen Gegebenheiten der individuellen Daseinsführung bedingten hohen Schutzbedürftigkeit des einzelnen und nicht zuletzt auch sozialen Erwägungen, die das Grundgesetz mit der Betonung des sozialen Rechtsstaates (Art. 20, 28 GG) zur Pflicht macht, Rechnung zu tragen" ist. Sonach ist es möglich, daß Normen, die nach früherer Auffassung keine subjektiven öffentlichen Rechte statuieren sollten, heute als Grundlage klagbarer öffentlich-rechtlicher Ansprüche anerkannt werden. Das bekannteste Beispiel dieser Art ist die Fürsorgepflichtverordnung vom 13. Februar 1924 (15). Bis zum Ende des Zweiten Weltkrieges wurde die Fürsorgepflichtverordnung einhellig dahin ausgelegt, daß sie einen Anspruch auf Fürsorgeleistungen nicht gewähre. Heute wird der einklagbare Anspruch auf Fürsorgeleistungen überwiegend anerkannt (16). Die Voraussetzung für die jedem offenstehende Chance auf eine seiner Begabung entsprechende Bildung gehört heute zu dem wesentlichen Inhalt des auf die Verwirklichung der sozialen Gerechtigkeit zielenden Sozialstaatsprinzips. Diese Bestimmung steht sicher auch im Interesse des Staates, da die Funktionsfähigkeit der demokratischen Regierungsform von einem möglichst hohen Bildungsstand möglichst vieler Bürger abhängt. Vor allem anderen jedoch steht das Recht auf Bildung im Interesse jedes einzelnen Bürgers. Die Menschenwürde verlangt nicht die Gewährleistung des materiellen Existenzminimums, sondern die Bereitstellung entsprechender Bildungsmöglichkeiten für jeden einzelnen. Auch unter materiellen Gesichtspunkten übertrifft heute die Vermittlung von Bildung in ihrer Bedeutung bei weitem die Leistung von Fürsorge oder Sozialhilfe. Somit hat der einzelne ein subjektives öffentliches Recht auf Bildung.

Die Länderverfassungen stellen das Recht auf Bildung in der Regel eindeutiger heraus als das GG. So führt die Verfassung des Landes Baden-Württemberg vom 11. 11. 1953 in Art. 11 aus:
"1. Jeder junge Mensch hat ohne Rücksicht auf Herkunft oder wirtschaftliche Lage das Recht auf eine seiner Begabung entsprechende Erziehung und Ausbildung.
2. Das öffentliche Schulwesen ist nach diesem Grundsatz zu gestalten.
3. Staat und Gemeinden und Gemeindeverbände haben die erforderlichen Mittel, insbesondere auch Erziehungsbeihilfen, bereitzustellen.
4. Das Nähere regelt ein Gesetz."

Die Verfassung des Freistaates Bayern vom 2. 12. 1946 enthält in Art. 128:
"1. Jeder Bewohner Bayerns hat Anspruch darauf, eine seinen erkennbaren Fähigkeiten und seiner inneren Berufung entsprechende Ausbildung zu erhalten.
2. Begabten ist der Besuch von Schulen und Hochschulen, nötigenfalls aus

öffentlichen Mitteln, zu ermöglichen."
Art. 132: "Für den Ausbau des Schulwesens ist die Mannigfaltigkeit der Lebensberufung, für die Aufnahme eines Kindes in eine bestimmte Schule sind seine Anlagen, seine Neigungen, seine Leistungen und seine innere Berufung maßgebend, nicht aber die wirtschaftliche und gesellschaftliche Stellung der Eltern."
Art. 133: "Für die Bildung der Jugend ist durch öffentliche Anstalten zu sorgen. Bei ihrer Einrichtung wirken Staat und Gemeinde zusammen."

Die Landesverfassung der Freien Hansestadt Bremen vom 21. 10. 1947 enthält in Art. 27:
"Jeder hat nach Maßgabe seiner Begabung das gleiche Recht auf Bildung. Dieses Recht wird durch öffentliche Einrichtungen gesichert."

Die Verfassung für das Land Nordrhein-Westfalen vom 28. 6. 1950 führt aus in Art. 8:
"Jedes Kind hat Anspruch auf Erziehung und Bildung. Das natürliche Recht der Eltern, die Erziehung und Bildung ihrer Kinder zu bestimmen, bildet die Grundlage des Erziehungs- und Schulwesens. Die staatliche Gemeinschaft hat Sorge zu tragen, daß das Schulwesen den kulturellen und sozialen Bedürfnissen des Landes entspricht."

Die Verfassung für Rheinland-Pfalz vom 18. 5. 1947 führt aus in Art. 28: "Für die Bildung der Jugend ist durch öffentliche Schulen zu sorgen". In Art. 31: "Jedem jungen Menschen soll zu einer seiner Begabung entsprechenden Ausbildung verholfen werden. Begabten soll der Besuch von höheren und Hochschulen, nötigenfalls aus öffentlichen Mitteln, ermöglicht werden."

Diese Bestimmungen können heute nicht mehr als Programmsätze gedeutet werden, die die Ziele des demokratischen und sozialen Staates auf dem Gebiet des Schulwesens festlegen (17). Sie stellen nicht nur eine Aufforderung an den Gesetzgeber dar, den Programmsatz zu erfüllen, sondern die Formulierung der Landesverfassungen spricht eindeutig von einem Recht des einzelnen auf Bildung. Aus den angeführten Gründen handelt es sich hierbei um einen Rechtsanspruch (18).

Die überwiegende Anzahl der Kommentatoren der Landesverfassungen vertritt die Ansicht, daß es sich bei diesen Bestimmungen nur um Programmsätze der Verfassung handle, die die Ziele des demokratischen und sozialen Staates auf dem Gebiet des Schulwesens festlege. Sie stellten nur eine Aufforderung an den Gesetzgeber dar, den Programmsatz zu erfüllen und enthielten zugleich eine Schranke für die Gesetzgebung mit der Maßgabe, daß eine ihnen widersprechende Rechtsetzung unzulässig sei (19). Diese Auffassung läßt sich heute jedoch nicht mehr aufrechterhalten. Die Formulierung der Landesverfassungen spricht eindeutig von einem Recht des einzelnen auf Bildung. Aus den angeführten Gründen handelt es sich hierbei um einen Rechtsanspruch.

Das Recht auf Bildung spielt zunehmend auch im internationalen Recht eine Rolle. Art. 26 der Deklaration der Menschenrechte der Vereinten Nationen vom 10. 12. 1948 lautet: "Jeder hat das Recht auf Ausbildung".

Das Zusatzprotokoll zu der Europäischen Konvention zum Schutz der Menschenrechte und Grundfreiheiten vom 4. 11. 1950 enthält in Art. 2 (20. 3. 1952): "Das Recht auf Bildung darf niemandem verwehrt werden." Die Europäische Konvention ist durch Artikel 2 des Gesetzes vom 7. 8. 1952 (20), das Zusatzprotokoll zu dieser Konvention durch Gesetz vom 20. 12. 1956 (21) als Bundesrecht transformiert und in Kraft gesetzt worden. Art. 2 enthält ein Abwehrrecht des Staatsbürgers gegen staatliche Beschränkungen, die sachlich nicht gerechtfertigt Staatsbürger von bereits vorhandenen Bildungsmöglichkeiten ausschließen oder ihren Zugang zu vorhandenen Bildungseinrichtungen erschweren. Diese Bestimmung soll insbesondere auch rassische, religiöse und soziale Minderheiten schützen.

Art. 10 der Europäischen Sozialcharta vom 18. 10. 1961 enthält eine Regelung über das Recht auf berufliche Ausbildung. Danach verpflichten sich die Vertragsparteien, die fachliche und berufliche Ausbildung von jedermann, einschließlich der Behinderten, soweit notwendig vorzusehen und zu fördern und durch geeignete Einrichtungen den Zutritt zur höheren Fachschule und zur Universitätsausbildung zu gewährleisten, wobei nur die Fähigkeiten des einzelnen ausschlaggebend sein dürfen.

Die europäische Sozialcharta vom 18. 10. 1961 wurde durch Gesetz vom 19. 9. 1964 (22) als Bundesrecht in Kraft gesetzt. Der Bund hat durch eine Reihe von Maßnahmen seine Verpflichtung aus Art. 20 und 28, das Recht auf Bildung zu verwirklichen, erfüllt. Die Studentenförderung nach dem Honnefer Modell, an der der Bund beteiligt ist, hat zum Ziel, begabten und bedürftigen Studenten über wirtschaftliche Hinderungsgründe hinweg das Studium zu ermöglichen oder zu erleichtern. Bund und Länder bemühen sich auf diese Weise gemeinsam um die Verwirklichung der "gleichen Startchance" für alle jungen Menschen. Der Bundestag beschäftigte sich wiederholt mit dieser Frage. Es war eine allgemeine, unwidersprochene Forderung, daß jeder begabte junge Mensch die Möglichkeit einer seiner Begabung entsprechende Ausbildung und auch die Möglichkeit sozialen Aufstiegs erhalten solle. So forderte am 24. März 1960 der Bundestagsausschuß für Kulturpolitik und Publizistik die Bundesregierung auf, sie solle die Verwirklichung des Grundsatzes der gleichen Chancen für jeden jungen Menschen beim Zugang zu weiterführenden Schulen und Hochschulen sichern (23). Die Förderungsleistungen des Bundes aus dem Honnefer Modell werden ergänzt durch weitere Stipendien und Erziehungsbeihilfen nach dem Jugendwohlfahrtsgesetz, dem Bundessozialhilfegesetz, dem Bundesversorgungsgesetz für den Kreis der Kriegsopfer und aus Lastenausgleichsmitteln für Vertriebene und Kriegssachgeschädigte.

Auch das in mehreren Entwürfen von seiten der Fraktionen und des Bundesministeriums für Arbeit und Sozialordnung vorliegende, noch nicht erlassene Berufsausbildungsgesetz beschäftigt sich mit dem Recht auf Ausbildung und legt die Pflicht des Ausbildenden fest, dafür zu sorgen, daß dem Auszubildenden die Fertigkeiten, Kenntnisse und Erfahrungen vermittelt werden, die zur Erreichung des Ausbildungszieles erforderlich sind und die Ausbildung in einer durch ihren Zweck gebundenen Form planmäßig zeitlich geordnet und gegliedert so durchzuführen, daß das

Ausbildungsziel in der vereinbarten Ausbildungszeit erreicht werden kann (24).

Diese Vorschriften stellen eine Konkretisierung des in seinem Inhalt im einzelnen noch unbestimmten subjektiven öffentlichen Rechtes des Kindes auf Bildung dar. Zum Inhalt des Rechtsanspruches auf Bildung gehören jedoch: der Zugang zu einer der Begabung des Kindes entsprechenden Bildungseinrichtung und - im Rahmen der verfügbaren Mittel - die materielle Förderung, die eine der Begabung des Kindes entsprechende Ausbildung ermöglicht, soweit die wirtschaftliche Lage des Auszubildenden diese Ausbildung nicht ermöglicht. Insofern kann auf den Rechtsanspruch auf Bildung eine Klage gestützt werden.

Anmerkungen zu den Seiten 283 - 290

1) Kandel, in einem Beitrag zu dem UNESCO-Buch: Um die Erklärung der Menschenrechte, 1952, Zürich, Wien, Konstanz, S. 293-297.
2) Ralf Dahrendorf, Bildung ist Bürgerrecht, Hamburg 1965, S. 23.
3) BVwGE 6, 13; 7, 287; 10, 136; 16, 241.
4) BVerwGE 1o, 136.
5) vgl. zu dem gesamten Fragenkreis Otto Bachof, Freie Wahl der Ausbildungsstätte, in: Bettermann-Nipperdey-Scheuner, Die Grundrechte, 3. Bd., 1. Halbband, S. 252.
6) v. Mangoldt, Kommentar zum Grundgesetz, 1. Aufl., Anm. 2b zu Art. 20 S. 134; Nawiasky-Leuser, Kommentar zur Bayerischen Verfassung, Abs. 1-3 der Erläuterungen zu dem gleichlautenden Art. 3 BayVerf., S. 79 f.; Wernicke in: Bonner Kommentar, 1, Erl. II, 1 zu Art. 20.
7) Ipsen, GG, S. 14 u. 186.
8) so Grewe in DRZ, S. 351.
9) so zutreffend Klein in: v. Mangoldt-Klein, Kommentar zum GG, 2. Aufl., Anm. VII 2b, 3 zu Art. 20; damit übereinstimmend Maunz, Staatsrecht, 11. Aufl., 1962, S. 62 f. und die überwiegende Meinung.
10) so BVerwGE 8, 103.
11) Bundessozialgericht, in NJW. 58, 1252; Bachof, in: VVDStRL 12 (1954), S. 39; Andreas Hamann, Das Grundgesetz, Oldenburg 1960, Einführung I D 2, S. 30.
12) Maunz, Staatsrecht, S. 62 f. 11. Auflage; sinngemäß Klein, a. a. O., Anm. VII 2b, 3 zu Art. 20.
13) vgl. dazu im einzelnen Dahrendorf, Bildung ist Bürgerrecht a. a. O.
14) vgl. Forsthoff, Lehrbuch des Verwaltungsrechts, Allg. Teil, 8. Aufl., S. 170 f.
15) Reichsgesetzblatt I, S. 100.
16) Forsthoff, Lehrbuch... S. 174.
17) so Spreng-Birn-Feuchte, Kommentar zur Verfassung des Landes Baden-Württemberg, Anm. 1 zu Art. 11; Nawiasky-Leuser, Kommentar zur Bayer. Verfassung, 1953, Erl. zu Art. 128; Vogels, Die Verfassung für das Land NRW, Kommentar 1951, Anm. 2 zu Art. 8.; Goebel, Kommentar zur Verfassung des Landes Baden-Württemberg, Anm. zu Art. 11.
18) in diesem Sinne Peters, in: Bettermann-Nipperdey-Scheuner, Grundrechte, 4. Bd., 1. Halbband, S. 401; ebenso Geller-Kleinrahm-Fleck, Kommentar zur Verfassung für das Land NRW, Anm. 2 c zu Art. 8.
19) vgl. Spreng-Birn-Feuchte, Kommentar zur Verfassung des Landes Baden-Württemberg, Anm. 1 zu Art. 11; Goebel, Kommentar zur Verfassung des Landes Baden-Württemberg, Anm. zu Art. 11; Nawiasky-Leuser, Kommentar zur Bayer. Verfassung 1953, Erl. zu Art. 128; Vogels, Die Verfassung für das Land NRW, Kommentar 1951, Anm. 2 zu Art. 8.
20) BGBl II, S. 685.
21) BGBl II, S. 1879.
22) BGBl II, S. 1261.

23) vgl. Anlage zum Protokoll des Bundestagsausschusses für Kulturpolitik Nr. 22 vom 24. 4. 1960.

24) vgl. z. B. Entwurf eines Gesetzes zur Regelung der Berufsausbildung und zu ihrer Anpassung an die technische, wirtschaftliche und soziale Entwicklung (Berufsausbildungsgesetz). Erarbeitet vom Bundesministerium f. Arbeit u. Sozialordnung. Stand: 1. 9. 1966; Antrag der Fraktionen der CDU/CSU, FDP: Entwurf eines Gesetzes zur Regelung der Berufsausbildung (Berufsausbildungsgesetz). Bonn, den 25. 10. 1966. Drucksache V/1009.

Aktenstücke, Protokolle

Verhandlungen des Deutschen Reichstages aus den Jahren 1871 ff.

Verhandlungen der Deutschen Nationalversammlung 1919 ff.

Verhandlungen des Parlamentarischen Rates 1948/1949

Verhandlungen des Deutschen Bundestages 1949 ff.

Protokolle des Bundestagsausschusses für Kulturpolitik

Aufzeichnung des Auswärtigen Amtes über die Aufgaben der Kulturabteilung aus dem Jahre 1958; Az.: IV 5 (604) 80 Sl/o - 94.05

Aufzeichnung des Auswärtigen Amtes über die Aufgaben der Kulturabteilung vom 14. März 1962 (ohne Aktenzeichen)

Aufzeichnung des Innenministeriums über Aufbau und Aufgaben der Abteilung für kulturelle Angelegenheiten des Bundes im Bundesinnenministerium

Aufzeichnung des Innenministeriums vom 5.2.1962 des Referats III 2

Übersicht über die Ausgaben des Bundes für Wissenschaft und Forschung nach dem Bundeshaushaltsplan für die Rechnungsjahre 1962 und 1963, Aktenzeichen des Innenministeriums VW 1-1300-125/62

Akten des AA:

1) AA VI B betreffend die Erteilung von Studienbeihilfen an reichsdeutsche u. deutschstämmige Studierende im Auslande usw.
Bd. 1
Kunst und Wissenschaft
Nr. 545
Studenten.

2) AA VI B betr. die Erteilung von Studienbeihilfen an ausländische Studierende, Alexander von Humboldt-Stiftung.
Bd. 1
Kunst und Wissenschaft
Nr. 545
Humboldt-Stiftung.

3) AA VI B betr. die Erteilung von Studienbeihilfen an reichsdeutsche und deutschstämmige Studierende im Ausland zum Besuch von Lehranstalten
Bd. 4
Kunst und Wissenschaft
Nr. 545
Studenten.

4) AA VI B betr. Anregungen auf dem Gebiet der Kulturpolitik
Bd. 3
Kunst und Wissenschaft
Nr. 569
Kulturpolitik.

5) AA VI B betr. Anregungen auf dem Gebiet der Kulturpolitik
Bd. 2
Kunst und Wissenschaft
Nr. 569
Kulturpolitik.

6) AA VI B betr. Anregungen auf dem Gebiet der Kulturpolitik
Bd. 1
Kunst und Wissenschaft
Nr. 569
Kulturpolitik.

7) AA VI B betr. Kulturpropaganda Rußland
Bd. 1
Kunst und Wissenschaft
Nr. 569
Rußland.

8) AA VI B Kulturpropaganda Frankreichs
Bd. 3
Kunst und Wissenschaft
Nr. 569
Frankreich.

9) AA VI B Kulturpropaganda Frankreichs
Bd. 1
Kunst und Wissenschaft
Nr. 569
Kulturpropaganda

10) AA VI B Kulturpropaganda Frankreichs
Bd. 2
Kunst und Wissenschaft
Nr. 569
Frankreich.

11) AA VI B betr. die Erteilung von Studienbeihilfen an reichsdeutsche und deutschstämmige Studierende im Auslande
Bd. 3
Kunst und Wissenschaft
Nr. 545
Studenten.

12) AA VI B Sonderakten Steppat
Bd. 1
Kunst und Wissenschaft
Nr. 569
England.

13) AA VI B die Erteilung von Studienbeihilfen an reichsdeutsche und deutschstämmige Studierende im Auslande
Bd. 2
Nr. 545
Studenten.

14) AA VI B Grundsätze für die Beschickung internationaler Versammlungen
Bd. 3
Kunst und Wissenschaft (K + U)
Nr. 359 C.

15) AA VI B die Erteilung von Studienbeihilfen an ausländische Studierende, Alexander von Humboldt-Stiftung
Bd. 3
Kunst und Wissenschaft
Nr. 545
Humbolt-Stiftung.

16) AA VI B die Erteilung von Studienbeihilfen an ausländische Studierende, Alexander von Humboldt-Stiftung
Bd. 2
Kunst und Wissenschaft
Nr. 545
Humboldt-Stiftung.

17) AA VI B Kulturpropaganda Deutschland
Bd. 1
Kunst und Wissenschaft
Nr. 569
Deutschland.

18) AA VI B die Erteilung von Studienbeihilfen an ausländische Studierende
Bd. 4
Kunst und Wissenschaft
Nr. 545
Humboldt.

19) AA VI B die Erteilung von Studienbeihilfen an ausländische Studierende
Bd. 5
Kunst und Wissenschaft
Nr. 545
Humboldt.

20) AA VI D Bücherpropaganda
Bd. 2
Kunst und Wissenschaft
Nr. 600.

21) AA VI D Bücherpropaganda
Bd. 4
Kunst und Wissenschaft
Nr. 600.

22) AA VI D Bücherpropaganda
Bd. 3
Kunst und Wissenschaft
Nr. 600.

23) AA VI D Bücherpropaganda
Bd. 1
Kunst und Wissenschaft
Nr. 600.

24) AA VI D Bücherpropaganda
Bd. 5
Kunst und Wissenschaft
Nr. 600.

25) AA V D Bücherpropaganda
Bd. 6
Kunst und Wissenschaft
Nr. 600.

26) AA V D Bücherpropaganda
Bd. 7
Kunst und Wissenschaft
Nr. 600.

27) AA V D Bücherpropaganda
Bd. 8
Kunst und Wissenschaft
Nr. 600.

28) AA VI D Bücherpropaganda
Bd. 10
Kunst und Wissenschaft
Nr. 600.

29) AA VI D Bücherpropaganda
Bd. 9
Kunst und Wissenschaft
Nr. 600.

30) AA VI D Bücherpropaganda
Bd. 12
Kunst und Wissenschaft
Nr. 600.

31) AA VI D Bücherpropaganda
Bd. 11
Kunst und Wissenschaft
Nr. 600.

32) AA VI D Bücherpropaganda
Bd. 13
Kunst und Wissenschaft
Nr. 600.

33) AA VI D Bücherpropaganda
Bd. 14
Kunst und Wissenschaft
Nr. 600.

34) AA VI D Bücherpropaganda
Bd. 15
Kunst und Wissenschaft
Nr. 600.

35) AA VI D Bücherpropaganda
Bd. 16
Kunst und Wissenschaft
Nr. 600.

36) AA VI D Bücherpropaganda
Bd. 17
Kunst und Wissenschaft
Nr. 600.

37) AA VI D Bücherpropaganda
Bd. 18
Kunst und Wissenschaft
Nr. 600.

38) AA VI D Bücherpropaganda
Bd. 20
Kunst und Wissenschaft
Nr. 600.

39) AA VI D Bücherpropaganda
Bd. 21
Kunst und Wissenschaft
Nr. 600.

40) AA VI D Bücherpropaganda
Bd. 22
Kunst und Wissenschaft
Nr. 600.

41) AA VI D Bücherpropaganda
Bd. 23
Kunst und Wissenschaft
Nr. 600.

42) AA VI D Bücherpropaganda
Bd. 24
Kunst und Wissenschaft
Nr. 600.

43) AA VI B Völkerbundskommission für intellektuelle Zusammenarbeit
Bd. 1
Kunst und Wissenschaft
Nr. 607.

44) AA VI B Völkerbundskommission für intellektuelle Zusammenarbeit
Bd. 2
Kunst und Wissenschaft
Nr. 607.

45) AA VI B Völkerbundskommission für intellektuelle Zusammenarbeit
Bd. 3
Kunst und Wissenschaft
Nr. 607.

46) AA VI B Völkerbundskommission für intellektuelle Zusammenarbeit
Bd. 4
Kunst und Wissenschaft
Nr. 607.

47) AA VI B Völkerbundskommission für intellektuelle Zusammenarbeit
Bd. 5
Kunst und Wissenschaft
Nr. 607.

48) AA VI B Völkerbundskommission für intellektuelle Zusammenarbeit
Bd. 6
Kunst und Wissenschaft
Nr. 607.

49) AA VI B Völkerbundskommission für intellektuelle Zusammenarbeit
Bd. 7
Kunst und Wissenschaft
Nr. 607.

50) AA VI B Völkerbundskommission für intellektuelle Zusammenarbeit
Bd. 8
Kunst und Wissenschaft
Nr. 607.

51) AA VI B Völkerbundskommission für intellektuelle Zusammenarbeit
Bd. 9
Kunst und Wissenschaft
Nr. 607.

52) AA VI W Notgemeinschaft der deutschen Wissenschaft
Bd. 1
Kunst und Wissenschaft
Nr. 608.

53) AA VI W Notgemeinschaft der deutschen Wissenschaft
Bd. 2
Kunst und Wissenschaft
Nr. 608.

54) AA VI W Notgemeinschaft der deutschen Wissenschaft
Bd. 3
Kunst und Wissenschaft
Nr. 608.

55) AA VI W Notgemeinschaft der deutschen Wissenschaft
Bd. 4
Kunst und Wissenschaft
Nr. 608.

56) AA VI W Deutsche Buchpropaganda
Bd. 10
Wissenschaft,
Bücher und Zeitschriften 1.

57) AA VI W Deutsche Buchpropaganda
Bd. 11
Wissenschaft,
Bücher und Zeitschriften 1.

58) AA VI W Deutsche Buchpropaganda
Bd. 12
Wissenschaft,
Bücher und Zeitschriften 1.

59) AA VI W Deutsche Buchpropaganda
Bd. 13
Wissenschaft, Bücher und Zeitschriften 1.

60) AA VI W Deutsche Buchpropaganda
Bd. 14
Wissenschaft, Bücher und Zeitschriften 1.

61) AA VI W Deutsche Buchpropaganda Bd. 15
Wissenschaft, Bücher und Zeitschriften 1.

62) AA VI W Deutsche Buchpropaganda
Bd. 16
Wissenschaft, Bücher und Zeitschriften 1.

63) AA VI W Das deutsche Chinainstitut in Frankfurt a. M.
Bd. 1
Wissenschaft, Institute und Vereinigungen.

64) AA VI W Das China-Institut in Frankfurt a. M.
Bd. 2
Wissenschaft, Institute und Vereinigungen 17.

65) AA VI W Die Notgemeinschaft der deutschen Wissenschaft
Bd. 5
Wissenschaft, Institute und Vereinigungen.

66) AA VI W Die Notgemeinschaft der deutschen Wissenschaft
Bd. 6
Wissenschaft, Institute und Vereinigungen 41.

67) AA VI W Das Amerika-Institut in München
Bd. 1
Wissenschaft, Institute und Vereinigungen 2.

68) AA VI W Deutsche Zeitschriftenpropaganda
Bd. 2
Wissenschaft, Bücher und Zeitschriften 12.

69) AA VI W Deutsche Zeitschriftenpropaganda
Bd. 3
Wissenschaft, Bücher und Zeitschriften 12.

70) AA VI W Das Hochschulwesen und das Studium in Deutschland, insbesondere Ausländerstudium
Bd. 6
Wissenschaft, Hochschulwesen 1.

71) AA VI W Das Hochschulwesen und das Studium in Deutschland, insbesondere Ausländerstudium
Bd. 7
Wissenschaft, Hochschulwesen 1.

72) AA VI W Das Hochschulwesen und das Studium in Deutschland, insbesondere Ausländerstudium
Bd. 8
Wissenschaft, Hochschulwesen 1.

73) AA VI W Das Hochschulwesen und das Studium in Deutschland, insbesondere Ausländerstudium
Bd. 9
Wissenschaft, Hochschulwesen 1.

74) AA VI W Das Hochschulwesen und das Studium in Deutschland, insbesondere Ausländerstudium
Bd. 10
Wissenschaft, Hochschulwesen 1.

75) AA VI W Hochschulwesen und Studium in Deutschland
Bd. 12.

76) AA VI W Hochschulwesen und Studium in Deutschland
Bd. 13.

77) AA VI W Hochschulwesen und Studium in Deutschland
Bd. 14.

78) AA VI W Hochschulwesen und Studium in Deutschland
Bd. 16.

79) AA VI W Hochschulwesen und Studium in Deutschland
Bd. 18.

80) AA VI W Hochschulwesen und Studium in Deutschland
Bd. 19.

81) AA VI W Hochschulwesen und Studium in Deutschland
Bd. 20.

82) AA VI W Hochschulwesen und Studium in Deutschland
Bd. 21.

83) AA VI W Hochschulwesen und Studium in Deutschland
Bd. 22

84) AA VI W Hochschulwesen und Studium in Deutschland
Bd. 23.

85) AA VI W Hochschulwesen und Studium in Deutschland
Bd. 24.

86) AA VI W Hochschulwesen und Studium in Deutschland
Bd. 25.

87) AA VI W Hochschulwesen und Studium in Deutschland
Bd. 26.

88) AA VI W Hochschulwesen und Studium in Deutschland
Bd. 27.

89) AA VI W Hochschulwesen und Studium in Deutschland
Bd. 28.

90) AA VI W Hochschulwesen und Studium in Deutschland
Bd. 29
Wissenschaft, Hochschulen 1.

91) AA VI W Hochschulwesen und Studium in Deutschland
Bd. 30
Wissenschaft, Hochschulen 1.

92) AA Kult W Hochschulwesen und Studium in Deutschland
Bd. 34
Wissenschaft, Hochschulen 1.

93) AA VI W Die deutsch-englisch akademische Vermittlungsstelle in London
Bd. 6
Wissenschaft, Hochschulwesen 1.

94) AA VI W Die deutsch-englisch akademische Vermittlungsstelle in London
Bd. 7
Wissenschaft, Hochschulwesen 1.

95) AA VI W Die deutsch-englisch akademische Vermittlungsstelle in London
Bd. 8
Wissenschaft, Hochschulwesen 1.

96) AA VI W Deutsche akademisch-pädagogische Vermittlungsstelle in Frankreich
Bd. 1
Wissenschaft, Hochschulwesen 1.

97) AA VI W Deutsche akademisch-pädagogische Vermittlungsstelle in Frankreich
Bd. 2
Wissenschaft, Hochschulwesen 1.

98) AA Kult W Deutsche akademisch-pädagogische Vermittlungsstelle in Frankreich
Bd. 3
Wissenschaft, Hochschulwesen 1.

99) AA VI W betr. den Kulturbeirat des Auswärtigen Amtes
Bd. 1
Wissenschaft, Verschiedenes, Kulturbeirat.

100) AA VI W Die deutsch-spanische Arbeitsstelle in Barcelona
Bd. 2
Wissenschaft, Hochschulen 1.

101) AA VI W Die deutsch-spanische Arbeitsstelle in Barcelona
Bd. 3
Wissenschaft, Hochschulen 1.

102) AA VI W Die deutsch-spanische Arbeitsstelle in Madrid
Bd. 1
Wissenschaft, Hochschulwesen.

103) AA VI W Die deutsch-spanische Arbeitsstelle in Madrid
Bd. 2
Wissenschaft, Hochschulwesen.

104) AA VI W Die deutsch-spanische Arbeitsstelle in Madrid
Bd. 3
Wissenschaft, Hochschulwesen.

105) AA VI B Deutsche Lektoren im Ausland
Bd. 2
Schul Nr. 76.

106) AA VI B Deutsche Lektoren im Ausland
Bd. 1
Schul Nr. 76.

107) AA VI W Deutsche Akademische Auslandsstelle des Verbandes der deutschen Hochschulen in Berlin
Bd. 3.

108) AA VI W Deutsche Akademische Auslandsstelle des Verbandes der deutschen Hochschulen in Berlin
Bd. 2.

109) AA VI W Deutsche Akademische Auslandsstelle des Verbandes der deutschen Hochschulen in Berlin
Bd. 1.

110) AA VI W Humboldt-Stiftung und Stipendien an Ausländer Asien I
Bd. 1
Wissenschaft, Hochschulen.

111) AA Kult. W.. Humboldt-Stiftung und Stipendien an Ausländer
Bd. 1
Wissenschaft, Hochschulwesen.

112) AA Kult. W. Fürsorge für aus dem Auslande zurückgeholte Gelehrte.

113) AA Kult. W. Humboldt-Stiftung und Stipendien an Ausländer (Jugoslawien)
Bd. 1
Hochschulwesen 23.

114) AA Kult. U. Humboldt-Stiftung und Stipendien an Ausländer, Bulgarien
Bd. 1
Wissenschaft, Hochschulwesen 23.

115) AA Kult. W. Humboldt-Stiftung und Stipendien an Ausländer Asien II
Wissenschaft, Hochschulwesen 23.

116) AA VI W Auslandsdeutsche Studierende
Bd. 4
Wissenschaft, Hochschulwesen 24.

117) AA VI W Auslandsdeutsche Studierende
Bd. 1
Wissenschaft, Hochschulwesen 24.

118) AA VI W Auslandsdeutsche Studierende
Bd. 2
Wissenschaft, Hochschulwesen 24.

119) AA VI W Auslandsdeutsche Studierende
Bd. 3
Wissenschaft, Hochschulwesen 24.

120) AA VI B Auslandshilfe für deutsche Studenten
Bd. 1
Schul Nr. 76, Auslandshilfe.

121) AA VI B Auslandshilfe für deutsche Studenten
Bd. 2
Schul Nr. 76, Auslandshilfe.

122) AA Kult. W. Reichszentrale für deutsche Verkehrswerbung Akten Kulturpropaganda 3
Bd. 1 abgeschlossen
Wissenschaft, Kulturpropaganda

123) AA Kult. W. Allgemeine Wissenschaftspolitik Kulturpropaganda 7
Bd. 1 abgeschlossen
Bd. 1
Wissenschaft, Kulturpropaganda 7.

124) AA Kult. W. Die Anstalt "Deutscher Kulturaustausch" Kulturpropaganda 9
Bd. 1 abgeschlossen
Wissenschaft, Kulturpropaganda

125) AA VI W Studentenaustausch, Allgemeines
Bd. 3
Wissenschaft, Hochschulwesen 27.

126) AA VI W Studentenaustausch, Allgemeines
Bd. 4
Wissenschaft, Hochschulwesen 27.

127) AA VI W Studentenaustausch, Allgemeines
Bd. 5
Wissenschaft, Hochschulwesen 27.

128) AA VI W Studentenaustausch, Allgemeines
Bd. 6
Wissenschaft, Hochschulwesen 27.

129) AA Kult. W. Studentenaustausch, Allgemeines
Bd. 7
Wissenschaft, Hochschulwesen 27.

130) AA Kult. W. Werbung für das Studium in Deutschland
Bd. 10
Wissenschaft, Hochschulwesen 34.

131) AA Kult. W. Werbung für das Studium in Deutschland
Bd. 9
Wissenschaft, Hochschulwesen 34.

132) AA VI W Werbung für das Studium in Deutschland
Bd. 8
Wissenschaft, Hochschulwesen 34.

133) AA VI B Boykottierung der deutschen Wissenschaft
Bd. 1
Kunst und Wissenschaft Nr. 583 oder 7.

134) AA VI B Boykottierung der deutschen Wissenschaft
Bd. 2
Kunst und Wissenschaft Nr. 583 oder 7.

135) AA VI B Boykottierung der deutschen Wissenschaft
Bd. 3
Kunst und Wissenschaft Nr. 583 adh I.

136) AA VI B Boykottierung der deutschen Wissenschaft
Bd. 4
Kunst und Wissenschaft Nr. 583 adh I.

137) AA VI B Das Amerika-Institut in Berlin
Bd. 1
Kunst und Wissenschaft Nr. 595.

138) AA VI B Das Amerika-Institut in Berlin
Bd. 2
Kunst und Wissenschaft Nr. 595.

139) AA VI B Das Amerika-Institut in Berlin
Bd. 3
Kunst und Wissenschaft Nr. 595.

140) AA IX B Das deutsch-südamerikanische Institut
Bd. 1
Kunst und Wissenschaft 596.

141) AA VI B Das deutsch-südamerikanische Institut
Bd. 2
Kunst und Wissenschaft 596 sowie das Ibero-Amerikanische Institut (Hamburg)

142) AA VI B Das deutsch-südamerikanische Institut
Bd. 3
Kunst und Wissenschaft 596 sowie das Ibero-Amerikanische Institut (Hamburg).

143) AA VI B Das Studium deutscher und ausländischer Studierender in der Türkei
Kunst und Wissenschaft 621 Türkei.

144) AA VI B Das Studium deutscher und ausländischer Studierender in der Schweiz
Kunst und Wissenschaft Nr. 621 Schweiz.

145) AA VI B Das Studium deutscher und ausländischer Studierender in Amerika
Bd. 1
Kunst und Wissenschaft Nr. 621.

146) AA VI B Das Studium deutscher und ausländischer Studierender in Frankreich
Kunst und Wissenschaft Nr. 621.

147) AA VI B Studium deutscher und ausländischer Studierender in England
Bd. 1
Kunst und Wissenschaft Nr. 621.

148) AA VI D Deutschlands Leistungen auf dem Gebiete der Kolonialpolitik usw.
Kunst und Wissenschaft Nr. 600, Nr. 192.

149) AA Kult. W. Ausstellungen verschiedener Art
Bd. 1
Wissenschaft, Verschiedenes.

150) AA Kult. W. Ausstellungen verschiedener Art
Bd. 2
Wissenschaft, Verschiedenes.

151) AA VI W Staatenvertreter beim Pariser Institut
Bd. 1
Wissenschaft, Völkerbund 5.

152) AA VI W Das Pariser Institut
Bd. 7
Wissenschaft, Völkerbund 5.

Literatur

I. Bücher

Achinger, Hans: Sozialpolitik als Gesellschaftspolitik, Hamb. 1958

Anschütz, Gerhard: Die Verfassung des Deutschen Reichs vom 11. August 1919, 12. Aufl., Bln. 1930

Avé-Lallemant, F. Chr. B.: Physiologie der deutschen Polizei, 1882

Bauer, Bruno: Vollständige Geschichte der Parteikämpfe in Deutschland während der Jahre 1842-1846, Bln. 1850

Becker, Carl Heinrich: Kulturpolitische Aufgaben des Reichs. Lpz. 1919

Berggrav, Eivind: Der Staat und der Mensch, übersetzt aus dem Norwegischen, Hamb. 1950

Bergstraesser, Arnold: Politik in Wissenschaft und Bildung, Freib. 1961

Berz, Walter: Die Kulturautomie der Länder (Diss.), Mainz 1954

Blüher, Hans: Wandervogel, Geschichte einer Jugendbewegung, Bln. 1912

Bóelitz-Südhof: Die deutsche Auslandsschule, Berlin-Lpz. 1929

Bornkamm: Die Staatsidee im Kulturkampf, Münch. 1950

Calov, Abraham: Systema Locorum Theologic. Tomus VIII, Wittenberg 1677

Chassaigne, M.: La lieutenance générale de police de Paris, Paris 1906

Coccejius, Johannes: Summa Theologiae ex Scripturis repetita, Genf 1665

Delamare: Traité de la Police, Paris 1729

Dempf: Alois: Kulturphilosophie, Münch. u. Bln.' 1932 (Handbuch der Philosophie, Sonderausgabe)

Dennewitz, Bodo: Föderalismus. Sein Wesen und seine Geschichte, Hamb. 1947

Deuerlein, Ernst: Das Reichskonkordat, Düss. 1956

Dewey, John: Schule und Demokratie (Deutsche Übersetzung) Braunschw. o. J.

Dithmar, J. C.: Einleitung in die Oeconomische Policey- und Cameral - Wissenschaften, 1731

Doka, Carl: Kulturelle Außenpolitik, Zür. 1956

Dunkel, Gerhard: Die Deutsche Akademie der Wissenschaften zu Berlin in Vergangenheit und Gegenwart, Bln. 1958

Eckardt, Ursula M. v.: The Pursuit of happiness in the democratic creed, New York 1959

Eliot, Thomas S.: Zum Begriff der Kultur, Hamb. 1961

Engels, Friedrich: Der Ursprung der Familie, des Privateigentums und des Staates, Stg. 1908

Eschenburg, Theodor: Herrschaft der Verbände, Stg. 1955

Fischer, O. R. Die Organe des auswärtigen Dienstes im alten und neuen Reich, Karlsr. 1931

Fleury: Droit public de France, Ouvrage posthume de Mr. l'abbé Fleury composé pour l'éducation des princes et publié avec des notes par J. B. Daragon 1769

Förster, Wilhelm: Lebenserinnerungen und Lebenshoffnungen, Bln. 1911

Förster, Wilhelm: Die Physikalisch-Technische Reichsanstalt, Bln. 1887

Forsthoff, Ernst: Deutsche Verfassungsgeschichte der Neuzeit, Stg. 1961

Fraenkel, Ernst: Das amerikanische Regierungssystem, Köln-Opladen 1960

Franz, Georg: Kulturkampf, Münch. 1954

Friedrich, Carl J.: Totalitäre Diktatur, Stg. 1957

Frodel, Ferdinand: Gesellschaftslehre, Zür. 1962

Funck-Brentano, Fr. Le drame des poisons, 6. Aufl. 1903

Gadamer, Hans-Georg: Wahrheit und Methode, Tüb. 1960

Gagern, Friedrich von: Über den Bundesstaat, Denkschrift 1833

Gierke, Otto von: Genossenschaftsrecht Bd. I, Bln. 1868

Gierke, Otto von: Genossenschaftstheorie, Bln. 1887

Gierke, Otto von: Labands Staatsrecht und die deutsche Rechtswissenschaft (Nachdruck) 2. unveränd. Aufl., Darmst. 1961
Griewank, Karl: Staat und Wissenschaft im Deutschen Reich, Freib. 1927
Haenisch, Konrad: Die Not der geistigen Arbeiter, Lpz. 1920
Haenle, Albert: Deutsches Staatsrecht, Bd. I, Lpz. 1892
Hamann, Andreas: Das Grundgesetz (Kommentar) 2. Aufl. Oldenb. 1960
Harnack, Adolf von: Geschichte der preußischen Akademie der Wissenschaften zu Berlin, Bln. 1901
Hartung, Fritz: Deutsche Verfassungsgeschichte, 7. Aufl., Stg. 1950
Haupt, Joachim: Neuordnung im Schul- und Hochschulwesen, Bln. 1933
Hederich, K. H.: Nationalsozialismus und Buch, Mainz 1938
Hegel: Grundlagen der Philosophie des Rechts, Philosophische Bibliothek, Bd. 124 Lpz. 1911
Heller, Hermann: Staatslehre, Leiden 1934
Hesse, Konrad: Der unitarische Bundesstaat, Karlsr. 1962
Hesse, Konrad: Die normative Kraft der Verfassung, Tüb. 1959
Heyde, Ludwig: Abriß der Sozialpolitik, Heidelb. 1959
Hirsch, Burkhard: Der Begriff des Bundesstaates in der deutschen Staatsrechtslehre (Diss.), Marb. 1961
Hobbes: Elementa philosophica de cive, Paris 1646
Hohenthal: Liber de Politia, Lipsiae 1776
Huber, Ernst Rudolf: Deutsche Verfassungsgeschichte seit 1789, Bd. I, Stg. 1957, 1957, Bd. II Stg. 1960
Huber, Ernst Rudolf: Verfassungsrecht des Großdeutschen Reiches, 2. Aufl., Hamb. 1937/39
Huber, Ernst Rudolf: Zur Problematik des Kulturstaates, Tüb. 1958
Huber, Eugen: Recht und Rechtsverwirklichung, Basel, 2. Aufl. 1925
Humboldt, Wilhelm von: Ideen zu einem Versuch, die Grenzen der Wirksamkeit des Staates zu bestimmen, in: Ges. Schriften, Bd. I
Humboldt, Wilhelm von: Theorie der Bildung des Menschen, eine Auswahl aus seinen Schriften, besorgt von Clemens Menze, Paderb. 1959
Humboldt, Wilhelm von: Über die innere und äußere Organisation der höheren wissenschaftlichen Anstalten in Berlin (Ges. Schriften, Bd. X)
Jellinek, Georg: Allgemeine Staatslehre, 3. Aufl., Bln. 1921
Jellinek, Georg: Verfassungsänderung und Verfassungswandlung, Bln. 1906
Karpow, G. G.: Über die Sowjetkultur und die kulturelle Revolution in der UdSSR, Moskau 1954
Kaufmann, Erich: Untersuchungsausschuß und Staatsgerichtshof, Bln. 1920
Kaufmann, Erich: Das Wesen des Völkerrechts und die clausula rebus sic stantibus, Tüb. 1911
Kelsen, Hans: Allgemeine Staatslehre, Bln. 1925
Kluge, Johannes: Die Finanzierung der Wissenschaft aus öffentlichen Mitteln, Bonn 1951
Kluge-Krüger: Verfassung und Verwaltung im Großdeutschen Reich, 3. Aufl. 1941
Kluger: Der deutsche Volksschullehrer, Bln.-Breslau 1944
Koch, Herbert R.: Deutsche Lehrer in der kulturellen Auslandsarbeit, Frankf. 1959
Laband, Paul: Das Staatsrecht des Deutschen Reiches, 5. Aufl., Tüb. 1911-1914
Lahmeyer, Gustav: Das Reichsgrundschulgesetz, Bln. 1925
Landé, Walter: Die Schule in der Reichsverfassung, Bln. 1929
Laski, Harold J.: Authority in the Modern State, New Haven 1919
Laski, Harold J.: Problem of Sovereignity, London, Oxford University Press 1947
Leibholz, Gerhard: Die Gleichheit vor dem Gesetz, Münch.-Bln., 2. Aufl. 1959
Leonhard, Wolfgang: Sowjetideologie heute, Frankf. 1962
Link, Ewald: Das Subsidiaritätsprinzip, Freib. 1955
Litt, Theodor: Berufsbildung, Fachbildung, Menschenbildung, Bonn 1958
Litt, Theodor: Das Bildungsideal der deutschen Klassik und die moderne Arbeitswelt, Bonn 1955
Löffler, Eugen: Wesen und Wege der Schulreform, Bln. 1930
Loening, Edgar: Lehrbuch des Verwaltungsrechts, Lpz. 1884
Löwith, Karl: Von Hegel zu Nietzsche, Stg. 1950

Lohmann, Richard: Das Schulprogramm der Sozialdemokratie und ihre Schulpolitik, Stg., Bln. 1921
McIver, R.: Society, A textbook of Sociology, 5. Aufl., New York 1941
McMancy, M. Lee: The Cultural Approach
Man, Hendrik de: Vermassung und Kulturverfall, Münch. 1951
Mangoldt, Hermann v.: Das Bonner Grundgesetz (Kommentar), 1. Aufl., Bln. u. Frankfurt 1950-1953
v. Mangoldt-Klein: Das Bonner Grundgesetz (Kommentar) 2. Aufl., Bln. u. Frankf. 1955 ff.
Maresius, Samuel: Systema Theologiae, Gießen 1691
Maunz, Theodor: Deutsches Staatsrecht, 11. Aufl., Münch. u. Bln. 1962
Mausbach, Joseph: Kulturfragen in der deutschen Verfassung, Mönchen-Gladb. 1920
Mitterer, Richard: Das deutsche Auslandsschulwesen, Bamberg 1957
Mohl, Robert von: Das deutsche Staatsrecht, Tüb. 1873
Moser, Helmut: Forschung und Prüfung, 75 Jahre physikalisch-technische Bundesanstalt/Reichsanstalt, Braunschw. 1962
Moser, J.J.: Von der Landeshoheit in Policey/Sachen, 1773
Müsebeck, Ernst: Die nationale Kulturaufgabe des Reichsarchivs, Bln. 1925
Nawiasky-Leusser: Kommentar zur bayerischen Verfassung, München, Bln. 1948
Nell-Breuning, Oswald von: Wörterbuch der Politik, Freib. 1952
Nietzsche, Friedrich: Werke in drei Bänden, hsg. v. K. Schlechta, Münch. 1954-1956
Oertzen, P. von: Die soziale Funktion des staatlichen Positivismus (Diss. phil.), Göttingen 1952
Paisant: La police au XVIII siècle, Discours prononcé à l'ordre des avocats le 17 Avril, 1894
Paulsen, Friedrich: Geschichte des gelehrten Unterrichts, Bd. I, Lpz. 1919, Bd. II, Bln.-Lpz. 1921
Pesch, Heinrich: Liberalismus, Sozialismus und christliche Gesellschaftsordnung. Freib. 1899-1900
Platon: Der Staat, eingeleitet, übers. u. erklärt von K. Vretska, Stg. 1958
Poelitz, K. H.: Staatslehre, Lpz. 1808
Pohl, Heinrich: Die deutsche Auslandshochschule, Tüb. 1930
Preller, Ludwig: Sozialpolitik, Tüb. 1962
Preuß, Hugo: Obrigkeitsstaat und Großdeutscher Gedanke, Jena 1916
Preuß, Hugo: Selbstverwaltung, Gemeinde, Staat, Souveränität, Tüb. 1908
Pufendorf, Samuel von: De Officio Hominis et Civis, 1682
Pütter, Johann Stephan: Beiträge zum deutschen Staats- und Fürstenrecht, Göttingen 1777
Pütter, Johann Stephan: Institutiones iuris publici Germanici, Goettingae 1787
Quenstedt, Johann Andr.: Theologia diacticopolem., Wittenberg 1696
Richter, Werner: Was ist und zu welchem Ende treibt man Kulturpolitik? Bonn 1955
Ritterbusch, Paul: Wissenschaft im Kampfe um Reich und Lebensraum, Stg. 1942
Rheinländer, Anton: Zentrum und Schulpolitik seit Weimar, Bln. 1924
Rosenberg, Alfred: Um eine Weltanschauung in Blut und Ehre, 3. Aufl., Münch. 1934
Rosin, S. H.: Der Schulkompromiß, Bln. 1920
Rotteck-Welcker: Staatslexikon, Altona 1835
Rousseau: Discours sur l'origine et les fondements de l'inégalité parmi les hommes, in: Philosophische Bibliothek, Lpz. Bd. 243
Rühlmann, Paul, M.: Kulturpropaganda, Bln. 1919
Sachau, Eduard: Denkschrift über das Seminar für orientalische Sprachen, Bln. 1912
Sachse, Arnold: Friedrich Althoff und sein Werk, Bln. 1928
Schelsky, Helmut: Schule und Erziehung in der industriellen Gesellschaft, Würzb. 1957
Schmidt-Boelitz: Aus deutscher Bildungsarbeit im Ausland, Langensalza 1927; II. Bd. 1928
Schmidt, Franz: Deutsche Bildungsarbeit im Ausland, Braunschw. 1956
Schmidt, Walter: Der bundesstaatliche Aufbau der Bundesrepublik Deutschland (Diss.), Frankf. 1961
Schmitt, Carl: Politische Theologie, 2. Aufl., Münch. - Lpz. 1934
Schmitt, Carl: Staat, Bewegung, Volk, 2. Aufl., Hamb. 1933
Schmitt, Carl: Verfassungslehre, Bln. Neudruck 1954

Schmitt, Carl: Zum Begriff des Politischen, Hamb. 1933
Schmitt, Mathias: Partnerschaft mit Entwicklungsländern, Stg. 1960
Schindler, Dietrich: Verfassungsrecht und soziale Struktur, Zür. 1944; dgl. 3. Aufl. 1950
Schnabel, Franz: Deutsche Geschichte im 19. Jahrhundert, 2. Aufl., Freib. 1950
Schreiber, Georg: Deutsche Wissenschaftspolitik von Bismarck bis zum Atomwissenschaftler Otto Hahn, Köln-Opladen 1954
Schreiber, Georg: Die Not der deutschen Wissenschaft und der geistigen Arbeit, Lpz. 1923
Schreiber, Georg: Zwischen Demokratie und Diktatur
Schreiber, Georg: Deutsches Reich und deutsche Medizin, Lpz. 1926
Schrieber, Karl-Friedrich: Die Reichskulturkammer (Kommentar) Bln. 1934
Schröter, Manfred: Metaphysik des Untergangs, Münch. 1949
Schulz, Heinrich: Der Leidensweg des Reichsschulgesetzes, Bln. 1926
Schwartz, Paul: Der erste Kulturkampf in Preußen in Kirche und Schule 1788-1798, 1925
Seckendorff, Ludwig von: Christen-Stat, 1686
Seckendorff, Ludwig von: Teutscher Fürsten-Stat, 1656
Seidelmann, Karl: Bund und Gruppen als Lebensformen deutscher Jugend, Münch. 1954
Sepp, J. N.: Die Schulfrage, 1848.
Siemens, Werner von: Wissenschaftlich-technische Arbeiten, Bd. II, 1891
Sonnenfels, Wilhelm von: Grundsätze der Polizeiwissenschaft, 1777
Spengler, Oswald: Der Untergang des Abendlandes, Münch. 1959
Spörl, Zwischen Wissenschaft und Politik
Spranger, Eduard: Das deutsche Bildungsideal in geschichtsphilosophischer Betrachtung, Lpz. 1926
Spranger, Eduard: Kulturfragen der Gegenwart, 3. erweit. Aufl., Heidelb. 1961
Spranger, Eduard: Psychologie des Jugendalters, 26. Aufl., Heidelb. 1960
Spranger, Eduard: Wilhelm von Humboldt und die Reform des Bildungswesens, Tüb. 1960
Stadler, Hans: Subsidiaritätsprinzip und Föderalismus, Freiburg/Schweiz 1951
Stein, Lorenz von: Staat und Gesellschaft, hsg. u. eingel. von H. Aschenbrenner, Zür. 1934
Stern-Rubarth, Edgar: Die Propaganda als politisches Instrument, Bln. 1921
Strauß, Leo: What is Public philosophy?, 1959
Strothmann, Dietrich: Nationalsozialistische Kulturpolitik, Bonn 1960
Stuckart-Von Rosen-Schiedermair: Der Staatsaufbau des Deutschen Reiches, Lpz. 1943
Teping, Franz: Der Kampf um die konfessionelle Schule in Oldenburg während der Herrschaft der NS-Regierung, Münster 1949
Thielicke, Helmut: Theologische Ethik, Bd. II, 2. Teil, Tüb. 1958
Thomasius: Institutionae jurisprudentiae divinae, libri tres 1694
Tocqueville, Alexis de: Democracy in America, New York 1948, corrected and adited by Phillips Bradley
Usteri, Martin: Theorie des Bundesstaates, Zür. 1954
Verdross, Alfred: Abendländische Rechtsphilosophie, Wien 1958
Vieweg, Richard: Die Physkalisch-Technische Bundesanstalt, Braunschw. 1955
Voetius, Gisbert: Politica Ecclesiastica, Bd. I, Amsterdam 1663 - 1676
Wahl, Adalbert: Deutsche Geschichte. Von der Reichsgründung bis zum Ausbruch des Weltkrieges (1871-1914), Bd. I, Stuttg. 1926
Waitz, Georg: Grundzüge der Politik, nebst einzelnen Ausführungen, Kiel 1862
Weber, Alfred: Ideen zur Staats- und Kultursoziologie, Karlsr. 1927
Weber, Werner: Spannungen und Kräfte im westdeutschen Verfassungssystem, Stg. 1951
Welcker, Karl Theodor: Der Begriff des Bundesstaates
Wendelin, Marcus: Christianae Theologiae Systema Maj., Kassel 1656
Wolff, Christian von: Institutiones iuris naturae et gentium, Halle 1750
Wolzendorf, Kurt: Der Polizeigedanke des modernen Staates, Breslau 1918
Wolzendorff, Kurt: Die Grenzen der Polizeigewalt, Marb. 1905
Zielenziger, Kurt: Die alten deutschen Kameralisten, Jena 1914

II. Aufsätze

Abelein, Manfred: Wagnis Entwicklungshilfe, zwischen Moderne und Überlieferung, in: Jahrb. der auswärtigen Kulturbeziehungen, S. 41 ff, Bonn 1964
Albrecht, Gerhard: Gesellschaftspolitik: Sozialpolitik-Volkswohlfahrtspolitik, in: Schmollers Jahrb. 81 (H. 4) S. 2 ff
Bachof, Otto: Begriff und Wesen des sozialen Rechtsstaates, in: Veröffentlichungen des Vereins Deutscher Staatsrechtslehrer 12, Bln. 1954 (VVDStRL.)
Barghoorn, Frederic C.: Kulturdiplomatie in der Friedenszone, in: Ostprobleme, 10. Jahrg. 1958
Baur, Isolde: Die Geschichte des Wortes Kultur und seiner Zusammensetzungen, in: Muttersprache 1961, S. 222
Becker, Hellmut: Außenpolitik und Kulturpolitik, in: Quantität und Qualität, Frbg. 1962
Becker, Hellmut: Sozialforschung und Bildungspolitik, in: Zeitschr. für Politik (ZfP.) NF 6 (1959) S. 218 f
Behrendt, Richard F.: Die Entwicklungsvölker, in: Europa und die Entwicklungsländer, Stg. 1961
Böhme, T.: Die gegenwärtige Lage des deutschen Auslandsschulwesens, in: Monatszeitschrift für höhere Schulen, H. 1, Bln. 1935
Bergstraesser, Arnold: Gesellschaftspolitik in unserer Zeit, Vortrag vor der Bundesvereinigung der Arbeitgeberverbände (gekürzt) 1959
Bielenstein, Dieter: Die kulturpolitischen Grundsätze der deutschen Gewerkschaft, in: Atomzeitalter, H. 10 (Oktober 1963)
Bohle, E. W.: Das Auslandsdeutschtum, in: Grundlagen, Aufgabe und Wirtschaftsordnung des nationalsozialistischen Staates (Bd. 22), hsg. v. H. H. Lammers u. Hans Pfundtner, Bln. 1939
Brandi, Karl: Die Schulkonferenzen von 1873, 1890, 1900, in: Das Akademische Deutschland, Bln. 1930
Burgbacher, Fritz: Gesellschaftspolitik der Harmonie, in: Die politische Meinung 1963 (88), S. 37 ff.
Dürig, G.: Artikel 3 des Grundgesetzes und die Generalermächtigung zu allgemeinpolitischen Maßnahmen, in: Archiv des öffentlichen Rechts (AöR) 74 (1953/54)
Dürig, G.: Der deutsche Staat im Jahre 1945 und seither, in: VVDStRL 13 (1955) S. 33
Echtermeyer und Ruge: Der Protestantismus und die Romantik zur Verständigung über die Zeit und ihre Gegensätze, in: Hallische Jahrbücher für deutsche Wissenschaft und Kunst, Bd. 2 (1840) 1953 ff.; ferner Jahrg. I und V.
Edding, Friedrich: Von der Verzinsung des Bildungsaufwandes, in: FAZ vom 6. 3. 1963
Ehmke, Horst: Staat und Gesellschaft als verfassungstheoretische Probleme, in: Staatsverfassung und Kirchenordnung, Festgabe für Rudolf Smend, Tüb. 1962
Francis: Soziale Auswirkungen der Arbeitszeitverkürzung, in: Arbeitszeit und Freizeit, Nürnberger Hochschulwoche 8. bis 10. Februar 1961, S. 131 ff.
Freytag, Hans: Über deutsche Kulturpolitik im Ausland, in: Deutsche Rundschau Jahrg. 55 (1929) Heft 11
Gaster, B.: Das deutsche Auslandsschulwesen außerhalb Europas, in: Schmidt-Boelitz. Aus deutscher Bildungsarbeit im Ausland, Langensalza 1927, S. 134 ff.
Gerstenmaier, Eugen: Deutsche Kulturpolitik im Ausland, in: Bulletin 1958 Nr. 205/6
Gierke, Otto von: Die Grundbegriffe des Staatsrechts und die neuesten Staatstheorien, in: Zeitschr. für die gesamte Staatswissenschaft 30 (1874) S. 159 ff. (ZgStW)
Grewe, Wilhelm: Die Rechtsstellung der Privatschulen nach dem Grundgesetz, in: Die öffentliche Verwaltung (DÖV) 50, S. 33 ff.
Grewe, Wilhelm: Die verfassungsrechtlichen Grundlagen der Bundesrepublik Deutschland, in: Deutsche Rechtszeitschrift Jahrg. 4 (1949, H. 12) S. 265-270, S. 350 ff.
Grewe, Wilhelm: Referat, in: Bundesrecht und Bundesberechtigung, Frankf. 1950
Griewank, Karl: Aus den Anfängen gesamtdeutscher Wissenschaftspflege, in: Volkstum und Kulturpolitik, Festschrift für Georg Schreiber, Köln 1932
Griewank, Karl: Wissenschaft und Kunst in der Politik Kaiser Wilhelms I und Bismarcks, in: Archiv für Kulturgeschichte, 34. Band 1952
Götz, Walter: Die Historische Reichskommission von 1928, in: Historische Jahrbücher, Bd. 72, 1953

Haegert, Wilhelm: Organe der Länder auf Bundesebene, in: Neue juristische Wochenschrift (NJW) 1961, S. 1137 ff.
Harnack, Adolf von: Die Kaiser-Wilhelm-Gesellschaft zur Förderung der Wissenschaft, in: Das Akademische Deutschland, Bln. 1930
Hartmann, Ludo M.: Das Wesen der Politik, in: Festschrift für Lujo Brentano, Münch. u. Lpz. 1916
Heller, Hermann: Bemerkungen zur Staats- und rechtstheoretischen Problematik der Gegenwart, in: AöRNF 16 (1929), S. 321 ff.
Hintze, Otto: Historische und politische Aufsätze, Bd. 3
Höcherl, Hermann: Wesen und Handhabung des föderalen Prinzips, in: Über die bundesstaatliche Ordnung der BRD, Beiträge zu Fragen des deutschen Föderalismus, Bonn 1962
Ipsen, Hans: Das Grundgesetz in seiner Vorläufigkeit in: Recht, Staat, Wirtschaft, Stg. /Köln 1950, Bd. 2, S. 182-202
Jansen, Karl: Das Subsidiaritätsprinzip in evangelischer Sicht, in: Die neue Gesellschaft (NG) 1962, Heft 9 S. 436 ff.
Jungbluth, A.: Die Entwicklung der anerkannten deutschen Auslandsschulen seit der Jahrhundertwende, in: Schmidt-Boelitz Bd. 2, 1928
Kaiser, Joseph H.: Die Erfüllung der völkerrechtlichen Verträge des Bundes durch die Länder. Zu Konkordatsurteilen des Bundesverfassungsgerichts, in: Zeitschrift für ausländisches und öffentliches Recht und Völkerrecht (ZauslöRVR) 1957, S. 526 ff.
Kaiser, Joseph H.: Gesellschaft und Staat, in: Staatslexikon der Görres-Gesellschaft Bd. VII. Freib. 1962
Kaufmann, Erich: Kritik der neukantischen Rechtsphilosophie, 1921
Kölple, Josef: "Gemeinschaftsaufgaben" der Länder und ihre Grenzen, in: NJW 1962, S. 1081 ff.
Kölple, Josef: Verwaltungsabkommen zwischen Bund und Ländern, in: DÖV 60, 650 ff.
Köttgen, Arnold: Der Einfluß des Bundes auf die deutsche Verwaltung und die Organisation der bundeseigenen Verwaltung, in: Jahrbuch des öffentlichen Rechts (JöR), NF Bd. 3 1954, S. 67-147
Köttgen, Arnold: Die Kulturpflege und der Bund, in: Staats- und verwaltungswissenschaftliche Beiträge, Stg. 1957
Köttgen, Arnold: Vom deutschen Staatsleben, in: JöR Bd. 24, Tüb. 1937
Krause: in: JZ 62, 158 ff.
Krüger, Herbert: in: VVDStRL 1961 (H. 19) S. 150 ff.
de Lagarde, Paul: Abhandlungen zum Unterrichtsgesetz 1878 und 1881, in: Deutsche Schriften, Göttingen 1892
Lasser, Gerhard: Gegenwärtiger Stand der Aufgabenverteilung zwischen Reich und Ländern, in: Handbuch des Deutschen Staatsrechts Anschütz-Thoma Bd. I S. 310
Leibholz, Gerhard: Das Phänomen des totalen Staates, in: Festschrift für Herbert Kraus, Kitzingen 1954
Leibholz, Gerhard: Verfassungsrecht und Verfassungswirklichkeit, in: Strukturprobleme der modernen Demokratie, Karlsr. 1958
Lex, Ritter von: Die Entwicklung des Verhältnisses von Bund und Ländern in der Bundesrepublik, in: Verfassung und Verwaltung in Theorie und Wirklichkeit, Festschrift für W. Laforet, Münch. 1952
Lippmann: Sippenforschung, in: Pflege und Gestalt der Heimat, Münch. 1938
Martin, Berthold: Kultur als Politik und Politik als Kultur, in: Jahrb. der auswärtigen Kulturbeziehungen, Bonn 1964
Martin, Berthold: Kulturpolitik und Berufsbildung, in: Wirtschaftsforschung und Berufserziehung 12 (1960), S. 204 ff.
Martin, Berthold: Kultur und Politik, in: Handb. der Kulturpolitik S. 1 ff., Bonn 1963
Meyers, Franz: Die föderalistische Ordnung, hsg. v. A. Süsterhenn 1963
Meyers, Franz: Die föderalistische Struktur der BRD. Presseveröffentlichungen über den Bundesrat Nr. 125, Bonn 16. 3. 1961
Mehnert, Klaus: Bildungsfragen in der Entwicklungshilfe, in: Erziehung, Bildung, Ausbildung, S. 120 ff., Bonn 1961
Mosler, Hermann: Kulturabkommen des Bundesstaates, in: ZauslöRVR 16 (1955), 23 ff.

Morsbach, Adolf: Deutsche Kulturpolitik im Ausland, in: Volkstum und Kulturpolitik, hsg. v. Konen u. J. P. Heffes, Köln 1932
Morsbach, Adolf: Die Gliederung der auswärtigen Kulturpolitik, in: Hochschule und Ausland, H. 9, 1932
Osterloh, Edo: Brauchen wir ein Bundeskultusministerium?, in: Die politische Meinung H. 5, Oktober 1956, S. 43
Peters, Hans: Die Stellung des Bundes in der Kulturverwaltung nach dem Bonner Grundgesetz, in: Um Recht und Gerechtigkeit, Festschrift für E. Kaufmann, Stg. 1950
Pfitzer: Entwicklung des öffentlichen Rechts in Deutschland durch die Verfassung des Bundes, Denkschrift 1895
Pöggeler, Franz: Kulturpolitik als Sozialpolitik, in: Ordo Socialis 1962 (Nr. 4), S. 153
Redeker, Martin: Die religiöse und weltanschauliche Gestaltung der Schulen in Westdeutschland, in: Rhein. Merkur vom 23. 9. 1960
Rodenwaldt, Gerhard: Archäologie als nationale und internationale Wissenschaft, in: Volkstum und Kulturpolitik, Festschrift für Georg Schreiber, Köln 1932
Rothbarth, Margarethe: Geistige Zusammenarbeit im Rahmen des Völkerrechts, in Deutschtum und Ausland, hsg. v. Georg Schreiber, H. 44, Münster 1931
Ryffel, Hans: Staat und Gesellschaft im Zeichen des Pluralismus, in: Wirtschaft und Recht H. 3. 1962 (Sonderheft über "Die Integration der Verbände in Staat und Gesellschaft"
Sattler, Dieter: Die Stunde der Kulturpolitik, in: FAZ vom 25. 5. 1960
Sattler, Paul: Bismarcks Entschluß zum Kulturkampf, in: Forschungen zur Brandenburgpreußischen Geschichte, Bd. 52, S. 66 ff., Bln.-Dahlem 1949
Schäfer: in: NJW 61 1281; 1449
Schairer, Reinhold: Ausländische Studenten an deutschen Hochschulen, in: Das Akademische Deutschland, Bln. 1930
Schairer, Reinhold: Die Studenten im internationalen Kulturleben, H. 11 der Schriftenreihe "Deutschland und Ausland", hsg. v. Georg Schreiber, Münster
Schardt, Alois: Erwachsenenbildung im demokratischen Staat, in: Erziehung, Bildung und Ausbildung, Bonn 1961
Scheidemann, Karl-Friedrich: Studentenförderung bei uns, in: Wirtschaft und Wissenschaft, 1959 Nr. 27
Scheuner, Ulrich: Beitritt der Bundesrepublik zur EVG und Grundgesetz, Rechtsgutachten, in: Der Kampf um den Wehrbeitrag II, 1953
Scheuner, Ulrich: Das Wesen des Staates und der Begriff des Politischen in der neueren Staatslehre, in: Staatsverfassung und Kirchenordnung, Festschrift für R. Smend, Tüb. 1962
Scheuner, Ulrich: Grundfragen des modernen Staates, in: Recht, Staat, Wirtschaft III, 1951
Schmidt, Leonhardt, Hans: "Schrifttumsrecht", in: Deutsches Kulturrecht, hsg. vom deutschen Fichtebund, Hamb. 1936
Schmidt-Ott, Friedrich: Notgemeinschaft der deutschen Wissenschaft, in: Das akademische Deutschland, Bln. 1930
Schneider, Hans: in: VVDStRL, H. 19, 1961
Schneider, Hans: Prinzipien der Verfassungsinterpretation, in: VVDStRL, H. 20, 1963
Schreiber, Georg: Nationale und internationale Kulturpolitik, in: Deutschland und die Kultur der Ostsee, Münster 1939
Schütz, Werner: Kulturpolitik und Sozialpolitik in ihrer Wechselwirkung, in: Brennpunkte der Kulturpolitik, Stg. 1960
Simon, A.: Der Wiederaufbau des deutschen Auslandsschulwesens seit 1945, in: Deutsche Bildungsarbeit im Ausland, Braunschw. 1956
Smend, Rudolf: Ungeschriebenes Verfassungsrecht im monarchischen Bundesstaat (1916), in: Staatsrechtliche Abhandlungen, Bln 1955
Smend: Rudolf: Verfassung und Verfassungsrecht, in: Staatsrechtliche Abhandlungen, Bln. 1955
Steltzer, Theodor: Vorschläge für die Bildung einer Körperschaft zur Förderung der deutschen Kulturarbeit im Ausland, in: Zur Neuordnung der deutschen Kulturbeziehungen im Ausland, Köln 1955 (Hsg. Arbeitsring Ausland)
Stirner, Max: Das Unwahre Prinzip unserer Erziehung oder der Humanismus und Re-

alismus, in: Kleinere Schriften und seine Entgegnungen auf die Kritik seines Werkes "Der Einzige und sein Eigentum", Bln. 1893
Thielicke, Helmut: Freizeit wozu?, in: Unser Verhältnis zur Arbeit, das Heidelberger Studio, S. 151 ff.
Thieme, Hans: Staat, Forschung und Erfinder, in: ZgStW, Tüb. 1936
Thoma, R.: Das Reich als Bundesstaat, in: Handbuch des Deutschen Staatsrechts I (1930), S. 171 ff.
Triepel, Heinrich: Die Kompetenzen des Bundesstaates und die geschriebene Verfassung, Festgabe für Paul Laband, Tüb. 1908
Triepel, Heinrich: Streitigkeiten zwischen Reich und Ländern, in: Festgabe für W. Kohl, 1923
Tupetz, Theo: Brauchen wir ein Ausbildungsförderungsgesetz?, in: Hochschuldienst XV, Nr. 11 (1962), Sonderdruck S. 1 ff.
Valjavec, Fritz: Das Wöllner'sche Religionsedikt und seine geschichtliche Bedeutung, in: Historische Jahrbücher 72 (1952), S. 386 ff.
Weber, Max: Zum Begriff Sozialpolitik, in: Festschrift für Alfred Amon zum 70. Geburtstag
Werner, Bruno E.: Geist, Kunst und Diplomatie, in: Neue Deutsche Hefte 1958
Wenke, Hans: Die Kulturverwaltung im Verhältnis von Bund und Ländern, in: Festschrift für Hans Nawiasky, Münch. 1956
Wertheimer, Fritz: Auslandsdeutsche Studierende an deutschen Hochschulen, in: Das Akademische Deutschland, Bln. 1930
Wintrich, J.: Über Eigenart und Methode verfassungsgerichtlicher Rechtsprechung, in: Verfassung und Verwaltung in Theorie und Wirklichkeit, Festschrift für W. Laforet, 1952
Zimmermann, Walter: Das Auslandsstudium deutscher Studenten, in: Das Akademische Deutschland, Bln. 1930

III. Sammelwerke, Quellensammlungen

Bluntschli, Johann Caspar: Staatswörterbuch, 3 Bde. Zürich 1869-1872
Bluntschli-Brater: Deutsches Staatswörterbuch, 11 Bde. Stg. u. Lpz. 1857-1870
Braubach, Max: Vom westfälischen Frieden bis zur Französischen Revolution, in: Gebhardt, Handbuch der deutschen Geschichte, Bd. II
Bergstraesser, Arnold: "Politik", in: Staatslexikon der Görresgesellschaft, Bd. VI, Freib. 1961
Briefs, Götz, Gesellschaft und Staat, in: Staatslexikon der Görresgesellschaft, Bd. III, Freib. 1959
Dienstag-Elster: Handbuch des deutschen Theater-, Film- und Musikrechts, Bln. 1932
Huber, Ernst Rudolf: Quellen zur Deutschen Verfassungsgeschichte, Bd. II, Tüb. 1951
Karrenberg, Fritz: "Staat", in: Evangelisches Soziallexikon, Spalte 996/7
Köhler, Oskar: Kultur und Macht, in: Staatslexikon der Görresgesellschaft, Bd. V, Freib. 1960
Mahler, Karl: Die Programme der politischen Parteien in Deutschland nach dem Kriege, 4. Aufl. 1919
Pfundtner-Neubert: Das neue deutsche Reichsrecht, Loseblattsammlung, 2. Samml., Bln. 1940
Raab, Herribert: "Kulturkampf", in: Herders Staatslexikon, Bd. V. Freib. 1960
Schreiber, Georg: "Auslandskulturpolitik", in: Staatslexikon der Görresgesellschaft Bd. I, Freib. 1926
Smend, Rudolf: Integrationslehre, in: Handbuch der Sozialwissenschaft V, S. 301
Spranger, Eduard: "Kulturpolitik", in: Wörterbuch der Politik, Bd. I A-K, S. 1780 ff., Lpz. 1923
Triepel, Heinrich: Quellensammlung zum deutschen Reichsstaatsrecht, 5. Aufl., Tüb. 1931

IV. Vorträge, Reden, Briefe

Altmann, Rüdiger: in: Protokolle des Bergedorfer Gesprächskreises, Bd. I, vom 19. 2. 1962

Anschütz, Gerhard: Die Polizei, Vortrag der Gehe-Stiftung II, Lpz. 1910

Fichte: Die Grundzüge des gegenwärtigen Zeitalters, 6. und 7. Vorlesung, 1804/05

Goebbels, Josef: Rede zur Eröffnung der großen deutschen Kunstausstellung 1940, in: "Völkischer Beobachter" Nr. 210 v. 28. 7. 1940

Goethe: Brief an Zelter vom 6. 6. 1825

Goethe: Gespräche III 1824

Herder: Briefe zur Förderung der Humanität, 8. Sammlung, 7. Fragment, über Schrift und Buchdruckerei 1796

Lassalle: Gesammelte Reden und Schriften, hsg. u. eingel. v. Eduard Bernstein II, 1919

V. Veröffentlichungen ohne Angabe des Verfassers, Berichte, Jahrbücher

Acten, Urkunden und Nachrichten zur neuesten Kirchengeschichte, Bd. I, Weimar 1788

Anregung des Wissenschaftsrates zur Gestalt neuer Hochschulen vom 26. 5. 1962

Arbeitsring Ausland: Zur Neuordnung der deutschen Kulturbeziehungen im Ausland, Köln 1959

Aufzeichnung des Auswärtigen Amtes über die Aufgaben der Kulturabteilung aus dem Jahre 1958

Bericht der Deutschen Forschungsgemeinschaft, Bad Godesberg 1961

Bildungspolitische Leitsätze der SPD vom 3. 7. 1964

Bundesrecht und Bundesgesetzgebung, Frankf. 1950

Das Ringen um das sogenannte Reichsschulgesetz, Hsg. Bischöfliche Arbeitsstelle für Schule und Erziehung, Köln 1956

Der Kampf um das Reichsschulgesetz, hsg. v. der Zentralstelle der katholischen Schulorganisation Deutschlands, 1925

Deutschlands Wirtschaftslage unter den Nachwirkungen des Weltkrieges, zusammengestellt im Statistischen Reichsamt, Bln. 1923

Deutschland unter Kaiser Wilhelm II., Bln. 1914

Die Deutsche Forschungsgemeinschaft, 3. Aufl., Wiesbaden 1959

Die Neugestaltung der Schule, hsg. v. Hamburgischen Staatsamt, Hamb. 1935

Die Reichsschulkonferenz 1920, Amtlicher Bericht des Reichsministeriums des Innern, Lpz. 1921

Empfehlung des Wissenschaftsrates zum Ausbau der wissenschaftlichen Einrichtungen, 1961

Empfehlungen und Gutachten des Deutschen Ausschusses, Folge 1, 3.

Erziehung, Bildung, Ausbildung, zur Kulturpolitik der CDU/CSU, Bonn 1961

50 Jahre Kaiser Wilhelm-Gesellschaft und Max-Planck-Gesellschaft zur Föderung der Wissenschaften, Göttingen 1961

Handbuch des Deutschtums im Ausland, 1904

Handbuch Grundlagen des Marxismus/Leninismus, Bln. 1963

Handbuch über die Religions-, Kirchen-, geistlichen und Unterrichtsangelegenheiten im Königreich Preußen, Quedlinburg u. Lpz. 1823

Jahrbuch der auswärtigen Kulturbeziehungen, hsg. v. Berthold Martin, Bonn 1964

Jahresbericht des Goethe-Instituts, Münch. 1961/62
Kulturpolitik der Länder- ein Bericht der Kultusministerkonferenz, 1960
Kulturpolitische Leitsätze der SPD, Hamburger Tagung September 1963
Mitteilungen der Gesellschaft deutscher Naturforscher und Ärzte, 3. Jahrg. 1926
Verhandlungen des Vierten deutschen Studententages in Erlangen 1921

GPSR Compliance

The European Union's (EU) General Product Safety Regulation (GPSR) is a set of rules that requires consumer products to be safe and our obligations to ensure this.

If you have any concerns about our products, you can contact us on ProductSafety@springernature.com

In case Publisher is established outside the EU, the EU authorized representative is:

Springer Nature Customer Service Center GmbH
Europaplatz 3
69115 Heidelberg, Germany

Batch number: 10809472

Printed by Printforce, the Netherlands